国际财务管理

International Financial Management

（第六版）

李琳 编著

东北财经大学出版社
Dongbei University of Finance & Economics Press
大连

图书在版编目（CIP）数据

国际财务管理 / 李琳编著 . —6 版 . —大连：东北财经大学出版社，
2023.11（2024.7 重印）
ISBN 978-7-5654-4978-9

Ⅰ．国… Ⅱ．李… Ⅲ．国际财务管理 Ⅳ．F811.2

中国国家版本馆 CIP 数据核字（2023）第 199438 号

东北财经大学出版社出版
（大连市黑石礁尖山街 217 号 邮政编码 116025）
网 址：http://www.dufep.cn
读者信箱：dufep@dufe.edu.cn
大连雪莲彩印有限公司印刷 东北财经大学出版社发行
幅面尺寸：170mm×240mm 字数：671 千字 印张：33.25 插页：1
2023 年 11 月第 6 版 2024 年 7 月第 2 次印刷
责任编辑：李 彬 周 慧 责任校对：一 心
封面设计：张智波 版式设计：原 皓
定价：67.00 元

教学支持 售后服务 联系电话：（0411）84710309
版权所有 侵权必究 举报电话：（0411）84710523
如有印装质量问题，请联系营销部：（0411）84710711

第六版前言

2023年是中国改革开放45周年，也是"一带一路"倡议提出10周年。过去的45年，中国经济以年均近9%的速度快速发展。2013年至2021年，中国GDP年均增长6.6%，高于同期世界2.6%和发展中经济体3.7%的平均增长水平；中国对世界经济增长的平均贡献率超过30%，位居全球第一，成为全球经济增长的重要引擎。2020年以来，面对席卷全球的新冠疫情冲击，中国经济持续展现出强大的韧性和活力。2020年中国GDP增长2.3%，成为疫情下全球唯一实现正增长的主要经济体。中国已连续多年成为全球第一大货物贸易国、第二大服务贸易国、第三大对外投资国，占世界经济份额仅次于美国，稳居全球第二。2013年至2022年，中国已与152个国家和32个国际组织签署200余份共建"一带一路"合作文件；我国与"一带一路"沿线国家货物贸易额从1.04万亿美元扩大到2.07万亿美元，年均增长8.6%，同沿线国家双向投资累计超过2 700亿美元。

但当前，国际经济合作出现了诸多新情况，世界百年未有之大变局正在加速演进，各种不确定和难预料的因素不断增多，外部环境日益发生重大变化。俄乌冲突、地缘政治紧张、严厉的制裁、持续的关税，世界经济出现"严重"分化，导致外需容纳能力不断减弱，逆全球化或反全球化举措不断增多，产业链、供应链"脱钩断链"风险不断加剧。同时，中国经济发展的内部环境也在不断变化，国内劳动力要素供给出现拐点等因素带来低成本竞争优势的不断减弱。因此，过去以产业园区为载体，以深度融入全球产业分工体系为目标，以低成本生产制造为手段、以增加出口规模为重点，从而形成大进大出的外向型经济循环格局的旧有开放模式出现明显的不适应。

2022年10月16日，中国共产党第二十次全国代表大会在北京人民大会堂开幕。大会主题是：高举中国特色社会主义伟大旗帜，全面贯彻新时代中国特色社会主义思想，弘扬伟大建党精神，自信自强、守正创新，踔厉奋发、勇毅前行，为全面建设社会主义现代化国家、全面推进中华民族伟大复兴而团结奋斗。党的二十大是在全党全国各族人民迈上全面建设社会主义现代化国家新征程、向第二个百年奋斗目标进军的关键时刻召开的一次十分重要的大会。党的二十大报告明确提出："必须完整、准确、全面贯彻新发展理念，坚持社会主义市场经济改革方向，坚持高水平对外开放，加快构建以国内大循环为主体、国内国际双循环相互促进的新发展格局。"习近平总书记强调指出："要不断扩大高水平对外开放，深度参与全球产业分工和合作，用好国内国际两种资源，拓展中国式现代化的发展空间。"这一新的重大战略部署与思路，为中国未来进一步扩大开放提供了根本遵循和行动指南。

中国的发展离不开世界，世界的繁荣也需要中国。当今中国是世界经济增长的主要稳定器和动力源，面对全球发展面临的多重风险，中国经济韧性强、潜力足、回旋余地广、长期向好的基本面不会改变，将为世界经济企稳复苏提供强大动能，为共同发展提供新机遇。中国经济中高速增长离不开对外开放，未来推动经济高质量发展仍然需要对外开放。中国开放的大门不会关闭，只会越开越大。中国将以更有竞争力的关税水平、更便利的市场准入、更透明的市场规则、更有吸引力的营商环境，推进高水平对外开放。

本书上一版发行后的三年来，我国经济国际化持续发展，国际财务管理领域出现了新的内容和经验，因此我们对本书再次进行了修订，第六版内容的主要变化包括：

课程思政方面，按照立德树人的思政目标，情感、素质、意识和思维等思政维度，结合具体的思政元素，全面统筹国际财务管理教学内容课程思政体系，新增课程思政路线图，设立与数字图书资源融合的思政专栏12项。

第一章，更新我国外贸、投资、外汇交易数据，补充构成我国国际化市场的四大经贸盛会，新增对"一带一路"倡议实施十年来的全面总结与评价。

第三章，按照外汇市场实时资料及时更新外汇牌价表3-1。

第六章，删除案例6-4。

第七章，更新我国吸收外资数据，补充吸收外资中展现的新变化。

第八章，更新外国政府贷款数据及上合银联体专项贷款情况。

第九章，更新国外主要证券市场数据，新增交易所并购后的新情况，补充洲际交易所、泛欧所、德交所等介绍，新增多伦多证券交易所、香港交易所、北京证交所、印度的证券交易所内容，删除专栏9-3。

第十章，更新我国融资租赁市场数据，新增国家金融监督管理总局简介。

第十一章，删除案例11-2。

第十二章，重新对"一带一路"倡议实施后的对外投资状况作出总结，补充国际投资环境评价可以参考的信息，说明世界银行《营商环境报告》项目的新变化，介绍2023年《中国海外投资国家风险评级报告》的最新结果，更新我国避免双重征税协定情况。

第十三章，删除专栏13-1。

第十四章，更新截至2022年末我国QDII数据。

第十五章，新增全球及我国保理行业数据，删除案例15-3。

第十六章，新增我国在国际技术贸易中的应对措施及前景展望，删除案例16-2。

主要参考文献，新增了与课程相关的报纸、杂志名录。

智慧树教学平台，翻转课"国际财务管理（第六版）"是本课程的在线教学资源，您可以使用手机或平板电脑下载知到（学生版）应用到本地客户端，或者在智慧树网页中，注册登录后，输入课程号K6376992，查阅相关教学文档。

由于编著者学识所限，本书的第六版仍可能存在不当之处，我们诚恳得到您的建议和意见。

我们非常感谢东北财经大学出版社李彬老师、时博老师及全体员工一直以来给予的大力协助，正是他们默默地辛苦工作，才使得本书能在近20年间持续更新、不断完善。我们深深感谢大连海事大学航运经济管理学院财务管理专业的同学们对教学的积极配合，教学相长使我们一路走来受益良多。我们也十分感谢本书修订中引用的文献、资料和图片的原作者的分享。

正如诺贝尔文学奖得主阿尔贝·加缪所言，"Don't walk in front of me, I may not follow. Don't walk behind me, I may not lead. Walk beside me, just be my friend."，我们衷心希望与每一位支持本书的读者一直相伴，无论冬夏。

编著者
2023 年 6 月

第五版前言

　　本书第四版于2017年1月付印，至今已3年。2017年10月，习近平总书记在党的十九大报告中庄严宣告"中国特色社会主义进入了新时代"，我国取得了改革开放和社会主义现代化建设的历史性成就，人们生活水平不断改善。我国社会的主要矛盾已经转化为人民日益增长的美好生活需要和不平衡不充分的发展之间的矛盾。

　　2018年以来，国际环境发生明显变化，主要是美国大力推行保护主义、单边主义，对我国投资设限，禁止中国企业投资美国技术公司，阻止对华技术出口，对中国发动贸易战，肆意提高进口关税，使我国付税激增，出口贸易减少，经济发展放缓。从国内来看，经济发展不平衡不充分的矛盾还存在，必须进一步解决，经济结构和体制还须进一步改革。

　　2019年10月，党的十九届四中全会在北京举行，全会审议通过了《中共中央关于坚持和完善中国特色社会主义制度、推进国家治理体系和治理能力现代化若干重大问题的决定》。全会认为，中国共产党自成立以来，团结带领人民，坚持把马克思主义基本原理同中国具体实际相结合，赢得了中国革命胜利，并深刻总结国内外正反两方面经验，不断探索实践，不断改革创新，建立和完善社会主义制度，形成和发展党的领导和经济、政治、文化、社会、生态文明、军事、外事等各方面制度，加强和完善国家治理，取得历史性成就。

　　全会提出，坚持和完善中国特色社会主义制度、推进国家治理体系和治理能力现代化的总体目标是，到我们党成立一百年时，在各方面制度更加成熟更加定型上取得明显成效；到2035年，各方面制度更加完善，基本实现国家治理体系和治理能力现代化；到新中国成立一百年时，全面实现国家治理体系和治理能力现代化，使中国特色社会主义制度更加巩固、优越性充分展现。

2020年中央经济工作会议于2019年12月10日至12日在北京召开，会议指出，中国经济稳中向好、长期向好的基本趋势没有改变，但国内经济下行压力加大，要实现明年预期目标，要坚持稳字当头，坚持宏观政策要稳、微观政策要活、社会政策要托底的政策框架，提高宏观调控的前瞻性、针对性、有效性，继续实施积极的财政政策和稳健的货币政策。要推进更高水平对外开放，保持对外贸易稳定增长，稳定和扩大利用外资，扎实推进共建"一带一路"。坚持和完善独立自主的和平外交政策，推动构建人类命运共同体。必须统筹国内国际两个大局，高举和平、发展、合作、共赢旗帜，推进合作共赢的开放体系建设，积极参与全球治理体系改革和建设。

经过三年的实践，我国经济国际化继续迅速发展，国际财务管理有了一些新的内容和经验，这次对本书第四版进行了修订，第五版的内容有以下变化：

第一章：第一节根据最新研究报告更新全球贸易、投资、外汇交易及中国的相关数据；新增中国国际进口博览会、与拉美国家共建"一带一路"及丝路基金设立情况。

第二章：新增第六节"国际财务管理与互联网"、案例2-1"海尔致力打造物联网平台"、专栏2-2"华为是5G移动通信网络技术的领军者"。

第三章：第一节更新外汇牌价表3-1至实时资料。

第四章：新增专栏4-2"人民币汇率走势引关注 IMF报告认为中国未操纵汇率"。

第七章：第一节补充我国吸收外商投资最新数据、新增2019年3月颁布的《中华人民共和国外商投资法》等我国外商投资管理新体制中的法规。

第八章：第一节补充我国使用外国政府贷款的最新情况、2019年11月金砖国家会议，介绍拟议中的上海合作组织开发银行，新增专栏8-2"丝路基金为'一带一路'发展提供有力金融支持"。

第九章：第一节更新世界主要证券市场数据及上市标准，说明扩大我国资本市场开放的"沪港通"、"深港通"和"沪伦通"制度及2019年7月在上海开创的科创板，第二节新增2019年中国发行欧元主权债券情况，第四节新增QFII在2019年9月关于取消投资额度限制的规定、替换案例9-4"新经济服务领跑者36氪纳斯达克上市"。

第十章：第一节更新全球及我国的融资租赁数据、替换案例10-2""中国税务租赁模式'的境外融资创新"。

第十一章：补充案例11-2"汇源果汁陷入困境的最新情况"、新增专栏11-1"国际军贸领域的补偿贸易"。

第十二章：第一节补充我国对外直接投资最新状况，第二节补充世界银行发布的全球《2020年营商环境报告》、中国社会科学院世界政治与经济研究所发布的2019年《中国海外投资国家风险评级》报告，第三节更新我国避免双重纳税协定签约情况，删除案例12-1、案例12-2，新增专栏12-2"中国'一带一路'沿线投资东南亚地区大型项目风险成因"。

第十三章：第一节补充新《境外投资管理办法》等法规，第四节补充《国有企业境外投资财务管理办法》法规，新增专栏13-1""一带一路'倡议下跨国企业构建境外财资中心"。

第十四章：第二节更新QDII数据、介绍QDII基金布局海外市场的最新情况、删除2013年QDII试行办法草案内容。

第十五章：第一节补充了中美贸易战的影响，第三节补充全球及我国的国际保理数据，替换案例15-3"国际保理业务中的风险案例"。

第十六章：第一节补充我国技术贸易的现状及特点。

在"主要参考文献"中新增了与课程相关的期刊名录。

由于我们的水平有限，本书的第五版仍可能存在不当之处，还请读者指正。

夏乐书教授"会计口述历史"

编著者
2020年1月

第四版前言

本书第三版于2014年年初出版，当时，中国共产党十八届三中全会通过了全面深化改革的决定。2015年，《中共中央关于制定国民经济和社会发展第十三个五年规划的建议》指出，世界多极化、经济全球化、社会信息化深入发展，世界经济在深度调整中曲折复苏，新一轮科技革命和产业改革蓄势待发，全球治理体系深刻变革，发展中国家群体力量继续增强，国际力量对比逐步趋向平稳。同时，国际金融危机深层次影响在相当长时期依然存在，全球经济贸易增长乏力，保护主义抬头，地缘政治关系复杂变化，传统安全威胁和非传统安全威胁交织，外部环境不稳定不确定因素增多。

我国物质基础雄厚、人力资源丰富、市场空间广阔、发展潜力巨大，经济发展方式加快转变，新的增长动力正在孕育形成，经济长期向好的基本面没有改变。同时，发展不平衡、不协调、不可持续问题仍然突出，主要是发展方式粗放，创新能力不强、城乡区域发展不平衡、资源环境约束趋紧、生态环境恶化趋势尚未得到根本扭转、基本公共服务供给不足，收入差距较大，消除贫困任务艰巨。

综合判断，我国发展仍处于可以大有作为的重要战略机遇期，也面临诸多矛盾和挑战，这时正确的抉择和行动是适应我国经济发展的新常态，深化改革，坚持创新发展、协调发展、绿色发展、开放发展、共享发展。在开放发展方面，我国主要发展对外贸易和境外投融资。要完善对外贸易布局，创新外贸发展模式，加强营销和售后服务网络建设，提高传统优势产品竞争力，巩固出口市场份额，实行积极的进口政策，向全球扩大市场开放。建立便利跨境电子商务等新型贸易方式的体制，健全服务贸易促进体系，全面实施单一窗口和通关一体化。提高自由贸易试验区建设质量，在更大范围推广复制。要完善投资布局，扩大开放领域，放宽准入限制，积极有效引进境外资金和先进技术。支持企业扩大对外投资，推动装备、技术、标准、服务走出去，深度融入全球产业链、价值链、物流链，建设一批大宗商品境外生产基地，培育一批跨国企业。积极搭建国际产能和装备制造合作金融服务平台。

在对外开放发展方面的重要战略是推进"一带一路"建设。坚持共商共建共享原则，完善双边和多边合作机制，以企业为主体，实行市场化运作，推进同有关国家和地区多领域互利共赢的实务合作，打造陆海内外联动、东西双向开放的全面开放新格局。推进基础设施互联互通和国际大通道建设，共同建设国际经济合作走廊。加强能源资源合作，提高就地加工转化率。共建境外产业集聚区，推动建立当地产业体系，广泛开展教育、科技、文化、旅游、卫生、环保等领域合作，造福当地民众。加强同国际金融机构合作，参与亚洲基础设施投资银行、金砖国家新开发银行建设，发挥丝路基金作用，吸引国际资金共建开放多元共赢的金融合作平台。

经过这三年的实践，我国经济国际化迅速发展，国际财务管理又有了一些新的内容和经验，这次对本书第三版进行了修订，第四版的内容有以下变化：

第一章：第一节在"一、企业生产经营国际化""二、金融市场国际化"之后增加"三、各国经济合作共赢，促进国际化广泛深入发展"。主要阐述实施"一带一路"倡议的意义。第三节指出，基于电子计算机和互联网为代表的信息技术迅猛发展，为企业的财务管理提供了更广阔、更先进的技术手段与方法，扩展、加深了财务管理领域，给企业带来新的机遇与挑战。补充案例 1-1"海尔的国际化战略"中 2009 年至今的新变化，介绍海尔在进入"全球化品牌战略发展阶段"后，积极实施差异化的国际并购，实现了海外资源的快速扩展和整合。

第三章：第一节根据最新的外汇牌价资料重新整理了表 3-1。删去专栏 3-1"欧元的产生与发展"，增添了 2016 年 10 月 1 日起，人民币被正式纳入国际货币基金组织特别提款权（SDR）货币篮子，对人民币国际化进程的重要促进作用。

第四章：修订专栏 4-1"人民币汇率机制形成的改革"，增加了 2015 年 8 月 11 日中国人民银行宣布完善人民币兑美元汇率中间价报价机制重大汇率改革内容，分析了"8·11汇改"一年以来，变幻莫测的国际国内形势对人民币贬值的压力因素，介绍了2016年11月后出现的人民币兑美元接连贬值的情况，指出人民币汇改之路，仍任重道远。

第六章：增加案例6-4"雷诺－日产计划转移生产重心管理经济风险"。

第七章：增加案例7-4"陕西西安至临潼高速公路经营权转让项目"。

第八章：第一节增加下列内容：国际货币基金组织贷款（含特别提款权）、亚洲基础设施投资银行贷款、金砖国家开发银行贷款。在介绍国际商业银行贷款利率时，新增了上海银行间同业拆放利率Shibor，介绍中国人民银行始于2007年的Shibor建设，有利于进一步促进金融机构提高自主定价能力，指导货币市场产品定价，完善货币政策传导机制，推进利率市场化。增加案例8-5"亚投行首个项目助力巴基斯坦基础设施建设"。

第九章：第四节补充已在京、沪、津、渝、深等试点城市开展的QFLP（合格境外有限合伙人）制度，说明借鉴于A股市场QFII制度的QFLP，是在中国资本项目有限度的开放条件下，为参与试点的海外PE架设了一条投资境内企业的"直达通道"。增加专栏9-2"世界银行在中国发行SDR债券"；删去案例9-3"欢聚时代公司2012年在美国纳斯达克上市"；增加案例9-3"阿里巴巴公司在美国上市"；增加案例9-4"中通快递公司在纽约证券交易所上市"。

第十章：增加案例10-2"前海渤海一号牵手顺丰航空"。

第十一章：增加案例11-2"汇源果汁起步阶段的融资策略"。

第十三章：第三节增加中国加入打击避税全球行动。

第十四章：第二节补充2012年在上海试点的QDLP（合格境内有限合伙人）制度，2014年在深圳试点的QDIE（合格境内投资者境外投资）制度，可以将QDLP理解为广义的QDIE的子集。QDLP和QDIE制度解决了我国人民币资本项目尚未能自由兑换情况下，市场迫切需要能突破QDII制度在主体资格和投资范围等方面限制的制度安排问题，使更多类型的投资管理机构可以通过这项制度安排在中国境内募集资金对更广范围内的境外投资标的进行投资。

第十五章：增加案例15-3"中国出口信用保险公司理赔案例"。

第十六章：增加案例16-2"金龙集团技术引进、消化吸收再创新的发展历程"。

在全书各章的"相关网站"栏目里，对网站名称和网址进行了全面核对及整理，补充第1章至第11章的网站，修订第12章至第16章的网站，确保读者能有效使用。

在"主要参考资料"里，补充了与课程相关的书籍和期刊，新增"网络开放互动课程"条目，给出Coursera官方中文学习社区互动课程"金融市场"（美国耶鲁大学）、果壳网MOOC学院互动课程"企业财务概论"（美国宾夕法尼亚大学沃顿商学院）网址，希望读者能充分利用互联网实现自主学习，激发学习兴趣、促进沟通与合作能力、提高专业英语素养。

由于我们的水平有限，本书第四版还会有缺点和错误，诚请读者指正，谢谢！

编著者

2017年1月

第三版前言

本书第二版于2010年问世，当时，2008年开始的国际金融危机到2010年尚未结束，世界各国经济增长全面减速，贸易增速全面下滑，欧债危机一波三折，政治风险和商业风险（含汇率风险）不断显现，我国经济发展中的不平衡、不协调、不可持续的问题依然突出。为了应对国际金融危机新的发展变化，我国继续贯彻改革开放的方针政策，实施引进来、走出去战略，坚持互利并赢原则，把扩大进口与稳定出口结合起来，促进对外贸易发展；把利用外资与对外投资结合起来，扩大利用外资规模，提高利用外资质量，积极开展对外投资，创新对外投资方式。2013年11月，党的十八届三中全会通过了《中共中央关于全面深化改革若干重大问题的决定》，构建了开放型经济新体制，适应经济全球化新形势，推动对内对外开放相互促进、引进来和走出去更好结合，促进国际国内要素有序自由流动、资源高效配置、市场深度融合，以开放促改革，指引我国经济持续健康发展。近年来，我国加快推进人民币国际化和人民币汇率形成机制改革，对于促进我国国际贸易、筹资和投资的发展具有重要意义。经过3年多的时间，我国许多企业的跨国经营取得了显著成效，国际财务管理有了新的发展。本书第三版修订的内容主要有以下变化：

第一章：第一节删去原图1-1，设计了新图1-1，进一步明确国内金融市场和国际金融市场的范围和联系，明确了离岸金融市场的概念和特点。

第三章：第一节阐述浮动汇率时，增加了盯住汇率的内容，专栏3-1补写了2010年至2013年欧元区的发展。专栏3-2我国人民币的国际化和可自由兑换问题改为我国人民币的国际化，阐述了跨境贸易人民币结算，跨境投融资人民币结算，我国与有关国家双边货币互换，建立和发展人民币离岸市场，人民币国际化的最终目标是人民币发展成为国际上普遍认可的能自由兑换的国际货币。阐述了人民币国际化对我国经济发展和国际财务管理的重要意义。

第四章：专栏4-1中美关于人民币汇率之争改为人民币汇率机制形成的改革。系统阐述了1985年至1993年我国人民币汇率实行双轨制（官方汇率和调剂市场汇率），从1993年11月开始改革外汇体制，建立以市场供求为基础的、单一的有管理的浮动汇率制度和统一规范的外汇市场。2005年7月起，实行以市场供求为基础的、参考一篮子货币进行调节有管理的浮动汇率制度，人民币汇率不再盯住单一美元，形成更富弹性的人民币汇率机制。我国一直按照主动性、可控性和渐进性的原则实施有管理的浮动汇率制度。

第五章：改写案例5-1，删去案例5-2。

第六章：第二节指出，我国企业进出口贸易如果采用本国货币（人民币）计价结算，因不涉及外汇，就能简化结算手续，避免汇率风险。

第七章：第一节增写了吸收外商直接投资的政策。第三节对跨国并购的产生和发展作了删减和补充。对并购方式、并购价格和支付方式作了修改，明确提出了股权并购和资产并购两种基本方式。章后增加"IBM对四川长虹的股权并购"案例。

第八章：第一节介绍了利用外国政府贷款"绿色中间信贷"新领域，增写了国际金融公司（IFC）贷款支持的标准和新增的项目。

第九章：第一节在介绍世界主要证券市场时，增加了澳大利亚证券市场。第二节设专栏介绍我国境外人民币债券的发行与发展。第三节对我国企业境外上市的程序作了较多删减，对我国公司发行股票的种类增加了中国台湾股票"T股"，指出B股发展的前途，增写了在美国上市的一些中国公司遭遇信任危机的原因分析。第四节的标题改为吸收外商证券投资——QFII境内证券投资管理，系统阐述了这一管理制度的发展、作用和基本内容。案例9-1"高盛投资团入股中国工商银行"介绍了2006年高盛入股我国工商银行，补写了从2009年开始高盛曾先后6次减持股份，于2013年5月全部退出中国工商银行。本章删去一案例（搜狐畅游数码公司2009年在纳斯达克上市），新写一案例（欢聚时代公司2012年在美国纳斯达克上市）。

　　第十二章：第一节增写了我国企业对外直接投资的政策。第一节原有三个案例，删去一案例（中国石油化工集团收购Addax石油公司），增加三个案例（中石油在加拿大建立合资企业、中海油公司收购加拿大尼克森石油公司、中国万向公司收购美国A123系统公司）。第四节将国外投资项目的风险分为政治风险和商业风险，对政治风险设专栏12-1阐述，删去一案例（在跨国投资中东道国从税法中探求财富）。

　　第十三章：第三节在阐述国际避税子公司时，只从企业角度说明国际避税的方法，未揭露对有关国家的危害，这次修订时，指出国际避税使一些大企业纳税大大减少，有关国家的税收相应减少。英国和其他一些国家的政界人士为了增加国家税收，实现国家预算收支平衡，提出必须进行全球性税务改革，制止大企业逃税，现在这一改革已开始进行。

　　第十四章：第二节标题改为QDII境外证券投资管理，系统阐述了这一管理办法的基本内容、进行试点的成绩和达到的政策目标。

　　第十五章：第一节增加一案例——开证行不履行付款义务的风险处理。第三节指出国际贸易外汇收支结算汇率风险管理可以参照第六章第二节交易风险的管理。

　　由于我们的水平有限，本书第三版还会有缺点和错误，敬请读者指正，谢谢！

编著者
2014年1月

第二版前言

本书第一版问世已4年多了，在此期间，世界经济发生了巨大变化。2007年夏，美国爆发了次贷危机，引发了全面的金融危机，导致世界经济衰退。各国之间在经济贸易和货币等方面产生了许多矛盾，美国等西方国家贸易保护主义抬头，干扰国际贸易的正常运行，美元不断地贬值，美国施压人民币升值，我国许多企业的商品出口大幅减少，经营风险和外汇风险加大，有些企业利润减少，甚至发生亏损或倒闭。在这几年中，我国企业的国际筹资有所减少，而国际投资却明显增多。在我国进一步改革开放和应对世界金融危机的实践中，我国企业在国际财务管理方面有了很大的发展变化，有了不少新的经验和教训。

经过这次修订，本书第二版的内容有以下一些变化：

（一）全书由十五章变为十六章。第一版的第二篇原来分为三章（第三、四、五章），修订时将第三章的第二节外汇风险的分类与测量中的外汇风险测量分出单列一章，设为第五章，使第二篇变为四章，这一修改使第二篇内容的思路更为清晰。

（二）编写24个案例和7个专栏，使全书内容更加丰富，理论与实际进一步结合。在各章之后，除了原有的思考题和计算题之外，还列出主要的网站，以便查阅新的资料。

（三）各章新增的内容主要是：海尔的国际化战略、国际财务管理的目标、欧元的产生与发展、我国人民币的国际化和可自由兑换问题、中美关于人民币汇率之争、丰田（欧洲）公司的经济风险、通用电气公司出口商与进口商分担汇率风险、吸收境外私募股权基金（PE）投资、国际银团贷款实务、国际金融公司（IFC）对中国民营企业的贷款和参股、我国银行对船舶企业提供出口信贷、硅谷银行支持高新企业发展的经验、《萨班斯–奥克斯利法案》、高盛投资团入股中国工商银行、中国人寿保险股份有限公司在纽约和中国香港上市、搜狐畅游数码公司2009年在纳斯达克上市，我国航空公司的飞机租赁、国际租赁保险与融资、海尔公司在美国建立生产企业创立著名品牌、联想并购 IBM PC 业务、中石化收购 Addax 石油公司、境内机构境外直接投资外汇管理、海尔集团公司外汇资金的集中管理、境外区域财资中心、合格境内机构投资者（QDII）制度、基金境外投资效益分析、美国国际证券组合投资途径、国际贸易外汇收支结算融资、出口信用保险保单融资等。

在此次修订时，大连海事大学讲师李琳参与了全书各章内容的修改、案例和专栏的编写，以及网站的选定。她于1996年从东北财经大学会计学院国际会计专业本科毕业，获得硕士学位后继续攻读博士学位，曾到美国肯尼索州立大学做访问学者，对会计、国际财务管理的教学和科研进行了系统考察。

经过修订后的第二版比第一版有了许多进步，但由于我们的水平有限，书中还会存在缺点或错误，恳请读者指正。

编著者

2010 年 6 月

第一版前言

经济国际化、全球化是各国经济发展的必然趋势，是各国间经济联系日趋密切的一个客观历史过程。20世纪50年代至今是各国经济国际化飞速发展的时期，由于跨国壁垒减少，市场更加国际一体化，各国之间的经济贸易往来空前加快，跨国经营的企业与日俱增，因而国际财务活动日益频繁，国际财务管理越来越重要。各国的财经管理部门和企业界人士普遍认为，培养国际财务管理专家已成为当务之急。20世纪70年代初以来，在美、英等西方国家的大学里，都开设了国际财务管理课程，国际财务管理已正式成为专门学科，并发展成为财务管理学的一个新的分支。

我国实行改革开放政策以来，实施"引进来、走出去"的战略，许多企业积极发展进出口贸易，从境外筹资，向境外投资，企业的生产经营和财务管理日趋国际化。适应新的形势，本人有机会曾先后去中国香港以及美国、德国和法国的一些大学、工商企业、跨国公司、银行、证券交易所等单位学习和考察国际财务管理的教学和实际工作经验，在北京、深圳、上海、广州和大连等城市进行国际财务管理问题的调查研究。1986年编写了《国际财务管理》教材，曾在大连市外经外贸干部国际营销培训班讲授，从1987年起，东北财经大学会计学专业本科正式开设"国际财务管理"课程，该教材于1990年由中国财政经济出版社出版。1993年对硕士研究生开设"国际财务研究"课程。以后每隔三四年根据教学和科研的发展对教材进行修改、充实和提高。1994年本人主编的《国际财务管理》由东北财经大学出版社出版，1996年该教材再版。本人编著的《国际财务管理学》1997年由中国财政经济出版社出版，2001年本人主编的《国际财务管理》由中国财政经济出版社出版。曾参加本书编写的有东北财经大学会计学院的刘明辉教授（博士生导师）、刘淑莲教授（博士生导师）、王满教授（博士）和程廷福副教授等。本人在主编《国际财务管理》时，与他们有过很好的合作，他们对这一教材的编写和质量提高做过很多贡献。东北财经大学谷祺教授（博士生导师）和中国人民大学王庆成教授、荆新教授（博士生导师）对我编写的《国际财务管理》曾提出过许多宝贵意见，在此表示衷心感谢。

应东北财经大学出版社之约，我根据近20年从事国际财务管理的教学经验和科研成果，对过去编著的教材进行全面系统的修订，主要有以下一些变动：（1）将原来的第一章总论分为两章，第一章财务管理的国际化，第二章国际财务管理的基本概念，并将这两章作为第一篇；（2）新增写的章节有：财务管理国际化的基本理论（第一章第二节）、吸收外商直接投资（第六章）和吸收外商证券投资（第八章第四节）；（3）对外汇风险的测量、汇率预测方法、浮动汇率预测、交易风险管理、国际信贷的货币选择、多种货币组合融资、对外直接投资项目的财务可行性分析、转移价格的运用和国际证券组合投资等内容作了较多的修改补充。

在编写本书的过程中，除了参阅国内的一些国际财务管理著作、文章和大量的实际资料以外，还借鉴了美、英等国近年出版的一些财务管理著作，注意吸收西方国家在国际财务管理方面的科学知识，同时尽量结合我国的实际情况，形成既符合国际惯例又具有中国特色的国际财务管理体系和内容。本书包括国际财务管理的基本理论、外汇风险管理、国际筹资管理、国际投资管理和国际贸易外汇收支管理等内容。本书分五篇十五章，每篇之首都有简明的引言，概述该篇内容的思路、各章的主要内容和联系。书中广泛运用图示和配有数字的表格，直观、简明地解释重要、复杂的概念。举例贯穿全书，书中各种计算公式都举例进行计算分析，使学生很快地掌握教学的基本内容和基本方法。本书每章之末都有思考题和计算题，是该章教学的重点和难点，是对学生应知应会的要求，是学生必须完成的作业，可测验学生对这一章的理解程度。

本书可作为高等院校财务管理、会计学等专业开设国际财务管理课程的教科书。由于本书内容比较全面，而教学计划课时数较少，因而教师应对主要章节的重要问题进行重点讲授，其他内容由学生自学。本书还可供财会人员和经济管理人员自学参考。

由于本人水平有限，书中可能会有错误和不当之处，敬请读者批评指正。

夏乐书

2005 年 10 月于东北财经大学

目　录

第一篇　国际财务管理概论

第一章　财务管理的国际化 …………………………………………… 3
  第一节　财务管理国际化的基本因素 ………………………… 3
  第二节　财务管理国际化的基本理论 ………………………… 16
  第三节　财务管理国际化的发展 ……………………………… 19
  案例 1-1　海尔的国际化战略 ………………………………… 20

第二章　国际财务管理概述 …………………………………………… 23
  第一节　国际财务管理的定义 ………………………………… 23
  第二节　国际财务管理的内容 ………………………………… 25
  第三节　国际财务管理的特点 ………………………………… 28
  第四节　国际财务管理的目标 ………………………………… 30
  第五节　国际财务管理的组织 ………………………………… 31
  第六节　国际财务管理与互联网 ……………………………… 35
  专栏 2-1　国际财务管理学的形成与发展 …………………… 37
  专栏 2-2　华为是 5G 移动通信网络技术的领军者 …………… 38
  案例 2-1　海尔致力打造物联网平台 ………………………… 39

第二篇　外汇风险管理

第三章　外汇汇率与外汇风险 ………………………………………… 43
  第一节　外汇汇率与外汇交易 ………………………………… 43
  第二节　外汇风险的分类与管理的内容 ……………………… 55
  专栏 3-1　我国人民币的国际化 ……………………………… 57

第四章　外汇汇率预测 ………………………………………………… 62
  第一节　汇率预测的必要性 …………………………………… 62
  第二节　汇率预测方法 ………………………………………… 63
  第三节　自由浮动汇率的预测 ………………………………… 67

第四节　管理浮动汇率或固定汇率的预测 ·················· 74
专栏 4-1　人民币汇率机制形成的改革 ·················· 75
专栏 4-2　人民币汇率走势引关注　IMF 报告认为中国未操纵汇率 ·········· 78

第五章　外汇风险测量 ·· 81
第一节　交易风险测量 ·· 81
第二节　折算风险测量 ·· 86
第三节　经济风险测量 ·· 92
案例 5-1　西安杨森制药公司外汇交易风险对利润的影响 ·········· 96

第六章　外汇风险管理的策略与方法 ···························· 100
第一节　外汇风险管理的策略与程序 ·························· 100
第二节　交易风险的管理 ······································ 102
第三节　折算风险的管理 ······································ 122
第四节　经济风险的管理 ······································ 126
案例 6-1　通用电气公司出口商与进口商分摊汇率风险 ·········· 129
案例 6-2　中信泰富公司未正确进行外汇期权交易造成巨大损失 ····· 129
案例 6-3　防范经济风险的一种具体方法——经营收支货币结构调整法 ··· 130

第三篇　国际筹资管理

第七章　吸收外商直接投资 ······································ 137
第一节　吸收外商直接投资概述 ······························ 137
第二节　吸收外商直接投资的新建形式 ························ 141
第三节　吸收外商直接投资的并购方式 ························ 144
案例 7-1　李宁公司吸收境外私募股权基金（PE）的投资 ········· 148
案例 7-2　西南电力总公司利用 BOT 国际项目融资建设新电厂 ····· 149
案例 7-3　IBM 对四川长虹的股权并购 ························· 150
案例 7-4　陕西西安至临潼高速公路经营权转让项目 ············· 151

第八章　国际信贷筹资 ·· 153
第一节　国际信贷筹资的渠道 ································· 153
第二节　国际信贷筹资的成本与风险 ························· 176
第三节　国际信贷筹资决策 ··································· 185
专栏 8-1　国际银团贷款的基本情况 ·························· 197
专栏 8-2　丝路基金为"一带一路"发展提供有力金融支持 ········ 198
案例 8-1　IFC 对中国民营企业的贷款和参股 ·················· 200
案例 8-2　我国银行对船舶企业提供出口信贷 ················· 201
案例 8-3　硅谷银行支持高新企业发展的经验 ················· 202
案例 8-4　亚投行首个项目助力巴基斯坦基础设施建设 ·········· 202

第九章　国际证券筹资 ·· 206

　　第一节　国际证券的发行与流通 ························· 206

　　第二节　国际债券筹资 ································· 217

　　第三节　国际股票筹资 ································· 233

　　第四节　吸收外商证券投资——QFII 境内证券投资管理 ·· 256

　　专栏 9-1　我国境外人民币债券的发行与发展 ·········· 260

　　专栏 9-2　世界银行在中国发行 SDR 债券 ·············· 262

　　案例 9-1　高盛投资团入股中国工商银行 ·············· 262

　　案例 9-2　中国人寿保险股份有限公司在纽约和中国香港同时上市 ········ 264

　　案例 9-3　阿里巴巴公司在美国上市 ·················· 265

　　案例 9-4　"新经济服务"领跑者 36 氪纳斯达克上市 ····· 266

第十章　国际租赁筹资 ·· 270

　　第一节　国际租赁筹资的方式 ························· 270

　　第二节　国际租赁的租金 ····························· 276

　　第三节　国际租赁筹资决策 ··························· 280

　　专栏 10-1　租赁保险与融资 ························· 284

　　案例 10-1　我国航空公司的飞机租赁 ················ 286

　　案例 10-2　"中国税务租赁模式"的境外融资创新 ······ 286

第十一章　国际补偿贸易筹资 ··································· 289

　　第一节　国际补偿贸易筹资的方式 ··················· 289

　　第二节　国际补偿贸易筹资的程序 ··················· 293

　　第三节　国际补偿贸易筹资决策 ····················· 296

　　案例 11-1　华美公司以补偿贸易方式从美国引进设备的财务可行性分析 ···· 299

　　专栏 11-1　国际军贸领域的补偿贸易 ················ 300

第四篇　国际投资管理

第十二章　国际直接投资的财务决策 ····························· 305

　　第一节　国际直接投资的动机与投资方式的选择 ········ 305

　　第二节　国际投资环境评析 ··························· 313

　　第三节　国际投资的纳税因素分析 ··················· 324

　　第四节　国际投资项目的财务决策 ··················· 330

　　案例 12-1　联想并购 IBM PC 业务 ··················· 353

　　案例 12-2　中海油公司收购加拿大尼克森石油公司 ····· 354

　　案例 12-3　中国万向公司收购美国 A123 系统公司 ······ 355

　　案例 12-4　美国国际电信公司在 B 国投资设厂的资本预算 ·········· 356

专栏 12-1 国际投资项目的政治风险管理 ⋯⋯⋯⋯⋯⋯⋯⋯⋯ 359

专栏 12-2 中国"一带一路"沿线投资东南亚地区大型项目风险成因 ⋯ 360

第十三章 国际直接投资的财务管理 ⋯⋯⋯⋯⋯⋯⋯⋯⋯⋯⋯ 365

第一节 国际直接投资财务管理的内容和特点 ⋯⋯⋯⋯⋯⋯⋯ 365

第二节 投入资本和内部贷款 ⋯⋯⋯⋯⋯⋯⋯⋯⋯⋯⋯⋯⋯ 367

第三节 内部贸易与转移价格 ⋯⋯⋯⋯⋯⋯⋯⋯⋯⋯⋯⋯⋯ 371

第四节 收益分配和费用支付 ⋯⋯⋯⋯⋯⋯⋯⋯⋯⋯⋯⋯⋯ 389

第五节 财务管理制度与业绩评价 ⋯⋯⋯⋯⋯⋯⋯⋯⋯⋯⋯ 395

案例 13-1 海尔集团公司外汇资金的集中管理 ⋯⋯⋯⋯⋯⋯⋯ 403

第十四章 国际证券投资 ⋯⋯⋯⋯⋯⋯⋯⋯⋯⋯⋯⋯⋯⋯⋯ 408

第一节 国际证券投资概述 ⋯⋯⋯⋯⋯⋯⋯⋯⋯⋯⋯⋯⋯⋯ 408

第二节 QDII 境外证券投资管理 ⋯⋯⋯⋯⋯⋯⋯⋯⋯⋯⋯⋯ 411

第三节 国际证券投资的收益与风险 ⋯⋯⋯⋯⋯⋯⋯⋯⋯⋯ 417

第四节 国际证券组合投资 ⋯⋯⋯⋯⋯⋯⋯⋯⋯⋯⋯⋯⋯⋯ 427

案例 14-1 国际证券组合投资的设计与选择 ⋯⋯⋯⋯⋯⋯⋯⋯ 436

第五篇 国际贸易外汇收支管理

第十五章 国际贸易外汇收支 ⋯⋯⋯⋯⋯⋯⋯⋯⋯⋯⋯⋯⋯ 443

第一节 国际贸易外汇收支结算方式 ⋯⋯⋯⋯⋯⋯⋯⋯⋯⋯ 443

第二节 国际贸易外汇收支结算融资 ⋯⋯⋯⋯⋯⋯⋯⋯⋯⋯ 458

第三节 国际贸易外汇收支结算中的风险 ⋯⋯⋯⋯⋯⋯⋯⋯ 464

第四节 国际贸易外汇收支的效益分析 ⋯⋯⋯⋯⋯⋯⋯⋯⋯ 468

案例 15-1 开证行不履行付款义务的风险处理 ⋯⋯⋯⋯⋯⋯⋯ 475

案例 15-2 新海公司出口信用保险保单融资 ⋯⋯⋯⋯⋯⋯⋯⋯ 476

第十六章 国际技术贸易外汇收支 ⋯⋯⋯⋯⋯⋯⋯⋯⋯⋯⋯ 479

第一节 国际技术贸易的方式与程序 ⋯⋯⋯⋯⋯⋯⋯⋯⋯⋯ 479

第二节 国际技术贸易的财务可行性分析 ⋯⋯⋯⋯⋯⋯⋯⋯ 484

第三节 国际技术贸易的价格决策 ⋯⋯⋯⋯⋯⋯⋯⋯⋯⋯⋯ 487

第四节 国际技术贸易支付方式的选择 ⋯⋯⋯⋯⋯⋯⋯⋯⋯ 492

案例 16-1 我国企业从国外引进技术付费方式的选择 ⋯⋯⋯⋯⋯ 498

主要参考文献 ⋯⋯⋯⋯⋯⋯⋯⋯⋯⋯⋯⋯⋯⋯⋯⋯⋯⋯⋯⋯⋯ 501

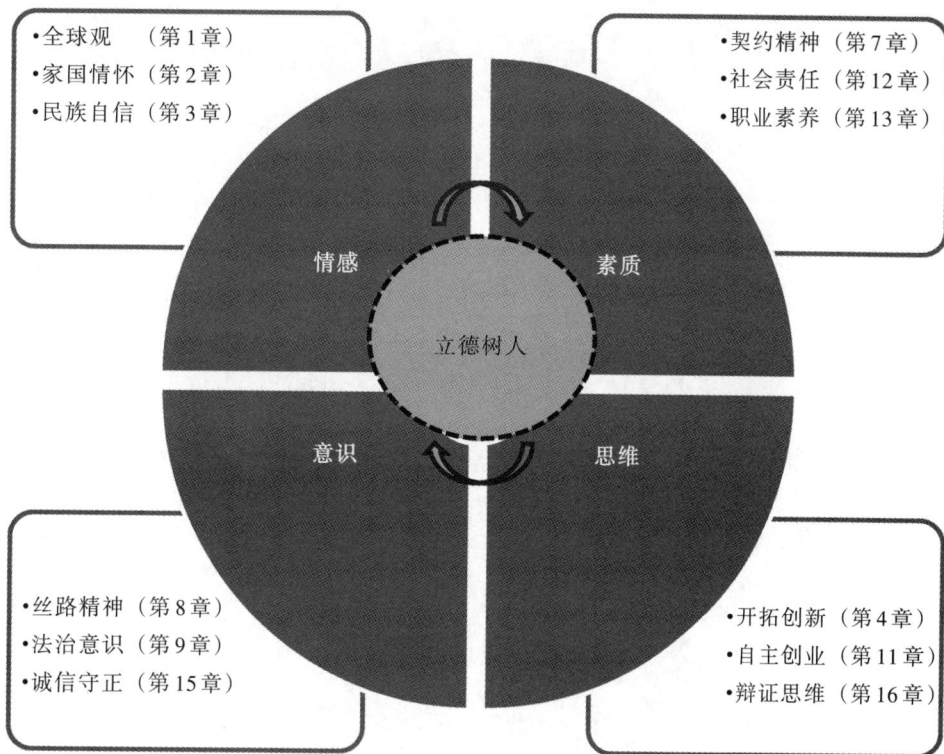

- 全球观 （第1章）
- 家国情怀（第2章）
- 民族自信（第3章）

- 契约精神（第7章）
- 社会责任（第12章）
- 职业素养（第13章）

情感　　素质

立德树人

意识　　思维

- 丝路精神（第8章）
- 法治意识（第9章）
- 诚信守正（第15章）

- 开拓创新（第4章）
- 自主创业（第11章）
- 辩证思维（第16章）

"国际财务管理"课程思政与专业教育融合路线图

第一篇

国际财务管理概论

国际财务管理是现代财务管理的一个新的领域，国际财务管理学是财务管理学的一个新的分支。在学习国际财务管理时，首先要研究它的基本理论。对此，本篇分以下两章加以论述：第一章论述财务管理的国际化，说明什么是财务管理国际化，影响财务管理国际化的基本因素，财务管理国际化的基本理论，以及财务管理国际化的发展；第二章论述国际财务管理的基本概念，说明什么是国际财务管理，它的定义、基本内容和主要特点，国际财务管理的目标和组织，以及国际财务管理学的形成与发展。

第一章

财务管理的国际化

第一节　财务管理国际化的基本因素

　　财务管理是经济管理的一个重要组成部分，它从事资金筹集、资金运用（包括投资和生产经营中资金的使用、耗费和收回）和资金分配（主要是收益分配）等活动，并对这些财务活动进行预测、决策、计划、控制和分析，其目标是实现股东财富最大化。

　　财务与生产、技术、贸易、金融和税务等都有着密切的关系。随着世界各国经济、贸易和金融等的国际化，财务管理也日益国际化。

　　企业财务管理国际化是指企业的财务活动跨越本国国界，与外国的企业、银行、证券公司和交易所以及税务机构和个人等发生财务关系。影响企业财务管理国际化的基本因素有以下两个方面：

一、企业生产经营国际化

企业生产经营国际化包括贸易、生产和直接投资以及技术等方面的国际化。

（一）贸易国际化

　　当一国的生产力发展到一定水平，生产的产品在国内市场处于饱和状态之后，就会将其产品向国外市场销售。各国企业之间的贸易活动已有很久的历史。在17世纪和18世纪，国际经济活动以商品贸易为主。18世纪60年代至19世纪的工业革命大大地提高了生产力，推动国际贸易迅速发展。20世纪以来，特别是第二次世界大战以后，关税与贸易总协定（GATT）的实施及世界贸易组织（WTO）的建立和运行，更促使全球国际贸易成倍增长，1950年至1997年，全球对外贸易增长了15倍多。从2001年中国加入WTO到2011年的10年期间，货物进出口总额从5 098亿美元增至3万亿美元，增长约4.9倍，成为世界第一大出口国，第二大进口国。中国共产党第十八次全国代表大会以来，我国经济社会发展取得新的历史性成就，实现新的历史性跨越，世界经济大国地位全面提升，综合国力跻身世界前列，国际影响力显著提升。2013年，中国超越美国成为世界第一大货物贸易国。2020年，我国对外贸易总额首超美国，成为世界第一大贸易国。2021年，我国货物贸易进出口额达到6.05万亿美元，其中出口额3.36万亿美元，位居首位，占全球份额的15.1%；进口额2.69万亿美元，位居第二，占全球份额的11.9%；我国服务贸易额为8 212亿美元，出口排第三位，进口排第二位。全球贸易的增长反映了国际化的影响正日益深入到几乎每一个国家和地区的经济之中。各国使用的货币不同，不同国家的企业之间进出口贸易货款，需由进口商用一种货币按一定比率（汇率）兑换为货款的计价货币，汇付给国外的出口商。各国企业进出口贸易的进行必然引起外汇资金的收支结算。经过长期实践，特别是100多年的经验积累，形成了系统的外贸财务管理科学知识和管理方法，包括办理商品进出口外汇收支结算、防范外汇收支结算中的风险和分析进出口外汇收支效益等。

改革开放尤其是2013年之后，我国举办的大型国际性展会正成为世界各国和全球商家扩大贸易、加强合作、促进发展的重要平台，主要包括：（1）中国进出口商品交易会（简称广交会），创办于1957年4月，每年春秋两季在广州举办，由商务部和广东省人民政府主办。广交会是中国历史最长、层次最高、规模最大、商品种类最全、到会采购商最多且分布国别地区最广、成交效果最好的综合性国际贸易盛会，被誉为"中国第一展"。（2）中国国际进口博览会（简称进博会），由商务部和上海市人民政府主办，为世界上第一个以进口为主题的国家级展会。2018年11月举办的首届中国国际进口博览会由国家主席习近平亲自谋划、亲自提出、亲自部署、亲自推动，是中国着眼推进新一轮高水平对外开放作出的一项重大决策，是中国主动向世界开放市场的重大举措。（3）中国国际服务贸易交易会（简称服贸会，前京交会），是全球唯一一个国家级、国际性、综合型的服务贸易平台，自2012年起每年5月在北京举行。由商务部和北京市人民政府主办，世贸组织、联合国贸发会议、经合组织等国际组织共同支持，是全球唯一涵盖服务贸易各领域的综合型服务贸易交易会。（4）中国国际消费品博览会（简称消博会），消博会是在海南自贸港建设总体方案中提出的，是全国首个以消费精品为主题的国家级展会，由商务部和海南省人民政府主办。2021年5月，首届消博会"以开放中国，海南先行"为主题，围绕建设海南国际旅游消费中心定位，集聚全球消费领域资源，打造国际消费精品全球展示交易平台。

广交会聚焦货物出口，进博会侧重货物和部分服务的进口，服贸会侧重服务业扩大开放，消博会定位于国际消费精品的全球展示和交易平台，共同构成了我国国家级商务会展体系，形成中国国际化大市场的"四轮驱动"。四大经贸盛会形成了新时期"中国制造"和"中国服务"全面发展、进口潜力和出口优势共同展现的全方位开放合作促进体系，释放扩大开放的鲜明信号、搭建互利共赢的合作平台，勾勒出新发展格局下中国经济的活力与魅力、信心和底气，是向世界讲述中国开放故事的"窗口"。在疫情严重冲击、地缘政治紧张、通胀高企等因素给世界经济带来

4

的重重压力下，中国经济以强大韧性和活力不断证明，中国仍将为世界贡献宝贵的确定性，中国将长期、持续成为全球经济增长最大的贡献者，以及新型经济全球化的引领者。

（二）生产和直接投资国际化

随着资本主义经济的不断发展，一些国家出现了过剩资本，本国之内有利可图的投资场所已经不多，企业为了获得高额利润，或为了扩大产品在外国的销售市场，或为了获得外国的自然资源等，就要将资本输出，投到国外创办生产性企业，一个企业的生产活动既在本国进行，又在国外进行。直接投资国际化与生产国际化同时进步、相互促进，生产国际化是直接投资国际化的基础，而直接投资国际化则是生产国际化的条件和推动力。生产和直接投资的国际化已有很久的历史，19世纪60年代，法国、瑞典、美国等国的一些企业开始向国外投资办厂，建立分公司或子公司。19世纪末，出现了跨国公司（transnational corporation，指在两个或多个国家拥有资产和开展经营的公司）。两次世界大战的发生，使国际直接投资和跨国公司发展缓慢。第二次世界大战后，特别是20世纪60年代以来，国际直接投资和跨国公司有了巨大发展，跨国公司控制全球产出的40%、贸易的60%、技术转让的70%、国际直接投资的90%，跨国公司数量有了迅速增加。20世纪90年代以来，跨国公司的海外投资以每年10%的速度增长。2021年，全球对外直接投资流出额为1.71万亿美元，其中，中国对外直接投资流出额为1 451.90亿美元，略低于日本，排第四位，中国对外直接投资流入额为1 809.57亿美元，排第二位。随着国际直接投资的不断发展，逐渐形成了国际直接投资方面的财务管理，包括对外投资项目财务决策、跨国资本预算、资本投出、母子公司之间的内部贷款、内部贸易结算、转移价格运用、子公司利润汇回、国际双重征税避免和资本抽回等内容。以上各项内容都涉及不同国家货币的折算和外汇收支结算。

（三）技术国际化

科学技术的迅速发展对经济发展的影响日益明显。企业为了在竞争中获胜，在技术开发方面投入大量资金。一般是先在国内充分利用先进技术，获得高额利润，然后把技术向国外转让，谋取额外利润。20世纪60年代以来，国际技术转让迅速增长，据统计，1965年至1975年间，技术贸易总额年平均增幅为37%，而在1975年至1985年间年平均增幅达41%，20世纪90年代以来，国际技术贸易有了更快的发展，2002年技术贸易额已达近万亿美元。2017年我国技术贸易进出口（合同金额）总额为557亿美元，2021年我国知识密集型服务进出口总额为23 259亿元。企业输出技术或引进技术必然引起技术价格确定和外汇的收付，于是形成了与技术贸易外汇收支有关的财务管理。例如，当企业从国外引进技术时，要进行引进技术项目的财务决策、技术价格的制定、支付方式的选择和以外汇支付技术价款等工作。

二、金融市场国际化

金融即资金的融通。金融市场是进行资金融通与金融产品交易的场所或运营网

5

络。金融市场最初产生于商品经济发达的国家和地区，经过400多年的发展，逐步形成现代的金融市场。现代金融市场包括信贷市场、证券市场（债券市场和股票市场）、外汇市场、黄金市场和金融衍生品市场。信贷市场和证券市场都是资金市场，按期限长短可分为货币市场和资本市场。货币市场是短期资金市场，包括短期信贷市场和短期债券市场；资本市场是中长期资金市场，包括中长期信贷市场、中长期债券市场和股票市场。

金融活动最早一般是在本国范围内进行的，随着生产国际化、资本国际化和国际贸易的发展，金融市场逐步国际化。

（一）资金市场的国际化

1.国内资金市场和国际资金市场

图1-1以A国、B国和C国三个国家为例，表示国内和国际资金融通关系。

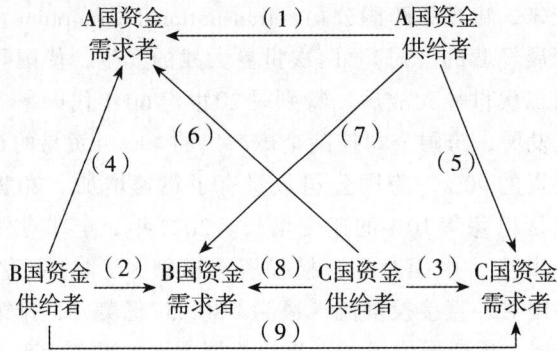

图1-1　资金市场中的资金融通活动

图1-1中的（1）、（2）、（3）分别表示A国、B国、C国的国内资金市场。（4）、（5）、（6）、（7）、（8）、（9）分别表示A、B、C三国之间的国际资金市场。

20世纪50年代以后，国际金融领域发生了重大变化，出现了离岸金融市场（或称境外金融市场），它是国际金融市场的核心部分。最早出现离岸金融市场的货币是美元。在此之前，美元都存放在美国国内银行，外国企业需要美元资金时，要从美国国内银行贷款，美元证券的发行和交易都必须经由美国证券金融机构办理，都须服从美国金融机构统一监管。这使外国筹资者和投资者感到不方便，他们要求改革，因而逐渐发展为许多国家将美元存入英、德、法等欧洲国家的银行，这些国家的银行也发放美元贷款，以后进一步发展为，外国的企业可以在英、德、法等国家的证券市场发行美元证券，买卖美元证券。这些美元存款、贷款和美元证券的买卖不是在美国国内进行的，而是在美国（美元发行国）的境外进行的，这就是美元资金的境外市场。以后随着经济进一步发展，又出现了英镑、德国马克、法国法郎和日元等货币的境外资金（金融）市场。现在，全球主要的国际金融中心都经营离岸金融市场业务。从上述可知，从事境外金融业务的离岸市场（offshore market）不是指某一市场的地理位置，而是相对于在岸（onshore）市场（传统的国内市场）

而言的，以区别市场中交易货币的性质。离岸金融市场的主要特点是：（1）市场上的资金供给者和需求者一般不是当地（市场所在国家）的机构或个人；（2）市场上的交易货币一般也不是当地（市场所在国家）的货币；（3）境外金融市场的各项交易活动已脱离货币发行国的控制管理范围，因而其灵活性和国际化程度特别高。

2. 欧洲货币市场的形成与发展

境外金融市场是国际金融市场的核心部分。最早形成和迅速发展的境外金融市场是欧洲美元市场，它是在一定的国际政治、经济条件下由多种因素促成的。

（1）20世纪50年代初，美国政府在朝鲜战争期间，冻结了中国存放在美国的全部资产，苏联和其他东欧国家担心其存放在美国银行的美元资金可能受到同样的危险，就将存放在美国的美元转移存入英国、法国的银行，这是欧洲美元的最早来源。1956年，英、法联合入侵埃及，英国的国际收支恶化，外汇短缺，当时英国的许多银行为了解决市场对美元的需求，便将它们吸收的境外美元存款贷出，由此出现了欧洲美元贷款。20世纪70年代末，美国与伊朗发生矛盾，美国冻结了伊朗在美国银行的美元存款，这又使一些国家将原来存放在美国银行的美元转存到欧洲国家的银行。

（2）第二次世界大战后，美元成为主要的国际货币，战后欧洲各国经济恢复和国际贸易发展，需要大量美元用于国际结算，这时对只能通过美国境内的银行办理美元收支存贷感到不便，在客观上产生了对境外美元的需求，需要欧洲国家的银行能吸收美元存款，直接用于国际贸易的美元货款结算，或向美元需求者发放美元贷款。

（3）欧洲美元市场的金融活动不受美国和市场所在国金融政策法规的限制，可以自由筹措资金，进行外汇交易，实行自由利率。由于欧洲国家的商业银行吸收美元存款时不需向该国中央银行缴纳存款准备金，可将全部存款用于发放贷款，以获得较多的利息收入，因而为了吸收更多的存贷客户，有可能适当提高存款利率，降低贷款利率。在20世纪80年代之前，美国一直对定期存款设定利率上限，曾规定美国商业银行存款利率最高不能超过6%，而西欧各国商业银行的美元存款利率自由变动，使美国国内美元存款利率常低于西欧，因而导致美国国内的大批美元存款转移到欧洲美元市场。

（4）20世纪60年代以后，美元霸主地位动摇，美元币值降低，每当美元发生危机时，人们纷纷抛售美元，购买黄金或德国马克、英镑、法国法郎等当时的硬货币，加之有些国家对非本国居民存入本国货币加以限制，而对外国货币的存入不加限制或限制较少，这也促使一部分资金转存到该种硬货币发行国国境以外的银行中，形成欧洲英镑（存放在德、法等国银行的英镑）、欧洲德国马克（存放在英、法等国银行的德国马克）、欧洲法国法郎（存放在英、德等国银行的法国法郎）。欧洲美元市场逐步发展成为欧洲货币市场。欧洲货币市场包括欧洲短期信贷市场、欧洲中长期信贷市场和欧洲债券市场。

（5）欧洲货币市场是一个不断发展变化的概念。该市场最初形成于欧洲，以后发展到加拿大和美国，进一步发展到亚洲和拉丁美洲等地。亚洲的银行用境外美元和其他境外货币进行借贷交易所形成的市场，因为交易额的90%以上是美元，所以称为亚洲美元市场。亚洲美元市场是欧洲美元市场的延伸，它是为适应亚洲各国的公司在国际经济贸易活动中日益广泛使用美元的需要而发展起来的，因为距离遥远和时区不同，这些公司不便依靠欧洲银行。另外，在1968年新加坡政府取消了对付给非本国居民的利息征收40%的预提税，在1973年它还将银行的亚洲美元海外贷款利息的税收从40%降低到10%，因而促进了亚洲美元市场的发展。在20世纪70年代中期，许多石油输出国将美元收入存入新加坡等亚洲国家的银行，使亚洲美元市场的规模进一步扩大。亚洲美元市场的大多数金融活动发生在新加坡、中国香港和马尼拉等。在亚洲美元市场上，银行一方面大量吸收美元等外币存款；另一方面将这些资金贷给借款者。参与这个市场的银行经常相互借贷，亚洲美元市场上的银行通常还与欧洲美元市场上的银行互相借贷。

从前述可以进一步明确，欧洲货币（eurocurrency），指由货币发行国境外银行体系所创造的该种货币存贷款业务，而非特指欧洲某个国家的货币。因为最早的境外货币是出现在欧洲国际金融市场上的美元，于是就有了欧洲美元的说法。欧洲美元并不是一种特殊美元，它与美国国内流通的美元是同质的，具有相同的流动性和购买力。所不同的是，欧洲美元不由美国境内金融机构经营，不受美联储相关银行法规、利率结构的约束。由于这种性质，欧洲美元业务规模增长很快，又相继出现了欧洲英镑、欧洲德国马克、欧洲瑞士法郎、欧洲法国法郎、欧洲日元等。因此，经营离岸金融业务的市场也称欧洲货币市场，或境外货币市场。欧洲货币市场是一个国际性的资金市场，市场交易使用主要发达国家的可兑换货币，各项交易是在货币发行国国境外进行的。

3.资金市场国际化对财务管理的影响

资金市场国际化大大加快了财务管理的国际化。国际信贷市场和国际证券市场的形成和发展，为企业进行筹资和投资开辟了新的途径和领域，也为企业筹资和投资带来了新的风险，形成了国际信贷筹资、国际证券筹资和国际证券投资等财务管理内容。在国际信贷市场和证券市场形成之前，各国企业生产经营所需要的货币资金都是在本国之内筹措的，货币投资（如购买债券、股票等）也是在本国之内进行的。随着国际信贷市场和证券市场的形成，使企业有可能从国外筹措货币资金，例如，从国外银行借款或在国外发行债券和股票筹集资金，也可以向国外进行货币投资，例如，购买外国政府、金融机构和公司企业发行的债券及公司发行的股票等。特别是境外金融市场的形成和发展，使筹资者可以在货币发行国之外筹集到该国的货币资金，例如，在欧洲、亚洲和拉丁美洲等美元市场上可以筹集到美元资金，在德、法等国的欧洲英镑市场上可以筹集到英镑资金，在英、德、法等国的欧洲日元市场上可以筹集到日元资金等。国际资金市场越发展，企业从国外筹资的来源和向国外投资的去向就越多，国际筹资和投资的方式也更加灵活。

（二）外汇市场国际化

1.外汇市场国际化概述

外汇市场（foreign exchange market）是专门进行外汇买卖的市场。外汇市场的参与者包括外汇银行（经中央银行指定或授权而经营外汇业务）、外汇经纪人（中介于外汇银行之间或外汇银行与顾客之间接洽外汇交易，从中收取佣金）、顾客（如进出口商、国际投资者、旅游者、外汇套期保值者和外汇投机者等）和中央银行（外汇市场的监督者，参与市场买卖外汇，干预市场）。外汇市场的交易包括两个层面：一是银行之间的外汇批发交易；二是银行与顾客之间的外汇零售交易。

随着国际经济贸易和资金市场的迅速发展，越来越多的国家放松或取消外汇管制，还由于电子计算机、电信技术的进一步革新和广泛运用，外汇市场日益国际化，并趋于全球一体化，主要表现在银行机构的国际化和国际外汇交易不断地增多。银行机构国际化表现在，许多国家的大银行纷纷投资在外国建立分支行或代办处，各国的外国银行的数量和作用明显上升。例如，1970年英国的外国银行只有95家，到1985年6月增加到293家，同一时期，美国的外国银行由50家增加到783家。1989年年末，中国香港共有银行165家，其中外国银行125家。在外汇市场上，本国银行不仅与本国银行进行外汇交易，还与外国银行进行外汇交易，本国银行不仅与本国顾客进行外汇交易，还与外国顾客进行外汇交易。由于各国银行普遍在外国设立分支行，因而使本国银行与外国银行之间以及本国银行与外国顾客之间的外汇交易更为便捷，而且交易额增多。例如，1995年4月，平均日外汇交易额11 370亿美元，其中：（1）银行之间的外汇交易占84%，其中，本国银行之间的外汇交易占35%，与外国银行的外汇交易占49%；（2）银行与顾客之间的外汇交易占16%，其中，与本国顾客的外汇交易占11%，与外国顾客的外汇交易占5%。在全部外汇交易中，国际的外汇交易达54%（49%+5%）。2022年4月，全球外汇市场的日均交易额已跃升至7.5万亿美元。

国际清算银行报告显示，2022年全球十大外汇交易中心分别为英国、美国、新加坡、中国香港、日本、瑞士、法国、德国、加拿大和中国。2022年中国外汇日均交易量1 530亿美元，占全球外汇交易量的1.6%。世界各大金融中心的外汇市场连成一体，形成一个全球性的网络，借助于日益发达的通信技术和电子清算系统，突破了时区的限制，实现24小时连续进行外汇交易的市场体系。

2.外汇市场国际化对财务管理的影响

企业的国际筹资、国际投资和国际贸易都涉及外汇收支，离不开不同国家货币的汇兑，因而与外汇市场存在着密不可分的关系。外汇市场的国际化和全球化，一方面方便了外汇买卖和外汇收支结算，加快了资金在国际的流动；另一方面外汇市场的发展变化，特别是实行了浮动汇率制度以后，增加了企业的外汇风险，由于汇率变动频繁，有时汇率变动幅度很大，对企业的财务收支和财务成果产生很大影响，大大增加了企业跨国经营环境的不稳定性，使财务管理变得更为复杂。

（三）国际金融衍生品市场的形成与发展

1.国际金融衍生品市场概述

自20世纪80年代以来，国际金融市场最为重要的创新是金融衍生品市场的出现和成长。随着西方国家利率自由化和汇率完全自由浮动，金融领域的风险更加突出，金融机构和企业要控制利率风险、汇率风险、股票和债券价格变动风险的任务更加艰巨。从另一方面讲，利率、汇率、股票和债券价格走向的不确定性也蕴含着获利的机会。在这种情况下，金融衍生品应运而生，它为风险规避者提供了方便的避险工具，也为风险承受者提供了有效的投机对象，从而形成金融衍生品的交易市场。

金融衍生品是从基础金融资产（例如，利率合约、外汇买卖合约、政府债券、股票等）衍生出来的，它主要包括期货（future）、期权（options）和互换（swap）三类。金融期货具体包括利率期货、外汇期货、债券期货、股票指数期货等；金融期权具体包括利率期权、外汇期权、债券期权、股票指数期权等；金融互换具体包括利率互换、货币互换等。

金融衍生品市场分为以下两类：一是交易所市场。例如，芝加哥商品交易所的国际货币市场分部、芝加哥期货交易所、伦敦国际金融期货交易所、德国期货交易所与瑞士期权交易所合并成立的欧洲交易所等。二是场外交易市场，是在交易所之外，在银行同业之间、银行与经纪人之间以及银行与顾客之间单独直接进行交易。

2.国际金融衍生品市场的发展对财务管理的影响

企业通过国际金融衍生品市场进行外汇期货、外汇期权、利率期货、利率期权、利率互换和货币互换等交易，可以达到降低金融风险和提高资金效益的目的，进行这些交易已成为当今企业财务、金融部门的现代管理方法。关于外汇期货和外汇期权等内容将在第六章阐述，关于货币互换、利率互换、利率期货和利率期权等内容将在第八章阐述。

目前，公司理财对金融期货、期权和互换的运用还处于初级阶段。但由于越来越多的管理人员认识到金融期货、期权和互换技术在对冲利率风险和汇率风险方面的优势，因而它们的使用将会逐渐普及；深入了解这方面的理论和实务需要阅读有关专著或学习专门课程。

（四）国际金融市场的分类

根据前述，可以对国际金融市场做多种分类。按金融活动（业务）的类别，国际金融市场可分为国际信贷市场、国际证券市场、国际外汇市场、国际黄金市场和国际金融衍生品市场。按期限长短，国际金融市场（包括国际信贷市场和国际证券市场）可分为国际货币市场和国际资本市场，前者包括国际短期信贷市场和国际短期债券市场，后者包括国际中长期信贷市场、国际中长期债券市场和国际股票市场。按市场所处地域不同，国际金融市场可分为境内资金市场和境外资金市场。国际金融市场按其表现形式，可分为以下两种：一种是有形市场，如世界各地的银行、证券交易所和期货交易所等，它们具有实在的交易场所；另一种是无形市场，它没有实在的交易场所，而是通过电话、电报、电传、计算机、专用网络等构成的无形的营运网实现交易的。

三、各国经济合作共赢，促进国际化广泛深入发展

人们以前思考经济财务国际化，往往只从本国的角度考虑，怎么"走出去""引进来"，视野不广阔。20世纪70年代以来，各国跨国公司迅速增多，企业规模不断扩大，世界各国的经济财务关系越来越密切，国际化迅速发展，世界各国之间的经济有竞争，但更需要合作，各国经济发展要有自己的规划，更需要全球综合治理战略，这样才能促使各国经济财务国际化更广泛、更深入地发展。中国是世界大国，是世界第二大经济体，中国经济发展对世界各国的影响很大，中国与世界各国进行经济合作，才能发展得更快更好。国际经济合作包括生产合作、技术合作、贸易合作、产能合作、能源资源合作和金融合作等。2013年，习近平主席在访问中亚和东盟期间，先后提出共建"丝绸之路经济带"和"21世纪海上丝绸之路"（简称"一带一路"倡议）的构想，为古丝绸之路赋予了新的时代内涵，为泛亚和亚欧区域合作注入了新的活力。这是中国和世界各国经济发展进一步国际化的必由之路。

"丝绸之路经济带"要构建一个陆上经济带，把贯穿中亚、西亚、中东和欧洲的古丝绸之路沿线国家都包括进来，跨越中国、蒙古国、俄罗斯、白俄罗斯、波兰、德国和荷兰，延伸8 000多英里（1英里约合1.6千米），创造一个长度约为地球赤道周长1/3的经济带。"21世纪海上丝绸之路"把中国沿海地区与亚洲、非洲和欧洲的港口设施连接起来。例如，中国与马来西亚决定合作建设马六甲海港，中国沿海港口的商船就可以经过马六甲海峡进入印度洋，经红海穿过苏伊士运河进入地中海，可到达希腊的比雷埃夫斯港，这是中国海运商品进入欧洲的第一站，再经大西洋，可到达西欧的荷兰等国。"一带一路"倡议的基本原则是相关各国诚心合作，共商共建共同发展，互利共赢共享，实现政策互通、交通（设施）连通、贸易畅通、资金融通和民心相通。

2016年11月，中国国务院总理李克强访问拉脱维亚并出席在里加举行的第五次中国-中东欧国家（"16+1"）领导人会晤。中东欧16国包括阿尔巴尼亚、波黑、保加利亚、克罗地亚、捷克、爱沙尼亚、匈牙利、拉脱维亚、立陶宛、黑山、波兰、罗马尼亚、塞尔维亚、斯洛伐克、斯洛文尼亚和马其顿。在"一带一路"60多个沿线国家中，中东欧国家占近1/4。以基础设施互联互通为主要着力点的"一带一路"建设，将提升中东欧国家的国际地位。自中国2013年提出共建"一带一路"倡议至今，中国与中东欧国家实施了一系列合作项目，取得了包括匈塞铁路、贝尔格莱德跨多瑙河大桥、"中欧班列"等早期收获。

我国同拉美共建"一带一路"起步较晚，但进展较快，并已取得可喜的积极效果。至2019年4月，拉美24个建交国中已有18国同我国正式签署了共建"一带一路"合作谅解备忘录。它们是：巴拿马、特立尼达和多巴哥、苏里南、玻利维亚、安提瓜和巴布达、多米尼克、圭亚那、乌拉圭、哥斯达黎加、委内瑞拉、格林纳达、多米尼加、萨尔瓦多、智利、古巴、厄瓜多尔、巴巴多斯、牙买加，其余国家也都表示支持和参与共建的努力。一大批合作项目取得成功或正在顺利执行中。欧盟的葡萄牙、奥地利和瑞士等国也参加了"一带一路"建设。

在"一带一路"建设进行中，我国有10个城市与国外的10个城市结成了密切关系、被称为"一带一路"10个"双城"。双城1西安与德国的汉堡；双城2广州与非洲肯尼亚的蒙巴萨市；双城3郑州与欧洲的卢森堡市；双城4福建的晋江与菲律宾的达沃市；双城5新疆的霍尔果斯与哈萨克斯坦的阿拉木图市；双城6成都与法国的蒙彼利埃市；双城7广西钦州与马来西亚的关丹市；双城8天津与巴基斯坦的拉合尔市；双城9义乌与西班牙的马德里市；双城10兰州市与意大利的罗马市。

中国城市与外国城市商品流转销售情况，以西安与德国汉堡为例（如图1-2所示）：

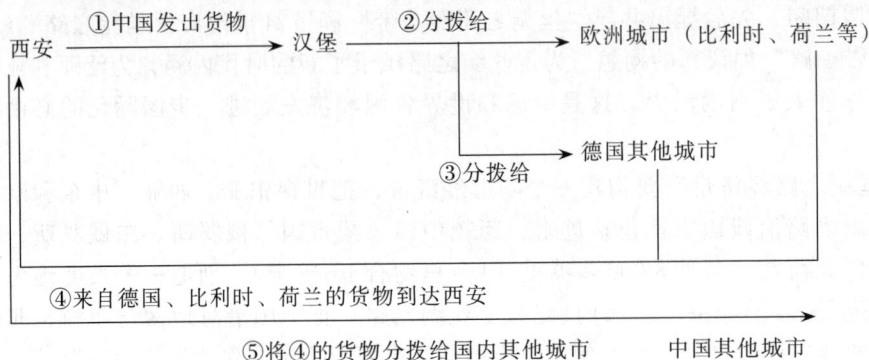

图1-2　西安与汉堡商品流转销售情况

推进"一带一路"建设，将亚洲、欧洲、非洲和拉丁美洲等区域（各国）连接起来，互联互通，合作互利共赢，对于构建我国全方位对外开放新格局，促进经济国际化全球化，具有重大的战略意义。

"一带一路"建设需要进行许多基础设施建设，例如，修建高速公路、铁路、港口、航空机场、通信系统、发电设施、输配电网络及光纤网络、输送原油天然气管道等，也要进行许多大规模的基础设施建设，这就需要巨额资金，必须有相应的投融资来源。

（一）亚洲基础设施投资银行（简称亚投行）和丝路基金

为适应"一带一路"建设的需要，中国于2014年发起建立亚投行，由中国、印度、新加坡等24个国家共同组建，并设立丝路基金（丝绸之路基金），这二者专为"一带一路"各种基础设施建设项目提供融资。例如，中国要建设6条连接亚欧的经济走廊（包括中蒙俄、新亚欧大陆桥、中国-中亚-西亚、中国-中南半岛、中国-巴基斯坦、孟加拉国-中国-印度-缅甸），要建设一条以中国云南昆明为起点，与老挝、越南、柬埔寨、泰国、马来西亚和新加坡相连的高速铁路，亚投行主要为这些建设提供资金，亚投行的详情见本书第八章第一节。

丝路基金是由外汇储备、中国投资有限责任公司、国家开发银行、中国进出口银行共同出资，根据《中华人民共和国公司法》，按照市场化、国际化、专业化原则设立的中长期开发投资基金，重点致力于为"一带一路"框架内的经贸合作和双边多边互联互通提供融资支持。2014 年 12 月 29 日，丝路基金有限责任公司在北京注册成立，首期资本金 100 亿美元，其中外汇储备、中国投资有限责任公司、国家开发银行、中国进出口银行分别出资 65 亿美元、15 亿美元、5 亿美元和 15 亿美元。丝路基金规模 400 亿美元，2017 年 5 月，中国政府向丝路基金增资 1 000 亿元人民币。

（二）中国政府投资

2016 年 9 月末以前，中国已与 56 个"一带一路"沿线国家签署了双边投资协定。中国对"一带一路"相关国家的投资已累计达 511 亿美元，占对外直接投资总额的 12%。例如，中国与巴基斯坦合作建设的中巴经济走廊，起点是中国新疆的喀什市，终点是巴基斯坦西南地区的瓜德尔港，其中包括公路、铁路、油气管道和港口的建设，投资总额约 460 亿美元。中国商品经过这条经济走廊，可进入阿拉伯海、印度洋、波斯湾、红海、地中海，迅速到达非洲和中东欧的一些国家，再经过大西洋，可到达西欧国家。把陆上经济走廊与海上一些港口连接，可以使丝绸之路的交通运输更迅速，经济效益更好。2015 年 6 月，中俄商定将中方倡议的丝绸之路经济带与俄方倡议的欧亚经济联盟对接，中俄签署的几项重大协议均与基础设施建设有关，其中包括中俄合建高铁、合建工厂和铺设原油管道，允许中国投资进入俄罗斯有关领域。

（三）中国银行贷款

例如，中国国家开发银行于 2015 年向"一带一路"投资 8 900 亿美元，资金注入 60 个国家的 900 个项目。2015 年 5 月，白俄罗斯铁路公司和中国进出口银行签订了关于开展长期全面合作促进白俄罗斯铁路发展的协议，中方向白俄罗斯铁路公司提供 5 亿美元贷款，以便该公司购买电力机车和实现铁路的电气化。

（四）成立合资公司，共同建设基础设施

例如，阿尔及利亚国有的阿尔及尔港务集团与两家中国企业签署了意向书，成立合资公司，共同兴建阿尔及利亚最大的商业港口。即将兴建的哈姆达尼耶港位于距首都阿尔及尔 70 千米处的舍尔沙勒。一名欧盟官员说："这是阿尔及利亚一直迫切需要的项目，因为该国的 4 个港口都已饱和。因此当局一直讨论在首都附近打造一项大工程。这对西班牙等国也是好消息，因为可以向新港口提供自己的服务。现在已经有西班牙人参与到中国人的建造项目中。"

通过兴建阿尔及利亚的大型港口，中国将巩固在地中海地区的存在。2009 年，中国远洋运输（集团）总公司就获得了希腊最大港口 35 年的特许经营权。中远集团投资10亿美元用于基础设施现代化建设，在不到5年的时间里实现集装箱运输量增长6倍。

阿尔及利亚哈姆达尼耶港的目标是在7年内具备装卸650万标准集装箱的能力。

摩洛哥工程师纳吉布·谢尔法维认为，对中国来说，新港口是通过苏伊士运河进入大西洋的"关键点"，将成为从地中海向西非和北欧市场分销的海上平台。

几家中国的银行将为新港口的建设融资约30亿欧元（1欧元约合7.13元人民币）。未来7年内工程将分两个阶段进行。中国是阿尔及利亚最大的进口来源国，超过了法国、意大利和西班牙。

（五）投资入股，共同建设和经营

例如，中国和希腊希望深化经济合作，两国谋求在造船、金融、高科技和旅游领域加深合作，比雷埃夫斯港将成为中国产品抵达欧洲的第一站。中国愿同希腊一道，努力将比雷埃夫斯港打造成地中海一流港口和物流中心。

希腊政府与中远海运集团在2016年4月份签署协议，同意中远海运集团控制比雷埃夫斯港管理局2/3的股权直到2052年。中远海运集团承诺以3.685亿欧元（1欧元约合7.42元人民币）的价格购买比雷埃夫斯港管理局67%的股权，另向希腊政府上交4.1亿欧元的收入，并在接下来10年对该港提供3.5亿欧元的投资。

比雷埃夫斯港位于希腊首都以南，是该国庞大航运业事实上的基地，也是地中海地区的最大港口之一。由于它靠近苏伊士运河，中远海运集团将其作为亚洲出口商品用集装箱船从中国运往欧洲的转运枢纽。很多跨国企业的货物从这个希腊港口过境，这里是东方和西方的十字路口。还有一条铁路将货物从比雷埃夫斯运往巴尔干国家和中欧。中国的雄心是将该港口打造成地中海最大港口。

中远海运集团和希腊共和国资产发展基金在北京人民大会堂签署了确认函，确认交易条件已得到满足。

（六）中国民营企业投资"一带一路"项目建设

"一带一路"建设除了基础设施，还有很多涉及民生的项目。目前，中国已在"一带一路"沿线国家建设了46个境外合作园区，其中23个在东盟国家，共吸引421家中资企业入驻，总投资约213亿美元。

随着"一带一路"建设进程的加速推进，日益壮大的私营企业也加入到了浩荡的出海大军，与实力雄厚的国有企业一起，带动了中国新一轮海外投资热潮。

中国2015年一跃成为全球第二大对外直接投资国，对外投资流量超过吸引外资规模，实现资本净输出。2016年1—8月，中国对外非金融类直接投资额1 180.6亿美元，同比增长53.3%。其中非公经济类企业对外投资的比重凸显，占境外并购总额的75.6%。

（七）共建"一带一路"促进经济合作，构建全球发展共同体

历经十年发展，共建"一带一路"在深化各国政策沟通、推动全球互联互通、重塑国际贸易格局、拉动世界经济增长、促进人文交流等方面发挥了重要作用，取

得了巨大成就。截至 2023 年 1 月，中国已与 151 个国家和 32 个国际组织签署 200 余份合作文件。基础设施互联互通水平不断提升，"六廊六路多国多港"的互联互通架构基本形成，一大批互利共赢项目成功落地。经贸投资合作不断拓展，截至 2022 年年底，中国已与 26 个国家和地区签署了 19 个自贸协定，自贸伙伴覆盖亚洲、大洋洲、拉丁美洲、欧洲和非洲。截至 2022 年 10 月底，中国海关已与 32 个共建"一带一路"国家、地区签署了 AEO（经认证的经营者）互认安排。中国的纺织品、电子元件、基本有机化学品和汽车零配件等商品在沿线国家的市场竞争力不断增强。2013 年至 2022 年，我国与"一带一路"沿线国家货物贸易额从 1.04 万亿美元扩大到 2.07 万亿美元，同沿线国家双向投资累计超过 2 700 亿美元。截至 2022 年年底，中国企业在沿线国家建设的境外经贸合作区累计投资达 571.3 亿美元，为当地创造了 42.1 万个就业岗位。

世界银行数据显示，共建"一带一路"使参与方贸易增加 4.1%，吸引外资增加 5%，使低收入国家 GDP 增加 3.4%。受益于"一带一路"建设，2012 年至 2021 年，新兴与发展中经济体 GDP 占全球份额提高 3.6 个百分点。世界银行测算，到 2030 年，共建"一带一路"每年将为全球产生 1.6 万亿美元收益，占全球 GDP 的 1.3%。2015 年至 2030 年，760 万人将因此摆脱绝对贫困，3 200 万人将摆脱中度贫困。

此外，各国人文交流持续深化，进一步促进了沿线区域民心相通。中国与相关国家签署高等教育学位学历互认协议，共建"鲁班工坊"，成立丝绸之路国际剧院联盟、博物馆联盟、艺术节联盟、图书馆联盟等，"丝路一家亲"行动持续推进，形成文化、教育、旅游等领域多元互动的人文交流格局。

当前，保护主义、逆全球化思潮抬头，多边主义受到挑战和冲击，全球发展模式和治理体系亟待改革和完善。"一带一路"倡议是开放包容、互利互惠、合作共赢的国际合作平台，也是国际社会普遍欢迎的全球公共产品。党的二十大报告明确提出，推动共建"一带一路"高质量发展。中国通过共建"一带一路"与相关国家共同营造经济开放合作氛围，突破逆全球化思潮和地缘政治博弈阴霾，推动了包容、普惠的经济全球化。共建"一带一路"破除了零和博弈思维和意识形态划界，"一带一路"共建国家中，不仅有来自亚非拉地区的广大发展中国家，也有西方七国集团成员国家。共建"一带一路"践行真正的多边主义，兼顾各方利益，体现各方智慧，将各方优势和潜能发挥出来，让建设成果更多更公平惠及共建各国民众。共建"一带一路"增强了发展中国家和新兴经济体在区域乃至全球经济治理中的话语权，对于改革完善全球治理意义重大。在共建"一带一路"进程中，发展中国家和新兴经济体在世界市场体系演进中发挥着越来越重要的作用，与其对世界经济增长的贡献度更为匹配，推动全球治理朝着更加合理公正的方向迈进。在共建"一带一路"中形成的互利共赢合作机制，如亚洲基础设施投资银行等多边机构、中国-中亚峰会等合作机制，以及金砖组织、上海合作组织等合作平台在区域和全球事务中发挥更为重要的作用，日益成为促进全球经济开放发展以及维护区域和平稳定的重要力量。

第二节　财务管理国际化的基本理论

前已阐述，由于企业贸易、生产、直接投资和技术国际化以及金融市场国际化导致企业财务管理国际化。进一步思考：企业为什么进行进出口国际贸易？为什么要从国外筹资？为什么要到外国去进行直接投资？一句话：企业为什么要积极拓展国际业务？在这方面有一些常见的理论：资源分布不均衡理论、比较优势理论、不完全市场理论和产品生命周期理论等，这些理论在一定程度上重叠，互为补充。

一、资源分布不均衡理论

资源或称生产要素，包括土地、劳动和资本。其中，土地包括地上和地下的各种自然资源，具体包括地上的农田、森林、草场和水生资源等，以及地下蕴藏的原油和矿石等。虽然各项资源在一国之内分布也不均衡，但国与国之间资源分布的差异要大得多，因此存在着国际之间资源流动的客观必然性。

资本在各国之间的流动是通过投资和融资方式进行的。一些国家国内有许多的投资机会，但缺乏大量资金，而另一些国家拥有丰富的资金，但在国内缺乏高收益的投资机会。缺乏资金的国家和企业可以到国际资金市场上通过发行债券或股票来筹集资金，还可以吸引外商来国内进行直接投资，建立国际合资、合作和外商独资企业等。资金有富余的国家和企业可以到国际资金市场上投资购买外国政府和外国公司发行的债券以及外国公司发行的股票，还可以将货币资金和设备等资本投到国外进行直接投资。

地上的农田和蕴藏在地下尚未开采出来的原油和矿石等，在各国之间不能流动，只能将在农田里生产出来的粮食等农产品和从地下开采出来的矿石和原油等产品，通过国际贸易方式在不同国家之间流动。世界上有些国家有许多大油田，经过开采和提炼，大量出口石油产品；另一些国家有辽阔的肥沃土地，大量生产粮食和其他农产品，除了满足本国需要外，其余的对外国销售。大量缺少石油的国家和企业可以通过两种方式获得所需石油：一是如果石油价格合适，运费不多，就会采用贸易方式进口石油；二是如果石油价格过高、运费很多，则可采用直接投资方式，在原油资源丰富的国家投资建立企业，从事开采和炼油，然后将生产出来的石油产品卖给自己的国家和国内的企业。大量缺少粮食的国家也可以通过上述同样的方式获得所需的粮食。

二、比较优势理论

比较优势（comparative advantage，也可译作"相对优势"或"比较利益"）理论认为，如果各国专门生产和出口生产成本相对低的产品，就会从贸易中获利。或者反过来说，如果各国进口生产成本相对高的产品，将从贸易中获利。

纵观国际，一些国家的企业在技术上处于优势，由于技术先进和管理科学，因而生产效率高、产量多、质量高、成本低，就可以适当降低产品售价，在市场竞争中取胜。许多发展中国家则具有劳动力成本低的优势。不同国家的优势不能轻易转移，各国都应充分发挥自己的优势，进行专业化生产。在一国之内对某种产品进行专业化生产，一方面会使这种产品的产量大大超过本国的需要，除了一部分满足本国需要之外，大部分卖给其他国家；另一方面会引起其他某些产品的生产短缺，就需要从其他国家购买。例如，美国的某些企业生产计算机和飞机等产品具有技术、质量、成本等方面的优势；日本的某些企业生产彩色电视机、录像机、摄像机和照相机等产品具有技术、质量、成本等方面的优势；德国和日本的某些企业生产轿车具有技术、质量、成本等方面的优势；中国除了某些产品的生产具有相对优势以外，还具有劳动力成本低的优势。由于不同国家在不同产品上具有各自的优势，因此，它们专业化生产的产品可以相互交换，例如，美国企业生产的计算机、飞机卖给日本和中国等，日本企业生产的彩色电视机、录像机、摄像机、照相机卖给美国和中国等，德国和日本企业生产的轿车卖给美国和中国等，中国企业生产的服装等产品卖给美国和日本等，按比较优势原则进行的贸易对双方都是有利的。

比较优势理论还认为，即使一国在每种产品的生产上都比其他国家绝对更有效率（或绝对更低效率），该国也仍然能够从国际贸易中获益。假设美国各种产品的生产效率比其他国家都高，其中，计算机的劳动生产率比其他国家高50%，谷物的劳动生产率比其他国家高10%，在这种情况下，美国出口其相对生产效率更高的产品（如计算机），进口其相对生产效率较低的产品（如谷物），将会从贸易中获利。

具有比较优势的企业，如果其产品出口遇到贸易壁垒，为了继续发展，可以到商品销售市场很大的国家进行直接投资，建立企业，就地生产，就地销售，不仅维护和扩大了国外销售市场，而且还利用了当地丰富的原材料和廉价的劳动力，减少了商品运输费用，从而获得更多的利润。

三、不完全市场理论

市场是买者和卖者相互作用，并共同决定商品或劳务价格和交易数量的机制。市场可以分为完全市场和不完全市场。完全市场是在完全竞争条件下的市场，在这种市场里，任何企业或个人都无法影响（操纵、左右）价格。而当买者或卖者能够左右一种商品的价格时，就出现了不完全竞争。不完全竞争的极端情况就是垄断，即唯一的卖者独自决定某种商品或劳务的价格。如果市场是完全的，商品就能够很灵活并可以自由、公平地交易，没有垄断，也没有壁垒，就会形成成本与收益的均等。在完全市场中由于市场是完全竞争的，能够有效配置资源，促进社会生产和消费迅速发展，因此，完全市场又称为"有效市场"。不完全市场是不完全竞争条件下的市场。在这种市场里，存在着垄断或限制（贸易壁垒），商品不能自由、公平交易，企业从国外购买商品要花费很高的成本，交易双方的收益与成本不均等。不完全市场由于市场是不完全竞争的，不能提供有效的资源配置，使价格过高、消费缩减、产出过低，导致生产和消费的非效率，这种情况称为"市场失灵"。

如果企业某种商品进出口处于不完全市场，就不能自由、公平地进行交易，企业就不愿意采用贸易方式，而采用直接投资方式。例如，某企业的生产需要镁砂，因国内资源已不够用，需要从国外获得这种资源，有两种方式：一是通过贸易方式进口镁砂。如果市场是完全的，没有垄断，价格合理，又没有贸易壁垒，在这种情况下，进口镁砂是合算的。但如果市场是不完全的，价格过高，又有贸易壁垒，进口成本过高，这时进口不合算，就应采用第二种方式，即直接投资方式，直接到镁砂资源丰富的国家投资开采、加工，获得镁砂。企业应比较是从外国进口镁砂合算，还是直接到资源产地投资开采更合算。又例如，汽车制造企业要进入国际商品市场也有两种方式：一是通过贸易方式出口汽车，如果没有贸易壁垒，一般就采用这种方式；二是采用直接投资方式，即汽车制造企业直接到汽车销售市场很大的国家投资办厂，就地生产，就地销售。企业应比较哪种方式更合算。

四、产品生命周期理论

美国经济学教授雷蒙·弗能通过对美国的汽车、化学、机械、电子部件等生产企业的生产经营调查研究，发现企业的新产品先在国内生产，适当时候对外出口，而后在其产品进口国进行进口替代型投资的一般趋势，提出了产品生命周期理论。产品生产周期理论把产品生命周期分为开发期、成长前期、成长后期、成熟期和衰退期等五个时期。雷蒙·弗能认为，产品的生命周期不仅存在于国内市场，而且存在于国际市场，企业可根据具体情况在国内外选择生产基地。产品生产大致可分为以下三个阶段：

1.在国内生产阶段

企业的新产品首先在国内生产，是因为国内市场的需求和竞争的信息更容易获得，预测到本国市场更急需这种产品，相信自己比其他竞争者有更大的优势。

在国内生产阶段包括产品开发期和成长前期。在成长前期，生产技术逐渐完善，零部件开始标准化，产品性能与质量基本稳定，国内外尚未出现相同的产品或相似的替代品，价高利大。在产品成长前期的末期，开始向外国出口产品，进入国际市场。

2.在发达国家设厂生产阶段

这一阶段包括成长后期和成熟期。在这一阶段，企业面临的困难是：第一，国内生产这种产品的企业增多，出现替代产品，国内市场竞争激烈，价格下降，利润减少；第二，这种产品的出口遇到进口国的各种限制，当进口国个别企业已能生产这种产品时，进口国为了保护本国企业必然会采取限制措施；第三，这种产品出口的运销成本高于国内销售。但这时企业的优势正充分显示，表现在产品已标准化，可进行大批量生产，生产成本降低，而这种产品在外国还没有或还处于开发期，本企业相对于外国企业来说拥有生产技术优势。这时，企业宜在其他发达国家投资设厂，就地生产，就地销售，还可销往相邻的其他国家。

3.在发展中国家设厂生产阶段

这一阶段包括成熟期和衰退期。在成熟期，一方面，产品已高度标准化，工艺流程规范化，生产技术易于操作，发展中国家文化技术水平不高的劳动者也可掌握；另一方面，这种产品在发达国家市场已趋于饱和，由于竞争厂家日益增多，价格和利润水平进一步下降，这时，在发展中国家这种产品还处于开发期或成长前期阶段，而且这些国家的劳动力成本低，这种产品的销售市场也大，因此，这时将这种产品的生产基地从发达国家转移到发展中国家，具有可能性和必要性。这样做可以大大降低产品生产成本中的人工成本，避免利润下降，还便于将产品就地销售和销往其他国家。

第三节　财务管理国际化的发展

财务管理国际化是一个逐步变化的过程，虽然不同行业、不同规模的企业财务管理国际化的步骤和进程有某些差别，然而其大体的进程还是基本一致的。一般是企业的生产经营在国内取得相当成就后，再向国际市场开拓进军，先由进出口贸易开始，进而从国外筹资，向国外投资，在国外建立分公司或子公司，直至发展成跨国公司。下面以加工生产企业为例，其财务管理国际化的进程大致可概括为以下几个步骤：

（1）进口原材料、零部件和机器设备。

（2）从国外引进技术，生产出国际市场需要的质高价廉的产品。

（3）产品由外贸公司收购出口、代理出口。

（4）产品由企业自营出口。

（5）在国外设立分销机构，逐步建立销售网。

（6）向国外输出技术。

（7）从国外银行取得借款。

（8）在国外发行债券、股票筹集资金。

（9）购买外国公司发行的股票和外国政府、银行、公司发行的债券。

（10）向国外投资，开办合资、合作企业。

（11）在国外独资设立生产经营单位。

（12）投资兼并收购外国公司企业。

（13）建立跨国公司，成立跨国的生产经营管理组织。

以上是企业生产经营和财务活动国际化的典型发展阶段，并不是说所有企业向国外发展都必须依次走完这条道路。各企业具体情况不同，它们进入国际市场的步骤和进程是有区别的。企业在从简单的进出口业务开始，逐步迈向跨国公司的过程中，每前进一步，国际经营业务的比重也随之增大，其财务管理的国际化程度就逐步向前发展。

各国企业生产经营国际化和金融市场国际化必然导致经济全球化和金融全球化。美国财务学教授Douglal R.Emery和John D.Finnerty合著的《公司财务管理》中指出："当代财务的三个重要趋势是全球化、计算机化和公司改组。""减少贸易壁垒、便捷的交通和电子通信已将企业卷入全球市场。"一个大型的跨国公司在数十个甚至100多个国家设有分支机构，母公司与各子公司之间以及各子公司相互之间的财务活动频繁，财务关系复杂，其财务活动已全球化。在过去技术很不发达的情况下，要及时有效地管理跨国公司的全部财务是很困难的。而现在由于电子计算机的广泛运用，互联网使信息的收集、储存、处理和发布都十分便捷，财务管理人员可轻易地获得所需的大量信息，使母公司能够迅速掌握各子公司的财务情况，并及时采取管理措施。母公司与各子公司可能相隔千万里，但电子计算机和互联网等管理手段的采用，使母公司和各子公司好像同在一地那样方便。

总之，互联网产业在全球广泛普及，凭借强大的信息和服务功能深刻改变和影响着社会各个领域及阶层。日趋激烈的全球化的市场竞争，以及飞速发展的信息技术、Internet和电子商务浪潮构成了企业财务管理需面对的新环境。基于互联网的全球经济网络化、数字化逐步形成，信息技术为企业的财务管理提供了更广阔、更先进的技术手段与方法，使得企业更有效地驾驭和管理跨越国界的财务活动，扩展、加深了财务管理领域，给企业带来新的机遇与挑战，推动了企业经营管理的全面创新。

海尔的国际化战略见案例1-1。

案例1-1

海尔的国际化战略

海尔集团将公司的发展历程总结为四个发展阶段：品牌战略阶段、多元化战略阶段、国际化战略阶段和全球化品牌发展战略阶段。

品牌战略阶段启动于1984年，标志是砸毁不合格冰箱，树立质量意识，使海尔成为中国白色家电第一品牌。

多元化战略阶段启动于1992年，标志是兼并合肥黄山电视机厂。公司以跨行业资产重组方式进入黑色家电领域，从1984年仅生产冰箱一种产品发展到1998年生产几十种产品。

国际化战略阶段包括市场与投资战略和融资战略。

国际化之市场与投资战略启动于1998年，标志是海尔集团在美国南卡州建立美国海尔工业园，直接开拓海外市场。海尔集团此阶段的总体战略是"三个三分之一"，即本地市场、出口和海外生产各占三分之一。海尔在国际化过程中逐步形成了研产销"三位一体本土化"的战略模式，即海外研产销机构以自建为主，也有小规模的跨国并购。在美国，海尔的设计中心在洛杉矶，营销中心在纽约，生产中心在南卡州。海尔在美国建厂前，在美国的年销售额不到3 000万美元，由于建厂项目的带动，使得海尔在美国的年销售额3年内提高到2.5亿美元，增长了7倍多。在美国市场取得一定经验之后，海尔将国际化目标转向欧洲、中东、亚太等全球市场。在欧洲，海尔的设计中心在法国里昂和荷兰阿姆斯特丹，营销中心在意大利米兰，并收购了意大利一家冰箱厂作为生产基地；在约旦、伊朗、叙利亚、巴基斯坦、马来西亚、印度尼西亚、孟加拉国、越南等国建立工厂，在新加坡建立贸易公司。在2007年之前，海尔已在全球30多个国家进行投资，以自建为主形成了全球业务布局。

国际化之融资战略。海尔是较早利用国内资本市场获得发展的企业之一。公司于1993年在上海证券交易所上市。青岛海尔首次公开发行股票募集资金3.69亿元，2001年公司实施A股增发募集资金18亿元，显然，仅靠国内资本市场难以支撑海尔的高速成长。海尔海外上市采取了"借壳"的方法。2000年9月和10月，海尔集团与中建电讯在中国香港及青岛分别成立了飞马香港和飞马青岛两家手机合资企业；2001年12月，海尔集团将其拥有的49%飞马香港的股权注入上市公司中建数码（1169HK），同时，中建电讯亦将其持有的51%飞马香港和49%飞马青岛的股权注入中建数码，因此，中建数码拥有飞马香港100%的股权与飞马青岛49%的股权；而海尔集团获取中建数码股权的比例为22%；中建数码更名为"海尔中建"；2002年10月，海尔集团将其飞马青岛剩余15.5%的股权注入海尔中建，使海尔集团在海尔中建的股权提高至29.9%；2005年1月，海尔集团将其飞马青岛剩余35.5%的股权与其旗下洗衣机的大部分资产注入海尔中建，注资完成后集团控股海尔中建比例为50.3%；2005年2月，"海尔中建"更名为"海尔电器"，至此，海尔拥有了境外融资平台。目前，海尔电器的主要业务包括手机和洗衣机，海尔集团有意将其打造成为旗舰上市公司，逐步将白色家电业务上市。

全球化品牌发展战略阶段启动于2006年。根据规划，公司将从"中国辐射海外"模式转变为"多中心"模式，即在每个国家创造本土化的海尔品牌，将海尔公司打造为多元文化和持续发展的跨国企业。

今后，海尔集团将重点专注于公司品牌和服务建设，并逐步将部分生产型业务外包给代工企业。将部分生产型业务外包的原因是：现在海尔的家电产品成本较高，利润水平较低，例如，2007年营业收入利润率仅为1.5%。其利润水平明显地落后于韩国三星、德国西门子这样的世界家电业巨头，导致这一现象的根本因素是，像三星、西门子这样的家电业巨头除了拥有更多的最新核心技术以外，其重要的原因之一就是这些企业已经将利润附加值较低的加工组装型生产环节外包给一些大型的代工厂家。现在海尔集团转向外包和部分外包的主要产品是3C、小家电产品。其中，海尔彩电部分产品生产已经交由一家大型的中国台湾专业代工厂家——冠捷公司——来全权负责。该公司同时为日本索尼和荷兰飞利浦这两家全球知名的彩电企业加工部分产品。冠捷公司现在的规模制造优势是任何一家彩电品牌企业都不能比拟的。现代制造业的规模效应在冠捷公司身上得到了更好的体现，家电企业从而也获得了更低的制造成本和零组件采购上的优势。因此，海尔集团将部分生产型业务外包，有利于增强成本控制、降低成本、提高利润水平，还有利于进一步加强品牌建设、进行技术研究开发、提高技术水平。

在集团进入全球化品牌战略发展阶段后，海外市场的发展驶入了快车道。在此期间，海尔不仅依靠品牌自身力量逐年开拓海外市场的销售网络、研发和制造基地，更是通过差异化的国际并购，实现了海外资源的快速扩展和整合。2011年10月，海尔宣布收购三洋电机在日本和东南亚部分地区的白色家电业务，这一次具有里程碑意义的多国并购不仅进一步完善了海尔在东南亚市场的布局，更是通过差异化的文化融合和机制创新模式，将海尔"创业创新"的品牌文化基因成功输送给并购来的组织和员工，实现了Haier和Aqua双品牌在日本和东南亚市场的融合发展。此次并购因其涉及范围之广泛、内容之丰富、程序之复杂，被《中国商法》评为2011年五大对外并购杰出交易之一。仅仅一年后，海尔再次成功收购新西兰国宝级家电品牌Fisher & Paykel，有力夯实了高端家电产品的研发、制造能力。2016年6月7日，由海尔集团控股41%的青岛海尔股份有限公司与美国通用电气共同宣布双方已就青岛海尔整合通用电气家电公司的交易签署所需的交易交割文件，这标志着具有百年历史的美国家电标志性品牌——GE家电——正式成为青岛海尔的一员。至此，海尔已在全球拥有10大研发基地（其中海外8个）、7个工业园、24个制造工厂、24个贸易公司，初步形成了设计、制造、营销"三位一体"的本土化发展模式，为全球化品牌发展提供持续动力。

如今，全球家电市场已进入互联网发展时代，用户需求个性化发展，信息呈现碎片化趋势。在此时代转型背景下，海尔已提早布局互联网用户交互生态圈建设，充分借用互联网工具聚合用户资源，满足其线上线下虚实融合的品牌交互体验需求，在集团"网络化发展阶段"的战略指导下，打造海尔海外市场零距离交互用户的核心竞争力。

资料来源：国务院发展研究中心.中国企业国际化战略［M］.北京：人民出版社，2006：242-243，254-263；佚名.海尔海外市场［EB/OL］.［2016-12-01］.http：//www.haier net/cn/about-haier/strategy/global-brand-strategy/.

思考题

1.企业生产经营国际化包括哪些内容？对财务管理有哪些影响？

2.金融市场国际化包括哪些内容？对财务管理有哪些影响？

3.什么是资源分布不均衡理论？怎样运用它说明财务管理的国际化？

4.什么是比较优势理论？怎样运用它说明财务管理的国际化？

5.什么是不完全市场理论？怎样运用它说明财务管理的国际化？

6.什么是产品生命周期理论？怎样运用它说明财务管理的国际化？

7.企业财务管理国际化的进程可分为哪些阶段、步骤？

8.当代财务管理的三个重要趋势是什么？怎样理解？

相关网站

中华人民共和国中央人民政府 www.gov.cn.

中华人民共和国商务部 www.mofcom.gov.cn.

世界贸易组织 www.wto.org.

国际商会 www.iccwbo.org.

联合国贸易和发展会议 www.unctad.org.

MBA智库百科 wiki.mbalib.com.

国际清算银行 www.bis.org.

维基百科 en.wikipedia.org.

香港金融管理局 www.hkma.gov.hk.

第二章

国际财务管理概述

第一节　国际财务管理的定义

国际财务管理是财务管理的一个新的领域，国际财务管理学是财务管理学的一个新的分支。国内外财务管理专家、学者对于国际财务管理的定义存在着不同的看法，主要有以下几种观点：（1）认为国际财务管理是对企业的国际财务活动所进行的管理；（2）认为国际财务管理就是跨国公司财务管理；（3）认为国际财务管理就是国际企业的财务管理；（4）认为国际财务管理是国际比较财务管理；（5）认为国际财务管理就是世界财务管理。这里先详细阐述第一种观点，然后简要评述其他几种观点。

一、对第一种观点的阐述

企业的财务活动按其是否跨越本国国界，可以分为国内财务活动和国际财务活动两类。国内财务活动是指企业在本国之内筹集资金，资金在国内使用，收支在国内结算，收益在国内分配，财务活动不跨越国界，与外国的企业、单位、个人不发生财务关系。对企业的国内财务活动所进行的管理，称为国内财务管理。而国际财务活动是指企业从国外筹集资金，向国外投资，与外国的企业、单位、个人发生资金往来结算，将企业的收益分配给外国投资者，或向国外投资取得收益等，企业的财务活动跨越了本国国界，与其他国家的企业、单位、个人发生财务关系。所谓国际财务管理就是对企业的国际财务活动所进行的管理。这就是说，国际财务管理的对象就是企业的国际财务活动。为了深入了解这一定义，下面对企业的国内财务活动和国际财务活动加以说明。

企业的国内财务活动和国际财务活动可用图2-1表示（图中设甲公司是股份有限公司，母公司设在A国，在B国和C国分别设子公司）。

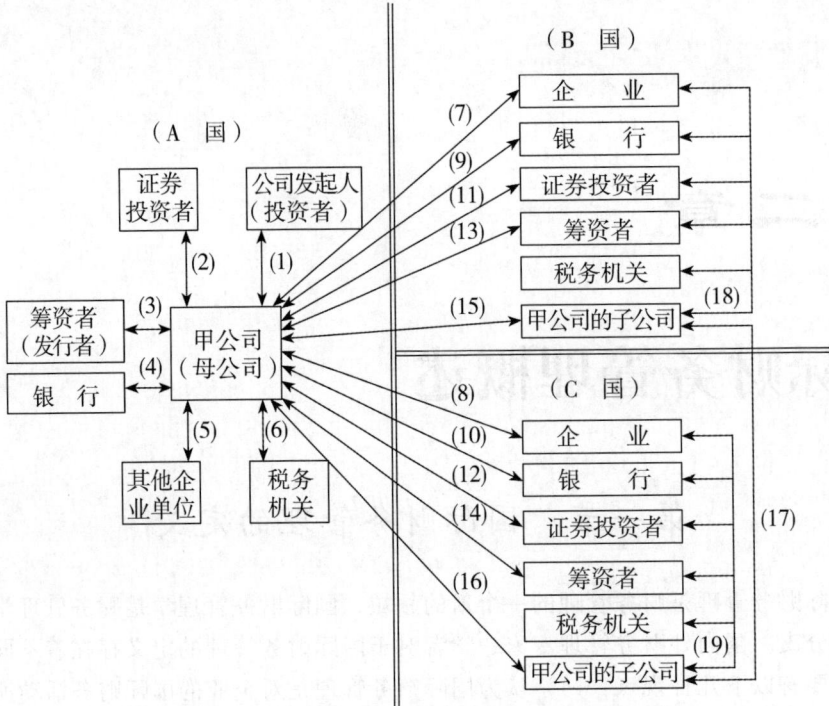

图 2-1　甲公司的国内财务活动和国际财务活动简况

说明：双线表示国界，（1）至（6）是甲公司的国内财务活动。

（1）是公司发起人认购公司的部分股份，定期从公司领取股利。

（2）是甲公司通过证券市场向国内投资者发行股票、债券，以筹集资金，定期向股东发放股利，向债权人支付利息，到期偿还债券本金。

（3）是甲公司通过证券市场购买本国政府、金融机构、公司发行的债券和公司股票，获得投资收益，收回投资本金。

（4）是甲公司通过信贷市场，从国内银行和非银行金融机构取得贷款，按期付息还本。

（5）是与国内其他企业单位由于相互购销商品、提供劳务等而发生的款项收支结算。

（6）是向本国税务机关缴纳税款。

（7）至（16）是甲公司的国际财务活动。

（7）、（8）是甲公司与B国、C国企业之间的财务活动，包括商品进出口外汇收支、技术进出口外汇收支和资金借贷等。

（9）、（10）是甲公司通过国际信贷市场从B国、C国银行取得贷款，到期付息还本。

（11）、（12）是甲公司通过B国、C国证券市场向国外投资者发行股票、债券以筹集资金，到期向股东发放股利，向债权人支付利息，偿还债券本金。

（13）、（14）是甲公司通过B国、C国证券市场购买外国政府、金融机构、公司发行的债券和外国公司股票，获得投资收益，收回投资本金。

（15）、（16）是甲公司（母公司）与国外子公司之间的财务活动，包括投资、利润汇回和资本抽回以及资金借贷、商品进出口货款收支和技术转让费收支等。

（17）是甲公司所属各子公司之间的财务活动，包括商品进出口外汇收支、技术转让费收支和资金借贷等。

（15）、（16）、（17）是跨国企业内部财务关系，但这些财务活动跨越了本国国界，又涉及外汇资金收支，应属于国际财务范围。

（18）、（19）是子公司的国内财务活动，例如，（18）是在 B 国的子公司与 B 国的企业、银行、证券投资者、筹资者、税务机关发生的财务关系。子公司也有国际财务活动，例如，甲公司在 B 国的子公司可以与 C 国、A 国和其他国家的公司、银行、证券投资者、筹资者发生财务关系，在图内省略。

二、对其他四种观点的评述

有人认为，国际财务管理就是跨国公司财务管理，这一说法是不完全正确的。因为跨国公司的母公司和子公司分别设在不同国家内，它们的财务活动既有国际方面的（如图 2-1 的（7）至（17）所示），又有国内方面的（如图 2-1 的（1）至（6）以及（18）、（19）所示）。国际财务管理的对象只包括跨国公司财务的国际方面，而不包括跨国公司财务的国内方面。跨国公司的国际财务活动最为全面、复杂，其国际财务管理已积累了丰富经验，应作为国际财务管理学研究的主要内容。

有人认为，国际财务管理就是国际企业的财务管理。这一看法也是不完全正确的。国际企业是指一切跨越国界从事生产经营的企业。由于各企业的国际化进程有差别，因而它们的国际财务活动有多有少，有些企业目前只有商品进出口业务；有些企业还有了技术引进或输出；有些企业已在国外投资办了企业，但投资少，子公司少且小，还不能称为跨国公司；而有些企业的国际化已进入比较高级的阶段，成为跨国公司，有了各种各样的国际财务活动。国际企业包括跨国公司和跨国公司以外的其他国际企业，它们的财务活动都包括国内和国际两方面，国际财务管理的对象只包括国际企业的国际财务活动，而不包括国际企业的国内财务活动。

有人认为，国际财务管理是国际比较财务管理，是世界财务管理。我们认为，由于各国的社会、政治、经济、法律等制度和经济发展水平等方面都有许多不同，在财务管理的原则、制度和方法等方面必然存在不少差异，应当对各国的财务管理进行深入的研究和比较，求同存异，相互学习，以利于各国的经济交流与合作。可以建立比较财务管理学，专门研究和比较各国的财务管理，探索各国普遍适用的财务管理原理、制度和方法，使世界各国的财务管理逐步趋于统一，以此作为财务管理研究的目标是可以的，但要实现这一目标，那只能是在十分遥远的未来。

第二节　国际财务管理的内容

一、从管理对象论述

国际财务管理的内容有哪些？国内外的财务著作对这一问题的阐述有所不同。

有的把属于国际金融的一些内容，如国际货币体系、国际收支、国际银行业务等，列作国际财务管理的内容；有的把属于国际会计的一些内容，如合并财务报表、通货膨胀会计、比较会计等，列作国际财务管理的内容。因此，要正确确定国际财务管理的内容，就应划清国际财务与国际金融、国际会计的界限。

美国财务学教授 James C. Van Horne 在他的著作 Fundamentals of Financial Management（第10版）中认为，国际财务管理的内容主要包括国外投资（国际资本预算）、汇兑风险管理、国际筹资和国际贸易分析等。美国的著名财务学家 Alan C. Shapiro 在他的著作 Foundations of Multinational Financial Management（2002）中认为，国际财务管理的主要内容包括外汇风险管理、国外经营融资、国外投资分析和跨国营运资本管理（对外贸易融资、流动资产和短期融资等）。美国佛罗里达大西洋大学教授 Jeff Madura 在他的著作 International Financial Management（2006）中认为，国际财务管理的主要内容包括汇率风险管理、国际融资（国际贸易融资、国际短期融资和长期融资）、对外直接投资、跨国资本预算和国际金融市场投资（国际股票投资）等。美国佐治亚理工大学教授 Cheol S. Eun 和威克林业大学教授 Bruce G. Resnick 在他们的著作 International Financial Management（2009）中认为，国际财务管理的主要内容包括外汇风险管理（经济风险、交易风险和折算风险管理）、对外直接投资、国际资本结构和资本成本、国际资本预算、国际证券组合投资、国际金融市场融资（国际银行信贷、债券、股票融资）、跨国现金管理（国际现金余额管理、转移定价策略、冻结资金等）以及进口和出口收支（外贸结算、融资）。由于国际财务管理与国际金融有着密切关系，因而在美国的许多国际财务管理著作中，一般都介绍国际金融的一些知识，例如，外汇汇率和外汇市场、国际货币市场和国际资本市场以及货币期货和期权等，有的还介绍国际货币体系和国际收支等，这些并不是国际财务管理的内容，而是学习国际财务管理应具备的基础知识，是应当了解的国际财务管理的金融环境。

财务管理的基本职能是合理筹集资金和有效运用资金（包括投资和日常生产经营中资金的使用与收回），以及国际财务活动所涉及的外汇问题，根据前节对国际财务管理对象的分析，可以将国际财务管理的内容归纳为下列四项：

（1）外汇风险管理，包括外汇风险的识别与测量、外汇汇率预测、外汇风险测量和外汇风险管理策略与方法等，将在第三、四、五、六章说明。

（2）国际筹资管理，包括吸收外商直接投资、国际信贷筹资、国际证券筹资、国际租赁筹资和国际补偿贸易筹资等，将在第七、八、九、十、十一章阐述。

（3）国际投资管理，包括国际直接投资的财务决策、国际直接投资的财务管理和国际证券投资等，将在第十二、十三、十四章研究。

（4）国际贸易外汇收支管理，包括国际贸易外汇收支和国际技术贸易外汇收支管理等，将在第十五、十六章介绍。

国际财务管理的内容与我国对外开放方针和"引进来""走出去"战略密切相

关。引进来主要包括引进外资、进口技术、设备和其他商品，走出去主要包括到境外投资（包括直接投资和证券投资），出口技术、设备和其他商品。由此可见，搞好国际财务管理对于贯彻对外开放政策和战略具有十分重要的作用。

二、从管理环节论述

国际财务管理与国内财务管理一样，为了实现所有者的财富最大化这一目标，也要做好财务预测、决策、计划、控制、调度、考核和分析等工作。这些环节相互联系，缺一不可，但财务决策是财务管理中最重要的关键性环节，可以认为国际财务管理学是着重研究企业如何进行国际财务决策，使所有者的财富最大化的一门科学。当然，国际财务决策要以正确的财务预测为基础，做出决策之后，还必须通过计划、控制、调度、考核和分析等工作去贯彻执行，使决策的目标得以实现。国际财务管理学的形成与发展见专栏 2-1。

国际财务管理的各项内容都存在如何正确决策的问题。

在外汇风险管理方面，需要决策的问题主要是：在汇率预测和外汇风险测量的基础上，对外汇风险防范方法作出决策，例如在商品进出口交易中，为了防范外汇风险，是采用远期外汇合约法，还是采用外汇期权合约法、借款和投资法或其他方法，对各种方法的费用和效果进行预测，选择净效益较大、风险较小的方法。

在从国外筹资时，需要决策的问题主要是：采用何种方式从哪个国家筹资，是发行外币债券借款还是向外国银行借款，是发行国际股票还是发行国际债券，是发行外国债券还是发行欧洲债券。从国外借款使用何种货币，是借美元还是借日元或其他货币。为了增添设备，是通过买方信贷还是国际租赁或补偿贸易方式融资等。要对各种筹资方案进行预测、分析，从中选择资金成本低、筹资风险小的最佳方案。

在向国外投资时，需要决策的问题主要是：是进行直接投资还是间接投资，向国外投资之前要进行可行性研究，包括投资的国别分析（研究向哪一国家投资）和投资项目分析（研究投资于哪一项），对投资的效益和风险进行预测、分析，选择效益高、风险小的最佳方案。

对境外子公司的利润分配，需要研究子公司的税后利润有多少应作为股利分配给投资者，有多少应留给子公司作为再投资，这既要考虑子公司和母公司对资金的需要以及资金可获得的程度，又要考虑汇率走向、子公司所在国的政治形势、外汇管制、当地股东对股利的要求等情况，才能作出合理的利润分配决策。

在国际贸易外汇收支方面，要参与商品价格的决策，选择适当的结算方式。在从国外引进技术时，也要进行可行性研究，合理确定引进技术的价格，选择费用支付方式，测算引进技术增加的收益，选择费用少、收益高的最佳技术引进方案。

第三节　国际财务管理的特点

国际财务管理和国内财务管理的基本原理和方法是一致的，都要以最有利的条件筹集资金，有效地运用资金和合理地分配收益，都是以降低成本费用、增加利润、提高经济效益、实现企业价值最大化为目标，都要正确地进行财务预测、决策、计划、控制、核算、分析和考核等工作。但在大多数情况下，财务管理的原理和方法在国际范围内应用比在国内应用更为复杂。国际财务管理具有的特点主要是它有着新的环境因素、新的风险来源和新的经济机遇。

一、新的环境因素

国内财务管理所处的是国内环境，通常是按照本国的政治、经济、财政、金融制度和法律办事，使用本国货币办理收支，用本国的语言文字，与本国的财政、税务机关、银行、证券市场、企业以及个人等发生财务关系，因而比较熟悉，容易掌握。而国际财务管理所处的是国际环境，需与其他有关国家的企业、银行、证券市场、税务机关以及个人等发生财务关系。不同国家的政治、经济、法律、文化教育等环境是千差万别的。从政治环境来看，各国社会制度不同，思想政治观念不同，实行的政策不同，法律制度不同等；从经济环境来看，各国经济发展情况不同，使用的货币不同，外汇管制、银行信贷、证券市场、税法和会计制度都有很多差别；此外，各国语言、文字不同，风俗习惯也不同。在国际财务管理中，要遵循国际惯例，执行有关国家的法律、政策、制度；使用外国货币，要了解有关国家的利率、税率、汇率、通货膨胀率等的变化，要分析汇率等因素对财务收益的影响。国际财务管理不仅范围比较广阔，而且情况更为复杂。因此，要正确地对国际财务活动进行管理，就必须十分熟悉有关国家的政治、经济环境，在决策时必须要有国际眼光，要学会正确地在国际环境中、在全球范围内作出筹资、投资和外汇风险管理决策，根据不同情况采取不同的管理措施。

二、新的风险来源

国内财务管理中的风险按其来源可分为经营风险和财务（或负债）风险，而国际财务管理中除了上述风险以外，还存在以下新的风险来源：

（一）政治风险

政治风险是指由于政治方面的原因使企业资财发生损失的风险，主要是国有化风险、战争风险和转移风险等。国有化风险是指在某国投资办企业，该国发生政变，政策发生变动，对外资企业加以没收或国有化，使投资者遭受损失的风险。战争风险是指有关国家发生战争或暴动而使企业发生损失的风险。例如，某企业在某国设有子公司或分公司，该国发生战争或暴动，使在该国的子公司或分公司被破坏或烧毁而遭受人身财产损失。又例如，甲企业出口商品，因进口商所在地发生战争，进口商的企业遭破坏，无力支付货款而使甲企业遭受损失。转移风险是指企业在外国投资办企业，其投资本金、利润和其他合法收益由于东道国的各种限制而不能自由汇出的风险。

（二）外汇风险

外汇风险是指由于汇率发生变动而对企业财务收支和成果产生影响的风险。例如，我国甲企业从国外进口设备，以美元计价结算，货款100万美元，3月1日成交，汇率为1美元=6.87元人民币，按此汇率只需支付人民币687万元。6月1日付款时，汇率变为1美元=7元人民币，甲企业就需支付人民币700万元。由于汇率变动，甲企业多支付人民币13万元。如果付款时汇率变为1美元=6.85元人民币，甲企业只需支付685万元人民币，由于汇率变动，甲企业可少付人民币2万元。由于汇率变动使企业的支出可能增多或减少，或使企业的收入可能减少或增加，这种不确定性就是企业的外汇风险。外汇风险不仅存在于企业商品进出口外汇收支过程中，而且存在于国际筹资、国际投资等各个方面。

（三）国外经营风险

企业对外国销售产品，在国外投资办企业，如果有关国家经济不景气，市场购买力下降，就会影响企业的收入和效益。

三、新的经济机遇

企业的财务管理如果总是局限在本国范围之内，就会丧失某些机遇，不利于企业发展和效益的提高。企业的财务活动如果跨越本国国界，放眼世界，就会有许多新的经济机遇，主要体现在以下几方面：

1.国际金融市场的发展为企业财务管理提供了很好的机会

20世纪60年代以来，国际金融市场（通常称为欧洲货币市场）不断发展完善；80年代，一些新的金融工具（如货币期货、货币期权、货币调换、利率调换和利率期权等）不断出现；90年代，货币市场和资本市场全球一体化进程进一步发展，使企业可以在不增加风险的情况下，在全球范围内筹资或投资。国际金融市场有充沛的资金，企业在国内筹资困难的情况下，可以比较容易地从国外筹集到大量资金。企业向多个国家投资（直接投资、证券组合投资），为股东提供了在世界范围内分散风险和增加收益的机会。

2.各个国家的政治、经济情况存在许多差别

例如，货币有软硬，税种有多少，税率和利率有高低，劳动力和商品价格有差距，外汇和外贸管制有宽严，因而企业在经营和财务管理方面有许多可选择之处，有更多的获利机会。例如，企业可以利用国外众多的资金市场，从资金成本率最低的国家筹集资金，向利润率最高和税率最低的国家投资；企业可从原材料价格最低的国家进口原材料，生产产品运到价格最高的国家销售；企业可到劳动力和原材料价格低廉的国家建厂，就地生产和销售，以获取更多的利润。

3.跨国经营的企业还可以从整个公司体系内部各单位的统筹调配中获得新的财务利益机遇

以上三个特点是相互联系的。国际财务管理由于有着新的环境因素，因而出现新的经济机会和新的风险来源。机会（遇）和风险总是并存的。财务管理应适应新的环境，善于抓住新的机遇，注意防范新的风险，才能达到发展企业生产经营和提高经济效益的目的。

由于国际财务管理有着新的环境因素、新的风险来源和新的经济机遇，因而它与国内财务管理相比，其内容和方法更为复杂。最复杂的因素是外汇问题，企业的国外业务和国外分支机构的财务活动要用有关国家的货币来计量，即财务资金要用不同的货币来表现，汇率变化会对企业财务收支和财务成果产生重大影响，浮动汇率制度的实行给企业的国际化经营带来了非常复杂的国际金融环境。国际金融业务渗入企业财务管理的各个方面，国际财务管理中的资金筹集、运用和分配都离不开外汇的收支，企业的外汇管理与财务管理密切结合乃是国际财务管理的基本特点。

第四节　国际财务管理的目标

在资本市场发达的国家，如美、英等许多国家，认为公司财务管理的目标是股东财富最大化。股东财富最大化是指公司所做的全部经营决策和投资决策应着眼于使公司的所有者——股东的财务状况比过去更好或更富有。但有些国家并不完全同意这一观点，如法、德等国认为，股东只是企业利益相关者之一，其他利益相关者包括雇员、客户、供应商和银行等，这些国家的企业倾向于将增进企业利益相关者的整体利益作为企业的最重要目标。在日本，许多株式会社（keiretsu）是由家族企业联合体发展形成的企业集团，这些企业倾向于将本株式会社的繁荣和发展作为最重要的目标，例如，倾向于追求市场份额的最大化。近年，由于资本市场变得更加自由化和国际一体化，法、德、日等国的企业也开始认真关注股东财富最大化问题了。

国际财务管理是财务管理的一个重要组成部分，当然要以上述财务管理的目标——股东财富最大化——作为自己的基本目标。根据上节所述国际财务管理的特点，可将国际财务管理的目标表述如下：认清复杂的国际环境，正确处理公司面临的政治风险、外汇风险和国外经营风险，充分利用国际经营中的各种有利机会，实现股东财富最大化。

将股东财富最大化作为财务管理的基本目标的依据可概述如下：

第一，股东是公司法律上的所有者，他们承担了投资风险，只有获得相应的回报，才算是公平合理。公司管理者有责任按照股东的利益行事，尽管公司的其他利益相关者有相应的权利，但这些权利与股东的权利是不相等的。

第二，追求股东财富最大化，实现更高的股票价格，很容易吸收权益资本投入，并防御被其他公司收购。如果公司采取其他目标，私有资本就不会进一步投入该公司。

第三，股东不是公司成功的唯一受益者。实现了股东财富最大化，意味着公司创造了更多的价值，才有更多的钱分配给利益相关者。在股东和利益相关者群体之间没有实质上的经济利益冲突。股东财富最大化也是利益相关者群体获得经济利益最大化的唯一正确途径。

强调以股东财富最大化作为财务管理的目标，并不是说企业不能有其他目标。股东财富最大化只是一个基本目标，是长远目标、最终目标。为了实现这一基本目标，企业还必须同时完成其他有价值的合理目标，例如技术进步、降低成本、扩大市场销售份额、增加现金净流量和利润等具体目标；反之，如果公司经营管理不善，不善待员工，技术落后，浪费人力、物力和财力，成本升高，产品质量下降，不能满足客户需要，利润减少，就不能实现股东财富最大化。

公司聘任经理是为了实现股东财富最大化这一目标，但并不是说被聘任的经理们一定会这么做。有些公司的经理们会在股东没有严密监控的情况下，以牺牲股东的利益为代价来换取个人私利，使股东和员工遭受损失，这就需要加强公司治理，健全股东大会、董事会、经理和监事会等制度，对管理层建立严密的监控制度，这对保证公司股东获得合理回报至关重要。

第五节　国际财务管理的组织

企业国际财务管理的组织形态，应根据公司规模的大小、国际经营的投入程度、管理经验的多少，以及整个国际经营所采取的组织形式等因素来确定。从发展情况来看，企业的国际财务管理组织经历了一个从简到繁的发展过程，大体可分为三个阶段。

一、三个阶段、三种管理模式

第一阶段，公司刚向国外发展，国际经营业务量较少，国际财务活动在公司财务管理中未占有重要地位。在这类企业中，国际财务大多由原来的国内财务部门兼管，有的企业虽指定专人负责管理国际财务，但此时公司总部的国际财务管理人员非常少。

第二阶段，公司的国际经营业务有了很大发展，国外已有了若干个子公司，国际财务活动大量增多并越来越复杂，已不可能仍由原来的国内财务部门兼管，于是在公司总部建立起国际财务管理组织，国际财务管理职能从原来的国内财务部门中分离出来。此时，公司一般实行集权式跨国财务管理模式，其基本情况如图2-2所示。

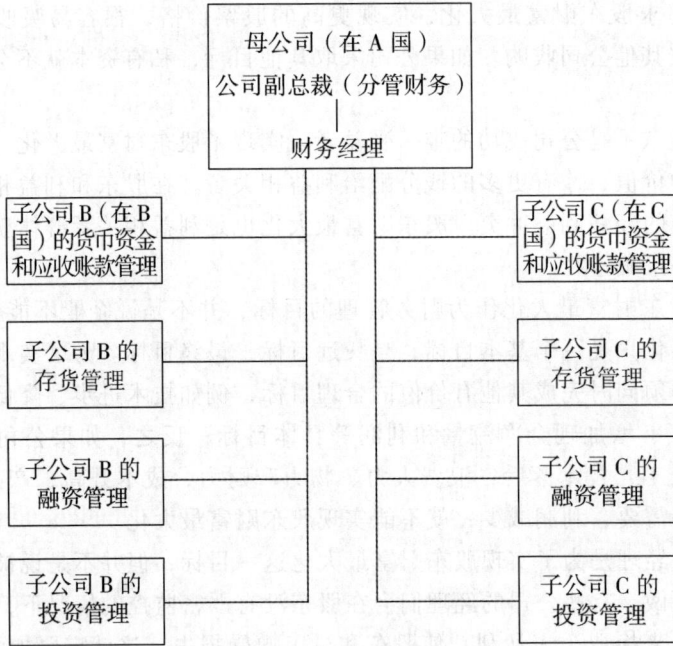

```
        ┌──────────────────────┐
        │   母公司（在 A 国）      │
        │ 公司副总裁（分管财务）      │
        │        │             │
        │      财务经理           │
        └──────────────────────┘
```

母公司（在 A 国）
公司副总裁（分管财务）
│
财务经理

子公司 B（在 B 国）的货币资金和应收账款管理		子公司 C（在 C 国）的货币资金和应收账款管理
子公司 B 的存货管理		子公司 C 的存货管理
子公司 B 的融资管理		子公司 C 的融资管理
子公司 B 的投资管理		子公司 C 的投资管理

图 2-2　集权式跨国财务管理模式

实行集权式跨国财务管理，国际财务管理的决策权都集中在母公司（跨国公司总部），国外各子公司、分公司是按照公司总部所制定的财务政策和财务决策来具体管理各自的财务活动。实行集权式跨国财务管理，有利于在整个公司范围内统一调度和合理使用资金。

第三阶段，公司的国际经营业务继续发展，形成一个庞大的跨国公司，在国外有了许多子公司，子公司的独立经营程度相对提高，资金的筹集和运用面临着更为复杂的环境条件，但公司已积累了相当多的国际财务管理经验。此时，公司的国际财务管理面临着集中与分散管理的矛盾状态，一方面，从公司集团整体利益着想，需要维持公司总部严密的中央控制，要求对全公司实行高度集中的资金调度和管理；另一方面，从各个相对独立的子公司考虑，它们都有各自的经营环境和利益，都有独立经营的理由和要求。在这类企业中，需要选择采用集权或分权或二者相结合的管理模式。

1.有些企业仍然实行集权式跨国财务管理模式

虽然集权式跨国财务管理模式有前面说过的优点，但由于这时公司的环境更为复杂，母公司对子公司财务的决策有可能不当或失误，因为它不能像子公司的财务经理那样掌握各子公司的财务信息，因此许多大的跨国公司实行分权式跨国财务管理模式。

2.分权式跨国财务管理模式

这种模式的基本情况如图 2-3 所示。

```
┌─────────────────────────────┐
│      母公司（在 A 国）        │
│   公司副总裁（分管财务）      │
│            │                 │
│         财务经理             │
└─────────────────────────────┘
```

```
┌──────────────────┐    ┌──────────────────┐
│ 子公司 B（在 B 国）│    │ 子公司 C（在 C 国）│
│     财务经理      │    │     财务经理      │
└──────────────────┘    └──────────────────┘
```

```
┌──────────────┐         ┌──────────────┐
│ 子公司 B 的货 │         │ 子公司 C 的货 │
│ 币资金和应收 │         │ 币资金和应收 │
│   账款管理    │         │   账款管理    │
└──────────────┘         └──────────────┘

┌──────────────┐         ┌──────────────┐
│  子公司 B 的  │         │  子公司 C 的  │
│   存货管理    │         │   存货管理    │
└──────────────┘         └──────────────┘

┌──────────────┐         ┌──────────────┐
│  子公司 B 的  │         │  子公司 C 的  │
│   融资管理    │         │   融资管理    │
└──────────────┘         └──────────────┘

┌──────────────┐         ┌──────────────┐
│  子公司 B 的  │         │  子公司 C 的  │
│   投资管理    │         │   投资管理    │
└──────────────┘         └──────────────┘
```

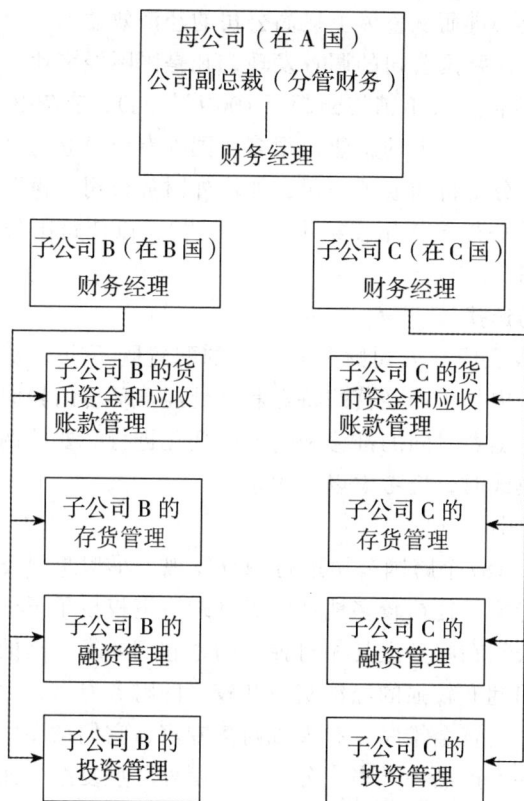

图2-3 分权式跨国财务管理模式

实行分权式跨国财务管理模式，有利于调动各子公司的积极性，及时因地制宜地作出决策。但如果子公司管理者作出的决策不能使跨国公司整体利益最大化，甚至与跨国公司的目标相背离，就会出现局部与全局的矛盾。

3.集权与分权相结合的跨国财务管理模式

有些跨国公司权衡集权式和分权式管理两种模式的利弊，吸收两种模式的优点，实行集权与分权相结合的财务管理模式，具体有以下两种做法：一是母公司允许各子公司的管理者作出本公司的主要决策，但这些决策须由母公司的管理者审批同意，以保证跨国公司整体利益最大化。二是实行大权集中、小权分散，即母公司（跨国公司总部）将一部分财务管理决策权授予各附属单位（各区域或产品部、子公司、分公司），公司总部通常制定财务政策，并就重大财务事项作出决策，至于次要财务事项的决策和日常事务活动的进行则交由各附属单位处理，把公司总部对全公司重大的国际财务决策同各地区或产品部、各子公司的财务决策适当结合起来。许多主张实行集权与分权相结合的跨国财务管理模式的人认为，各区域和东道国的经营环境与资金市场供求关系各不相同，而且经常发生变化，只有授予区域中心和国外子公司必要的财务管理决策权，才能在全球范围内及时地捕捉机遇、避免风险、合理运用资金，进而从整体上提高公司的经济效益。

根据对美国的一些跨国公司的调查发现，凡是国际经济业务量占全部业务量的比例超过10%的大型企业（年销售额超过100万美元），有70%以上在公司中设立国际财务管理机构。至于更大的企业，很多在国外专门设立为跨国公司集团的国际财务活动提供服务的分支机构或子公司，如境外财务公司、再开票中心、避税控股公司等（这些机构的职能与作用在第十三章说明），以使跨国公司集团的资金流转和利用达到最佳状态。

二、管理模式的选择

许多国家的实践表明，公司财务管理权的配置既不应走极端，也不能一成不变，而应根据公司国内外生产经营的特点和所处经营环境的异同，在集权与分权之间做出适当选择，并随着时间的推移和情况的变化进行必要的调整。在确定集权或分权跨国财务管理模式时，应考虑以下因素：

1.公司规模的大小

在美国，曾经对187个跨国公司进行调查发现，小型跨国公司因总部缺乏足够的资金来源和财务专家，往往较多地把财务管理决策权授予子公司经理，实行分权式的财务管理，子公司在财务上是相对独立的，它们要靠自己的财力扩大子公司的规模。中型跨国公司拥有较强的经济实力和较多的财务专家，大多数实行集权式财务管理。大型跨国公司资金雄厚，有大批财务专家，它们试图实行集权式的财务管理，但因其子公司多、产品种类多、分布广和所处环境复杂，而较多地实行集权与分权相结合或偏向于分权式的财务管理。

2.公司的股权结构

如果跨国公司的国外子公司大多是独资经营的，那么其财务管理就会相对集中；如果子公司大多是合资经营的，那么其财务管理就会相对分散。

3.公司的生产技术水平

在技术方面要求很高的跨国公司，公司总部大多把主要精力放在技术开发方面而不是财务管理方面，因此倾向于分权式财务管理；在技术方面要求较低的跨国公司，公司总部大多重视财务管理，因此倾向于集权式财务管理。

4.不同国家的传统

例如，美国大多数公司因管理上强调子公司的积极性和股权结构分散，对国外子公司的财务活动一般实行分权式管理，而欧洲国家的许多跨国公司因其传统的母公司与子公司的"母子关系"，对财务活动一般实行集权式管理。

5.区别不同的财务内容

随着生产经营国际化的发展和国际竞争的加剧，跨国公司在外汇管理、利润规划、借款（尤其是向国际资本市场借款或由母公司担保的借款）、资金安置、转移价格制定、专利费和其他涉及公司整体利益的财务决策方面趋于集权式财务管理，而在其他财务决策方面则趋于分权式财务管理。

第六节　国际财务管理与互联网

一、互联网概述

什么是互联网？首先了解什么是网络。网络（Net Work）是将两台或多台计算机连接起来以共享数据或资源。再了解什么是网络互连。网络互连（Internet Working）是独立网络的连接，构成一个相互之间连接在一起的网络，其中每一个独立的网络还保留它自己的特性。

互联网（Internet）一词来自单词网络互连，是一个全球化的"网络的网络"，使用统一的标准来连接由遍布全球200多个国家的3.5亿台计算机主机组成的几百万个不同的网络。据统计，截至2014年9月，互联网上共有约10亿个网站，由于不断有网站关闭和建立，这一数字始终在变化。截至2016年3月中旬，在线网页至少有46.6亿个，这只涵盖了可搜索到的网页，并不包括深层网络。

个人可通过两种方式访问互联网。大多数家庭通过与网络服务提供商签订服务协议获得连入互联网的途径。互联网服务提供商（Internet Service Provider，ISP）是一个与互联网永久相连，并向用户提供临时的网络连接服务的商业组织。电话线、电缆线或无线服务都支持这类网络连接。美国在线、雅虎和微软网络（MSN）等公司不仅是内容提供商，而且是网络服务提供商。个人也可以通过商业机构、大学或者研究中心来访问网络，这些机构被分配了网络域名，例如www.ibm.com。

1990年，世界上发明出第一款网页浏览器，使上网变得很容易，互联网开始走进普通大众的生活和工作。在互联网出现之前，大多数人的沟通方式是打电话或寄信，公司也一样，大公司内部各办公室之间的电话网络最普遍，这种网络是专网专用，价格昂贵，比较落后。进入互联网时代，人们通过上网，就能很快知道国内外的政治、经济、教育、科技、文化、艺术等各方面的信息，了解经济方面的先进技术、先进设备、先进经营管理方式等信息。因此，互联网从其作用来看，是人类运用各种现代先进技术（现代电子技术、通信技术、数据技术等）建立的全球性信息交换系统，它连接了一切可连接的人与物，彻底改变了信息的流通和组织方式，企业的工作人员可以不再只待在办公室里，互联网使他们摆脱了地域的束缚，在哪里都能办公。互联网的信息不是片面的、零散的，而是全面的、系统的、科学的，各国一般都设有全国的、各部门、各行业、各大公司的智库（由经验丰富的专家组成），专门收集、研究、分析、整理实践中的先进经验，为网络提供信息资料。

21世纪，互联网已经成为人们生活中不可或缺的重要组成部分。短短数十年，互联网以惊人的速度发展着！正如习近平主席在腾讯集团参观时所言："现在人类已经进入互联网时代这样一个历史阶段，这是一个世界潮流，而且这个互联网时代对人类的生活、生产、生产力的发展都具有很大的进步推动作用。"

二、中国互联网的发展

从1986年中国发出第一封国际电子邮件开始，经过30多年的发展，互联网在中国有了6.49亿用户，渗透率达到了47.9%，互联网逐步从城市向农村渗透。第一个10年里，互联网更多地应用于学术科研领域。第二个10年里，互联网行业和传统行业和平共处，互联网催生了很多新经济行业，比如门户网站、旅游和电商等。第三个10年里，互联网逐步开始改变甚至颠覆了很多传统行业。2014年2月27日，习近平主席在中央网络安全和信息化领导小组第一次会议上说，信息化和经济全球化相互促进、互联网已经融入社会生活的方方面面，深刻改变了人们的生产和生活方式。我国正处在这个大潮之中，受到的影响越来越深，我国互联网和信息化工作取得了显著发展和巨大成就，网络走入千家万户，网民数量世界第一，我国已成为网络大国。

李克强总理在2014年《政府工作报告》中首次提出"互联网金融"的概念；在2015年《政府工作报告》中又推出"互联网+"的概念，要求制订"互联网+"行动计划。《2015〈政府工作报告〉缩略词注释》认为："互联网+"代表一种新的经济形态，即充分发挥互联网在生产要素配置中的优化和集成作用，将互联网的创新成果深度融合于经济社会各领域之中，提升实体经济的创新力和生产力，形成更广泛的以互联网为基础设施和实现工具的经济发展新形态。而对于"互联网+"行动计划，报告提出将重点促进以云计算、物联网、大数据为代表的新一代信息技术与现代制造业、生产性服务业等的融合创新，发展壮大新兴业态，促进电子商务、工业互联网和互联网金融健康发展，打造新的产业增长点，为大众创业、万众创新提供环境，为产业智能化提供支撑，增强新的经济发展动力，促进国民经济提质增效升级。

在阐述"互联网+"行动计划时，涉及物联网和工业互联网。所谓物联网，是指通过信息传感设备，按照约定的协议，把物理装置与互联网连接起来，进行信息交换和通信，以实现智能化识别定位、跟踪、监控和管理的一种网络。它是在互联网基础上延伸和扩展的网络。所谓工业互联网，是指通过互联网将人、数据和机器连接起来，所形成的智能制造系统。它是全球工业系统与高级计算、分析、感应技术以及互联网连接融合的结果。它是通过智能机器间的连接并最终将人机连接，结合软件和大数据分析，重构全球工业系统，激发更先进的生产力，创造出的一种新型的工业模式。

美国塞缪尔·格林加德著，刘林德译的《物联网》（中信出版社，2016年1月）一书对物联网和工业互联网的关系做了简要说明。该书认为物联网的核心是工业互联网，而工业互联网的核心是装备了传感器从而变"聪明"的机器。在工业互联网内，通信通常通过三种方式进行：M2M（机器对机器）、H2M（人对机器）以及M2S（机器对智能手机）或其他设备，例如平板电脑。

为了促进互联网的顺利发展，国家完善财税投融资政策，增加物联网、云计算、大数据、智能机器人等信息技术研发和产业化应用投入。深化投融资体制改革，完善风险投资、私募和众筹等投资机制，引导社会资本投向"互联网+"项目。加快设立国家互联网投资基金，并与新兴产业创业投资引导基金、集成电路产业投资基金等，采取市场化运作方式，支持互联网新兴业态发展。

世界互联网大会自2014年起在浙江乌镇举行。由中国政府主办的世界互联网大会也被称为乌镇峰会。作为中国政府推广其全球互联网治理理念的平台，2019年10月，微软、百度、高通、西部数据和阿里巴巴等全球大型技术公司的众多专家和高管20日齐聚在中国乌镇第六届世界互联网大会。他们预言，5G网络和人工智能（AI）提供的可能性将给移动互联网带来彻底变革并将改变世界。

高通执行副总裁亚历克斯·罗杰斯也认为，人工智能和5G网络将改变人们沟通交流的方式。罗杰斯强调中国在5G方面的发展，表示中国将有超过50个城市在年底之前启用5G。

全球移动通信系统协会首席执行官约翰·霍夫曼（洪曜庄）也表示，5G将把虚幻变为现实，创造移动互联网新时代。他说，5G时代中国将领跑世界，中国面临的任务是利用5G技术造福全球。5G将保障高速联网，推动创新应用。

我国的企业从事国际筹资、国际投资、国际贸易和外汇风险管理，与国外的企业、银行、证券公司、证券交易所以及税务机关和个人发生财务关系，比较复杂，因此对互联网比较重视，应通过上网，及时了解国内外的政治、经济、科技等各方面的情况，了解各国经济方面的先进技术、先进设备和先进经营管理方式等信息，及时进行改革，促进经济迅速发展。

专栏2-1

国际财务管理学的形成与发展

随着财务管理国际化的不断发展，国际财务管理（international financial management）逐渐从财务管理中分离出来。国际财务管理是财务管理的一个重要组成部分。

财务管理作为一项经济管理工作，具有悠久历史，但财务管理学作为财务管理工作长期实践的经验总结和科学论述至今只有100多年的历史，财务管理学从经济管理学中分离出来大约是在19世纪末。

国际财务管理的出现已有了几百年的历史。应当说，自从各国企业发生了国际贸易、国际筹资、国际借贷等活动，一些企业就有国际财务活动，因而也就产生了国际财务管理。国际财务管理学从财务管理学中分离出来大约是在20世纪60年代末或70年代初，至今只有50多年历史。

在美国、英国等西方国家，将国际财务管理作为专门问题进行研究大约是在20世纪60年代。到70年代初，在一些大学的财务管理学教科书中，已将国际财务管理单独作为一章，后来开设了国际财务管理课程，出版了国际财务管理教科书，形成了国际财务管理学科。20世纪70年代，在美国的大学里，有些教授曾忽视财务管理的国际方面，但随着经济和金融国际化的迅速发展，公司国际财务的内容和经验不断地丰富，国际化越发展，国际财务管理就越重要。公司及时而正确的决策更离不开对国际财务的深刻理解和把握。人们通过对公司国际财务实际情况的调查研究，认识了国际财务管理的重要性，因而越来越多的大学都开设这门课程，编写了

《国际财务管理》、《跨国公司财务管理》和《跨国财务》等多种教材，其内容不断地更新，这门学科日趋成熟。

在我国，对国际财务管理学的研究是从20世纪80年代开始的。这时我国已实行改革开放政策，实施"引进来、走出去"战略，大量吸引外商投资，开办中外合资、合作企业和外商独资企业，许多企业的进出口贸易迅速增长，不少企业从国外银行借款，在国外发行股票、债券筹集资金，到国外进行直接投资办企业等。许多企业的国际财务活动日益增多，外汇收支频繁，汇率和利率风险时有发生，国际财务关系越来越复杂，迫切需要运用国际财务管理知识。为满足我国的实际需要，有些地方举办国际经营和国际财务培训班；有些大学在本科开设国际财务管理课程，在硕士研究生班开设国际财务研究课程；一些出版社先后出版了国际财务管理教科书。

建立我国的国际财务管理学，既要借鉴和学习西方国家跨国公司在国际财务管理方面的先进经验和科学知识，又要结合我国改革开放的实际情况，总结我国企业在国际财务管理方面的经验。

专栏2-2

华为是5G移动通信网络技术的领军者

2018年，美国对中国发动贸易战，首先是美国肆意提高关税，让中国多付款，中国被迫也提高关税，让美国多付款，美中两国的经济都在贸易战中受损。由于美方出尔反尔，中美贸易谈判迟迟不能签约。2019年5月22日，美国假借"国家安全"之名对中国发动技术战，打压中国企业华为，将华为列入贸易黑名单，切断谷歌及其他互联网公司与华为的联系，切断对其核心部件芯片的供应。美国还加紧胁迫德英等国不要使用华为的产品。德外长明确表达了不同看法。5月29日，习近平主席指出，当前，以互联网、大数据、人工智能为代表的新一代信息技术蓬勃发展，给各国经济发展、社会进步、人民生活带来重大而深远的影响。美国制裁华为是对市场秩序的"粗暴"干涉。他敦促美国政府停止对中国集成电路企业和电子企业的"无理打压"。

华为是中国一家优秀的民营大企业，它的创始人任正非在30年时间里，把一家3 000美元的企业变成了中国电信设备的龙头和跨国巨头。华为年收入达到1 050亿美元，在170多个国家开展业务，雇用了18万名员工。它的财务部门有来自哈佛大学、剑桥大学、沃顿商学院和耶鲁大学的数百名毕业生。

华为之所以能取得胜利，是因为其表现要好于此前控制着中国电信业的国有企业。华为的独立审计机构毕马威会计师事务所报告称华为没有获得大的国家补贴并证实了华为的私有制结构：其98.6%的股份属于员工，1.4%属于任正非。这种结构调动了全体员工的工作创新积极性。

如今，拥有2 000多项5G专利的华为在新一代5G宽带无线架构领域处于世界领先地位并提供了唯一可安装在工作网络中的交钥匙系统。

从大的方面来说，5G电信网络将像神经系统一样，在未来几年内帮助控制工业机器人、自动驾驶汽车，并管理经济活动。它对数字社会的发展将产生空前巨大的推动作用。

了解这些之后，就很容易理解这种新网络的控制者将拥有极大的权力，可以成为数字社会的主宰。正是在这种背景下，美国总统特朗普决定阻拦高速前进的中国技术企业。

面对美国的打压，华为记住了毛主席的教导，战略上藐视敌人，认为敌人是"纸老虎"，一定能战胜它；战术上重视敌人，想方设法战胜它。华为员工紧密团结，共同奋斗，不断深入地研究5G技术，每年都有新的发展。最近美国一些公司也公布了5G新技术，华为的技术仍然领先。现在，欧洲许多国家欢迎使用华为5G技术，由于价格便宜、品质良好，很多国家已经安装使用华为设备，尤其是对新兴市场国家而言，5G网络使用华为设备已成为他们的唯一选择。

新华社2019年6月3日援引中国工业和信息化部的消息称，中国5G已经具备商用基础，近期将发放5G商用牌照，中国将正式进入5G商用元年。

工信部表示，中国一如既往地欢迎国内外企业积极参与中国5G网络建设和应用推广，共同分享中国5G发展成果。

资料来源：孙兴杰.不做"战前动员"而是明确开放合作路线，这是任正非清醒的判断[N].中国经营报，2019-05-21；佚名.中国将正式进入5G商用元年 欢迎国内外企业共享成果[N].参考消息，2019-06-04.

案例2-1

海尔致力打造物联网平台

如果10年前我告诉你，一家在美国人看来只会制造宿舍用冰箱的中国企业有一天会买下通用电气公司（GE）的家电业务，那么我猜你肯定会大笑。但2016年6月6日，这件事发生了：海尔集团以55.8亿美元的价格完成了对GE家电业务的收购。

如果你觉得这件事很不可思议，那么海尔集团首席执行官张瑞敏在过去30年间运作企业的方式就会显得更不可思议。

我很早就告诉这个世界，张瑞敏是我们这个时代最无畏和最具革命性的管理者之一。昨天我在和他坐下来交流后，更加确信我的判断。张瑞敏在纽约，一是为了与GE完成交割；二是在耶鲁CED峰会上接受获颁的"传奇领袖奖"。张瑞敏常常比他的竞争对手想得更加长远和超前。

他现在是这样想的："在旧经济中，竞争存在于产品或品牌中。但在互联网时代，竞争是平台间的竞争。你或者成为平台，或者被平台终结。"为此，张瑞敏创造了物联网平台，这个平台涵盖了冰箱、烤箱以及其他产品。

他说："这个概念并不新，但在现有经济中，还没有一个产品能真正体它。"

除了海尔及其用户，这个平台还会吸引食品生产商和销售商。"广告商也可以用这个平台。"

张瑞敏说："企业并不是一个独立的组织，它更像是互联网中的一个节点。"

目前为止，这些想法可以说是创新的，但并不具有革命性。在张瑞敏的思考中，下一步是这样的："最前线的员工必须了解用户和他们的需求，所以我们要打破层级制。现在，我们所有员工都是创业团队中的成员，这些团队很像内部初创企业，我认为这是前所未有的。"

他们比你想象得更像内部初创企业。每个团队必须从企业外部吸引风投，团队成员也必须自己跟投。如果一个团队吸引不到外部投资，就必须解散。

谁是这些团队的成员？"原则之一就是这些团队必须对社会开放，不是仅对现有员工，"张瑞敏说道，"它必须是完全动态的。"

对于这些将给他留下什么？他说："我不再是领导，最多，我会是这些团队的股东。"

现在，张瑞敏听起来更像是一个不同寻常的商业未来家。但他并不是，他运营着世界上最大的家电品牌，拥有6万名员工，加上整合GE家电业务后将是7.3万名。

张瑞敏并不强制购买的公司完全像他设想的那样运作，但他说，"基于那些公司自己国家的文化和法律，希望当地的管理者能够将这种理念运用到实际运营中。"

张瑞敏对接下来不抱任何幻想。"我们实施这么多变革的目标就是要创造真正具有革命性的东西，"他说，"现在必须实践我们想到的革命性的变化。"

你会说这是一个长期的事，但在张瑞敏存在的地方，这种想法真的在实践。

资料来源：科尔文J. 权力榜单［N］. 参考消息，2016-06-13.

思考题

1.关于国际财务管理的定义有哪几种主要观点？你的意见是什么？

2.企业的国际财务活动有哪些？

3.国际财务管理包括哪些内容？

4.国际财务管理包括哪些工作环节？说明各工作环节之间的关系。

5.国际财务管理与国内财务管理在理财环境和风险方面有哪些不同？

6.与国内财务管理相比，国际财务管理有哪些新的经济机遇？

7.国际财务管理的目标是什么？

8.国际财务管理的组织从发展来看可分为哪几个阶段？

9.跨国公司的国际财务管理组织可分为哪几种模式？怎样合理选择？

10.国际财务管理学是怎样形成和发展的？

相关网站

国际货币基金组织 www.imf.org.

世界银行 www.worldbank.org.

经济合作与发展组织 www.oecd.org.

欧盟 www.europa.eu.

欧洲央行 www.ecb.europa.eu.

财新网 www.caixin.com.

界面 www.jiemian.com.

赛迪网 www.ccidnet.com.

哈佛商业评论中文版 www.hbrchina.org.

第二篇

外汇风险管理

如前所述，国际财务管理的基本特点是财务管理与外汇管理密切结合。企业从国外筹资、向国外投资和从事国际贸易等各项活动，都涉及外国货币，发生外汇收支，存在外汇风险。外汇风险是国际财务管理中特有的一种新的风险来源。如果企业有效地进行外汇风险管理，将会避免因汇率变动可能造成的损失，增加收益；反之，则可能蒙受巨大的损失。外汇风险管理是国际财务管理的一项十分重要的内容，主要包括外汇汇率变动预测、外汇风险测量、外汇风险管理决策，以及决策的实施。由于发生外汇风险的原因在于汇率的变动，企业管理外汇风险要通过外汇市场的各种交易来进行。因此，在阐述外汇风险管理之前，先要对外汇汇率和外汇交易与国际财务管理有关的知识加以说明。本篇分以下四章加以阐述：第三章外汇汇率与外汇风险，第四章外汇汇率预测，第五章外汇风险测量，第六章外汇风险管理的策略与方法。

第三章

外汇汇率与外汇风险

第一节　外汇汇率与外汇交易

一、外汇的含义与内容

外汇（foreign exchange）是"国际汇兑"这一名词的简称。其动态的含义就是把一个国家的货币兑换成另一个国家的货币，借以清偿国际债务的一种专门性的经营活动；其静态的含义是指以外币表示的可以用作国际清偿的支付手段和资产。

我国外汇管理条例规定，外汇的具体内容包括：

（1）外国货币，包括纸币、铸币；

（2）外币支付凭证，包括票据、银行存款凭证、邮政储蓄凭证；

（3）外币有价证券，包括债券、股票等；

（4）特别提款权；

（5）其他外汇资产。

有人说，外汇就是外国货币（钞票），是一切外国货币的统称。这种说法是不正确的，至少是很不全面的：第一，外汇不仅包括外国货币，而且还包括外币有价证券和外币支付凭证等；第二，不是所有外币均能作为外汇，只有那些可以自由兑换并用于国际结算的外币才可算作外汇。

现在世界上可以自由兑换的货币主要有美元、欧元、英镑、日元、瑞士法郎、瑞典克朗、加拿大元、澳大利亚元、新西兰元、新加坡元、港元等。在此还需强调，外汇是指用于国际结算的外国货币、外币支付凭证和外币有价证券等，而不包括用于国际结算的本国货币、本币支付凭证和本币有价证券等。众所周知，美元是国际收支中最常用的货币，也是通常所说的主要外汇，但对美国的企业和个人来说，因为美元是他们的本国货币，他们收入或支付了美元，都不算是外汇收支，只有在收入或支付了其他国家或地区的货币（例如英镑、欧元、日元等）时，才算是发生了外汇收支。例如，美国 A 公司对英国 E 公司销售某种商品，以美元计价结算，E公司向A公司支付美元，对美国A公司来说，收到的是本国货币，不算是外汇收入，但对英国E公司来说，支付的是外国货币，是它的外汇支出。如果上笔交易以英镑计价结算，则美国A公司收到的英镑是外国货币，是它的外汇收入，但对英国E公司来说，支付的英镑是本国货币，不是它的外汇支出。

目前，我国的人民币已经开始了国际化的进程，已经从经常项目转向了资本项目的可兑换改革，改革的一个重要方面就是将放松对资本流出的限制。关于我国人民币的国际化问题见本章专栏3-1。

二、外汇汇率

（一）汇率及其标价方法

汇率（exchange rate）又称汇价或外汇行市，是两种货币兑换的比率，即一国货币用另一国货币表示的价格。例如，1英镑=1.5美元，即指1英镑的价格是1.5美元，或者说，1美元的价格是0.6667英镑，因为1÷1.5=0.6667。通过银行将本国货币按汇率购买外汇或将外汇按汇率兑换成本国货币，就是进行外汇买卖，汇率是外汇买卖的兑换标准。

确定两种不同货币之间的比价，首先要确定用哪个国家的货币作为标准，由于确定的标准不同，在国际外汇市场上，便产生了两种不同的外汇汇率标价方法。

1.直接标价法（direct quotation）

直接标价法是指以一定单位（1个外币单位或100个外币单位）的外国货币作为标准，折算成若干本国货币来表示其汇率的标价方法。在直接标价法下，外国货币数额固定不变，汇率涨跌都以相对的本国货币数额的变化来表示。一定单位外币折算的本国货币增多，说明外币汇率上涨或本币汇率下跌，即外国货币币值上升，或本国货币币值下降；相反，一定单位外币折算的本国货币减少，说明外币汇率下跌或本币汇率上涨，即外国货币币值下降，或本国货币币值上升。

2.间接标价法（indirect quotation）

间接标价法是指以一定单位的本国货币为标准，折算成若干数额的外国货币来表示其汇率的标价方法。在间接标价法下，本国货币的数额固定不变，汇率涨跌都以相对的外国货币数额的变化来表示。一定单位的本国货币折算的外币数量增多，说明本国货币汇率上涨或外币汇率下跌，即本国货币升值或外国货币贬值；相反，一定单位的本国货币折算的外币数量减少，说明本国货币汇率下跌或外币汇率上涨，即本国货币贬值或外币升值。

英国一向采用间接标价法。美国长期使用直接标价法，在第二次世界大战以后，美元在国际收付和国际储备中逐步取得统治地位，从1978年9月1日开始，除对英镑继续使用直接标价法外，对其他货币一律改用间接标价法公布美元汇价，但在实践中往往同时采用两种标价法公布美元汇价。我国人民币汇率采用直接标价法。

直接标价与间接标价是倒数关系，例如1美元=0.7589欧元，则1欧元=

1÷0.7589=1.3177 美元。在上例中，1 美元=0.7589 欧元，对美元来说是间接标价，而对欧元来说则是直接标价。同样，1 欧元=1.3177 美元，对美元来说是直接标价，而对欧元来说则是间接标价。

（二）汇率的种类

外汇汇率的种类可以从以下各种不同的角度划分。

1. 从银行买卖外汇的角度划分

（1）买入汇率（buying rate），又称外汇买入价。它是指银行向客户买入外汇时所使用的汇率。采用直接标价法时，外币折合本币数额较少的那个汇率是买入汇率，它表示银行买入一定数额的外汇需要付出多少本国货币；采用间接标价法时，本币折合外币数额较多的那个汇率是买入汇率，它表示银行买入多少外汇需要付出一定数额的本国货币。

（2）卖出汇率（selling rate），又称外汇卖出价。它是指银行向客户卖出外汇时所使用的汇率。采用直接标价法时，外币折合本币数额较多的那个汇率是卖出汇率，它表示银行卖出一定数额的外汇需要收回多少本国货币；采用间接标价法时，本币折合外币数额较少的那个汇率是卖出汇率，它表示银行卖出多少外汇应该收回一定数额的本国货币。

买入汇率与卖出汇率的差价是银行买卖外汇的收益，一般为 1‰~5‰。在通常情况下，银行同业之间买卖外汇的汇率差价比银行同一般客户（个人或工商企业）的买卖差价要小，因为银行同业之间买卖外汇的数额比较大。

（3）中间汇率（middle rate）。它是指外汇买入价和卖出价的平均数。中间汇率经常作为汇率的一般水平在报刊、网站上报道，套算汇率时也用有关货币的中间汇率计算。

（4）现钞汇率（bank notes rate）。它是指银行买入或卖出外币现钞时所使用的汇率。从理论上讲，现钞买卖价同外币支付凭证、外币有价证券等外汇形式的买卖价应该相同。但由于一般国家都规定，不允许外国货币在本国流通，需要把买入的外币现钞运送到各发行国或能够流通的地区去，这就要花费一定的运费和保险费，这些费用需要由客户来承担。因此，银行在收兑外币现钞时使用的汇率稍低于其他外汇形式的买入汇率，而银行卖出外币现钞时使用的汇率则与外汇卖出价大致相同。

表 3-1 列示了 2023 年 6 月 16 日中国银行公布的人民币汇率。

表3-1　　　　　　　　　　**中国银行人民币外汇牌价**　　　　　　　　单位：人民币/100外币

货币名称	代码	现汇买入价	现钞买入价	现汇卖出价	现钞卖出价	中行折算价
阿联酋迪拉姆	AED		186.88		200.77	194.09
澳大利亚元	AUD	487.13	471.99	490.71	492.88	490.43
巴西里亚尔	BRL		141.95		161.17	148.13

货币名称	代码	现汇买入价	现钞买入价	现汇卖出价	现钞卖出价	中行折算价
加拿大元	CAD	536.04	519.11	539.99	542.37	539.16
瑞士法郎	CHF	794.63	770.11	800.21	803.64	799.6
丹麦克朗	DKK	104.08	100.87	104.92	105.42	104.7
欧元	EUR	776.11	751.99	781.83	784.34	780.42
英镑	GBP	907.12	878.94	913.81	917.85	911.61
港币	HKD	90.73	90.01	91.09	91.09	91.18
印尼卢比	IDR	0.0474	0.0459	0.0479	0.0496	0.0477
印度卢比	INR		8.1613		9.2031	8.6967
日元	JPY	5.0275	4.8712	5.0644	5.0722	5.0851
韩国元	KRW	0.5562	0.5366	0.5606	0.5812	0.5597
澳门元	MOP	88.19	85.23	88.54	91.49	88.5
林吉特	MYR	153.6		154.99		154
挪威克朗	NOK	67.35	65.27	67.89	68.22	67.88
新西兰元	NZD	441.45	427.83	444.55	450.66	444.43
菲律宾比索	PHP	12.66	12.23	12.82	13.39	12.78
卢布	RUB	8.34	7.96	8.68	9.06	8.53
沙特里亚尔	SAR		184.4		194.94	190.07
瑞典克朗	SEK	66.78	64.72	67.32	67.64	67.24
新加坡元	SGD	530.31	513.94	534.03	536.69	533.43
泰国铢	THB	20.44	19.81	20.6	21.25	20.59
土耳其里拉	TRY	29.94	28.47	30.18	34.65	30.13
新台币	TWD		22.36		24.22	23.23
美元	USD	709.96	704.19	712.97	712.97	712.89
南非兰特	ZAR	39.07	36.07	39.33	42.4	39.11

注：数据来源于中国银行网站2023年6月16日18：08：07实时资料。

2.按制定汇率的方法划分

（1）基准汇率（basic rate）。它是指本国货币与基准货币或关键货币的汇率。各国在制定本国货币的汇率时，由于外币种类很多，通常选择某种货币作为关键货币，首先制定本币对此种货币的汇率，叫作基准汇率；然后，根据基准汇率套算出本币对其他货币的汇率。关键货币应具备的条件是：国际上普遍接受的可兑换货币；本国国际收支使用最多的货币；本国外汇储备中比重最大的货币。目前，作为关键货币的通常是美元，把本国货币对美元的汇率作为基准汇率。

（2）套算汇率（cross rate）。它是指在基准汇率制定出来以后，通过各种货币对关键货币的汇率套算出来的本币对各种货币的汇率。例如，我国人民币对美元的汇率为1美元=6.1998元人民币，瑞士法郎对美元的汇率为1美元=0.9808瑞士法郎，则人民币对瑞士法郎的套算汇率为：

$$1瑞士法郎=\frac{6.1998}{0.9808}=6.3212（元人民币）$$

即：

100瑞士法郎=632.12元人民币

3.按外汇交易的期限划分

（1）即期汇率（spot rate）。它是指银行进行即期外汇交易所使用的汇率。所谓即期外汇交易是指外汇买卖成交后，买卖双方在当天或在两个营业日内进行交割的交易。所谓交割是指外汇交易双方交钱、付汇的过程。

（2）远期汇率（forward rate）。它是指银行进行远期外汇交易所使用的汇率。所谓远期外汇交易是指外汇买卖成交后，根据合同规定的到期日，按约定的汇率办理交割的外汇交易。远期外汇交易的期限一般按月计算，从1个月至12个月不等。银行也相应制定1个月到12个月期限的远期汇率，同当日的即期汇率一起挂牌公布。远期外汇交易的期限有超过一年的。

如果某种货币的远期汇率高于即期汇率，那么该远期汇率就被称为远期升水；如果远期汇率小于即期汇率，则称为远期贴水。例如，即期汇率1美元=0.9782瑞士法郎，一个月远期汇率1美元=0.9618瑞士法郎，美元远期是贴水，瑞士法郎远期是升水。远期汇率的标价等于即期汇率加上升水或减去贴水。

汇率有全价报价和小数点报价两种方式，例如，苏黎世市场某日美元与瑞士法郎、欧元的汇率见表3-2。

全价报价通常是在报刊和零售交易时使用。在电传、电话报价时，为了节省时间加速信息传递，远期汇率往往不报全价，而用小数点报价。这时，在即期汇率基础上加减小数点报价，就可求得远期汇率的全价。其方法是：如果小数点报价前低后高，例如表3-2中320<335，则表示远期汇率为溢价，应在即期汇率基础上加小数点报价，即：远期汇率买入价1美元=0.7569+0.0320=0.7889欧元，卖出价1美元=0.7589+0.0335=0.7924欧元。如果小数点报价前高后低，例如表3-2中340>330，则

表3-2　　　　　　　　　　　　汇率情况表

	美元/瑞士法郎		美元/欧元	
	买价	卖价	买价	卖价
全价报价：				
即期汇率	0.9808	0.9828	0.7569	0.7589
1个月远期汇率	0.9646	0.9671	0.7674	0.7709
3个月远期汇率	0.9536	0.9561	0.7804	0.7834
6个月远期汇率	0.9468	0.9498	0.7889	0.7924
小数点报价：				
1个月远期汇率	162	157	105	120
3个月远期汇率	272	267	235	245
6个月远期汇率	340	330	320	335

表示远期汇率为折价，应在即期汇率基础上减小数点报价，即远期汇率买入价1美元=0.9808-0.0340=0.9468瑞士法郎，卖出价1美元=0.9828-0.0330=0.9498瑞士法郎。

4.按银行外汇汇兑的方式划分

（1）电汇汇率（telegraphic transfer rate，T/T rate）。电汇是指银行卖出外汇后，即以电报电传委托其国外分支机构或代理行将汇款付给收款人的一种汇兑方式。由于电汇付款快，银行无法占用客户的资金，所以电汇汇率比其他汇率高。目前，国际的支付绝大多数都使用电汇，所以电汇汇率成为基础汇率，一般外汇市场公布的外汇汇率都是电汇汇率。

（2）信汇汇率（mail transfer rate，M/T rate）。信汇是指银行卖出外汇后，开具付款委托书，用信函方式邮寄给国外分支机构或代理行，委托其将汇款付给当地收款人的一种汇兑方式。由于通过邮局传递付款委托书需要一定的时间，在这段时间里，售汇银行可以占用客户的资金，因此，信汇汇率比电汇汇率低。

（3）票汇汇率（demand draft rate，D/D rate）。票汇是指银行在卖出外汇时，开立一张由其国外分支机构或代理行付款的汇票交给汇款人（买汇人），由其自带或寄给国外收款人的一种汇兑方式。由于票汇付款从卖出外汇到支付外汇有一段间隔时间，银行在这段时间内可以占用客户的资金，所以票汇汇率总是比电汇汇率低，而与信汇汇率相当。

5.按汇率决定机制划分

（1）官方汇率（official rate）。官方汇率是外汇管制比较严格的国家授权其外汇管理当局制定并公布的本国货币与其他各种货币之间的外汇牌价。这些国家一般没有外汇市场，外汇交易必须按官方汇率进行。官方汇率相对固定，缺乏灵活性。

（2）市场汇率（market rate）。市场汇率是外汇管制比较宽松的国家的自由外汇市场上进行外汇交易的汇率。这些国家的外汇市场中，外汇交易不受国家限制，汇率受外汇供求关系的影响，会自发地、经常地变动。官方不能规定市场汇率，而只能通过参与外汇市场活动干预汇率变化，避免汇率出现过度频繁或大幅度波动。

在一些逐步放松外汇管制，建立外汇市场的国家里，可能会出现官方汇率与市场汇率并存的状况，在政府规定的范围内使用官方汇率，在外汇市场上使用由供求关系形成的市场汇率。

6.按汇率受政府控制程度划分

（1）固定汇率（fixed rate）。它是指一国货币兑换别国货币的比率基本上是固定的，或者只允许在很小的范围内波动。如果汇率开始剧烈波动，政府就进行干预，以使其保持在一定波动范围内。固定汇率制度可分为以下两个阶段：

①金本位制度下的固定汇率制。国际金本位制是指以世界货币——黄金——作为国际本位货币的一种货币制度。1821年，英国最早实行金本位制，19世纪50年代起，欧美各国和日本相继实行。这一制度的特点是，金币可以自由铸造、自由兑换和黄金自由输出输入。由于当时英国经济实力雄厚，英镑和黄金同时成了国际本位货币与重要的国际储备。在金本位制度下，国家规定金属货币的含金量，不同金属货币含金量之比是决定汇率的基础。黄金输送点是汇率波动的界限。黄金输送点=铸币平价±1个单位黄金运送费用。1929年以前，英国规定的1英镑金币的含金量为113.0016喱（grain），美国规定的1美元金币的含金量为23.22喱（grain），英镑与美元的铸币平价为4.8666（113.0016÷23.22），即1英镑等于4.8666美元。假定一个单位黄金（1英镑金币所含黄金）的运送费用为0.03美元，据此可计算出黄金输送点的上限为：1英镑=4.8666+0.03=4.8966美元（黄金输出点），下限为：1英镑=4.8666-0.03=4.8366美元（黄金输入点）。例如，美国某公司从英国进口一批商品，应付货款100 000英镑，在付款时，市场汇率上涨到1英镑=4.9000美元，这时向英国汇出100 000英镑，就得付出490 000美元；如果改为运送黄金，只需付出489 660美元，可节省340美元。相反，如果美国某公司向英国出口商品，应收货款100 000英镑，在收款时，市场汇率下跌到1英镑=4.8200美元，如果从英国汇入100 000英镑，只能兑换为482 000美元；如果改为从英国输入黄金，在美国可兑换为483 660美元，可多收1 660美元。黄金的输出或输入可减轻外汇市场供给或需求的压力，缩小汇率上下波动的幅度，并使其逐渐恢复或接近铸币平价，起到自动调节汇率的作用。

第一次世界大战时期，随着英国经济的衰落和美、德、法、俄等国经济实力的迅速强大，英镑的国际本位货币的地位受到挑战。同时，一些帝国主义国家为备战和应对经济危机而疯狂掠夺黄金，并严格限制黄金的自由兑换和禁止黄金输出，加上黄金生产供给量有限，导致黄金自由兑换、自由流通的原则遭到破坏，金本位制度开始瓦解。20世纪30年代，世界经济大危机爆发后，英、美各国相继宣布停止兑换黄金，脱离金本位制度，从而使国际金本位货币制度完全崩溃。随着金本位制的瓦解，这种固定汇率制已经不复存在。

②黄金-美元本位制度下的固定汇率制。第二次世界大战后，为恢复和发展经济，以美、英为首的44个国家倡议重建国际货币制度，并于1944年7月在美国新罕布什尔州的布雷顿森林举行了会议。会上商定成立国际货币基金组织，确定了以美元为中心的新的国际货币制度，其特点是美元与黄金挂钩，各国货币与美元挂钩，与美元维持固定平价；美元和黄金一起作为国际本位货币和通用的国际支付手段及最重要的国际储备。具体规定，每盎司黄金官价为35美元，1美元纸币含金量为0.888671克（1盎司=31.103502克）。其他国家也相应规定本国纸币的含金量，如英国1946年规定1英镑纸币的含金量为3.58134克，因而两国纸币含金量之比就成为决定汇率的基础。英镑与美元的汇率为4.03（3.58134÷0.888671），即1英镑等于4.03美元。还规定，国际货币基金组织各成员国的汇率在外汇市场上的波动幅度不得超过其货币平价上下限的1%。为维持汇率的稳定，各成员国有责任进行干预。以当时1英镑=4.03美元来说，其上限为4.0703美元，下限为3.9897美元，如果汇率接近上限时，说明市场上美元供应过多，英国中央银行应收购美元，以保持供求平衡；反之，汇率接近下限时，说明市场上对美元的需求增大，则英国中央银行应抛售美元，以求汇率稳定。如果英国中央银行缺少黄金或外汇不能维持这1%的幅度时，可向国际货币基金组织借款或者经国际货币基金组织同意宣布货币贬值，如1964年1英镑=2.08美元，1967年又贬为2.04美元。

自20世纪60年代起，随着美国国际收支不断恶化，黄金开始大量外流，对外短期债务剧增，美元多次发生危机，美国已无力支撑这个国际货币体系，1971年8月，美国政府被迫宣布美元停止兑换黄金。1971年12月，世界主要贸易国（10国）在华盛顿开会，达成斯密逊协议，美国同意美元贬值8.57%，即38美元兑换1盎司黄金，其他成员国货币对美元的汇率做相应调整，并允许波动幅度上下1%改为上下2.25%。此协议实行不到一年，由于美元不能兑换黄金，使黄金市价大大上涨，当时伦敦自由市场上每盎司黄金的价格已高达70美元。1993年后，各国政府普遍停止为维持固定汇率而采取的干预活动，沿用多年的固定汇率制度终于退出历史舞台，黄金不再是国际货币制度的基础。

（2）浮动汇率（floating rate）。它是指一国货币的汇率在外汇市场上可以根据供求关系而自由波动的一种汇率制度。在这种汇率制度下，各国汇率的波动幅度不限，也不承担维护浮动幅度的义务。国际收支的不平衡是通过汇率变动自动调节的。浮动汇率制已有很长的历史。在金本位制时代，英、美、法以及一些发展中国家都曾经实行过浮动汇率制。进入20世纪70年代以来，随着全球性通货膨胀的发展，各国汇率浮动方式更加灵活和复杂。1971年8月，国际主要货币之间开始实行浮动汇率制，到1973年3月各国完全公开实行了浮动汇率制。有些实行浮动汇率制的国家根据各自经济政策的需要，对汇率变动进行干预或施加影响，因此，国际上对浮动汇率根据有无干预，分为"自由浮动"汇率和"管理浮动"汇率。实行自由浮动汇率制，汇率完全由市场力量确定，而不受各国政府干预。实行管理浮动汇率制，汇率介于固定汇率和自由浮动汇率之间，它类似于自由浮动汇率制，允许汇率每日波动，不存在官方设限，但又类似于固定汇率制，因为政府能够而且有时要进行干预，以防止汇率朝某一个方向剧烈波动。

汇率制度对企业的跨国经营有着直接影响。固定汇率制为国际贸易、国际投资和国际筹资提供了稳定的环境，各国的跨国公司正是在这种货币制度下发展起来的。实行浮动汇率制以后，过去几年才变更一次的汇率现在天天在变，有时汇率大幅度波动，外汇风险对企业的国际化经营产生了巨大的影响。

（3）盯住汇率（pegged rate）。它是指本国（地区）货币币值盯住某一外国货币，本国（地区）货币的币值会随着该外币与其他货币汇率的波动而波动。一些国家（地区）政府将它们的货币币值盯住一个比较稳定的货币，例如美元，因为这会使它们的货币币值稳定。首先，这会使它们的货币对美元的汇率固定；其次，它们的货币对非美元汇率的变动将会和美元对这些货币汇率的变动一致。例如，1983年以来，中国香港将货币（港元）与美元挂钩（7.8港元=1美元）。当1英镑=1.20美元时，可求得1英镑=1.20×7.8=9.36港元；当1英镑=1.25美元时，可求得1英镑=1.25×7.8=9.75港元。当1加拿大元=0.72美元时，则1加拿大元=0.72×7.8=5.616港元；当1加拿大元=0.68美元时，则1加拿大元=0.68×7.8=5.304港元。实行盯住汇率，使汇率比较稳定，有利于吸引外国投资，降低汇率风险，但如果被盯住货币（例如美元）的汇率发生大的波动，则盯住货币（例如港元）的汇率也会发生相应波动，将面临较大的风险损失，这时，就应及时停止盯住这种货币的汇率。

（三）汇率改变的百分率

汇率会因各种经济和政治因素的影响而改变，可按一定的方法计算贬值或升值百分比。以人民币对美元的汇率来说，美元升值率或贬值率的计算是用美元的人民币价值增加或减少来表示的。其计算公式如下：

$$
\text{美元升（贬）值率} = \frac{\text{变动后美元的人民币价值} - \text{变动前美元的人民币价值}}{\text{变动前美元的人民币价值}} \times 100\%
$$

$$
= \frac{U_1 - U_0}{U_0} \times 100\%
$$

人民币升值率或贬值率的计算是用人民币的美元价值增加或减少来表示的。其计算公式如下：

$$
\text{人民币升（贬）值率} = \frac{\text{变动后人民币的美元价值} - \text{变动前人民币的美元价值}}{\text{变动前人民币的美元价值}} \times 100\%
$$

$$
= \frac{1/U_1 - 1/U_0}{1/U_0} \times 100\% = \frac{U_0 - U_1}{U_1} \times 100\%
$$

2000年1月初，人民币对美元的汇率为1美元=8.2795元人民币，即1元人民币=1÷8.2795=0.1207802美元；到2009年10月30日，人民币对美元的汇率变为1美元=6.8281元人民币，即1元人民币=1÷6.8281=0.1464536美元。在此期间，美元贬值率和人民币升值率计算如下：

$$美元贬值率=\frac{6.8281-8.2795}{8.2795}\times100\%=-17.53\%$$

$$人民币升值率=\frac{0.1464536-0.1207802}{0.1207802}\times100\%=21.256\%$$

或

$$=\frac{8.2795-6.8281}{6.8281}\times100\%=21.256\%$$

美元贬值率与人民币升值率不同，是因为一种货币的价值是另一种货币价值的倒数，因此变化度量的基础不同，用百分比表示的货币变化也不同。上述贬值率与升值率存在以下关系：

$$Y=\frac{-X}{1+X}$$

式中，X代表一种货币对另一种货币的升值率或贬值率；Y代表另一种货币对这种货币的贬值率或升值率，根据上例数字，令X=−17.53%，则：

$$Y=\frac{-(17.53\%)}{1+(-17.53\%)}=21.256\%$$

如果令X=21.256%，则：

$$Y=\frac{-21.256\%}{1+21.256\%}=-17.53\%$$

三、外汇市场的交易

（一）外汇交易的种类

1.即期外汇交易

即期外汇交易（spot transaction）是指外汇买卖双方以当天的外汇市场价格（即期汇率）成交，于当日或两个营业日内办理收付的外汇业务。办理收付是指买卖双方一方交付一种货币，另一方交付外汇的行为，这种收付行为称为交割。进行即期外汇交易的市场就是即期外汇市场（又称为现汇市场），是外汇市场最重要的组成部分，其基本功能是进行货币兑换，在最短时间内实现购买力的国际转移。

2.远期外汇交易

远期外汇交易（forward transaction）是指外汇买卖成交后，根据合同的规定，买卖双方在约定的到期日，按约定的汇率（成交日的远期汇率）和数额，办理收付交割的外汇交易。远期外汇交易的期限一般介于1至52个星期之间，也有超过1年的。

在过去几年中，出现了长期的远期外汇交易，其期限可长达10年。银行对不同期限的交易规定不同的汇率。汇率表上通常规定30天、60天、180天三种期限的远期汇率。进行远期外汇交易的市场就是远期外汇市场（又称为期汇市场），是外汇市场另一重要组成部分，其基本功能是避免汇率变动的风险，固定进出口贸易和国际借贷的成本。

以上两种外汇交易是外汇市场的基本交易活动。

3.套汇交易

套汇交易包括地点套汇、时间套汇和利息套汇。

（1）地点套汇。它是利用两个或两个以上外汇市场的汇率差异，在一个外汇市场上低价买入外汇，然后在另一个外汇市场上高价卖出外汇以获取收益的交易活动。按照买卖外汇的地点来划分，地点套汇可分为两地套汇（或称两角套汇）和三地套汇（或称三角套汇）。两地套汇涉及两个外汇市场。例如，在某一时间纽约外汇市场上美元对欧元的即期汇率是1.0884/94欧元，在法兰克福外汇市场上美元对欧元的即期汇率是1.0845/55欧元，两个外汇市场上的汇率有差异：美元在法兰克福市场上比较便宜，在纽约市场上比较昂贵，在此情况下，投资者可以电告法兰克福的外汇银行，按照每1美元1.0855欧元卖出汇率买进美元，然后电告纽约的外汇银行，按照每1美元1.0884欧元的买入汇率卖出美元，这样投资者每1美元可以获得0.0029欧元（1.0884-1.0855）的收益。三地套汇涉及三个外汇市场。例如，在某一时间伦敦外汇市场上英镑对美元的汇率是1.5150/60美元，纽约外汇市场上美元对瑞士法郎的汇率是0.6190/93美元，瑞士外汇市场上瑞士法郎对英镑的汇率是2.4400/28瑞士法郎，在此情况下，投资者可以在瑞士外汇市场上用2.4428瑞士法郎买进1英镑，在伦敦外汇市场上用1英镑买进1.5150美元，然后在纽约外汇市场上用1.5150美元买进2.4463瑞士法郎（1.5150÷0.6193），在不考虑交易成本的条件下，投资者可获得收益0.0035瑞士法郎（2.4463-2.4428），每1瑞士法郎投资得到0.0014瑞士法郎（0.0035÷2.4428）的收益。

（2）时间套汇，又称外汇掉期交易。它是利用不同期限外汇汇率差异在买进或卖出即期外汇的同时，以卖出或买进远期外汇的方法谋取利润收益的外汇交易。时间套汇常被用作防止汇率变动风险损失而采取的一种货币保值手段。

（3）利息套汇，又称套利交易。它是利用在不同国家进行短期投资的利率差异，将资金由利率较低的国家转移到利率较高的国家进行投资，以赚取利率差额的外汇交易，将在第四章具体说明。

此外，还有外汇期货交易、外汇期权交易等，这两种交易和时间套汇将在第六章具体说明。

（二）国际财务与外汇交易

由于各国或地区（如欧元区）的货币和货币制度是相互独立的，一般来说，一国或地区的货币不能在另一国或地区流通，这样，在进行国际或与区外其他国家间的货币收付时，就需要进行不同货币的兑换，将一种货币兑换为另一种货币，也就是要进行外汇交易。各项国际财务活动都离不开外汇交易。

1.国际贸易货款结算与外汇交易

企业的进出口货款收付一般都涉及外汇买卖。例如，中国甲公司从美国A公司进口某种设备，货款100万美元，如果甲公司的银行账上没有美元存款，就应按当时汇率（假设1美元=8.25元人民币）用825万元人民币从银行购买100万美元，支付给A公司。如果甲公司的银行账上有日元存款，可按当时汇率（假设1美元=120日元）用12 000万日元从银行购买100万美元，支付给A公司。又例如，中国乙公司向日本B公司出口一批商品，货款以日元计算。乙公司收到日元货款后，可以保留一定数额的日元存入银行，剩余的日元按当时汇率卖给外汇指定银行，得到人民币。乙公司还可以将收到的日元在外汇市场上全部卖出，买进美元或欧元，存入银行。上述涉及人民币与美元、人民币与日元及日元与美元之间的交易，就是由于国际贸易货款结算而产生的外汇交易。

2.国际投资与外汇交易

企业向国外投资，一般都需要投出相当数额的货币资本，需将本国货币或持有的他国货币（外汇）兑换成东道国（资本输入国）的货币。例如，我国甲公司到美国去投资办企业或购买证券，就需要将人民币或持有的日元或欧元等外汇在外汇市场上通过交易换成美元，才能被美国的有关方面接受。待投资获得收益及收回投资时，还需将所得美元兑换成人民币，这都是因国际投资行为而产生的外汇交易。

3.国际筹资与外汇交易

我国企业可以通过多种方式筹集外资，例如，吸收外商直接投资（外商用外汇、实物和无形资产等投资）、从外国银行取得贷款、在国外发行债券股票筹集外资。如果将筹集的外汇资金一部分用于国内，就需要通过外汇市场将这一部分外汇资金兑换为人民币，才能在国内使用。如果筹集的是美元，但从德国进口设备，需要用欧元支付，就需要通过外汇市场将美元兑换为欧元，才能满足德国出口商的需要。如果借入的是美元，但产品对日本出口得到的收入是日元，为了偿还美元贷款本息，就需要通过外汇市场将日元兑换为美元，才能符合贷款者的要求。中外合资企业要将一部分利润分配给外方投资者，如果应当支付美元，而该企业没有美元，也没有其他外汇，就只能在外汇市场上用人民币兑换美元，予以支付。上述这些是因国际筹资可能发生的外汇交易。

4.外汇风险管理与外汇交易

在第一、二章已经说明，由于汇率变动，企业存在外汇风险，可能遭受损失。人们在实践中创造了各种办法来防范外汇风险，其中很重要的方法就是通过外汇市场进行各种外汇交易，根据汇率的变化，及时买卖外汇。例如，今天美元看涨，日元看跌，就将手中的日元卖出，买进美元。许多企业都卖日元买美元，使美元继续升值，这时持有美元当然受益。什么时候美元看跌，它们就将手中的美元卖出，买进日元、欧元等看涨的货币。总之，随时关注外汇市场行情，及时入市，并按照对自己有利的方向进行外汇交易。以上只是说明通过即期外汇交易来处理外汇存款方面的汇率风险。如何通过远期外汇交易、外汇掉期交易、外汇期货交易和外汇期权交易等来防范外汇应收应付款、外汇借款等方面的外汇风险，将在第六章说明。

第二节 外汇风险的分类与管理的内容

一、外汇风险的概念与分类

（一）外汇风险的定义

外汇风险（foreign exchange risk）也叫汇率风险（exchange rate risk），是由汇率变动引起的风险。汇率变动必然对企业以外币计价的资产、负债和经营成果产生影响，这种影响是双向的，既可能是有利影响，使资产和经营成果增加、负债减少，也可能是不利影响，使资产和经营成果减少、负债增加。这种汇率变动的不确定性可能带给企业的影响称为外汇风险。对于依靠扎扎实实的经营以提高收益的企业来说，必须首先考虑到汇率变动带来损失的可能性，怎样处理才能避免这种可能性或把这种可能性尽量缩小。由于有些人在谈到外汇风险时，首先或着重考虑的是汇率变动可能对企业资产、负债和经营成果产生的不利影响或可能带来的损失，因此，把外汇风险定义为"外汇风险是因汇率变动有可能受到的影响，特别是意味着有可能蒙受的损失"。

（二）外汇风险的构成因素

外汇风险一般是由外币、时间和汇率变动三个因素共同构成的。以产品出口为例，如果产品外销的应收货款以本币计价结算，成交到收款的时间不论多长，由于不涉及外币，与汇率变动无关，故不存在外汇风险；如果产品外销的货款虽以外币计价结算，但成交日立即收到货款（不存在时间因素），汇率无变动，因而也不存在外汇风险；如果产品外销的应收货款以外币计价结算，成交到收款经过一段时间，但在这一段时间内汇率无变动，也不存在外汇风险；只有产品外销的应收货款以外币计价结算，成交到收款经过一段时间，而且在这一期间汇率发生了变化，在三个因素同时存在的情况下，才形成外汇风险。从成交到收款的时间越长，汇率变动的可能性越大，因而外汇风险就越大。外币与本币的汇率变动幅度越大，外汇风险也越大。

（三）外汇风险的分类

企业的外汇风险一般可分为交易风险（transaction exposure）、折算风险（translation exposure）和经济风险（economic exposure）。下面对这三类风险分别加以说明。

1.交易风险

交易风险指企业在以外币计价结算的各种交易过程中，由于汇率变动使折算为本币的数额增加或减少的风险。这种交易包括以信用方式进行的商品进出口交易、外汇借贷交易、外汇买卖交易、远期外汇交易等。

2.折算风险

折算风险亦称会计风险。所谓折算是指将国外附属公司的外币会计报表采用一定的方法，按照一定的汇率进行折算，以母公司所在国的货币来表示，以便汇总编制整个公司的合并会计报表。折算风险就是指由于汇率变动，报表的不同项目采用不同汇率（现行汇率、历史汇率、平均汇率）折算，因而产生损失或利得的风险。

3.经济风险

经济风险指由于汇率发生未能预料的变动对公司价值的影响。公司的价值主要取决于它能实现的利润和现金净流量。汇率变动会使公司未来的销售数量、价格和成本等经济指标发生变动，从而引起公司未来一定时期的利润和现金净流量减少或增加，因而就可能使公司价值（股份有限公司的价值表现为股票价格）下降。经济风险不包括那些可预期的汇率变动的影响，因为这些变动的影响已由投资者和管理者在预期的经营结果和市场价值中予以考虑。

应当认识到，一个公司即使没有任何跨国经营活动，也会面临经济风险，因为各国的商品和金融市场相互联系和影响。一个纯国内公司的生产、购销都只在国内进行，虽然没有外汇收支，但会受到本国货币升值的不利影响，因为本国货币升值后，一些跨国经营的企业从国外以外汇购买的原材料的成本降低了，这会使纯国内公司在竞争中处于不利地位而遭受损失。

经济风险的影响力是长期性的，而交易风险和折算风险都是一次性的。评价一个企业的长期经营能否健康发展，经济风险的意义比交易风险和折算风险更为重要，因为它所测量的正是汇率变动对企业效益的长期影响。

上述三类外汇风险存在着明显的区别，但又有密切的联系，有时还是重叠的。

二、外汇风险管理的内容

外汇风险管理包括以下内容：

1.外汇汇率预测

在调查研究的基础上，运用科学的方法，预先测算外汇汇率变动的方向和幅度。

2.外汇风险测量

根据企业生产经营和外汇汇率预测资料测算外汇汇率变动使企业可能产生的损失（或收益）的数额。

3.外汇风险管理决策

在外汇汇率预测和外汇风险测量的基础上，根据企业具体情况，选择适当的防范外汇风险的策略和方法。

4.实施决策

根据决策，采取外汇风险管理的有效措施、方法，避免或减少外汇风险损失。

专栏3-1

我国人民币的国际化

人民币的国际化是指人民币跨境使用流通，承担对外贸易、投融资和国际储备等功能，广泛用于计价结算，使人民币成为真正意义上的国际货币。过去，我国的对外贸易和投融资等要用美元、欧元、日元等国际货币计价结算，以对外贸易为例，我国企业的进出口货款一般用美元计价结算，当出口收到美元货款时，须按汇率折算为人民币后入账。当进口应付美元货款时，须按汇率用人民币购买美元，然后支付。在会计账表上既要反映美元收付，又要反映人民币收付。这样做既复杂，又有汇率风险。如果用人民币计价结算，既简便，又可避免汇率风险。

人民币国际化的进程可概述为：先使人民币成为国际贸易结算的货币，进而使人民币成为国际投融资结算的货币，最后使人民币成为国际储备的货币。

1.国际（跨境）贸易人民币结算

（1）人民币在我国边境贸易中使用和在邻国流通

由于边境贸易频繁，交易额较小，交易时可以使用交易双方国家的货币，例如，中俄边境贸易，既可以使用中国的人民币，也可以使用俄国的卢布。随着边境贸易向内地发展，而且数额很大，必须通过银行结算。由于中国的经济贸易迅速发展，人民币在邻国流通日益增多。在东南亚地区，人民币已成为仅次于美元、欧元和日元的"硬通货"。在西南边境地区，人民币在老挝东北三省可完全替代本币在境内流通，最远能够深入到老挝首都万象。人民币在越南已实现全境流通，越南国家银行已开展人民币存储业务。在西北地区，人民币主要是在中亚五国、俄罗斯地区和巴基斯坦流通。人民币跨境流通量最大的是哈萨克斯坦，大约有10多亿元人民币。在我国东北地区，人民币跨境流通到俄罗斯和朝鲜以及蒙古国。蒙古国的各个银行都开展了人民币储蓄业务。在与蒙古国进行边境贸易时，人民币现金交易量已经超过双边全部贸易量的1/3。

（2）跨境贸易人民币结算

人民币之所以能够在我国周边国家流通，在跨境贸易中用于结算，是我国经济成长到新阶段的表现。由于我国自改革开放以来，经济快速、稳定、持续地发展，经济实力大大增强，人民币币值稳定和坚挺，人民币已在许多国家树立了良好信誉，因而各国和地区在国际交易中愿意接受和使用人民币。2008年国际金融危机爆发以来，国际贸易赖以正常运转的最主要的结算货币——美元和欧元——的汇率都经历了剧烈波动，同时，金融危机和经济衰退对贸易产生了较大的不利影响。受美元和欧元汇率剧烈波动的有害冲击，中国企业与贸易伙伴国企业普遍希望使用币值相对稳定的人民币进行计价和结算，从而规避使用美元和欧元结算的汇率风险。因此，推行人民币结算有助于使进出口企业实现双赢，有利于稳定国际贸易的正常需求。

我国与有关国家在边境贸易中使用人民币进行结算。迄今为止，我国已与越南、蒙古国、老挝、尼泊尔、俄罗斯、吉尔吉斯斯坦、朝鲜和哈萨克斯坦等国家的中央银行签署了实行边境贸易人民币结算的协定。2008年12月24日，我国国务院常务会议提出，对广东和长江三角洲地区与港澳地区、广西和云南与东盟地区的货物贸易进行人民币结算试点。2009年4月8日，我国国务院常务会议决定在上海市和广东省内四城市广州、深圳、珠海、东莞5地开展跨境贸易人民币结算试点。2009年7月1日，中国人民银行、财政部、商务部、海关总署、税务总局、银监会共同制定的《跨境贸易人民币结算试点管理办法》公布实施。2011年，跨境贸易人民币结算在试点的基础上扩大至全国，境外地域范围不受限制。2009年4月至2012年年底，银行累计办理跨境贸易人民币结算5.5万亿元。

自2012年6月起，境内所有从事货物贸易、服务贸易及其他经常项目的企业均可选择以人民币进行计价结算。2013年7月，经常项目跨境人民币结算业务办理流程进一步简化，相关业务办理效率切实提高。2013年12月，人民币购售业务由额度管理调整为宏观审慎管理，有力地支持了货物贸易人民币结算业务发展。2014年3月，中国人民银行会同相关部委下放了出口货物贸易重点监管企业名单审核权限，简化了管理流程。2014年6月，在全国范围内开展个人货物贸易、服务贸易跨境人民币结算业务，支持银行业金融机构与支付机构合作开展跨境人民币结算业务。2014年11月，跨国企业集团开展经常项目跨境人民币集中收付业务。

2.国际（跨境）投融资人民币结算

我国跨境投融资人民币结算起步较晚。国际金融危机后，随着"走出去"战略的开展，国内许多企业纷纷要求用人民币对外投资，进行贸易时也希望用人民币做信贷。2010年，中国开始允许将人民币用于对外直接投资领域的结算。2010年10月，中国人民银行公布了《新疆跨境直接投资人民币结算试点暂行办法》，允许新疆率先开展跨境直接投资人民币结算试点。2011年年初，温州宣布实施个人境外直接投资试点，跨境人民币业务从经常项目扩展到部分资本项目。2011年1月，中国人民银行公布了《境外直接投资人民币结算试点管理办法》，该办法规定，凡获准开展境外直接投资的境内企业可以用人民币进行境外直接投资，这意味着人民币在资本项目下的自由兑换取得了重要进展。2011年10月，中国人民银行和商务部公布了《外商直接投资人民币结算业务管理办法》，允许外商用人民币（通过出口商品所得人民币以及在人民币离岸市场从银行贷款或发行债券所得人民币）来中国国内进行直接投资，还允许境内银行业金融机构发放境外项目人民币贷款，推动境内非金融企业赴我国香港发行人民币债券和境外机构到我国境内发行人民币债券。2012年，中国正逐渐解除资本管制，例如，日本已获准购买中国国债，韩国也获得购买中国证券的许可，中国开发银行已同意向巴西、俄罗斯、印度和南非提供人民币贷款。2011—2012年银行累计办理跨境直接投资人民币结算3 911亿元。

2013年9月，境外投资者可以使用人民币在境内设立、并购和参股金融机构。2014年6月，直接投资跨境人民币结算业务办理流程进一步简化。2014年11月，符合一定条件的跨国企业集团可以开展跨境双向人民币资金池业务。在人民币跨境融资方面，2011年10月，境内银行可以开展境外项目人民币贷款业务。2013年7月，境内银行可以开展跨境人民币贸易融资资产跨境转让业务，境内非金融机构可以开展人民币境外放款业务和对外提供人民币担保，放宽境内代理行对境外参加行的人民币账户融资期限和限额。2014年9月，明确境外非金融企业在境内银行间债券市场发行人民币债务融资工具的跨境人民币结算政策。

据商务部统计，2015年中国境内投资者共对全球155个国家或地区的6 532家境外企业进行了直接投资，累计实现非金融类直接投资7 350.8亿元人民币，以人民币结算的对外直接投资额7 362亿元人民币。2015年，中国实际使用外商直接投资金额1 262.5亿美元，以人民币结算的外商直接投资显著增加，累计达到15 871亿元人民币。

3.我国与有关国家签署双边货币互换协议

为了促进我国与有关国家之间的贸易和投融资人民币结算，我国与有关国家签署了双边货币互换协议。2008年12月12日，中国人民银行和韩国银行宣布签署双边货币互换协议，规模为1 800亿元人民币/38万亿韩元（按2008年12月9日汇率计算）。中韩货币互换协议的有效期为3年，经双方同意可以展期。该项协议旨在推动双边贸易及投资发展。中国人民银行已先后与韩国、中国香港、马来西亚、白俄罗斯、印度尼西亚、阿根廷等国家和地区签署了总计达6 500亿元的双边本币互换协议。2012年2月，中国和土耳其签署了一项有效期为3年、规模为16亿美元（100亿元人民币）的双边本币互换协议，以实现以本国货币结算的双边贸易。2012年3月，中国人民银行与澳大利亚储备银行签署了总额为2 000亿元人民币（约合300亿澳元）的双边本币互换协议，主要目的是在两国贸易和投资中增加使用人民币进行结算的机会。2013年4月，中澳两国启动人民币与澳元的直接兑换交易，意味着人民币对澳元的汇率无须经过美元计算得出，标志着人民币国际化的又一个进展。2013年2月，中国人民银行与英格兰银行签署了人民币与英镑互换协议。从2013年年初开始，中国货币向欧洲推进，继中国央行与英国央行签署货币互换协议之后，中国央行又与匈牙利、阿尔巴尼亚和冰岛等国签署了协议。法兰克福、巴黎和卢森堡都想成为中国人民币的全球交易中心。2013年10月，欧洲央行与中国央行同意开通货币互换，此举有助于人民币进入欧元区的贸易金融领域，并加强其国际化。欧洲央行说："货币互换协议是在欧元区与中国之间的双边贸易和投资急剧增长的背景下签署的，也是确保金融市场稳定所必需的。"货币互换协议在3年内有效，欧洲央行最高可从中国央行获得3 500亿元人民币（约合570亿美元）的资金，中国央行最高可从欧洲央行获得450亿欧元（约合610亿美元）的资金。2013年3月，中国和巴西在南非召开的金砖国家峰会开始之前，签署了相当于300亿美元的双边货币互换协议，两国绕开美元进行贸易，每年将有价值相当于300亿美元的货款用人民币或巴西货币雷亚尔来支付，从而可以规避美元汇率风险，保护两国贸易交流不受美元汇率波动和国际金融动荡的影响。

截至2016年6月，中国人民银行已与35个国家和地区的货币当局签署货币互换协议，货币互换余额为33 257亿元人民币，本币互换协议的实质性作用明显增强；在15个国家和地区建立了人民币清算安排，覆盖东南亚、西欧、中东、北美、南美和大洋洲等地，有利于上述国家和地区的企业和金融机构使用人民币进行跨境交易，进一步促进贸易投资便利化，支持人民币成为区域计价结算货币。

4.建立和发展人民币离岸市场

为了促进我国与有关国家之间的贸易和投融资人民币结算，必须建立和发展人民币离岸市场。人民币离岸市场是指在我国内地（大陆）人民币市场以外建立的人民币市场，包括在外国建立的人民币市场，香港虽然早已回归祖国，但由于香港现在法定的货币是港元，因而在香港建立的人民币市场，也称为人民币离岸市场。香港人民币市场是2010年中期建立的。现在，香港的银行能吸收人民币存款、发放人民币贷款、进行人民币买卖，外国的公司或政府能够通过银行以"点心债券"的形式发行人民币债券。2012年，香港的人民币存款为6 090亿元，是2010年年初的6倍多；2012年，香港发行的人民币债券为2 000多亿元，是2010年的5.56倍。英国财政大臣乔治·奥斯本2010年夏天的东方之行，极力推荐伦敦成为中国继香港之后的下一个人民币离岸市场，此时还有纽约、新加坡也为成为人民币离岸市场展开竞争。2012年1月，英国同意与香港的货币机构共同开展离岸人民币业务。2012年4月，人民币债券第一次在伦敦发行，现在26%的全球离岸人民币业务是通过伦敦来进行交易的。2013年2月，为加快伦敦人民币离岸市场发展，英格兰银行与中国人民银行达成为期3年的英镑与人民币互换协议，此举为伦敦成为全球人民币交易中心提供了强有力的支持。2013年2月，中国人民银行和台湾银行、中国银行的代表共同宣布，全台46家银行同步开展人民币存款、汇款、贷款和债券等业务，台湾距人民币离岸交易中心的目标也更进一步。中国人民银行承诺协助台湾人民币向大陆回流，有利于台湾的人民币离岸市场迅速发展。2013年5月，随着在新加坡的汇丰银行和渣打银行成为首批发行以人民币计价的债券的银行，新加坡加强了成为人民币离岸交易中心的雄心，由此开创了一个很可能称之为"狮城"债券的新市场。

按照国际清算银行的狭义口径，截至2014年年末，以人民币标价的国际债券余额5 351.18亿元，其中境外机构在离岸市场上发行的人民币债券余额5 304.8亿元，在中国境内发行的人民币债券（熊猫债）余额46.3亿元。据央行的不完全统计，截至2014年年末，港澳台地区和新加坡、卢森堡等主要离岸市场人民币存款余额约19 867亿元。

国际货币基金组织（IMF）发布的全球官方外汇储备数据显示，2014年全球官方外汇储备中，人民币的占比是第七位。外汇储备货币前七名分别是：美元（63.67%）、欧元（21.03%）、英镑（4.07%）、日元（3.45%）、澳元（2.11%）、加元（1.99%）和人民币（1.11%）。持有人民币外汇储备的国家从2013年的27个上升到2014年的38个。据中国人民银行的不完全统计，截至2015年4月末，境外中央银行或货币当局在境内外持有债券、股票和存款等人民币资产余额约6 667亿元。2016年6月，人民币已成为全球第二大贸易融资货币、第三大支付货币、第六大国际银行间贷款货币、第6大外汇交易货币和第7大国际储备货币。全球共有189个国家和地区的企业使用人民币作为国际结算和投资货币。

自2016年10月1日起，人民币被纳入国际货币基金组织SDR（特别提款权）货币篮子，成为继美元、欧元、日元、英镑之后第五个加入SDR的货币。这是IMF自1980年简化为五种篮子货币定值后（欧盟成立后于2001年形成的四种篮子货币定值）最大的改革，SDR首次加入"新"货币，并且是新兴市场货币。人民币加入SDR对于中国经济与世界金融体系一体化而言具有里程碑意义，同时也是对过去几年中国的货币和金融体系改革的认可。这些改革的继续和深化为世界货币和金融体系注入活力，也相应地支持了中国和全球经济的稳步增长。人民币"入篮"有助于对人民币未来实现贸易投资结算，甚至作为他国央行外汇储备功能的推动，将对人民币的下一步国际化进程起到促进作用，标志着中国新一轮金融改革的开始。

可以预期，随着我国经济进一步的持续发展和国际化程度不断地提高，将进一步增强国际交易的参与者和普通公众对人民币的信心，并进一步增加对人民币的需求，人民币必将在世界货币体系中发挥越来越重要的作用。在国际清算银行（BIS）最新公布的外汇周转额报告中指出，中国人民币已升至第九位，成为全球第九大交易货币。预计到2020年，人民币将成为像美元、英镑那样在世界上能够自由兑换的货币。我国人民币成为可自由兑换的货币以后，将进一步提升我国的国际地位，增强对世界经济的影响力，进一步促进我国国际贸易和投资的发展，我国企业的进出口贸易和对外投资可以较多使用人民币计价结算，在境外发行债券也可用人民币计值，有利于避免企业在国际贸易、投资和筹资中的汇率风险，将有越来越多的国家选择人民币作为储备货币。

资料来源：佚名.伦敦通过人民币协议与中国搭上桥梁［N］.泰晤士报，2013-02-22；中国人民大学国际货币研究所.人民币国际化报告2015［M］.北京：中国人民大学出版社，2015；王姣."熊猫债"发展步入快车道［EB/OL］.［2015-12-10］. http：//www.cs.com.cn/gppd/zsp//201512/t20151210-4859/02.html.

思考题

1.什么是外汇和外汇汇率？

2.什么是外汇汇率的直接标价法和间接标价法？二者是什么关系？

3.什么是固定汇率制度和浮动汇率制度？我国人民币实行哪种汇率制度？

4.什么是即期汇率和远期汇率？什么是远期升水和贴水？

5.什么是即期外汇交易和远期外汇交易？

6.企业的国际财务活动与外汇交易有哪些关系？

7.什么是外汇风险？形成外汇风险的因素有哪些？

8.什么是交易风险、折算风险和经济风险？三者有什么不同？

9.企业外汇风险管理的内容包括哪些？

计算题

1.外汇市场即期汇率为：1美元=0.62英镑，1美元=140日元，1美元=1.5瑞士法郎。要求：计算100英镑可兑换多少美元？1 000日元可兑换多少美元？200瑞士法郎可兑换多少美元？（精确到小数点后两位）

2.已知1美元=8.28元人民币，1美元=1.1662欧元。要求：计算1欧元等于多少元人民币？

3.某日，纽约市场1美元=1.2130欧元/1.2145欧元，法兰克福市场1英镑=1.5141欧元/1.5153欧元，伦敦市场1英镑=1.8300美元/1.8320美元。套汇者用100万美元进行三角套汇。要求：计算该套汇者获得的套汇收益。

4.1996年1月1日，1英镑=12.5港元，1997年1月1日，1英镑=12.7港元。要求：计算英镑升值百分比和港元贬值百分比。

5.某日，法兰克福市场，即期汇率1美元=1.2130欧元/1.2145欧元，3个月远期汇率点数为38-33。伦敦市场即期汇率1英镑=1.6955美元/1.6965美元，3个月远期汇率点数为50-60。要求：根据远期报价点数计算远期汇率数。

相关网站

中华人民共和国国家外汇管理局 www.safe.gov.cn.

中国人民银行 www.pbc.gov.cn.

中华人民共和国海关总署 www.customs.gov.cn.

中华人民共和国国家统计局 www.stats.gov.cn.

中国银行 www.boc.cn.

汇通网 www.fx678.com.

中国金融信息网 www.xinhua08.com.

国际货币网 www.imi.org.cn.

第四章

外汇汇率预测

第一节 汇率预测的必要性

一、外汇风险管理决策的需要

在前一章中已经说明，外汇风险是由汇率变动引起的，为了识别和测量各种外汇风险，了解汇率变动的趋势和幅度，就必须进行汇率预测。任何正确的决策都必须以科学预测为依据。在外汇风险管理方面，准确的汇率预测可以协助做出正确的决策，以采取可靠的措施和适当的方法。

以交易风险管理为例，在进出口贸易中，对于外币应收应付账款，应预测汇率变动，采取外汇风险管理措施。例如，我国甲企业向A国出口一批商品，以A元计价结算，预计60天后收到货款。如果甲企业预测A元对人民币将升值，甚至高于60天远期A元汇率，使甲企业收到A元货款折合人民币数额增多，不仅不会发生损失，而且有利，因此甲企业对这笔交易不需要采取任何管理措施。如果甲企业预测A元将贬值，而且贬值幅度较大，使甲企业收到A元货款折合人民币数额减少，甲企业就应采用适当的措施，避免或减少可能发生的外汇风险损失。在折算风险管理和经济风险管理时，也都必须首先进行外汇汇率预测，才能正确地进行决策，这将在第六章具体阐述。

二、国际筹资、投资决策的需要

企业从外国银行取得外汇借款或通过国际证券市场发行外币债券，除了考虑利息率高低以外，还须考虑外汇汇率变化。从汇率来看，企业希望借入趋于贬值的货币（软货币），因为付息还本时，可付出较少的本币，为此就需要进行汇率预测。

企业在国外进行投资特别是长期投资，进行财务可行性研究时，需预测投资项目的现金流量，包括资本投出、利润汇回和资本抽回等，都要折合为本国货币，汇率变化会对投资项目的现金流量产生影响，如果外汇贬值，使汇回的利润和收回的资本折合为本国货币的数额减少，会遭受损失。显然，准确地预测汇率变动，才能准确地测算投资项目的现金流量，从而提高投资项目财务可行性研究和投资决策的准确性。对外进行直接投资，在国外开办生产性企业，现金流出、流入情况更为复杂，更需进行外汇汇率预测，这将在第十二章第四节以实例说明。

三、制订企业经营计划的需要

跨国经营的企业由于有外币的收支，因而必须依据对未来汇率的预测，把外币收支折合为本币收支，才能制订出企业未来一定时期的综合经营计划，并安排预算。企业的经营计划、预算是综合评价企业经营业绩的重要标准。

汇率预测是国际财务管理人员应负责的重要工作之一。要准确地预测汇率，的确十分困难，但许多公司仍花费一定的人力、物力对汇率进行预测。跨国公司为了防止汇率变动所造成的损失，往往重金聘请金融财务专家，设立专门的研究机构，从事经济趋势和汇价变动的预测工作。根据对外汇行情的预测，来决定资金的调拨、存货的购进和售出、应收款和应付款的收支时机。不仅如此，跨国公司还利用其情报灵通和资金雄厚的有利条件，从事外汇买卖的投机活动，从中谋取高利。例如，美国的福特汽车公司聘用了一些专家，对汇价变动进行经常性预测，及时提供汇率变动信息，使这家公司获得了高额的利润。许多事实说明，公司如果系统地进行汇率预测，使公司管理人员对汇率的变化有基本方向性的认识和了解，提高企业对外汇和经济环境的警觉性，就可以使企业财务和其他经营策略能有更好的反应和适应能力，从而提高外汇风险管理决策的正确性。

汇率的短期预测（时间跨度不超过一年）比长期预测更为普遍。预测的时间跨度越长，预测结果的准确性越差。

企业还可以从外部专门的汇率预测机构购买汇率预测信息。目前，在许多国家提供汇率预测业务的既有一些专业预测公司，也有一些大银行。各专业预测公司或银行的预测方法、收费标准、预测货币种类、预测时间长短均存在差异。

第二节　汇率预测方法

汇率预测的方法一般可分为技术预测法、基本预测法、市场预测法和混合预测法。

一、技术预测法（technical forecasting method）

技术预测法又称图表分析预测法，是以图表作为主要依据，利用汇率的历史数据来预测未来汇率的方法。

（一）技术预测法的前提

1.市场行情说明一切

各种各样的事件（包括政治的、经济的和其他事件）都会对市场价格（包括外汇市场的汇率）的形成产生影响；反过来，形成的市场价格也反映着所有事件的状况。

2.价格按趋势变动

通常认为，价格的变动具有历史的连续性，而不是独立的和无规则的。

3.历史不断地重现其自身

人们可以在这个重复中不断地深化对客观事物的认识。

（二）技术预测法绘制和运用的图表

1.条形图

它是技术预测法最基本的图形，其横轴表示时间，纵轴表示汇价。汇价的绘制由最高价、最低价（用垂直竖线连接）和收盘价（用一条横线标在竖线上）组成。条形图主要用于考虑时间因素趋势的信号分析。

2.线形图

它是指在图上绘出每日的收盘价（横轴表示时间，纵轴表示汇价），并用折线连接相邻的两点，形成高低起伏的线条。线形图主要用于汇价趋势信号分析。

3.移动平均图

假设移动平均的跨越期为5天，如把前四个交易日的收盘价之和与当日收盘价相加，再除以5，便得到5天移动平均值。注意移动平均的跨越期越长，曲线越平滑，反映趋势的效果越好，但比实际值的滞后越明显；跨越期越短，与实际值越接近，但反映趋势的效果越不理想。在图中一般绘制两条移动平均线，一条跨越期较短，一条跨越期较长。

技术预测法主要借助统计分析进行预测。预测人员通过电脑程序的帮助，能更好地探测汇率变动的趋势。如果能够发现汇率变动的某些趋势，并确定这些趋势以后还会重复，那么对预测未来的汇率变动将大有帮助。

技术预测法主要用于预测近期内的汇率变动走势，因而投机商往往偏爱这种方法，并利用其预测结果进行外汇投机。由于企业主要关心的是利用汇率预测来确定经营策略，进行外汇风险管理决策，因此，对企业来说，技术预测法并不是一种主要的预测方法。

二、基本预测法（fundamental forecasting method）

基本预测法又称基本因素分析预测法，是根据经济变量（因素）与汇率之间的基本关系来预测未来汇率的方法。它是预测汇率最常用的方法。

（一）影响汇率变动的基本因素

1.货币所代表的价值量的变化

以 A、B 两国的货币来说，假设 A 国货币每元代表的价值量为80，B 国货币每元代表的价值量为10，则这两种货币的汇率为1A 元=8B 元。以后由于某些原因使 A 元和 B 元所代表的价值量发生了变化，则这两种货币的汇率就会发生相应的变化。

2.货币供求状况的变化

如果在外汇市场上，A 元需求大于供给，而 B 元供给超过需求，则 A 元会升值，B元会贬值。

（二）影响货币所代表价值的多少和货币供求状况的具体因素

影响货币所代表价值的多少和货币供求状况的具体因素是多方面的，既有经济因素，又有政治因素和心理因素等。一般可分析以下几个主要因素：

1.国际收支状况

一国国际收支顺差，就会引起外国对该国货币需求的增长和外国货币供应的增加，该国货币就会升值；相反，一国国际收支逆差，则会引起本国对外国货币需求的增大和本国货币供应的增加，该国货币就会贬值。

2.通货膨胀率差异

通货膨胀率较高的国家，其物价上涨较快，该国货币的汇价就下跌；反之，一国通货膨胀率较低，物价上涨较慢，该国货币的汇价就会上升。

3.利率差异

一个国家利率水平的高低是反映借贷资本供求状况的主要标志。一般来讲，短期资金总是从利率低的地方流向利率高的地方。例如，A国的利率较高，其他一些国家的短期资金就会流向A国（外国向A国投资），外国的资金在流入A国之前，都要兑换为A国货币，会引起外汇市场上A国货币的供不应求，A元汇价就会趋于上浮。随着别国资金流入A国，使A国资金供给增多，其利率逐渐趋于下降。在投资期满时，投资者将本利（A元）兑换为所需的外币汇回各自的国家，会引起外汇市场上A国货币供大于求，使A元汇价趋于下浮。

4.财政收支状况

如果一个国家财政赤字巨大，政府支出过度，大量增加货币发行，就会导致通货膨胀加剧，其货币汇价将会下降。如果庞大的财政赤字不是通过增加货币发行来弥补，而是通过提高利率向市场借款来弥补，国际资金的流入会避免该国货币汇价的下浮。

5.各国中央银行的市场干预

为了避免汇率变动对本国经济造成不利影响，各国中央银行往往对汇率进行干预。干预的方法是在外汇市场上买进或抛出外汇，使本币汇率的剧烈变动趋于缓和，稳定在对本国有利的水平上。

6.市场预期心理

如果人们预期某个国家的通货膨胀率比别国高，实际利率比别国低，国际收支将出现较大逆差，该国货币就会在市场上被抛售，它的货币汇价就会下跌；反之，就会上涨。

7.国际政治形势的变化

当国际政治形势出现剧烈动荡时，处于不利地位的国家，其货币汇价表现为下浮；处于有利地位的国家，其货币汇价表现为上浮。

（三）基本因素分析预测法

基本因素分析预测法就是要分析以上各种因素对汇率变动的影响，估计汇率变动的趋势和幅度。这种方法又可具体分为以下两种：

1.专家分析预测法

这种预测方法是集合少数了解情况的专家，运用集体智慧，对未来一定期间汇率变动情况作出判断。

2.计量模型预测法

基本因素分析预测法最简单的计量模型是分别测算通货膨胀率、利率差异等因素对汇率变动的影响，其计算公式见本章第三节中的购买力平价说和利率平价说。如果要将几个基本因素列入一个模型里进行测算，则比较复杂，具体的方法有时间序列预测法和线性回归分析法等。

下面举例说明一种汇率预测模型的运用：

$S=b_0+b_1X_1+b_2X_2+\cdots+b_nX_n$

式中：S——某两种货币汇率预测变动百分比；

b_0——常量；

b_1，…，b_n——回归系数；

X_1，…，X_n——影响汇率的各种因素。

例：某跨国公司要预测 A 元与 B 元在 6 个月内的变动幅度，据调查，影响这两种货币汇率变动的主要因素有：（1）A、B 两国通货膨胀率（INF）差异；（2）A、B 两国利率（INT）差异。其回归方程如下：

$S=b_0+b_1INF+b_2INT$

式中：b_1——A 元汇率对 INF 变化的敏感率；

b_2——A 元汇率对 INT 变化的敏感率。

根据一组 S、INF 和 INT 的历史数据，通过回归分析，确定：

$b_0=0.002$，$b_1=-0.7$，$b_2=0.9$

这说明在其他条件不变的情况下，INF 每变动 1%，A 元汇率就向相反方向变动 0.7%；INT 每变动 1%，A 元汇率就同方向变动 0.9%。据统计，最近 A、B 两国的 INF 为 3%，INT 为 6%，根据以上数据可计算出：

$S=0.002+（-0.7）\times 3\%+0.9\times 6\%=3.5\%$

在 6 个月后，A 元相对 B 元将升值 3.5%。

上述汇率预测模型存在一定的局限性，主要表现在：有一些影响汇率的因素因不能数量化而不能列入模型；列入模型的各因素发生作用的时机很难确定，各因素可能不在同一时间发生作用；根据历史数据求出的回归系数不一定适合未来的情况。这些都会影响汇率预测的准确性。

三、市场预测法（market-based forecasting method）

市场预测法是利用当前市场的即期汇率和远期汇率以及利率之差，对未来汇率进行预测的方法。

（一）根据当前的即期汇率预测未来汇率

举例来说，如果预期欧元近期会对美元升值，那么外汇投机者现在就会大量买进欧元，期待欧元升值后再卖出，这种买进会使欧元很快升值；相反，如果预期欧元近期会对美元贬值，那么外汇投机者就会大量卖出欧元，期待欧元贬值后再以较低的价格买进欧元，这种卖出会促使欧元很快贬值。因此，根据当前的即期汇率和对外汇市场的预期就可以预测未来的即期汇率。

（二）根据当前的远期汇率预测未来的即期汇率

举例来说，3月1日的60天远期汇率是1A元=6.85元人民币，最简单的预测方法就是根据"无偏差理论"（在本章第三节说明）将此远期汇率作为到期日（5月1日）的即期汇率预测数。

（三）根据两国利率之差预测一年以上的汇率水平

由于一般没有一年以上的远期合约，因此利用远期汇率预测未来汇率只能局限于一年，而利用利率之差可预测一年以上的汇率水平。例如，美元和人民币两年期利率分别为6%和5%，如果美元对人民币当前的即期汇率为1美元=6.88元人民币，今天对人民币证券投资1美元，两年后的价值为6.88×（1+5%）^{2}元人民币，如果对美元证券投资1美元，两年后的价值为（1+6%）^{2}美元。假设投资者要求美元和人民币的收益相等，可预测两年后的即期汇率为：

$$\frac{6.88 \times (1 + 5\%)^2}{(1 + 6\%)^2} = 6.7508$$

即：

1美元=6.7508元人民币

利用两国利率之差预测未来汇率，详见第三节中的利率平价说。

四、混合预测法（mixed forecasting method）

由于各种汇率预测法各有优缺点，因而许多公司便综合运用各种汇率预测方法，称为混合预测法。它运用不同预测方法得出某一外汇汇率的不同预测值，给不同的方法分配权数使权数合计为100%，较可靠的方法给予较高的权数，这样，公司预测的外汇汇率便是各种预测值的加权平均数。

第三节　自由浮动汇率的预测

如果外汇市场是充分竞争和完全开放的，汇率完全自由浮动，即完全没有政府的干预，则有一系列的经济理论可以用于解释汇率的变化。从这一系列的经济理论中，可以认识到通货膨胀率、利率、即期汇率和远期汇率等变数的相互关系，从而预测浮动汇率的变动趋势和幅度。

通货膨胀率、利率、即期汇率和远期汇率相互的理论关系可用图4-1来表示

（图中的数字是假设的）。

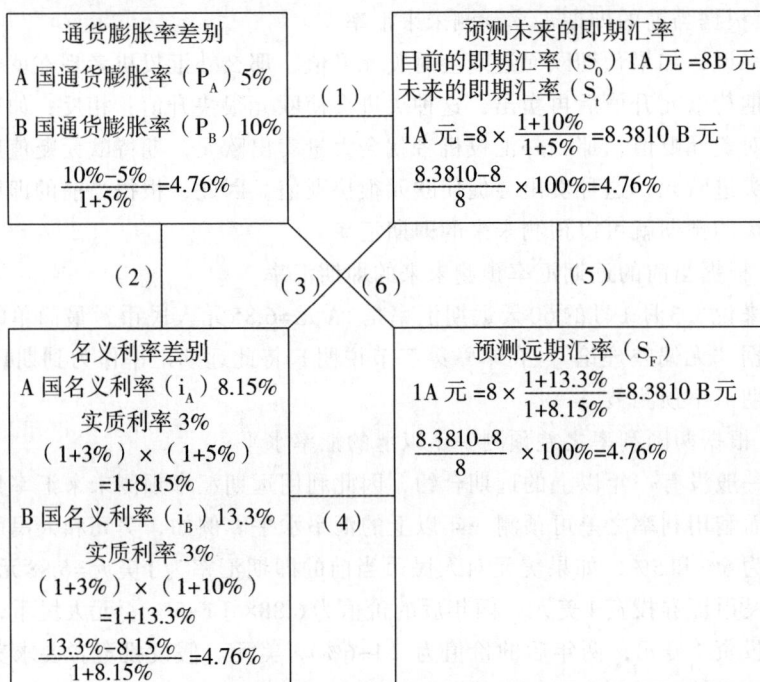

图 4-1　通货膨胀率、利率、即期汇率、远期汇率的相互理论关系

对图 4-1 中的各种理论关系分别说明如下：

一、购买力平价说（purchasing power parity theory）

购买力平价说认为，如果国际商品市场和金融市场是有效的话，那么相同商品在国际上的价格应该都一样。如果 A 国的甲商品比 B 国的便宜，那么 B 国的商人就会到 A 国购买甲商品，运回 B 国出售，获得利润。例如，A 元与 B 元的现行汇率为 1A 元 =8B 元，A 国甲商品的价格为 1 000A 元，折合 8 000B 元，B 国甲产品价格 9 000B 元，折合 1 125A 元。B 国商人到 A 国购买甲商品，运回 B 国出售可获利 1 000B 元（9 000-8 000）。为了简化举例，省略了运费和销售费等支出。B 国许多商人不断地进行上述交易，就会使 A 国甲商品的价格上升，B 国甲商品的价格下降，也可能使 A 元升值。以上交易会持续到 A 国甲商品的价格与 B 国甲商品的价格相同为止。例如，A 国甲商品的价格由 1 000A 元升为 1 050A 元，B 国甲商品的价格由 9 000B 元降为 8 800B 元，汇率变为 1A 元 =8.3810B 元。此时，B 国商人从 A 国购买甲商品运回 B 国出售已无利可图（8 800-1 050×8.3810=0），形成了购买力平价。

购买力平价说的主要观点是：一国货币对另一国货币的汇率主要是由两国货币分别在两国的购买力决定的；两国货币购买力之比决定了两国货币的交换比率，也就是汇率。购买力平价说是在第一次世界大战后，各国相继放弃金本位制，实行纸币流通制而提出的汇率理论。20 世纪 70 年代以来，由于世界各国都存在不同程度的通货膨胀，于是购买力平价说在汇率决定理论中便显示出其重要地位，并对各国的汇率政策产生了重大的影响，被认为是汇率长期预测的重要基础。

购买力平价说认为，各国通货膨胀率的变化直接影响各国货币购买力的变化，而货币购买力变化又必然使外汇汇率发生变化。例如，A、B 两国货币的汇率原来是 1A 元＝8B 元，购买一定商品的价格在 A 国为 1 000A 元，在 B 国为 8 000B 元。假如两国都发生了通货膨胀，通货膨胀率为：A 国 5%，B 国 10%。两国货币的购买力都下降了，但下降的程度不一致，购买上述一定商品的价格在 A 国为 1 050A 元，在 B 国为 8 800B 元，这时汇率将变为 1A 元＝8.3810B 元（8 800÷1 050）。可见，通货膨胀率较高的国家，其货币的购买力下降较多，就会相应地贬值，可用下列公式表示：

$$\frac{S_t}{S_0}=\frac{1+P_B}{1+P_A}$$

$$S_t=S_0\frac{1+P_B}{1+P_A} \tag{1}$$

$$S_0=S_t\frac{1+P_A}{1+P_B} \tag{2}$$

设 Δ 为 0 至 t 期间汇率的预计变化率，则

$$\Delta=\frac{S_t-S_0}{S_0} \tag{3}$$

将公式（1）、（2）代入公式（3），简化得：

$$\Delta=\frac{P_B-P_A}{1+P_A} \tag{4}$$

将例中有关数据代入公式（1）可得：

$$S_t=8\times\frac{1+10\%}{1+5\%}=8.3810$$

将例中有关数据代入公式（4）和（3），可得：

$$\Delta=\frac{10\%-5\%}{1+5\%}=4.76\%$$

$$\Delta=\frac{8.3810-8}{8}\times100\%=4.76\%$$

从以上计算可以看出，A 国通货膨胀率比 B 国通货膨胀率低 4.76%，因而 A 元对 B 元的汇率 A 元升值 4.76%。

S_t 也可按下列方法计算：

$$S_t=8\times(1+4.76\%)=8.3810$$

在 P_A 较小的情况下，通常忽略公式（4）的分母项，即得购买力平价的近似公式为：

$$\Delta=P_B-P_A \tag{5}$$

公式（5）表明，汇率的预计变化率等于两国通货膨胀率之差。

购买力平价说能很好地理解汇率的变动，各国的中央银行经常按照这一理论制

定新的汇率平价，许多公司也常用这一方法对未来的汇率进行预测。

二、费雪效应（Fisher effect）

美国经济学家欧文·费雪（Irving Fisher）认为，每个国家的名义利率（i）、实质利率（r）和通货膨胀率（P）之间存在如下关系：

$$1+i=(1+r)(1+P)$$

简化可得：

$$i=r+P+r \cdot P$$

通常 $r \cdot P$ 数值很小，在实际操作中可忽略不计，进一步简化为：

$$i=r+P$$

欧文·费雪认为，名义利率充分反映了投资者对通货膨胀的集体预期，这样做可以使他们由于通货膨胀效应而造成的实际投资的损失得到补偿。这种现象被称为费雪效应。

根据费雪效应，如果一位投资者希望获得的实质利率（真实利率，即无物价变动条件下的利息率）为3%，预计通货膨胀率为5%，那么名义利率应为8.15%，其中3%是要求的真实利率，5.15%是对通货膨胀率的调整。费雪效应认为各国的实质利率（以 r_w 表示）趋于一致，之所以如此，是因为如果某国的真实利率高于其他国家，那么其他国家的资本就会流入这个国家，在政府不干涉的情况下，这种套利活动就会持续进行，直到各国的真实利率相等为止。尽管对费雪效应的实证研究结果各异，但普遍的观点是主要工业国家的实质利率从长期看大约是3%。两个国家的通货膨胀率相差越大，它们的名义利率相差就越大。这也说明把钱存入高利率国家的银行中，就意味着把钱存到一个高预期通货膨胀率国家的银行中了。

A、B两国的名义利率、实质利率和通货膨胀率的关系分别表示如下：

$$1+i_A=(1+r_w)(1+P_A) \tag{6}$$
$$1+i_B=(1+r_w)(1+P_B) \tag{7}$$

从上式可得：

$$1+r_w=\frac{1+i_A}{1+P_A}=\frac{1+i_B}{1+P_B}$$

或 $\quad \dfrac{1+i_B}{1+i_A}=\dfrac{1+P_B}{1+P_A} \tag{8}$

费雪效应有时可简化成以下形式（参见公式（5）和公式（12））：

$$i_B-i_A=P_B-P_A$$

即两国名义利率之差等于两国通货膨胀率之差。

将例中有关数据代入公式（6）、（7）和（8），可得：

$$1+8.15\%=(1+3\%)\times(1+5\%)$$
$$1+13.3\%=(1+3\%)\times(1+10\%)$$
$$\frac{1+13.3\%}{1+8.15\%}=\frac{1+10\%}{1+5\%}=1.0476$$

三、国际费雪效应（international Fisher effect）

购买力平价说建立了汇率与预期通货膨胀率之间的关系，而费雪效应表达了名义利率与预期通货膨胀率之间的关系，把这两种关系联系起来可得：

$$\frac{S_t}{S_0}=\frac{1+P_B}{1+P_A}=\frac{1+i_B}{1+i_A}$$

从上式可得国际费雪效应的公式：

$$\frac{S_t}{S_0}=\frac{1+i_B}{1+i_A}$$

$$S_t=S_0\frac{1+i_B}{1+i_A} \tag{9}$$

$$S_0=S_t\frac{1+i_A}{1+i_B} \tag{10}$$

将公式（10）代入公式（3），简化可得：

$$\Delta=\frac{i_B-i_A}{1+i_A} \tag{11}$$

在 i_A 较小的情况下，就可得到近似的国际费雪效应公式：

$$\Delta=\frac{S_t-S_0}{S_0}=i_B-i_A \tag{12}$$

将例中的数据代入公式（9）、（11），可得：

$$S_t=8\times\frac{1+13.3\%}{1+8.15\%}=8.3810$$

$$\Delta=\frac{13.3\%-8.15\%}{1+8.15\%}=4.76\%$$

$$S_t=8\times（1+4.76\%）=8.3810$$

上述公式和计算说明，浮动的即期汇率会随着两国的利率差别而改变；改变的幅度会和利率的差别一样，但改变的方向刚好相反。例中，A国名义利率比B国名义利率低，在市场平衡的情况下，A元对B元的即期汇率将升值4.76%。主要是因为持有A元的投资者受B国高利率的吸引，把A元兑换成B元在B国投资，在投资后期，都会把B元本利兑换为A元，在市场上会引起A元对B元的即期汇率升值。

四、利率平价说（interest rate parity theory）

不同国家的利率差异必然引起利息套汇，许多套汇者不断地进行利息套汇，会出现利率平价。

下面举一个利息套汇的例子，设A国利率为8%，B国利率为13.5%。1月1日的即期汇率为1A元=8.05B元，远期汇率（1年期）为1A元=8.2B元。1月1日，某套汇者在A国借100万A元，按当日即期汇率兑换805万B元，到B国投资，期限1年。12月31日，投资本金和利息为913.675万B元（805×（1+13.5%）），按1月1日远期汇率兑换为111.4238万A元（913.675÷8.2）。12月31日，套汇者归还借款本金和利息108万A元（100×（1+8%）），套汇者获利3.4238万A元（111.4238-108）。

上述利息套汇可用计算式表示如下：

100万A元×（1+8%）<100万A元×8.05×（1+13.5%）÷8.2

简化为：

1+8%<8.05×（1+13.5%）÷8.2

再简化为：

$$\frac{1+8\%}{1+13.5\%}<\frac{8.05}{8.2}$$

上式的右边大于左边，说明套汇者在A国借款到B国投资而获利。

许多套汇者不断地套汇，会出现利率平价，即市场平衡，因为套汇会引起以下变化：（1）1月初投资，A国资金流入B国时，都要用A元兑换B元，会引起B元升值（A元贬值），例如，由1A元=8.05B元变为1A元=8B元；（2）A国资金流入B国，一方面使A国资金供应量减少，会引起A国利率上浮，例如，由8%变为8.15%，另一方面使B国资金供应量增加，会引起B国利率下浮，例如，由13.5%变为13.3%；（3）12月31日，套汇者将投资本利汇回A国，要将B元兑换为A元，会引起B元贬值，例如，由1A元=8.2B元变为1A元=8.3810B元，这时形成下列计算等式：

$$\frac{1+8.15\%}{1+13.3\%}=\frac{8}{8.3810}$$

上式右边与左边相等，表明利率平价已经出现，此时，套汇者已无利可图。

上式用前面的字母表示，即：

$$\frac{1+i_A}{1+i_B}=\frac{S_0}{S_F}$$

或者：

$$\frac{S_F}{S_0}=\frac{1+i_B}{1+i_A}$$

上式表明，在市场平衡的情况下，远期汇率和即期汇率的比率会和两国（例如，A国和B国）的名义利率比率相同。

从上式可得：

$$S_F=S_0\frac{1+i_B}{1+i_A} \tag{13}$$

$$\Delta=\frac{S_F-S_0}{S_0}=\frac{i_B-i_A}{1+i_A} \tag{14}$$

如果i_A较小，忽略公式的分母项，则得利率平价说的近似公式：

$$\Delta=\frac{S_F-S_0}{S_0}=i_B-i_A$$

前例，A国利率8.15%，B国利率13.3%，即期汇率1A元=8B元，代入公式（13），即可求出远期汇率为：

$$1A元=8\times\frac{1+13.3\%}{1+8.15\%}=8.3810B元$$

将两国名义利率代入公式（14）得到：

$$\Delta = \frac{13.3\% - 8.15\%}{1 + 8.15\%} = 4.76\%$$

A 元对 B 元的远期汇率变化（A 元升值）也是 4.76%（$\frac{8.3810 - 8}{8} \times 100\%$）。

五、无偏差理论

这一理论说明了远期汇率与未来即期汇率之间的关系。将国际费雪效应与利率平价说联系起来，可得：

$$\frac{S_t}{S_0} = \frac{1 + i_B}{1 + i_A} = \frac{S_F}{S_0}$$

由上式可得：

$$S_F = S_t$$

即目前的远期汇率应该等于未来的即期汇率，另一种表达式为：

$$\frac{S_F - S_0}{S_0} = \frac{S_t - S_0}{S_0}$$

即外汇远期升水或贴水等于预计的外汇升值或贬值。无偏差理论说明，在没有干扰的情况下，当前的远期汇率应等于将来的即期汇率。就是说，根据远期汇率可以无偏差地预测到期时的即期汇率。例如，当前的远期汇率（一年期）为1A元=8.3810B元，由此可预测未来（一年到期时）的即期汇率也是1A元=8.3810B元。虽然未来的即期汇率与当前的远期汇率可能有所不同（表示根据后者并不能完全正确地预测前者），但究竟如何不同，目前不能预知。而且该理论还认为，预测误差的高估或低估的频率和数量基本相等，误差之和等于零，故称之为"无偏差"理论。

六、远期汇率与通货膨胀率的关系

如果能证明图4-1中（1）、（2）、（3）、（4）、（5）的关系存在，则图4-1中（6）的关系（通货膨胀率与远期汇率的关系）也存在。

为了进一步明确上述各项汇率理论的相互关系，现将各项计算公式列示出来，见表4-1。

表4-1　　　　　　　　　　　　　　各项计算公式表

购买力平价说	费雪效应	国际费雪效应	利率平价说	无偏差理论
$\dfrac{S_t}{S_0} = \dfrac{1 + P_B}{1 + P_A}$	$\dfrac{1 + i_B}{1 + i_A} = \dfrac{1 + P_B}{1 + P_A}$	$\dfrac{S_t}{S_0} = \dfrac{1 + i_B}{1 + i_A}$	$\dfrac{S_F}{S_0} = \dfrac{1 + i_B}{1 + i_A}$	$S_F = S_t$

上述几种经济关系是外汇市场充分竞争和完全开放情况下外汇汇率变化的规律。这些经济关系全部由市场调剂完成，外汇可自由买卖的程度决定了这些关系可应用的程度。

学术界对上述这些经济关系在实际中成立的程度看法不一，但对任何想预测未来汇率变动方向的人来说，这些经济关系确实为之提供了一个基本的分析框架。

第四节 管理浮动汇率或固定汇率的预测

在实行管理浮动汇率或固定汇率制度的情况下，由于有政府不同程度的干预，汇率不能完全自由浮动，前述市场的平衡关系（通货膨胀率、利率与即期汇率和远期汇率的关系）不会经常、完全出现，因此，上节所说的经济理论和预测方法不能完全、直接地应用于管理浮动汇率或固定汇率的预测。但各国通货膨胀率差异和利率差异等因素对汇率的影响还是客观存在的，政府在干预汇率时，还必须考虑这些因素对汇率变动的影响。许多国家对汇率调整实行严格保密，甚至为了政治方面的原因尽可能不调整外汇汇率。在这种情况下，预测汇率变动是很困难的。对管理浮动汇率或固定汇率的变动主要从以下两个方面进行预测：

一、影响政府倾向的经济指标

由于管理浮动汇率或固定汇率受政府的干预或管制，因而汇率预测工作只能通过某些经济指标来了解政府对于汇率政策的倾向，需要分析研究的经济指标主要有以下几项：

（1）国际收支状况。

（2）通货膨胀率差异。

国际收支状况和通货膨胀率差异两个因素对汇率的影响在前面已经说明，这里只说明两者的联系。以A、B两国的货币为例，假如B国的通货膨胀率较高，由于物价上涨较快，使出口竞争能力下降，引起出口减少，进口增加，国际收支逆差扩大，对外汇的需求增加，将导致B国货币趋于贬值。而A国通货膨胀率较低，物价上涨较少，出口竞争能力增强，使出口增多，会出现国际收支顺差，其货币将趋于升值。

（3）利率差异。

（4）货币供应量。

对有管理的浮动汇率或固定汇率进行预测的专家都希望能找出一些带领汇率变化的经济指标，而货币供应量是相当重要的一种。大多数经济学家认为，当国家货币供应数量超过了实际经济的需要时，通货膨胀便会出现。外汇预测专家也认为这是影响通货膨胀的因素之一。所以，将货币供应量用来度量价格的变化作为汇率按照购买力平价说（即通货膨胀率影响即期汇率）而改变的参考。

（5）外汇储备的变化。

在有管理的浮动汇率或固定汇率制度下，国家须拥有一定数量的外汇储备，以备随时干预外汇市场，将汇率维持在对本国有利的适当水平上。长期的国际收支逆差将导致外汇储备下降，要求本国货币贬值的压力随之增加。但是，如果国家的外汇储备相当充裕，就可以忍受较长时间的国际收支逆差，而不必使本国的货币贬值。

（6）外汇黑市汇率。

在实行外汇管制的国家，如果官方汇率与市场平衡汇率出现差异，就可能引发外汇黑市市场。不能在本国银行按官方汇率买入外汇的买方希望能找到另一个可以买入外汇的市场，而外汇卖方也希望在黑市上以较高的价格卖出外汇。由于外汇黑市交易的非法性，黑市汇率不是完全由市场的供求关系决定的，黑市交易是有风险的，因此，黑市汇率不能作为无外汇管制时的市场平衡汇率。一般认为，市场平衡汇率在官方汇率和黑市汇率之间的某一位置。如果政府决定要改变汇率，黑市汇率可以指明官方汇率改变的方向，官方汇率应朝着接近黑市汇率的方向移动，但不应期望它与黑市汇率相同。

如果一个国家的进出口业务严重失衡，外汇收支连年逆差，利率差异过大，通货膨胀率过高，货币供应增长速度超过经济增长速度，外汇储备严重不足，政府财政赤字扩大，官方汇率与黑市汇率相差过大，这些情况的出现往往是政府调整汇率使本国货币贬值的先兆。

二、政治方面的因素

在这方面主要需考虑政府本身的稳定程度和政府政策（包括对外关系、贸易和投资以及外汇政策）的效果。假如政府政策只管治标而不治本，那么有管理的浮动汇率或固定汇率改变的可能性便提高了。政府治理通货膨胀的政策对国内经济情况的影响是否因反通货膨胀而导致经济收缩？政府对改进外汇收支平衡的政策是否强调改善本国的出口条件，或是只会管制外汇和征收进口税？如果政府的政策不能解决基本问题，这可能是本国货币贬值的先兆。

有管理的浮动汇率或固定汇率的改变还受政府收支情况的影响。例如，政府收入的主要来源是否稳定，政府是否开源节流。如果政府过量支出（如超过本身能力的外援、参加战争等），一定会动摇市场对其货币的信心，本国货币贬值的可能性就会提高。

关于人民币汇率机制形成的改革见专栏4-1。

专栏4-1

人民币汇率机制形成的改革

人民币汇率机制是指人民币汇率的形成实行什么制度，其中还包括政府与市场是怎样的关系。

1985—1993年，我国实行官方汇率与外汇调剂市场汇率并存的机制，称为汇率双轨制。例如，1993年年末，官方汇率1美元兑换人民币5.80元左右，调剂市场汇率1美元兑换人民币8.70元左右。为了适应我国改革开放不断深化的要求，适应建立社会主义市场经济体制的需要，同时符合国际货币基金组织和世界贸易组织对成员国和缔约方关于汇兑安排的规定，必须改革现行汇率机制。1993年11月14日，党的十四届三中全会通过的《中共中央关于建设社会主义市场经济体制若干问题的决定》中要求："改革外汇体制，建立以市场供求为基础的、单一的有管理的浮动汇率制度和统一规范的外汇市场，逐步使人民币成为可兑换货币。"根据全会精神，1993年12月28日，中国人民银行发布了《关于进一步改革外汇管理体制的公告》，从

1994年1月1日起，人民币汇率实行并轨，以1993年年末外汇调剂市场汇率1美元合8.72元人民币作为全国统一的人民币市场汇率，按官方汇率计算，人民币贬值33%。中国人民银行以前一天外汇市场交易价格为基础，参照国际金融市场主要货币汇率的变动情况，公布人民币汇率，各外汇指定银行以中国人民银行每日公布的人民币对美元及其他主要货币的汇率（中间价）为依据，在中国人民银行规定的浮动幅度范围内，自行确定挂牌汇率，对客户买卖外汇。同时，在上海成立了中国外汇交易中心，银行间的外汇交易统一由该中心进行，人民币汇率由国内外汇市场上的供求关系决定，中国人民银行在中国外汇交易中心设立公开市场操作室，根据宏观经济政策目标进行市场干预，调节供求关系。至此，人民币汇率的确定进一步走向市场化。从1994年1月起，国有企业退出外汇调剂中心。1998年10月，中国人民银行、国家外汇管理局发布《关于停办外汇调剂业务的通知》，取消外商投资企业外汇调剂业务，将外商投资企业外汇买卖全部纳入银行结售汇体系。

为了进一步完善人民币汇率机制，中国人民银行于2005年7月21日发布公告，作出以下规定：（1）自2005年7月21日起，我国开始实行以市场供求为基础、参考一篮子货币进行调节、有管理的浮动汇率制度。人民币汇率不再盯住单一美元，形成更富弹性的人民币汇率机制。（2）中国人民银行于每个工作日闭市后公布当日银行间外汇市场美元等交易货币对人民币汇率的收盘价，作为下一个工作日该货币对人民币交易的中间价格。（3）2005年7月21日19时，美元对人民币交易价格调整为1美元兑8.11元人民币，作为次日银行间外汇市场上外汇指定银行之间交易的中间价，外汇指定银行可自此时起调整对客户的挂牌汇价。（4）现阶段，每日银行间外汇市场美元对人民币的交易价仍在中国人民银行公布的美元交易中间价上下3‰的幅度内浮动，非美元货币对人民币的交易价在中国人民银行公布的该货币交易中间价上下一定幅度内浮动。中国人民银行将根据市场发育状况和经济金融形势，适时调整汇率浮动区间，对人民币汇率进行管理和调节，维护人民币汇率的正常浮动，保持人民币汇率在合理、均衡水平上的基本稳定，促进国际收支基本平衡，维护宏观经济和金融市场的稳定。

中国人民银行在2005年7月开始实行的汇率机制改革，引导人民币不断升值，到2008年7月，人民币汇率由改革前的1美元兑换人民币8.2643元变为6.83元，已累计升值21%。在金融危机期间，人民币汇率重新盯住美元，当时美国并未表示反对。2008年7月以来，人民币一直保持在1美元兑换6.83元人民币左右。随着全球经济逐渐恢复活力，人民币盯住美元的做法已不利于全面复苏，2010年3月，中国外汇管理当局表示，盯住美元的汇率政策只是应对金融危机的"短期"政策，将不再让人民币汇率盯住美元，但人民币汇率的任何变化将是循序渐进的。

2009年年初，美国国会和政府挑起人民币汇率之争。时任总统奥巴马说："中国的人民币对美元和其他主要货币的汇率都低，这对国际贸易竞争造成了影响。""要采取强硬态度迫使中国遵守国际贸易规则，并调整其货币的价值。"2010年9月，美国国会众议院通过了针对人民币的惩罚性贸易法案——《汇率操纵法》，旨在对"汇率低估国"征收特别关税。2011年12月，美国一些政客认为人民币汇率被低估20%~25%，人民币必须快速大幅度地升值。

针对美国总统和国会关于人民币汇率的言行，中国人民银行副行长、国家外汇管理局局长易纲在答记者问，回答有关人民币汇率问题时表示："中国一直在实行以市场供求为基础、参考一篮子货币进行调节、有管理的浮动汇率制度。各种意见以及市场上对供给和需求的各种不同判断都要到市场上去交流，由市场决定未来的走势。总体上，我们会不断地完善人民币汇率的形成机制。在这个过程中，要保持人民币汇率在合理均衡水平上的基本稳定。"中国外交部发言人马朝旭表示，自从2005年7月人民币汇率形成机制改革以来，中国一直按照主动性、可控性和渐进性的原则稳步实施有管理的浮动汇率制度，人民币对美元汇率已累计升值超过20%。目前，从国际收支、外汇市场供求情况看，人民币汇率趋近于合理、均衡的水平。

人民币汇率升值或贬值须考虑许多因素，其中一个重要的因素是通货膨胀率升降、物价涨落。当进口货物外币价格上涨时，人民币应适当升值，反之则应贬值。例如，预测A国通胀率较高，物价将普遍上涨，从A国进口一批商品，原价100万A元，上涨为110万A元，当时汇率为1A元=7元人民币，如果价格不上涨，货款折合700万元人民币；如果物价上涨，货款折合770万元人民币，需多支付70万元人民币。为了避免这一损失，人民币可适当升值，例如1A元=6.3640元人民币，货款折合人民币为700万元（110×6.3640），可抵销物价上涨因素。如果上述交易物价下降，则人民币可适当贬值。

随着中国出口顺差连续减少，物价水平趋于平稳下降，人民币对美元的汇率逐渐出现疲软。2005年至2011年，人民币对美元的汇率除了2009年至2011年12月金融危机时期出现过小幅贬值以外，人民币对美元的中间价6年来一直都是连续单边升值，从2011年12月7日起，人民币对美元的汇率连续6个交易日出现贬值，12月7日1美元=6.3342元人民币，8日为6.3380元，9日为6.3420元，10日为6.3460元，11日为6.3500元，12日为6.3540元，13日为6.3580元。这表明随着国内外经济金融形势的发展变化，人民币既可以升值，也可以贬值。这时的人民币汇率比较合理，已接近其均衡水平。

中国人民银行为人民币日常交易设定基准价，并规定了允许波动的幅度。自2007年5月起，单日波动幅度一直为0.5%，从2012年4月16日起，将人民币对美元交易价（汇率）的日内上下波动幅度从0.5%扩大至1%，这是推动人民币国际化的又一举措，使人民币汇率更具弹性，强调将以市场为基础维持汇率的正常浮动，保持汇率的合理水准，表明人民币的单边升值已经终结，双向波动将成为市场常态。2012年6月，国际货币基金组织（IMF）改变指责人民币被低估的立场，承认人民币汇率接近合理水平。

自2014年3月17日起，央行决定将外汇市场人民币对美元的汇率浮动幅度由1%扩大至2%。

2015年8月11日，中国人民银行宣布完善人民币对美元的汇率中间价报价机制。内容包括：（1）做市商主要参照上一交易日收盘价向中国外汇交易中心提供中间价报价；（2）央行将当日汇率中间价一次性贬值约2%，以缩小在岸交易价与离岸交易价差。此次汇率改革将本来相对滞后的人民币汇率中间价市场化改革向前推进了一大步，做市商报价时"参考上日银行间外汇市场收盘汇率"。这给中间价设置了参照系，明确做市商报价来源，从而大大缩减央行操控中间价的空间，把确定中间价的主导权交给市场。这被认为是自2005年7月21日"汇改"以来人民币汇率形成机制改革最重要的里程碑。国际货币基金组织对此给予了积极评价："中国正在不断从一个紧紧盯住美元的有管理的汇率体系向一个更开放、更灵活、更基于市场条件的汇率制度转型，人民币应该能在2至3年内实现自由浮动。"

2015年12月11日，中国外汇交易中心（CFETS）正式发布包括CFETS人民币汇率指数在内的三个人民币汇率指数，将人民币汇率之"锚"转向一篮子货币。2016年2月，人民币对美元汇率中间价定价机制从依照"上日收盘汇率"转为"上日收盘汇率+一篮子货币汇率变化"。

"8·11汇改"一年以来，国际国内形势变幻莫测。2015年12月，美联储正式加息，美元指数不断攀高，美元资产受到追捧，国际资本流动大规模调整，使得中国资本流出压力急剧提高。欧洲的难民危机持续恶化，欧盟国家间裂痕加深，延缓了欧洲经济复苏；2016年6月，英国宣布退出欧盟，"脱欧"风险使得欧盟发展前景的不确定性增大；欧洲央行宣布实施负利率政策。由于欧盟是中国的最大贸易伙伴，欧元大幅度贬值沉重打击了中国出口贸易。不利的国际形势对于正在艰难转型的中国经济来说可谓是雪上加霜。一方面，中国经济增速逐季下行，深受产能过剩、房地产泡沫、融资平台、影子银行等困扰。另一方面，国内金融市场动荡不安，2015年8月以及2016年初A股市场出现大幅波动；2015年第三、四季度外汇市场经历了恐慌性汇率超调，离岸市场人民币流动性呈现断崖式的剧烈萎缩。截至2016年8月11日，人民币对美元汇率累计贬值8%，且贬值预期仍旧存在；外汇储备也持续下降，从2014年最高的4万亿美元下降为3.2万亿美元。2016年11月，特朗普获得美国大选胜利后，市场对于美联储12月加息预期上升，美元快速升值。11月21日，人民币对美元汇率中间价报6.8985，逼近6.9关口。这是其连续12个交易日持续下调，并创2008年6月以来新低。外资机构纷纷下调人民币汇率预期价位，但也有一些专家表示，人民币贬值的幅度将是可控和有序的。

人民币国际化是终极目标，汇率市场化改革是必由之路。通过汇率改革，人民币汇率定价机制日趋成熟，汇率弹性初现。汇改之路，仍任重道远。

资料来源：佚名.人民币汇率制度［EB/OL］.［2016-12-01］. http://baike.so.com/doc/6455664-6669350.html.其他内容整理自网络.佚名.人民币汇率形成机制进一步完善［EB/OL］.［2016-12-20］. http://news.k618.cn/finance/cjxs/201612/t20161220-9792046.html.

专栏4-2

人民币汇率走势引关注　IMF报告认为中国未操纵汇率

2019年6月12日，人民币对美元汇率为1美元=6.9353元人民币，是2018年11月以来的最低点。

数月以来，分析人士和投资者心头的一个关键疑问是人民币对美元汇率会不会"破7"。这个汇率被认为是中国央行的容忍极限，自全球金融危机以来从未突破过。此前中国央行行长易纲暗示，他不反对人民币跌破人们感觉中的红线。但易纲在上周接受采访时表示，人民币对美元汇率没有硬性极限。他在接受彭博新闻社记者采访时说："我不认为这是一个重要问题，不认为某一个具体数字会比另一个更加重要。用数学语言来说，人民币汇率是一个连续和平滑的数字。"

人民币走弱有利于出口商从而可提振中国经济，但它也带来风险，比如进一步加剧美中之间的紧张气氛。当局也不大可能想让人民币汇率下跌太多，因为那有可能导致2016年资本大量外流现象重演。人民币贬值将使中国在国际市场购买石油等货物时处于不利地位。

爱马仕投资管理公司的高级经济师西尔维娅·达尔安杰洛表示，她预计美元对人民币汇率暂时不会超过1美元兑7元人民币。但她补充说："如果贸易紧张气氛（在峰会结束后）进一步升级，我认为中国央行也许会允许人民币汇率突破那个水平。"

2019年7月，美国财政部长史蒂文·姆努钦出人意料地宣布，根据美国法律正式认定中国为"汇率操纵国"，这一决定被广泛视为在加剧美中贸易战。

国际货币基金组织（IMF）对特朗普总统关于中国操纵货币以获取不公平贸易优势的说法不予支持。

在对中国经济政策的年度评估报告中，IMF说，2018年6月中旬至8月初人民币对美元贬值后，中国实际上采取了措施来支撑人民币币值。IMF说，人民币在过去一年"总体上是稳定的"，对作为基准的一篮子外国货币仅贬值2.5%。

IMF中国项目负责人詹姆斯·丹尼尔在电话中告诉记者，IMF工作人员认为，2018年人民币汇率"与经济基本面基本相符，并不存在明显高估或低估"。

丹尼尔说，IMF继续鼓励中国采取更加灵活的汇率。他说："中国在这方面一直在取得进展，我们希望这种进展能继续下去。"

[美联社华盛顿8月9日电] IMF认为，没有迹象表明中国央行刻意降低人民币币值，这一立场与特朗普政府本周所作的指责中国操纵人民币的决定相左。

IMF周五发布中国经济年度评估报告称，人民币对其他货币的汇率"基本稳定"，这表明中国人民银行没有实施干预。周一，美国财政部自1994年以来首次将中国列为"汇率操纵国"。此举推翻了财政部此前于5月所作的将中国排除在这份黑名单外的决定。

资料来源：何小桃.易纲罕见表态！汇率红线、贸易谈判、央行干预、积极财政、再就业基金都有说法了 [N].每日经济新闻，2019-06-08；佚名.外媒：IMF报告称中国并未操纵汇率 [N].参考消息，2019-08-11.

思考题

1.为什么要进行外汇汇率预测？

2.什么是汇率预测的基本预测法（基本因素分析预测法）？一般应分析哪些因素？

3.什么是汇率预测的技术预测法、市场预测法和混合预测法？它们各有什么特点？

4.什么是购买力平价说？怎样认识通货膨胀率对利率和汇率的影响？

5.什么是利率平价说？其基本公式 $\dfrac{S_F}{S_0} = \dfrac{1+i_B}{1+i_A}$ 是怎样形成的？

6.什么是费雪效应、国际费雪效应和无偏差理论？简要说明购买力平价说、费雪效应、国际费雪效应、利率平价说和无偏差理论的相互关系。

7.预测管理浮动汇率或固定汇率的变动应考虑哪些因素？

计算题

1.假设A、B两国货币现在的即期汇率为1A元=5B元，预测通货膨胀率A国为5%，B国为8%。要求：预测这两种货币的汇率将是多少？

2.预测A国的通货膨胀率5%，实质利率6%，B国的通货膨胀率8%，实质利率6%。现在的即期汇率为1A元=5B元。要求：根据"利率平价说"测算远期汇率。

3.已知美国的利率为8%，英国的利率为6%，即期汇率为1英镑=1.52美元。要求：计算远期汇率1英镑等于多少美元？

4.已知美国通货膨胀率为5%，即期汇率1英镑=1.52美元，远期汇率1英镑=1.53美元。要求：计算英国的通货膨胀率。

5.已知美国通货膨胀率为5%，英国通货膨胀率为3.059%，即期汇率1英镑=1.52美元。要求：测算今后第1年末、第2年末和第3年末的汇率。

6.设美国年利率为10%，英国年利率为12%，即期汇率1英镑=1.4美元，远期汇率（3个月）1英镑=1.5美元。某利息套汇者在美国借14万美元（借款期3个月）进行利息套汇。要求：计算套汇损益。

相关网站

中华人民共和国财政部 www.mof.gov.cn.

中国货币网 www.chinamoney.com.cn.

凤凰外汇 finance.ifeng.com/forex.

和讯外汇 forex.hexun.com.

外汇通 www.forex.com.cn.

全景网 www.p5w.net.

中国产经新闻 www.cien.com.cn.

观察者 www.guancha.cn.

雪球 xueqiu.com.

第五章

外汇风险测量

第一节　交易风险测量

一、交易风险的分项测量

交易风险是指在企业以外币计价的各种交易过程中，由于汇率变动使交易的外币价按变动前和变动后的汇率折算为本币的数额增加或减少的风险。各种交易包括以信用方式进行的商品进出口交易、外汇借贷交易、外汇买卖、远期外汇交易，以外汇进行投资等。

（一）商品进出口交易的外汇风险

商品进出口交易的外汇风险是指在企业进行商品、劳务进出口的交易过程中，用外币计价结算，由于成交日到结算日汇率变动，使企业以本币计算的收入、支出可能增加或减少而导致的风险。

1.出口交易的外汇风险

如果出口以美元计价结算，当人民币贬值时，收回的美元货款折合为人民币的数额会增加；当人民币升值时，收回的美元货款折合为人民币的数额会减少。

例如，我国甲企业出口一批产品，货款100万美元，成交日2月1日，汇率1美元=6.3780元人民币，货款折合为637.80万元人民币。于5月1日收到货款，这时汇率为1美元=6.2530元人民币，按此汇率将收到的美元卖给银行，收到人民币625.30万元，外汇风险损失12.50万元人民币（625.30-637.80）。

如果上笔出口货款是分三次收款，第一次是3月1日，收到40万美元，当时汇率为1美元=6.3540元人民币；第二次是4月1日，收到30万美元，当时汇率为1美元=6.3120元人民币；第三次是5月1日，收到30万美元，当时汇率为1美元=6.2530元人民币。这笔货款的外汇风险损失为6.69万元人民币（40×6.3540+30×6.3120+30×6.2350-100×6.3780）。

上例人民币与美元的汇率是美元贬值使出口收入的美元折合为人民币的数额减

少，如果是美元升值，则会使出口收入的美元折合为人民币的数额增多。

2.进口交易的外汇风险

进口交易的外汇风险的原理与出口相同，不过方向相反。如进口以美元计价结算，当美元升值时，付出的人民币会增多；当美元贬值时，则付出的人民币会减少。这已在第二章第三节讲到外汇风险时举例说明。进口付汇也可以一次支付或分次支付，外汇风险数额可能不相同。

以上举例只涉及一种外汇，如果涉及两种外汇，外汇风险的计算就比较复杂了。例如，我国企业进口商品时，用一种外币（例如日元）计价，用另一种外币（例如美元）支付，这就存在着某种外汇与另一种外汇之间的外汇风险和人民币与外汇之间的外汇风险。设中外合资甲公司从日本进口原料，以日元计价结算，货款30 000万日元，甲公司只有美元，用美元支付这笔货款。成交时汇率为1美元=120日元，1美元=6.28元人民币。这笔货款折合250万美元，折合人民币1 570万元。付款时汇率变为1美元=100日元，1美元=6.32元人民币。付清这笔货款需支付300万美元，折合人民币1 896万元。汇率风险损失50万美元（300-250），326万元人民币（1 896-1 570）。美元与日元汇率变动风险和美元与人民币汇率变动风险可用以下方法计算：

①成交时：

30 000÷120×6.28=250×6.28=1 570（万元人民币）

②假设美元与日元汇率已变，美元与人民币汇率不变，则：

30 000÷100×6.28=300×6.28=1 884（万元人民币）

③付款时：

30 000÷100×6.32=300×6.32=1 896（万元人民币）

由于美元与日元汇率变动引起的风险损失：

1 884-1 570=314（万元人民币）

由于人民币与美元汇率变动引起的风险损失：

1 896-1 884=12（万元人民币）

合计：314+12=326（万元人民币）

在进出口贸易中，如果以出口商所在国的货币计价结算，则出口商没有汇率风险，而由进口商承担全部汇率风险；反之，汇率风险全部由出口商承担。如果以第三国货币计价结算，例如，日本出口商和英国进口商进出口商品的价款以美元计价结算，这时，进出口双方都承担外汇风险。

（二）外汇借款的汇率风险

外汇借款的汇率风险是指企业借入某种外汇，由于借入日到偿还日汇率变动，使企业还本付息折合本币数额增多或减少的风险。

例如，我国甲企业从银行借款1 000万美元，期限1年，年利息率10%，借款时汇率为1美元=6.28元人民币，到期还款时，汇率变为1美元=6.33元人民币。由于汇率变动（美元升值），使企业遭受外汇风险损失（还本付息的人民币支出增多）为55万元人民币（1 100×（6.33-6.28）），其中与本金有关的损失为50万元人民币（1 000×（6.33-6.28）），与利息有关的损失为5万元人民币（100×（6.33-6.28））。如果还款时美元贬值，则甲企业可获得外汇风险收益（还本付息的人民币支出减少）。

（三）外汇买卖的汇率风险

外汇买卖的汇率风险是指企业买入外汇，持有一段时间后卖出，由于买入到卖出这一期间汇率发生变动从而使本币数额存在增多或减少的风险。例如，某公司1月初买入一笔美元，汇率1美元=6.30元人民币，用630万元人民币买入100万美元存入银行，美元存款年利息率6%，人民币存款年利息率8%。7月初将103万美元（其中包括利息3万美元）卖出，汇率为1美元=6.25元人民币。这笔交易的损失为－11.45万元人民币（100×（1+6%÷2）×6.25-630×（1+8%÷2））。

其中：

（1）本金的汇率风险损失为：

100×（6.25-6.30）=-5（万元人民币）

（2）利息的汇率风险损失为：

100×6%÷2×（6.25-6.30）=-0.15（万元人民币）

（3）利息率差异损失为：

100×6%÷2×6.30-630×8%÷2=-6.3（万元人民币）

如果7月初将103万美元卖出时，汇率为1美元=6.40元人民币，则企业将获得外汇风险收益。

（四）远期外汇交易的汇率风险

远期外汇交易的汇率风险是指在远期外汇交易中，由于合约规定的远期汇率与合约到期日的即期汇率不一致，而使按远期汇率付出的本币数额多于或少于按即期汇率付出的本币数额而发生的风险。例如，某企业于6月10日与银行签订用人民币买美元的远期外汇交易合约，期限半年，远期汇率为1美元=6.25元人民币，用625万元人民币买100万美元。12月10日合约到期时，如果即期汇率为1美元=6.30元人民币，按此汇率买入100万美元需付630万元人民币，进行远期外汇交易只付625万元人民币，节省了5万元人民币。但如果12月10日的即期汇率为1美元=6.20元人民币，如果该企业不签订远期外汇交易合约，按即期汇率用620万元人民币就可买入100万美元，进行远期外汇交易反而多付了5万元人民币。

（五）对外投资中外汇汇出、利润汇回和原本撤回的汇率风险

企业以外汇对境外投资，在外汇汇出到汇回利润和原本撤回这一期间，汇率变动会使企业发生外汇风险。例如，我国甲公司1月初购买一笔美元，汇率1美元=6.30元人民币，用6 300万元人民币购买1 000万美元，购买美国债券获得利息60万美元，次年1月初汇回投资原本和利息共1 060万美元，汇率1美元=6.25元人民

币，折合 6 625 万元人民币，共获得投资收益 325 万元人民币（6 625-6 300）。

其中：获得利息 60 万美元，如果汇率不变，应为 378 万元人民币（60×6.30）；投资本金的汇率风险损失为-50 万元人民币（1 000×（6.25-6.30））；利息的汇率风险损失为-3 万元人民币（60×（6.25-6.30））。投资收益为 325 万元人民币（378-50-3）。

如果上例中美元升值，则甲公司将获得汇率风险收益。

二、交易风险的综合测量

前面的举例都是说明如何测量某一项交易的汇率风险。在实际工作中，不仅要测量交易中每一笔外汇应收款、应付款、外汇借款的汇率风险，还应注意综合测量整个企业交易中全部外汇债权与外汇债务（包括外汇应付款、外汇借款等）相抵后净债权或净债务的汇率风险。

（1）当企业只有一种外汇债权债务时，交易风险的综合测量比较简单。设我国甲企业只有美元债权债务，外汇债权（外汇应收款）800 万美元，外汇债务（外汇应付款、外汇借款）700 万美元，两者相减外汇净债权 100 万美元。如果预测外汇将贬值，比如汇率由 1 美元=6.40 元人民币变为 1 美元=6.30 元人民币，在这种情况下，企业将发生汇率风险损失 10 万元人民币（100×（6.30-6.40））。当企业的外汇债权少于外汇债务时，设外汇债权为 700 万美元，外汇债务为 800 万美元，两者相减后外汇净债务为 100 万美元。如果预测外汇将升值，比如汇率由 1 美元=6.40 元人民币变为 1 美元=6.50 元人民币，在这种情况下，企业将发生汇率风险损失 10 万元人民币（100×（6.40-6.50））。假如上述两种情况中汇率变化方向相反，则企业都将从中获得收益。

（2）当企业有多种外汇债权债务时，交易风险的大小不仅要看汇率变动的方向和变动幅度，还要看各种外汇汇率变动的相关性。两种外汇对本国货币的汇率同时升值或同时贬值，叫正相关。例如，美元对人民币的汇率升值 3%，欧元对人民币的汇率也升值 3%，叫完全正相关，相关系数为 1；如果美元对人民币升值 3%，欧元对人民币升值 2%，则相关系数为 0.67；如果美元对人民币升值 3%，欧元对人民币升值 1%，则相关系数为 0.33……两种外汇对本国货币的汇率，一种外汇升值，另一种外汇贬值，叫负相关。如果美元对人民币升值 3%，欧元对人民币贬值 3%，叫完全负相关，相关系数为-1；如果美元对人民币升值 3%，欧元对人民币贬值 2.5%，则相关系数为-0.83；如果美元对人民币升值 3%，欧元对人民币贬值 1.5%，则相关系数为-0.5……下面举例说明各种外汇汇率变动的相关性对交易风险的影响。

设我国甲企业有美元和欧元两种外汇债权债务，可能有以下四种情况：

①美元为净债权，欧元为净债务

例如，净债权 100 万美元，净债务 80 万欧元，美元和欧元对人民币的汇率变动可能有以下两种情况：

A.美元和欧元都贬值或升值。

先看美元和欧元都贬值。预测美元对人民币的汇率将由 1 美元=6.98 元人民币变为 1 美元=6.8404 元人民币，美元贬值 2%，欧元对人民币的汇率将由 1 欧元=9.10 元人民币变为 1 欧元=8.96 元人民币，欧元贬值 1.54%，两种外汇对人民币都贬值，具有高度正相关性。美元贬值使甲企业的人民币收入减少 13.96 万元（100×（6.8404−6.98））（损失）。欧元贬值使甲企业的人民币支出减少 11.20 万元（80×（8.96−9.10））（得利）。损失的 80.23% 被得利抵销，在这种情况下企业的交易风险很小。

相反，当美元和欧元都升值时，两种外汇与人民币的汇率变动也是正相关。美元升值会使甲企业的人民币收入增加（得利），欧元升值会使甲企业的人民币支出增加（损失），得利与损失也能相互适当抵销，因而企业的交易风险较小。

B.美元升值、欧元贬值，或美元贬值、欧元升值。

当美元升值、欧元贬值时，两种外汇对人民币的汇率变动是负相关。美元升值会使甲企业的人民币收入增加（得利），欧元贬值会使甲企业的人民币支出减少（得利），两种外汇汇率变动的影响之和使甲企业得利很多。

相反，当美元贬值、欧元升值时，两种外汇对人民币的汇率变动也是负相关，美元贬值会使甲企业的人民币收入减少（损失），欧元升值会使甲企业的人民币支出增多（损失），两种外汇汇率变动的影响之和使甲企业损失很多。

从上述可以看出，在一种外汇是净债权，另一种外汇是净债务的情况下，当一种外汇升值另一种外汇贬值，即汇率变动负相关时，使企业的得利很多或损失很多，从而提高了外汇风险。

②美元为净债务、欧元为净债权

两种外汇与人民币的汇率变动对企业交易风险的影响与①相同，不重述。

③美元和欧元都是净债权

例如，净债权 100 万美元，净债权 80 万欧元。

如果两种外汇与人民币的汇率变动是负相关，即一种外汇升值，另一种外汇贬值。例如，美元汇率由 1 美元=6.80 元人民币变为 1 美元=6.86 元人民币，美元升值会使甲企业的人民币收入增加 6 万元（得利）（100×（6.86−6.80））。欧元汇率由 1 欧元=9.07 元人民币变为 1 欧元=8.98 元人民币，欧元贬值会使甲企业的人民币收入减少 7.20 万元（损失）（80×（8.98−9.07））。损失的 83.33% 被得利抵销，使企业外汇风险降低。

如果两种外汇都升值，会使甲企业的人民币收入大大增加，得利很多，但如果两种外汇都贬值，会使甲企业的人民币收入大大减少，损失很多，这就是说，两种外汇与人民币汇率的变动正相关会提高企业的外汇风险。

④美元和欧元都是净债务

如果两种外汇与人民币的汇率变动是负相关，即一种外汇贬值，会使甲企业的人民币支出减少（得利），而另一种外汇升值，会使甲企业的人民币支出增多（损失），损失被得利全部或部分抵销，使企业的外汇风险降低。

如果两种外汇都贬值，会使甲企业的人民币支出大大减少，得利很多，但如果两种外汇都升值，会使甲企业的人民币支出大大增加，损失很多，可见两种外汇与人民币的汇率变动正相关会提高企业的外汇风险。

企业在各项交易活动中，如果发生外汇风险损失，就会直接使利润减少，甚至发生亏损，参见案例5-1西安杨森制药公司外汇交易风险对利润的影响。

第二节　折算风险测量

一、外币会计报表的折算方法

为了具体了解会计折算风险，需对折算方法做一些说明。会计报表折算有以下四种方法可以使用，即流动/非流动法、货币/非货币法、现行汇率法和时态法四种。

1.流动/非流动法

这种方法下，所有流动资产（现金、应收账款、存货等）和流动负债都按现行汇率折算（现行汇率也叫当前汇率，是指在编制资产负债表那天的汇率），其他的资产和负债则都按历史汇率折算（历史汇率是指在资产和负债项目发生时第一次记在企业账上所采用的汇率）。此法的缺点主要是存货、现金和应收账款一样将因当地通货贬值而出现外汇损失，不甚合理。

2.货币/非货币法

这种方法下，所有金融资产及一切负债（包括流动负债和长期负债）都按现行汇率折算，而物质资产或非货币资产则按历史汇率折算。如果所有物质资产均以历史成本表示，则此法比较准确。但如果物质资产已按当前市价重新估价，则此法将不能表示真正情况。

3.现行汇率法

此法将国外子公司的所有资产和负债都按现行汇率折算。

4.时态法

此法与货币/非货币法唯一不同的地方在于对存货和投资项目的处理。对存货和投资都适用成本与市价孰低原则，如果存货和投资项目是按历史成本计量的，则应按历史汇率折算，如果存货和投资项目是按当前市价计量的，则应按现行汇率折算。当存货和投资项目按历史成本计量，按历史汇率折算时，时态法与货币/非货币法完全相同。

上述四种折算方法的异同见表5-1。

资产负债表项目	流动/ 非流动法	货币/ 非货币法	现行 汇率法	时态法
表5-1		四种折算方法的比较		
现金	C	C	C	C
应收账款	C	C	C	C
存货				
按成本	C	H	C	H
按市价	C	H	C	C
投资				
按成本	H	H	C	H
按市价	H	H	C	C
固定资产	H	H	C	H
无形资产及其他资产	H	H	C	H
应付账款	C	C	C	C
长期负债	H	C	C	C
实收资本	H	H	H	H
留存收益	*	*	*	*

说明：C为现行汇率，H为历史汇率，*为轧算的平衡数字。

以上四种方法中，现行汇率法属于单一汇率法，其他三种方法均属于多种汇率法。

损益表项目的折算，对于收入、费用和所得税项目通常按当期的加权平均汇率折算，在采用现行汇率法时，折旧费项目也按加权平均汇率折算，在采用时态法、流动/非流动法、货币/非货币法时折旧费项目按固定资产取得时的汇率折算。各种折算方法的股利分配项目都按股利支付日的汇率折算。

外币会计报表的折算主要涉及两大问题：一是采用何种汇率对外币会计报表项目进行折算；二是对外币会计报表折算差额（损益）如何处理。

国际会计准则第21号要求，境外企业外币报表的折算方法应根据境外经营的业务和财务特点来确定。该准则将境外经营分为以下两类：第一类为境外实体。由于汇率的变动不会直接影响母公司的现金流量，而会影响母公司在境外经营中的投资净额，该准则认为，折算后的报表应尽可能保留其境外报表所反映的财务成果和比例关系，因此应采取单一汇率法即现行汇率法进行折算，折算发生的差额不应计入损益，而应记作股东权益。第二类为母公司经营有机组成部分的经营单位。由于汇率变动会直接影响母公司经营的现金流量，相当于母公司从事该项经营所受的影响，应采用时态法对不同性质的项目分别按不同汇率进行折算，折算发生的差额一般计入当期损益。

以上四种方法中，现行汇率法是目前最流行的折算方法。从美国来看，1976年之前主要采用流动/非流动法，美国公司还可以自由选择折算方法，许多公司结合采用流动/非流动和货币/非货币两种方法。此后，根据财务会计准则委员会第8号公告的规定，采用货币/非货币法。1981年12月，美国财务会计准则委员会第52号公告发布后，才开始采用现行汇率法。我国财政部1995年2月颁布的《合并会计报表暂行规定》中规定，我国企业对子公司外币会计报表折算采用现行汇率法。2006年我国《企业会计准则第19号——外币折算》提出了明确要求。

二、折算风险的测量方法

折算风险是通过对境外企业外币会计报表折算的结果来测量的。下面用我国香港甲公司对其境外子公司会计报表的折算作为例子来说明折算风险的测量方法。

设我国香港甲公司在A国设一子公司，该公司用A元记账。

2×20年年初，甲公司将该子公司2×19年会计报表中的A元按适当汇率折算为港元，设有关汇率如下：

股份发行时日的汇率   1A元=4.20港元
固定资产取得时的汇率   1A元=4.19港元
2×18年12月31日的汇率 1A元=4.15港元
2×19年12月31日的汇率 1A元=4.10港元
2×19年平均汇率   1A元=4.13港元
2×18年第4季度平均汇率 1A元=4.165港元
2×19年第4季度平均汇率 1A元=4.12港元
股利支付日的汇率   1A元=4.105港元

本例为了对不同的折算方法加以比较，在折算表中列出现行汇率法和时态法两种折算方法。

资产负债表的折算见表5-2。

表5-2   **2×19年资产负债表的折算表**   金额单位：万港元

项　目	金额（A元）	按现行汇率法折算		按时态法折算	
		汇率	港元	汇率	港元
现金	100	4.10	410	4.10	410
应收账款	200	4.10	820	4.10	820
存货（按成本，先进先出）	300	4.10	1 230	4.12	1 236
固定资产	2 000	4.10	8 200	4.19	8 380

项　目	金额（A元）	按现行汇率法折算		按时态法折算	
		汇率	港元	汇率	港元
资产合计	2 600		10 660		10 846
应付账款	300	4.10	1 230	4.10	1 230
长期负债	200	4.10	820	4.10	820
实收资本	1 500	4.20	6 300	4.20	6 300
留存收益	600	—	2 518①	—	2 496③
累计折算调整额			−208②		—
负债及股东权益合计	2 600	—	10 660	—	10 846

注：①根据损益表折算表填列。

②10 660−（1 230+820+6 300+2 518）=−208（万港元）

③10 846−（1 230+820+6 300）=2 496（万港元）

损益表的折算见表5-3。

表5-3　　　　　　　　　　**2×19年损益表的折算表**　　　　　　　金额单位：万港元

项　目	金额（A元）	按现行汇率法折算		按时态法折算	
		汇率	港元	汇率	港元
销货收入	5 000	4.13	20 650	4.13	20 650
销货成本	3 500	4.13	1 445		14 465②
折旧费	200	4.13	826	4.19	838
其他费用	300	4.13	1 239	4.13	1 239
折算损益	—	—	—		−10⑦
税前利润	1 000	—	4 130		4 118⑥
所得税	300	4.13	1 239	4.13	1 239
税后利润	700	—	2 891		2 879⑤
留存收益（2×18.12.31）	500	—	2 090①		2 080③
股利分配	600	4.105	2 463	4.105	2 463
留存收益（2×19.12.31）	600	—	2 518		2 496④

注：①根据2×18年损益表的折算表填列。

②销货成本的计算：

期初库存商品=200×4.165=833（万港元）

本期购入商品=3 600×4.13=14 868（万港元）

期末库存商品=300×4.12=1 236（万港元）

本期销售商品=3 500×4.1329=14 465（万港元）

833+14 868-1 236=14 465（万港元）

③根据2×18年损益表的折算表填列。

④根据2×19年资产负债表的折算表填列。

⑤2 496+2 463-2 080=2 879（万港元）

⑥2 879+1 239=4 118（万港元）

⑦20 650-（14 465+838+1 239）-4 118=-10（万港元）

14 465÷3 500=4.1329

上述两种折算方法由于所用汇率及折算损益处理方法有所不同，因而折算损益及留存收益就不一致。按现行汇率法折算的结果是损失208万港元，但不列作当期损益，而以累计折算调整额项目列于资产负债表中，做递延处理，年末留存收益为2 518万港元。按时态法折算的结果为利得10万港元，作为当期损益，列于损益表之内，年末留存收益为2 496万港元。流动/非流动法和货币/非货币法的折算方法及折算损益处理方法与时态法基本相同，只是某些项目的折算使用的汇率有所不同。

表5-2中，累计折算调整额-208万港元并不是本期的折算损失，而是逐年折算损益的累计数。为了测定本期的折算损益，需编制表5-4。

表5-4 　　　　　　　　　　用现行汇率法测定的折算损益　　　　　　　　　金额单位：万港元

项　目	金额（A元）	A元贬值前		A元贬值后		本期折算损益
		汇率	港元	汇率	港元	
现金	100	4.15	415	4.10	410	-5
应收账款	200	4.15	830	4.10	820	-10
存货（按成本）	300	4.15	1 245	4.10	1 230	-15
固定资产	2 000	4.15	8 300	4.10	8 200	-100
资产合计	2 600	—	10 790		10 660	-130
应付账款	300	4.15	1 245	4.10	1 230	-15
长期负债	200	4.15	830	4.10	820	-10
实收资本	1 500	4.20	6 300	4.20	6 300	0
留存收益	600	—	2 518	—	2 518	0
累计折算调整额			-103		-208	-105
负债及股东权益合计	2 600	—	10 790	—	10 660	-130

表5-4中，资产共减少130万港元（损失），负债共减少25万港元（－15+（－10））（利得），相互抵销后，本期折算损失为105万港元。

同样可以用时态法（货币/非货币法）测定本期的折算损益，见表5-5。

表5-5 用时态法（货币/非货币法）测定的损益 金额单位：万港元

项 目	金额（A元）	A元贬值前		A元贬值后		本期折算损益
		汇率	港元	汇率	港元	
现金	100	4.15	415	4.10	410	－5
应收账款	200	4.15	830	4.10	820	－10
存货（按成本）	300	4.12	1 236	4.12	1 236	0
固定资产	2 000	4.19	8 380	4.19	8 380	0
资产合计	2 600	—	10 861	—	10 846	－15
应付账款	300	4.15	1 245	4.10	1 230	－15
长期负债	200	4.15	830	4.10	820	－10
实收资本	1 500	4.20	6 300	4.20	6 300	0
留存收益	600	—	2 486	—	2 496	+10
负债及股东权益合计	2 600	—	10 861	—	10 846	－15

表5-5中，资产共减少15万港元（损失），负债共减少25万港元（（－15）+（－10））（利得），相互抵销后，本期折算利得为10万港元。

在实践中，测定折算损益，不必像表5-4和表5-5那样按资产负债表每个项目一一计算和加减。只要将受险资产合计减去受险负债合计，求出受险资产或负债净额，乘汇率变动差异，就可求得折算损益额。受险资产或负债净额的计算见表5-6。

表5-6 受险资产或负债净额的测定 金额单位：万港元

项 目	资产负债数额	用现行汇率法测定的数额	用时态法、货币/非货币法测定的数额	用流动/非流动法测定的数额
现金	100	100	100	100
应收账款	200	200	200	200

续表

项　目	资产负债数额	用现行汇率法测定的数额	用时态法、货币/非货币法测定的数额	用流动/非流动法测定的数额
存货（按成本）	300	300	—	300
固定资产	2 000	2 000	—	—
资产合计	2 600			
受险资产		2 600	300	600
应付账款	300	300	300	300
长期负债	200	200	200	200
股东权益	2 100	—	—	—
负债及股东权益合计	2 600	—	—	—
受险负债	—	500	500	300
受险资产或负债净额	—	2 100	−200	300

折算损益的计算：

采用现行汇率法时：

2 100×（4.10-4.15）=-105（万港元）（损失）

采用时态法或货币/非货币法时：

-200×（4.10-4.15）=10（万港元）（利得）

采用流动/非流动法时：

300×（4.10-4.15）=-15（万港元）（损失）

第三节　经济风险测量

经济风险的测量要运用经济分析方法，这是一种概率分析，是企业从整体上进行预测、规划和分析的过程。

经济风险的预测不可避免地含有主观成分，因为要估计汇率变动对未来一段时期经济财务成果的影响。经济风险的分析在很大程度上取决于公司的预测能力，预测的准确程度将直接影响该公司在融资、销售与生产方面的战略决策。

下面举例说明经济风险对现金净流量的影响。

假设我国甲公司生产的甲产品主要向A国出口，从A国进口部分原材料。该公司在某年10月末预测下一年全年将会产生的利润和现金净流量，见表5-7。

表5-7	甲公司全年利润及现金净流量预测表	
项 目		金额（元）
销售收入	内销200 000件，单位售价100元	20 000 000
	外销200 000件，单位售价100元，折合10A元	20 000 000
销售成本	400 000件，单位成本75元	30 000 000
现金营业费用	固定费用	2 800 000
	变动费用（销售收入的10%）	4 000 000
折旧		1 200 000
税前利润		2 000 000
所得税费用（25%）		500 000
税后利润		1 500 000
加回折旧		1 200 000
现金净流量		2 700 000

在新的一年开始后，A元对人民币的汇率发生变动，由1A元=10元人民币变为1A元=8元人民币，A元贬值20%，人民币升值25%。这一变动在上述预测时未考虑到，汇率的这一变动对甲公司的利润和现金净流量将产生何等影响，这要根据汇率变动对产品销售、售价和成本等指标的影响情况而定。

1. 对产品销售量的影响

甲公司生产的甲产品，单价100元人民币，汇率变动前折合为10A元（100÷10），汇率变动后折合为12.50A元（100÷8），如不降低价格，A国进口商觉得甲产品价格比过去提高了，就有可能减少进口，因而甲公司的出口销售量有可能减少。另外，由于A元贬值，人民币升值，我国企业从国外进口甲产品，单价10A元，A元贬值前需支付人民币100元，贬值后只需支付80元，使有些企业不在国内购买甲产品，改为从国外进口，使国内对甲产品的需求减少，因而甲公司的国内销售量也可能减少。甲公司的甲产品外销和内销数量都可能减少，并相应地减少产量，这将使甲公司的利润和现金净流量减少。

2. 对产品售价的影响

如果甲公司为了不减少出口销售量，就应适当降低产品售价，例如，降到80元人民币，仍相当于10A元（80÷8），A国进口商仍愿购买。产品售价降低，将使甲公司的利润和现金净流量减少。

3.对产品成本的影响

假设甲公司从 A 国进口原材料 40 万 A 元，A 元贬值前折合人民币 400 万元（40×10），贬值后折合人民币 320 万元，生产甲产品的原材料成本降低了。人民币升值后，中国国内的物价可能下降，使甲公司的采购支出减少。产品成本费用降低将使甲公司的利润和现金净流量增加。

如果汇率变动是 A 元升值，人民币贬值，则会发生相反的结果，可能使出口销售量增加，相应地增加产量，使产品售价适当提高，导致成本升高。

上例中，A 元贬值和人民币升值对甲公司的销售量、售价和成本的影响有多种可能，下面只从以下几种可能情况测定汇率变动导致销售量、价格、成本三者变化对利润和现金净流量的影响。

1.销售量减少，价格和成本不变

如果用人民币表示的价格不变，仍为 100 元，折合为 12.50A 元（100÷8），预测出口销售量可能减少 80 000 件（内销减少 10 000 件，外销减少 70 000 件）。在这种情况下，甲公司的利润和现金净流量见表 5-8。

表5-8　　　　　　　　甲公司全年利润和现金净流量预测表

项　目		金额（元）
销售收入	内销 190 000 件，单位售价 100 元	19 000 000
	外销 130 000 件，单位售价 100 元，折合 12.50A 元	13 000 000
销售成本	320 000 件，单位成本 75 元	24 000 000
现金营业费用	固定费用	2 800 000
	变动费用	3 200 000
折旧		1 200 000
税前利润		800 000
所得税费用（25%）		200 000
税后利润		600 000
加回折旧		1 200 000
现金净流量		1 800 000

由于销售量减少80 000件，使甲公司的现金净流量减少900 000元（1 800 000-2 700 000）。

2.销售量不变，价格降低，成本不变

如果产品内销价格降为98元，外销价格降为9.75A元，折合人民币78元（9.75×8），有可能使销售量不减少，在这种情况下，甲公司的利润和现金净流量见表5-9。

表5-9　　　　　　甲公司全年利润和现金净流量预测表

项　目		金额（元）
销售收入	内销200 000件，单位售价98元	19 600 000
	外销200 000件，单位售价78元，折合9.75A元	15 600 000
销售成本	400 000件，单位成本75元	30 000 000
现金营业费用	固定费用	2 800 000
	变动费用	3 520 000
折旧		1 200 000
税前利润		-2 320 000
所得税费用（25%）		0
税后利润		-2 320 000
加回折旧		1 200 000
现金净流量		-1 120 000

由于出口产品价格降低，使甲公司的现金净流量减少3 820 000元（-1 120 000-2 700 000）。

3.销售量减少，价格和成本降低

销售量、价格和成本等因素可能都发生变化。例如，内销减少5 000件，外销减少10 000件，内销单价降为99元，外销单价为9.95A元，折合人民币79.60元（9.95×8），单位成本降为73元，在这种情况下，甲公司的利润和现金净流量见表5-10。

表5-10   **甲公司全年利润和现金净流量预测表**

项　目		金额（元）
销售收入	内销195 000件，单位售价99元	19 305 000
	外销190 000件，单位售价9.95A元，折合人民币79.60元	15 124 000
销售成本	385 000件，单位成本73元	28 105 000
现金营业费用	固定费用	2 800 000
	变动费用	3 442 900
折旧		1 200 000
税前利润		-1 118 900
所得税费用（25%）		0
税后利润		-1 118 900
加回折旧		1 200 000
现金净流量		81 100

由于销售量减少和销售单价降低，使利润和现金净流量减少，由于单位成本降低使利润和现金净流量增加，三个因素变动综合起来使甲公司的现金净流量减少2 618 900元（81 100-2 700 000）。

案例5-1

西安杨森制药公司外汇交易风险对利润的影响

西安杨森制药公司（以下简称西安杨森）是美国强生（Johnson）公司进入中国市场的合资企业，是强生公司最大的独立经营的子公司之一，生产并销售处方药和非处方药。本年实现利润10.60亿元人民币（美元按当年汇率折算）。该公司的首席执行官表示，西安杨森下年的利润目标要提高20%，达到12.72亿元人民币。公司的财务主管认为，完成这一目标利润对于本公司及其母公司都很重要，但确实很困难，因为预测下年公司的许多直接费用和间接费用将迅速上升，外汇风险损失将进一步增加，公司面临成本和外汇压力。

西安杨森的制药产品范围很广，其中大部分由母公司研制。近年来，公司也从强生（欧洲）子公司（以下简称强生欧洲）取得了一些第三方药物的生产授权。以往西安杨森是100%从强生欧洲进口原料和产成品的。本年，西安杨森开始在中国本地寻求供应商，但本地供应在采购的存货中占有不超过5%的比重。西安杨森核心业务的定价与发票的开具由欧洲公司来掌控，这意味着定价与开具发票是以欧元计算的。

西安杨森是从比利时的强生欧洲公司财务中心购买原料和产品的，全部需要使用欧元支付，公司必然会面临外汇风险。

西安杨森的银行咨询师预测，下年欧元对人民币汇率仍会保持坚挺。舆论普遍认为，下年上半年将达到1欧元=10.75元人民币，这个汇率被认为是破了纪录。

西安杨森本年的经营成果深受外汇风险的影响。公司在上年12月按照平均预计的即期汇率1欧元=8.6元人民币做出了本年的预算，但欧元升值的预期使得本年的90天远期汇率高达1欧元=9.22元人民币，全部外汇损失（预算的即期汇率与远期汇率的差异）升至人民币7 502万元。

在损失中，有6 000万元应由本年的经营成果分担，1 502万元因被存货吸收而递延到下年。幸运的是，如表5-11所示，西安杨森由于住房基金调整和存货计价冲销而获得了一次性的非常利得7 000万元。该项利得显然减轻了外汇损失所造成的不利影响，但是下年就没有这样的情况了。

表5-11　　　　　　　　　**西安杨森公司的财务工作底稿**　　　　　单位：万元人民币

项　　　目	本年实际数	下年预算数
（1）总收入	335 360	402 432
（2）销售成本	（117 376）	（158 275.2）
（3）其中：进口原料及半成品	104 060	142 296
（4）销售毛利	217 984	244 156.8
（5）销售及管理费用	（112 984）	（135 580.8）
（6）经营利润	105 000	108 576
（7）非常利得（损失）	7 000	0
（8）外汇风险损失	（6 000）	（9 502）
（9）利润	106 000	99 074
（10）进口采购工作底稿：		
（11）进口采购额（欧元）	12 100	14 520
（12）即期汇率（欧元/人民币）	8.60元	9.80元
（13）按即期汇率计算的进口采购额（人民币）	104 060	142 296
（14）平均远期汇率（欧元/人民币）	9.22元	10.50元
（15）按远期汇率计算的进口采购额（人民币）	111 562	152 460
（16）外汇风险损失（人民币）	（7 502）	（10 164）
（17）当年利润应承担的外汇风险损失（人民币）	（6 000）	（8 000）
（18）当年存货应承担的外汇风险损失（人民币）	（1 502）	（2 164）

注：出于保密的原因，本表虚构了财务数据。

表内第（8）项9 502=第（17）项的8 000+第（18）项的1 502。

表5-11的下年预算数是在本年实际数的基础上，根据利润目标的要求预测下年销售收入、成本费用、进口采购额、汇率等因素的变化情况计算确定的。预测下年与本年相比，总收入、销售及管理费用以及进口采购额都增长20%；欧元对人民币汇率欧元进一步升值，即期汇率由1欧元=8.60元人民币变为1欧元=9.80元人民币，远期汇率由1欧元=9.22元人民币变为1欧元=10.50元人民币。由此可计算出下年的外汇风险损失为101 640 000元人民币（即1 422 960 000-1 524 600 000）。下年预算数中的外汇风险损失95 020 000元人民币是当年利润需承担的外汇风险损失80 000 000加上上年存货需承担的外汇风险损失15 020 000元。最后计算出下年利润预算数只有990 740 000元人民币，不仅距目标利润很远，而且还低于本年利润。

案例问题：（1）西安杨森公司下年预算未达到目标利润，还低于本年利润的原因有哪些？（2）为了实现目标利润还应采取哪些措施？

资料来源：MOFFETT M H, STONEHILL A L, EITEMAN D K.Fundamentals of multinational finance［M］. 3rd ed.Pearson Education, Inc., 2008：272.

思考题

1.企业进出口商品以美元计价结算，美元贬值对我国企业的人民币收支会产生什么影响？

2.企业借入欧元，欧元升值对我国企业人民币支出会产生什么影响？

3.如何综合测量企业的交易风险？

4.采用现行汇率法时，资产负债表和损益表各项目按什么汇率折算？怎样测量企业的折算风险？

5.人民币对美元升值时对我国企业的利润和现金流量会产生什么影响？

计算题

1.某公司9月1日出口一批商品，货款250万美元，将于12月1日收到货款。9月1日汇率1美元=7.3元人民币，预测12月1日汇率变为1美元=6.9元人民币。要求：计算该公司这笔交易可能发生的外汇风险损失。

2.A企业从德国进口设备，以欧元计价结算，货款8 500万欧元，A企业只有美元，用美元支付这笔货款。成交时1美元=0.85欧元，1美元=7.80元人民币。付款时1美元=0.80欧元，1美元=7.85元人民币。要求：计算美元与欧元汇率变动的风险损失和美元与人民币汇率变动的风险损失。

3.甲公司从银行借入100万欧元，期限1年，年利息率7%，借款时1欧元=9.55元人民币，还款时1欧元=9.65元人民币。要求：计算这项借款的汇率风险损益。

4.甲公司在美国设立子公司A，其有关资料见表5-12。

假设2015年12月31日的汇率1美元=7.85元人民币；2016年12月31日的汇率1美元=7.50元人民币。要求：（1）填写受险资产和负债净额测定表；（2）计算折算损益数额。

表5-12　　　　　　　　**2016年子公司A受险资产和负债净额测定表**　　　　金额单位：万美元

项　目	金　额	用现行汇率法测定的数额	用时态法、货币/非货币法测定的数额	用流动/非流动法测定的数额
现金	1 000			
应收账款	5 000			
存货（按成本）	10 000			
固定资产	100 000			
资产合计	116 000			
受险资产				
应付账款	3 000			
长期负债	10 000			
股东权益	103 000			
负债及权益合计	116 000			
受险负债				
受险资产或负债净额				

相关网站

中国财政部会计准则委员会 www.casc.org.cn.

中国外汇网 www.chinaforex.com.cn.

环球外汇网 www.cnforex.com.

国际会计准则理事会 www.ifrs.org.

美国财务会计准则委员会 www.fasb.org.

财经网 www.caijing.com.cn.

澎湃 www.thepaper.cn.

经济观察网 www.eeo.com.cn.

凤凰财经 finance.ifeng.com.

第六章

外汇风险管理的策略与方法

第一节 外汇风险管理的策略与程序

一、外汇风险管理的策略

企业外汇风险管理的策略是指企业根据自己的利益和具体情况在外汇风险管理方面所采取的对策与谋略。各企业应根据跨国经营规模大小、涉及外汇的经济活动数量的多少、面临外汇风险大小、外汇风险管理费用多少、承担外汇风险能力强弱和管理者对外汇风险所持的态度差异等因素,选择采取不同的外汇风险管理策略。企业外汇风险管理策略可分为以下三种:

(一)保守策略

保守策略是一种安全第一、不留下任何不稳定因素的策略。企业的跨国经营业务少,承受外汇风险的能力弱,管理者厌恶风险,往往采取保守策略。其管理目标是避免承担任何外汇风险损失,为此,对所有存在外汇风险损失的经营活动都采取管理措施或拒绝某些可能带来外汇风险损失的项目,这种做法有可能支付较多的外汇风险管理费用,可能丧失一些较好的筹资和投资机会。

(二)冒险策略

冒险策略又称随意策略,是一种消极的、听其自然的策略。对涉及外汇的各项经营业务不采取任何外汇风险管理措施,当汇率变动有利时坐享利益,汇率变动不利时宁可蒙受损失。在这种情况下,企业不会发生外汇风险管理费用。采取这种策略的企业,一般是涉及外汇的经营业务很少或相对于其他经营业务来讲不重要,管理者乐于冒风险,企业的承受能力强,而且预测计划期内汇率变动不大,认为汇率偶尔变动造成的损失是企业经营的正常成本,不影响企业的正常经营。采用现金结算或只按短期商业信用进行交易的进出口商可以较安全地采取这种态度。已充分实行经营多元化和财务多元化的大型跨国公司,由于风险已相当分散,在任何时间汇率变动造成的净损失较小,因而可采取这种策略。但是,在实际工作中,采取冒险策略的企业是很少见的。

（三）中间策略

中间策略是一种介于前两种极端策略之间的策略，是大多数企业采用的通行的外汇风险管理策略。如果企业涉及外汇的经营业务很多，在其全部经营中占有重要地位，并且涉外业务的现金流入涉及的外国货币与现金流出涉及的外国货币不密切相关（相关性低或负相关）时，最佳的策略应该是按照成本效益原则，对企业涉及外汇的各项业务区别对待，分清主次，对某些涉外业务采取外汇风险管理措施，对某些涉外业务不采取外汇风险管理措施，搞好受险程度大的主要经营业务的外汇风险管理。

企业不论采用上述何种策略，在进行外汇风险管理时，都必须遵循成本效益原则。企业涉及外汇的各项业务，汇率变动可能会使企业受损，也可能使企业受益，外汇风险管理的目的主要在于防止外汇风险损失的发生。为了防止外汇风险损失，往往会发生相应的费用（成本），主要包括外汇汇率预测、咨询费用，在经营决策时采取外汇风险管理措施付出的代价和为了防范外汇风险在金融市场进行各种外汇交易、外汇借款等所付出的交易费用、借款利息等。外汇风险管理的效益是指采取管理措施使外汇风险损失减少的数额。如果进行外汇风险管理发生的费用大于采取管理措施使外汇风险损失减少数，显然是不合算的，也就是说，只有在前者小于后者时，采取管理措施才是必要的。

二、外汇风险管理的程序

外汇风险管理是一项很复杂的工作，必须按照一定的程序进行。其一般程序是：

（一）预测外汇汇率变动情况

由于外汇汇率变动是外汇风险产生的根本原因，因此，预测外汇汇率变动的趋势、时间和幅度是外汇风险管理的首要步骤。在预测前，首先要确定适当的预测期。

（二）测算外汇风险的受险额

测算外汇风险受险额就是从数量上确定企业面临外汇风险的大小。例如，交易风险可按每笔交易计算受险额，也可以按全部交易（按不同货币、不同结算期）计算受险额。受险额等于结算期限相同的外币债权与外币债务之间的差额。

（三）确定是否采取外汇风险管理措施

根据受险额和预测的汇率变动幅度测算外汇风险损失额，并预测采用某种方法防范风险将发生多少费用（成本），然后将外汇风险管理的成本与外汇风险管理的效益进行比较，如果前者小于后者，则应采取措施防范风险。以下两种情况下可以不采取任何防范措施：（1）预测汇率变动时，企业不会发生损失，还能给企业带来收益；（2）外汇风险管理的成本大于外汇风险管理的效益。

（四）选择有效的外汇风险管理方法

实行浮动汇率制度以来，各国企业创造了许多规避外汇风险的方法，应分析各种方法的优缺点，结合实际情况，选择最佳的避险方法。

（五）实施选定的管理方案

在实施外汇风险管理方法的过程中，要不断地进行检查，发现问题，及时解决。

第二节　交易风险的管理

一般认为，对折算风险不必刻意管理，而对直接影响企业价值的交易风险和经济风险则必须加以控制。大部分公司中交易风险由财务主管监控。交易风险对企业利益的影响是最直接的。

一、交易风险管理的各种方法

管理交易风险的方法可分为事先防范法和事后防范法两类。前者是指在经营决策时，在签订交易合同前，就采取措施防范外汇风险，如选择有利的计价货币、适当调整商品价格、在合同中订立货币保值条款和汇率风险分摊条款等；后者是指已经用软货币签订了出口合同或用硬货币签订了进口合同，无法在合同条款上加以弥补，就只能通过外汇市场进行远期外汇交易、外汇期权交易、外汇期货交易和外汇掉期交易，通过国际货币市场、资本市场进行借款和投资等方法来防范外汇风险。下面介绍一些主要方法：

（一）经营决策时防范风险的方法

1.选择货币法

（1）在外汇收支中，原则上应争取收汇用硬货币，付汇用软货币。例如，在进出口贸易中，对进口付汇争取用软货币，出口收汇争取用硬货币；在借用外资时，一般应争取借软货币。

选择使用什么货币是一个比较复杂的问题，因为：①各种货币的"软"或"硬"是相对的，不是一成不变的，特别是在中、长期收支活动中，汇率的预测更困难。②货币的选择并不是凭一方的意愿来决定的，而是需要交易双方协商才能达成协议。③货币的选择往往是与贸易条件和该货币利息率的高低紧密相连的。因此，选择哪种货币，要根据实际的交易情况及交易双方所处地位的强弱权衡利弊得失，作出适当决定。

（2）在进出口贸易中，选择使用哪种货币，还要考虑商品贸易的具体情况。既要防止选用货币不当而遭受汇率风险的损失，又要避免因为单纯考虑货币风险而影响商品出口和急需物资的进口。如果出口商品是畅销货，国际市场价格趋涨，用硬货币报价，即使不便宜，对方也容易接受。如果出口商品是滞销货，国际市场价格趋跌，用硬货币报价，就不易成交，为了打开销路，出口商也可以接受用软货币计价成交。对急需物资的进口，如对方坚持用硬货币，而买方又急于成交，也可以接受用硬货币计价结算。

（3）在借用外资时，选择计价货币除了考虑货币软硬（汇率变化）以外，还应考虑利率高低。一般来说，借硬货币利率较低，借软货币利率较高，有时两者相差很大，需进行预测、计算、比较，然后加以选择。关于国际信贷的货币选择将在第八章第三节详细阐述。

（4）在选择货币时，还可采用以下几种具体方法：①多种货币法。由于只用一种货币很难准确判断其汇率变动情况，不利于避免或降低风险，企业的出口收汇或进口付汇使用多种货币计价结算，有的货币贬值，有的货币升值，汇率风险可适当抵销。企业借入多种货币，汇率有升有降，利率有高有低，可以分散风险。②软硬货币组合法。为了使交易双方分担汇率风险，还可以采取软硬货币各半的方法，硬货币币值上升，软货币币值下降，相互抵销，可以减少汇率变动风险。③进出口平衡法。它是在一笔交易发生后，再进行一笔同币种、同金额、收付日期也相同，但资金流向相反的交易，使两笔交易所面临的汇率风险相互抵销。例如，A公司1月初进口一批商品，货款200万美元，定于6月30日付款。为了避免美元升值带来的损失，A公司可在4月初出口一批产品，货款200万美元，将收款日期安排在6月30日。这样，A公司在收进200万美元的同时，用这笔款项支付进口货款，可以使出口的外汇风险收益与进口的外汇风险损失相抵销。④借汇、用（付）汇和收汇同种货币法。例如，用借入的美元支付进口的美元货款，用出口的美元收入偿还美元借款，避免了货币兑换，有利于避免或减少外汇风险。

（5）进出口商品如果采用本国货币计价结算，因不涉及外汇，就能简化结算手续，避免汇率风险。交易双方的实力对于决定合同货币的影响很大，此外还有按照国际惯例决定计价货币的情况。如果某国的货币是可以与其他货币自由兑换的货币，则该国的货币成为计价货币的机会较多。一些外汇方面的专家认为，进出口贸易以本国货币计价比用外币计价更有利。基于这一认识，我国从2008年开始逐步实行跨境贸易人民币结算（见第三章专栏3-1）。

2.货币保值法

这种方法是在交易谈判时，经过双方协商，在合同中订立适当的保值条款，以防止汇率多变的风险。在国际收付中，常用的保值条款有：

（1）黄金保值法。它是指在订立合同时，按当时的黄金市场价格将支付货币的金额折合为若干盎司的黄金，到实际支付日，如黄金市场价格上涨，则支付货币的金额相应增加，反之则相应减少。

（2）硬货币保值法。它是指在交易合同中规定，货款用某种软货币结算，用某种硬货币保值，在合同中载明两种货币当时的汇率。到收付货款时，如果结算货币贬值超过合同规定的幅度，则按结算货币与保值货币的新汇率将货款加以调整。例如，甲企业对A国出口一批商品，合同规定货款用A元结算，用美元（当时美元与

A元相比，美元较硬）保值，如A元对美元的汇率A元贬值达3%时，就按照A元对美元的汇率变化幅度，相应调整A元价格，A元贬值不到3%时，价格不变。现举例如下：设某出口商品合同单价16A元，用美元保值折合2美元（当时汇率为1美元=8.00A元）。到收款时，汇率变为1美元=8.50A元，由于汇率变动超过3%，故单价应改为17A元（2美元×8.50）。仍相当于2美元，使甲企业避免了汇率风险损失。

（3）"一篮子"货币保值法。"一篮子"货币由多种货币组成，由于各种货币的汇率有升有降，其综合汇率相对稳定，因此，用"一篮子"货币保值，可以有效地避免或减少风险，把汇率风险限制在一定的幅度内。在国际支付中，特别是对一些长期合同，用"欧洲货币单位"（ECU）和"特别提款权"等"一篮子"货币保值比较普遍。欧洲货币单位是欧洲经济共同体于1979年3月创设的货币单位，由12个成员国的货币组成，它是一种没有现钞在市场上流通，但可随时兑换成其他可自由兑换货币的国际结算货币。1999年1月欧元启动后，欧洲货币单位停止使用。用"一篮子"货币保值的做法与上述用硬货币保值的做法是相同的。

3.调整价格法

在进出口贸易中，一般应坚持出口收硬货币、进口付软货币的原则，但有时由于某些原因使出口不得不用软货币成交，进口不得不用硬货币成交，这样就存在外汇风险，为了弥补风险，可采取调整价格法，主要有加价保值法和压价保值法两种。

（1）加价保值法。此法用于出口交易中，它是出口商接受软货币计价成交时，将汇价损失摊入出口商品价格中，以转嫁汇价风险。加价保值可按下列公式计算：

加价后的商品单价=原单价×（1+货币升值率）

例如，我国某企业的一种商品对法国出口，估计3个月后可收回货款。这种商品原来以美元标价，每台1 000美元。在签订合同时，即期汇率为1美元=0.90欧元，按此汇率1 000美元折合900欧元。3个月远期汇率为1美元=0.945欧元。预计在这一期间美元升值率为5%（（0.945−0.90）÷0.90×100%），欧元贬值率为4.76%（$(\frac{1}{0.945}-\frac{1}{0.90})÷\frac{1}{0.90}×100\%$），法国进口商要求用欧元报价。在这种情况下，如果我方按每台900欧元对外报价，则将遭受欧元贬值的损失。3个月后收回的900欧元只能兑换952.38美元（900÷0.945），损失47.62美元。因此，我国企业的该种商品以美元为底价，以具有下浮趋势的欧元报价时应适当加价。

加价后商品单价=900×（1+5%）=945（欧元）

3个月后的945欧元可兑换1 000美元（945÷0.945），我国企业不遭受外汇风险损失。

（2）压价保值法。此法用于商品进口交易中，它是进口商接受硬货币计价成交时，将汇价损失从进口商品价格中剔除，以转嫁汇价风险。压价保值可按下列公式计算：

压价后的商品单价=原单价×（1-货币贬值率）

4.风险分摊法

当使用某一种货币计价成交时，可在合同内加列风险分摊条款，注明如计价货币汇率发生变动，即以汇率变动幅度的一半，重新调整货价，由双方分摊汇率变动带来的损失或利益。其计算公式为：

$$调整后的货价=原定货价±\frac{原定货价 \times 汇率变动幅度}{2}$$

例如，我国甲企业向A国A公司购买商品，用A元计价，货价为1 000A元，签订合同时的汇率为1A元=8.00元人民币，货价折合人民币8 000元。

第一种情况：假设A元将升值，结算时汇率变为1A元=8.40元人民币，货价折合人民币8 400元。如不订立风险分摊条款，甲企业将发生汇率风险损失400元。加列了风险分摊条款，计算结果为：

A元升值幅度=（8.40-8.00）÷8.00×100%=5%

$$调整后的货价=1 000-\frac{1 000 \times 5\%}{2}=975（A元）$$

975A元折合人民币8 190元（975×8.40），比8 400元节省了210元。

第二种情况：如果A元将贬值，结算时汇率变为1A元=7.60元人民币，货价折合人民币7 600元。如不订立风险分摊条款，甲企业将发生汇率风险收益400元，加列了风险分摊条款，计算结果为：

A元贬值幅度=（7.60-8.00）÷8.00×100%=-5%

$$调整后的货价=1 000+\frac{1 000 \times 5\%}{2}=1 025（A元）$$

1 025A元折合人民币7 790元（1 025×7.60），比7 600元多支付190元。

上述计算方法从表面上看好像是双方均摊了损益，但由于A公司是用A元直接计算损益，不需要折算为人民币，而甲企业是折成人民币计算损益，实际上损益分摊不够均等。

在第一种情况下，各方的损失是：

A公司的损失：（975-1 000）÷1 000×100%=-2.5%

甲企业的损失：（8 000-8 190）÷8 000×100%=-2.375%

在第二种情况下，各方的收益是：

A公司的收益：（1 025-1 000）÷1 000×100%=2.5%

甲企业的收益：（8 000-7 790）÷8 000×100%=2.625%

由于上述计算方法A公司损失较多或收益较少，A公司不满意，可改按下列公式计算：

$$调整后的A元货价=\frac{签订合同时的A元货价折合人民币数 \times 2}{签订合同时A元与人民币汇率 + 结算时A元与人民币汇率}$$

将前例的第一种情况代入公式：

调整后的货价：8 000×2÷（8.00+8.40）=975.61（A元）

A公司损失：（975.61-1 000）÷1 000×100%=-2.439%

甲企业损失：（8 000-975.61×8.40）÷8 000×100%=-2.439%

将前例的第二种情况代入公式：

调整后的货价：8 000×2÷（8.00+7.60）=1 025.64（A元）

A公司受益：（1 025.64-1 000）÷1 000×100%=2.564%

甲企业受益：（8 000-1 025.64×7.60）÷8 000×100%=2.564%

按以上方法计算，双方均摊了损益。

美国通用电气公司出口商与进口商分摊汇率风险的方法见案例6-1。

5.提前或推迟结算（leads & lags）法

提前或推迟结算有以下两种类型：①跨国企业内部母公司与各子公司相互之间提前或推迟结算；②各独立企业之间提前或推迟结算。前者将在第十三章第三节阐述。这种方法可用于事先或事后防范。

在进出口贸易中，如果预测计价货币将升值，则在进口方面，应提前购买，或在价格条件相宜的情况下预付货款，以避免将来计价货币升值后需用较多的本国货币购买该计价外币。如提前购买，只要仓储费不超过潜在的外汇风险损失，可以认为该策略合理。在出口方面，则可推迟交货，或允许进口商延期付款，以期获得该计价货币汇率上涨的利益。

如果预测计价货币将贬值，在进口方面，则推迟从国外购货，或要求延期付款，也可以允许国外出口商推迟交货日期，以达到迟付货款的目的。因为这样做在商定的计价货币贬值后，进口商可用较少的本国货币换得该计价外币。在出口方面，出口商应及早签订出口合同，把交货期提前，以便早收货款，也可给进口商某些优惠条件，使其提前付款，以免遭受该计价货币贬值的损失。

进出口商提前或推迟结算法的运用见表6-1。

表6-1 提前或推迟结算法

	预测外币汇率上升 （本币贬值）	预测外币汇率下跌 （本币升值）
出口商（收进外币） 进口商（支付外币）	推迟收汇 提前付汇	提前收汇 推迟付汇

在各独立公司之间，采用提前或推迟结算的方法比较困难，需采取一些措施。例如，美国A公司想提前收取在意大利E公司以欧元结算的货款，因为欧元对美元可能贬值。但意大利E公司可能不愿意提早付款，因为信用的融通是意大利E公司向美国公司购货的主要原因。为了使意大利E公司愿意提前支付，美国A公司就要

提供一定的优惠折扣。各独立企业之间为保值目的而提前或推迟结算，都是有偿的。

（二）外汇交易法

在交易合同签订后，企业可以通过外汇市场进行各种外汇交易来避免或降低外汇风险。

1.即期外汇交易法

通过即期外汇交易，可以调整各种外汇存款的余额，将软货币存款卖出，以避免汇率变动带来的风险损失。如果企业近期有外汇债务需偿还，预测到该种外汇将升值，这一风险可通过进行即期外汇交易加以防范。例如，甲公司1月15日将支付德国某公司货款90万欧元，甲公司只有美元存款，1月5日汇率为1美元=0.90欧元，按此汇率还清货款需100万美元（90÷0.90），预测15日汇率将变为1美元=0.85欧元，按此汇率还清货款需105.88万美元（90÷0.85）。为了避免汇率风险损失，甲公司于1月5日用100万美元购买90万欧元，以备15日支付货款。

2.远期外汇交易法

在进行远期外汇交易时，企业与银行签订合约，在合约中规定买入或卖出货币的名称、金额、远期汇率、交割日等。由于在签订合约时就确定了未来的交割日买入或卖出外汇的汇率，因而可及早确定企业收支数额，排除日后汇率变动的风险。

（1）在进口商品时，当进口贸易合同签妥后，如以硬货币计价，可通过远期外汇交易按远期汇率购买硬货币，以避免硬货币币值上升的风险。例如，我国甲企业10月1日向美国A公司购买设备，用美元计价，货款1 000万美元，付款期90天。10月1日的即期汇率为1美元=7.29元人民币，远期汇率（12月31日）为1美元=7.32元人民币，甲企业预测12月31日的即期汇率为1美元=7.34元人民币。根据预测，10月1日甲企业与银行签订远期外汇交易合约，约定于12月31日支付人民币7 320万元换取1 000万美元，以支付到期货款。甲企业这一笔进口货款应付人民币数额在10月1日（签订远期外汇交易合约时）就已固定，不受今后汇率变动（12月31日实际即期汇率高低）的影响，从这一点来看，是避免了汇率风险。

但已如第五章第一节所述，远期外汇交易本身是存在风险的。如果甲企业的预测是正确的，12月31日的即期汇率是1美元=7.34元人民币，如不进行远期外汇交易，兑换1 000万美元就必须支付人民币7 340万元，这就是说，这一远期外汇交易使甲企业少支付了20万元人民币。但是，甲企业的预测也可能不准确，如果12月31日的即期汇率是1美元=7.31元人民币，如不进行远期外汇交易，到12月31日只需支付人民币7 310万元就可以兑换1 000万美元。进行远期外汇交易支付了7 320万元人民币，反而多支付了10万元人民币。如果12月31日的即期汇率保持在1美元=7.29元人民币，那么甲企业不进行远期外汇交易更为合算，它可以在即期外汇交易市场只支付7 290万元人民币就可以兑换到1 000万美元，进行远期外汇交易支付了7 320万元人民币，反而多支付了30万元人民币。可见，企业能否避免损失和获得利益，关键在于汇率预测是否正确。

为了决定是否买入远期外汇（美元），可通过表6-2进行可行性分析。

表6-2   **买入远期外汇（美元）的可行性分析**   金额单位：万元

90天美元可能即期汇率	概率（%）	按远期汇率买入1 000万美元应付人民币数额	不买远期外汇，按即期汇率买入1 000万美元应付人民币数额	损益（正为损，负为益）
7.29	5	7 320	7 290	+30
7.30	10	7 320	7 300	+20
7.31	15	7 320	7 310	+10
7.32	20	7 320	7 320	0
7.34	20	7 320	7 340	−20
7.36	15	7 320	7 360	−40
7.37	10	7 320	7 370	−50
7.38	5	7 320	7 380	−60

如果远期汇率准确反映了未来的即期汇率，那么远期外汇交易的损益为零，既无损失也无利得。由于远期汇率常常高估或低估未来的即期汇率，因此远期外汇交易的损益不为零。

从表6-2可以看出，买入远期外汇（美元）发生损失的可能性为30%，获得利益的可能性为50%，不盈不亏的可能性为20%。根据表内资料可计算损益的期望值为：

损益的期望值=5%×30+10%×20+15%×10+20%×0+20%×（−20）+

                 15%×（−40）+10%×（−50）+5%×（−60）

                 =−13（万元）

根据以上分析，可以认为上例买入远期外汇（美元）是可行的。

（2）在出口商品时，如果贸易合同规定以软货币计价，则可通过远期外汇交易按远期汇率卖出软货币，以避免软货币币值下降的风险。例如，我国甲企业7月1日向美国出口商品，应收货款100万美元，12月31日到期，7月1日即期汇率为1美元=7.33元人民币，远期汇率（180天）为1美元=7.31元人民币，甲企业预测12月31日即期汇率1美元=7.28元人民币。甲企业与银行签订远期外汇合约，将100万美元的应收货款转换为确定的人民币金额。7月1日就确定了这笔外汇收入折合人民币731万元，不再受汇率变动的影响。甲企业预测的12月31日即期汇率也可能不正确，12月31日的即期汇率可能高于或低于远期汇率7.31元人民币，因而发生损益，也应进行卖出远期外汇（美元）的可行性分析，举例从略。

（3）随着外汇市场的不断发展，现在一些国家的大型商业银行和投资银行已提供长期的远期外汇合约。公司在取得中长期借款时，如果利用长期的远期外汇合约，买进支付利息和偿还本金所需要的外汇，就可以固定以本币计算的融资成本，避免借款的外汇风险。例如，我国甲公司在A国发行A元债券100万元，年利率5%，期限5年，每年支付一次利息，期满时一次还本。借款时汇率为1A元=5.2000元人民币。某银行同意提供长期的远期外汇合约，远期汇率按每年1%的升水递增。一旦公司与银行签订了远期外汇合约，实际上就确定了每次支付的人民币数额（见表6-3）。

表6-3   债券付息和还本计算表

年份	付息和还本	支付外汇（万A元）	远期汇率	支付人民币（元）
1	利息	5	5.2520	262 600
2	利息	5	5.3045	265 225
3	利息	5	5.3576	267 880
4	利息	5	5.4111	270 555
5	利息	5	5.4653	273 265
	本金	100	5.4653	5 465 300

根据表6-3中的数据可列出下式：

$$1\,000\,000\times5.2000=\frac{262\,600}{1+K}+\frac{265\,225}{(1+K)^2}+\frac{267\,880}{(1+K)^3}+\frac{270\,555}{(1+K)^4}+\frac{273\,265+5\,465\,300}{(1+K)^5}$$

经计算，K=6.05%，这一成本可能会比直接筹借人民币资金的成本低。

3.外汇掉期交易法

外汇掉期交易是指在买进或卖出即期外汇的同时，卖出或买进远期外汇的交易。通过这种交易方式，可以使企业外汇资产保值。例如，甲企业7月1日拥有外汇20万B元，暂时不使用。7月1日的即期汇率1美元=2.00B元，远期汇率（60天）1美元=2.20B元。从即期汇率来看，20万B元可兑换10万美元，但B元将贬值，如果60天后即期汇率变为1美元=2.21B元，20万B元只能兑换9.0498万美元。为了保值，甲企业在7月1日同时进行以下两笔交易：

即期交易（7月1日交割）：卖出20万B元，买入10万美元；

远期交易（8月30日交割）：买入22万B元，卖出10万美元。

8月30日拥有22万B元，仍相当于10万美元，达到了保值的目的。以上两笔交易，一为即期，一为远期，金额一致，方向相反。

当企业把一种货币换成另一种货币进行投资时，也常用此方法进行决策，避免汇率风险。例如，假定A国的年利率为6%，而B国的年利率为10%。A国的甲企业为了获得较高收益，在4月1日将20万A元按1A元=0.50B元的汇率兑换为10万B元，购买B国半年期债券，到10月1日可得本利共10.5万B元（10×（1+10%÷2））。以A元表示的收益额和收益率是多少，需看10月1日A元与B元的汇率变动情况才可确定。预测10月初将10.5万B元汇回A国时，汇率有表6-4所示的5种可能。

表6-4 　　　　　　　　　　　**汇率变动对收益的影响**

预测汇率	本利10.5万B元折合（万A元）	半年收益额（万A元）	年收益率（%）
0.48	21.875	1.875	18.75
0.49	21.4286	1.4286	14.29
0.51	20.5882	0.5882	5.88
0.52	20.1923	0.1923	1.92
0.53	19.8113	−0.1887	−1.89

从表6-4可以看出，A国甲企业到B国投资，以A元表示的收益率的高低受汇率变动的影响是很大的，如汇率为0.48和0.49时，收益率高于A国利率，去B国投资是有利的；如汇率为0.51、0.52和0.53时，B国的利率虽高，但由于B元贬值过多，以A元表示的收益率低于A国利率，去B国投资是不利的。

假定4月1日，外汇市场半年期的远期汇率为1A元=0.5051B元，A国甲企业为了避免去B国投资的汇率风险，决定利用外汇掉期办法来保值，甲企业4月1日在买入即期外汇10万B元的同时，按远期汇率卖出6个月的远期外汇10.5万B元，到10月1日将本利10.5万B元汇回A国时可得20.7880万A元（10.5万B元÷0.5051），半年收益率为3.94%，年收益率为7.88%，高于A国利率。这一收益率在4月1日投资时就可以肯定，即完全没有风险。

4.外汇期货交易法

（1）外汇期货交易概述。世界上最早的外汇期货市场是1972年开始附设于美国芝加哥商品交易所中的国际货币市场（IMM）。1984年，该市场与新加坡国际货币市场（SIMEX）合伙，经营的项目增多，两地由于时差14小时，成为24小时连续交易的场所。目前世界各主要金融中心均已建立了外汇期货市场。

外汇期货交易是在期货交易所内，交易双方通过公开竞价达成在将来规定的日期、地点、价格，买进或卖出规定数量外汇的合约交易。期货合约是在未来特定的日期交割货币的标准合约。每个合约根据货币种类的不同都有标准（固定）的金额，例如，英镑期货每个合约的标准金额为62 500英镑，日元期货每个合约的标准金额为1 250万日元等。外汇期货交易的数量用合约个数来表示，最少是一个合约，可多达几十个合约、几百个合约，合约价格都用一个外币等于多少美元来表示。合约的到期日一年中只有3月份、6月份、9月份和12月份的第三个星期三，目前最远的可做15个月的期货合约。目前国际上外汇期货交易通常涉及的货币有美元、英镑、欧元、日元、瑞士法郎、加拿大元和澳大利亚元等。期货市场包括两部分：一是交易所；二是清算所。凡是想做外汇期货交易的合格成员都要到交易所进行交易，一旦成交，买卖双方就立即向清算所登记成交的合约，并按规定交纳保证金，作为结算盈亏的存底。到期由清算所负责交割，买卖双方都不用担心对方信誉。清算所作为买方和卖方的中介者，意味着所有的交易都是由清算所做的，而不是由买卖双方直接交易。

外汇期货合约代表交易双方对外汇汇价变动方向的预计。某企业买进外汇期货，表示它预计未来外汇期货的价格将上升；反之，如卖出外汇期货，则表示它预计外汇期货的价格将下跌。外汇期货的价格经常在变动，随时可以买进或卖出，因此，它不必等到合约到期日结算，而是在每天交易所营业终了时就能结算出盈亏额。例如，某企业1日买进两份英镑期货合约（每份标准金额62 500英镑），价格1英镑=1.4500美元，1日收盘时的汇价为1英镑=1.4460美元，2日收盘时汇价为1英镑=1.4510美元，该企业各日的盈亏为：

1日：62 500×2×（1.4460-1.4500）=-500（美元）

2日：62 500×2×（1.4510-1.4460）=+625（美元）

⋮

企业亏损时，必须增加保证金（存款），盈利时可把多余的保证金取出。

外汇期货合约很少在到期日实际交割，更多的合约由买卖双方各自独立地采取方法对冲头寸以平仓。买进后再卖出同样合约的外汇可以相互冲抵，只需结算其差价。

外汇期货交易与远期外汇交易的区别是：①外汇期货交易是在期货交易所内买卖成交，须交保证金，而远期外汇交易一般是通过银行进行的，不用交保证金；②期货合约的金额是标准化的，而远期合约的金额是随意的；③期货合约只有几个固定的到期日，而远期合约无固定到期日的规定；④外汇期货交易可经常结算盈亏，而远期外汇交易只需在合约到期日结算；⑤外汇期货交易可以采取对冲平仓方法进行差价结算，而远期外汇交易到了交割日必须按合约金额进行全额实际交割；⑥远期外汇交易合约比较适用于大额交易，而外汇期货交易合约更适合于规避较小金额交易的风险；⑦远期外汇交易只交手续费，而外汇期货交易费用较多。

（2）利用外汇期货交易防范风险有以下两种情况：

第一种情况：外汇期货合约在到期日实际交割的情况下，其实际做法和作用与远期外汇交易基本上相同。例如，美国A公司有90天到期的应付账款125 000英

111

镑，现在的即期汇率是1英镑=1.36美元，A公司担心英镑将升值，预测90天后汇率将变为1英镑=1.42美元，期货市场英镑的价格为1英镑=1.40美元。如果不购买英镑期货合约，到期将要支付177 500美元（125 000×1.42）。A公司为了避免英镑可能升值带来的损失，决定购买两个90天英镑期货合约，可锁定偿还应付账款125 000英镑的美元金额。到期只需支付175 000美元（62 500×2×1.40），比预测数可少支出2 500美元（177 500-175 000）。尽管外汇期货合约能降低交易风险，但有时也会发生意外。如果期货合约到期日的即期汇率为1英镑=1.38美元，低于外汇期货价格，在即期外汇市场买英镑只需付出172 500美元（125 000×1.38），买期货合约反而多支付了2 500美元（175 000-172 500）。

当公司有外汇应收账款时，如果预测外汇将贬值，公司可卖出它将收到的外汇期货合约，这时就可以确切地知道外汇应收账款收到时可兑换为本国货币的数额，不受今后即期汇率变动的影响。与购买外汇期货合约一样，卖出外汇期货合约也可能发生意外。

第二种情况：企业可将现货市场交易与期货市场交易结合起来进行，用外汇期货交易的利得来弥补外汇现货交易的损失。例如，我国某公司在美国的子公司A于6月1日从英国进口设备，货款650 000英镑，当时即期汇率1英镑=1.2600美元，该公司担心9月1日支付货款时英镑会升值，因而必须用更多的美元来即期买进所需的英镑。为抵补这一外汇风险，决定在6月1日购买英镑期货合约，英镑期货合约的标准金额为62 500英镑，应购买的期货合约个数为10.4个（650 000÷62 500），实际购买10份，价格为1英镑=1.2755美元。9月1日卖出英镑期货合约。抵补结果见表6-5。

表6-5 外汇现货与期货市场比较情况表

外汇现货市场	外汇期货市场
6月1日，A公司从英国进口设备，货款650 000英镑，成交时汇率为1英镑=1.2600美元，折合819 000美元	6月1日购买10个9月份到期的英镑期货合约，价格为1英镑=1.2755美元，需付797 188美元（10×62 500×1.2755）
9月1日，即期汇率1英镑=1.2914美元，A公司需支付839 410美元，以购进所需的英镑	9月1日卖出10个9月份到期的英镑期货合约，价格为1英镑=1.2995美元，可收入812 188美元（10×62 500×1.2995），交纳期货交易佣金310美元
损失：	收益：
839 410-819 000=20 410（美元）	812 188-797 188-310=14 690（美元）

$$抵补效率=\frac{14\,690}{20\,410}\times100\%=71.97\%$$

现货市场的损失没有全部被期货市场的收益所抵补，相差5 720美元，其原因是：

（1）货款金额大于期货合约金额，未抵补金额为：

650 000-62 500×10=25 000（英镑）

造成的损失为：

25 000×（1.2914-1.2600）=785（美元）

（2）支付外汇期货交易佣金310美元。

（3）期汇市场与现汇市场的汇率变动幅度不一致。

6月1日期货汇率与现货汇率相差：

1.2755-1.2600=0.0155

9月1日期货汇率与现货汇率相差：

1.2995-1.2914=0.0081

由此造成的损失为：

10×62 500×（0.0155-0.0081）=4 625（美元）

上述三个原因造成的损失合计为：

785+310+4 625=5 720（美元）

5.外汇期权交易法

（1）外汇期权交易概述。

外汇期权交易也是一种远期的外汇交易，它与前述一般的远期外汇交易和外汇期货交易的不同之处主要是外汇交易中包括期权的买卖。期权买方买到期权后，在合约到期时（或到期前）对是否执行期权合约拥有选择权。可以在对自己有利时，选择执行期权合约买入或卖出外汇；相反，在对自己不利时，可以选择不执行期权合约而到即期外汇市场按即期汇率买入或卖出外汇。期权买方获得这种权利必须付出相应的代价，即要对期权卖方支付期权费。期权卖方收取期权费后应尽的义务是：当期权买方购买外汇时，期权卖方必须出售外汇；当期权买方出售外汇时，期权卖方必须买入外汇。不管期权买方是否执行期权合约，都不退还期权费。

外汇期权分为看涨期权和看跌期权。前者是买外汇的权利，后者是卖外汇的权利。按行使期权合约的时间不同，期权又可分为欧式期权和美式期权。前者是指期权买方只能在合约到期日决定是否执行期权合约，后者是指期权买方可以在合约到期日之前任何时间决定是否执行期权合约。

外汇期权交易市场可分为有组织的交易所市场和场外交易市场（over-the-counter market）。外汇期权交易于1982年前后起源于欧美金融市场。当时，阿姆斯特丹、蒙特利尔和费城证券交易所最早进行外汇期权交易。目前，美国的费城证券交易所的联合货币期权市场和芝加哥期权交易所是当今具有代表性的全球外汇期权交易市场。由于外汇期权交易有很强的保值作用，现已广泛应用于世界各主要外汇市场。交易所的期权交易合约的协定价格预先设定，有固定的到期期限（3个月、6个月、9个月、12个月和2个月短期），每个合约有标准金额，例如，英镑为31 250，欧元为62 500，日元为6 250 000等。场外期权交易市场由商业银行和投资银行提供。交易的合约由交易双方协商确定，协商的内容包括币种、金额、价格和到期日等，期限一般为2~6个月，极少有超过1年的期权合约。现在，费城股票交易所也为客户提供订做的货币期权，允许使用者决定期权各个方面的内容，包括协定价格、到期日（可以长达2年以上）和期权费以单位货币或基础价值百分比报价等。

外汇期权交易与远期外汇交易相比，具有一定的灵活性，可以选择到期是否执行合约，能使企业避免汇率不利变动的损失，又能从汇率有利变动中获得好处，但支付的费用较多。而远期外汇交易合约签订后，到期时企业必须执行。

外汇期权交易主要适用以下两种情况：

第一种情况：在竞标时运用外汇期权交易法防范外汇应收或应付款的汇率风险。前述远期外汇交易法适用于防范已知（确定的）外汇应收或应付款的汇率风险，而外汇期权交易法则适用于防范未来可能发生的（不确定的）外汇应收或应付款的汇率风险。例如，甲公司出口一种大型设备，1月1日参与竞标，而最后宣布竞标结果要到4月1日。如果中标，才能确定这一出口交易正式成交，形成将于12月31日到期的应收款100万欧元。但如果未中标，就不会发生这笔外汇应收款。这就是说，在1月1日至3月31日期间，甲公司无法知道是否会发生这笔外汇应收款。在存在这种不确定性的情况下，就不宜采用远期外汇交易法来防范汇率风险。如果甲公司在1月1日进行远期外汇交易，卖出100万欧元，到期日12月31日，远期汇率1欧元=1.23美元，到期可收到123万美元。但到了4月1日，甲公司没有中标，到12月31日要进行实际交割，为了准备到期交割时需要的100万欧元，甲公司于4月1日进行远期外汇交易，买进100万欧元，到期日12月31日，远期汇率1欧元=1.26美元，到期需付出126万美元，结果损失3万美元。如果甲公司1月1日进行外汇期权交易，将100万欧元卖出，协定汇率为1欧元=1.25美元，每欧元期权费为0.02美元，到期日12月31日。如果4月1日未中标，可不执行期权合约，它的损失最多不过是已在1月1日支付的期权费2万美元（100万欧元×0.02），如果甲公司中标了，就按1月1日签订的期权交易合约进行。又例如，乙公司拟收购一家英国公司，1月1日参加竞标，4月1日宣布竞标结果，如果中标，这项交易正式成交，发生外汇应付款1000万英镑；如果未中标，就不会发生这笔应付款，在竞标时这项交易和外汇应付款不确定的情况下，乙公司在1月1日不宜进行远期外汇交易，而宜进行外汇期权交易，以防范外汇应付款的汇率风险。

第二种情况：在外汇应收款或应付款已确定，但难以预测该种外汇是升值还是贬值时，宜运用外汇期权交易法防范应收款或应付款的汇率风险。

（2）利用外汇期权交易防范外汇应收款的汇率风险。

例如，前述甲公司向德国出口一种大型设备，1月1日参与竞标，竞标结果要到4月1日宣布。该出口商品用欧元计价结算，货款100万欧元。1月1日即期汇率1欧元=1.21美元，预测欧元将升值。甲公司要将欧元卖出，收到美元。1月1日期权协定价格（汇率）为1欧元=1.25美元，每欧元期权费为0.02美元，甲公司决定在1月1日采用外汇期权交易卖出欧元，获得美元。甲公司卖出100万欧元能收入多少美元，见表6-6的计算分析。

表6-6 　　　　　　　　　　　卖出应收款100万欧元应收美元数

三种情况	应收款（100万欧元）到期日的即期汇率	期权协定价格（汇率）	执行汇率	期权费率	应收美元总额
	（1）	（2）	（3）	（4）	100万欧元×［（3）-（4）］
1	1欧元=1.22美元	1.25美元	1.25美元	0.02美元	123万美元
2	1欧元=1.24美元	1.25美元	1.25美元	0.02美元	123万美元
3	1欧元=1.27美元	1.25美元	1.27美元	0.02美元	125万美元

表6-6中，当应收款到期日的即期汇率低于协定价格时，按协定价格（汇率）执行，当即期汇率高于协定价格（汇率）时，按即期汇率执行，总之是就高不就低。

甲公司执行期权合约，卖出100万欧元，应收美元总额为123万美元（100万欧元×（1.25-0.02））。

当应收款到期日的即期汇率高于协定价格（汇率）时，甲公司应选择不执行期权合约，到即期外汇市场按即期汇率卖出欧元，可收入较多的美元。例如，当即期汇率为1欧元=1.27美元时，可收入125万美元（100万欧元×（1.27-0.02）），多收入2万美元。

当应收款到期日的即期汇率低于协定价格（汇率）时，甲公司如果不执行期权合约，到即期外汇市场卖出欧元，只能收入较少的美元。例如，当即期汇率为1欧元=1.24美元时，只能收入122万美元（100万欧元×（1.24-0.02）），因此，甲公司应选择执行期权合约，可收入123万美元。

为了具体说明外汇期权交易在防范应收款外汇风险方面的作用，可将进行和不进行外汇期权交易进行比较（见表6-7）。

从表6-7可以看出，不进行外汇期权交易，卖出100万欧元应收美元总额最少是118万美元或更少，最多是128万美元或更多，两头都不肯定，风险较大。而进行外汇期权交易，卖出100万欧元，应收美元总额最少是123万美元，最多是126万美元或更多，因而风险较小。

设上例的盈亏平衡汇率为x，根据例中的数据列出下式：100万欧元×（1.25-0.02）=100万欧元×x，x=1.23，即应收款到期日的即期汇率为1欧元=1.23美元时，进行外汇期权交易与不进行外汇期权交易的应收美元总额相等，从表6-7中可以看到损益为0，当即期汇率低于1.23时，进行外汇期权交易产生利益，高于1.23时，则发生损失。

表6-7   **进行与不进行外汇期权交易的比较**

应收款（100万欧元）到期日的即期汇率	应收美元总额		损益（正为益，负为损）（万美元）
	不进行外汇期权交易（万美元）	进行外汇期权交易（万美元）	
⋮	⋮	⋮	
1欧元=1.18美元	118	123	+5
1.20	120	123	+3
1.22	122	123	+1
1.23	123	123	0
1.24	124	123	−1
1.26	126	124	−2
1.27	127	125	−2
1.28	128	126	−2
⋮	⋮	⋮	

（3）利用外汇期权交易防范外汇应付款的汇率风险。

例如，A公司计划从英国进口一批商品。将在3个月后向出口商支付货款100万英镑，但A公司只有美元。A公司认为英镑可能升值，也可能贬值，很难预测准确，因而采用期权交易方式用美元买英镑，以对外支付货款，有关资料见表6-8。

表6-8   **买入100万英镑应付美元总额**

三种情况	应付款（100万英镑）到期日的即期汇率	期权协定价格（汇率）	期权费率	执行汇率	应付美元总额
	（1）	（2）	（3）	（4）	（5）=100万英镑×［（3）+（4）］
1	1英镑=1.58美元	1.60美元	0.03美元	1.58美元	161万美元
2	1英镑=1.62美元	1.60美元	0.03美元	1.60美元	163万美元
3	1英镑=1.64美元	1.60美元	0.03美元	1.60美元	163万美元

表6-8中，当应付款到期日的即期汇率低于协定价格（汇率）时，按即期汇率执行，当即期汇率高于协定价格（汇率）时，应按协定价格（汇率）执行，总之是就低不就高。

A公司执行期权合约，购买100万英镑，应付美元总额为163万美元（100万英镑×（1.60+0.03））。

如果应付款到期日的即期汇率为1英镑=1.58美元，低于协定价格（汇率），A公司应选择不执行期权合约，到即期外汇市场按即期汇率购买英镑，只需支付161万美元（100万英镑×（1.58+0.03）），可少支付2万美元。

如果应付款到期日的即期汇率为1英镑=1.62美元或1英镑=1.64美元……高于协定价格（汇率），A公司如果不执行期权合约，到即期外汇市场购买英镑需支付165万美元（100万英镑×（1.62+0.03））或167万美元（100万英镑×（1.64+0.03）），因此，A公司应选择执行期权合约，只需支付163万美元。

为了具体说明外汇期权交易在防范应付款外汇风险方面的作用，可将进行和不进行外汇期权交易进行比较（见表6-9）。

表6-9 　　　　　　　　　　**进行与不进行外汇期权交易的比较**

应付款（100万英镑）到期日的即期汇率	应付美元总额		损益（正为损，负为益）（万美元）
	不进行外汇期权交易（万美元）	进行外汇期权交易（万美元）	
⋮	⋮	⋮	⋮
1英镑=1.54美元	154	157	+3
1.56	156	159	+3
1.58	158	161	+3
1.62	162	163	+1
1.63	163	163	0
1.64	164	163	−1
1.66	166	163	−3
1.68	168	163	−5
⋮	⋮	⋮	⋮

从表6-9可看出，不进行外汇期权交易，购买100万英镑应付美元总额最少数可能是154万美元或更少，最多数可能是168万美元或更多，两头都不肯定，风险较大。而进行外汇期权交易，购买100万英镑应付美元总额最少数可能是157万美元或更少，但最多数肯定不超过163万美元，因而风险较小。

设上例的盈亏平衡汇率为x，根据例中的数据列出下式：100万英镑×（1.60+0.03）=100万英镑×x，x=100×（1.60+0.03）÷100=1.63，即应付款到期日的即期汇率为1英镑=1.63美元时，进行外汇期权交易与不进行外汇期权交易的应付美元总额相等,从表6-9中可以看出,损益为0,当即期汇率高于1.63时,进行外汇期权交易产生利益,低于1.63时,则发生损失。

如果企业不能正确地进行外汇期权交易,就可能使企业遭受巨大的损失,见案例6-2。

(三)国际信贷和投资法

1.借款和投资法

(1)短期外汇应收款汇率风险的防范。当企业有短期外汇应收款,预测该种外币将贬值时,可以用借款和投资法来融通资金和防范外汇风险。借款渠道包括国外商业银行贷款、票据贴现(短期融资方法)、出口信贷、欧洲美元融资和国际债券融资等。借款和投资方法的步骤如下:

① 借入应收款的计值货币。借款期限应等于应收款的期限,借款金额的确定有以下两种做法:一是借款金额加上利息正好等于外汇应收款数额;二是借款金额等于外汇应收款数额。

② 将借入外汇兑换为本币。将借款额按借款时的即期汇率兑换为本国货币。

③ 在本国投资。可购买国库券或其他短期债券,如果本企业利润水平高而且需要补充资金,也可以投资在企业内部。如果投资获利应缴纳所得税,应计算投资的税后利润。

④ 用收回的外汇应收款偿还外汇借款。如果借款金额的确定采用第二种方法,还须另外计算应付利息,并按还款时的即期汇率用本币购买外汇进行支付。

例如,我国甲公司于7月1日将一批商品卖给A国A公司,应收货款为100万A元,A公司将于12月31日付款。7月1日的即期汇率为1A元=12.00元人民币,这笔货款折合人民币1 200万元,预测12月31日的即期汇率为1A元=10.00元人民币,如不采取对策,则12月31日收到的100万A元只能折合为人民币1 000万元,将损失人民币200万元。甲公司为了避免汇率变动可能造成的损失,7月1日向A国银行借款(年利率16%),以当天的汇率汇回甲公司,在国内投资可获利18%(年利率),所得税税率25%,在A国的借款将于12月31日用应收A公司的到期货款归还。这一对策是有利的,应进行计算比较。

当借款金额加上利息正好等于外汇应收款时,其计算过程如下:

①7月1日借款,借款额为:

$$100 \div (1 + \frac{16\%}{2}) = 92.59 \ (万A元)$$

②7月1日将A元借款兑换为人民币:

92.59×12.00=1 111.08(万元人民币)

③投资获利(假设此项获利需缴纳所得税):

$$1 111.08 \times \frac{18\%}{2} \times (1 - 25\%) = 75 \ (万元人民币)$$

共收入:1 111.08+75=1 186.08(万元人民币)

多收入：1 186.08-1 000=186.08（万元人民币）

上述计算是假定甲公司年初预测12月31日的即期汇率1A元=10.00元人民币，在这种条件下，甲公司通过借款和投资等办法，不仅可以避免外汇风险损失，而且还能使公司的收入增多。但如果12月31日的即期汇率不是1A元=10.00元人民币，而是1A元等于11.00元、11.80元、12.00元人民币……则会出现不同的甚至相反的结果，见表6-10。

表6-10   **借款和投资法损益分析**   单位：万元人民币

12月31日可能出现的即期汇率	不采取措施可能实现的收入（A元货款乘汇率）	采用借款和投资方法实现的收入	损益
1A元=10.00元人民币	1 000	1 186.08	+186.08
1A元=11.00元人民币	1 100	1 186.08	+86.08
1A元=11.80元人民币	1 180	1 186.08	+6.08
1A元=12.00元人民币	1 200	1 186.08	-13.92

当借款金额等于外汇应收款数额时，其计算过程如下：

①7月1日借款100万A元，并兑换为人民币：

100×12.00=1 200（万元人民币）

②投资获利：

$1\,200 \times \dfrac{18\%}{2} \times (1-25\%) = 81$（万元人民币）

③12月31日支付利息：

$100 \times \dfrac{16\%}{2} \times 10.00 = 80$（万元人民币）

共收入：1 200+81-80=1 201（万元人民币）

多收入：1 201-1 000=201（万元人民币）

上述计算当1A元=11.80元人民币时，会出现相反结果：

利息：$100 \times \dfrac{16\%}{2} \times 11.80 = 94.40$（万元人民币）

共收入：1 200+81-94.40=1 186.60（万元人民币）

多收入：1 186.60-100×11.80=+6.60（万元人民币）

还有一种做法是：上例的甲公司不向A国银行借款，而是将应收乙公司100万A元的票据于7月1日在A国银行贴现，并按当天汇率汇回甲公司，并在国内投资。

（2）短期外汇应付款汇率风险的防范。当企业有短期外汇应付款，预测该种外币将升值时，也可采用借款和投资方法来防范外汇风险。

例如，我国甲公司在日本的子公司A 3月1日从美国进口一批商品，货款100万美元，付款期半年。3月1日的即期汇率为1美元=120日元，货款折合12 000万日元。预测 9 月 1 日即期汇率为 1 美元=140 日元，如不采取措施，到期为了付清货款，将支付 14 000 万日元，发生风险损失 2 000 万日元。为了防范外汇风险，采用借款和投资法（在日本银行借款，半年利息率 3%，投资购买美国半年期国库券，半年利息率 3.5%），其步骤如下：

①中国甲公司在日本的子公司 A 3 月 1 日在日本银行借款，以购买美国国库券。获得的本利和用于支付 100 万美元货款，需借日元数：

12 000÷（1+3.5%）=11 594.20（万日元）

②3 月 1 日，将日元折算为美元：

11 594.20÷120=96.6183（万美元）

③9 月 1 日，国库券到期本利和：96.6183×（1+3.5%）≈100（万美元），用于支付到期货款。

④9 月 1 日，归还日元借款：

11 594.20×（1+3%）=11 942.03（万日元）

中国甲公司在日本的子公司 A 用借款和投资方法避免了汇率变动对应付货款的不利影响。

2.出口信贷法

出口信贷是一种中长期信贷，包括卖方信贷、买方信贷，将在第八章第一节详细阐述，在此只说明它们在避免外汇风险方面的作用。

（1）卖方信贷。出口商（卖方）向进口商发货后，可从银行取得外汇借款，将该外币款项在外汇市场即期卖出，换成本国货币，以满足本币资金周转的需要。出口商的外币借款用进口商所欠外币货款陆续偿还。这样，出口商的外汇负债（即向银行的借款）被其外汇资产（即应向进口商收取的货款）所轧平，即使以后汇率有变动，出口商也不会受到损失。

（2）买方信贷。进口商（买方）从外国进口商品，可从出口国的银行获得贷款，立即支付货款，使出口商很快收到货款，不受以后汇率变动的影响。

（四）防范交易风险的其他方法

1.对销贸易法

对销贸易法是把进口贸易与出口贸易联系起来进行货物交换的贸易方法，包括易货贸易、补偿贸易、记账贸易等。由于进口商品的价值与出口商品价值相一致，债权与债务相抵销，无须支付外汇，或只需支付少量外汇，因而不存在外汇风险，或外汇风险很小。

2.货币风险保险法

目前，许多国家的保险公司都对某些外汇风险提供保险服务。企业向保险公司交纳保险费，在汇率波动超过一定幅度时，汇率风险的损失由保险公司赔偿。

3.货币互换法

参见第八章第二节。

4.背对背贷款、平行贷款和前向贷款法

参见第十三章第二节。

5.保付代理法

参见第十五章第三节关于国际保理业务部分。

二、交易风险管理方法的选择

交易风险管理有许多种方法，根据交易风险的具体情况选择适当的管理方法是外汇风险管理决策的重要内容。决策的方法是在调查、预测的基础上，对拟采用的几种管理方法的情况和数据进行计算、分析、比较，选择效益较大（收入较多或支出较少）且风险较小的管理方法。

例如，我国甲公司在美国的子公司A于6月1日向英国出口一批商品，货款100万英镑，9月1日收回货款。6月1日即期汇率1英镑=1.8100美元，90天远期汇率1英镑=1.8050美元；英国借款利率5.5%，美国国库券利率8%；美国费城证券交易所9月份到期的期权交易价为1英镑=1.8200美元，期权交易费为每英镑0.02美元。6月1日，子公司A预测90天后英镑对美元的即期汇率有以下三种可能：1英镑等于1.8070美元（概率15%）、1.8030美元（概率75%）、1.8000美元（概率10%）。子公司A对于英镑的汇率风险拟采用下列四种方法进行规避：

第一，远期外汇交易法。采用此法卖出100万英镑可得美元数为：100×1.8050=180.5（万美元）。

第二，外汇期权交易法。（1）子公司A需买32个期权合约，即100÷3.1250=32。（2）支付期权费：32×3.1250×0.02=2（万美元）。（3）是否履行期权合约的选择：①期权合约到期时，如果即期汇率低于期权交易价，子公司A应选择履行期权合约，可得美元数为：100×1.8200−2=180（万美元）。②期权合约到期时，如果即期汇率高于期权交易价，子公司A可选择不履行期权合约，到即期外汇市场按即期汇率卖出英镑，可得较多美元。如果即期汇率1英镑=1.8210美元，按此汇率卖出100万英镑，可得180.1万美元（100×1.8210−2）；如果即期汇率为1英镑=1.8260美元，按此汇率卖出100万英镑，可得180.6万美元（100×1.8260−2）……6月1日子公司A曾预测90天后即期汇率最高数是1英镑=1.8070美元，认为超过期权交易权价的可能性较小。

第三，短期借款和投资法。（1）借款98.6436万英镑，即100÷（1+5.5%÷12×3），借款本金加利息等于100万英镑；（2）将英镑借款兑换为美元，98.6436×1.8100=178.5450（万美元）；（3）投资购买美国国库券，本利和=178.5450×（1+8%÷12×3）=182.1159（万美元）；（4）9月1日子公司A用收回的应收款100万英镑偿还借款本息。

第四，不采取防范风险措施。90天后，子公司A收回的货款100万英镑能兑换多少美元，取决于那时的即期汇率。根据6月1日预测的即期汇率，可能获得美元的最高数为180.7万美元（100×1.8070），最低数为180万美元（100×1.8000），期望数为180.33万美元（100×1.8070×15%+100×1.8030×75%+100×1.8000×10%）。

上述第一种方法可得美元数虽然不是最多，但具有确定性，简便易行；第二种方法最低可得180万美元，具有确定性，虽然最高可得180.6万美元或更多，在本例中这种可能性较小；第四种方法获得美元数都是可能数，风险大；第三种方法可得美元数最多，且风险小，因此，可选择这种方法。上例是公司出口商品，应选择收入较多和风险较小的方法；如果公司进口商品，则应选择支出较少和风险较小的方法。

交易风险管理方法的选择，除了从以上几种方法中进行选择以外，还可以对其他各种方法进行一种或多种选择。例如，某年年初，日元是硬货币，某日即期汇率为1美元=100日元，一年期远期汇率为1美元=95日元，日元升值，美元较软。美国A公司出售一种电机，按美元计价为400万美元，结算期1年。A公司财务主管提出要销售部门用硬货币计价，以日元计价货款为4亿日元（400×100），并且成交后立即进行1年期的远期外汇交易，卖出4亿日元。到期时，肯定能收到421.05万美元（4÷95），这比直接用美元计价多21.05万美元。此例说明，在一笔交易中防范外汇风险同时选用了选择货币法（出口收汇选择用硬货币计价）和远期外汇交易法。

第三节 折算风险的管理

对折算风险进行管理，主要采用资产负债平衡法。此外，远期外汇交易合约法与货币市场借款和投资法也可用于折算风险管理。

一、资产负债平衡法

这种方法主要是将有风险的资产和有风险的负债作以平衡。当面对风险的资产和面对风险的负债相等时，例如，某公司的A元资产与A元负债相等，假如A元贬值的话，一方面A元资产价值会减少，但另一方面A元负债也相应减少；假如A元升值的话，一方面是A元负债增加，但另一方面A元资产价值也相应增加，风险可以抵销。此法通常用于减少折算风险，但也用来抵销交易风险和经营风险。

资产负债平衡法的基本原则是：减少以软货币计值的外币资产，增加以软货币计值的外币负债；增加以硬货币计值的外币资产，减少以硬货币计值的外币负债。

在第三章第二节曾以我国香港甲公司在A国的子公司为例说明了测量折算风险损益的方法。如果是在年初对上年的实际会计报表进行折算，这时折算风险损益已经形成，要想避免或减少风险损失，已为时过晚，因此，为了进行折算风险管理，就必须事先对受险资产净额和受险负债净额、汇率变动和折算风险损益进行预测，及时采取措施，使受险资产和受险负债趋于平衡。下面仍以我国香港甲公司在A国的子公司为例说明折算风险管理的方法。该公司在10月初根据9月30日资产负债表实际数预测12月31日的资产负债数额和折算风险损益，见表6-11。

表6-11　　　　中国香港甲公司在A国的子公司预测12月31日资产负债数额

预测日期：10月初　　　　　　　　　　　　　　　金额单位：万A元

项　　目	资产负债数额	用现行汇率法测定的数额	用时态法或货币/非货币法测定的数额
现金	110	110	110
应收账款	220	220	220
存货（按成本）	320	320	320
固定资产	2 050	2 050	—
资产合计	2 700	—	—
受险资产	—	2 700	330
应付账款	320	320	320
长期负债	230	230	230
股东权益	2 150	—	—
负债及股东权益合计	2 700	—	—
受险负债	—	550	550
受险资产或负债净额	—	2 150	−220

12月31日的即期汇率1A元=4.15港元，预测下年12月31日即期汇率为1A元=4.10港元。预测折算风险损益为：

采用现行汇率法时：2 150×（4.10-4.15）=-107.50（万港元）（损失）

采用时态法或货币/非货币法时：-220×（4.10-4.15）=11（万港元）（利得）

当在A国的子公司的受险资产数额大于受险负债数额，A元将贬值时，为了避免或减少可能出现的折算风险损失，有以下两种类型的资产负债平衡法可以应用：

（一）在资产方面采取措施

在A国的子公司可在A元负债不变的情况下，尽量减少A元资产，例如，将A元现金兑换为港元或其他某种硬货币（趋于升值的货币）；尽快收回A元应收款，并兑换为港元或其他某种硬货币。在采用现行汇率法时，应尽量处理多余的存货和固定资产，并将收到的A元兑换为港元或其他某种硬货币。本例A国的子公司的报表在采用时态法或货币/非货币法时，由于受险资产数额小于受险负债数额，就不需要采取减少资产的措施。假如在采用时态法或货币/非货币法时，受险资产数额大于受险负债数额，而且A元将贬值的情况下，可用现金（货币资金）购买存货或固定资产，因为在采用时态法或货币/非货币法折算时，这些资产按历史汇率折算，不产生折算风险。

（二）在负债方面采取措施

在 A 国的子公司，在尽量减少 A 元受险资产但其数额仍大于受险负债数额的情况下，应设法增加 A 元负债，分为以下两步：（1）借入 A 元（货币）；（2）将 A 元变为无风险资产。不同的折算方法，具体做法略有不同。

（1）在现行汇率法下，在 A 国的子公司增加 A 元负债的方法是：①借入 A 元，其数额等于受险资产净额，由于这一借款在公司财务报表上是现金（受险资产）和借款（受险负债）同时增加，受险资产净额并没有被抵销，因此，还必须进行第二步。②把借入的 A 元兑换为港元。这里又有两种方法可以运用：一是将借入的 A 元兑换成港元，并持有港元。二是将借入的 A 元作为股利或内部贷款转移到香港母公司，后者再将 A 元转换成港元。

（2）在时态法或货币/非货币法下，由于本例受险资产数额小于受险负债数额，不需要增加 A 元负债；相反，应设法适当减少负债，增加受险资产，求得基本上的平衡。假如在 A 国的子公司受险资产为 500 万 A 元，受险负债为 300 万 A 元，受险资产净额为 200 万 A 元，A 元将贬值，为了避免折算风险损失，除了在资产方面采取措施适当减少受险资产以外，也可在负债方面采取措施适当增加负债。子公司可借入 200 万 A 元，同现行汇率法一样，可把借入的 A 元兑换为港元，不同的是在时态法（存货按成本计价，按历史汇率折算）或货币/非货币法下，可用 A 元借款购买存货和固定资产，因为在用时态法或货币/非货币法折算时，这些资产不产生折算风险。

二、远期外汇交易合约法

采用这一方法时，公司与银行签订卖出风险货币（前例中为 A 元）的远期合约，如 A 元按预测的方向变动（即贬值），在远期合约到期日，公司就可在更便宜的即期外汇市场上买进同一货币（A 元），并用以办理远期卖出合约的交割。

出售 A 元远期合约金额可按下列公式计算：

$$A 元远期合约金额 = \frac{以港元表示的预测折算风险损失}{远期汇率(港元/A 元) - 预测未来即期汇率(港元/A 元)}$$

在本例中，公司的管理者预测 12 月 31 日的即期汇率为 1A 元=4.10 港元，而现在 3 个月的远期汇率报价为 1A 元=4.12 港元，签订远期合约的金额应为：

$$现行汇率法的远期合约金额 = \frac{107.50}{4.12 - 4.10} = 5\,375（万 A 元）$$

由于公司管理者预测 A 国货币将贬值，因此，在目前以远期外汇合约形式按 1A 元=4.12 港元出售 A 元，并待以后，在即期汇率降为 1A 元=4.10 港元时买进 A 元，这样，一卖一买，每 A 元可赚 0.02 港元，全部合同可赚：

$$5\,375 \times (4.12-4.10) = 107.50（万港元）$$

用远期外汇交易合约赚得的利益正好抵销折算风险损失，达到了保值的目的。但必须注意，未来即期汇率是预测的，远期外汇交易合约保值的盈利能否完全抵销折算风险损失完全是由汇率预测的准确性决定的，因此说远期外汇交易合约保值带有一定的投机性。如果12月31日的即期汇率为1A元=4.095港元，则远期外汇交易的利得为134.375万港元（5 375×（4.12-4.095）），抵销折算风险损失107.50万港元之后，还有盈余26.875万港元（134.375-107.50）；如果12月31日的即期汇率为1A元=4.11港元，则远期外汇交易的利得为53.75万港元（5 375×（4.12-4.11）），只抵销折算损失107.50万港元的50%（$\frac{53.75}{107.50} \times 100\%$）；如果12月31日的即期汇率为1A元=4.122港元，则远期外汇交易的损失为-10.75万港元（5 375×（4.12-4.122）），与预想的目标背道而驰。

三、货币市场借款和投资法

采用货币市场借款和投资法防范折算风险损失与前面所讲的采用这种方法防范交易风险损失是相似的，只是在这里，保值的对象是受险资产净额的预计价值。例如，在上例中，以现行汇率法测定的受险资产净额为2 150万A元，A国子公司就应在事先借款2 150万A元，具体步骤如下：

（1）向银行借款2 150万A元，3个月利率3%，3个月后的本利和为：

2 150×（1+3%）=2 214.50（万A元）

（2）将借款2 150万A元以当时即期汇率（1A元=4.135港元）兑成港元：

2 150×4.1350=8 890.25（万港元）

（3）将8 890.25万港元投资于12月31日到期的政府债券，3个月利率3.3%，3个月后可得本利和：

8 890.25×（1+3.3%）=9 183.63（万港元）

（4）预计12月31日的即期汇率为1A元=4.10港元，应归还银行借款的本利和折合成港元为：

2 214.50×4.10=9 079.45（万港元）

（5）以港元投资所得归还银行借款尚能得到：

9 183.63-9 079.45=104.18（万港元）

可抵销折算风险损失的96.91%（$\frac{104.18}{107.50} \times 100\%$）。

采用货币市场借款和投资法保值，简便易行，但有投机性。因为采取保值措施后究竟能否保值，是得利还是损失，最终是取决于到期的实际汇率。如果12月31日的即期汇率为1A元=4.1150港元，则应归还银行借款的本利和2 214.50万A元，折合为9 112.67万港元（2 214.50×4.1150），投资所得归还借款本利之后尚能获利70.96万港元（9 183.63-9 112.67）。如果12月31日的即期汇率变为1A元=4.1480港元，则应归还银行借款本利和折合成9 185.75万港元（2 214.50×4.148），大于投资所得，损失2.12万港元（9 183.63-9 185.75）。不但折算风险一点未抵销，反而发生了新的损失。

第四节　经济风险的管理

一、经济风险管理的重要性

经济风险涉及销售、生产、原料供应和财务等各个方面，因此，对经济风险管理的决策虽然与财务有关，但超越了财务经理的职能，需在总经理领导下各有关部门参与决策。经济风险管理的好坏，对企业的生存和发展至关重要。现以英国航空公司 Laker Airways 为例加以说明，该公司过去的大部分收入是英镑，但大部分开支（例如燃料、汽油及债务）以美元支付，由于当时美元不断地升值，该公司需要用更多的英镑来支付各项以美元标价的开支。1981 年年初，该公司从美国银行和欧洲银行借入 2 亿美元，借款的本金和利息也需要用美元偿还，该公司的经济风险进一步增大了。随着美元进一步升值，公司的收入已弥补不了其美元支出，连年亏损，结果 Laker 公司破产了。如果该公司重视经济风险管理，正确采取措施，一方面减少美元费用开支（例如用英镑购买汽油等）和减少美元借款（改借英镑），另一方面增加美元收入，它也许能够生存下来。

二、经济风险管理的策略

经济风险的管理目标是预测汇率变动对未来现金流量的影响，并采取防范风险的措施。如果企业使它的国际经营活动和财务活动多样化，就有可能避免风险，减少损失。因此，经济风险管理重要的策略是走多元化路线，不仅是财务方面的多元化，更重要的是经营方面的多元化。

（一）经营方面的多元化

经营方面的多元化既是指在不同业务领域经营（如生产、流通、服务、金融等业务领域，而且在生产领域生产多种产品，在流通领域买卖多种商品），又是指在不同地区、不同国家经营（如在若干个国家设立工厂、销售机构，从不同国家购买材料、设备等）。企业管理人员由于经营的多元化，必定对不同国家或地区的差别和变化有深刻的注意和了解，所以会有相当迅速的和竞争性的反应，母公司管理人员就可能从比较中了解到设立在不同国家的子公司由于汇率变动所引起的销售量、价格、成本等变化的不同趋势，对形势有利的子公司，可扩大它们的经营业务，以增加经营利润，对形势不利的子公司则缩减其经营业务，以减少经营损失。还可以了解到汇率变动后各子公司所在国在生产要素价格方面的差别，据以调整它们之间的原材料、部件、半成品等的供应关系，以保证在总体上成本不但不提高，并能进一步降低。

国际企业如果经营行业的范围和跨越的地区、国家相当广泛，由于资产组合的效应，汇率变化的优劣势在国与国之间可以部分或全部抵销，即汇率改变对企业现金流量的影响可能会因多元化经营而减少。因为在某些国家或地区的现金流量现值减少，但在另外的国家或地区的现金流量现值增多，而产生一种中和现象，把经济方面的风险中和了。

（二）财务方面的多元化

1.筹资多元化

企业从多个国家的金融市场筹集资金，用多种货币计算，如果有的外币贬值，另外的外币升值，就可以使外汇风险相互抵销。

2.投资多元化

企业可以向多个国家投资，创造多种外汇收入，就可以适当避免单一投资带来的风险。

3.企业可以将外币应收款与外币应付款作以配合

例如，使美元应收款与美元应付款的数额基本上相等，如果美元贬值，使应收款的实值减少，但应付款的实值也相应减少，使风险抵销。这一方法在理论上易懂，但在实践中配合的工作不容易做，如果只求某一个限度的成功，那么这一方法是可行的。

财务方面的多元化不只是对避免外汇风险有帮助，同时财务多元化可以提高资金获得率和降低资金成本，还可以减少政治风险。

三、经济风险管理的实例

（一）德国VW公司的经济风险管理

1969—1972年，德国马克（DM）先后三次对美元和其他主要货币升值，1969年的汇率为1美元=4.00德国马克，1972年年末的汇率为1美元=2.70德国马克，德国马克对美元的升值幅度高达48%。

德国马克升值使VW公司的产品在美国市场上的竞争力下降，其销售量从1968年的570 000辆下降到1973年的200 000辆。1969年VW公司的营销净利润是3.3亿美元，到1973年降到亏损8.07亿美元。

VW公司如何应对这种经济风险呢？由于德国马克升值，价格竞争对手十分强硬，VW公司几乎没有价格上的灵活性。VW公司在美国经营的收入是美元，而成本是德国马克，当德国马克升值时，该公司用德国马克表示的收入下降了，但用德国马克表示的成本却无变化。因此VW公司改变地位的关键问题不是价格，而是要使现金流入所采用的货币与现金流出所采用的货币相一致。针对这种情况，VW公司在美国市场降低经济风险所采用的对策主要有以下两项：

（1）VW公司通过在美国建立生产部门和购买美国的零部件等方法，尽量使过去用德国马克表示的成本变为美元成本，与在美国经营所得的美元收入取得一致，从而避免外汇风险。

（2）将过去的借款全部用德国马克的政策改为借款多元化政策，即部分借款是美元借款的方法。这样，尽管德国马克升值，VW公司的德国马克收入下降，但同时借入美元的债务成本也在下降，部分弥补了德国马克升值带来的收入上的损失。

上述实例说明，如果经济风险是由本国货币升值造成的，企业的主要对策应当是尽可能地使成本变为贬值货币：（1）把向货币贬值国家的出口活动转变为在货币贬值国家生产或购买；（2）在借入资本中增大贬值货币借入的比例。如果经济风险是由本国货币贬值造成的，企业应采取的对策正好相反，即主要是把在货币升值国家的生产活动转为本国的对外出口活动。

（二）日本本田公司的经济风险管理

20世纪80年代后期以来，日元对美元不断升值，曾对企业经济造成了重大影响。比如，1985年，本田公司在日本设计了一种新型汽车，成本为 2 380 000 日元，把它运到美国，标明售价为 12 000 美元，当时 1 美元=238 日元，12 000 美元的售价就相当于 2 856 000 日元（238×12 000），那么本田公司有20%的成本加价。但是三年后，美元贬值为 1 美元=128 日元，现在如果这种汽车仍卖 12 000 美元的话，本田公司就只能得到 1 536 000 日元（128×12 000）了，该公司每卖一辆汽车就会损失35%的成本。美元的价格影响了本田公司，美元对日元贬值了46%，使公司本来的盈利变成了现在的亏损。实际上，如果本田公司仍想保持20%的成本加价率的话，就得在美国卖到 22 312.50 美元（2 856 000÷128），就会因为汽车价格太高，无法在美国销售出去。到1996年，这种情况就变得更糟了。于是促使本田公司在美国俄亥俄州的 Marysville 建厂生产最受欢迎的 Accord 型号汽车，其成本为 10 000 美元左右，价格不高于 12 000 美元，在美国很畅销，本田公司基本上保持了原有的盈利水平。

（三）日本家用电器公司的经济风险管理

例如，日本某电器公司生产的A产品单位成本为20万日元，对美国销售价格为0.15万美元，当时汇率为 1 美元=200 日元，折合为30万日元，获利润10万日元。当汇率变为 1 美元=100 日元时，A产品的成本为19万日元，价格为0.14万美元，折合为14万日元，亏损5万日元。该公司避免经济风险的主要措施是：减少在本国的生产，在亚洲某些国家建立子公司生产A产品，利用当地廉价的劳动力和原材料进行生产，成本表现为当地货币，折合为0.12万美元，销往美国，价格为0.14万美元，获利0.02万美元。这些子公司的产品也可销往日本，其成本折合为12万日元，价格为14万日元，获利2万日元。据日本机械工业会1997年3月公布的数字显示，日本1996年进口的电视机数量第一次超过了本国生产的电视机数量，1996年进口751万台，国产电视机产量为648万台。许多进口产品来自迁往外国（马来西亚、泰国等）的日本厂家，它们是因为日本高劳动力成本和坚挺的日元（日元升值）而迁往国外的。

四、经济风险管理的一种重要方法——经营收支货币结构调整法

这里所说的经营收支货币结构，是指企业经营收支软硬货币使用状况。如果企业的销售收入大部分使用软货币计价，而成本、费用和借款大部分使用硬货币计价，就会遭受汇率风险损失，使企业的收入减少，成本费用和借款的支出增多，从而使利润减少，甚至发生亏损，这时，就必须进行收支货币结构的调整，使销售收入多用硬货币计价结算，成本、费用多用软货币计价结算，从而扭亏为盈。经营收支货币结构调整法的具体运用见案例6-3。

案例6-1

通用电气公司出口商与进口商分摊汇率风险

通用电气公司（GE）卖给汉莎公司涡轮机零部件，商定共同分摊交易中的汇率风险，为此在交易的基础合同中加列价格修正条款，根据汇率变动情况调整商品的基础价格。例如，该批商品的基础价格为1 000万欧元，但是，双方将分担中性区之外的货币风险。中性区指的是风险不由双方分担的汇率范围。

假设中性区设定的汇率范围为\$0.98/€~\$1.02/€，基本汇率是\$1.00/€。这意味着当汇率在\$0.98/€~\$1.02/€之间变动的时候，双方都不用重新订立合约。汇率在中性区内，汉莎公司应该以基础汇率\$1.00/€向GE支付与1 000万欧元等值的美元，即1 000万美元。这样，在中性区汉莎公司的成本将在980万~1 020万欧元之间（10 000 000÷1.02~10 000 000÷0.98）。但如果欧元贬值了，比如从\$1.00/€降为\$0.90/€，实际汇率就比中性区的下限\$0.98/€低\$0.08/€，这个差额就要由双方等额分摊。由此，合约结算时所使用的实际汇率就是\$0.96/€（1.00-0.08÷2）。涡轮机螺旋桨的新价格就变成960万美元（10 000 000×0.96）。汉莎公司的成本上升到1 067万欧元（9 600 000÷0.90）。如果没有风险分摊协议，GE的合约将只值900万美元。当然，如果欧元升值超过了中性区的上限，比如\$1.10/€，GE也不能得到欧元升值的全部好处，合同新的结算汇率变成了\$1.04/€（1.00+0.08÷2），GE收到1 040万美元（10 000 000×1.04），汉莎公司支付的货款是945.45万欧元（10 400 000÷1.10）。

资料来源：夏皮罗 A C.跨国公司财务管理［M］.蒋屏，赵旸，任冠华，译．7版．北京：中国人民大学出版社，2005：314；夏皮罗 A C.跨国公司财务管理［M］.顾苏秦，译．8版．北京：中国人民大学出版社，2007：120。

案例6-2

中信泰富公司未正确进行外汇期权交易造成巨大损失

中信泰富公司2006年收购澳大利亚两个铁矿，对澳元有巨大需求。前几年澳元对美元的汇率，澳元一直在升值，为了防范汇率变动带来的风险，2007年8月到2008年8月间，中信泰富与花旗银行和汇丰银行等签订了数十份外汇合约，其中美元买澳元的合约占最大比重。以累计目标可赎回远期合约为例，该合约规定，期权汇率为1澳元=0.87美元，当市场汇率高于0.87美元时，例如市场汇率为1澳元=0.90美元，中信泰富可以用低于市场汇率的期权汇率每天买入一个单位外汇（澳元）而获利，例如买入1 000万澳元，如按市场汇率计算需支付900万美元（1 000×0.90），而按合约规定的期权汇率计算只需支付870万美元（1 000×0.87），节省支出30万美元。当市场汇率低于0.87美元时，例如市场汇率为0.83时，合约规定，中信泰富不能按较低的市场汇率购买澳元，须按期权汇率每天买入两个单位外汇（澳元）而发生损失，例如买入2 000万澳元，如按市场汇率计算只需支付1 660万美元（2 000×0.83），而按期权汇率计算需支付1 740万美元（2 000×0.87），发生损失80万美元。在合约执行的前期，澳元对美元的汇率持续稳定在0.90以上，合约对中信泰富公司有利，但后来国际金融市场风云突变，澳元对美元汇率连续下降，澳元出现暴跌，最低达到1澳元=0.63美元，这时中信泰富买入2 000万澳元，就发生损失480万美元（2 000×（0.63-0.87））。上述合约存在明显的不公平，主要是当汇率高于

0.87, 交易对中信泰富有利时, 每天只能买一个单位外汇,, 而且当获利达到规定数额时, 合约就自动终止; 当汇率低于0.87, 交易对中信泰富不利时, 每天必须买两个单位外汇, 而且发生损失的数额不论多大, 合约都不能终止。由于中信泰富在签订合约时, 对汇率变动的预测不正确, 加之合约不公平, 致使中信泰富公司在金融衍生品交易上出现巨额亏损。2009年3月, 中信泰富公布2008年全年业绩净亏损126.62亿港元, 受此影响该公司股票价格一度暴跌, 2008年10月21日开盘价下跌38%, 盘中一度跌至6.47港元。在合约到期之前, 如果澳元汇率逐渐反弹, 达到1澳元=0.87美元以上, 该公司此项外汇交易才能由损失变为获利。

　　资料来源: 夏乐书, 等. 资本运营理论与实务 [M]. 3版. 大连: 东北财经大学出版社, 2010: 24.

案例6-3
防范经济风险的一种具体方法——经营收支货币结构调整法

　　美国A公司在加拿大有一部分业务, 在加拿大的销售和购买都用加元计价, 还有加元借款。该公司在10月份预测下年度的销售收入、成本、费用和利润的资料见表6-12。

表6-12　　　　　　　　　　　　　经营收支货币结构调整表

项　　目	预测明年的收支与利润 (1)		汇率变动的影响 (2)		收支货币结构调整后 (3)	
汇率	1加元=0.80美元		1加元=0.85美元		1加元=0.85美元	
货币	万加元	万美元	万加元	万美元	万加元	万美元
销售收入:						
美元		30 400		30 400		30 400
加元	400	320	400	340	2 000	1 700
合计		30 720		30 740		32 100
销售成本:						
美元		5 000		5 000		14 200
加元	20 000	16 000	20 000	17 000	9 420	8 007
合计		21 000		22 000		22 207
毛利		9 720		8 740		9 893
经营费用:						
固定费用		3 000		3 000		3 000
变动费用 (销售收入的10%)		3 072		3 074		3 210
合计		6 072		6 074		6 210
息税前利润		3 648		2 666		3 683
利息支出:						
美元		300		300		700
加元	1 000	800	1 000	850	500	425
合计		1 100		1 150		1 125
税前利润		2 548		1 516		2 558

从表6-12第（1）栏和第（2）栏可看出，该公司预测加元将升值，由目前的1加元=0.80美元变为0.85美元，由于该公司加元收入少（例中为400万加元，只占总收入的1.04%），而支出多（例中为20 000万加元，占总支出的76.19%），加元升值将使A公司发生汇率风险损失：

400×（0.85-0.80）=20（万美元）（增加收入）

20 000×（0.85-0.80）=1 000（万美元）（增加支出）

二者相抵，损失980万美元。

从表6-12第（1）栏和第（2）栏的税前利润相比，可以看出由于汇率变动使利润减少1 032万美元（2 548-1 516）。比上述损失数980万美元多52万美元，这是由于变动费用第（2）栏数比第（1）栏数多了2万美元以及利息支出第（2）栏数比第（1）栏数多了50万美元。

为了避免上述汇率风险，A公司可采用经营收支货币结构调整法，在收入、成本费用规模基本不变的情况下，调整美元与加元的收支额，其具体措施如下：

（1）增加加元销售收入，例如由原预测数400万加元增加到2 000万加元。

（2）减少加元销售成本，例如由原预测数20 000万加元减少为9 420万加元。

（3）增加美元销售成本，例如由原预测数5 000万美元增加到14 200万美元。

（4）增加美元借款使利息支出增加，例如由原预测数300万美元增加到700万美元；减少加元借款使利息支出减少，例如由原预测数1 000万加元减少为500万加元。

经营收支货币结构调整后，税前利润为2 558万美元（见表6-12第（3）栏），不但未发生损失，还增加了利润10万美元（2 558-2 548）。

资料来源：马杜拉　J.国际财务管理［M］.杨淑娥，张俊瑞，等译. 大连：东北财经大学出版社，2000：355-358.

思考题

1.外汇风险管理的策略有哪几种？各适用于何种情况？

2.什么是交易风险的事先防范法和事后防范法？各包括哪些具体方法？

3.怎样利用选择货币法防范交易风险？

4.怎样利用硬货币保值法防范交易风险？

5.什么是加价保值法和压价保值法？各适用于何种情况？各如何计算？

6.在合同中加列汇率风险分摊条款，汇率风险怎样分摊？

7.在什么情况下应提前收汇或付汇？在什么情况下应推迟收汇或付汇？

8.举例说明如何运用远期外汇交易法防范汇率风险。

9.举例说明如何运用外汇掉期交易法防范汇率风险。

10.举例说明如何运用外汇期货交易法防范汇率风险。

11.举例说明如何运用外汇期权交易法防范汇率风险。

12.远期外汇交易、外汇期货交易和外汇期权交易有什么区别？

13.如何在国际货币市场运用借款和投资法防范汇率风险？

14.什么是资产负债平衡法？用它可防范何种汇率风险？

15.怎样防范经济风险？举例说明。

计算题

1.我国甲企业的某种商品向美国、加拿大、日本等国出口，以美元标价，每台1000美元，加拿大进口商要求用加拿大元报价，当时即期汇率1美元=1.36加拿大元，按此汇率商品单价应为1360加拿大元。预测3个月后收款时，汇率将变为1美元=1.428加拿大元，考虑到汇率变化，商品应适当加价。要求：计算加价后的商品单价。

2.我国甲企业从美国A公司购买商品，货款100万美元。成交时1美元=6.20元人民币，3个月后付款时，汇率变为1美元=6.61元人民币。甲企业将发生汇率风险损失。要求：将汇率风险损失在我国甲企业和美国A公司之间进行合理分摊。

3.我国A公司6月1日从德国进口设备，货款100万欧元，付款期6个月。6月1日即期汇率1欧元=10.03元人民币，远期汇率（6个月）1欧元=10.06元人民币，A公司预测11月30日即期汇率有以下几种可能：1欧元=10.03元人民币（概率5%）、10.04元人民币（10%）、10.05元人民币（15%）、10.06元人民币（30%）、10.08人民币（20%）、10.10元人民币（15%）、10.12人民币（5%）。A公司考虑买入远期（6个月）外汇（100万欧元），用于支付货款。要求：对这一远期外汇交易进行可行性分析。

4.我国A公司在美国的子公司于3月1日从日本进口设备，货款6250万日元，当时即期汇率为1美元=110日元，该公司担心9月1日支付货款时日元会升值，为了抵补可能发生的外汇风险损失，决定在3月初购买9月份到期的日元期货合约。日元期货合约的标准金额为1250万日元。应购买5个（6250÷1250）日元期货合约，价格为1美元=108日元。9月1日，即期汇率1美元=100日元，A公司卖出5个日元期货合约，价格为1美元=98日元。支付货交易佣金0.5万美元。要求：计算外汇现货市场的损失和外汇期货市场的收益，并说明二者发生差异的原因。

5.我国甲公司在美国的子公司5月1日对英国某公司出口一批产品，货款100万英镑，将于8月1日收到，预测英镑可能贬值，为了防范应收账款的外汇风险，决定进行外汇期权交易，将英镑卖出，获得美元，有关资料如下：（1）期权协定价格（汇率）1英镑=1.63美元，每英镑期权费0.03美元；（2）预测应收账款到期日的即期汇率有以下几种可能：1英镑=1.58美元、1.60美元、1.63美元、1.65美元、1.67美元。要求：计算在各种可能的即期汇率情况下卖出应收账款100万英镑应收美元数额，并说明在何种情况下应不执行期权合约。

6.我国甲公司从德国进口一批商品，应付货款100万欧元，预测欧元可能升值，也可能贬值，很难预测准确，因而采用期权交易方式用美元买欧元，有关资料如下：（1）期权协定价格（汇率）1欧元=1.23美元，每欧元期权费0.02美元；（2）应付账款到期日的即期汇率有以下几种可能：1欧元=1.19美元、1.21美元、1.23美元、1.25美元、1.27美元。要求：计算在各种可能的即期汇率情况下买入100万欧元（应付账款数）应付美元数额，并说明在何种情况下应不执行期权合约。

7.我国甲公司1月1日出口商品一批，货款100万A元，A国乙公司将于6月30日付款。1月1日即期汇率1A元=8.00元人民币，远期汇率（6个月）1A元=7.80元人民币。按1月1日的即期汇率，这笔货款折合800万元人民币。甲公司预测6月30日即期汇率1A元=7.70元人民币。如不采取措施，到6月30日收到的100万A元，只能折合770万元人民币，将损失30万元人民币。甲公司为避免汇率变动的风险损失，有以下三种做法：（1）进行远期外汇交易。（2）利用借款和投资方法（1月1日从A国银行借款，年利率14%，借款额加上借款期利息正好与应收货款相等。

将借款按当日即期汇率汇回甲公司，折算为人民币，在国内投资可获利18%，所得税税率25%）。

（3）不采取任何防范办法。要求：计算比较，说明采用哪种方法的收入较多。

8.我国甲公司1月1日卖给B国B公司商品一批，货款10万B元，B公司将于3月31日付款。1月1日即期汇率1B元=5.00元人民币，远期汇率（3个月）1B元=4.92元人民币。甲公司预测3月31日的即期汇率为1B元=4.90元人民币。甲公司为了避免汇率变动的风险损失，决定采用借款和投资方法：1月1日在B国借款10万B元，年利息率10%，将借款额汇回甲公司，按当日汇率兑换为人民币，在国内投资可获利13%，所得税税率25%。要求：计算采用这种方法的收入是多少？

9.我国甲公司7月1日从A国进口设备，货款100万A元，将于12月31日付款。7月1日即期汇率1A元=8.10元人民币，远期汇率（6个月）1A元=8.20元人民币，甲公司预测12月31日的即期汇率1A元=8.30元人民币。按7月1日即期汇率货款折合810万元人民币。甲公司为了避免汇率变动的风险损失，有以下两种考虑：（1）进行远期外汇交易。（2）采用借款和投资方法：7月1日投资购买A国半年期国库券，半年期利息率4%，投资加利息正好等于应付货款100万A元，12月31日用于支付货款；甲公司没有A元，需要在本国借人民币用于购买A元。7月1日将购买国库券的投资数按当日即期汇率折合为人民币数额，按此数在中国借款，半年期利息率4.5%。要求：计算比较，说明采用哪种方法的支出较少。

相关网站

美国联邦储备委员会 www.federalreserve.gov.

美国财政部 www.treasury.gov.

美国商务部 www.commerce.gov.

英国央行 www.bankofengland.co.uk.

日本央行 www.boj.or.jp.

第1财经 www.yicai.com.

每经网 www.nbd.com.cn.

陆家嘴金融网 www.ljzfin.com.

第三篇

国际筹资管理

国际筹资（international financing），亦称国际融资，是指资金需求者通过一定的渠道和方式从国外的资金供给者处获得资金，并给资金供给者适当回报的经济活动。国际筹资的目的就是筹集和利用外资。所谓外资，是与本国资金相对而言的，即在本国境内使用，但所有权属于外国人（包括外国法人和自然人）的资金。由于我国目前的特殊情况，香港、澳门、台湾属于单独的关税区和相对独立的经济体，所以其在大陆（内地）的投资，我们也视同外资。国际经验证明，合理利用外资是加快技术进步和经济发展的有效手段，世界上经济发达的国家在其经济发展过程中，几乎没有一个不曾利用国外资金，也没有一个完全不利用外资而实现了经济高速发展的。

企业的国际经济业务越发展，资金的筹措和运用必然会随之更趋国际化。企业国际筹资主要通过国际金融市场运作，包括：①国际信贷市场；②国际债券市场；③国际股票市场。后二者合并称为国际证券市场。从企业财务来看，这三种市场都是资金市场，按照企业资金运用的时间长短可分为国际货币市场和国际资本市场。国际筹资方式主要有国际信贷筹资、吸收外商直接投资（举办国际合资、合作企业，外商独资企业和外资并购等）、国际证券筹资、国际租赁筹资和国际补偿贸易筹资等。从世界各国来看，筹集和利用外资的发展历程一般可分为三个阶段。其中，初始阶段以从国外取得贷款为主，成长阶段向吸收外商直接投资偏移，成熟阶段向证券筹资倾斜。

从企业筹资方式和决策的原理来说，国际筹资与国内筹资基本上是相同的，所不同的是国际筹资的市场范围扩大了，筹资的方式方法增多了，各种相关因素的相互影响更为复杂了，这一切既给企业带来了更多的风险，也提供了更多的机遇。企业从国外筹借外汇资金，除了会发生在国内筹借本币资金的各种风险（如利率风险、市场风险、生产技术风险等）以外，还存在汇率风险。国际筹资的更多机遇主要表现在企业能找到更多的资金来源，可以更广泛地进行比较，国际筹资的激烈竞争，有可能筹集到更多的外汇资金，并降低企业的筹资成本。

企业筹集和利用外资，事前要制定好规划，进行可行性研究，预测利用外资的数额、成本、效益和风险，作出正确的筹资决策。国际筹资的目标是，在充分防范各种风险的前提下，从多种来源渠道，以尽可能低的资金成本，用最灵活简便的方式，及时、适量地获得企业发展生产经营所需的外汇资金，并合理使用，实现最佳效益。

本篇包括第七至十一章，分别阐述吸收外商直接投资、国际信贷筹资、国际证券筹资、国际租赁筹资和国际补偿贸易筹资。

第七章

吸收外商直接投资

第一节　吸收外商直接投资概述

一、吸收外商直接投资的概念

吸收外商投资（foreign investment）涉及两个方面：对外商（外国公司、企业和其他经济组织或个人）来说，是将其资本投到国外以获取高额收益的重要途径；对吸收外商投资的国家和企业来说，则是筹集和利用外资，解决国内资金短缺，并引进先进技术设备，发展本国经济的重要渠道。

按投资者对投出的资本是否拥有所有权、控制权或经营管理权，投资可分为直接投资和间接投资两类。投资者对投出的资本拥有所有权、控制权或经营管理权的，称为直接投资（direct investment），否则称为间接投资（indirect investment）。

吸收外商直接投资（foreign direct investment，FDI）是指吸引外商（境外投资者）来我国投资，通过新建或并购方式取得企业或项目的所有权、控制权或经营管理权的经济行为。

我国企业吸收外商直接投资和间接投资的基本情况如图7-1所示。

有关组织和国家都对国际投资中构成直接投资所需要拥有的最低所有权比例或具体条件做了规定，以区别于其他形式的投资，但是对此的标准和解释不尽相同。例如，国际货币基金组织认为，在所投资的企业中拥有25%或更多的投票权，可以作为控制所有权的合理标准。法国的外资政策规定，拥有企业20%的所有权是合格的外国直接投资的最低股权标准。有些国家（例如美国）规定，在国外企业拥有10%以上的股份即视作直接投资。还有的国家规定，拥有的股份虽低于25%，但属于下列情况之一者，均视为直接投资：（1）向被投资的企业派送管理或技术人员；（2）提供技术；（3）供给原材料；（4）购买其产品；（5）在资金上给予支持；（6）以补偿贸易方式给予贷款或投资等。

中国企业筹资
- 吸收外商直接投资
  - ①外商在中国投资建立中外合资、合作和外商独资等企业，从事生产经营、合作开发等 —— 外商实业投资
  - ②通过协议或企业产权市场，外商购买中国现有企业的部分或全部产权 —— 外商实业投资
  - ③外商通过股票市场购买中国公司股票，达到控股 —— 外商证券投资
  - ④外商通过股票市场购买中国公司股票，未达到控股 —— 外商证券投资
  - ⑤外商通过债券市场购买中国公司发行的债券 —— 外商证券投资
- 吸收外商间接投资
  - ⑥中国企业从外国银行等金融机构取得贷款 —— 外商其他投资
  - ⑦中国企业从外国租赁公司租入设备等资产 —— 外商其他投资
  - ⑧中国企业通过补偿贸易从外国企业进口设备、技术 —— 外商其他投资

（①②为外商实业投资，③④⑤为外商证券投资，⑥⑦⑧为外商其他投资，合为外商投资）

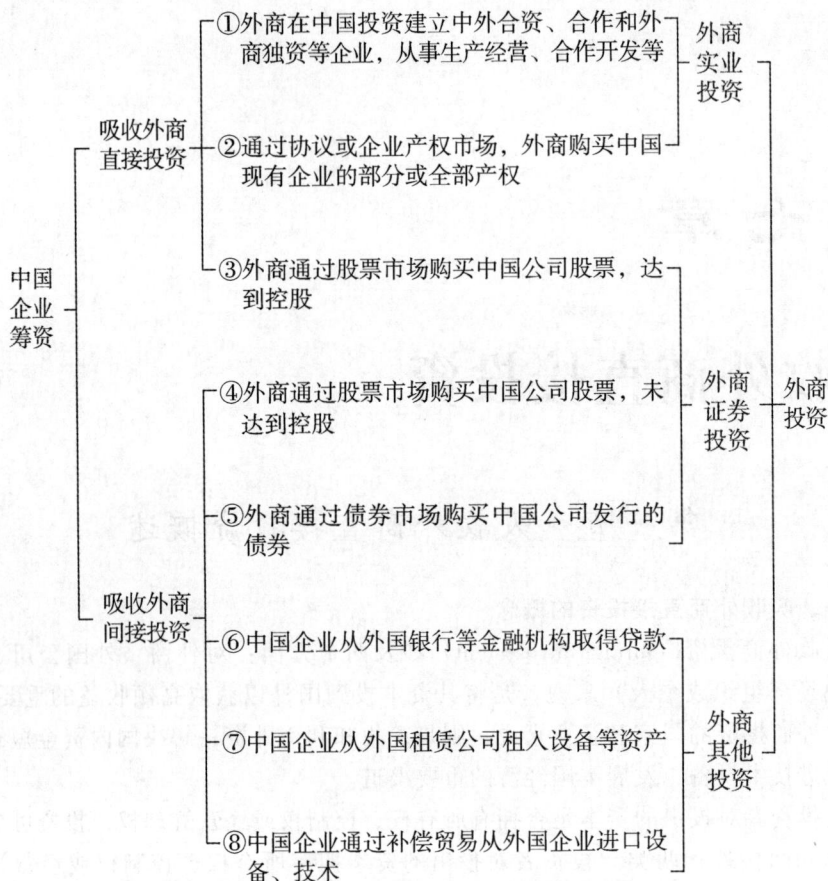

图 7-1　吸收外商直接投资、间接投资基本情况

吸收外商直接投资，投资风险由投资者承担，回报来源于企业经营获得的利润或根据合同的规定应得的回报，不构成我国企业的外债，而图 7-1 中的⑤、⑥、⑦、⑧项则形成企业的外债。

二、吸收外商直接投资的政策

对外开放使中国经济创造了世界发展史上的奇迹，中国始终坚持大规模"请进来"，从改革开放初期的 1983 年到 2022 年，我国实际利用外资保持稳定增长，从 22.6 亿美元增至 1 891.3 亿美元，扩大近 83 倍。2022 年，全国新设立外商投资企业 38 497 家。截至 2022 年年底，中国已累计设立外商投资企业超过 112 万家，累计实际使用外资超过 19.7 万亿元人民币。我国吸收外商直接投资方面的特点主要表现为：外商投资来源地主要为中国香港；服务业吸收外资占主导地位；吸收外资地区分布失衡，密集分布在东部沿海地区，但中西部地区出现了快速增长的情况；利用外资以独资和合资为主、外资并购显著增加。2022 年，我国吸收外资出现了新变化：主要来源地投资普遍增长，投资增幅较大的来源地有韩国、德国、英国等，欧

盟、"一带一路"沿线国家、东盟对华投资明显增加；引资结构持续优化，制造业实际使用外资 3 237 亿美元，占全国的 26.3%，高技术产业实际使用外资占全国的 36.1%；中西部引资稳步提升，中部、西部地区实际使用外资同比分别增长 21.9% 和 14.1%，其中，山西、河南、广西、陕西等省份、自治区吸收外资增长显著；大项目带动作用增强，合同外资 1 亿美元以上大项目实到外资 6 534.7 亿元人民币，占全国实际使用外资的 53%，为稳外资提供了重要支撑。

我国在吸收外商投资方面，坚持以吸收外商直接投资为主、吸收外商间接投资为辅、适度举借外债、审慎开放资本市场的原则。

由于强调吸收外商直接投资，实行各种优惠和鼓励政策，中外合资、合作和外商独资企业迅猛发展，对我国的经济增长、技术进步、产业演进、制度创新、国际收支平衡，以及促进我国经济同世界经济接轨等方面都作出了重要的贡献。

我国对吸收外商间接投资持谨慎态度，这虽然使外商间接投资的规模比较小，但有效地避免了外资流入可能带来的严重冲击。一方面，由于我国的国内证券市场向外资只是局部开放，国际证券资本特别是国际"游资"无法在我国证券市场上"兴风作浪"。另一方面，由于我国对举借外债严格控制，避免了外债过多可能引发的危机。

我国加入 WTO 后，吸收外商直接投资发生了很多变化：

（1）仍然以吸收外商直接投资为主，但吸收外商间接投资的比重有所上升。在过去的 30 多年里，我国利用外资以外商直接投资为主，特别是 1993 年以来，外商直接投资的比重都在 70% 以上，"入世"以后，这种局面发生了变化。首先，随着我国对外开放的不断扩大，对外发行股票、对外借款等利用外资的规模都有了不同程度的提高。其次，从长期来看，我国的人民币要实现资本项目下的自由兑换，国内资本市场也要向外资进一步开放，在国际投资日益证券化的背景下，国际证券资本将以较大的规模进入我国。

（2）遵循 WTO 的规则，逐步减少对外商直接投资的优惠，对外商实行国民待遇。我国吸收外商直接投资的政策从以税收激励机制为主的优惠政策转向把公平竞争机制作为主规则的政策，从减少优惠待遇过渡到国民待遇。在涉外税收方面，通过调整和改革，取消内外资企业在税种、税率和税收待遇上的差别，改变内外税法分立的状况，通过分阶段的改革，循序渐进，最终实行内外税制的全面统一。对外资企业既不歧视，又不给予优惠，今后国家不再出台专门针对外资的优惠政策，即使有优惠政策，也要内外资企业共同享受，政府致力于为各类内资和外资企业的自由竞争创造公平的政策环境。

（3）我国吸收外商投资从有限范围、有限领域的对外开放，走向真正的全方位、宽领域、多层次的对外开放。为深入贯彻习近平新时代中国特色社会主义思想，全面贯彻党中央全会精神，持续深化"放管服"改革，2019 年以来，我国外商投资管理新体制建设取得了显著成效。

改善营商环境方面，2019年3月15日，第十三届全国人大第二次会议通过《中华人民共和国外商投资法》（以下简称《外商投资法》），这是我国历史上第一个全面系统的外资立法，具有里程碑的意义，是贯彻落实我国扩大对外开放、促进外商投资决策部署的重要举措。《外商投资法》于2020年1月1日起生效实施，取代1979年颁布实施的《中外合资经营企业法》，以及1986年和1988年出台的《外资企业法》和《中外合作经营企业法》，是一部外资领域新的基础性法律。

《外商投资法》共分六章（"总则"、"投资促进"、"投资保护"、"投资管理"、"法律责任"和"附则"）四十二条，主要的亮点包括：完善外商投资范围；建立负面清单管理制度、外商投资信息报告制度和外商投资安全审查制度为主的外商投资管理制度，取消"逐案审批"体制；明确保护外国投资者和外商投资企业在中国境内的合法权益。《外商投资法》标志着我国迈进了制度型开放阶段。

2019年11月7日，为了进一步鼓励外国投资者来华投资兴业，优化我国外资结构，形成全方位开放新格局，国务院发布《关于进一步做好利用外资工作的意见》。《意见》提出了4个方面共20条政策措施，要求深化对外开放，加大投资促进力度，深化投资便利化改革，保护外商投资合法权益。

在优化外资结构方面，2019年6月30日，国家发展改革委、商务部发布《鼓励外商投资产业目录（2019年版）》、《外商投资准入特别管理措施（负面清单）（2019年版）》和《自由贸易试验区外商投资准入特别管理措施（负面清单）（2019年版）》，自2019年7月30日起施行。《鼓励外商投资产业目录（2019年版）》包括全国鼓励外商投资产业目录和中西部地区外商投资优势产业目录，较大幅度增加鼓励外商投资领域，鼓励外资参与制造业高质量发展，鼓励外资投向生产性服务业，支持中西部地区承接外资产业转移。

三、吸收外商直接投资的方式

吸收外商直接投资的具体方式有很多，可分为以下两类：

（一）新建方式

新建方式是指吸引外商投资在我国建立新的企业或项目，例如，在我国建立中外合资企业、合作企业、外商独资企业、中外合作开发项目、外商投资股份有限公司、外商投资性公司和BOT项目等。中外合资企业、合作企业和外商独资企业是新建方式中的三种主要方式。图7-1中的①属于新建方式。

（二）并购方式

并购方式是指吸引外商投资兼并或购买我国的现有企业。图7-1中的②和③合称为并购方式。

有人形象地说，新建方式是先栽树后摘果的投资方式，投资多而收效慢，而并购方式则是直接购买果园很快就摘果的投资方式，投资少而收效快。外商直接投资并购中国企业，已成为20世纪90年代以来外商对华投资的一种新趋势。

第二节 吸收外商直接投资的新建形式

吸收外商直接投资的新建方式有以下各种具体形式:

一、中外合资经营企业

它是我国的公司、企业、其他经济组织或个人同外国公司、企业和其他经济组织或个人在我国境内共同投资举办的企业,属于股权式合营企业。合营各方可以用货币出资,也可以用房屋建筑物、机器设备、场地使用权、工业产权和专有技术出资,经过估价计算各方出资比例,外国合营者的出资比例一般不低于25%。中外合资经营企业的特点是合营各方共同投资,共同经营,按各自的出资比例共担风险,共负盈亏。中外合资经营企业的组织方式是有限责任公司,董事会是公司的最高权力机构。

二、中外合作经营企业

它是我国的公司、企业或其他经济组织同外国公司、企业和其他经济组织或个人在我国境内共同投资或提供合作条件举办的企业,属于契约式合营企业。举办中外合作经营企业一般由外国合作者提供全部或大部分资金和技术,中方提供土地、厂房及可利用的设备、设施,有的也提供一部分资金。中外合作经营企业的特点是合作方式比较灵活,它与中外合资经营企业最大的不同在于,中外各方的投资和合作条件一般不折算成出资比例,利润也不按出资比例分配。合作各方的权利和义务,包括投资和提供合作条件、利润或产品分配、风险和亏损分担、经营管理方式和合同终止时财产的归属等都在合作各方签订的合同中规定。如果合同规定合作期满时,企业的全部资产归中方合作者所有,则外方合作者可在合作期限内先行收回投资。

三、外商独资企业

它是外国的公司、企业、其他经济组织或个人依照我国法律在我国境内设立的全部资本由外国投资者投资的企业。设立外商独资企业应采用国际先进技术和设备,应有利于中国国民经济的发展。近年,外商独资企业不断增多,其原因主要是:(1)由于我国投资环境不断改善,政策透明度增加,外商投资者没有必要通过合资方式来适应外部环境,而是更倾向于设立独资企业;(2)原有的一些中外合资企业,外方收购中方的股权而转变为外商独资企业。

四、中外合作开发

它是我国的公司依据我国对外合作开发海洋和陆上石油资源条例的规定同外国公司合作进行石油资源的勘探、开发。中外合作双方一般采取非法人式的契约合营,并不组成一个真正意义上的企业,而是在平等互利的基础上签订合作开发合同,中外双方仍是两个独立的法人。中外合作开发一般采用国际招标方式,中标者与中方签订石油合作勘探开发合同,确定双方的权利和义务,合同期限一般在30

年以内，合同经国家有关部门批准后生效。整个开发周期一般分为勘探、开发和生产三个阶段。勘探阶段由外方承担全部费用和风险；开发阶段按双方商定的出资比例共同出资、共同开发；生产阶段应按法律规定缴纳税金和矿区使用费。中外双方可按合同规定的分油比例以实物方式回收投资和分配利润。

五、外商投资股份有限公司

它是指依照我国法律在我国境内设立，将其全部资本分为等额股份，股东以其所持股份为限对公司承担责任，公司以其全部资产对公司的债务承担责任，中外股东共同持有公司股份，外国股东购买并持有的股份占公司注册资本25%以上的企业法人。外商投资股份有限公司是近年出现的一种新的利用外商直接投资的方式，是在我国证券市场不断发展的背景下产生的。已经设立的中外合资经营企业、中外合作经营企业和外商独资企业经申请可改制为外商投资股份有限公司，符合有关规定及条件的国有企业和集体所有制企业也可申请改制转变为外商投资股份有限公司。股份有限公司经批准可通过在国内发行B股或在境外发行外资股（如H股、N股等）转变为外商投资股份有限公司。

六、外国公司、金融机构在我国设立分支机构

外国公司或金融机构属于外国的法人，其在我国设立的分支机构（如分公司、分行等）不具有中国企业法人资格。外国公司或金融机构对其分支机构在中国境内从事的经营活动承担民事责任。外国公司或金融机构在我国境内设立分支机构的，必须向该分支机构拨付必要的营运资金。分公司或分行的经营范围不得超过母公司或母行的经营范围。

七、外商投资性公司

它是外国投资者在我国以独资或与我国投资者合资的形式设立的从事直接投资的公司。目前，外国跨国公司是在华投资性公司最主要的外国投资者。跨国公司在华设立的投资性公司的主要职能是：（1）进行投资管理，代表该跨国公司全面负责在华投资事宜；（2）管理该跨国公司在华的企业；（3）为该跨国公司在华企业提供服务；（4）监督该跨国公司在华企业的经营。

八、向外商转让经营权

它是指将企业的全部或部分经营权转让给外商，获得资金用于生产建设需要，转让协议期满，企业将转让出去的经营权收回。例如，某市自来水公司将其所属的第三水厂的经营权转让给外商A公司，双方签订协议，确定转让期为15年，转让价为1.5亿美元。自来水公司将转让经营权的收入用于建设第四水厂。A公司在转让期内经营第三水厂获得收益。转让协议期满，A公司将第三水厂的经营权归还自来水公司。

九、吸收境外私募股权基金投资

私募股权基金（private equity fund，PE）起源于美国。PE的法律组织形式主要是有限合伙制，此外还有以公司、有限责任合伙或信托等形式存在的基金。PE的

业务活动主要包括：（1）为基金融资。在美国，其资金来源主要是养老基金，资产管理公司、保险公司、商业银行、私人（家族）投资者和政府机构的资金等。（2）项目筛选和投资。投资项目主要包括：收购成熟的上市公司、收购公司剥离的业务、对未上市的成长性公司进行投资。（3）价值创造。对投资项目进行重组和改造，提高经营效益。（4）获得收益。将公司变成上市公司，股票在交易所挂牌交易，PE的投资退出。

基金投资业绩的评价指标主要有两个：一是内含报酬率；二是乘数（M），M=总的回报金额÷总的投入。

李宁公司吸收境外PE的投资见案例7-1。

十、国际项目融资

（一）国际项目融资的定义和特点

1997年4月16日，我国国家发展计划委员会（现为"国家发展和改革委员会"）颁布的《境外进行项目融资管理暂行办法》中，将项目融资定义为："以境内建设项目的名义在境外筹措外汇资金，并仅以项目自身预期收入和资产对外承担债务偿还责任的融资方式。"

项目融资（project finance）并非人们通常泛指的为建设项目进行的融资。为建设项目进行融资其实有两种方式，即"公司融资"和"项目融资"，二者的区别主要有以下两点：

1.融资主体不同

项目融资以建设项目作为融资主体，以建设项目的名义融资，项目发起人通过招标确定投资者，投资者投入资本建立项目公司，通过项目公司获得贷款。投资者和贷款者对建设项目投入资金完全是根据项目的预期收入和资产，项目有稳定的预期收入。贷款记入项目公司的账表，表现为项目公司的负债。

公司融资是以公司作为融资主体，以公司的名义融资（借款），银行贷款时主要依据公司的资产、收入和信誉。新建项目的贷款记入公司的账表，表现为公司负债。

2.债务的追索形式不同

项目融资实行有限追索形式，债权人的追索权限于本项目的资产和收入，对本项目以外的资产和收入没有追索权，即对项目发起人和投资者本项目以外的资产和收入不能追索。为什么贷款者对建设项目的贷款同意实行有限追索形式？这是因为：（1）建设项目有政府的授权和支持；（2）建设项目有稳定的收入；（3）有各项合同保证项目按期保质完工，及时投入运营。

公司融资实行完全（无限）追索形式，贷款者对项目以外的资产和收入有追索权，即当建设项目的资产和收入不够偿还贷款时，可要求公司用该建设项目以外的资产和收入偿还贷款。

国际项目融资的资金来源包括以下两个方面：一是境外投资者投入的股权资本；二是从境外获得的各种贷款。前者是吸收外商直接投资，后者则属于国际信贷。

（二）国际项目融资的适用范围

国际项目融资主要适用于资金密集型的基础设施，这类项目收入稳定，运行费用和收入易于事先预测，财务风险较小。例如，发电设施、高等级公路、铁路、桥梁、隧道、城市供水及污水处理、港口、机场等基础建设项目，以及其他投资规模大，且具有长期稳定预期收入的建设项目。主要投资者应具有足够的经济能力和履约能力，外方主要投资者还应有较强的国际融资能力和进行项目融资的业绩。

国际项目融资在我国是一种新的融资方式，不论项目规模大小，均须报国家相关部门审批，纳入国家利用外资计划。

（三）国际项目融资的模式

项目融资有多种模式，如投资者直接安排融资的模式、投资者通过项目公司安排融资的模式、以设施使用协议为基础的融资方式、以"杠杆租赁"为基础的融资模式、以"生产支付"为基础的融资模式和 BOT 项目融资模式等。其中，BOT 是 build（建设）、operate（经营）、transfer（转让）三个英文单词第一个字母的缩写，典型的 BOT 模式是指：大型项目的发起人（项目所在国的政府或政府指定的公司企业）在缺乏资金、技术的情况下，吸引外商来投资和经营（属于直接投资）。BOT 模式一般是通过招标确定投资者，发起人与投资者签订特许权协议，由投资者建立项目公司，负责项目的筹资、建造，在协议规定的期限内行使经营权，偿还该项目的债务，收回对该项目的投资，并赚取商业利润，协议期满后，项目公司将该项目无偿转让给项目发起人。BOT 是项目融资的一种新模式。

BOT 项目融资方式的基本程序见案例 7-2。

第三节　吸收外商直接投资的并购方式

一、外资并购概述

（一）外资并购的概念

外资并购是吸收外商投资兼并或收购本国企业，属于跨国并购（transnational M&A）。跨国并购是指一国企业为了某种目的，通过一定渠道和支付手段，将另一国企业的部分甚至全部股份或资产收买下来，从而对后者的经营管理实施实际的或完全的控制。

跨国并购可以从以下两个角度来看：一是本国企业到外国去投资并购外国企业，称为国（境）外并购，属于对外直接投资；二是外国企业（外商）到我国来投资并购我国的企业，称为外资并购，属于吸收和利用外资。每一项跨国并购都同时包括上述两个方面，例如，我国甲公司并购 A 国 A 公司，对于我国甲公司来说是境外并购，对于 A 国 A 公司来说则是外资并购；反之，A 国 B 公司并购我国乙公司，对于 A 国 B 公司来说是境外并购，对于我国乙公司来说则是外资并购。

外资并购的目标是吸收和利用国外的资金、技术、管理经验和销售渠道，促进经济迅速发展。

（二）外资并购的作用

正确地推进外资并购，对于促进经济发展具有重要作用：

（1）能够吸收和利用更多的外商直接投资，扩大经济规模，促进就业。

（2）能够更好地利用国外的先进技术，有利于技术创新，开发新产品，提高产品质量，还能盘活存量资产，重组资源，少铺新摊子，优化产业结构，转变增长方式，提高经济运行质量，提升企业的生产力和竞争力。

（3）能够更好地吸收和利用外国公司先进的管理经验，有利于制度创新。外国跨国公司并购我国企业，必将促进我国企业经营管理制度的现代化，促进我国经济体制的进一步改革。

二、跨国并购的产生和发展

企业并购出现已有100多年的历史。19世纪90年代以来，世界经济发展过程中经历了五次并购浪潮。20世纪60至70年代，跨国并购事件还很少，但80年代以来，跨国并购迅速发展。1999年，全球国际直接投资8 440亿美元，其中跨国并购总额7 200亿美元，占全球国际直接投资的85%以上。

与上述情况有很大差别，我国吸收外商直接投资约70%采用的是合资合作方式，部分采用独资方式，通过参股、控股、兼并或收购企业等跨国并购方式进入我国的外资很少，只占外商直接投资的5%~6%。目前，我国吸收外商直接投资的方式正处于由以"三资"新建方式为主转变为以外资并购方式为主的时期。

（1）在1978—2000年这20多年里，我国在吸收和利用外商直接投资，促进经济迅速发展方面是非常成功的，但是我国吸收外商直接投资的发展在1995年后开始出现后继乏力的趋势，合同外资金额大幅度下降，实际外商投资1999年下降11%，我国利用外商直接投资在全球所占的比重由1995年的11.4%下降到1999年的4.7%，2000年不到4%。一般都认为，我国吸收外商直接投资的主要方式与国际跨国投资的主要方式不接轨，乃是这20多年中我国利用外商直接投资数额徘徊不前甚至减少的主要原因之一。

（2）加入WTO前，我国吸收外商直接投资，70%左右的外资来源是中国港台地区，来自欧美等发达国家的投资比重还比较小。目前，中国对外开放的新领域，如电信、金融、保险等，一般都是欧美国家占优势的部门，因此来自这些国家的投资将增加。今后，我国在继续吸引众多的中小投资者来华投资的同时，要有重点地吸引国外跨国公司和大企业来华投资。当今世界跨国公司是国际直接投资的主体，在全部跨国并购中有90%是跨国公司进行的，跨国公司积极要求以并购方式在华投资。跨国公司和一些大企业对中国企业一般是先合资、合作，然后采取并购策略。现在，我国的投资环境已有很大改善，外国投资者对我国的投资已有很多了解，他们已不愿意再采用分步走的办法，而是要求一步到位直接采用并购方式对华投资。

我国政府有关部门为了指导外资并购工作，近年颁布了一系列法规，例如，

《关于向外资转让上市公司国有股和法人股有关问题的通知》（2002年11月）、《利用外资改组国有企业的暂行规定》、《外国投资者并购境内企业的暂行规定》等。2005年12月，商务部等五部委发布了《外国投资者对上市公司战略投资管理办法》；2006年9月，商务部等六部委发布了《关于外国投资者并购境内企业的规定》（2009年6月商务部修改后重新公布）。

此后，我国利用外资并购吸收外商直接投资有了迅速发展。据统计，从2004年到2008年年底，我国批准外资并购境内企业4 883项，外商投资额达68亿美元。例如，2005年，世界最大的钢铁公司安赛乐米塔尔以3.38亿美元收购湖南省华菱管线公司，成为华菱的第二大股东。华菱利用安赛乐米塔尔6项关键技术，使企业竞争力大大提高。2008年，欧洲工业集团——德国曼（MAN）集团出资5.6亿欧元（相当于60.48亿港元）购买中国重型汽车（香港）有限公司约25%的权益，其中曼集团以4.86亿欧元（约52.49亿港元）认购中国重汽香港公司一项2012年到期的可转股票据，同时出资73 979万欧元（约7.99亿港元）认购公司已发行股本的约4.2%或9 118.5万股股份。通过此项外资并购，中国重汽香港公司可从曼集团引进在重型卡车方面的生产技术。2009年6月，中国商务部公布了《关于外国投资者并购境内企业的规定》。

2020年1月1日新实施的《外商投资法》将外资并购纳入管理范畴。

三、外资并购方式

外资并购方式可从不同角度进行分类。

（一）按并购对象的内容分类

《外资并购规定》将外资并购分为以下两类：

（1）股权并购，指外国投资者购买境内非外商投资企业股东的股权或认购境内公司增资，使该境内公司变更设立为外商投资企业，称"股权并购"。

（2）资产并购，指外国投资者设立外商投资企业，并通过该企业协议购买境内企业资产且运营该资产，或外国投资者协议购买境内企业资产，并以该资产投资设立外商投资企业运营该资产，称"资产并购"。

（二）按并购对象的范围分类

（1）整体并购，指外商买断我国国有企业或私营企业的全部资产，组成外商独资企业，进而该企业成为其独资子公司。

（2）部分并购，指外商收购我国股份有限公司的部分股份或有限责任公司的部分股权。部分并购还分为重组控股式收购、增资控股式收购和股票认购式收购等具体方式。

（三）按并购的市场和方法分类

（1）协议并购；

（2）进入企业产权交易市场并购；

（3）进入股票市场并购；

（4）合资企业外方受让股权和增资扩股并购。

四、并购价格与支付方式

在并购过程中，关键的一环是对目标企业价值的评估以及由此形成并购双方都认为合理的并购价格。企业可以使用多种方法对目标企业的价值进行评估，国际上通常使用的方法主要是账面价值调整法、收益法、股利法、市场比较法和折现现金流量法等。在实际工作中，往往是两种或多种方法结合使用。并购双方对目标公司的价值往往有不同的认定，因而双方提出的并购价格可能差异不小，因为含有主观判断成分。在外资并购时，如果并购价格过低，就会使中方蒙受损失，而外方获得过多好处，因此，并购双方应经过多次谈判，找到一个双方都能够接受的并购价格。《外资并购规定》指出：并购当事人应以资产评估机构对拟转让的股权价值或拟出售资产的评估结果作为确定交易价格的依据。并购当事人可以约定在中国境内依法设立资产评估机构。资产评估应采用国际通行的评估方法，禁止以明显低于评估结果的价格转让股权或出售资产，变相向境外转移资本。

外资并购在并购价格确定之后，收购公司（外商）就应对目标公司的股东（中方）支付并购价款。在实践中，通常采用以下几种支付手段（即出资方式）：

（一）现金支付方式

这是指收购公司（外商）用可自由兑换的外币（外汇）支付并购价款，也可用外商合法拥有的人民币资产支付并购价款。

（二）股权支付方式

《外资并购规定》指出，所谓股权支付方式，是指外国投资者以股权作为支付手段并购境内公司，即境外公司的股东以其持有的境外公司股权或者境外公司以其增发的股份作为支付手段，购买境内公司股东的股权或者境内公司增发股份的行为。

上述所称的境外公司应合法设立并且其注册地具有完善的公司法律制度，且公司及其管理层最近3年未受到监管机构的处罚；境外公司应为上市公司，其上市所在地应具有完善的证券交易制度。

外国投资者以股权并购境内公司所涉及的境内外公司的股权，应符合以下条件：（1）股东合法持有并依法可以转让；（2）无所有权争议且没有设定质押及任何其他权利限制；（3）境外公司的股权应在境外公开合法的证券交易市场（柜台交易市场除外）上挂牌交易；（4）境外公司的股权最近1年交易价格稳定。

外国投资者以股权并购境内公司，境内公司或其股东应当聘请在中国注册登记的中介机构担任顾问（以下称"并购顾问"）。并购顾问应对并购申请文件的真实性、境外公司的财务状况以及并购是否符合《外资并购规定》有关条文的要求做尽职调查，并出具并购顾问报告，就前述内容逐项发表明确的专业意见。并购顾问应符合以下条件：（1）信誉良好且有相关从业经验；（2）无重大违法违规记录；（3）应有调查并分析境外公司注册地和上市所在地法律制度与境外公司财务状况的能力。

（三）债券支付方式

这是指收购公司（外商）将公司债券和可转换债券用于支付并购价款。

（四）其他方式

例如，收购公司（外商）用实物（例如机器设备等）、工业产权和专有技术等作价作为并购价款。

以上各种支付方式中，使用最多的是第一种方式，其次是第二种方式。

《外资并购规定》指出：香港特别行政区、澳门特别行政区和台湾地区的投资者并购境内其他地区的企业，参照本规定办理。

案例 7-1

李宁公司吸收境外私募股权基金（PE）的投资

李宁是20世纪世界最佳体操运动员之一，于1987年退出体坛后，成立了公司，制造和销售李宁牌运动服。1992—1996年，李宁在国内建立了零售网络。早在1997年，李宁就有了上市融资的欲望。该年8月，为了筹备上市，李宁在上海成立了李宁体育用品有限责任公司（以下简称上海李宁公司），注册资本50万元人民币，同年12月将注册资本增至2 600万元人民币。2001年，上海李宁公司原计划由有限责任公司转为股份有限公司。根据当时的《公司法》，股份有限公司必须有不少于5名发起人。2001年10月，上海李宁公司股东数目由2名增至6名。然而，上海李宁公司最终并未改为股份有限公司。这是因为，这时有两家私募股权基金要向上海李宁公司投资入股，因而改变了上海李宁公司的上市途径。

在这两家PE中，一是新加坡政府直接投资有限公司和鼎晖公司根据开曼群岛法律组建的有限合伙公司，为私人股本基金（以下简称CDH）；二是新加坡政府直接投资有限公司通过Tetrad公司对上海李宁公司进行投资。由于获得私人股本投资并且预期在境外上市，上海李宁公司要由内资企业改为外商独资企业。2002年10月8日，李宁在维京群岛注册成立Real Sports公司，同年10月29日，Real Sports与上海李宁公司订立股权买卖协议，Real Sports收购上海李宁公司当时的全部已发行股本，代价为600万美元，收购价格基于收购当时上海李宁公司的账面价值确定。2002年12月11日，上海李宁公司由内资有限责任公司改为外商独资企业，注册资本为800万美元，投资总额为2 000万美元。

2003年1月，Tetrad和CDH根据私募股权投资协议，分别以1 500万美元和350万美元认购Real Sports新股份。上述代价是基于机构私募股权投资者通常采用的多种估值方法确定的。该估值方法是基于公司等额盈利表现和流动现金来衡量公司的价值。Tetrad和CDH也采用公开市场同类公司的价值作为准则来衡量Real Sports的价值，并将估值做适当折减，以反映当时未上市公司缺乏流通性的特点。Tetrad和CDH还按照Real Sports 2001年经审计的净利润乘以适当的市盈率来衡量Real Sports的价值。

根据私募股权投资协议，各方同意Tetrad和CDH作为Real Sports投资者应具有若干权利和义务，包括提名董事加入Real Sports董事会，向Real Sports支付股份认购价等。这时，李宁家族、李宁的合伙人及主要高管以及两家战略者股东（Tetrad和CDH）都在Real Sports公司中持有股份。吸收两家PE的战略投资，使李宁公司的实力跃上了新的台阶，为上市融资创造了条件。

为筹备上市，李宁属下各公司曾进行重组，结果使李宁有限公司成为控股公司。李宁家族的实际权益经过重组形成4家公司间接持有李宁有限公司。从1998年起，李宁聘请了资本运作方面的专家为独立董事。1999年，他又聘请各个领域的专业公司协助公司完成上市的准备工作。

一系列的改革措施获得了成效。2001年公司营业额为7.3亿元人民币，净利润为4 960万元人民币；2002年和2003年营业额则分别为9.6亿元人民币和12.76亿元人民币。随着公司营业额的持续上升和投资者的进入，公司上市进程再次被提到日程上。

经过7个月的筹划，2004年6月28日，李宁公司终于正式在中国香港主板上市。本次公开发行2.47亿股，并于7月9日行使超额配售选择权，增发新股3 697.6万股，筹集超过了6亿港元。

2008年8月，李宁公司的股价为18元左右，如果按此价格计算，Tetrad和CDH的投资价值合计高达44亿港元，是当年入股的1 850万美元（汇率按入股时的1美元兑7.8港元计算）的30多倍，即乘数M=440 000÷（1 850×7.8）=30.49（倍）。

资料来源：邢会强，孙红伟. 李宁公司的融资［J］. 国际融资，2009（5）：47-48.

案例7-2

西南电力总公司利用BOT国际项目融资建设新电厂

西南电力总公司现有三个电厂：A厂、B厂和C厂，为了解决电力供不应求问题，经政府批准，该公司发起建一座新电厂——D厂，采用BOT方式进行项目融资，其基本程序如图7-2所示。

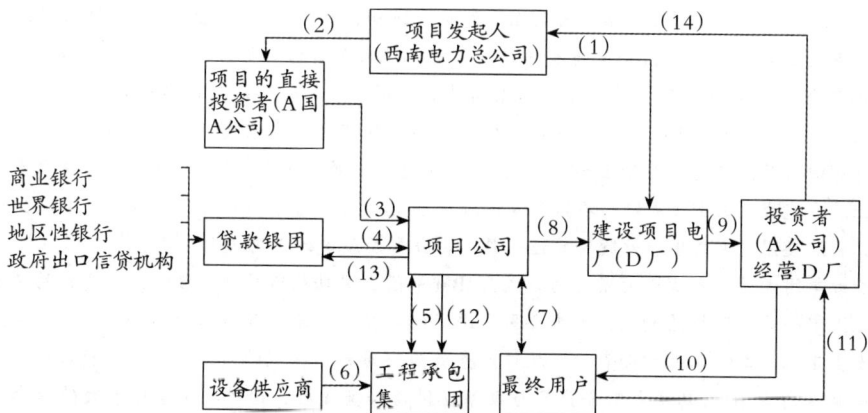

图7-2 BOT项目融资方式的基本程序

说明：

（1）西南电力总公司经政府批准发起建设一座新电厂——D厂；

（2）通过招标、投标，A国A公司中标，电力总公司授予中标者建设、经营D厂的权利，签订特许权协议；

（3）A公司投资建立项目公司；

（4）项目公司从境外银团获得贷款；

（5）项目公司与工程承包集团签订工程承包合同；

（6）工程承包集团与设备供应商签订供应合同；

（7）项目公司与产品或服务最终用户签订购销合同；

（8）项目公司进行施工，建设D厂；

(9) D厂建造完工，由投资者（A公司）经营；

(10) D厂向用户供应电力；

(11) D厂获得销售收入；

(12) 项目公司向工程承包集团支付工程款；

(13) 项目公司向贷款银团还本付息；

(14) 协议经营期满，A公司将D厂转让给项目发起人。

案例7-3

IBM对四川长虹的股权并购

四川长虹电器股份有限公司（以下简称"四川长虹"）前身为国营长虹机器厂，是我国"一五"期间的156项重点工程之一，是当时国内唯一的机载火控雷达生产基地。历经多年的发展，四川长虹完成由单一的军品生产到军民结合的战略转变，成为集电视、空调、冰箱、IT、通信、网络、数码、芯片、能源、商用电子、电子部品、生活家电及新型平板显示器件等产业研发、生产、销售、服务为一体的多元化、综合型跨国企业集团，逐步成为全球具有竞争力和影响力的3C信息家电综合产品与服务提供商。

2009年1月17日四川长虹（600839）公告，IBM中国公司通过大宗交易方式受让大股东四川长虹集团公司2 967万股股份，交易额为10 799万元。由此，IBM成为四川长虹第二大股东。1月16日，四川长虹收到公司第一大股东长虹集团通知，长虹集团于2009年1月16日通过上交所交易系统以大宗交易方式将其持有的四川长虹无限售条件流通股股份2 967万股转让给国际商业机器全球服务（中国）有限公司（IBM中国公司），本次交易股份占四川长虹总股本的1.56%，交易价格为3.64元/股，交易成交金额为10 799万元。本次大宗交易完成后，IBM中国公司持有四川长虹流通股股份2 967万股，占公司总股本的1.56%。IBM中国公司承诺自本次股份转让过户完成之日起1年内，不转让或通过证券交易所交易系统减持所持股份。本次交易完成后，长虹集团持有四川长虹股份5.52亿股，占公司总股本的29.08%。

长虹集团表示，本次以大宗交易方式向IBM中国公司转让所持部分股份，主要目的是进一步优化上市公司的股权结构，为上市公司引进战略投资者，本次股份转让不会导致四川长虹控股权发生变化。四川长虹方面表示，软件业务成为公司开始尝试的新方向，四川长虹已经从传统家电制造商向3C信息家电综合产品与服务提供商转型发展，通过携手全球最大的信息技术和业务解决方案公司IBM，四川长虹进军信息软件产业。

IBM公司是全球最大的信息技术和业务解决方案公司，其看中四川长虹急切向3C信息家电综合产品与服务提供商转型发展的需求，及时入股成为四川长虹的第二大股东，两者结盟为深层次的战略合作伙伴，四川长虹与IBM资源共享、充分协同，为相关合作项目提供高品质的信息化家电、网络、IT等各类产品以及高水平的系统解决方案等，从而建设新时代的智慧城市和智慧乡村。

资料来源：曾聪. IBM收购四川长虹2 967万股 成为第二大股东 [EB/OL]. [2009-01-19]. http://display.ofweek.com/2009-01/ART-230002-8100-27023001.html.其他内容整理自投资中国网。

案例7-4

陕西西安至临潼高速公路经营权转让项目

长期以来，资金一直是困扰陕西公路建设的重要因素。

陕西公路长约360千米，按照"九五"建设规划，要在"九五"期间投资150亿元人民币，将高等级公路在"九五"末期达到600千米。通过各方渠道可筹集资金约80亿元人民币，资金缺口很大。陕西从1993年前后就开始探索诸如股份制、BOT、经营权转让等多种模式来发展陕西的公路交通事业。当时，转让公路经营权在西北尚无先例。西（安）临（潼）公路素有"西北第一路"之称，当时估算1996年全年通行费收入可达到4 000万元人民币。陕西省委、省政府以极大的决心和勇气做出决定：以出让西临高速公路经营权的方式换取境外资金。

从1993年起，为这一项目寻找合作对象的工作便开始了。几经谈判、挫折，到1996年年初，当获得陕西省政府及交通厅授权委托、负责引资谈判的中陕国际公司到我国香港寻求合作对象时，与急于在我国内地投资基础设施建设的香港中资机构——香港越秀集团——一拍即合。项目的推进效率极高，到当年5月22日，该项目就成为陕西省在'96香港投资与贸易洽谈会上签署的第一个引资项目。该项目合同规定：香港越秀公司出资3亿元人民币购置西临高速公路（20.1千米）20年经营权，但并不购置该项目资产本身；经营期满后，其用于西临公路经营管理的全部设施、设备无偿归陕西省所有。当年8月18日，合作双方共组的陕西金秀交通有限公司完成注册；10月1日，西临高速公路正式移交金秀公司运作，并且处于良好的运作之中。

这一项目的成功，不仅为陕西省引进了3亿元人民币建设资金及先进的管理制度和技术，而且在海内外产生了轰动效应，带动了基础设施投资热，此后前来洽谈公路项目的外商纷至沓来。

资料来源：韩琳. 陕西开放引资新思路——访陕西省省长程安东［J］. 中国外资，1998（4）.

思考题

1.国际筹资的方式有哪几种？国际筹资的目标是什么？

2.什么是直接投资和间接投资？证券（债券、股票）投资属于哪一类投资？

3.我国在吸收外商投资方面的政策是什么？

4.吸收外商直接投资方式怎样分类？

5.什么是BOT项目融资方式？其基本程序是怎样的？

6.项目融资与公司融资的主要区别是什么？

7.什么是外资并购（跨国并购)？

8.外资并购采取哪些方式？怎样确定外资并购的价格和支付方式？

相关网站

中国资本证券网 www.ccstock.cn.

投资中国 www.chinaventure.com.cn.

风险投资网 www.chinavcpe.com.

私募股权投资网 www.zhonghua-pe.com.

美国全国风险投资协会 www.nvca.org.

亿欧 www.iyiou.com.

红杉资本 www.sequoiacap.com.

IDG 资本 cn.idgcapital.com.

清科研究中心 www.pedata.cn.

第八章

国际信贷筹资

第一节　国际信贷筹资的渠道

从广义来说，国际信贷包括国际贷款、国际债券发行、国际租赁和国际补偿贸易等。从狭义来说，国际信贷仅指国际贷款。

国际贷款按贷款来源不同可以分为外国政府贷款、国际金融组织贷款、国际商业贷款（包括国际商业银行贷款和出口信贷等）[①]和混合贷款（由政府贷款和出口信贷或商业银行贷款混合组成的贷款等）以及风险投资银行对高新企业贷款等，此外，企业还可以从外国企业获得贷款。企业从外国商业银行取得贷款是境外融资的一个主要渠道。外国政府贷款和国际金融组织贷款主要通过政府和国际金融机构办理，而国际商业贷款主要通过国际信贷市场运作。

一、外国政府贷款

外国政府贷款是指一国政府利用财政资金向另一国政府提供的优惠性贷款。它有以下特点：

（1）一般是在两国政治、外交关系良好的情况下进行的，为一定的政治、外交关系服务。

（2）受贷款国财政经济状况制约，贷款数额不会太大。

（3）属于主权外债，强调贷款的偿还。我国政府借用的外国政府贷款，除经国务院批准由国家统还者外，其余由项目业主偿还且多数由地方财政担保。

（4）贷款条件优惠。贷款利率一般为0.2%~0.3%，个别贷款无息。有些贷款方还提供部分赠款。贷款偿还期限通常为10~40年，并含有2~15年的宽限期。

（5）限制性采购。外国政府贷款的第三国采购比例一般为15%~50%，即贷款

[①] 　国务院《关于进一步加强借用国际商业贷款宏观管理的通知》（国发〔1995〕30号）中将外国商业银行（机构）贷款、出口信贷、境外发行外币债券、国际融资租赁和以现汇方式偿还的补偿贸易、国际项目融资及其他形式的商业性筹融资都包括在国际商业贷款内。

总额的 50%~85% 用于购买贷款国的设备和技术。借款国通常不能自由选择贷款货币，汇率风险较大。

（6）投向限制。外国政府贷款主要用于政府主导型项目建设，领域集中于基础设施、社会发展和环境保护等。

（7）本国政府支持。例如，对贷款项目免征进口环节的增值税和关税。

（8）通过外国政府贷款，可以引进国外先进技术、管理智慧和发展理念。

新中国成立初期曾使用苏联向我国提供的金额为 74 亿旧卢布（约合 15 亿美元）、年利率为 2.5% 的长期贷款，用于第一个五年计划重点建设项目。从 1979 年开始，我国政府陆续与比利时、奥地利、日本、科威特、丹麦、法国、德国、意大利、瑞典、瑞士等国签订使用这些国家政府贷款的协定，使外国政府贷款成为我国利用外资的重要渠道之一。

我国利用外国政府贷款，由财政部金融司统一管理。需要申请贷款的部门、单位须提出项目建议书和可行性研究报告，经计划、财政部门审核，对合格的项目报国务院批准后，由财政部与外国政府谈判签约，取得外国政府贷款。截至 2022 年 12 月 31 日，我国利用外国政府贷款累计承诺额约 557.26 亿美元，累计提款额约 488.68 亿美元，累计归还贷款本金约 368.13 亿美元，贷款用于支持我国 2 714 个项目。近年来，根据国内经济的发展状况，在贷款方有关政策支持的前提下，贷款资金更多地投向了民生领域和中西部地区。据统计，2000 年以来，外国政府贷款对环保、医疗、教育和"三农"的投入达到同期协议总额的 50%，中西部地区项目占全部项目的比重超过 60%。这些项目的实施有效地弥补了国内建设资金和外汇"双缺口"，引进了国外先进技术设备和管理经验，缓解了能源、交通、原材料等瓶颈制约，促进了项目所在地的就业，改善了人民生活质量，支持了我国经济建设和社会发展，促进了改革开放。

我国利用外国政府贷款，正在不断拓展新的贷款领域和模式，涉及森林可持续发展、生物多样化保护、建筑节能、集中供热、垃圾污水处理、绿色中间信贷等领域，为提高生态环境水平、促进经济社会发展起到了积极作用。绿色中间信贷是外国政府贷款发展的新领域和新模式。该模式是指在对外财政合作的框架下，财政部对外筹集资金，国内银行在商定的领域内自主选择项目、自担贷款风险，专门用于支持节能减排和清洁能源企业发展。例如，中国财政部与法国开发署于 2007 年合作实施了绿色中间信贷项目（一期贷款 6 000 万欧元、二期贷款 1.2 亿欧元），由上海浦东发展银行、招商银行和华夏银行承办，支持中国中小企业节能减排。通过该项目的实施，实现年减排二氧化碳 215 万吨，年节约标准煤 72 万吨。

二、国际金融组织贷款

国际金融组织是指由许多国家共同兴办，为了达到某些共同目的而在国际上进行金融活动的机构。国际金融组织可分为世界性国际金融组织和地区性国际金融组织。前者主要有国际货币基金组织（IMF）和世界银行集团，后者包括亚洲开发银行、非洲开发银行、泛美开发银行和欧洲投资银行等。

（一）国际货币基金组织贷款

1.国际货币基金组织贷款概述

国际货币基金组织（International Monetary Fund，IMF）是在国际合作的基础上，为协调国际货币政策、加强货币合作而建立的政府间的国际金融机构。国际货币基金组织于1945年12月成立，其总部设在华盛顿。国际货币基金组织的根本任务是提供短期贷款，以调整成员国国际收支不平衡问题，维持汇率的稳定。

国际货币基金组织由理事会、执行董事会、总裁和业务机构组成。此外，根据业务需要，理事会和执行董事会可任命若干特定的常设委员会，理事会还可以组建临时委员会。在国际货币基金组织成立协议上签字的国家是基金组织的创始成员国，此后，又有许多国家加入基金组织，截至1999年，基金组织的成员国共有182个。凡参加基金组织的成员国都要交纳一定数量的基金份额。成员国的投票权就是按其交纳份额的大小来确定的。按照基金组织的规定，每个成员国都有250张基本票，每交纳10万特别提款权份额增加1票，两者相加即是该成员国的投票权。

国际货币基金组织的资金来源包括下列三项：

（1）基金份额。基金份额在性质上相当于股份公司的入股金，成员国一旦交纳后即成为基金组织的财产。每个成员国所交纳份额的大小，取决于成员国的国民收入、黄金外汇储备、平均进口额、出口变化率、出口额占国民收入的比例等变量。份额的计算单位原为美元，1969年以后改为以特别提款权为计算单位。基金组织的一切活动几乎都同基金份额有关。基金份额是基金组织向出现国际收支短期失衡的成员国提供贷款的主要来源。成员国所交纳基金份额的大小不仅决定其在基金组织中的投票权，而且决定其从基金组织借款的最高限额和特别提款权的分配数额。

（2）借款。借款是基金组织的另一资金来源，是在基金组织和成员国的协议下向成员国借入的资金。如1962年10月，基金组织根据"借款总安排"（general arrangement to borrow）借得60亿美元资金，作为它的补充资金。此外，基金组织为筹集石油贷款和补充贷款的资金也进行了借款。

（3）信托基金。基金组织于1976年决定，将按市价出售黄金所获得的利润作为信托基金，向最贫困的发展中国家提供优惠贷款。

成员国所持有的特别提款权连同黄金、外汇以及在基金组织的储备资产共同构成了该国的国际储备资产。当成员国发生国际收支逆差时，可将特别提款权划给另一个成员国，换取可兑换货币以弥补逆差，特别提款权还可用来偿还基金组织的贷款。但它不能兑换黄金，不能直接用于各国间贸易或非贸易的支付。

基金组织提供的各种类型的贷款，在一定程度上缓和了成员国的国际收支危机；基金组织在稳定国际汇率、促进国际贸易发展方面发挥了积极作用；基金组织在维持国际货币体系的正常运转，促进各国商品、劳务和资本流通等方面也起到了一定的作用。

2.国际货币基金组织的记账货币单位：特别提款权

特别提款权（special drawing right，SDR）是一种有黄金保证的记账单位，每单位含0.888671克纯金（根据黄金官价35美元兑换1盎司黄金定出），与1971年贬值前的美元相等，即1特别提款权等于1美元。以后由于自由市场金价猛涨，黄金官价实际已不存在。1974年1月1日，基金组织宣布特别提款权与黄金脱钩，改用美元等16种货币的加权平均值来决定特别提款权的价值，但由于这种定值方法在技术上比较复杂，基金组织决定自1980年9月起，特别提款权改按简化的一篮子货币定值，定值货币由16种减至5种，1980年的权数为：美元42%（USD0.54）、德国马克19%（DEM0.46）、日元13%（JPY34）、法国法郎13%（FRF0.74）、英镑13%（GBP0.071）。5种货币的权数在1986年、1991年、1996年进行过3次调整，在1999年进行第4次调整时，欧元代替了德国马克和法国法郎。2016年10月1日，中国人民币正式加入国际货币基金组织的特别提款权，这时5种货币的权数为：美元41.73%（USD0.58252）、欧元30.93%（EUR0.38671）、人民币10.92%（RMB1.0174）、日元8.33%（JPY11.900）、英镑8.09%（GBP0.085946）。

从上可知，1.0174元人民币是1SDR的10.92%，可计算出1SDR=1.0174÷10.92%=9.31685（元人民币）。同理可计算出1SDR=0.58252÷41.73%=1.3959（美元）。

关于人民币进入SDR货币篮子，并成为世界第三大货币，IMF总裁拉加德曾表示，人民币进入SDR货币篮子是中国经济融入全球金融体系的重要里程碑，也是对中国政府在过去几年里在货币和金融体系改革方面所取得的进步的认可。

人民币进入SDR货币篮子，这是国际社会授予人民币的一个重要证书。它至少证明了两点：第一，人民币在国际贸易中是重要的货币；第二，人民币是在一定程度上"可自由使用"的货币。同时，它还暗示着，人民币未来有可能成为硬通货，从而进一步推动人民币国际化。

人民币国际化将降低汇率波动风险和国际贸易成本，扩充企业全球金融资源。对外贸易的快速发展使外贸企业持有大量外币债权和债务，由于货币敞口风险较大，汇率波动会对企业经营产生一定影响。人民币国际化后，对外贸易和投资可以使用本国货币计价和结算，企业所面临的汇率风险将随之减小，这可以进一步促进中国对外贸易和投资的发展，同时也会促进以人民币计价的债券等金融市场的发展。

人民币进入SDR货币篮子后，世界各国以及部分投资机构可能会参照人民币在SDR中的权重，在外汇储备或者货币投资上配置一定数量的人民币，这样就带来了对于人民币的需求，有助于缓解人民币贬值的压力。

（二）世界银行集团贷款

世界银行（World Bank）即国际复兴开发银行（International Bank for Reconstruction and Development，IBRD），它是根据1944年7月联合国金融会议的决议于1945年12月成立的，后来又先后成立了两个附属机构：国际金融公司

（International Finance Corporation，IFC）和国际开发协会（International Development Association，IDA）。这三个机构统称为世界银行集团。世界银行总行设在华盛顿，在纽约、巴黎、伦敦、日内瓦、东京和北京等地设有办事处。

2010年4月25日，世界银行发展委员会春季会议通过了发达国家向发展中国家转移投票权的改革方案，中国在世界银行的投票权从2.77%提高到了4.42%，成为仅次于美国和日本的第三大股东。

1.世界银行贷款

世界银行贷款的资金来源主要有成员国认缴的股本、发行债券取得的借款、留存的业务净收益和其他资金来源。

与一般商业银行贷款相比，世界银行贷款有以下一些特点：

（1）只向成员国政府或由成员国政府、中央银行担保的公私机构发放贷款。

（2）贷款必须用于经世界银行审定批准的项目。

（3）贷款不以营利为主要目的，而是为了协助成员国发展经济。

（4）贷款期限长，最长可达30年，平均为17年，宽限期为4年左右。2001年9月，世界银行重新公布了贷款的还款期限，IBRD的硬贷款①的还款期限以借款国人均国民收入为标准：人均国民收入在1 445美元以下的国家为20年；借款国人均国民收入在1 446~2 995美元的国家为17年；借款国人均国民收入在2 996美元以上的国家为15年。借款国人均国民收入在5 225美元以上的国家开始实施从IBRD毕业的程序。

（5）贷款利率参照市场利率，但一般低于市场利率，贷款收取杂费很少，只收取0.75%的承担费。

（6）贷款申请、审批手续严密，从提出项目到取得贷款，一般需一年半到两年的时间。

（7）世界银行一般只提供项目建设所需的外汇资金。

（8）贷款都以美元计价，如借用和偿还时使用其他货币，借款者需承担汇率风险。

世界银行除了单独提供贷款以外，还同商业银行一起对世界银行批准的一些大型项目发放联合贷款和培训人员等。

2.国际金融公司贷款

由于世界银行的贷款主要以成员国政府为对象，对私人企业贷款必须由政府担保，因而在一定程度上限制了世界银行的业务活动范围。为了扩大以私人企业为对象的国际贷款，世界银行于1956年下设国际金融公司（IFC），其宗旨是：通过向成员国私人企业提供不需要政府担保的风险资本，促进不发达国家私人企业的发展和对资本市场的培育；辅助世界银行，通过贷款和投资入股的形式，向成员国特别是发展中国家的私人企业提供资金，促进成员国经济发展。该公司总部设在华

---

① 世界银行贷款因贷款条件严格且贷款利率相对较高，因而称为"硬贷款"；而国际开发协会发放的优惠贷款是无息的或利息很低的，所以被称为"软贷款"。

盛顿。

国际金融公司的资金来源主要包括：

（1）成员国认缴的股本；

（2）从世界银行和其他金融市场取得的借款；

（3）公司积累的利润。

它的资金运用主要包括以下几个方面：

（1）贷款，主要为发展中成员国私人企业（现已扩大到公私合营企业、本国与外国合营企业、集体所有制企业、对私营企业提供资助的国有企业）的新建、改建、扩建提供贷款，一般不需要政府担保。期限一般为7~12年，包括宽限期1~4年，利率略高于世界银行，手续费率为1%。例如，1988年3月，国际金融公司向我国黑龙江省东方企业集团（非国有企业）的财务公司提供3 000万美元贷款，向集团内部的企业发放中长期外汇贷款。

（2）投资，向发展中成员国的私人企业投资入股。例如，国际金融公司2001年年末向我国南京市商业银行投资参股，持有该银行15%的股份；2003年向中国民生银行投资参股2 350万美元；2004年向兴业银行投资参股5 200万美元。

（3）转售对私人企业的投资，以加速资金周转。

IFC贷款、投资支持企业项目的标准是：①该企业必须是非国有控股的企业；②该项目或企业必须有持续的盈利能力；③这个项目本身需要有正面的社会效益和环境效益。具体衡量时，会看该企业对某一地区就业、税收、环境保护等方面的贡献。基于以上几条标准，节能减排、绿色新能源（太阳能、风能等）、电热联产与区域供热、各类余热与废气回收利用、节水与污水处理等项目，使IFC在中国受到高度的关注和支持。IFC对中国民营企业的贷款和参股见案例8-1。

3.国际开发协会贷款

由于世界银行贷款条件较严，数目有限，不能帮助贫困的发展中国家摆脱贫困，故于1960年9月成立国际开发协会，专门对不发达国家发放贷款。该协会总部设在华盛顿。

国际开发协会的宗旨是：通过向不发达国家提供条件特别优惠、期限很长的贷款促进其经济的发展和人民生活水平的提高。

国际开发协会的资金来源包括：成员国认缴的股本、各国政府提供的补充资金、世界银行从净收益中的拨款、借款和协会本身经营业务的净收益等。

国际开发协会的主要活动是向不发达国家的公共工程和发展项目提供比世界银行贷款条件更为宽松的长期贷款。2001年9月17日，世界银行重新公布规定，人均国民收入在885美元以上的国家不享受国际开发协会的软贷款。在2000财年，中国从国际开发协会毕业，国际开发协会自此不再向中国发放软贷款。

该协会发放的贷款有以下特点：贷款是无息的，只收0.75%的手续费；贷款期限最长的可达50年，宽限期为10年；借款国偿还贷款时，可以部分或全部用本国货币偿付。

国际开发协会每3年要扩充"金库",要求富国提供援助并共同确定援助项目。2007年12月,国际开发协会确定2008—2011年将拿出416亿美元援助人均国民收入不足1 065美元的国家。在2000财年之前还向国际开发协会借贷的中国,第一次成为该协会45个援助国中的一员,由过去的受援国变成了援助国。

中国财政部是国务院批准的世界银行贷款的对外窗口和对内归口管理部门。各地方或中央行业主管部门若需要贷款,应根据本地区或本部门的经济发展战略和优先重点,向国家计划部门和财政部提出利用世界银行贷款的计划与申请,国家发改委和财政部据以制订出全国利用世界银行贷款的计划。财政部负责具体组织、安排和协调与世界银行的贷款协定谈判、签署工作,并与项目单位签署转贷协议。项目单位应按计划完成项目建设,及时偿还贷款本息。

(三)亚洲开发银行贷款

亚洲开发银行(Asian Development Bank,ADB)是由联合国所属机构亚洲及远东经济委员会(即现在的亚洲及太平洋经济社会委员会)创办的,于1966年12月开业,行址设在菲律宾的马尼拉,其成员国除亚太地区的国家外,还有德、法、意、英、荷等国。我国于1986年3月成为亚洲开发银行的正式成员。2000年6月,亚洲开发银行在北京成立驻中国代表处。亚洲开发银行的主要任务是促进公私资本对本地区开发的投资,为本地区发展中成员的发展筹集和提供资金。

1.亚洲开发银行的资金来源

(1)普通资金,主要包括:①成员国认缴的股本;②借款(主要是发行债券);③业务净收益。普通资金主要用于硬贷款。

(2)亚洲开发基金,主要来源于亚洲开发银行发达成员国的捐款,还来源于亚洲开发银行从其他渠道取得的一部分捐款。它主要用于软贷款。

(3)技术援助特别基金,主要来源于各成员国的捐款,此外还有亚洲开发基金拨给的款项。该项基金主要用于以赠款形式进行的技术援助。

(4)日本特别基金,全部由日本政府捐赠。该项基金主要用于以赠款形式进行的技术援助。

(5)联合融资,指亚洲开发银行与外部经济实体共同为某些开发项目进行的融资。

2.亚洲开发银行贷款的分类

(1)亚洲开发银行贷款按资金来源和贷款条件可分为以下两类:

① 普通资金贷款(硬贷款)。贷款对象是收入较高的发展中国家,主要用于建设基础设施项目。利率原为固定利率,1986年7月改为浮动利率,每半年调整一次,根据当时借入贷款的平均成本加0.5%的利差来确定,目前年利率在6.5%左右,最高曾达7.65%。贷款期限为10~30年,宽限期为2~7年。

② 开发基金贷款(软贷款)。贷款对象是低收入成员国。期限长达40年,含宽限期10年,宽限期之后10年每年还本2%,再以后20年每年还本4%。不收利息,

每年只收1%的手续费。

除了贷款以外，亚洲开发银行还提供技术援助赠款。

（2）亚洲开发银行贷款按贷款用途和方式可分为以下五类：

① 项目贷款，为某些具体的发展项目提供资金；

② 规划贷款，为某一需要向优先发展的部门提供资金；

③ 开发金融机构贷款，又称中间贷款，指亚洲开发银行贷款给成员国的开发性金融机构，由其转贷给私营企业和小型企业；

④ 特别项目执行援助贷款，用于解决借款国在亚洲开发银行贷款项目执行过程中遇到未曾预料的困难；

⑤ 私营部门贷款，对私营部门那些促进经济发展并且获利较多的项目提供资金等。

（四）亚洲基础设施投资银行贷款

1.亚洲基础设施投资银行的创建

2014年年初，中国首先提出筹建亚洲基础设施投资银行（简称亚投行），许多国家积极响应。2014年10月24日，中国、印度和新加坡等21个首批意向创始成员国的财长和授权代表在北京签约，共同决定成立亚洲基础设施投资银行。亚投行是一个政府间性质的亚洲区域多边开发机构，按照多边开发银行的模式和原则运营，重点支持亚洲地区基础设施建设。这一点完全符合"一带一路"倡议的要求，可以说"一带一路"倡议是目标，而亚投行则是手段。

"一带一路"基础设施建设需要的资金数额是巨大的，存在巨大资金缺口。亚洲开发银行（简称亚开行）曾经预测，从2010年到2020年10年间，亚太地区基础设施建设投资需8万亿美元，而亚开行每年提供的基础设施项目贷款仅为100亿美元。建立亚投行的目的之一就是吸引全球资金弥补这一缺口。而且，在日美主导的亚开行体系下，发展中国家对于亚洲的投资和发展缺乏话语权和投票权，得不到亚开行较多的贷款。亚投行被认为是中国为应对分别由美国和日本主导的世界银行和亚洲开发银行而成立的机构。亚投行在宣传上让中国收获了意想不到的成功，吸引了不少国家来争当创始成员国，数量远超预期，其中包括像英国、德国、法国和澳大利亚这样的美国盟友。

2015年3月31日，亚投行创始成员国申请结束。这时，亚投行创始成员国已经增至57个，英国等金融强国积极加入亚投行正是看中"一带一路"倡议互利共赢的理念，而借鉴、吸纳金融强国的经验，能改善亚投行的治理结构，令中国金融服务更加成熟。亚投行的成长将大大加速"一带一路"建设，也将大大深化中国和世界各国经济合作，成为中国全面融入国际社会的重要组成部分，将给亚洲乃至世界经济增长带来积极作用。

2015年5月22日，57个创始成员国就亚投行章程达成共识。为期3天的会议旨在敲定亚投行的初始资本和各创始成员国的持股比例。确定亚投行的初始资本总额为1 000亿美元，中国持有25%以上股份，出资将少于30%，印度的持股比例将介于10%到15%之间。总体而言，亚洲国家将持有亚投行72%到75%的股份，其余部分属于欧洲和其他地区国家，各方商定于6月末在北京举行《亚投行章程》签署仪式。

2016年1月16日，亚投行开业仪式举行。亚投行57个创始成员国代表团团长共同按下了标志亚投行正式启动的启动键。

亚投行理事会成立大会也在16日举行。中国财政部部长楼继伟被选举为首届理事会主席，金立群当选亚投行首任行长。

亚投行的主要任务是解决亚洲发展中国家基础建设方面的困难。亚投行将提供广泛的金融服务，包括贷款、控股、提供担保和技术援助等。亚投行首个项目助力巴基斯坦基础设施建设见案例8-4。

中国作为亚投行倡议方，将坚定不移地支持其运营和发展，除按期缴纳股本金之外，还将向亚投行项目准备特别基金出资5 000万美元，用于支持欠发达成员国开展基础设施项目准备。

在57个创始成员国中，俄罗斯认缴股本65.362亿美元，获得5.92%的投票权，是仅次于中国（26.0%）和印度（7.5%）的第三大股东。德国和韩国分别是第四和第五大股东。截至2019年7月，亚投行有100个成员国。

根据成立协定，亚投行法定股本为1 000亿美元，分为100万股，每股票面价值为10万美元。亚洲国家占比不能超过75%，世界其他地区国家占比约25%。

虽然中国政府因持股超过25%而拥有事实上的否决权，但金立群一再表示，这家银行将通过多数意见来代表成员利益。

2.创建亚洲基础设施投资银行的意义

（1）为"一带一路"倡议提供金融支持，形成完整的融资链。

亚投行意向创始国大致可以分为两类：一类是以中国为主的资金来源国，中国希望通过建立亚投行，加大对有需要的成员国家基础设施项目的投资力度，扩大在这些国家的经济参与度和影响度；另一类是资金需求国，希望通过基础设施建设推动经济发展，实现合作共赢，投资方和借贷方都能获得利好。

尽管亚太区域平均每年基础设施投资需求达8 000亿美元，但亚投行可以结合"丝路基金"，通过发行债券、概念股、公募、保险、援助、信贷等各类资产证券化的金融创新方式获取金融的最大潜力，可以发挥万亿美元甚至更大的功效。亚投行对于"一带一路"倡议的意义，正是金融支持实业的意义所在。

（2）创建人民币"走出去"的新平台，促进人民币进一步国际化。

对于中国，亚投行更广泛的意义在于通过"一带一路"倡议的推进搭建一个有利于人民币在亚洲被广泛应用的平台。为此必须增强中国的经济实力，保持人民币稳定，保证中国在亚投行中占主导地位，加强与发展中国家合作，坚持互利共赢目标，从实际出发，对发展中国家适当放宽援助条件，给予实际优惠，使被援助国家更容易接受人民币核算条款，加快人民币"走出去"的步伐。

亚投行不仅使人民币在亚洲各国广泛使用，而且还受英、德、法等国家欢迎。

例如，2014年年末，在法兰克福启动亚洲之外首个人民币离岸交易中心时，人们的期望很高。中国银行法兰克福分行银行间业务部门负责人蒂尔·恩格尔哈德对德新社说，2016年1月至10月，参与此项业务的各家银行在法兰克福为客户用人民币结算的交易数量同比增加了15%，交易额增加了20%。他说："我们对这一业绩很满意，银行越来越多地使用我们的服务。"两年来，欧洲企业可以通过法兰克福的清算中心与中国贸易伙伴用人民币结算业务，以便让跨国交易更加简单便捷。目前，除法兰克福外，卢森堡、巴黎和伦敦也建立了人民币清算中心，它们各有不同的业务侧重点。

又如，2015年3月英国财政大臣乔治·奥斯本宣布英国有意成为亚投行的意向创始成员国。专门研究中国投资的一位基金经理说："奥斯本的加入（亚投行）决定是一个妙招。鉴于英国对华贸易的重要性日益加大以及伦敦金融城渴望成为人民币交易的主要离岸中心，此举正是所需要的，为中英关系创造了奇迹。"

（五）金砖国家新开发银行贷款

1.金砖国家的概念

2001年，美国高盛公司首席经济师吉姆·奥尼尔（Jim O'Neill）首次提出"金砖四国"这一概念，特指新兴市场投资代表。"金砖四国"（BRIC）引用了俄罗斯（Russia）、中国（China）、巴西（Brazil）和印度（India）的英文首字母。由于该词与英语单词的砖（brick）类似，因此被称为"金砖四国"。2008—2009年，相关国家举行系列会谈并建立峰会机制，拓展为国际政治实体。2010年南非（South Africa）加入后，其英文单词变为"BRICS"，并改称为"金砖国家"。金砖国家的标志是五国国旗的代表颜色做条状围成的圆形，象征着"金砖国家"的合作、团结。

金砖国家的宗旨是遵循开放透明、团结互助、深化合作、共谋发展原则和"开放、包容、合作、共赢"的金砖国家精神，致力于构建更紧密、更全面、更牢固的伙伴关系。近年来，金砖国家合作已经形成以领导人会晤为引领，以安全事务高级代表会议、外长会晤等部长级会议为支撑，在经贸、财政、金融、农业、教育、卫生、科技、文化、禁毒、统计、旅游、智库、友城、地方政府合作等数十个领域开展务实合作的多层次架构。

2.金砖国家新开发银行的设立

从2009年开始，金砖国家领导人每年都举行会晤，讨论有关重大问题，并作出决定。2013年3月，金砖国家领导人第5次会晤，决定设立金砖国家新开发银行和应急储备基金。2014年7月，金砖国家领导人第6次会晤，5位领导人见证了成立金砖国家新开发银行和应急储备基金安排协议的签署。

金砖国家新开发银行总部设在上海。金砖国家开发银行首任理事会主席由俄罗斯提名，首任董事会主席由巴西提名，首任行长由印度提名，在南非设立区域办公室。

金砖国家开发银行的起始资金为1 000亿美元，首批认购份额为500亿美元，每个国家分摊100亿美元。

金砖国家开发银行旨在向金砖国家提供基础设施项目资金，也可以作为替代性金融机制向其他发展中国家提供资金。

金砖国家还建立了初始资金规模为1 000亿美元的应急储备基金，用于金砖国家应对紧急金融状况。各国最大互换金额为中国410亿美元，巴西、印度和俄罗斯各180亿美元，南非50亿美元。

金砖国家成员国平均分配开发银行的资本份额和管理权。金砖国家开发银行的所有决议由专业人士作出，并要得到至少4个成员国代表或2/3投票的支持。

5个成员国都表示，建立金砖国家开发银行的主意是印度想出的，因此由印度人担任首任行长是公平的，还认为最重要的既不是首任行长的国籍，也不是银行选址，而是每个国家的投资份额。金砖国家开发银行的各个成员国份额相同。

2016年4月，金砖国家开发银行总部上海已经为清洁能源项目提供了9.11亿美元的首批贷款。金砖国家开发银行行长孔达普尔·瓦曼·卡马特在最近的演讲中表示，未来一年该银行将进一步扩大贷款，提供额外的25亿美元。除了传统的基建项目融资，金砖国家开发银行关注的焦点仍然是可持续发展倡议，其中包括能源利用效率、水和废料管理，以及污水处理项目。

3.建立金砖国家开发银行的意义

2019年11月，金砖五国于13日至14日在巴西首都巴西利亚举行峰会，主题为"经济增长打造创新未来"，聚焦强化科技合作和防范跨国犯罪等。峰会公布的联合声明指出，金砖国家在促进多边主义、反对保护主义和扩大集团内部贸易等问题上达成共识。

为了跟西方主导的国际货币基金组织和世界银行分庭抗礼，金砖五国于2014年成立新开发银行，目前已在投资计划中提供超过14亿美元的贷款。行长卡马特表示，未来将持续纳入新兴经济体成为会员国。

金砖国家的人口占全球的43%，国内生产总值占全球的30%，贸易占全球的17%。金砖国家希望找到推动经济复苏的方式，以便再次成为世界经济的发动机。

1944年布雷顿森林会议决定建立的国际货币基金组织和世界银行，都是由美国主导的金融机构，它们的领导人必须是美国人和西欧人。长期以来，新兴经济体呼吁对国际货币基金组织和世界银行等传统机构进行改革，因为这些机构"并不真心愿意和新兴市场国家之类的后来者分享机构管理和决策过程"。发展中国家普遍认为，金砖国家开发银行的建立将使金砖国家"受益匪浅"，将成为宏观经济改革的基础，将有助于完善全球治理体系，提升所有新兴国家在处理国际事务时的代表权和话语权，促进国际金融和经济迅速发展。

此外，中国一直倡导拟建立上合组织开发银行；2019年11月的上海合作组织成员国总理会议上，李克强总理提出继续探讨建立上合组织开发银行的可行方案，共同为地区互联互通项目提供可靠的资金支持，同时，中国愿意设立"中国—欧亚经济合作基金"。2018年和2021年，中国在上合组织元首峰会上分别宣布，设立上合银联体一期、二期各300亿元人民币等值专项贷款，用于共建"一带一路"合作，重点支持现代化互联互通、基础设施建设、绿色低碳可持续发展等项目，有力促进区域经济金融合作和互利共赢。上合银联体成立于2005年10月，目前共有包括中国国家开发银行在内的8家成员行和2家伙伴行。成立以来，在"上海精神"的指引下，上合银联体通过机制建设、政策沟通、项目融资、规划合作、人员交流等全方位合作，在支持本区域和各国经济发展、民生改善等方面发挥了重要作用。可见，我国正在推进和计划推进的多家开发性金融机构将逐渐形成新型国际金融秩序的四大支柱：金砖国家开发银行、亚投行、丝路基金和拟议中的上海合作组织开发银行。

三、国际商业银行贷款

（一）国际商业银行信贷市场

各国的银行原来只是用本国货币向本国借款者发放贷款，随着国际经济贸易的发展，一些发达国家的银行开始用本国货币向外国借款者发放贷款，这种情况在19世纪就已出现。

到20世纪50年代末，在西欧各国形成了欧洲货币市场，它可分为欧洲信贷市场和欧洲债券市场。在欧洲信贷市场上，银行接受外币存款并用外币发放贷款，银行发放贷款所用的货币是银行所在国以外的货币。例如，在英国、德国、法国的银行通过吸收美元存款，向外国借款者发放的美元贷款，称为欧洲美元贷款；在德国、法国的银行通过吸收英镑存款，向外国借款者发放的英镑贷款，称为欧洲英镑贷款；此外还有欧洲马克贷款、欧洲法国法郎贷款、欧洲日元贷款、欧洲澳大利亚元贷款等。这类贷款不受贷款货币所属国家的法律约束，例如欧洲美元贷款不受美国银行法律约束。

欧洲货币市场总值的80%是美元，因此总体上可称为欧洲美元市场。欧洲货币市场最初主要是在伦敦，以后逐渐扩展到巴黎、卢森堡、苏黎世、法兰克福、阿姆斯特丹，其后又扩展到新加坡，形成亚洲美元市场，再发展到巴拿马，形成拉丁美洲美元市场。

欧洲货币市场的资金主要来自国际收支顺差国家的中央银行和其他官方机构的存款（石油输出国的官方存款增加最快），跨国公司、其他工商企业和个人的存款，以及发行欧洲票据和欧洲货币存款单（主要是欧洲美元存款单）等，这些存款往往是大面额的，经常在10万美元以上。银行利用这些存款向有资格的借款者提供美元贷款，根据借款者信用风险的不同，贷款利率也不同。资金使用者主要是国际收支逆差国家的政府机构和中央银行，以及跨国公司和其他工商企业等。20世纪60年代末和70年代初，欧洲贷款的90%由发达国家借用。1975年以后的几年中，发展中国家借用欧洲贷款的数额有很大增长，占欧洲贷款总额的50%以上。

大多数跨国公司都与全球范围内的多家银行保持着信贷关系，例如西屋电气公司与100多家外国和本国银行有信贷关系。20世纪70年代以来，欧洲信贷市场获得了飞速发展。

（二）国际商业银行贷款的种类

国际商业银行贷款按期限长短可以分为短期银行贷款和中长期银行贷款。

1.国际商业银行短期贷款

国际商业银行短期贷款是指借贷期限在1年以内的信贷，借贷期限最短的为1天（称为日拆），最长为1年。这种信贷可分为银行与银行间的信贷（称为同业拆放）和银行对非银行客户（如公司企业、政府机构等）的信贷。

2.国际商业银行中长期贷款

国际商业银行中长期贷款是指借款期限在1年以上的信贷，1年以上至5年的为中期信贷，5年以上的为长期信贷。由于中长期信贷的期限长、金额大，因而风险大，借贷双方应签订贷款协议。

国际商业银行中长期贷款主要有以下几种：

（1）双边贷款，指一家境外银行向我国境内金融机构或企业提供的贷款。其贷款金额较小，但贷款条件较为优惠，每笔贷款金额为几千万美元，最多为1亿美元。这种贷款的优点是灵活方便，贷款利息也略低一些，而且由一家银行提供贷款可以减少一些管理费用，降低信贷成本。

（2）联合贷款，指由一家或数家外国银行与我国的金融机构联合对某一项目提供的贷款。其贷款金额一般小于国际银团贷款。

（3）国际银团贷款，亦称辛迪加贷款，指由一家或几家银行牵头，由不同国家的多家国际商业银行参加，共同向一国政府、企业的某个项目提供金额较大、期限较长的一种贷款。每笔贷款金额一般为1亿~5亿美元，有的多达10亿~20亿美元。

国际银团贷款产生的原因是：20世纪60年代后期以来，国际上发生了债务危机，商业银行贷款不能按期收回，影响了其继续贷款的能力，由于贷款的风险加大，商业银行不敢大胆贷款。各国政府为了安全起见，规定了本国银行对外国贷款金额的限制，例如瑞士规定对外国贷款金额超过1 000万瑞士法郎须经中央银行批准，于是商业银行要独家提供巨额贷款就很困难。当时欧洲货币市场首先冲破了传统的习惯约束，各银行联合起来，共同对一个项目进行贷款，彼此合作，加强调研，既增强了资金的供应能力，又分散了贷款的风险，国际银团贷款便应运而生，迅速发展。

国际银团贷款的一般程序是：①由借款人提出贷款申请书、可行性研究报告及其他有关文件，由牵头银行审查同意后，同借款人商谈贷款条件；②由牵头行联系参加行，将贷款初步协议寄给各参加行，征求意见；③借贷双方签订贷款协议，由牵头行将协议交给各参加行；④牵头行向代理行移交有关文件，此后贷款的一切日常工作都由代理行办理。牵头行往往可转化为代理行。关于国际银团贷款的基本情况见专栏 8-1。

（三）国际商业银行贷款的特点

国际商业银行贷款与其他国际信贷方式相比，有以下几个特点：

1. 贷款可以自由使用，不受贷款银行的限制

外国政府贷款往往规定借款国必须用全部或部分贷款采购贷款国的商品，并且往往要求借款国用初级产品（如煤、原油等）来偿还贷款；出口信贷把提供贷款与必须购买贷款国的出口设备紧密地结合在一起；项目贷款与特定的建设项目相联系；国际金融组织贷款大多与特定建设项目相联系。而国际商业银行贷款的用途不受贷款银行的任何限制，可由借款者根据自己的需要自由使用，可以用来购买任何国家的货物。

2. 贷款方式灵活，手续简便

外国政府贷款要以两国关系友好为前提，同时贷款数额受贷款国财政状况的制约，不仅贷款手续相当繁杂，而且每笔贷款金额有限；国际金融组织贷款多与工程项目相联系，借款手续很烦琐，出口信贷也受很多条件限制；而国际商业银行贷款比较灵活，每笔贷款金额可多可少，借款手续比较简便。

3. 信贷资金供应充沛，允许选择借款货币

在国际金融市场上有大量的闲散资金可借用，只要借款人资信可靠，就可以从国际商业银行筹措自己所需要的大量资金，不像外国政府贷款和世界银行贷款那样只能满足工程项目的部分资金需要。同时，借款者可以灵活选择借用货币的种类，避免借款的外汇风险损失。

4. 贷款利率较高，期限较短

从利率来看，外国政府贷款具有经济援助性质，属于低息贷款；国际金融组织贷款有的是无息贷款，有的是中息贷款，如世界银行贷款的利率一般低于市场利率；出口信贷由于出口国政府对利息有补贴，其利率比市场利率低很多；而国际商业银行贷款的利息按国际金融市场的利率计算，受市场供求关系等因素的影响，随行就市，其利率高于上述各种贷款。再从期限来看，外国政府贷款和世界银行贷款期限最长可达 30 年，而国际商业银行中长期贷款期限一般为 3~5 年或 5~10 年。

（四）国际商业银行贷款的条件

贷款条件是指对借贷双方的权利义务所作的规定，主要包括贷款利率、费用、期限、偿还方式等几个方面。

1. 贷款利率

贷款利率的高低对借款人的利息负担轻重关系极大，因此，对借款人来说，应当特别注意利率问题。

国际商业银行贷款的利率因贷款市场、期限、货币种类等不同而有所差别。由于欧洲货币市场是世界上最主要的国际金融市场，因而下面主要介绍欧洲货币市场的银行贷款利率。

欧洲货币存款利率一般高于同一货币在其国内银行的存款利率，而欧洲货币贷款利率一般低于同一货币在其国内银行的贷款利率。例如，伦敦银行美元存款利率为5.6%，美国国内银行美元存款利率为5.4%；伦敦银行美元贷款利率为6.5%，美国国内银行美元贷款利率为6.8%。

欧洲货币市场存款利率较高和贷款利率较低的原因是：（1）欧洲货币存贷款不受存贷款货币所属国家的法律约束，接受欧洲货币存款的银行不需向中央银行转存一定比例的准备金，因而银行可以把更大部分的欧洲货币存款用于贷款，能获得较多的利息收入；（2）欧洲货币存贷的利率也不受货币发行国家国内利率的限制，银行为了促进欧洲货币的存贷款数额增加从而增加收益，一般都适当提高欧洲货币的存款利率，适当降低欧洲货币的贷款利率；（3）欧洲货币市场的交易通常是大宗的存款和贷款（100万美元或更多），可以降低银行的营运费用。

由于欧洲货币市场是自由市场，利率受供求关系的影响，供不应求时利率上升，反之则利率下跌。货币的软硬也会影响利率的高低。一般来说，软货币的利率比硬货币要高，因为一般借款人倾向于借软货币，以期偿还时可以减轻偿还成本，由于借者较多，其利率自然会上升，而硬货币因借者较少，利率就低一些。贷款期限的长短也会影响利率水平，一般而言，贷款期限越长利率越高，反之越低，这主要是由借贷风险、通货膨胀等因素决定的。欧洲货币市场有一个重要特征，即贷款利率采用浮动利率制。

（1）银行短期贷款利率。银行短期贷款包括银行同业之间的短期贷款（即银行同业拆借）和银行向最终客户（借款者）提供的短期贷款。银行同业拆借使用的利率有两个，即同业拆入利率和同业拆放利率。例如，在伦敦市场上拆入资金所适用的利率是伦敦同业拆放利率（LIBOR），拆出资金所适用的利率则是伦敦同业拆入利率（LIBID），前者要比后者高一些。在德国、法国等欧元区，同业拆放利率为EURIBOR，东京同业拆放利率为TIBOR，新加坡同业拆放利率为SIBOR，中国香港同业拆放利率为HIBOR等。美国是例外，它的同业拆放利率称为联邦基金利率，银行对最终借款者提供短期贷款的利率要在LIBOR的基础上加一附加利率。上海银行间同业拆放利率为SHIBOR，以位于上海的全国银行间同业拆借中心为技术平台计算、发布并命名，是由信用等级较高的银行组成报价团自主报出的人民币同业拆出利率计算确定的算术平均利率，是单利、无担保、批发性利率。中国人民银行成立SHIBOR工作小组，确定和调整报价团成员，监督和管理SHIBOR运行，规范报价行与指定发布人行为。始于2007年的SHIBOR建设，有利于进一步促进金融机构提高自主定价能力，指导货币市场产品定价，完善货币政策传导机制，推进利率市场化。短期贷款按期限不同（隔夜、7天、1个月、3个月、6个月、12个月）规定不同的利率。

银行短期贷款由于贷款期限不长，通常实行固定利率。

（2）银行中长期贷款利率。银行中长期贷款利率是在伦敦银行同业拆放利率

（LIBOR）的基础上加一附加利率。一般是以3个月期或6个月期的LIBOR作为中长期贷款的计息基础。LIBOR受多种因素影响而波动，而附加利率比较固定。由于中长期贷款期限较长，市场利率经常变动，借贷双方都想避免因利率变动而造成的风险损失，因此，中长期贷款一般采用浮动利率。LIBOR随银行贷款资金成本变动作相应的调整，一般是每隔3个月或半年调整一次。附加利率的高低因贷款额多少、期限长短、市场资金供求情况、借款所用货币的风险大小、借款人的资信高低等而有所不同，它由银行根据这些因素予以一次性固定，一般高的可达1%~2%，低的仅为0.25%~0.75%。贷款期限较短的，采用一个附加利率；贷款期限较长的，可分段确定附加利率，例如一笔7年期的贷款，前4年和后3年采用不同的附加利率。

贷款利息一般是在每一计息期（3个月或6个月）的期末支付一次，按实际用款额和实际用款天数计算。其计算公式为：

$$应付利息=本金×贷款年利率×\frac{实际计息天数}{全年基础天数}$$

对于公式中的天数，国际上的做法有大陆法、英国法和欧洲货币法。大陆法（Continental method）以360/360表示计息天数和基础天数的关系；英国法（British method）以365/365表示计息天数和基础天数的关系，逢闰年改为366/366；欧洲货币法（Euro method）以365/360表示计息天数和基础天数的关系，逢闰年改为366/360。在国际金融界，欧洲货币法使用范围较广，我国外汇外贸银行的外汇贷款业务就是采取这种方法计息的，其特点是按日历实际天数作为计息天数，而利息计算的基础天数固定为360天。

2.贷款费用

在国际金融市场上，借款人借入中长期贷款，除了要支付利息以外，还要支付各种费用，主要有以下几种：

（1）承担费（commitment fees）。在贷款协议中规定承担期（如某笔贷款期限5年，承担期半年），贷款协议签订后，银行就按协议准备资金，在承担期内借款者可随时支用。承担期内已支用的贷款金额计付利息，未支用的贷款金额计付承担费。承担期结束时，贷款未支用部分由银行注销，借款企业不能再支用。承担费是指在承担期内，借款者未支用贷款金额按规定的承担费率计算应支付给银行的一种赔偿性费用。承担费按承担期内贷款未支用金额、实际未支用天数和承担费率计算，每季、每半年支付一次。承担费的费率一般为0.125%~0.5%。

例如，借款人与银行在某年4月10日签订某一贷款协议，贷款额10 000万元，期限5年，承担期为半年（到10月10日止），并规定从贷款协议签订日起一个月后（即5月10日起）收取承担费，承担费率（年率）为0.25%。借款人实际支用贷款情况和应付承担费的计算见表8-1。从10月10日起，贷款未动用部分由银行注销，借款人不能再支用。

表8-1			借款人实际支用贷款情况及应付承担费的计算表			
日期		支用金额（万元）	未支用金额（万元）	应计算承担费用时间		承担费率（日率）	承担费金额（元）
月	日	（1）	（2）	起讫	天数	（5）	（6）=（2）×（4）×（5）
					（4）		
4	15	2 000	8 000	—	—	—	
5	10	4 000	4 000	5.10—6.11	33	0.25%÷360	9 166.67
6	12	1 000	3 000	6.12—8.7	57	0.25%÷360	11 875.00
8	8	1 000	2 000	8.8—10.9	63	0.25%÷360	8 750.00
10	10	—	2 000	—	—	—	
合计							29 791.67

（2）管理费（management fees），亦称经理费（manager fees）或手续费（commission）。在国际银团贷款方式下，借款人须向牵头行支付管理费（也叫牵头费和安排费），这是借款人对牵头银行组织银团贷款所支付的报酬。管理费按贷款总额的一定百分比（0.5%~1%）计算，支付时间有以下三种情况：签订贷款协议时一次支付；第一次支用贷款时一次支付；在每次支用贷款时按支用额的一定比率支付。

（3）代理费（agent fees），是借款人向银团中的代理行支付的报酬。代理行（可以是银团的牵头行或是另一家银行）在与借款人进行日常联系中发生各种费用开支，如电报费、电传费、办公费、差旅费等，均应由借款人负担。代理费按商定的固定金额付给代理行，在整个贷款期内每年支付一次。代理费收费标准各国不一，视贷款额大小和事务繁简程度而定，最高每年可达5万~6万美元。代理费属于签订协议以后发生的费用。

（4）杂费（out of pocket expenses），也是国际银团贷款方式下才发生的费用，是指牵头行为了与借款人联系、协商，为签订贷款协议所发生的费用，包括牵头行的车马费、律师费、宴请费等，这些费用均由借款人负担。杂费按牵头行提出的账单一次付清，其收费标准各国不一，多的可达10多万美元。杂费属于签订贷款协议之前发生的费用。

3.贷款期限

银行贷款期限的长短取决于贷款银行吸收资金的方式和借款人借款的用途。银行主要采取吸收存款（包括短期存款和中长期存款）方式筹措资金，这就决定了银行中长期贷款的最高期限为10年或10年以上。欧洲银行对不同的借款单位习惯上有不同的最高期限，对私人公司的中长期贷款一般最多以7年为限，而对政府的中长期贷款期限可稍长一些，可达10年或10年以上。从20世纪70年代初起，欧洲银行对企业和政府的长期贷款期限在10年以上的已不少见。

在欧洲信贷市场可采用转期信贷技术。所谓转期信贷，就是中长期贷款的利率每隔一定时期（一般为半年）根据市场利率重新商定一次，如果借贷双方达成协议，信贷可以继续下去，如果双方达不成协议，贷款可以终止。

4.偿还方式

银行中长期贷款的本金偿还方式有以下几种：

（1）到期一次偿还。这一方式适用于贷款额较小、期限较短的中期贷款。

（2）分期等额偿还。这一方式适用于贷款额较大、期限较长的贷款。在贷款期限内规定一个宽限期，在宽限期内，借款人不还本付息或只付息，宽限期满后开始分次还本并付息，每次还本金额相等。

（3）逐年分次等额还本。这一方式与第二种方式相类似，所不同的是无宽限期。

四、出口信贷

（一）出口信贷的特点

国际贸易中的短期信贷只能满足商品周转较快、成交金额不大的项目的资金需要，而一些大型机械、成套设备的成交额大、周转期长，进出口商需要期限较长的信贷支持。出口信贷是指出口国的官方金融机构或由其政府给予补贴的商业银行以优惠利率向本国的出口商或进口国的银行（或进口商）提供的与出口项目（大型机械、成套设备、船舶、飞机等）相联系的中长期资金融通，目的是促进本国大型机械、成套设备等的出口。出口信贷有以下特点：

1.出口信贷的利率低于相同条件下资金贷放的市场利率，利差由国家补贴

在许多工业发达的国家，大型机械制造业十分成熟，其产品的国内市场已基本饱和，必须大量出口，能否出口对这些国家的生产和就业影响甚大。在国际贸易竞争日益激烈的情况下，这些国家的政府为了加强本国大型机械设备（资本货物）的出口竞争能力，通过本国银行（商业银行和进出口银行或出口信贷机构）向本国出口商或外国进口商（或银行）提供利率较低的中长期信贷，其利率低于市场利率的差额由国家补贴。

2.出口信贷的发放与信贷保险相结合

由于出口信贷金额大、期限长、风险较大，为了使贷款银行免受风险，一些国家设有国家信贷保险机构对银行发放的出口信贷给予保险，如发生贷款不能收回的情况，信贷保险机构利用国家资金给予赔偿，风险由国家承担。

（二）出口信贷的形式

出口信贷有以下两种基本形式：卖方信贷（supplier's credit）和买方信贷（buyer's credit）。

1.卖方信贷

卖方信贷是在大型机械或成套设备贸易中，出口商所在国的银行向出口国（卖

方）提供的信贷。贷款协议由出口商与银行签订，而出口商对外国的进口商提供中长期延期付款的便利。出口商付给银行的利息、费用（信贷保险费、承担费和管理费等）有的包括在货价内，有的在货价外另加，转嫁给进口商负担。卖方信贷的基本程序如图8-1所示。

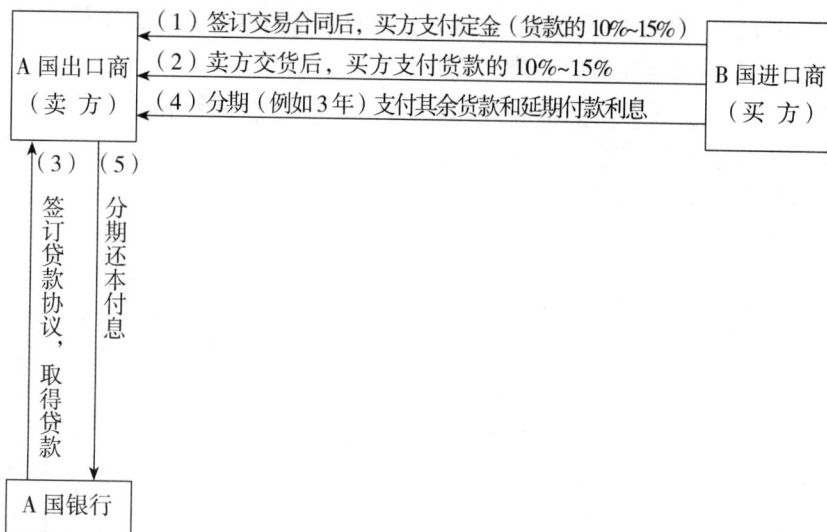

图8-1　卖方信贷的基本程序

在图8-1中，卖方取得贷款的最高数额不超过合同金额减去定金后的数额。

采用卖方信贷对进口商来说，既有有利的一面，也有不利的一面。有利的是这种做法比较简便，进出口双方只签订一个买卖合同，进口所需款项由出口商筹措。不利的是利用卖方信贷进口机器设备的成本和费用较高，因为出口商报价时，除机器设备的成本和利润外，还把从银行借款的利息和费用以及货币风险的补偿加在货价内。因此，采用卖方信贷进口机器设备，同用现汇进口相比其价格可能高出3%~4%，个别情况可能高出8%~10%。

中国银行为了支持国内成套设备及船舶的出口，增强其在国际市场上的竞争能力，为国家多创外汇，于1984年10月制定了《中国银行出口信贷暂行办法》（中长期人民币贷款）。贷款的对象是经国家批准有权经营机电产品、成套设备、船舶等资本商品出口业务的国有企业。凡是出口成套设备和船舶，采用3年以上延期收汇方式的，或需向生产企业预付出口商品工程进度款的，均可申请使用这种贷款。这种贷款的条件是：出口项目经国家有关部门审查批准，并持有已生效的出口贸易合同；申请贷款的单位经营管理正常，能按合同履约，出口产品质量好，能提供还款保证；国外进口商资信可靠，能按合同支付货款及向中国银行提供可接受的担保付款的保证。贷款期限一般不超过10年，最长不超过15年。贷款利率如下：5年以下的，月息4.8‰；5~10年的，月息5.4‰；10~15年的，月息6‰。利息每半年计收一次。

2.买方信贷

在大型机械或成套设备的贸易中，由出口国银行通过进口国银行转贷给进口商或直接贷款给进口商，用以支付货款，这种信贷方式叫买方信贷。进口商对出口商采用即期付款的方式。

（1）买方信贷的两种形式第一种形式：出口国银行通过进口国银行转贷给进口商。这种买方信贷的基本程序如图8-2所示。

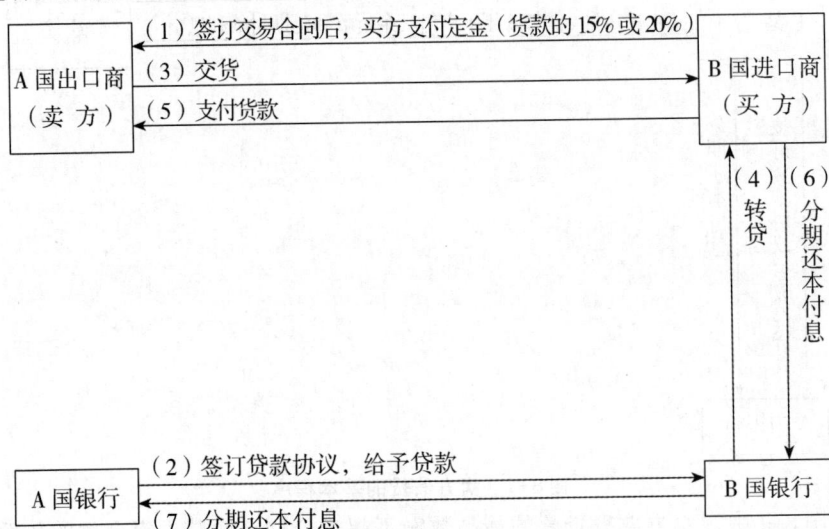

图8-2　买方信贷第一种形式的基本程序

在图8-2中，买方获得贷款的最高数额不超过合同金额减去定金后的数额。

第二种形式：出口国银行直接贷款给外国进口商（买方）。这种买方信贷的基本程序如图8-3所示。

（2）买方信贷的优点与卖方信贷相比，买方信贷具有许多优点，因而使用比较广泛。使用卖方信贷，出口商先是以赊销或延期付款方式出卖商品，由于资金周转不灵，才由本国银行给予资金支持，即先从商业信用开始，然后由银行信用加以补充，如进口商不按期支付货款，出口商就会出现财务困难。而买方信贷属于银行信用，银行资金雄厚，直接贷款给进口商或进口国银行，能及时向出口商支付货款，对进出口双方都比较有利，故国际上使用买方信贷的情况大大多于使用卖方信贷的情况。从买方信贷的两种形式来看，第一种形式使用较为广泛。

买方信贷对进口商的好处是：使用买方信贷的第一种形式，信贷条件由双方银行签订协议规定，进口商可集中精力与出口商商谈技术条件和商务条件（价格、付款办法等）；由于对出口商实行即期现汇成交，货物价格不包括利息、费用因素，因而确定价格比较容易；信贷手续费由双方银行协商确定，比卖方信贷的手续费（由出口商付给银行，但计入货价内，转嫁给买方）少。

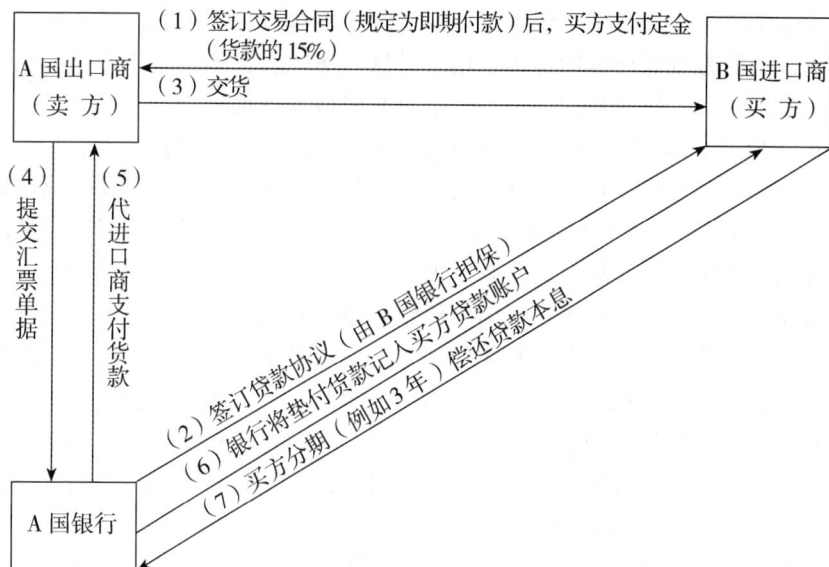

图8-3 买方信贷第二种形式的基本程序

买方信贷对出口商的好处是：出口商交货后，可立即收入现汇，加速资金周转；使用买方信贷，出口商不涉及信贷问题，可以集中精力按贸易合同的要求组织生产、发货；使用卖方信贷，会在资产负债表上反映出企业存在巨额应收账款，会影响企业的资信状况和企业股票上市的价格，而使用买方信贷则可避免出现这种情况。

（3）买方信贷的贷款条件：

① 贷款使用的要求：进口商接受买方信贷，只能用于向发放这一贷款的国家的出口商进行支付，不能用于第三国；进口商利用买方信贷限于进口资本货物，如大型单机、成套设备和有关劳务等，一般不能用于进口原材料、消费品等。

② 贷款使用的货币，一般有以下三种情况：使用提供买方信贷国家的货币；使用美元；提供买方信贷国家的货币与美元共用。

③ 贷款利率：一般低于国际金融市场的利率，利差由出口国政府补贴。20世纪70年代初，西方国家为了争夺海外市场，各国政府竞相为出口商提供利率低、期限长的优惠贷款。为了缓和竞争局面，控制出口信贷，经济合作与发展组织（OECD）于1978年公布了官方支持的出口信贷指导原则的协议，对出口信贷利率和期限作了规定，这一规定虽无法律效力，但为成员国所执行。从1984年起该利率每半年调整一次。

④ 贷款费用：使用买方信贷要支付管理费（费率为1‰~5‰，在签订贷款协议后一次支付或每次按支取贷款金额的一定比例付款）、承担费（费率为1‰~5‰，每季或每半年支付一次）、信贷保险费（费率各国不一，低的为3‰，高的为5‰）。

173

⑤ 贷款期限：一般都在2年以上，在宽限期内只付息不还本，宽限期满后开始分期还款，一般是按等份金额每半年还本付息一次。

（4）我国的买方信贷包括进口买方信贷和出口买方信贷。

1978年以来，为了利用国外银行提供的出口信贷，中国银行开办了进口买方信贷业务，先后与法国、英国、加拿大、意大利、挪威等十多个国家的银行签订了130亿美元的买方信贷总协议，供国内工业企业使用。进口买方信贷一般是由出口国银行预先向中国银行提供总的贷款额度，签订总协议，规定总的信贷原则，项目落实后需要使用时，再由使用单位向中国银行申请贷款，中国银行审查同意后再向出口国银行按总协议规定，办理具体使用买方信贷的手续。同时，进出口商双方签订商务合同，在合同中规定所需货款从出口方银行提供的买方信贷中支付，并由中国银行和出口国银行签订相应的具体信贷协议，出口国银行贷款给中国银行，再转贷给中国进口商，用以支付货款。贷款到期时，由中国银行向出口国银行偿付贷款本息，并向借款单位收回贷款。

1983年，中国银行开始办理出口买方信贷业务。具体办法是，根据国外进口商的贷款申请，两国银行签订贷款协议，然后由中国银行将外汇直接贷给进口国银行或进口商，用以支付我国出口商品的货款。1994年，我国成立中国进出口银行，专门从事出口信贷业务。2001年12月，我国成立中国出口信用保险公司，专门从事出口信用保险业务。

我国出口信贷的实际操作见案例8-2。

（三）我国对国际商业贷款的管理

我国从1979年开始在国际金融市场举借外债，其中国际商业贷款所占比重甚大。我国对境内机构借用国际商业贷款一直持谨慎态度，制定了一系列控制管理办法。经中国人民银行批准，国家外汇管理局于1991年9月和1997年9月先后两次发布《境内机构借用国际商业贷款管理办法》。1995年10月，国务院发布了《关于进一步加强借用国际商业贷款宏观管理的通知》。

（1）对外借用国际商业贷款的境内机构仅限于：①经国家外汇管理局批准经营外汇借款业务的中资金融机构；②经国务院授权部门批准的非金融企业法人。外商投资企业可直接对外借用国际商业贷款。

（2）中国人民银行是境内机构借用国际商业贷款的审批机关。中国人民银行授权国家外汇管理局及其分局（以下简称外汇局）具体负责对境内机构借用国际商业贷款的审批、监督和管理。

（3）境内机构借用国际商业贷款应当经外汇局批准。未经外汇局批准而擅自对外签订的国际商业贷款协议无效。外汇局不予办理外债登记。银行不得为其开立外债专用账户。借款本息不准擅自汇出。

（4）境内机构借用中长期国际商业贷款，应当列入国家利用外资计划。外汇局对境内机构借用短期国际商业贷款实行余额管理。项目融资的对外融资规模纳入国家借用国际商业贷款指导性计划。中资金融机构的海外分支机构一次性筹借等值5 000万美元以上（含5 000万美元）的国际商业贷款，应当事先由其总行（总公司）报国家外汇管理局批准。

（5）境内机构应当凭自身资信对外借用国际商业贷款，并自行承担对外偿还责任。外汇局有权检查境内机构筹借、使用和偿还国际商业贷款的情况。未经外汇局批准，境内机构不得将借用的国际商业贷款存放境外、在境外直接支付或者转换成人民币使用。

五、外国政府混合贷款

外国政府混合贷款简称混合贷款，是由外国政府和该国银行共同提供的结构性贷款。它包括以下两个部分：（1）外国政府贷款，有的还给予部分赠款；（2）出口信贷或国际商业银行贷款。各种贷款的比例根据两国关系及实施的项目确定，多数国家提供的混合贷款的构成为50%的低息或无息的政府贷款及50%的出口信贷。

外国政府混合贷款是20世纪80年代在出口信贷的基础上发展起来的一种贷款形式。20世纪70年代初，大型机械、成套设备等资本货物的出口竞争加剧，各国在提供出口信贷时，为了加强政府支持力度，竞相采取降低利率、延长偿还期、降低收取现汇定金的比例等措施，企图削弱对方，占领市场。经济合作与发展组织（OECD）为了规范其成员国的行为，曾规定出口信贷的最低利率、最长期限、进口商支付现汇定金的最低比例。从20世纪70年代到现在，经济合作与发展组织对出口信贷的利率作了多次调整，有调高趋势，有时甚至超过国际市场利率。因此，一些西欧国家开始提供部分外国政府贷款与出口信贷、国际商业银行贷款混合使用的贷款。例如，贷款总额1 000万美元，其中，外国政府贷款500万美元，年利率2%，期限20年；出口信贷500万美元，年利率10%，期限4年。其目的包括：（1）降低贷款利率（上例平均为3.33%），延长贷款期限（上例平均为12年），借款人可以用部分外国政府贷款支付出口信贷的定金，从而提高其资本货物的出口竞争能力；（2）增进贷款国与借款国在政治、经济、技术和金融等方面的合作。混合贷款首先由法国推出，随后其他西方国家纷纷效仿。意大利是第一个给中国提供混合贷款的国家。

外国政府混合贷款因有外国政府贷款、赠款成分，涉及双方政府间行为，申请与使用的程序比一般的出口信贷、国际商业银行贷款要复杂一些。我国企业要使用混合贷款，应向本省、自治区、直辖市有关部门提出申请，经国家有关部门批准立项，报财政部向贷款国提出贷款要求，由财政部指定银行从外国借入，再转贷给项目单位。

六、风险投资银行对高新企业贷款

高新企业是指技术创新型和高成长性企业，这种企业在创业期或成长初期由于运用新技术或新发明，研制新产品，因而可能获得高额利润，但同时也存在很大风险，一般商业银行不宜冒过高风险给予贷款，而应由风险投资银行进行风险投资和贷款。美国风险投资银行建立较早、最为发达，硅谷银行比较著名。硅谷银行支持高新企业发展的经验见案例8-3。

第二节　国际信贷筹资的成本与风险

一、国际信贷筹资的成本

（一）国际信贷筹资成本测算的必要性

国际信贷筹资的成本是指企业从国外筹借和使用外汇借款所付出的代价，包括支付的利息、费用和外币折合差额（即外币汇兑差额或外汇汇率风险损益）等。外汇借款的成本额与借款额的百分比称为外汇借款成本率。对外汇借款成本进行预测，是外汇借款筹资决策的需要。

（1）企业的借款成本率应当低于资金利润率，这样企业才能获得财务杠杆利益，提高自有资金利润率。因此，应测算借款成本率，并与资金利润率相比较，以确定外汇借款的使用是否有利于提高企业经济效益。

（2）当企业取得外汇借款有两种以上的货币可供选择时，就需分别测算各种外币借款的成本率，加以比较，选择借款成本率最低的那种货币。

（二）影响国际信贷筹资成本率的因素

企业外汇借款成本率高低受以下各项因素影响：

1. 利息率高低

这是影响借款成本率高低的基本因素。

2. 费用率高低

我国银行外汇借款中的现汇贷款一般只向企业收取利息，不另收费用，而转贷贷款（买方信贷、外国政府贷款、混合贷款、国际金融机构贷款等）和国际银团贷款等，按提供贷款的国外银行规定，除向企业收取利息以外，还收取管理费、承担费、保费、手续费等。费用项目越多，费用率越高，则借款成本率越高。

3. 汇率变化

这是外汇借款的一个特有因素，是指外汇借款从借入到偿还期间由于汇率变化使折合为人民币的金额增多或减少，其差额称为外币折算差额。例如，企业借入100万美元，借款时汇率为1美元=6.70元人民币，折合670万元人民币，归还借款时汇率变为1美元=6.80元人民币，折合680万元人民币，多支付10万元人民币，使外汇借款成本率升高；相反，如果汇率变为1美元=6.60元人民币，折合660万元人民币，少支付10万元人民币，使外汇借款成本率降低。

4. 所得税税率高低

财务会计制度规定：短期借款的利息支出计入财务费用；长期借款的利息、费用和外币折算差额，与购建固定资产无关的，直接计入当期财务费用，与购建固定资产有关的，在固定资产交付使用前发生的，计入所购建固定资产的成本，在固定资产交付使用后发生的，直接计入当期财务费用。如果借款费用金额较小，可不作上述划分，都计入当期财务费用。由于利息、费用和外币折算差额计入财务费用，因此企业利润相应减少，从而可少缴一部分所得税。例如，企业外汇借款的利息支出和外币折算差额共 10 000 元，按规定计入财务费用，使企业利润减少 10 000 元，所得税税率为 25%，企业可少缴所得税 2 500 元，企业借款成本的净支出为 7 500 元（10 000×（1-25%））。

（三）国际信贷筹资成本率的测算方法

1.短期外汇借款成本率的测算

短期外汇借款是指企业借入的期限在一年以下的外币借款。短期外汇借款一般不需支付借款费用，它的成本包括利息支出和外币折算差额。

为了说明成本率的计算公式，设：

K_g——外汇借款成本率；

B——外汇借款本金；

I——年利息率；

r_0——借款时汇率；

r_1——预测还款时汇率；

r'——预测汇率变动百分比（即 $(r_1-r_0)\div r_0\times100\%$）；

T——所得税税率。

成本率可按下列公式计算：

公式（1）： $K_g=\dfrac{B\cdot I\cdot r_1 + B(r_1-r_0)}{B\cdot r_0}\times100\%\times(1-T)$

简化为： $K_g=\dfrac{I\cdot r_1 + (r_1-r_0)}{r_0}\times100\%\times(1-T)$

公式（2）： $K_g=\dfrac{B\cdot I\cdot r_0(1+r') + B\cdot r_0\cdot r'}{B\cdot r_0}\times100\%\times(1-T)$

简化为： $K_g=[I(1+r')+r']\times100\%\times(1-T)$

公式（3）： $K_g=\dfrac{B(1+I)\cdot r_0(1+r') - B\cdot r_0}{B\cdot r_0}\times100\%\times(1-T)$

简化为： $K_g=[(1+I)(1+r')-1]\times100\%\times(1-T)$

公式（2）中的 $B\cdot I\cdot r_0(1+r')$ 是年利息按变动后的汇率折合的人民币金额；$B\cdot r_0\cdot r'$ 是借款本金的外币折算差额；$B\cdot r_0$ 是借款本金按借款时汇率折合的人民币数额。公式（3）中的 $B(1+I)\cdot r_0(1+r')$ 是借款一年本利和按变动后的汇率折合的人民币金额。

例如，甲企业从银行借入短期外汇贷款 100 万美元，年利息率 5%，借款时汇率为 1 美元=6.50 元人民币，预测从借款到还款期间美元将升值 4%，还款时汇率为 1 美元=6.76 元人民币，所得税税率为 25%。

按公式（1）计算：

$$K_g=\frac{100\times5\%\times6.76+100\times(6.76-6.50)}{100\times6.50}\times100\%\times（1-25\%）$$

$$=\frac{59.80}{650}\times100\%\times75\%$$

$$=9.20\%\times75\%$$

$$=6.90\%$$

按简化公式计算：

$$K_g=\frac{5\%\times6.76+(6.76-6.50)}{6.50}\times100\%\times（1-25\%）$$

$$=9.20\%\times75\%$$

$$=6.90\%$$

按公式（2）计算：

$$K_g=\frac{100\times5\%\times6.50\times(1+4\%)+100\times6.50\times4\%}{100\times6.50}\times100\%\times（1-25\%）$$

$$=\frac{59.80}{650}\times100\%\times75\%$$

$$=9.20\%\times75\%$$

$$=6.90\%$$

按简化公式计算：

$$K_g=[5\%\times（1+4\%）+4\%]\times（1-25\%）$$

$$=9.20\%\times75\%$$

$$=6.90\%$$

按公式（3）计算：

$$K_g=\frac{100\times(1+5\%)\times6.50\times(1+4\%)-100\times6.50}{100\times6.50}\times100\%\times（1-25\%）$$

$$=\frac{59.80}{650}\times100\%\times75\%$$

$$=9.20\%\times75\%$$

$$=6.90\%$$

按简化公式计算：

$$K_g=[（1+5\%）\times（1+4\%）-1]\times（1-25\%）$$

$$=9.20\%\times75\%$$

$$=6.90\%$$

前面的公式（1）可改变为 $K_g=\dfrac{B\cdot I\cdot r_0+B\cdot I(r_1-r_0)+B(r_1-r_0)}{B\cdot r_0}\times100\%\times$（1-

T），简化为 $K_g=\dfrac{I\cdot r_1+(r_1-r_0)}{r_0}\times100\%\times（1-T）$。

按上例数据计算：

$$K_g=\frac{100\times5\%\times6.50+100\times5\%\times(6.76-6.50)+100\times(6.76-6.50)}{100\times6.50}\times100\%\times（1-25\%）$$

$$=\frac{59.80}{650} \times 100\% \times 75\%$$

$$=9.20\% \times 75\%$$

$$=6.90\%$$

在本例计算中，59.80万元人民币是借款成本额，9.20%是税前成本率，6.90%是税后成本率。

2.长期外汇借款成本率的测算

长期外汇借款是指企业借入的期限在一年以上的外币借款。它的成本包括利息支出和外币折算差额，有些长期外汇借款的成本还包括各种借款费用。企业在取得借款时支付的各项费用可称为筹资费，这些费用占借款额的百分比叫筹资费率。由于长期借款从借款到以后付息还本要经过若干年，各年的利息率和汇率都有变化，不能只根据某一年的利息率、汇率等数据来计算借款成本率，也不能将各年不同时点的收支数额简单地相加减，而应根据货币时间价值原理，将各期的利息支出和还本额按折现系数加以折算求得各年支出的现值之和，然后与借款时所得数额相比较，计算净现值等于零时的折现率，此折现率对借款者来说就是借款成本率。

长期外汇借款成本率可按下列公式测算：

$$B(1-f)r_0 = \sum_{t=1}^{n} \frac{B \cdot I_t \cdot r_t (1-T)}{(1+K_g)^t} + \frac{B \cdot r_0 + B(r_n - r_0)(1-T)}{(1+K_g)^n}$$

式中：f为筹资费率；I_t为第t年的平均年利息率；r_t为第t年的平均汇率；r_n为期满还款时的汇率；K_g为外汇借款成本率。

此处B、r_0、T的含义与短期外汇借款成本率的公式相同。公式左边$B(1-f)r_0$是外汇借款额减去筹资费后所得资金净额按借款时汇率折合的人民币数额。公式右边 $\sum_{t=1}^{n} \frac{B \cdot I_t \cdot r_t(1-T)}{(1+K_g)^t}$ 是各年利息（按各年汇率折合人民币，并扣减节税额）按借款成本率折算的现值之和；$\frac{B \cdot r_0 + B(r_n - r_0)(1-T)}{(1+K_g)^n}$ 是本金净偿还额按借款成本率折算的现值，其分子中的$B \cdot r_0$是偿还本金按借款时汇率折合的人民币数额，$B(r_n-r_0)(1-T)$是本金的外币折算差额扣减节税额以后的数额，此二数相加是本金净偿还额。

例如，某企业从银行取得100万美元借款，期限3年，实行浮动利率，预测各年的平均利率为：第一年5.40%；第二年5.60%；第三年5.80%。期满时一次还本。筹资费率为1.50%。借款时汇率为1美元=6.50元人民币，预测各年的平均汇率为：第一年1美元=6.54元人民币；第二年1美元=6.58元人民币；第三年1美元=6.62元人民币。按财会制度的规定，该项借款的利息和外币折算差额可计入财务费用，所得税税率为25%。按前列公式计算如下：

$$100 \times (1 - 1.50\%) \times 6.50 = \left[\frac{100 \times 5.40\% \times 6.54 \times (1 - 25\%)}{1 + K_g} + \frac{100 \times 5.60\% \times 6.58 \times (1 - 25\%)}{(1 + K_g)^2} + \frac{100 \times 5.80\% \times 6.62 \times (1 - 25\%)}{(1 + K_g)^3} \right] + \frac{100 \times 6.50 + 100 \times (6.62 - 6.50) \times (1 - 25\%)}{(1 + K_g)^3}$$

设 $K_g = 5\%$，按上式计算，净现值为+4.1873。

设 $K_g = 6\%$，按上式计算，净现值为−13.1787。

从上述计算可知，K_g 的值介于5%与6%之间，可用内插法求得：

$$K_g = 5\% + \frac{4.1873}{4.1873 + 13.1787} \times 1\% = 5.24\%$$

公式中的 $\frac{B \cdot r_0 + B(r_n - r_0)(1 - T)}{(1 + K_g)^n}$ 可改为 $\frac{B \cdot r_n - B(r_n - r_0)T}{(1 + K_g)^n}$，二者计算的结果是相同的。按上例数据计算，前者的分子为100×6.50+100×（6.62−6.50）×（1−25%）=659，后者的分子为100×6.62−100×（6.62−6.50）×25%=659，计算结果相同。

以上公式和举例是假定期满时一次还本，如果是分次还本，则公式中的 $\frac{B \cdot r_0 + B(r_n - r_0)(1 - T)}{(1 + K_g)^n}$ 应改为 $\sum\limits_{t=1}^{n} \frac{B_t \cdot r_0 + B_t(r_t - r_0)(1 - T)}{(1 + K_g)^t}$，式中的 B_t 表示各次还本额。

二、国际信贷筹资的风险

（一）国际信贷筹资的风险来源

企业利用国际信贷筹借外汇资金，在一定条件下，能给企业带来财务杠杆利益，但也存在着一定的财务风险，其风险来源主要有以下几方面：

1.利率风险

在实行浮动利率的情况下，利率上升就会使企业的利息支出增加，借款成本提高。例如，A公司3月1日借入5 000万美元，借款期半年，当时年利息率为9%，每3个月调整一次。如果半年内利息率不变，将支付利息230万美元（3月1日至8月31日实际计息天数是184天）。如果6月1日利息率变为10%，则该公司需支付利息242.78万美元（3月1日至5月31日和6月1日至8月31日实际计息天数都是92天）。由于利息率上升，企业需多支付利息12.78万美元，给企业带来了债务偿还的困难。

2.汇率风险

如果企业借款、用款和还款的币种不同，汇率发生变动，就可能发生汇兑损失，使借款成本提高，从而增加偿还债务的困难。汇率风险有以下两种表现：一是外币与人民币之间的汇率风险（在第二章第三节已有举例）；二是外币与外币之间的汇率风险。后者是借一种外币而用另一种外币偿还。例如，A公司某年6月为了从日本进口原材料而从银行借款6 000万日元，当时汇率为1美元=120日元，此笔货款折合50万美元。A公司出口产品的收入是美元，只能用美元来偿还，12月还款时，汇率变为1美元=100日元，还清此笔贷款的本金就需支付60万美元，由于汇率变动，A公司需多支付10万美元。如果该公司借美元而用出口收入的美元还借款，就不会发生上述汇率风险。

3.项目建设风险

项目建设风险主要是指外汇贷款项目在建设过程中由于施工和投资等方面的问题而产生的风险，包括外汇贷款项目超支风险（由于进口设备和材料涨价、各种工程款增加等）和投产拖期风险。

4.市场风险

市场风险主要是指由于贷款项目所生产的产品在市场容量和销售价格方面的变化引起产品滞销积压或价格下跌、收入减少，从而影响还贷的风险。

5.生产技术风险

生产技术风险主要是指利用外汇贷款引进的设备本身在技术、工艺流程和国内设备配套等方面存在较大问题，从而影响进口设备的正常运转，或利用进口设备生产的产品在技术、质量、规格等方面达不到标准，存在严重的质量问题，无法投放市场，废品率高，从而使贷款无法正常归还的风险。

6.经营管理风险

经营管理风险主要是指使用外汇贷款的企业在经营管理方面存在严重问题，造成企业失去竞争能力，各项经济活动不能正常进行，从而影响外汇贷款不能按期偿还的风险。

上面所说的国际信贷筹资风险都是从经济方面来分析的。此外，企业或一国政府的国际借款无力偿还，还可能有政治的和其他方面的原因，例如，有的国家由于遭到外国军事入侵，或者发生内战或严重的社会动乱、特大自然灾害，经济遭受严重损失，使企业和国家无力偿还外债，这种风险一般称为政治风险或国家风险。

（二）国际信贷筹资风险管理

1.在借、用、还三个阶段采用不同方法

（1）借款阶段。在外汇贷款协议签订之前，企业要对贷款项目在技术、经济、财务等方面进行可行性研究，对贷款项目的效益和风险进行预测和分析，正确进行筹资决策，正确选择借款的货币、利率和还本付息方式，合理安排借款期限和还款计划，正确签订贷款协议，尽量争取对自己有利的条款，例如，在协议中规定货币可转换、延期还款、提前还款和利率安排等条款，为资金的使用和偿还打好基础。

（2）用款阶段。在用款阶段，企业应切实做好贷款项目的建设管理和投产后的生产经营管理，保证按期或提前投产，提高产品质量，扩大出口销售，增加外汇收入，降低成本费用，增加利润，这样就能按期偿还外汇贷款本息。

（3）还款阶段。企业要按还款计划提前做好资金准备，及时办好还款手续。外债较多的企业应按债务余额的一定比例提存外汇，建立偿债基金，在外汇指定银行开立现汇账户存储。国家批准的专项还贷出口收汇可以直接记入该账户。专户资金只能用于对外支付本息，不得转移或用于其他支付。

国际信贷筹资风险管理一般采用最佳资金来源结构法，注意正确安排自有资金和借入资金的比例。

2.运用金融工具防范利率风险和汇率风险

为了防范外汇借款的利率风险和汇率风险，在国际金融市场上常用货币互换、利率互换、利率期货和利率期权等方法。

（1）货币互换（currency swap）。货币互换是指两个独立的筹资者将各自筹集到的等值的、期限相同的不同货币的债务进行货币的调换，由银行作为中间人，调换双方达成协议。这种做法的目的是将一种货币的债务换成另外一种货币的债务，以减少借款成本，或避免远期汇价变动所带来的风险。

例如，A公司借款，如借美元，利率为9.875%，如借日元，利率为6.75%；B公司借款，如借美元，利率为10.25%，如借日元，利率为6%。A公司的营业收入主要是日元，希望借日元，但利率相对较高（与B公司借日元的利率相比）；B公司的营业收入是美元，希望借美元，但利率相对较高（与A公司借美元的利率相比）。为了避免外汇风险和降低借款成本，A公司按利率9.875%借50万美元，B公司按利率6%借6 000万日元（当时汇率为1美元=120日元，6 000万日元与50万美元等值），然后通过一中介银行进行货币互换（如图8-4所示）。

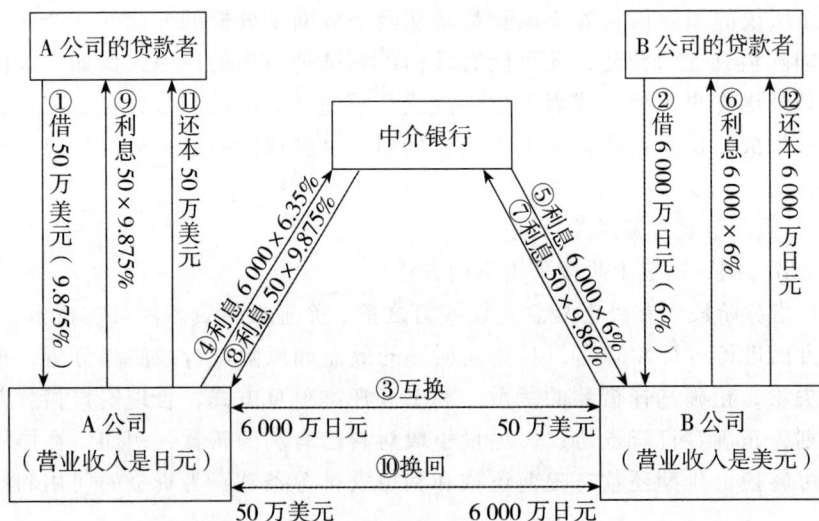

图8-4　货币互换程序

通过上述货币互换，既避免了外汇风险，又降低了借款成本。A公司筹借到利率为6.35%的日元，节省成本0.4%（6.75%-6.35%），B公司筹借到利率为9.86%的美元，节省成本0.39%（10.25%-9.86%），中介银行获得收益0.335%（（6.35%-6%）+（9.86%-9.875%））。

（2）利率互换（interest rate swap）。利率互换是指两个独立的筹资者利用各自的筹资优势，分别借入币种、金额和期限相同但计息方式不同的债务，然后双方通过中介人（通常是银行）互换付息方式，以期得到各自所期望的利率种类，从而达到降低借款成本或避免将来利率不利变化带来风险的目的。

利率互换的主要目的是避免利率风险。某一公司借入浮动利率贷款，它预测利率将上浮，为了避免利率上升多付利息的损失，希望调换为固定利率贷款；相反，另一公司借入固定利率贷款，它预测市场利率将下浮，为了得到利率下浮少付利息的好处，希望调换为浮动利率贷款。这两个公司可以直接或间接地（通过一家银行作中介）进行利率互换。

例如，A、B两公司，A公司的资信等级较高，银行贷款的浮动利率对A公司为LIBOR+0.25%，对B公司为LIBOR+0.75%；贷款银行的固定利率对A公司为11%，对B公司为12%。根据各自的相对优势，A公司以固定利率11%借100万美元，B公司以浮动利率LIBOR+0.75%借100万美元。B公司担心市场利率上浮，希望调换为固定利率，而A公司则认为市场利率会下浮，愿调换为浮动利率，双方由一家银行作中介进行了互换（如图8-5所示）。

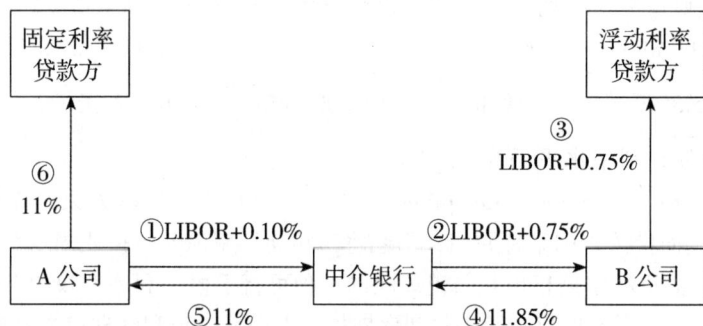

图8-5 利率互换程序

经过互换之后，A公司的借款成本节省0.15%（0.25%-0.10%），B公司的借款成本节省0.15%（12%-11.85%），中介银行的收益为0.20%（（11.85%-11%）-（0.75%-0.10%））。B公司按固定利率11.85%支付利息，避免了利率可能上浮的风险，A公司按LIBOR+0.10%支付利息，附加利率固定了，利率风险降低。

（3）利率期货（interest rate futures）。企业从国外借款，实行浮动利率，如果担心利率上浮，通过利率期货交易，可以使利率固定在目前的水平上。

例如，A公司6月1日借入1 000万美元，期限3个月，借款时的利率（年利率）为10.22%。该公司担心利率将上升，于6月1日出售10份9月1日到期的3个月期的利率期货合约（每份合约100万美元）。按照惯例，利率期货合约的定价为

（1-当前利率）×100，本例利率期货合约的卖价为（1-10.22%）×100=89.78（万美元）。按照交易所的规定，每份利率合约变动一个点的价值为25美元。假设9月1日利率上升至13%，这时，每份利率期货合约的价格下降为87万美元（（1-13%）×100）。A公司买入10份利率期货合约，买卖所获得利润计算如下：

①每份利率期货合约价格降低的点数为：

（89.78-87）×100=278（点）

②买卖10份利率期货合约获得的利润为：

278×25×10=69 500（美元）=6.95（万美元）

用此利润抵补利率上升至13%多支付的利息，使利率固定在10.22%的水平上。

①按利率13%计算应支付的利息为：

$$1\ 000×13\%×\frac{90}{360}=32.5（万美元）$$

②用利润抵补后的利息为：

32.5-6.95=25.55（万美元）

③真正的利率被固定在借款时的水平上，即：

$$25.55×\frac{12}{3}÷1\ 000×100\%=10.22\%$$

相反，如果A公司预测错误，利率不是上升，而是下降。假设利率到9月1日下降至8%，则每份利率期货合约的价值将升为（1-8%）×100=92（万美元），损失的点数为（92-89.78）×100=222（点）。买卖10份合约共损失222×25×10=55 500（美元），即5.55万美元。借款的利息为$1\ 000×8\%×\frac{90}{360}=20$（万美元），利息加损失为25.55万美元，利率水平仍为10.22%。

（4）利率期权（interest rate option）。实行浮动利率，借款人无时无刻不在为利率风险担忧，而借款人因某种原因又不愿将其浮动利率债务转换成固定利率债务。为了保险起见，买进利率期权也是防范风险的一种可行手段。利率期权的形式主要有封顶利率期权、封底利率期权和两头封利率期权。下面就封顶利率期权方式举例说明。

利率封顶是通过签订合同规定利率上限的方法来限制浮动利率贷款方式成本的上升。若市场利率超过协定利率上限，封顶利率期权的签署人必须付给期权持有人利率差额。签订利率封顶合同时，封顶利率期权的买方（即持有人）需向期权卖方（签署人）支付一定比例的期权费作为转移风险的成本。签署封顶利率期权的目的在于以此种方法来防范利率上浮更高而给债务人造成的利率风险，同时又可以获得利率下降所带来的好处。例如，某公司从银行取得一笔贷款，金额为100万美元，期限为一年半，每半年结算一次利息，利率浮动。为了防范利率风险损失，该公司与银行签订封顶利率期权。协定利率（年利率）为12%，期权费率（年费率）为0.25%，实际利率和借款成本见表8-2。

表8-2 **某公司结算时实际利率和借款成本表**

利息结算	第一次	第二次	第三次	平均
实际利率LIBOR（%）	10	13	14	12.33
协定利率（%）	12	12	12	12
期权卖方付出的补偿（%）	0	1	2	—
执行利率（%）	10	12	12	11.33
期权费率（%）	0.25	0.25	0.25	0.25
借款成本（%）	10.25	12.25	12.25	11.58

当实际利率低于协定利率时，按实际利率执行；当实际利率高于协定利率时，按协定利率执行。借款成本＝执行利率＋期权费率。

该公司购买了封顶利率期权，支付利息额为 $100 \times (10\% + 12\% + 12\%) \times \frac{1}{2} = 17$（万美元），支付期权费为 $100 \times (0.25\% + 0.25\% + 0.25\%) \times \frac{1}{2} = 0.375$（万美元），利息和期权费合并计算为 $100 \times (10.25\% + 12.25\% + 12.25\%) \times \frac{1}{2} = 17.375$（万美元）。如果不购买此种期权，应只支付利息，支付的利息为 $100 \times (10\% + 13\% + 14\%) \times \frac{1}{2} = 18.5$（万美元）。由此可以看出，该公司节省的支出为 $18.5 - 17.375 = 1.125$（万美元）。利率封顶使浮动利率的债务人既转移了市场利率上升导致借款成本增加的风险，又保留了市场利率下降时降低借款成本的机会，但期权费较高，即利率封顶的成本比较高。

第三节 国际信贷筹资决策

一、国际信贷的货币选择

国际信贷采用的货币必须是在国际上可以自由兑换的货币。国际商业贷款所采用的货币有以下三种：借款国货币；贷款国货币；第三国货币。选择外汇借款所使用的货币是国际财务管理的主要决策之一。

（一）货币选择应考虑的主要因素

1973年以来，各国普遍实行浮动汇率，在浮动汇率制度下，汇价波动幅度很大，货币汇价风险也随之增大，在此情况下，选择信贷所使用的货币就具有重要意义。

对于借款人来说，取得借款时选用软货币比较有利，因为借款人能从软货币汇率下跌中得到好处，减轻债务负担。例如，某一时期欧元与美元相比，前者较软。年初汇率为1美元＝0.80欧元，年初借100万欧元，借期一年，年利率10%。一年后还款时，汇率变为1美元＝0.90欧元。偿还本金100万欧元，如按年初汇率需支付

125万美元（100÷0.8），但按年末变动后的汇率只需支付111.11万美元（100÷0.90），可少付13.89万美元。反之，如果借款人在借款时使用硬货币，就会从硬货币汇率上升中蒙受损失，加重债务负担。对于贷款银行来说，发放贷款时使用硬货币比较有利，贷款银行能从硬货币汇率上升中得到好处，可见借贷双方的利益是对立的。在银行信贷中，如果使用软货币，贷款银行为了弥补这种货币汇率下跌时发生的损失，就要求提高贷款利率；如果使用硬货币，借款人为了弥补这种货币汇率上升时发生的损失，就要求降低贷款利率。因而，在国际金融市场上，以软货币借贷的利率较高，以硬货币借贷的利率较低，两种货币借贷的利率有时差距很大。

从上述可知，借款人在取得国际商业贷款时选用何种货币必须考虑货币软硬（汇率升降）和利率高低两个因素，如果顾此失彼，就可能发生错误，导致损失。

（二）货币选择的方法

例如，我国甲公司拟从银行取得一笔一年期外汇贷款，有A元和B元两种货币可供选择。有关资料如下：

年利率：A元8%，B元9%。

汇率：借款时1A元=0.80B元；

预测还款时1A元=0.8150B元。

拟借100万A元或80万B元。

借哪种货币？有以下两种比较选择法：

1.本利和比较法

本利和比较法是分别计算借两种货币的本利和，选择较小者。

如借A元，到期应支付的本利和为：100×（1+8%）=108（万A元）

如借B元，到期应支付的本利和为：80×（1+9%）=87.20（万B元）

为了比较，将87.20万B元折合为A元：87.20÷0.8150=107（万A元）

也可将108万A元折合为B元：108×0.8150=88.02（万B元）

通过计算比较可知，借B元虽然利率较高，但由于B元贬值、A元升值，汇率变动的影响不仅抵销了利率的差异，而且使得借B元较为合算。

2.成本比较法

成本比较法是分别计算借两种货币的成本，选择较低者。

（1）以计算借A元的成本为基础，为了与借A元的成本比较，在计算借B元的成本时考虑汇率变动的影响。

借A元的成本额为：100×8%=8（万A元）

成本额就是年利息额，成本率就是年利率8%。

借B元的成本额为：80×9%÷0.8150+（80÷0.8150−80÷0.80）=6.9939（万A元）

借B元的成本率为：$\dfrac{6.9939}{80 \div 0.80} \times 100\% = 6.994\%$

（2）也可以计算借B元的成本为基础，在计算借A元的成本时考虑汇率变动的影响。

借B元的成本额为：80×9%=7.2（万B元）

成本率就是年利率9%。

借A元的成本额为：100×8%×0.8150+100×（0.8150-0.80）=8.02（万B元）

借A元的成本率为：$\frac{8.02}{100 \times 0.80}$×100%=10.025%

以上两种计算都是借B元的成本额和成本率低于借A元，与本利和比较法的计算结果是一致的（在计算借款成本时，假设A国和B国税率相同，省略了税率因素）。

如果甲公司确信还款时汇率预测是准确的，则可毫不犹豫地选择借B元。但汇率预测往往不完全准确，因此还需考虑汇率变动的多种可能性。

（三）考虑汇率变动的多种可能性

还款时A元与B元的汇率，除了上述预测的1A元=0.8150B元之外，还可能是1A元等于0.8180B元、0.8162B元或0.7928B元、0.7826B元等。

在多种可能汇率的情况下，两种货币借款的本利和比较情况见表8-3。

表8-3   **两种货币借款的本利和比较**

预测还款时汇率	借A元本利和		借B元本利和	比 较
	万A元	折合为万B元		
（1）	（2）	（3）=（1）×（2）	（4）	（5）=（3）-（4）
1A元=0.8180B元	108	88.3440	87.20	1.1440
1A元=0.8162B元	108	88.1496	87.20	0.9496 }借B元较合算
1A元=0.8150B元	108	88.0200	87.20	0.8200
1A元=0.8074074B元	108	87.2000	87.20	0 借A元和借B元无差异
1A元=0.7928B元	108	85.6224	87.20	-1.5776 }借A元较合算
1A元=0.7826B元	108	84.5208	87.20	-2.6792

在多种可能汇率的情况下，两种货币借款的成本比较情况见表8-4。

表8-3和表8-4中的汇率1A元=0.8074074B元是平衡点时的汇率。

（四）平衡点时的汇率

平衡点时的汇率是指两种货币借款的成本相等时的汇率，它可按下列公式计算：

或   F（1+K_1）÷S_b=P（1+K_2）

F（1+K_1）=P（1+K_2）S_b

$$S_b=\frac{F(1+K_1)}{P(1+K_2)}$$

式中：S_b为平衡点时的汇率；F为B元借款额；P为A元借款额；K_1为B元借款利率；K_2为A元借款利率。

将前例数据代入公式，求得：

表8-4

两种货币借款的成本比较

预测还款时汇率 (1A元 = ? B元) (1)	借A元利息 万A元 (2)	借A元利息 折合为万B元 (3) = (1)×(2)	借A元本金的汇率折合差额 (万B元) (4)	借A元成本 (万B元) (5) = (3)+(4)	借B元成本 (年利息, 万B元) (6)	比较 (7) = (5) − (6)
0.8180	8	6.5440	100×(0.8180−0.80) =1.8000	8.3440	7.2000	1.1440
0.8162	8	6.5296	100×(0.8162−0.80) =1.6200	8.1496	7.2000	0.9496 借B元较合算
0.8150	8	6.5200	100×(0.8150−0.80) =1.5000	8.0200	7.2000	0.8200
0.8074074	8	6.45926	100×(0.8074074−0.80) =0.74074	7.2000	7.2000	0 借A元和借B元无差异
0.7928	8	6.3424	100×(0.7928−0.80) =−0.7200	5.6224	7.2000	−1.5776 借A元较合算
0.7826	8	6.2608	100×(0.7826−0.80) =−1.7400	4.5208	7.2000	−2.6792

$$S_b = \frac{80 \times (1 + 9\%)}{100 \times (1 + 8\%)} = 0.8074074$$

当还款时汇率（S）为1A元=0.8074074B元时，借A元和借B元的成本是相等的，即当$S = S_b$时，借A元和借B元都一样；当$S < S_b$时，借A元较合算；当$S > S_b$时，借B元较合算。

平衡点时的汇率也可以按下面的另一种方法计算：先计算利率差异的影响，然后对汇率进行调整。

前例由于利率差异，A元升值率为：

$$\frac{(1 + 9\%) - (1 + 8\%)}{1 + 8\%} \times 100\% = +0.92593\%$$

如果由于汇率变动，A元升值率也为0.92593%，使汇率变动与利息率差异二者平衡，平衡点时的汇率为：

0.8×（1+0.92593%）=0.8074074

（五）汇率变动的概率分析

在比较两种货币借款的本利和或成本时，除了应考虑汇率变动的多种可能性外，还应考虑各种汇率出现的概率，见表8-5。

表8-5　　　　　　　　　　两种货币借款成本汇率变动的概率分析

预测还款时汇率 1A元=? B元	概率		借A元成本（万B元）	借A元预期平均成本		借B元平均成本
	1	2		按概率1计算	按概率2计算	
（1）	（2）	（3）	（4）	（5）＝（4）×（2）	（6）＝（4）×（3）	（7）
0.8180	5%	10%	8.3440	0.4172	0.8344	
0.8162	15%	35%	8.1496	1.2224	2.8524	
0.8150	45%	40%	8.0200	3.6090	3.2080	
0.7928	25%	10%	5.6224	1.4056	0.5622	
0.7826	10%	5%	4.5208	0.4521	0.2260	
合　计	100%	100%	—	7.1063	7.6830	7.2000

概率1的平均汇率为：

0.8180×5%+0.8162×15%+0.8150×45%+0.7928×25%+0.7826×10%=0.80654

概率2的平均汇率为：

0.8180×10%+0.8162×35%+0.8150×40%+0.7928×10%+0.7826×5%=0.81188

借A元的预期平均成本还可按下列方法计算：

按概率1计算：108×0.80654-80=7.1063（万B元）

按概率2计算：108×0.81188-80=7.6830（万B元）

从表8-5可以看出，如果按概率1计算，借A元的预期平均成本为7.1063万B元，低于借B元的平均成本（7.2000万B元），应选择借A元。但如果按概率2计算，则借A元的预期平均成本为7.6830万B元，高于借B元的平均成本，这时应选择借B元。

（六）多种货币组合融资

国际信贷的货币选择一般是从多种可供选择的货币中选择借其中的某一种货币。当很难确定借哪一种货币更适合时，可采用多种货币组合融资。运用外币组合融资有可能达到较低的借款成本，而且风险（借款成本高于国内成本的可能性）较小。

例如，我国甲公司拟从国外取得外汇借款，可供选择的货币是A国的A元和B国的B元，有关资料如下：

一年期贷款利率为：借A元8%，借B元9%（如果在国内借人民币，利率为15%）。

汇率变动情况见表8-6。

表8-6　　　　　　　　　　　　　　　汇率变动预测

借款时汇率	预测还款时汇率	汇率变动（%）	概率
1A元=8元人民币	1A元=8.08元人民币	+1	0.25
	1A元=8.24元人民币	+3	0.55
	1A元=8.72元人民币	+9	0.20
1B元=10元人民币	1B元=9.90元人民币	−1	0.35
	1B元=10.30元人民币	+3	0.40
	1B元=10.70元人民币	+7	0.25

由于A元和B元贷款利率都低于国内人民币贷款利率，甲公司可能想要借入外币，有以下三种选择：（1）只借A元；（2）只借B元；（3）组合借入A元和B元。

1.借入A元、B元的成本测算

借A元的成本率见表8-7。

表8-7　　　　　　　　　　　　　　　借A元的成本率

三种可能	成本率	平均成本率
1	［8%×8.08+（8.08−8）］÷8×100%=9.08%	9.08%×0.25=2.27%
2	［8%×8.24+（8.24−8）］÷8×100%=11.24%	11.24%×0.55=6.182%
3	［8%×8.72+（8.72−8）］÷8×100%=17.72%	17.72%×0.20=3.544%
合　计		11.996%

表8-7中成本率的计算方法见本章第二节的公式（1）。

借B元的成本率见表8-8。

表8-8 借B元的成本率

三种可能	成本率	平均成本率
1	（1+9%）×［1+（−1%）］−1=7.91%	7.91%×0.35=2.7685%
2	（1+9%）×（1+3%）−1=12.27%	12.27%×0.40=4.908%
3	（1+9%）×（1+7%）−1=16.63%	16.63%×0.25=4.1575%
合　计		11.834%

表8-8中成本率的计算方法见本章第二节的公式（3）。

2.借入A元、B元的汇率风险衡量

在财务经济学中，风险可用标准离差（或称标准差）表示。标准离差是用来测量变量围绕其期望值的离散程度的，标准离差越大，表示变量偏离其期望值的程度越大，即风险越大。上例中甲公司借A元和B元的风险衡量分别见表8-9和表8-10。

表8-9 借A元的汇率风险

汇率（1）	概率（2）	（3）=（1）×（2）	（4）=（1）−8.296	（5）=（4）^{2}	（6）=（2）×（5）
8.08	0.25	2.020	−0.216	0.046656	0.0116640
8.24	0.55	4.532	−0.056	0.003136	0.0017248
8.72	0.20	1.744	0.424	0.179776	0.0359552
合计	1.00	8.296	—	—	0.049344

标准离差为：$\sqrt{0.049344}=0.222135$

标准离差率为：$\dfrac{0.222135}{8.296}\times100\%=2.6776\%$

表8-10 借B元的汇率风险

汇率（1）	概率（2）	（3）=（1）×（2）	（4）−（1）−10.26	（5）=（4）^{2}	（6）−（2）×（5）
9.90	0.35	3.465	−0.36	0.1296	0.04536
10.30	0.40	4.120	0.04	0.0016	0.00064
10.70	0.25	2.675	0.44	0.1936	0.04840
合计	1.00	10.260	—	—	0.09440

标准离差为：$\sqrt{0.09440}=0.3072458$

标准离差率为：$\dfrac{0.3072458}{10.260}\times100\%=2.9946\%$

上例中A元和B元二者的预计筹资成本率相差不大，它们的风险程度距离也较小。如果我国甲公司选择只借其中的某一种外币，很难确定借哪一种货币更适合，因此，考虑第3种外币筹资策略：组合融资。

3.A元和B元组合融资的成本

A元和B元两种外币组合融资的成本率有几种可能，见表8-11。

通过前面的计算可以看出，外币借款成本高于国内人民币借款成本（15%）的可能性，只借A元时为20%（见表8-7），只借B元时为25%（见表8-8），两种外币组合借款时只有5%（见表8-11）。

表8-11 A元和B元组合融资成本率

融资成本率组合的几种可能		综合概率	组合融资的成本率（借款总额中，A元占40%，B元占60%）
A元	B元		
9.08%	7.91%	0.25×0.35=0.0875	9.08%×40%+7.91%×60%=8.378%
9.08%	12.27%	0.25×0.40=0.10	9.08%×40%+12.27%×60%=10.994%
9.08%	16.63%	0.25×0.25=0.0625	9.08%×40%+16.63%×60%=13.61%
11.24%	7.91%	0.55×0.35=0.1925	11.24%×40%+7.91%×60%=9.242%
11.24%	12.27%	0.55×0.40=0.22	11.24%×40%+12.27%×60%=11.858%
11.24%	16.63%	0.55×0.25=0.1375	11.24%×40%+16.63%×60%=14.474%
17.72%	7.91%	0.20×0.35=0.07	17.72%×40%+7.91%×60%=11.834%
17.72%	12.27%	0.20×0.40=0.08	17.72%×40%+12.27%×60%=14.45%
17.72%	16.63%	0.20×0.25=0.05	17.72%×40%+16.63%×60%=17.066%

4.A元和B元组合融资的风险

A元和B元组合融资的方差（$VAR(r_p)$）可按下式计算：

$$VAR(r_p) = \omega_A^2\sigma_A^2 + \omega_B^2\sigma_B^2 + 2\omega_A\omega_B\sigma_A\sigma_B CORR_{AB}$$

式中：ω_A和ω_B分别代表A元、B元在融资总额中所占的比例；σ_A^2和σ_B^2分别表示A元、B元融资汇率风险的方差；$CORR_{AB}$代表A元、B元融资成本的相关系数。根据上例的有关数据（另设$CORR_{AB}$为0.15）计算如下：

$$VAR(r_p) = 0.40^2 \times 0.222135^2 + 0.60^2 \times 0.3072458^2 + 2 \times 0.40 \times 0.60 \times 0.222135 \times 0.3072458 \times 0.15$$
$$= 0.0467930$$

上述A元、B元组合融资的标准离差为$\sqrt{0.0467930}=0.2163169$，低于只借A元和只借B元的标准离差。

二、国际信贷的利率选择

国际信贷的利率可从以下两方面进行分析：一是按借款成本高低将外汇借款分为低利率借款和高利率借款；二是按借款风险大小将外汇借款分为固定利率借款和浮动利率借款。所以，对国际信贷利率的选择，主要指对利率水平的选择和采用固定利率还是浮动利率的选择。

（一）对利率水平的选择

借款利率水平高低与借款来源有密切关系。外国政府贷款、国际金融组织贷款和出口信贷的利率较低，而国际商业银行贷款的利率较高。国际商业银行贷款一般实行浮动利率，易受国际资本市场波动的影响，又由于还款期较短，因而风险较大。在各种来源的贷款中，利率较高的国际商业银行贷款所占比重过大，必然加大外汇借款的平均成本，如果企业效益不佳，就容易陷入债务危机。20世纪80年代，墨西哥、巴西、阿根廷等国的国际商业银行贷款占外债余额的百分比高达80%以上，由于经济衰退，爆发了严重的债务危机。20世纪90年代末，亚洲金融危机发生的重要原因之一是一些东南亚国家（如泰国、马来西亚、菲律宾和印度尼西亚等）过多地借入国际商业银行贷款，盲目投资，经济陷入困境，无力偿还外债，引起本国货币贬值，一些企业破产倒闭。借鉴国际上的严重教训，我国政府比过去更强化了对借用国际商业银行贷款的严格控制。

为了控制利率水平，降低借款成本，防范外汇借款风险，应当在选择借款来源时注意以下几方面问题：

（1）尽可能争取外国政府和国际金融组织的低息或无息贷款。

（2）对属于中等利率水平的出口信贷和其他低于市场利率的优惠贷款也要充分加以利用。

（3）对于利率和费用较高的国际商业银行贷款（包括国际银行贷款），要根据其优点和企业的实际需要适当借用。要寻求利率最低的贷款，但不能只求减少利息支出而放弃效益好但利率稍高的借款机会。从企业来讲，对于使用国际商业银行贷款应持特别谨慎的态度，必须要有良好的经济效益，有充分的偿还能力。从国家来讲，应明确规定使用国际商业银行贷款的比例限制和审批权限，加强对国际商业银行贷款的控制和管理。

在不同国家、不同的金融市场，同一种货币的贷款利率往往是有差别的。例如，欧洲货币市场美元贷款的利率一般低于美国国内银行美元贷款的利率。因此，还应对不同国家、不同金融市场的贷款利率进行比较，选择借用利率较低的贷款。

（二）采用固定利率还是浮动利率的选择

固定利率的特点是利率水平固定不变，可使借款成本锁定。采用固定利率，如借款期内市场利率上浮，借款企业可避免多付利息；如借款期内市场利率下浮，借款企业付出的利息较多。浮动利率的特点是灵活多变，风险较大，如利率上浮，借款企业将多支付利息，利率风险损失由企业负担；如利率下浮，则借款企业可少支付利息，利率风险损失由银行负担。如果借款期限较长，在此期限内，利率浮动有升有降，采用浮动利率可以使利率风险较合理地由借贷双方共同负担。

由于浮动利率随国际资本市场资金供求等情况的变动而变动，当利率趋升时，风险很大，如不合理控制，就会加重债务负担，甚至造成债务危机。据经济合作与发展组织统计，发展中国家浮动利率债务的利息成本由1977年的7.8%上升到1982年的17.5%，而固定利率债务的利息成本仅由5%上升到7.9%。由于发展中国家对外借款以浮动利率为主，因而支付利息总额由1977年的127亿美元增至1982年的630

亿美元。20世纪80年代债务危机的发生与对外借款大量采用浮动利率有直接关系。

借鉴历史教训,我们在从国外借款时,必须科学地预测利率变动趋势,合理地控制浮动利率借款在借款总额中的比例。企业借款采用固定利率还是浮动利率,要选择正确,关键在于要正确预测借款期间利率变动的趋势。在国际金融市场利率处于低水平时,企业借款以采用固定利率为宜;在国际金融市场利率处于高水平时,以采用浮动利率为宜。在选用浮动利率时,还要注意基础利率的选择,按传统通常选择国际金融市场的银行同业拆放利率为基础利率。近年来,企业选择的基础利率出现多元化趋势,除选择国际金融市场的银行同业拆放利率为基础利率外,还可选择美国的优惠利率、存款证及商业票据利率等为基础利率。

三、国际信贷还本付息方式的选择

在国际信贷中,有着多种还本付息方式。一笔外汇借款,在借款额、年利息率和期限已确定的条件下,还本付息方式不同,利息额就不等,借款者的利息负担就有轻有重。例如,某企业取得一笔借款,金额为100万美元,年利息率为8%,期限为5年。还本付息方式可能有以下几种:

(1)每年年末付息,期满时还本。

设:P为借款额;i为年利息率;n为期限(年);T为借款期内本利和。

计算公式:$T=P(1+i \cdot n)$

本例为:$T=100 \times (1+8\% \times 5)=140$(万美元)

(2)复利计算,期满时本利整付。

计算公式:$T=P(1+i)^n$

本例为:$T=100 \times (1+8\%)^5=146.93$(万美元)

(3)每年年末等额还本并付当年利息。

计算公式:$T=\dfrac{P+B}{2}i \cdot n+P$

式中:B为每年还本额。

本例为:$T=\dfrac{100+20}{2} \times 8\% \times 5+100=124$(万美元)

(4)用复利计算每年还本付息定额。

计算公式:$R=P\dfrac{i}{1-(1+i)^{-n}}$

或:$R=\dfrac{P \cdot i(1+i)^n}{(1+i)^n-1}$

$T=R \cdot n$

式中:R为每年还本付息定额。

本例为:$R=100 \times \dfrac{8\%}{1-(1+8\%)^{-5}}=25.046$(万美元)

$T=25.046 \times 5=125.23$(万美元)

(5)每年还本付息额不固定,设第1年还本付息10万美元,第2年还本付息10

万美元，第3年还本付息24万美元，第4年还本付息30万美元，第5年全部付清。在这种情况下，无计算公式，只能列表计算（见表8-12）。

表8-12　　　　　　　　　　　　**还本付息计算表**　　　　　　　　　单位：万美元

年　份	应付利息	年末本利和	还本付息额	未偿还额
0				100.00
1	8.00	108.00	10	98.00
2	7.84	105.84	10	95.84
3	7.67	103.51	24	79.51
4	6.36	85.87	30	55.87
5	4.47	60.34	60.34	0
合　计	34.34		134.34	

（6）宽限期2年，以后每年年末等额还本，5年中每年年末付息一次。

$$T=100\times8\%\times2+\frac{100+33.33}{2}\times8\%\times3+100=132（万美元）$$

（7）宽限期2年，以后每年年末等额还本，5年中每年半年付息一次。

$$T=100\times4\%\times2\times2+\frac{100+33.33}{2}\times4\%\times6+100=132（万美元）$$

（8）宽限期2年，以后每半年等额还本，5年中每半年付息一次。

$$T=100\times4\%\times2\times2+\frac{100+16.67}{2}\times4\%\times6+100=130（万美元）$$

（9）无宽限期，每年年末等额还本，每半年付息一次。

$$T=\frac{100+20}{2}\times4\%\times10+100=124（万美元）$$

（10）无宽限期，每半年等额还本，每半年付息一次。

$$T=\frac{100+10}{2}\times4\%\times10+100=122（万美元）$$

为了便于比较，现将以上各种还本付息方式的各期还款额及本利和终值列表比较（见表8-13）。

从表8-13可以看出：

①还本较晚，则付息较多，反之则较少。如（1）、（2）两种方式都是第5年年末才还本，付利息最多。又如（4）比（3）多，（5）比（3）和（4）多，（7）比（8）多，（9）比（10）多。

②（1）至（6）六种方式，还本情况不同，本利和有差别，但由于都是每年付息一次，本利和终值相等，都是146.93万美元。（7）至（10）四种方式，还本情况不同，本利和有差别，但由于都是每半年付息一次，本利和终值相等，都是148.02万美元。可见，付息期较短，付息较早，本利和终值就较大。

各期还款额及本利和终值计算表

表8-13　　　　　　　　　　　　　　　　　　　　　　　　　　　　　　单位:万美元

还本付息方式	各年还本付息额 1 上半年	1 下半年	2 上半年	2 下半年	3 上半年	3 下半年	4 上半年	4 下半年	5 上半年	5 下半年	本利和	本利和终值
(1)		8		8		8		8		8 100	140.00	146.93
(2)										146.93	146.93	146.93
(3)		8 20		6.4 20		4.8 20		3.2 20		1.6 20	124.00	146.93
(4)		25.046		25.046		25.046		25.046		25.046	125.23	146.93
(5)		10		10		24		30		60.34	134.34	146.93
(6)		8		8		8 33.33		5.33 33.33		2.67 33.34	132.00	146.93
(7)	4	4	4	4	4 16.66	4 33.33	2.67	2.67 33.33	1.33	1.33 33.34	132.00	148.02
(8)	4	4	4	4	4 16.66	3.33 16.67	2.67 16.66	2 16.67	1.33 16.67	0.67 16.67	130.00	148.02
(9)	4 10	3.6 10	3.2 10	3.2 20	2.4 10	2.4 20	1.6 10	1.6 20	0.8 10	0.8 20	124.00	148.02
(10)	4 10	3.6 10	3.2 10	2.8 10	2.4 10	2 10	1.6 10	1.2 10	0.8 10	0.4 10	122.00	148.02

③（3）和（9）两种方式还本情况相同，都是每年还本 20 万美元，故两者的本利和相同，都是 124 万美元。但（3）每年付息一次，（9）每半年付息一次，（9）付息较早，故（9）的本利和终值大于（3）。（6）和（7）与（3）和（9）的情况相同。从（6）和（8）来看，由于（6）还本较晚，故（6）的本利和终值大于（8），但由于（6）每年付息一次，而（8）每年付息两次，（8）付息较早，故（8）的本利和终值大于（6）。

④采用哪种方式，要视具体情况而定。

A.要看企业使用借款后各年现金流入量情况。如果预测使用借款后见效慢，初期现金流入量较少，就只能采用（1）、（2）、（6）、（7）、（8）这几种方式；如果获得借款后及时使用，而且见效很快，在整个贷款期限内各年的现金流入量都较多，就可以采用（3）、（4）、（5）、（9）、（10）这几种方式。

B.要看企业的资金利润率和借款利息率孰高孰低。当企业的资金利润率大于借款利息率，而且企业的生产经营正不断发展时，企业愿意把钱留在自己手中继续创造效益，而不愿过早地偿还债务，在这种情况下，采用（1）、（2）、（6）、（7）、（8）这几种方式对企业较为有利；而当企业的资金利润率低于借款利息率时，企业就希望尽快还清借款，在这种情况下，采用第（3）、（4）、（5）、（9）、（10）这几种方式对企业较为有利。

C.要看借款货币汇率变动趋势。如果预测借款货币对本币的汇率趋于上升（借款货币趋于升值），则企业提前还债较为有利；反之，则应推迟还债。

四、国际商业银行贷款形式的选择

选择贷款形式是指企业在借用国际商业银行贷款时，是从独家银行贷款还是利用银团贷款，这取决于企业所需资金数额、期限和风险程度。贷款额度较大、风险程度较高的大型工程项目或大型基础设施项目，适宜于采用银团贷款；如果贷款额度较小、期限较短，则可采用独家银行贷款形式。独家银行贷款的成本较低，只包括利息和承担费，而银团贷款的成本较高，包括的费用项目较多。

专栏 8-1

国际银团贷款的基本情况

银团贷款起源于第二次世界大战后的美国。20 世纪 60~90 年代，银团贷款发展迅速，到 1981 年，国际资本市场上长期贷款总额为 1 854 亿美元，其中银团贷款占比高达 74.2%；到 1997 年，银团贷款又增长到 3 904 亿美元，为 1981 年的 2.84 倍。

银团贷款的优点是贷款金额大，贷款风险分散，银行之间能避免同业竞争，加强业务合作。其缺点是涉及银行较多，贷款程序较复杂，获得贷款时间较长。

银团贷款的期限比较灵活，短则 3~5 年，长则 10~20 年，通常为 7~10 年。在整个贷款期内又分为三个阶段：提款期、宽限期和还款期。在宽限期内只付利息，不还本金。

银团贷款的利率分为固定利率和浮动利率两种。固定利率由借贷双方协商确定，在整个贷款期内不变。浮动利率一般以 6 个月的 LIBOR 作为基础利率，再加 1 个利差（附加利率）加以确定。基础利率 LIBOR 是按照每个利息期开始前两个营业日的伦敦时间上午 11 点由银团贷款协议规定的参考行所报 LIBOR 的平均数，上浮一定幅度，最终由代理行确定的。例如，5 家参考行所报 LIBOR 经计算平均数为 15.15%，上浮 0.0375%，加利差 0.625%，最终确定浮动利率为 15.8125%（15.15%+0.0375%+0.625%）。在亚太地区银团贷款利率多是按 HIBOR 或 SIBOR 加 1% 左右来确定的。

在银团贷款中，借款人要支付以下几种费用：

（1）承担费，银团贷款承担费率一般为 0.375%~0.5%。

（2）管理费，是借款人向银团的牵头行支付的。由于牵头行负责组织银团、起草文件、与借款人谈判等，所以要额外收取一笔费用，费率一般为 0.25%~0.5%，通常在贷款协议签订后 30 天内支付。

（3）代理费，是借款人向代理行支付的报酬。作为对代理行管理贷款、计算利息、调拨款项等工作的补偿，费率一般为 0.25%~0.5%，一般是每年按固定费率收取一次。

（4）安排费，是借款人支付给安排行的报酬。作为对安排行安排银团贷款（如了解借款人的意图、征求银团成员的意见、做市场调查等工作）的补偿，费率一般为 0.375% 左右。

（5）杂费，是借款人向牵头行支付的费用，如通信费、印刷费、律师费、谈判费、签字仪式费等，费率一般为 0.0625%，也可规定一个最高额，一次性支付。

贷款利息和实际利率计算：我国中远公司筹借到一笔 4 年期、总额为 3 亿欧洲美元的银团贷款，银团由瑞士信贷银行和法兰西银行牵头，贷款时一次性支付的银团费用占贷款总额的 2.5%。LIBOR 每 6 个月调整一次，附加利率为 1.5%。第一个半年之初 LIBOR 的水平为 6%。

中远公司得到的贷款净额=30 000−30 000×2.5%=29 250（万欧洲美元）

第一个半年应付利息=30 000×（6%+1.5%）÷2=1 125（万欧洲美元）

第一个半年的实际年利率=1 125÷29 250×2×100%=7.69%

中国银行于 20 世纪 80 年代初开办银团贷款，作为牵头行、代理行，组织多家外国银行参加银团，先后向北京香格里拉饭店、深圳赛格彩管、广州乙烯、珠江电厂、广东大亚湾核电站、攀枝花钢铁公司和长春一汽大众等许多建设或技术改造项目提供了巨额贷款。我国银行业还对国外借款人提供银团贷款，用于购买中国的机电产品、成套设备和高新技术，例如，对伊朗德黑兰地铁项目贷款 2.7 亿美元。这些项目完成后，都取得了显著的效益。

资料来源：邹小燕. 国际银团贷款［M］. 北京：中信出版社，2002.

专栏 8-2

丝路基金为"一带一路"发展提供有力金融支持

丝路基金作为响应"一带一路"倡议而专门设立的中长期开发投资机构，是促进资金融通的务实举措和重要成果，也是金融支持"一带一路"建设的重要组成部分。成立至今，丝路基金大力践行"一带一路"倡议，发挥投融资工具和双币种资金来源的优势，通过灵活高效的运作模式，为项目投融资提供丰富多元的解决方案，在实践中积极探索适合的投融资模式，推动凝聚多方广泛共识，展现"一带一路"建设独特的优越性和活力。截至 2019 年 4 月，丝路基金已签约项目约 30 个，承诺投资金额 110 亿美元，其中人民币签约投资额达到 180 亿元。

1. 促进发展规划有效对接

丝路基金成立以来，始终立足于将项目建设与所在国家与地区发展规划相对接，为有益于投资所在国家和地区可持续发展的项目提供多元化融资支持，帮助符合当地实际的建设规划顺利落地，使"一带一路"这一互利共赢的国际合作平台，与相关国家地区的经济社会发展整体上步伐协调一致，相互促进，相得益彰。

以丝路基金在俄罗斯投资的亚马尔液化天然气一体化项目为例，项目除对当地税收和国际收支作出突出贡献外，其配套的港口、航道等基础设施建设也将带动濒临北冰洋地区的整体开发，促进当地的经济发展和民生改善。丝路基金的资金支持保障了项目顺利开工建设，并实现提前投产，帮助俄罗斯能源开发规划顺利施工，为亚太地区提供了优质的清洁能源供应，创造了良好的经济与社会效益。普京总统也因此公开表态支持建设"冰上丝绸之路"，这表明"一带一路"建设与俄罗斯的极地开发规划高度协调一致。

2.发挥股权投资优势支持合作项目

丝路基金主要从事中长期股权投资，拥有较为稳定的中长期资金来源，在改善项目投融资结构方面做出了积极的尝试。通过前期股权资金的进入引领，加上相应债权性资金的配套支持，撬动更大规模的政府资源和私人资本共同投入，凸显资金聚集效应，从而使得相关项目建设资金能够落实到位。

例如，巴基斯坦卡洛特水电站项目采取 BOT 模式，主要由私人投资者投资参与基础设施建设，有利于减轻政府的直接财政负担，项目建成运营30年期满后，当地政府还可以无偿获得项目的经营和管理权。丝路基金通过投资入股三峡南亚公司和参与银团贷款，为项目提供权益资金和贷款资金的双重支持。此项目投融资模式设计重视中长期可持续性，彰显合作共赢、义利相兼的"丝路精神"。

3.积极拓展第三方市场合作空间

丝路基金一直非常重视通过投资合作促进多方市场连通，始终坚持在"开放包容、互利共赢"理念指引下，搭建沟通桥梁，与国际多边开发机构、大型跨国公司等多类型经济主体建立了良好的合作关系，并发挥自身优势穿针引线，推动中国的优势产能、发达国家的先进技术和投资所在国的发展需求有效链接，合力开拓第三方市场，促进资源在世界范围内优化配置，也为合作各方创造更大的投资回报。

目前丝路基金已与30多个国家（地区）政府部门以及国际金融公司、欧洲复兴开发银行、欧洲投资银行、亚投行、金砖银行等国际多边机构和美国通用电气公司等行业领导者，在开展项目筛选、投融资方案设计、加强信息交流和经验分享等方面形成了良好的合作基础，共同探讨并推动在第三方市场的投资合作。

例如，为响应中欧双方领导人关于"一带一路"建设与欧洲"容克计划"相对接的倡议，丝路基金与欧洲投资基金组建了中欧共同投资基金，基金完全遵循市场化原则运作，通过对欧洲地区的私募基金和风险投资基金进行投资，支持对中欧合作具有促进作用、商业前景较好的中小企业，对中国与欧洲企业开展深度合作，发挥协同效应并形成价值增值发挥了积极的推动作用。目前中欧共同投资基金已完成对若干子基金项目的投资，所投项目涉及生命科学、信息科技等高科技领域，覆盖多个欧洲国家，合作共赢的效果正在逐步体现。

4.践行绿色环保理念促进可持续发展

丝路基金始终坚持做有责任的投资人，在投资决策过程中，将环境保护等社会责任纳入可行性评估和风险管理体系，充分论证项目对当地生态环境和社会带来的影响，统筹考虑遵守投资所在国的法律法规、保护环境、促进当地就业、履行社会责任等因素，将增进当地人民的福祉和长期投资回报结合起来考虑，促进综合发展效益的提升。

以巴基斯坦卡洛特水电站项目为例，项目在设计、建设及运营等各个环节都体现了绿色金融理念：一是项目建成后将提供经济的清洁能源供应，解决巴基斯坦约500万人的用电问题，有效缓解当地电力供需矛盾，促进经济社会发展；二是项目全面执行国际工程建设标准，在健康、安全及环境方面接轨世界环境标准，建成后预计每年可减少二氧化碳排放量350万吨，为巴方提高清洁能源占比、优化能源结构作出积极贡献；三是项目总投资17.4亿美元，建设期累计缴纳税款2 300万美元，建成后当地政府每年将获得648万美元的用水费用收益，助力当地经济的可持续发展；四是项目建设团队中一半以上是当地员工，在施工高峰时可提供近3 000个就业岗位，为巴方培养了一批具有专业知识和实践经验的水电人才队伍；五是项目公司实施了社区投资计划，已经建成学校、医院并向当地移交，协助改善当地社区的生活环境，推行留学生计划，支持征地移民家庭适龄青年到中国留学。

高质量发展除了经济和环境的可持续，还包括债务的可持续。丝路基金积极探索创新开发性金融投资思路，通过在相关国家和地区投资可持续性项目，使其在经济上具有效益，在财务、环境和社会等方面都具有可持续性。丝路基金认真遵守2017年5月发布的《"一带一路"融资指导原则》，推动建设长期、稳定、可持续、风险可控的融资体系。到目前为止，丝路基金超过70%的承诺投资额是股权性质的投资，通过增加对中长期项目资本金的投入，可以有效降低项目主体和所在国家的债务负担，提升项目增信和抗风险能力。实践证明，通过市场化方式支持项目建设，在严谨科学的可行性研究基础上设计合理的投融资结构，严格遵守国际市场规则关于资本金比例要求和资产负债率约束，就能够在经济效益可持续的基础之上，保障项目建设与长期运营。

资料来源：谢多.为"一带一路"发展提供有力金融支持 [J]. 中国金融，2019（8）：12-14.

案例8-1

IFC对中国民营企业的贷款和参股

国际金融公司（IFC）对中国的投资包括贷款和参股（股权融资）。1985—1999年IFC共投资31个项目，计6.648 45亿美元。2000—2005年IFC共投资49个项目，计11.357 217亿美元，其中，贷款6.666 037亿美元，参股4.691 18亿美元。IFC在中国的投资组合比例一般是60%贷款、40%参股，主要根据客户的需求来决定。在过去的几年中，IFC一直致力于推动中国本土民营企业的发展，投资项目涉及制造业、金融业、建材、电力、医疗卫生、信息技术、农业、零售业、汽车及零部件、化工、石油、天然气等行业。例如，2004年，IFC向新奥燃气有限公司（简称新奥）提供2 500万美元贷款，参股1 000万美元。IFC的这项投资是从中国的整体战略方向考虑的。在中国，天然气仅占能源消耗总量的3%，远远低于全球20%和亚洲9%的平均水平，中国计划至2010年将天然气消耗量提高到7%~10%。IFC的投资支持了中国政府发展天然气行业、降低环境成本的政策，这一投资主要用于发展新奥在石家庄、蚌埠、湘潭的天然气配送设施。IFC选择新奥有以下三个原因：（1）新奥是一个很优秀的本土民营企业；（2）新奥的项目很符合IFC的投资战略，是IFC投资的重点之一，而且新奥所在领域是一个很重要的行业，使用天然气是改善中国能源结构的重要途径，可以降低中国的能源消耗并减少污染；（3）新奥的管理层与IFC有共同的目标和追求方向，致力于改善公司法人治理结构、环境保护和为用户服务。2011—2012年，IFC对中国企业的融资重点支持可再生能源、能效提升、节能减排、节水及水处理等项目的发展。

资料来源：李路阳.IFC投资中国新动向［J］.中国金融，2004（7）：10-13；刘玉．IFC答项目企业融资问［J］.中国金融，2011（11）：40-41.

案例8-2

我国银行对船舶企业提供出口信贷

1.中国进出口银行对船舶出口提供买方信贷和卖方信贷

我国东方造船厂和船舶出口代理商作为联合卖方与挪威某船东（买方）签订了两艘1万立方米液化气船的建造合同。每艘船合同价为2 157万美元，船款分期支付：合同生效时支付5%，交船前13个月支付5%，上船台时支付5%，下水时支付5%，交船时支付80%。中国进出口银行对此项船舶建造和出口交易提供了买方信贷和卖方信贷两种贷款。（1）在买方信贷项下，中国进出口银行以挪威船东为借款人提供了相当于合同金额75%的贷款，期限为9.5年，贷款利率在CIRR基础上略有下浮。船东提供了由两家欧洲一流银行提供的还贷担保。由于借款人是资信良好的船东，又有欧洲一流银行提供还贷担保，因此没有要求船厂投保出口信用保险。（2）在卖方信贷项下，由联合卖方作为借款人向中国进出口银行申请借款，金额为除船东现汇支付以外的相当于全部造船款的人民币资金，期限为16个月（建造期），利率为3.51%。（3）船东（买方）向卖方提供了除合同生效款以外，交船前15%和占合同款额10%的银行预付款保函。这样在按时、保质交船后，70%的船款将由中国进出口银行直接支付给船厂（可理解为由银行贷款给买方，再由买方向卖方支付船款），船厂可以立即用收到的船款偿还卖方信贷项下的债务。（4）船东将在未来9.5年内每半年等额向中国进出口银行偿还本金，并每半年支付一次利息。

2.中国银行利用出口买方信贷支持大连船舶企业的产品出口

2009年12月，中国银行辽宁省分行与新加坡太平船务有限公司举行贷款签约仪式，签署了中国银行集团内部最大一笔用于船舶行业的出口买方信贷业务。根据协议的规定，未来3年，中国银行辽宁省分行将为新加坡太平船务有限公司提供5.19亿美元的船舶出口买方信贷融资支持。这是中国银行辽宁省分行首次利用出口买方信贷业务打入国际市场的项目，也是辽宁银行同业中首次签署的金额最大的一笔出口买方信贷业务。

该项目由中国出口信用保险公司承保，首次利用结构性出口买方信贷支持大连船舶重工集团出口新加坡太平船务有限公司14艘集装箱船，项目总额为5.19亿美元。项目出口方大连船舶重工集团有限公司是总行级重点客户，也是国内建造产品最全、最具国际竞争力的现代化船舶总装企业，2008年在航运业不景气的形势下手持订单仍连续18个月稳居世界第4位；项目进口方新加坡太平船务有限公司自1967年成立以来，以稳健的经营和雄厚的实力，目前已发展成为东南亚第2位、世界19大集装箱运输公司，在当地具有广泛的影响力，是中国银行新加坡分行的重点客户。

该项目的成功签约是中国银行辽宁省分行充分发挥中国银行全能型金融业务和海内外一体化优势，积极支持辽宁企业"走出去"的又一重要成果，也是在目前全球航运业并不景气的形势下，充分利用出口买方信贷业务有力支持我国船舶工业振兴的重要举措，进一步彰显了中国银行海内外整体联动、集团一体化服务的优势，对支持境内重点客户、帮助境外分行开拓优质客户具有重要意义。

资料来源：中国进出口银行买方信贷部．中国进出口银行买方信贷船舶融资操作方式［J］．国际融资，2002（12）：24-25.

案例 8-3

硅谷银行支持高新企业发展的经验

美国硅谷银行是一家风险投资银行，建立于 1984 年，最初发源于硅谷，逐渐扩展到全国各地区，还在全球其他国家开设办事处。2009 年下半年，硅谷银行在我国上海开办了其在中国的第一个代表处，2010 年在北京开设代表处。硅谷银行自成立至今在支持高新技术企业成长与迅速发展方面发挥了重要作用，而且银行本身也取得了良好效益，即使在国际金融危机期间，也在 2008 年和 2009 年连续两年盈利。

硅谷银行的商务模式是通过贷款帮助技术创新型和高成长性企业获得成功。该银行关注技术进步、清洁技术、软件等所有的创新领域。在美国，创新行业是相当重要的，美国 GDP 的 21% 是由接受风险投资公司支持的公司创造出来的。著名的微软、雅虎、思科、eBay 等许多公司都曾获得风险投资公司的支持，这些公司也都得到过硅谷银行的贷款。

硅谷银行向许多刚创业的公司发放贷款，并确保能获得回报，其做法是：(1) 与美国的风险投资公司密切合作。硅谷银行与风险投资公司的不同之处在于，风险投资公司提供的是股权，而硅谷银行提供的是债权。硅谷银行利用风险投资公司提供专业知识和领导能力等优势，通过与风险投资公司合作，使双方都获利。(2) 提供信息共享方面的行业标准，特别是关于投资和信贷信息共享方面的行业标准。硅谷银行和有关的风险投资公司的信息相互公开和共享，其他公司可能也把这样一些信息拿来与硅谷银行分享。(3) 注重改革。无论是银行、担保方和信贷方面还是法律方面都进行改革，这样就可以确保贷款后即便有风险产生，也能获得相应的回报。

高新技术企业的成长与发展离不开风险投资和贷款，不仅需要资金，而且需要一整套生态系统：(1) 需要优秀的企业家。对企业乃至整个社会来说，企业家精神是相当重要的；对创新企业来说，企业家精神更为重要。(2) 要有合理的税收机制，要有相应的法律、法规来刺激风险投资业的发展，同时还要有资本市场。通过资本市场，投资者进行风险投资、获得回报、收回投资，企业筹集成长和发展所需的资本。(3) 硅谷银行和许多美国风险投资银行合作，共同向高新企业提供贷款，这对企业的成长和发展是相当重要的。(4) 要有一个经验丰富、能力很强的管理团队。只有建立一个健全的生态系统，才能使企业家及研发等各方面取得成功。

中国如何利用硅谷银行的成功经验：(1) 在创新方面需进一步加强，除了推动大学在研发和人才培训方面继续发挥作用之外，还应邀请那些非常成功的企业家当老师，更多地培训下一代领导人才。(2) 更好地保护知识产权，为此，应健全这方面的法律体系。(3) 在创新部门更多地鼓励外国的投资，同时吸取更多的管理经验，这样更有利于创新企业成功。(4) 建立风险市场，更多地学习外国的经验，将有相应的专家、人才出现。(5) 建立一种体制，例如建设创业板股票市场，以方便风险投资的退出。(6) 应该对中小企业提供贷款担保、借款机会、税收优惠以及在网络、营销、管理等方面的培训。

资料来源：石洋. 看硅谷银行如何支持高新企业发展 [J]. 国际融资，2010 (1)：8-11.

案例 8-4

亚投行首个项目助力巴基斯坦基础设施建设

2016 年 5 月，亚投行正式公布首个联合融资项目——一条位于巴基斯坦境内、连接旁遮普省绍尔果德与哈内瓦尔的 64 千米的高速公路项目。此项目虽是合资，但是对于亚投行来讲意义重大，对推动亚洲基础设施建设具有重大促进和引领作用，也成为检视亚投行能力的放大镜。

亚投行行长金立群与亚洲开发银行行长中尾武彦于5月2日在德国签署谅解备忘录，旨在增强两家金融机构合作，内容包括一系列合作融资项目。此次巴基斯坦的投资项目就在双方联合融资的项目之列。

巴基斯坦国家公路局官员表示，该项目与巴基斯坦国内其他基础设施项目联结，将进一步推动巴基斯坦全国公路网的升级改造，促进巴基斯坦各地区间的联通。道路交通基础设施被巴基斯坦政府视为推动国内经济发展、提高人民生活水平的要务，亚投行等金融机构助力巴基斯坦交通基础设施升级改造具有重要意义，是巴基斯坦真正改变命运的机会。不仅如此，随着后金融危机时代的到来，美元进入加息周期，对很多发展中国家都有明显的影响。亚投行投资巴基斯坦，对于巴基斯坦经济将有很大提振作用。

亚投行成立的初衷是为亚洲国家的基础设施提供融资，发展亚洲国家的互联互通，比如发电站、铁路、公路等，也会支持"一带一路"建设的互联互通。与此同时，亚投行投资项目也要从商业角度予以考虑。公路建设投资金额较低、周期短、见效快，相对于铁路和航空，更适合短距离运输，这比较符合巴基斯坦当地的经济发展现状。从当地考虑，其对公路的需要十分紧迫。此外，从投资收益以及风险方面考虑，投资公路资金回收快、风险低，对于亚投行第一单贷款而言，这些因素都应顾及。

本次项目是亚投行与亚开行联合进行的项目，这种联合方式也将会在以后的发展过程中更加深入。据了解，亚投行正与世界银行就联合融资展开合作，同时也将参与到世界银行和欧洲复兴开发银行联合融资的环绕哈萨克斯坦最大城市阿拉木图的公路项目中。

亚投行与亚开行合作，主要表现在两个方面：一是它们有共同的利益，都支持亚洲国家经济发展，亚开行成立时间较早，经验比较多，亚投行由中国主导，在国际合作方面更有优势，二者可以互补；二是亚投行是当前国际金融体系的补充，不是另起炉灶，亚投行需要跟其他金融机构合作，发挥各自的优势，降低亚投行的融资成本和风险，积累经验。通过首批项目主打联合融资，亚投行可较快地扩大其项目投资组合，并撬动现有机构的项目储备、项目调查及执行能力。亚开行、世界银行、欧洲复兴开发银行也能撬动亚投行1 000亿美元的资本金，把有限的资金用于更多的项目。

亚开行、世界银行这些组织都是由西方发达国家主导成立的，在投资项目方面，往往会考虑当地国家的信用级别、政府透明度、财政紧缩、国企比例等西方的标准，而这些标准对于发展中国家来说往往达不到，尤其是对于一些基础设施项目，因投资周期长、回报低，亚开行、世界银行这些组织往往会比较慎重。亚投行是一个政府间性质的亚洲区域多边开发机构，重点支持基础设施建设，成立宗旨是促进亚洲区域的互联互通和经济一体化进程，并且加强中国及其他亚洲国家和地区的合作。亚投行需要借鉴其他组织的经验，但是不能完全照搬其标准，只有建立自己的投资标准，才能有更好的发展前景。

亚投行的首个项目投资巴基斯坦，是因为巴基斯坦有投资需求，同时因为中巴友好关系，能够使得投资更快、更好、更安全地实施，也有助于中国"一带一路"建设的发展。巴基斯坦是丝绸之路经济带上的关键节点，习近平主席访问巴基斯坦时，双方对投资400亿美元建设中巴经济带达成共识。但是资金仍然有限，如果能吸引到其他金融机构投资，对建设丝绸之路经济带以及中巴经济走廊都具有很重要的意义。

资料来源：邓成功. 亚投行首个项目助力巴基斯坦基础设施建设［N］. 中国产经新闻，2016-05-12.

思考题

1.外国政府贷款有什么特点？我国企业怎样使用外国政府贷款？

2.世界银行、国际金融公司和国际开发协会的宗旨有什么不同？这些国际金融组织的贷款或投资有什么特点？

3.亚洲开发银行的资金来源和贷款种类有哪些？

4.国际商业银行贷款有哪些特点？可分为哪些种类？

5.什么是国际银团贷款？企业取得这种贷款需支付哪些费用？

6.什么是承担费？企业取得哪些贷款需支付承担费？

7.欧洲货币市场银行信贷利率有哪些特点？

8.什么是 LIBOR、EURIBOR、TIBOR、SIBOR 和 HIBOR？

9.什么是出口信贷、卖方信贷和买方信贷？试述其程序和企业应支付的费用。

10.什么是外国政府混合贷款？采用这种贷款的目的是什么？

11.国际信贷筹资成本包括哪些内容？为什么要测算外汇借款成本？

12.影响企业外汇借款成本率高低的因素有哪些？

13.国际信贷筹资有哪些风险？如何对这些风险进行管理？

14.什么是货币互换、利率互换、利率期货和利率期权？它们各有什么作用？

15.国际信贷的货币选择应考虑什么因素？

16.什么是外汇借款平衡点时的汇率？

17.多种外币组合融资有什么好处？

18.在国际信贷中怎样选择贷款的利率？

19.怎样选择国际信贷还本付息方式？

计算题

1.某公司从美国某商业银行取得一笔贷款，金额为 5 000 万美元，于 5 月 10 日签订贷款协议，确定承担期为半年（到 11 月 10 日止），并规定从 6 月 10 日起支付承担费，承担费率（年费率）为 0.25%，该公司实际支用贷款情况如下：5 月 12 日支用 1 000 万美元，6 月 5 日支用 2 000 万美元，7 月 12 日支用 1 100 万美元，8 月 9 日支用 700 万美元，到 11 月 10 日还有 200 万美元未动用，自动注销。要求：计算该公司应支付的承担费。

（6 月 10 日—7 月 11 日为 32 天，7 月 12 日—8 月 8 日为 28 天，8 月 9 日—11 月 9 日为 93 天）

2.我国某公司从美国某银行借入 1 000 万美元，年利息率为 13%，期限为 1 年，期满时一次还本付息。借款时 1 美元=6.2250 元人民币，还款时 1 美元=6.3075 元人民币。所得税税率为 25%。要求：计算这项借款的成本率。

3.我国乙公司从德国银行借入 100 万欧元，年利息率为 8%，期限为 1 年，期满时一次还本付息，借款时 1 欧元=9.28 元人民币，还款时欧元升值 2%，所得税税率为 25%。要求：利用公式（2）和公式（3）计算借款成本率。

4.我国甲公司今年年初从美国某银行借入 200 万美元，期限 3 年，预测各年的平均利息率分别为第 1 年 10%、第 2 年 10.4%、第 3 年 10.8%，借款费用 6 000 美元。每年年末付当年利息，期满时一次还本。借款时汇率为 1 美元=6.3 元人民币，预测各年年末汇率为第 1 年为 1 美元=6.34 元人民币、第2年为1美元=6.36元人民币、第3年为1美元=6.4元人民币。该项借款的利息、费用和本金的汇率折算差额可计入财务费用,所得税税率为25%。要求:计算这项借款的成本率。

5. 甲公司从国外商业银行借款,可借A元或B元。年利息率为:借A元12%;借B元16%。借款时汇率为1A元=6B元。甲公司拟借100万A元或600万B元,期限为1年。预测还款时汇率为1A元=7B元。要求:(1)计算比较借哪种货币较为合算。(2)计算平衡点时的汇率。

6. 美国A公司拟借入1年期借款,其有关资料如下:

(1)借款利息率为:借美元14.5%;借日元9.5%;借欧元8.5%。

(2)预测汇率变动:借款期内美元对日元、欧元的即期汇率变动情况见表8-14。

表8-14   汇率变动预测表

货　　币	汇率变动幅度的几种可能(%)	概　　率
日元升值	+1.5	0.30
日元升值	+2.5	0.50
日元升值	+8	0.20
欧元贬值	−1.5	0.35
欧元升值	+3	0.40
欧元升值	+6	0.25

(3)假定日元和欧元各占50%。即期汇率为:1美元=80日元;1欧元=1.40美元。

要求:(1)分别计算借日元和借欧元的成本率。(2)计算日元和欧元组合融资的成本率,并说明组合融资的效用。

相关网站

中国进出口银行 www.eximbank.gov.cn.

国际金融公司 www.ifc.org.

亚洲开发银行 www.adb.org.

优财网 www.ucai123.com

花旗银行 www.citibank.com.

国际互换及衍生金融工具学会 www.isda.org.

亚洲基础设施投资银行 www.aiib.org.

欧洲投资银行 www.eib.org.

欧洲复兴开发银行 www.ebrd.com.

泛美开发银行 www.iadb.org.

非洲开发银行 www.afdb.org.

加勒比开发银行 www.caribank.org.

第九章

国际证券筹资

第一节 国际证券的发行与流通

一、证券市场的国际化

早在16世纪初,西欧就出现了证券交易活动。17世纪至19世纪,随着股份公司和信用制度的不断发展,西方各国的证券市场逐步发展起来。最初,证券的发行和交易都是在本国之内进行的,以后由于科技革命推动社会生产力迅速发展,生产和资本国际化,跨国公司和跨国银行形成并发展,使各国证券市场逐步国际化,许多国家的证券市场对外开放,允许外国投资者购买本国发行的证券,允许外国筹资者到本国证券市场发行证券,并参与交易。证券市场的国际化趋势在19世纪开始出现。从20世纪初到第二次世界大战前,证券市场国际化已初步形成。第二次世界大战后,证券市场国际化才得到迅速发展。

20世纪60年代初出现了欧洲债券市场,它是一个以美元为主要交易币种的国际性自由债券市场。各国筹资者在欧洲债券市场发行欧洲债券,1974年共发行21.34亿美元,1981年共发行316亿美元,增长了13.8倍。进入20世纪80年代,证券交易趋于全球化。1986年,在西方国家中英国率先对20世纪30年代制定的证券法规进行改革,大大推动了证券市场的自由化和国际化。1988年年末,在英国的国际证券交易所挂牌的外国公司共有526家,占这个交易所挂牌的全部公司的20%。20世纪90年代初,美国逐步放松了外国企业在美国证券市场发行证券的限制。1992年,非美国公司、外国政府、国际发展银行在美国公开市场发行的债券有209种,总额达403亿美元,美国证券市场成为各国关注的融资热点。1975年至1998年间,发达国家的股票和债券的跨国交易总额在GDP中所占的比重迅速上升,其中,美国由4%上升到230%,德国由5%上升到334%,意大利由1%上升到640%,日本由2%上升到91%。

世界各国的证券市场按其发展程度分为成熟市场和新兴市场。前者是指发达国家或地区的证券市场，后者是指发展中国家的证券市场。1996年，国际金融公司认定成熟市场56个，新兴市场158个。发展中国家证券市场的兴起是证券市场国际化的一个主要标志。发展中国家证券市场的起步早晚不一，发展情况也不同，总的来说还处于起步和发展阶段，但都顺应国际经济和国际金融的发展趋势，开放本国证券市场，参与国际证券市场活动，大力吸收外资，满足发展本国经济的需要。新兴市场的崛起，正在深刻地改变着国际证券市场的格局。

二、国际证券发行市场

（一）国际证券的发行方式

证券发行市场又称证券一级市场，是证券初次交易的市场。证券发行市场是发行者为筹集资金向外界及社会公众发行证券（股票、债券）的市场，它由发行者（筹资者）、承销商和投资者组成。承销商是在证券市场上协助发行者发行证券或者为发行者寻找投资者的中介机构。在美国，公司发行的证券大部分都是通过承销商销售的，承销商以投资银行（如第一波士顿投资银行、摩根·士丹利投资银行、美林公司和高盛公司等）为主。美国投资银行的首要职能是承包和推销公司证券，此外还从事企业兼并、收购、基金管理和风险投资等业务。在日本，公司发行证券，承销商主要是证券公司（如野村、大和、日兴和山一等证券公司）。

（1）证券发行方式如按是否经过中介机构来划分，可分为以下两种：

① 直接发行，是指证券的发行者不委托中介机构承销，而由自己直接向投资者推销出售证券，适用于信誉极高的大企业和网点分布很广的金融机构。

② 间接发行，是指证券发行者通过承销商向投资者推销证券。这是当今世界各国最广泛采用的方法，因为专门的证券发行机构拥有分布很广的发行网点、熟悉证券知识的专业人员和全面的信息。显然，间接发行较直接发行加大了发行成本，但可以扩大证券发行的对象和范围，使证券发行更迅速、更可靠。

（2）证券发行方式如按发行对象来划分，可分为以下两种：

① 公募发行，是向广泛的不特定的投资者公开发行证券。由于公募发行涉及众多的社会投资者，对社会影响大，因此，各国证券管理机构对公募发行要求具备一定的条件，如发行者必须向主管机关提交发行证券注册申请书，公开财务信息；接受证券评级机构的资信评定；如果发行者对重要事实作了不正确说明或有欺诈行为，必须承担法律责任等。这些要求使发行者必须接受社会的监督，并增加了一些费用。但是其优点在于：公募发行证券，投资者众多，能筹集到更多的资金；有利于提高发行者的知名度；公募发行后，证券易于进入流通市场，进行转让买卖，具有较高的流动性，因而易于被社会投资者所接受。

② 私募发行，是向少数特定的投资者（如公司的股东、职员以及与发行者有

密切往来的企业、公司、金融机构等）发行证券。发行者一般是信誉极高的政府机构或风险较大的新企业。各国对私募发行都有一些限制性规定，如投资者在购买私募发行证券后，两年内不能转让；两年后若要转让，也只能在规定的范围内进行。与公募发行相比，私募发行手续较简便，费用较少，但发行者往往要向投资者提供某种优惠条件。

（二）国际证券的发行程序

证券发行程序因证券种类（如股票和债券）不同而不同，在不同的国家、不同的金融市场也有差别，但公募发行证券的基本程序可概述如下：

（1）发行前的准备工作，包括：确定所需筹资数额和发行何种证券；了解发行证券所需文件资料、报批手续、发行机构、发行成本等情况；发行者聘请专门的信用评级机构对自己的信用评定级别；聘请注册会计师对会计账表进行审计，并提出报告；编制上市申请书；聘请律师分析和解决发行证券的有关法律问题；与选定的证券承销机构进行磋商，起草承销合同。

目前，国际上公认的最具权威性的信用评级机构主要是美国的穆迪公司和标准普尔公司。标准普尔公司将债券分为 10 级：AAA，债券质量最高，安全性最高，还本付息能力极强；AA，高质量债券，安全性很高，有很强的还本付息能力；A，中上级债券，安全性较高，有较强的还本付息能力；BBB，中级债券，安全性适中，有一定风险；BB，中下级债券，具有投机因素，安全性不够；B，投机债券，通常不值得正式投资；CCC，完全投机债券，安全性极低，违约的可能性较大；CC，最大投机债券，还本付息的可能性很小；C，没有安全性，投资风险最大；D，最低等级债券，完全不可能偿还。标准普尔公司还将股票分为 7 级：A^+（最高级）、A（高级）、A^-（一般水平以上）、B^+（一般水平）、B（低于一般水平）、B^-（远低于一般水平）、C（需要改组的）。证券发行者如获得较高信用等级，其证券就能在市场上畅销。

（2）申请上市，公布信息。向证券管理机构提出书面申请，并提交财务信息和其他有关资料；经审查同意后，证券发行者与承销商研究确定证券发行价格，向社会公布公开说明书、财务信息等资料，说明发行证券的种类、额度、范围、筹资用途及效益。

（3）与承销商签订合同，其内容一般包括委托发行金额、发行方式、起止日期、发行费用、款项分割及违约责任等。

（4）承销者组织销售，将证券卖给投资者，并按规定时间将款项划付给证券发行者。

三、国际证券流通市场

证券流通市场又称证券二级市场，是证券发行结束后的再交易市场，是对已发行的证券进行买卖、转让和流通的场所。在国外一些发达国家，证券流通市场有场内交易市场和场外交易市场两种形式。

1.场内交易市场

场内交易市场是指由证券交易所组织的集中交易市场，有固定的交易场所和交易时间，对证券交易进行周密的组织和严格的管理，接受和办理符合有关法令规定的证券上市买卖。

2.场外交易市场

场外交易市场（over-the-counter market，OTC），又称柜台交易市场或店头交易市场，是指在证券交易所外由买卖双方当面议价成交的市场。场外交易市场一般包括：

（1）柜台交易市场。它由分散在全国各地证券公司的交易柜台组成。除了在证券交易所上市交易的证券外，其他证券都在柜台交易市场交易。

（2）第三市场。它所买卖的股票都是在股票交易所登记上市的股票，但在场外进行交易。这是因为一些机构投资者经常进行大宗的股票买卖，如果在交易所内进行，要支付较多的佣金，为降低费用，他们常常倾向于寻求场外交易市场。与此同时，有些证券交易商为了争取这类巨额交易，常以较低费用吸引机构投资者，把那些已在股票交易所上市的股票拉到证券公司来做。

（3）第四市场。它是指各机构投资者或大户投资者和证券持有者避开中介机构直接进行场外交易的市场。交易双方通过电子计算机网络直接交易，保密性强，而且可节省大笔佣金。

四、世界主要证券市场

（一）美国的证券市场

1.纽约证券交易所（NYSE）

NYSE成立于1792年，截至2023年4月，纽交所上市公司为2 372家，股票总市值250 991亿美元。纽交所内部设有三层：主板、中小板（MKT）和高增长板（Arca）。其中，主板市场针对大型成熟企业，中小板市场服务中小型企业，高增长板仅提供股票交易服务。纽交所主板的上市标准分为国内标准和全球标准两类。全球标准比国内标准要求高一些，相关指标的统计范围不局限于本次在美股IPO的发行，而是拓展至全球。美国公司IPO必须符合国内公司上市标准，非美国公司可在两套标准中任选其一。表9-1为目前纽交所主板上市标准的关键因素要求。

洲际交易所创立于2000年，最初以场外能源合约为主要交易产品。此后，通过一系列并购活动，洲际交易所迅速成长为全球最大的衍生品交易所之一。2013年，洲际交易所完成了对纽约泛欧证券交易所的收购，成为拥有衍生品、证券交易的综合型交易所。截至2019年年底，洲际交易所共有5家证券交易所、5家衍生品交易所、4家OTC市场和6家清算公司。

表9-1 纽交所主板上市标准的关键因素要求

指标	要求	全球标准	国内标准
发行指标	整手（Round lot）股东	≥5 000名	≥400名
	公众持股	≥250万股	≥110万股
	公众持股市值	其他形式上市≥1亿美元 关联公司上市≥6 000万美元	≥4 000万美元
	发行价格	≥4美元	≥4美元
财务指标	利润标准（经调整税前净利润）	最近三个会计年度均为正，且累计≥1亿美元；且最近两个会计年度均≥2 500万美元	最近三个会计年度均为正，且累计≥1 000万美元；且最近两个会计年度均≥200万美元
	市值+收入标准	上市时市值≥7.5亿美元	上市时市值≥2亿美元
		最近1个会计年度总收入≥7 500万美元	
	市值+现金流标准	最近两个会计年度经调整现金流≥1亿美元，最近两个会计年度经调整现金流均≥2 500万美元	
		上市时市值≥5亿美元	
		最近1个会计年度总收入≥1亿美元	
	关联公司上市标准	适用于纽交所已上市的关联公司市价总值≥5亿美元	
		公司经营年限≥12个月	

2.纳斯达克市场（NASDAQ）

为了管理证券场外交易，1971年美国场外交易市场的证券商成立了全国证券商协会（NASD）。1971年以前，由于柜台交易十分分散，这些交易的行情是用电话通知全国报价局用印刷品（股票行情报单用粉红色纸，债券行情报单用黄色纸）公布的，不便于投资者及时掌握时刻变动的市场行情。为了解决柜台交易市场中信息不对称和价格不透明等问题，经过多年的研究设计，1971年美国利用电子计算机系统建立了一个全国证券交易商协会自动报价系统，其英文全称为"National Association of Securities Dealers Automated Quotation"，缩写为NASDAQ，中文直译为纳斯达克。纳斯达克使柜台市场业务发生了根本性变革，它彻底改变了以前完全依靠电话报价的做法，通过计算机网络及时提供准确的行市，将股票经纪人、做市商、投资者和监管机构联系起来，形成了全球第一个电子化证券市场。2006年，纳斯达克注册为证券交易所，成为场内市场。截至2023年4月，纳斯达克上市公司为3 594家，股票总市值190 136亿美元。纳斯达克市场共有3个层次，分为全球精选市场、全球市场以及资本市场。纳斯达克对三个层次市场的上市公司有关公司治理方面要求基本相同，在财务及流动性方面，全球精选市场对上市公司的要求最高，全球市场次之，资本市场要求相对最低。表9-2为目前纳斯达克全球精选市场上市标准的关键因素要求。

表9-2   纳斯达克全球精选市场上市标准的关键因素要求

财务标准	标准1：利润标准	标准2：市值/现金流标准	标准3：市值/收入标准	标准4：资产/权益标准
税前利润	最近三个会计年度均为正，且累计≥1 100万美元，且最近两个会计年度每年≥220万美元			
现金流		最近三个会计年度的为正，且累计净流入≥2 750万美元		
市值		前12个月平均≥5.5亿美元	前12个月平均≥8.5亿美元	＞1.6亿美元
收入		前1个会计年度≥1.1亿美元	前1个会计年度≥9 000万美元	
总资产				≥8 000万美元
股东权益				≥5 500万美元
最低买入价	≥4 000万美元			
公众持有的非受限股票市值	≥4 500万美元			
公众持股	1）总体公众持有非受限股份125万股以上；2）其中持有100股以上非受限股份的股东数量450以上，或股东总数在2 200以上；3）其中持有100股以上股东中至少有一个持有非受限证券市值在2 500美元以上；4）非受限公众持股市值在4 500万美元以上			

3.电子公告板市场、粉红单市场和地方性的柜台交易市场

1990年6月，为了加强OTC市场的透明度和交易的便利性，美国SEC根据《低价股改革法案》强令要求NASDAQ为既达不到NASDAQ全国市场上市标准也达不到NASDAQ小型资本市场上市标准的其他OTC股票开设了OTCBB电子公告板市场。一些初创业的公司想要上市，但因为不符合纳斯达克市场条件，只能退而求其次，选择在条件较低的OTCBB市场挂牌上市，并随着公司的成长而升级。最著名的例子是，微软公司（Microsoft Corp.）正是在创业初期经过OTCBB上市融资，然后不断成长升级进入纳斯达克市场，才有今日的辉煌成就。中国汽车配件公司2003年3月在OTCBB挂牌，股票价格由7.5美元涨到18美元，2004年8月升板进入NASDAQ市场。北京科兴生物公司2003年9月在OTCBB挂牌上市，私募融资475万美元，2004年12月升板进入AMEX。粉红单市场（Pink sheets）是比OTCBB更低一级的报价系统，由美国全国报价局管理。公司在此市场挂牌上市，不需要注册会计师审计财务报告，可省数万美元的审计费，挂牌上市的条件也较松。1999年，粉红单市场以电子报价方式取代以往的纸质出版物，为场外证券提供基于互联网的实时报价。2010年，粉红单市场主体更名为OTC市场集团（OTC Markets Group）。OTC市场集团内部再细分为OTCQX、OTCQB和OTC Pink三个层次。进入21世纪以来，OTCBB在美国金融业监管局接管后日益低迷，市场份额逐渐萎缩，使得粉红单市场成为美国规模最大的场外市场。截至2023年6月，在OTC市场集团报价的证券有12 518只。

（二）欧洲的证券市场

1.泛欧证券交易所

1999年欧元诞生后，欧元区金融一体化成为大势所趋，欧洲金融市场参与者对跨境投融资的需求日益增强，泛欧洲地区的统一交易场所应运而生。根据阿姆斯特丹交易所、布鲁塞尔交易所、巴黎交易所签署的合并协议，泛欧证券交易所成立于2000年，总部位于巴黎。2006年6月，纽约证券交易所与泛欧证交所达成总价约100亿美元的合并协议，组建全球第一家横跨大西洋的纽约泛欧证券交易所。2007年4月，纽约泛欧证券交易所同时在纽交所和巴黎泛欧交易所挂牌上市，成为首个全球性证券交易所，也是当时全球最大的交易所。2013年，洲际交易所完成对纽约泛欧证券交易所的收购。2014年，泛欧交易所旗下原有的业务（除LIFFE并入洲际交易所以外）整体从洲际交易所中剥离出来，回归欧洲成立独立公司上市经营。截至2023年4月，泛欧交易所上市公司为1 956家，股票总市值64 442亿美元。

泛欧交易所设立了包括主板、创业板、自由市场等在内的三个层次体系，主板又包含了A、B、C三部分子板块，以满足不同行业、不同发展阶段企业的需求。截至2020年6月，泛欧交易所共有主板市场上市公司1 015家，创业板市场上市公司268家，自由市场上市公司179家。

2.伦敦证券交易所

伦敦证券交易所成立于1773年，是欧洲最大的证券交易所，也是世界上最大的国际证券交易中心之一。兴旺时期，在该交易所挂牌交易的各种证券达7 000多种，其中股票4 000多种，债券3 000多种，挂牌的外国公司有2 500多家。然而，由于经济全球化带来的资本市场之间的激烈竞争，尤其是美国证券市场的压力，伦敦证券交易所不得不在变中求胜，把目标主要对准各国的中小企业。1995年，该所成立了另类投资市场（Alternative Investment Market，AIM），是继美国纳斯达克市场之后在欧洲成立的第一个二板市场，已有1 000多家公司在AIM上市，融资达数百亿美元。截至2023年4月，伦敦证交所上市公司为1 903家，股票总市值30 500亿美元。

3.法兰克福证券交易所

法兰克福证券交易所又称德交所，成立于16世纪，在欧洲仅次于伦敦证交所。在最兴旺时期，在该所挂牌上市的公司达6 670多家，被誉为世界第四大证券交易所。1990年，法兰克福交易所公司进行商业注册，运营管理法兰克福证券交易所。1992年，法兰克福证券交易所股份有限公司更名为德意志交易所股份有限公司，开始将其市场定位由传统股票交易场所转变为全产业链的交易所集团。2001年，德交所集团IPO上市。截至2019年年底，德交所共有1家证券交易所、1家外汇交易所、3家金融衍生品交易所、6家商品期货交易所和5家清算公司，衍生品市场发达。截至2023年4月，德交所上市公司为472家，股票总市值22 472亿美元。

2015年，德交所与上交所、中金所合资成立中欧国际交易所。这也是德交所看好中国资本市场发展前景的主要标志。作为中国与德国金融合作的战略平台，中欧所的使命在于支持中国与欧洲的实体经济合作，支持中德先进制造业的战略对接，支持"一带一路"基础设施建设的金融服务以及支持人民币的国际化。

4.欧洲伊斯达克（EASDAQ）市场

欧洲伊斯达克市场是欧洲证券交易商协会自动报价系统（European Association of Securities Dealers Automated Quotation）。它的总部设在比利时首都布鲁塞尔。1994年，欧洲创业资本协会提议模仿美国纳斯达克，建立一个独立的欧洲股票市场。在欧盟委员会和比利时政府的支持下，1996年11月，EASDAQ正式开始运作，宣告欧洲第一个为高成长性和高科技企业融资的独立电子化股票市场诞生，它的操作方式与美国纳斯达克基本相同。2001年在被美国纳斯达克正式并购后，成为纳斯达克欧洲市场。2003年，因纳斯达克全球扩张计划进展不顺利，纳斯达克欧洲市场被迫关闭。

（三）加拿大和澳大利亚的证券市场

1.多伦多证券交易所

多伦多证券交易所成立于1852年。1999年，温哥华证券交易所、亚伯塔证交所合并，更名为加拿大创业交易所。2002年，多伦多交易所收购了加拿大创业交易所，将其作为多伦多交易所的创业板块，并更名为多伦多创业交易所。同时，多伦多证券交易所转型成为多伦多证券交易所集团，并在主板上市交易。多伦多证券交易所集团旗下有 6 家证券交易所、2 家结算机构及其他公司信托代理等子公司。截至 2023 年 4 月，多伦多证交所上市公司为 3 570 家，股票总市值 29 686 亿美元。

2.澳大利亚证券交易所

1937 年，澳大利亚联合证券交易所成立，独立运营的悉尼、霍巴特、布里斯班、墨尔本、阿德莱德、珀斯等六个城市的证券交易所相继加入。1987 年经议会批准正式合并，成立了澳大利亚证券交易所。1998 年，该交易所集团完成股份化改制并顺利上市。它是全球首家在自己市场上市的证券交易所，随后这一趋势被全球其他交易所效仿。2006 年，澳大利亚证券交易所与悉尼期货交易所正式合并，同时悉尼期货交易所退市。截至 2023 年 4 月，澳大利亚证交所上市公司为 2 127 家，股票总市值 16 663 亿美元。

（四）亚洲的证券市场

1.东京证券交易所

东京证券交易所建立于 1878 年，在世界前十名证券交易所中曾排名第二，仅次于纽约证交所（按 1997 年 9 月末各证券交易所上市公司股票市值大小排列）。该所内部设第一部和第二部，后者的上市标准低于前者。在第一部上市的都是收益好的一流企业，而新上市公司股票一般要先在第二部挂牌，然后才有可能进入第一部。反之，如果在第一部上市的公司股票指标下降到低于第一部的上市标准，则有可能降到第二部。1999 年年末，建立了以 "Mothers" 命名的创业板市场，专为新兴行业提供上市融资的机会。它的上市条件较低，看重上市公司的信息披露，要求上市公司每季都公布业绩，在上市后 5 年获得利润。2013 年，东京证券交易所和大阪证券交易所合并成立日本交易所集团。截至 2023 年 4 月，日本交易所上市公司为 3 887 家，股票总市值 55 861 亿美元。

2.新加坡的证券市场

（1）新加坡证券交易所（简称新交所），成立于 1973 年 5 月，经过几十年的发展，已经成为亚洲最具国际化特征的交易所和亚太地区各国公司首选的上市地之一。非新加坡企业在新交所上市公司总市值中占比 40%，来自中国大陆（内地）的企业占非新加坡企业的 32%。截至 2023 年 4 月，新交所上市公司为 643 家，股票总市值 6 068 亿美元。公司在新交所上市首先需通过税前盈利的要求，近 3 年累计税前盈利需要超过新加坡元 750 万元，并在这 3 年里每年税前盈利不低于新加坡元 100 万元，如果近 2 年累计税前盈利超过新加坡元 1 000 万元，也可达到上市要求。

（2）SESDAQ——新加坡股票交易自动报价市场，于 1987 年建立。其目的是使那些具有良好发展前景的中小企业能筹集到资金以支持其业务发展。2007 年 11 月，新交所推出 "凯利板（Catalist Board）" 市场，正式取代 SESDAQ 市场。凯利板采用保荐人制度，上市规则对上市公司不再提出量化的财务要求，公司是否适合上市由保荐人判定，使得凯利板给快速增长型企业提供更大的发展空间，并通过保荐人监督防御风险、促进市场健康发展。截至2023年4月，新加坡凯利板上市公司为208家，股票总市值85.65亿新加坡元。

3.中国香港的证券市场

（1）香港证券联合交易所（简称香港联交所）。中国香港的证券交易可追溯至1866年，数家交易所先后建立。1986年3月香港证券交易所与九龙、远东、金银三家证券交易所合并组成香港证券联合交易所，一些大型、基础性产业及有较好盈利记录的企业可以选择在香港联交所主板上市，公司必须要有3年业务经营记录，3年利润合计要达5 000万港元。在主板上市后，公司股票上市时市值应达到1亿港元，公众股票市值不能低于5 000万港元或不能低于已发总股本的25%。如果股票市值超过40亿港元，则最低公众股票可降至10%以下。2000年，香港交易及结算所有限公司成立，全资拥有香港联合交易所有限公司、香港期货交易所有限公司和香港中央结算有限公司三家附属公司，三家机构完成合并，随后，香港交易所以介绍形式在联交所上市。截至2023年4月，香港交易所上市公司为2 602家，股票总市值45 676亿美元。

（2）香港创业板，于1999年第四季度建立。它是香港联交所（主板）以外的一个完全独立的新的股票市场，其宗旨是创造一个让一些从事工业、创新科技行业等高增长的小规模公司上市融资的市场，帮助这类公司发展。从长远来看，香港创业板要发展成为亚洲的NASDAQ。在香港创业板上市，要求公司有增长性主营业务，在上市前两年有活跃业务记录；对公司不设盈利要求；公司首次招股时，最低公众持股量至少为300万港元及构成公司已发行股本的25%；公司在上市时，必须至少有100名公众股东；季度及半年业绩报告须于有关期间结束后的45天内公布，经审核的全年业绩报告须于年结后3个月内公布；新上市申请人须聘任1名创业板保荐人，为其呈交上市申请，聘任期需持续一段固定期间，包括上市后两个完整的财政年度。香港创业板（Growth Enterprises Market，GEM）因为近年交易量和投资回报率惨淡，加上壳股活动传闻不断，集资规模较成立初期显著减少。截至2023年4月，香港创业板上市公司为337家，股票总市值824.04亿港元。

4.中国内地的证券市场

中国内地的证券市场是随着20世纪70年代末以来的改革开放而发展起来的。20世纪80年代初，我国国有企业实行股份制改造，一些股份有限公司陆续在北京、上海等地成立；1990年3月，上海、深圳两地获批试点公开发行股票；1990年年末，上海、深圳证券交易所相继成立，标志着我国内地证券市场正式形成。经过多年的不断发展，我国内地证券市场体系日益完善、取得了举世瞩目的成就。2009年10月30日，深圳证券交易所创业板正式开市交易。2019年7月22日，上海证券交易所科创板首批公司上市仪式在上海举办。2021年9月，北京证券交易所注册成立，11月15日开市，主要由新三板精选层公司构成。截至2023年5月，在三个交易所上市的公司为5 205家，其中B股86只，股票总市值为827 855亿元人民币；

创业板上市公司为1 264家，股票总市值120 378亿元人民币；科创板上市公司为528家，股票总市值67 296亿元人民币；上交所上市公司为2 219家，股票总市值492 073亿元人民币；深交所上市公司为2 788家，股票总市值331 707亿元人民币；北交所上市公司为198家，股票总市值2 679亿元人民币。

中国内地的证券市场是逐步对外开放的：（1）1992年，中国一些上市公司开始发行B股，在境内证券交易所上市，供境外投资者用外汇买卖；（2）从1992年开始，就允许中外合资企业在我国证券市场上市；（3）从1993年起，我国批准数百家上市公司到中国香港和外国（美、英、德、日、新加坡等）的证券市场发行证券筹资和上市交易，取得了巨大成绩；（4）从2001年年末开始，在中国境内注册的外国股份有限公司可以申请在中国境内发行股票和上市；（5）从2002年12月起，我国实行合格境外机构投资者（QFII）制度，允许经批准的境外机构投资者进入我国证券市场，买卖我国发行的某些证券；（6）从2006年4月起，我国实行合格境内机构投资者（QDII）制度，允许经批准的境内机构投资者进入国际证券市场进行投资；（7）在对待外国筹资者到本国证券市场发行证券和上市这一问题，我国还处于研究和探索之中。

为促进内地与香港资本市场共同发展，2014年11月17日，上海与香港股票市场交易互联互通机制"沪港通"正式启动；2016年12月5日，深圳与香港股票市场交易互联互通机制"深港通"正式启动。为深化中英金融合作，扩大我国资本市场双向开放，上交所与伦交所建立互联互通机制。2019年6月19日，华泰证券发行首单GDR，代表着"沪伦通"西向业务正式开通，这是中国资本市场改革与开放历程中一座里程碑。

2022年2月，沪伦通机制拓展优化，境内方面，将深交所符合条件的上市公司纳入；境外方面，拓展到瑞士、德国。7月，首批4家中国企业发行GDR成功登陆瑞交所。

5.印度的证券市场

印度证券交易所市场由全国性证券交易所、地方区域性交易所和场外交易市场三个层级组成，其中全国性交易所2家，地方区域性交易所21家。两大全国性证券交易所——孟买证券交易所和印度国家证券交易所均聚焦于印度经济中心孟买，交易品种丰富，涵盖股票、债券和各类金融衍生品等，形成双足鼎立之势，在全球交易所行业中重要性日益突显。截至2019年年末，孟买交易所与印度国家证券交易所总市值分别为2.18万亿美元与2.16万亿美元。

19世纪30年代至50年代中期，印度经济重镇孟买逐渐形成了股票交易市场；1875年，正式成立孟买证券交易所。1956年，政府根据《证券合同（监管）法》承认孟买证券交易所为印度首家证券交易所。1992年，在著名的哈沙德梅塔丑闻曝光后，孟买交易所因其低效、不透明的经纪人制度以及消极的危机处理方式逐渐失去了投资者的信任。同时，孟买交易所对改革的消极态度也促使印度政府痛下决心，进而推动交易所行业改革、成立国家证券交易所。1992年，成立印度证券交易委员会、实施注册制改革后，印度证券市场发展进入快车道。国家证券交易所作为印度第一家公司制证券交易所于1992年11月注册成立，1994年正式运营。截至2023年4月，印度国家证券交易所上市公司为2 215家，股票总市值32 300亿美元。

五、国际证券筹资的两个方面

国际证券筹资包括"走出去"和"引进来"两个方面。所谓"走出去"，就是筹资者到境外发行证券，由境外投资者购买；所谓"引进来"，就是筹资者在本国境内发行本币证券，吸引境外投资者来境内购买。本章第二节"国际债券筹资"和第三节"国际股票筹资"阐述筹资者到境外发行证券，由境外投资者购买；第四节"吸收外商证券投资——QFII境内证券投资管理"阐述筹资者在本国境内发行本币证券，吸引境外投资者来境内购买。

第二节　国际债券筹资

一、国际债券的类型

国际债券是指债券发行者（某国的政府、金融机构、工商企业以及国际组织机构）在国外金融市场发行的债券。国际债券的特点是，它的发行人和投资者分属于不同的国家，债券总是卖给借款者以外的国家的投资者。国际债券一般分为外国债券和欧洲债券两类。20世纪90年代出现"全球债券"这一新概念。

（一）外国债券（foreign bond）

外国债券是指借款者（一国政府、金融机构、公司等）在某一外国债券市场上发行的，以该外国的货币表示面值的债券。外国债券的发行必须经该外国政府当局的批准，并受该外国证券法规的管辖，该债券的担保和发售也由债券市场所在国的金融机构组织。例如，中国的政府或金融机构、工商企业遵循日本的证券法规，在日本债券市场上发行日元债券，债券的发行工作由日本金融机构承包，发行的债券在日本市场上开价和买卖，购买人主要是日本的投资者。

外国债券的特点是债券发行者在一个国家，债券的面值货币和发行市场则属于另一个国家。

外国债券市场的历史比较长，在19世纪初就已盛行。在欧洲债券市场未出现以前，所有在国外发行的债券都属于外国债券。外国债券市场主要在美国、日本、德国、瑞士四个国家，它们的交易额占整个外国债券市场的95%左右。美国以外的发行者在美国市场公开发行的长期美元债券称为"扬基债券"（Yankee bond），日本以外的发行者在日本市场公开发行的日元债券称为"武士债券"（Samurai bond），英国以外的发行者在英国市场公开发行的英镑债券称为"猛犬债券"（Bulldogs bond），西班牙以外的发行者在西班牙市场公开发行的比塞塔（Peseta）债券称为"斗牛士债券"（Matador bond），荷兰以外的发行者在荷兰市场公开发行的荷兰债券称为"伦勃朗债券"（Rembrandt bond）等。

（二）欧洲债券（Euro bond）

欧洲债券是指借款者（一国政府、金融机构、公司等）在外国（一国或几国）的债券市场上发行的，不以该外国的货币表示面值的债券。例如，中国借款者在英国、德国和法国债券市场上发行美元债券，称为欧洲美元债券；美国某公司发行面值货币是美元的债券，向除美国以外的投资者（如英、德、法、日等国的投资者）出售，也叫欧洲美元债券（以美元标价，在美国以外发行、持有和交易的债券）。又如，中国借款者在英国以外的其他国家（如德、法等国）发行的以英镑表示面值的债券，叫欧洲英镑债券；在英、德、法等国发行的以日元表示面值的债券，叫欧洲日元债券等。

欧洲债券的主要特点是：

（1）借款者属于一个国家，债券发行市场在另一个国家，债券面值使用的货币可以是第三国的货币或综合货币单位（如特别提款权等）。

（2）欧洲债券的发行与其他债券不同，除须经借款人所在国政府批准外，不需向发行地国家办理批准手续，也不受发行地国家的法律约束和金融当局的管理，但在发行时要声明以后如果发生有关债券方面的纠纷应按哪国法律仲裁。

（3）欧洲债券通常由国际银行辛迪加和证券公司包销，这种债券常常在债券票面货币以外的一些国家同时销售。

欧洲债券市场是20世纪60年代兴起的国际债券市场。欧洲债券市场是随着欧洲美元债券的产生和发展而形成的。欧洲美元债券自20世纪60年代初首次由一家葡萄牙公司发行以来，其发行额年年递增，在国际债券发行总额中早已超过外国债券而占统治地位，长期国际债券发行总额中欧洲债券占70%~85%。

欧洲债券发展迅速，是因为它有许多优点，主要的优点有以下几点：

（1）自由灵活。由于各国对外国债券普遍实行更严格的管制和更苛刻的披露要求，外国债券市场在过去许多年中并未成长起来。而在欧洲债券市场，发行债券不需要经发行地国家官方批准，不需要向证券监督机关登记注册，无利率管制和发行数额限制，对财务公开的要求不高，便于筹资者筹集资金。欧洲债券由国际银团承销，发行面广，手续简便，不会因为某一个国家的限制而影响债券的发行。

（2）市场容量大。发行欧洲债券筹资数额较大，期限也较长。在国际债券市场发行总额中，欧洲债券所占比重远远超过了外国债券。

（3）投资风险较小，收益较高。欧洲债券的发行人主要是各国政府、国际金融机构以及比较大的跨国公司，这些发行人都有较高的资信，因此在这些债券上投资比较安全。此外，欧洲债券以不记名形式发行，且可保存在投资者所在的国家以外，这样有利于投资者逃避国内所得税。

（4）利息收入免税。投资者购买欧洲债券所得利息收入通常免缴所得税。

（5）成本较低。一是由于欧洲债券市场不存在法规管制，因而发行债券的手续费和其他费用较低，发行费用是债券面额的2%~2.5%。欧洲美元债券的发行成本比在美国国内市场发行债券的成本低0.125%~0.25%。二是由于欧洲债券市场二级市场发达以及能在税收方面得到好处，投资者愿意接受较低的利率。债券发行者进入欧洲市场的目的主要是以相对于国内而言更低的成本进行筹资。

（6）货币选择性强。发行人可以根据利率、汇率和筹资用途来选择某种主要货币作为债券的面值货币。

（三）全球债券（global bond）

全球债券是指在全世界各主要证券市场同时发行的国际债券。这是20世纪80年代末在国际资本市场日益全球化背景下的一种创新。1989年，世界银行发行了第一笔15亿美元的全球债券。到1997年，全球债券已经达到了1 015亿美元的发债规模，占国际债券总额的12.2%。1997年7月，中国香港和记黄埔有限公司发行了20亿美元的全球债券，按期限分为四种：10年的7.5亿美元；20年的5亿美元；30年的5亿美元；40年的2.5亿美元。2000年6月，德国电信发行了一笔以美元、欧元、英镑和日元四种货币计值的全球债券，筹集145亿美元。

国际债券有许多具体形式，主要包括以下几种：

（1）固定利率债券（又称普通债券）。这种债券的利率在偿还期限内固定不变，当金融市场利率变化不大时适于发行这种债券。由于市场利率波动剧烈，这种债券的发行有减少的趋势。例如，1977年固定利率债券的发行额占欧洲债券发行总额的78.62%，到1980年这一比例下降到64.06%。

（2）浮动利率债券。在还本期限内，这种债券的利率不是固定的，而要随着短期存款利率的变化定期（通常为6个月）调整。调整利率的根据是伦敦银行同业拆放利率，在这个利率的基础上，再上浮0.25%左右。发行浮动利率债券时，通常都规定最低利率。无论在什么情况下，这种债券的利率都不得低于原来规定的最低利率。近年来，由于市场上利率波动较大，浮动利率债券的发行有增加的趋势。

（3）零利息债券。这是20世纪80年代新上市的一种债券，它不附带息票，购买者不收利息，而是根据规定的利率对所发行的债券进行折价购买，在到期日实现所投资本的收益，即按票面金额兑现。

（4）混合利率债券。发行这种债券时把还本期限分为两段：前一段债券的计息按浮动利率计算；后一段债券的计息按固定利率计算。至于还本期限如何分段，视当时的具体情况而定。

（5）可转换债券。可转换债券也称可转换股票债券，它在价格和利息支付等方面与普通债券相似，不同的是它可以在债券到期日之前将债券面额按事先确定的转换比率转换成债券发行公司的普通股股票。例如，法国某公司曾发行一种可转换欧洲美元债券，票面金额为1 000美元，年利息率为10%，债券本金可在到期日根据持券人的选择，按固定汇率1美元=5.4法郎和每股25法郎的转换价格转换成该法国公司的普通股股票216股。

可转换债券对发行者和投资者都有好处。对发行者的好处有以下两点：第一，由于发行者向投资者（即债券购买者）提供了有利条件，因此可以把可转换债券的利率定得低于其他债券，从而降低了成本；第二，债券转换为股票，可以减轻公司还债压力，增加公司的自有资本。对投资者的好处是比较灵活，即当发行债券的公司净收益不多、每股股利水平不高时，投资者可稳得固定利息；当发行债券的公司净收益大增，每股股利水平提高时，投资者可把债券转换成股票，享受股东的权益。

此外，还有一种附认股权证的债券，它是在发行债券时，按金额比例附有一定数量的认股权证，给予投资者在一定时期内按照预定价格购买公司普通股股票的权利。

（6）实行货币期权的多种货币债券。某些债券的发行者给债券持有者提供一种在利息或本金支付时选择支付货币的权利。一般情况下，这种期权只限于在两种货币之间作选择，当然也有在多种货币之间作选择的。例如，某公司发行年利息率为8%、面值为1 000美元的债券，每份债券都附有选择美元或欧元作支付货币的期权，两种货币的汇率在债券发行时就已决定。

（7）鸡尾酒债券。这种债券的本金和利息是由多种货币平均支付的。

（8）双重货币债券。它是指债券发行者以一种货币支付利息，而以另一种货币偿还本金。例如，美国一家跨国公司的子公司曾经发行一种以瑞士法郎计值的债券，以瑞士法郎支付利息，而本金却用美元偿付。这家公司后来还发行过以日元和美元为双重货币的债券。发行双重货币债券，实质上是把一个远期外汇合约列入债券条款中，把债券以外币表示的本金按预先规定的汇率（远期汇率）转换为本国货币，这一数额不再受汇率变动的影响。

（9）"龙"债。这是在亚洲地区（日本除外）发行的一种以非亚洲国家货币计价的债券。多数"龙"债以美元标价，也有些以马克、加元等其他西方国家货币标价。"龙"债的发行者来自亚洲、欧洲、北美洲和南美洲，债券的投资者则来自亚洲的主要国家。"龙"债多为长期固定利率债券，也有以伦敦同业拆放利率为基础利率定期浮动的债券。"龙"债的发行成本不高，其二级市场也比较活跃，是引人注目的新兴市场之一。

（10）商业票据。它属于短期证券，是信誉较好的大企业为了满足其流动资金的需要而公开发行的短期借款期票。其期限通常为30~270天，票面金额固定，票据按贴现方式发行。持票人可将商业票据持有至到期日凭票取款，也可在票据到期前到市场出售。

20世纪20年代，美国一些企业就通过发行商业票据筹资。20世纪60年代以来，商业票据发行量迅速增加。20世纪70年代，集中于伦敦的欧洲票据市场形成。

欧洲票据实际上是公司企业发行的本票。公司企业通过与商业银行或投资银行订立包销或推销合同将票据转销给投资者。欧洲票据发行便利（即欧洲票据发行融资安排）是由一家银行或若干家银行组成的辛迪加安排的，允许公司企业（借款者）在今后几年里通过发行本票筹集资金，公司企业可以根据自己的需要在任何时候借款，票据由银行认购，如果有销售不出去的票据，银行便同意购买，参与认购的银行收取一定的费用。有些商业银行购买这种票据，纳入它们自己的投资组合之中。一些跨国公司将欧洲票据连续滚动，使其成为中期筹资的一种形式。

从1986年起，企业比较多地采用欧洲商业票据方式筹资，取消了票据由银行包销这一做法，而是由企业直接通过经纪人发行票据来筹集资金。欧洲商业票据与美国商业票据的运作基本相同。

通过商业票据筹资的优点主要是筹资成本较低，且具灵活性。商业票据市场也日趋国际化。在美、日等国和欧洲票据市场上，有许多外国公司发行商业票据筹资。中国五金矿产进出口总公司于1996年和1997年两次在纽约发行商业票据，共筹集2亿美元。

二、国际债券的发行主体

国际债券的发行主体即国际债券的发行者，可以是一个国家的政府、某一金融机构、跨国公司、工商企业（或其他企业），也可以是某一国际组织机构。按传统用语，公司债是私债，而国债和政府机构债是公债，两者的信誉度和市场地位都很不一样。国际债市仍以国债和政府机构债为主，但公司债的比重正日益加大。当今世界上，美国最盛行公司债，企业借钱时找债市多于找银行。据国际清算银行1997年公布的报告，债券发行主体的70%是金融机构。在亚洲一些发展中国家，公司债却起步偏早。据世界银行1995年的报告，在印度尼西亚，1993年以前私人公司债一直占海外发债的半数以上，1993年以后公司债仍占40%左右；在马来西亚，55%的国际债券为私人公司所发行。

20世纪80年代初，我国刚进入国际债市时，对外发行债券的主体是财政部（代表国家政府）和国家指定的"十大窗口"（中国银行、中国国际信托投资公司、交通银行、中国投资银行，以及广东、海南、天津、上海、福建和大连等省市的国际信托投资公司）。1992年以后，"十大窗口"以外的单位，如中国建设银行、中国工商银行、中国农业银行、国家开发银行、中国进出口银行和少数大型工商企业，获准对外发行债券筹资。

1992年以后，对外发债主体的范围虽然有所扩大，但仍严重偏重中央的专业银行和地方信托投资公司等金融机构，当前世界资本市场正在流行的公司债并未发展起来，而资金缺乏最严重的是企业，因此，允许部分优良的大型企业到境外发债筹资，是我国进一步对外开放和经济快速发展所必需的。

三、国际债券的发行条件

债券发行者的目的是要以最小的成本支出获取最多的资金，而投资者的目的则是要以最少的投资获取最大的收益。为了使两者的目的适当地统一，就必须确定双方都能接受的条件，包括发行额、票面利率、偿还期限、发行价格、偿还方式等。

（一）发行额

发行额是指发行债券的总额，即发行债券筹措资金的总额。发行额的多少与发行者的资金需求有关，同时要看当时的市场对这种债券的吸收能力如何。此外，发行者的资格、信用、知名度以及债券的种类也都是确定发行额的重要因素。发行额定得过高，不仅会造成销售的困难，而且会对该债券发行后在流通市场的价格产生不利的影响。适当的发行额一般是由发行人与承销商事先根据上述各项因素共同商定的。

（二）票面利率

票面利率是指债券的一年利息与票面金额的比率。利率对于发行者来说是越低越好，而对于投资者（债券购买者）来说则是越高越有吸引力。发行者应与承销商协商，在不影响债券销售的情况下，争取尽可能低的利率。在确定债券票面利率时，一般应考虑以下因素：

1.发行债券时的国际金融形势、银行存款利率和资金市场行情

如果债券购买者的实际收益率低于银行存款利率或低于投放于其他证券所获得的收益，则债券难以销售。而利率的高低随市场资金供求关系而波动，资金供不应求，利率升高；资金供过于求，则利率下降。预计发行的债券在市场上能畅销，利率可适当低一点；反之，则应高一点。

2.发行者的信用程度

债券发行者的信用好，投资者购买债券获得利息和收回本金的安全程度高，风险小，则利率可以较低；反之，利率则应较高。

3.债券偿还期限的长短

偿还期限长的债券利率较高；反之，则较低。

4.债券面值货币的不同

债券面值货币不同，利率水平高低有差别。

5.计息方法

债券的计息方法通常有单利计息、复利计息和贴现计息三种。计息方法不同，利息额就有多有少，对筹资成本和投资收益有直接影响。例如，某种债券面额100元，利率10%，期限4年。4年的利息，按单利计息为40元，按复利计息为46.41元，实际的利率水平为11.60%（46.41÷4÷100×100%）。又如，某种债券面额100元，期限1年，投资者按90元买进，1年后按面额收回100元，贴现利率为10%，投资者的实际收益为11.11%（10÷90×100%），可见，采用单利计息对发行者比较有利。如上例债券，单利计息时利率为10%，若改为复利计息，发行者应提出适当降低利率（例如降为8.78%左右）。采用单利计息还是复利计息，往往根据各国具体情况而定。一般情况是期限较长的债券因其市场风险较大而多用复利计息。贴现计息方法通常是1年期以内的债券在难以计算复利的条件下所采取的计息方法。

6.支付利息的次数

债券的付息方式分为一次性付息和分期付息。一次性付息是从债券发行到期满偿还这段时间内利息只支付一次，一般是在债券到期还本时付息，也有一年支付一次的。一年付息一次和一年付息两次，虽然其利息总额相等，但其终值却不

同，后者大于前者。例如，某种债券面额 100 元，利率 10%，期限 5 年，每年付息一次，5 年利息总额是 50 元，其终值为 61.05 元；每年付息两次，5 年利息总额虽然也是 50 元，但其终值为 62.89 元。可见，两者相比，每年付息一次对发行者较为有利。如上例债券每年付息一次时利率为 10%，每年付息两次，发行者应适当降低利率。

此外，承购公司销售债券的能力对于决定利率水平也有一定的影响。影响利率的因素甚多，一般难以准确预测。所以，对发行人来说，最主要的是自己能综合分析市场形势，作出判断。此外，还要选择有影响、有实力、有经验的包销牵头人。当发行人提出发行债券的意向以后，牵头人则要根据发行人的资信条件和当时债券市场的情况，研究以多少票面利率发行能在投资者中顺利销售。

（三）偿还期限

偿还期限是指债券从发行时起到付息还本全部结束为止经过的期限。按国际一般惯例，期限在 1 年以内的债券叫短期债券，期限在 1 年以上的债券叫长期债券，而习惯上又把期限为 1~5 年的债券称为中期债券。决定债券的偿还期限时，应考虑下列各因素：

1. 发行者投资计划的时间

发行者需要短期流动资金的，应发行短期债券；需要长期投资资金的，应发行中长期债券。

2. 未来利率变化趋势

如果预测利率将下降，发行者应尽量缩短债券的期限，以发行短期债券为宜，因为若市场利率果然趋降，发行者便能以较低的利率发行新的债券，使筹资成本下降；反之，则应尽量发行长期债券。

3. 流通市场的发育程度

流通市场发达，投资者就敢于购买长期债券，因为在必要时投资者可以很方便地将债券卖出以收回现金。流通市场不发达，长期债券在流通市场上不易转让，投资者存在后顾之忧，长期债券难以推销，发行者就只能发行期限较短的债券。

除了上述因素之外，投资者的投资意向、心理状况、一国的消费倾向、物价状况以及证券市场上其他债券的期限构成等，也都是证券发行者在选择债券期限时所要统筹考虑的因素。

外国发行者在美国债券市场发行的美元债券的偿还期限过去一般为 5~25 年，但由于近年美国通货膨胀严重和债券行市下跌，期限在 10 年以上的债券购买者很少，故目前债券期限缩短。欧洲债券的期限通常是 15 年，最长的期限可达 30 年，但更多的是比较短的，如 6 年、7 年或 8 年。对于比较短的欧洲债券，一般把它划入"票据"，虽然它在形式上与债券完全相同。

如果债券本金的偿还采用期满前分次偿还的形式，则在偿还期满以前就已偿还了一部分，因此企业实际使用债券本金的平均年限少于债券偿还期限。平均年限可以按下列公式计算：

$$平均年限=\frac{发行额 \times 偿还期限 - \sum \left(\frac{提前偿还}{本金数} \times \frac{提前偿还}{年数}\right)}{发行额}$$

例如，某债券发行总额为 1 000 万美元，偿还期限为 10 年，第 6 年、第 7 年、第 8 年、第 9 年年末各偿还 150 万美元，第 10 年年末偿还其余 400 万美元。这一债券的平均年限为：

$$平均年限=\frac{1\,000 \times 10 - (150 \times 4 + 150 \times 3 + 150 \times 2 + 150 \times 1)}{1\,000}=8.5 （年）$$

（四）发行价格

发行价格是指在债券发行市场上出售债券时所使用的价格。发行价格可以等于面额（即平价发行），也可以高于面额（即溢价发行）或低于面额（即折价发行）。测算债券发行价格可采用以下两种方法：

1. 现值法

发行债券，每年要支付利息，到期要偿还本金，按期等额支付利息是一种年金支出。现值法就是对每年支付的利息和到期偿还的本金进行贴现（以市场流行利息率作为贴现率），计算其现值总和，求得债券发行价格的方法。其计算公式如下：

$$B_1=\sum_{t=1}^{n} \frac{I_t}{(1+i)^t}+\frac{B_0}{(1+i)^n}$$

式中：B_1 为债券发行价格；n 为债券期限；I_t 为第 t 年利息；i 为贴现率；B_0 为债券面额。

例如，在日本发行某种新债券，面值为 10 000 万日元，年利息率为 7%，一年付一次利息，5 年到期，到期一次还本。市场流行利息率为 8%。这一债券的出售价格最低应是多少？

分析：发行债券，每年要支付利息 700 万日元（10 000×7%），贴现率为 8%、5 年期 1 元的年金现值为 3.993，5 年后归还本金 10 000 万日元，其现值系数为 0.681，债券的最低出售价格是利息支出现值和本金（即面值）现值之和。计算方法如下：

$$B_1=\left[\frac{700}{1+8\%}+\frac{700}{(1+8\%)^2}+\frac{700}{(1+8\%)^3}+\frac{700}{(1+8\%)^4}+\frac{700}{(1+8\%)^5}\right]+\frac{10\,000}{(1+8\%)^5}$$

$$=700\times\left[\frac{1}{1+8\%}+\frac{1}{(1+8\%)^2}+\frac{1}{(1+8\%)^3}+\frac{1}{(1+8\%)^4}+\frac{1}{(1+8\%)^5}\right]+10\,000\times\frac{1}{(1+8\%)^5}$$

$$=700\times（0.926+0.857+0.794+0.735+0.681）+10\,000\times0.681$$

$$=700\times3.993+6\,810$$

$$=2\,795.1+6\,810$$

$$=9\,605.1 （万日元）$$

这时的最低出售价格为 9 605.1 万日元。

此时，出售价格低于面值。

如果债券利率不是 7%，而是 9%，利息支出提高到每年 900 万日元，则最低出售价格就会高于面值，这时债券的最低出售价格为：

$$B_1=900×3.993+10\ 000×0.681$$
$$=3\ 593.7+6\ 810$$
$$=10\ 403.7（万日元）$$

如果债券利率为 8%（与市场流行利息率一致），则债券的最低出售价格近似等于其面值，即：

$$B_1=800×3.993+10\ 000×0.681$$
$$=3\ 194.4+6\ 810$$
$$=10\ 004.4（万日元）$$
$$≈10\ 000（万日元）$$

如分次偿还债券本金，公式应改为：

$$B_1=\sum_{t=1}^{n}\frac{I_t}{(1+i)^t}+\sum_{t=1}^{n}\frac{B_t}{(1+i)^t} \quad 或 \quad B_1=\sum_{t=1}^{n}\frac{I_t+B_t}{(1+i)^t}$$

式中：B_t 为第 t 年偿还本金数。

承前例，假如第 3 年年末还本 2 000 万日元，第 4 年年末还本 4 000 万日元，第 5 年年末还本 4 000 万日元，则：

$$B_1=[10\ 000×7\%×0.926+10\ 000×7\%×0.857+10\ 000×7\%×0.794+（10\ 000-2\ 000）×7\%×0.735+$$
$$（10\ 000-2\ 000-4\ 000）×7\%×0.681]+（2\ 000×0.794+4\ 000×0.735+4\ 000×0.681）$$
$$=9\ 658.18（万日元）$$

2.分析法

分析法是根据对债券的期限、票面利率和发行时的市场年收益率等因素进行对比分析来确定发行价格的一种方法。所谓市场年收益率是指在金融市场上多数投资者所能接受的债券投资的收益水平。在按单利计算的情况下，债券发行价格可按下列公式计算：

$$B_1=B_0\frac{1+B_i·n}{1+M_i·n}$$

式中：B_i 为债券票面利率；M_i 为市场年收益率；其他符号同前。

例如，某公司在日本发行日元债券，票面金额为 10 000 万日元，票面利率为 7%，期限为 5 年，预测该债券的市场年收益率为 8.11%，其发行价格计算如下：

$$B_1=10\ 000×\frac{1+7\%×5}{1+8.11\%×5}=10\ 000×96.05\%$$
$$=9\ 605（万日元）$$

债券的发行（出售）价格可以用债券的发行（出售）价格与票面金额的百分比来表示（见表 9-3）。

表9-3　　　　　　　　**债券发行价格与发行方式**　金额单位：万日元

票面价格	发行（出售）价格		发行方式
	金额	发行（出售）价格与票面金额的百分比（%）	
10 000	10 000	100	平价发行
10 000	9 605	96.05	折价发行
10 000	10 403.70	104.04	溢价发行

（五）偿还方式

债券的偿还主要有以下三种方式：

1.期满偿还

期满偿还是指按债券发行时既定的偿还期限，到债券期满时一次偿还本金。

2.期中偿还

期中偿还是指在债券期满前分次偿还债券本金，到期满时全部偿还完毕。此种方式又可分定时偿还、任意偿还、买入注销和提前回售等具体方法。

（1）定时偿还是指债券发行后，过了宽限期，每隔半年或每年偿还一定金额，到债券期满时还清余额。期限长的债券通常都需采用定时偿还的方法。

（2）任意偿还是指在宽限期结束后，由发行人选择时间偿还所发行债券的全部或一部分。这种方法对债券发行人有利，因为偿还主要是由发行人一方的意愿决定的。当用任意偿还方法对债券持有者不利时，需按高于债券票面面值的金额来偿还，或加息给予补偿。

（3）买入注销是指发行的债券上市进入流通市场后，发行人可趁价格便宜时买进一些自己发行的债券，以抵销一部分偿还额。

（4）提前回售是指投资者在债券期满前，在事先约定的时间内，按约定的价格将债券回售给发行者。投资者一般是在市场利率高于债券利率或向外筹资成本较高时进行债券回售的。

3.延期偿还

延期偿还是指债券发行人在发行债券时就声明投资者有权在债券期满后继续持有债券直到某一指定日期。这种方式往往是在市场利率看跌的情况下投资者才能接受。发行者如果认为在下一轮新发债券时市场利率变动不大，那么，采用延期偿还方式可以延长资金的使用期，同时可以节省新发债券所需的成本支出和有关工作量。

用什么方式偿还，在谈判时需要协商好。目前在美国发行美元债券，期限在10年以内的，一般实行期满时一次偿还本金的方式；期限在10年以上的，一般实行期满前分次偿还本金的方式。

四、国际债券筹资的成本与风险

（一）国际债券的发行和管理费用

发行国际债券，除定期向债券持有人支付利息外，还要支付各种费用，一般包括最初费用和期中费用两类。

1.最初费用

最初费用是指债券发行前（准备阶段）和发行时发生的各项费用，具体包括：

（1）承购（代销）手续费，指支付给承购公司、包销集团承购、包销债券的费用。

（2）聘请保荐人、律师事务所、会计师事务所、资产评估机构等专业机构和人员为发行债券服务而应支付的费用。

（3）代理人手续费，指支付给受托公司、债券登记代理人等的手续费。

（4）印刷费，指印刷债券、文件、合同等支出的费用。

（5）上市费用，指进入债券市场的手续费、广告宣传费等。

（6）其他各种杂费。

2.期中费用

期中费用主要包括：

（1）债券管理费，指财务代理人履行合同进行账簿管理等服务所收取的费用。

（2）付息手续费，一般为所付利息的0.25%。

（3）还本手续费，一般为偿还金额的0.125%。

（二）影响国际债券成本率高低的因素

影响国际债券成本率高低的因素，除了债券票面利息率高低、费用率（筹资费率）高低、所得税税率高低和汇率变化等因素（这些因素与前述外汇借款成本基本上相同）外，还有债券发行差价率因素。发行差价是指债券的发行价格与票面金额之间的差额，如债券的票面金额为1 000元，发行价格为980元（此为折价），则发行差价为20元，发行差价率为2%。债券折价发行使发行公司实际收到的资金减少，因此，折价率的高低是影响债券成本率升高幅度的一个因素；相反，溢价率的高低则是影响债券成本率降低幅度的一个因素。

（三）测算国际债券成本率的方法

以按前述现值法计算债券发行价格的公式为基础，将筹资费、发行差价、节税额和汇率等因素加进去，形成计算国际债券成本率的下列公式：

$$B_0(1-f-g)r_0 = \sum_{t=1}^{n} \frac{I_t(1-T)r_t}{(1+K_B)^t} - \sum_{t=1}^{n} \frac{[B_0 \cdot f + (B_0 - B_1)] \div n \cdot T \cdot r_0}{(1+K_B)^t} + \frac{B_0 r_n - B_0(r_n - r_0)T}{(1+K_B)^n}$$

式中：K_B 为债券成本率；B_0 为债券票面金额；B_1 为债券发行价格；f 为筹资费率；g 为发行差价率；I_t 为第 t 年的利息、费用（指期中费用）；n 为债券的偿还年限；T 为所得税税率；r_0 为发行债券时的汇率；r_t 为第 t 年的汇率；r_n 为还本时的汇率。

公式左边 $B_0(1-f-g)r_0$ 是发行债券净得外币折合为人民币数额。

公式右边第一项 $\sum_{t=1}^{n} \frac{I_t(1-T)r_t}{(1+K_B)^t}$ 是各种利息费用外币折合为人民币数额的现值之和。

公式右边第二项 $\sum_{t=1}^{n} \frac{[B_0 \cdot f + (B_0 - B_1)] \div n \cdot T \cdot r_0}{(1+K_B)^t}$ 是平均每年筹资费和发行差价

摊销的节税额（外币折合为人民币）现值之和。如果筹资费和发行差价数额较小，此项可省略不计。

公式右边第三项 $\dfrac{B_0 r_n - B_0(r_n - r_0)T}{(1 + K_B)^n}$ 是期满时偿还本金（外币折合为人民币）的现值，可改为 $\dfrac{B_0 r_0 + B_0(r_n - r_0)(1 - T)}{(1 + K_B)^n}$。如为多次还本，应改为

$$\sum_{t=1}^{n} \frac{B_t r_t - B_t(r_t - r_0)T}{(1 + K_B)^t} \text{ 或改为 } \sum_{t=1}^{n} \frac{B_t r_0 + B_t(r_t - r_0)(1 - T)}{(1 + K_B)^t}。$$

在国外发行公募债券，支付的费用数额较大，为了比较准确地计算债券成本率，应将费用中的最初费用和期中费用分别处理。最初费用应作为筹资费，从发行债券筹资总额中扣减，而期中费用属于债券资金管理费，应与利息一起列入债券成本率计算公式的分子。

例如，某公司今年年初在A国发行公募债券，发行总额为1 000万A元，发行价格为面值的98%，票面利率为10%，期限为3年，发行费用为20万A元，其中最初费用为10万A元，期中费用为10万A元（其中第一年为3万A元，第二年为3万A元，第三年为4万A元），期满一次还本，所得税税率为25%。发行债券时汇率为1A元＝8.20元人民币，预计今后3年人民币对A元的汇率将下降，即A元将升值，每年递增1%，即第一年年末为8.20×（1+1%）＝8.2820，第二年年末为8.20×（1+1%）²＝8.3648，第三年年末为8.20×（1+1%）³＝8.4485。

1.公式左边的计算

例中，B_0＝1 000万A元，$f = \dfrac{10}{1\,000} \times 100\% = 1\%$，g＝100%－98%＝2%（折价），$r_0$＝8.20，则：

$$B_0(1-f-g)r_0 = 1\,000 \times (1-1\%-2\%) \times 8.20$$
$$= 970 \times 8.20$$
$$= 7\,954（万元人民币）$$

2.公式右边第一项的计算

例中，I_1＝1 000×10%+3＝103（万A元），I_2＝1 000×10%+3＝103（万A元），I_3＝1 000×10%+4＝104（万A元），r_1＝8.2820，r_2＝8.3648，r_3＝8.4485，n＝3，T＝25%，则：

$$\sum_{t=1}^{n} \frac{I_t(1 - T)r_t}{(1 + K_B)^t} = \frac{103 \times (1 - 25\%) \times 8.2820}{1 + K_B} + \frac{103 \times (1 - 25\%) \times 8.3648}{(1 + K_B)^2} + \frac{104 \times (1 - 25\%) \times 8.4485}{(1 + K_B)^3}$$

$$= \frac{639.78}{1 + K_B} + \frac{646.18}{(1 + K_B)^2} + \frac{658.98}{(1 + K_B)^3}$$

3.公式右边第二项的计算

例中，B_1＝1 000×98%＝980（万A元），则：

$$\sum_{t=1}^{n} \frac{[B_0 \cdot f + (B_0 - B_1)] \div n \cdot T \cdot r_0}{(1 + K_B)^t} = \sum_{t=1}^{n} \frac{[1000 \times 1\% + (1\,000 - 980)] \div 3 \times 25\% \times 8.20}{(1 + K_B)^t}$$

$$= \frac{20.50}{1 + K_B} + \frac{20.50}{(1 + K_B)^2} + \frac{20.50}{(1 + K_B)^3}$$

4.公式右边第三项的计算

例中，$r_n=8.4485$，则：

$$\frac{B_0 r_n - B_0(r_n - r_0)T}{(1 + K_B)^n} = \frac{1\,000 \times 8.4485 - 1\,000 \times (8.4485 - 8.20) \times 25\%}{(1 + K_B)^3} = \frac{8\,386.38}{(1 + K_B)^3}$$

将以上四项数据列入公式：

$$7\,954 = \left[\frac{639.78}{1 + K_B} + \frac{646.18}{(1 + K_B)^2} + \frac{658.98}{(1 + K_B)^3}\right] - \left[\frac{20.50}{1 + K_B} + \frac{20.50}{(1 + K_B)^2} + \frac{20.50}{(1 + K_B)^3}\right] + \frac{8\,386.38}{(1 + K_B)^3}$$

经计算，$K_B=9.54\%$。

上述计算国际债券成本率的公式包括的因素比较全面。在实践中，为了简化计算，采用下列公式计算债券成本率：

$$B_0\,(1-f-g)\,r_0 = \sum_{t=1}^{n} \frac{I_t \cdot r_t}{(1 + K_B)^t} + \frac{B_0 \cdot r_n}{(1 + K_B)^n}$$

例如，我国甲公司拟发行 1 000 万 B 元债券，发行价格为面值的 100%，票面利率为 8%，费用率为 2%，期限为 3 年，每年支付利息 80 万 B 元，第三年年末还本。汇率第一年年初为 1B 元=8.00 元人民币，预测第一年年末为 1B 元=8.10 元人民币，第二年年末为 1B 元=8.20 元人民币，第三年年末为 1B 元=8.30 元人民币。该债券成本率计算如下：

$$1\,000 \times (1-2\%) \times 8.00 = \left[\frac{80 \times 8.10}{1 + K_B} + \frac{80 \times 8.20}{(1 + K_B)^2} + \frac{80 \times 8.30}{(1 + K_B)^3}\right] + \frac{1\,000 \times 8.30}{(1 + K_B)^3}$$

经计算，$K_B=10.1325\%$。

当企业发行外币债券，有两种以上的货币可供选择时，应分别测算各种外币债券的成本率，从中选择成本率最低的那种货币债券。

（四）国际债券筹资的风险

国际债券筹资与国际信贷筹资都是从国外取得外汇借款，形成企业的负债。因此，国际债券筹资也存在与国际信贷筹资同样的风险，需采用的风险管理方法也基本上相同。

五、国际债券筹资决策

（一）国际债券筹资与国际商业银行贷款的比较

与国际商业银行中长期贷款相比，发行国际债券筹资有下列优点：

（1）债券利率一般略低于银行贷款利率。

（2）债券筹资的资金来源很广，债权人分散，筹资者可完全自主地使用筹得的资金；而国际商业银行贷款是向某一银行或银团借款，贷款者集中，银行常关注贷款的有效使用。

（3）债券的还款期较长。债券的偿还期可以是 10 年、15 年到 20 年，最长的可达 30 年；而国际商业银行中长期贷款的偿还期在 10 年以上的较少。

（4）债券偿还方法比较灵活。发行者在债券期满前，趁债券市价下跌时，可从市场上购回自己以前发行的债券，以较少的支出还清债券本金。如要延期偿还，可在债券未到期前发行新债券来更替。如借款人使用国际商业银行中长期贷款，必须事先签订提前还款条款或到期后要求延期还款，均不如债券方便。

（5）债券满足投资者的要求，借款人易于筹资。投资者一般都要求投资具有安全性、流动性、灵活性和盈利多的特点，这几项要求之间往往存在着一定的矛盾，而投资于债券能比较全面地体现这些要求。这是因为：①债券是信用好的发行者在法律制约下发行的，具有安全性，购买债券的风险较小；②购买债券虽具有长期投资性质，但债券持有人可以在市场上出售债券，收回资金，转移投资；③购买债券的金额可大可小，比较灵活；④债券利率一般高于存款利率，投资于债券可比存款获得更多收益。由于债券具有上述优点，因而投资者愿意购买，发行者易于筹措到所需资金。

由于上述优点，近年来国际债券市场的融资规模已超过了银行长期贷款的规模。

与国际商业银行贷款相比，国际债券筹资也存在某些不足之处，如准备工作时间长、审查严格，需向社会公布财务资料，手续较复杂，发行后仍要注意债券市场动态等，而从银行借款比较方便、迅速，不必向社会公布财务资料。因此，一般认为期限较短的资金通过银行贷款方式筹措较为有利，而期限较长的资金用发行债券方式筹措更为合适。

（二）国际债券市场的选择

20世纪80年代，我国债券发行者进入国际债券市场，首先尝试的是日本债券市场，主要是因为从历史上看，日本的资本市场对中国更为友好、更为开放，所以中国在日本发债总是比较受欢迎。不过，在20世纪90年代，美国债券市场、欧洲债券市场和亚洲其他债券市场都对中国有了更多了解。当今世界的大多数借贷中，美元居统治地位，那么为什么有的发行者发行全球债券，有的发行欧洲美元债券，有的发行扬基债券？如果规模很大，发行者通常发行全球债券，这样可以同时进入世界各主要债券市场；如果发行长期债券，一般来说，美国债券市场可提供最好的机会；如果发行浮动利率债券，亚洲债券市场可提供最佳机会；欧洲债券市场有多方面优点，对发行者极为方便、有利。不同债券市场有不同特点，选择债券市场在一定程度上要看发债规模、期限和利率。我国已进入各主要债券市场发行过日元、美元、马克债券，现在完全有能力选择进入最适当的债券市场。

（三）国际债券筹资的货币选择、利率选择和还本付息方式选择

发行国际债券在货币、利率和还本付息方式等方面的选择与国际银行信贷筹资基本上相同。需要说明的是，目前欧元在债券市场上已成为投资者和借款者的新宠。在国际债市上，欧元和美元并肩成为发行者的首选货币。

美国公司也开始对发行欧元债券产生了兴趣，纷纷发行欧元债券筹集资金。其原因有二：一是利率差异，美国公司在欧洲债券市场上可以5.5%的利率发行7年期欧元债券，而在美国债券市场上同等的美元债券却需要支付7.5%的利率；二是

许多美国公司与欧洲有重要的商业往来，因而它们希望资金中有相当一部分是以欧元形式来筹措的，以满足其对欧元支付的需要，并与其欧元业务收入相对称，即用欧元收入偿还欧元债券本息，有利于降低外汇风险。

一些新兴国家也开始进入欧元债券市场，其原因有三：一是欧元债券比美元债券更易发行，因为经过20世纪90年代后期的金融风暴，美元债券市场的大门已对新兴国家关闭；二是由于美元汇率过于波动，美元利率比欧元利率高出很多，这使得欧元债券比美元债券更具有吸引力；三是有些新兴国家（如巴西、阿根廷等）需要一定数量的欧元作为外汇储备，通过发行欧元债券可直接获得所需的外汇。

2004年以来中国首次发售欧元债券。中国15年来首次发售欧元主权债券，此举可能令中国公司受到鼓舞并跟进，有助于减轻它们对美元融资的依赖。

2019年11月，中国发行了40亿欧元的7年期、12年期和20年期主权债券。根据一家承销银行提供的信息，发行的债券包括：20亿欧元的7年期债券，收益率为0.197%；10亿欧元的12年期债券，收益率为0.618%；另外还有10亿欧元的20年期债券，收益率为1.078%。

银行业者说，债券需求相当旺盛，包括经理行在内的投资者认购总额超过195亿欧元。

2020年以来，人民币追随欧元的程度远超追随美元的程度，人民币和欧元相对于美元均呈贬值趋势。美国摩根资产管理公司证券投资经理贾森·庞（音）认为，这使得中国发债者有理由发行欧元债券，以减少外汇风险。

（四）商业票据筹资与商业银行借款的选择

在欧洲和美国等票据市场上，信誉好的公司可以筹措到利率较低的资金，还可通过即期和远期外汇市场防范汇率风险。发行商业票据筹资在财务上是否适当，可与银行外汇借款相比较。例如，A国某跨国公司拟为其在瑞士的子公司筹措一笔为期3个月的瑞士法郎，有以下两个方案：（1）直接向瑞士银行申请借款，当时瑞士法郎贷款利率为5.4%；（2）发行以美元计价的欧洲商业票据，票据本金为500万美元，当时贴现率为8.7%，票据到期天数为91天，通过即期外汇市场将发行票据所得美元转换为瑞士法郎，在远期外汇市场上买进到期偿还商业票据所需的美元，当时的即期汇率为1美元=1.4000瑞士法郎，远期汇率（3个月）为1美元=1.3880瑞士法郎。哪个方案较优？

设发行欧洲商业票据时所得美元数为X，则：

$$X\left(1 + 8.7\% \times \frac{91}{360}\right) = 500$$

$$X = \frac{500}{1 + 8.7\% \times \frac{91}{360}} = 489.2408（万美元）$$

第二方案的运作过程见图9-1。

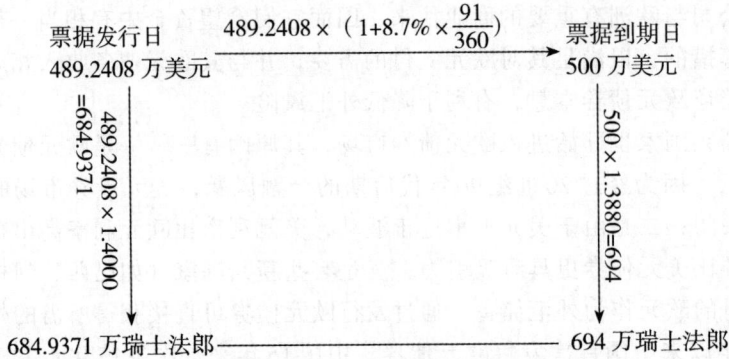

票据发行日
489.2408 万美元 $\xrightarrow{489.2408 \times \left(1+8.7\% \times \frac{91}{360}\right)}$ 票据到期日
500 万美元

489.2408×1.4000
$=684.9371$

$500 \times 1.3880 = 694$

684.9371 万瑞士法郎 —————————————— 694 万瑞士法郎

图 9-1　运作过程图

$$\frac{694 - 684.9371}{684.9371} \times \frac{360}{91} = 5.2345\%$$

这说明，公司得到的瑞士法郎资金的成本率为 5.2345%，比直接向瑞士银行申请瑞士法郎贷款的利率低 0.1655%（5.4%-5.2345%），所以第二方案较优。

六、我国对发行国际债券的管理

我国发行国际债券始于 1982 年。该年 1 月，中国国际信托投资公司在日本东京发行 100 亿日元债券，期限为 12 年，利率为 8.7%，采用私募方式发行。20 世纪 80 年代中后期，福建信托投资公司、中国银行、上海国际信托投资公司、广东国际信托投资公司、财政部和交通银行等，先后在东京、法兰克福、中国香港、新加坡、伦敦发行国际债券，发行币种包括日元、港元、德国马克、美元等，期限为 5~12 年，绝大多数采用公募方式发行。1993 年 6 月，我国在国际债券市场上发行了 10 年期的 3 亿美元债券。1996 年，我国政府在美国市场上发行了 100 年期扬基债券，在国际资本市场上确定了我国主权信用债券的较高地位和等级。目前我国对国际债券发行采取比较严格的管理，主要包括以下几个方面：

1. 债券发行特许制度

在我国，只有得到国家授权特许的单位才能到国外发行外币债券。

2. 计划管理制度

我国财政、金融机构和公司企业发行国际债券都必须纳入国家计划，年度外债发行额由国家发展和改革委员会综合平衡后下达。

3. 发行审批制度

财政部发行国际债券，由该部的金融公司根据年度发债计划拟订发行方案，报国务院审批。各专业银行、其他金融机构以及公司企业发行国际债券，报国务院或其授权的监管部门（中国人民银行总行）审批。

4. 外债登记制度

各发行主体在发行国际债券时，应向国家外汇管理局办理登记，并定期向外汇管理局报告其外债偿还情况。

我国境外人民币债券的发行与发展见专栏9-1。

第三节　国际股票筹资

一、国际股票筹资的利弊

20世纪90年代以来，股票市场国际化有两种明显的倾向：一是越来越多的公司到发达国家的股票市场上发行股票和上市；二是投资者购买外国公司的股票呈不断上升趋势。20世纪90年代初，我国一些企业发行股票筹集和利用外资已取得了良好效果。利用国际股票筹资具有以下优点：

（1）可以为企业发展筹集大量外汇资金。我国经济正处在迅速发展时期，资金不足是制约经济增长的一个重要因素，利用外资是解决资金不足问题的一条重要渠道。过去，我们采取吸收外商直接投资、借用外国政府贷款和国际商业贷款，以及对外发行债券等方式利用外资。随着国内股票市场的建立和发展，我们应当运用股票方式吸收外资。1993年至2009年，我国境内企业在境外上市筹集了大量外汇，折合人民币8 620.6亿元。利用筹集到的大量资本从国外引进设备和技术，开展技术改造，扩大生产经营规模，大大提高了经济效益。

（2）有利于改善企业财务结构。据统计，1993年至1995年，中国内地企业到中国香港与外国发行股票和上市的，在发行股票筹资前，平均资产负债率在70%以上，发行股票后，企业增加了自有资本，平均资产负债率变为50%左右。1997年年末，工业类上市公司平均资产负债率为47.7%，比国有工业企业平均水平65%低17个百分点左右。1998年至2007年，中国内地企业的资产负债率进一步下降，利用国际股票筹资改善了财务结构，使资产负债率趋于合理水平，有利于企业正常运行和发展。

（3）与借入外债相比，发行股票筹集外资风险较小。因为发行股票筹集的资金是公司的自有资本，可以长期使用，股票可以转让，不退股，无须还本，只是允许境外投资者拥有公司的部分所有权，支付一定的股利。股息红利发放由公司根据盈利情况决定。发行股票吸收的外资不形成国家债务负担，即使公司破产，也不需要国家偿还。而借入外债（例如，从外国银行贷款、在国外发行债券）必须按期还本付息，还容易受国际金融市场利率和汇率变化的冲击，可能陷入债务泥潭。

（4）与从国外银行借款相比，发行股票筹集外资具有广泛性、公开性（公布公司财务和经营状况）和灵活性（投资金额可多可少，股票可随时在流通市场上转让变现）的特点，对国外投资者具有较大的吸引力，便于广泛吸收国外企业、单位、个人手中的闲散资金。因此，国际股票对于我国企业和海外投资者来说，都是一种更为便捷、更为灵活的形式。

（5）可以弥补中外合资经营企业的弱点。办中外合资经营企业时，往往存在着外资到位率低、现汇投入少，外商在以实物和无形资产出资时虚报价格，以及外商利用各种手段转移利润等问题。利用国际股票筹资，由于企业收到的是现汇且资金一次性到位，不存在设备、技术作价折股问题，可克服中外合资经营企业存在的上述问题。

（6）可以扩大公司的股票投资者群，增加对其股票的需求，从而提高该公司股票的价格和流动性。

（7）有利于促进企业的国际化经营。我国企业走出去，到境外发行股票和上市，可以促使我国企业了解世界，让世界了解我国企业，提高企业的全球声誉。企业股票在境外发行和上市前，企业要深入了解上市地政治、经济、金融等方面的情况，企业要向境外投资者公布经营、财务情况；上市后，要按照上市地规则定期披露企业财务、经济信息，这有利于提高我国企业在国际上的知名度，为我国企业开拓国际市场创造条件。同时，股票发行者和境外投资者共担企业经营风险，国外股东必然关心企业的经营成果，为企业服务，有利于企业根据国际市场的动向调整企业的经营决策，有利于企业开展国际交易和合作。

但是，企业股票在境外发行和上市也存在着一些不利之处，主要表现在：

（1）与举借外债相比，在境外发行股票筹资成本较高。对外借款和发行债券，对投资人而言，风险较小，故要求的报酬率也较低；利息费用在税前列支，可获得节税利益，故举借外债成本较低。而境外发行股票筹资，因普通股股东投资风险较大，要求的报酬率也较高；股利在税后支付，无节税利益；境外发行股票的发行费用较多，一般为股票面额的2.5%~6.5%（欧洲债券的发行费用一般为债券面额的2%~2.5%）；股票发行后，还要承担信息披露成本，因而在境外发行股票筹资的成本较高。

（2）与发行国际债券相比，发行国际股票在技术上相对较难，所费时间较多。

（3）与外商直接投资相比，办中外合资企业不仅可以利用外资，还可以同时引进先进技术，而发行股票筹集外资，则不能同时引进技术。当然，有了足够的外汇资金就不愁买不到先进技术，只是要另外引进，成本可能会高一些。

（4）与其他利用外资的方式相比，公司在境外发行股票筹资是以出让部分股权换取外方投资为代价的，要允许境外投资者拥有公司的部分所有权，分享我国公司的一部分利润。

综上分析，企业股票在境外发行和上市既有利也有弊，但就整体而言，还是利大于弊。它的不利之处也正是我们在受益的同时所必须付出的一种代价，而这种代价远远小于企业从中所得到的益处。

一些财务专家认为，发股和发债是国际资本市场融资的双翼，是公司财务平衡必不可少的两极，从战略及长远观点看，公司必须在债与股之间取得适当的平衡。

二、国际股票发行和上市方式

企业在境外发行股票和上市可采取多种方式，按不同的标准可进行不同的分类。

（一）按股票是否向社会公开发行分类

按股票是否向社会公开发行，国际股票筹资分为私募发行和公募发行。关于私募发行和公募发行两种方式的做法和优缺点已在第一节说明。由于我国内地公司到我国香港和外国发股是为了筹集尽可能多的外汇资金，并扩大公司在世界上的知名度，因而大多愿意选择公募方式。有些企业（包括银行）在公募上市之前，采用私募方式引进境外战略投资者的投资，为境外公募上市创造条件。中国工商银行在境外公募上市之前，曾引进境外战略投资者高盛投资团的投资（见案例9-1）。

（二）按是否以本公司的名义发股上市分类

按是否以本公司的名义发股上市，国际股票筹资可分为直接上市和间接上市。

1.直接上市

直接上市，指我国内地企业直接以本公司的名义到中国香港和国外股票市场发行股票并上市。利用这种方式，企业不仅可筹集到大量资金，且有利于转换经营机制、提高知名度和促进企业的国际化经营，因而国家鼓励采用这种国际股票融资方式。我国国务院证券管理部门分批选定的试点企业在中国香港和国外股票市场发股上市，都是采用此种方式。

2.间接上市

间接上市，指我国内地企业以中国香港或外国有关公司的名义发行股票和上市。因为直接到境外发股上市，会遇到法律之间的差异和其他障碍，采用间接上市方式则可绕过这些障碍，达到境外上市的目的。间接上市具体又可分为买壳上市、造壳上市和借壳上市等几种情况。与一般企业相比，上市公司的最大优势是能在证券市场上大规模筹集资金，促进公司规模迅速扩大，因此，上市公司的上市资格已成为一种"稀有资源"，所谓"壳"就是指上市公司的上市资格。

（1）买壳上市，指国内企业购买一家已在中国香港或国外股票市场上市、业绩较差、筹资能力弱化的上市公司，取得对该公司的全部股权或控股权，加以整顿、重组，注入国内资产，扩展上市公司的规模，然后利用该公司的上市资格在国际股票市场上筹集资金，以达到国内企业境外上市的目的。在买壳上市时，首先遇到的问题是如何挑选理想的"壳"公司。一般来说，被购买者公司从事的行业应与购买者公司基本相同或相关，以便于重组和衔接；被购买者公司的股权结构比较单一，便于对其进行收购控股。买壳上市方式手续简便，节省时间，但是要选择一家合适的壳公司却非易事。购买壳公司要支付一大笔外汇资金，且风险相对较大，应注意避免造成国有资产流失。

（2）造壳上市，指国内欲上市企业先在境外建立一家公司，创造条件申请上市，取得上市资格后，国内企业通过这家上市公司在境外募股上市。造壳上市具体又有以下三种方式：

① 控股上市，是指国内企业在境外注册一家公司，然后由该公司建立对国内企业的控股关系，再以该境外控股公司的名义在境外申请募股上市，所筹资金投回

国内公司。例如，1992年年初，我国出资在百慕大注册成立华晨中国汽车控股有限公司，它收购沈阳金杯客车制造有限公司51%的股份。同年9月，沈阳金杯公司通过华晨控股公司在纽约募股筹集8 000万美元，并在纽约证券交易所上市交易，这是境外造壳上市的一个成功例子。

② 附属上市，是指国内欲上市企业在境外注册一家附属机构（国内企业的子公司），然后将境内资产、业务注入境外附属公司，再由它申请境外募股上市。

③ 分拆上市，是指从现有的境外公司中分拆出一个子公司，然后注入国内资产，再由它在境外申请募股上市。

与直接发股上市方式相比，造壳上市是以一家境外未上市公司的名义申请发股上市，这相对于国内企业直接申请到境外募股上市要容易一点。相对于买壳上市而言，造壳上市成本与风险相对要低，因为造壳上市是有目的地选择或设立公司，而买壳上市却要花费很大代价去购买壳公司，购买不当，很容易造成损失，风险较大。但是造壳上市的最大特点是从境外设立公司到最终发行股票经历时间较长，且国内企业必须先拿出一笔现汇或其他资产到境外注册设立壳公司，这与目前我国企业资金紧张的现状是相悖的。

（3）借壳上市，指国内母公司通过将资产注入境外已上市的子公司，然后以该子公司的名义在境外募股和上市。

（三）按股东持有股票的形式分类

按股东持有股票的形式，国际股票筹资可分为以纸面形式的股票筹资、以电脑记载形式的股票筹资和以股票的替代形式——存托凭证（DR）筹资。

1.以纸面形式的股票筹资

纸面形式的股票是股票的基本形式。公司发行股票时，投资者交款购买股票，公司将股票交给投资者。现在，纸面形式的股票一般只在采用私募方式时使用。

2.以电脑记载形式的股票筹资

在采用公募发行时，公司一般不发给投资者纸面形式的股票，而是委托证券公司或股票交易所利用电脑为股东开设账户，将股东买入和卖出股票数的有关事项输入电脑中各股东的账户，以电脑储存的有关信息作为股权的法律凭证。由于这种通过现代信息技术手段建立起来的证券的存管、登记以及交易清算系统具有高效、保密、费用低等特点，债券也可采用这种形式。

3.以股票的替代形式——存托凭证筹资

存托凭证（depository receipt，DR），又称存券收据或存股证，是指在一国证券市场上流通的代表外国公司有价证券的可转让凭证，属公司融资业务范畴的金融衍生工具。存托凭证一般代表公司股票，有时也代表债券。以股票为例，A国的上市公司甲为使其股票在B国发行和上市，向B国证券管理部门提出申请，获得批准后，在B国找一家信誉好的银行作为存托银行，由存托银行指定一家与其有关的在A国的银行作为保管银行，甲公司将一定数额的股票存入保管银行，在B国的投资者到存托银行交款购买 A 国甲公司的股票时，由存托银行签发存托凭证。投资者持有的不是甲公司的实际股票，而是代表甲公司股票的存托凭证，可据以领取股利，也可以在流通市场上将其转让出去。存托凭证方式简便易行，对国际股票的筹资者和投资者都比较方便。

DR 根据上市地的不同，又可分为 ADR（美国存托凭证）、EDR（欧洲存托凭证）、HKDR（香港存托凭证）、SDR（新加坡存托凭证）等。如果发行范围不止一个国家，就叫全球存托凭证（GDR）。但从本质上讲，GDR 与 ADR 是一回事，两者都以美元标价，都以同样标准进行交易和交割，两者股息都以美元支付，而且存托银行提供的服务及有关协议的条款与保证都是一样的。ADR 出现最早，运作最规范，流通量也最大，而且我国一些公司曾经采用这种方式，因此它是一种进入美国资本市场的有效途径。

三、企业进入美国资本市场的有效途径——ADR

ADR 于 1927 年由摩根保证银行推出，现在办理 ADR 业务的美国银行主要是纽约银行、花旗银行和摩根保证银行等。1999 年，采用 ADR 方式办理股票发行和流通的公司达 2 085 家。

（一）ADR 的基本含义

ADR 即美国存托凭证，是英文 American depository receipt 的缩写，它是美国银行签发的一种代表外国公司股权的证券，使外国公司的股票可在美国筹资和上市，其实质是外国公司股票的一种替代交易形式。

在发行 ADR 的过程中，主要涉及存托银行、保管银行和存券信托公司三方。

（1）存托银行是 ADR 的发行者，一般是美国的银行或信托公司，主要为 ADR 的投资者提供所需要的服务。

（2）保管银行通常是存托银行在实际证券发行国的分行、参股银行或与其业务关系良好的当地银行。保管银行主要负责保管 ADR 所代表的实际的证券。

（3）存券信托公司是美国的证券中央保管清算机构，负责其成员公司（包括银行、清算公司、信托公司等）证券的登记、保管和过户。

（二）ADR 的种类和特点

根据股票发行公司是否参与存托银行的 ADR 发行计划，可将 ADR 分为无保荐 ADR 和有保荐 ADR。

无保荐 ADR，又称为非参与型 ADR，指在没有股票发行公司的参与而且存托银行与发行公司不签订协议的情况下建立的 ADR。只在下述情况下，存托银行才会建立无保荐 ADR：一是存托银行认为投资者对某股票二级市场有足够的兴趣，建立此 ADR 计划可为存托银行带来收入；二是证券商要求建立此项计划，并支付建立此项计划所需的费用。需注意的是，可以有几个存托银行同时对同一种股票建立各自的无保荐 ADR 计划，这些不同的存托银行针对同一股票发行的无保荐 ADR 可以互相替换、互相买卖，因而无法控制无保荐 ADR 计划的执行过程。此外，由于无保荐ADR不利于培养公司与股东之间的关系，因而已很少被采用。

有保荐ADR，亦称公司参与型ADR，指发行公司直接参与ADR的发行，由其与存托银行签订存托协议，据此而设立发行的ADR。存托协议明确了发行公司、存托银行和ADR持有人之间的权利和义务关系。与无保荐ADR相比，一方面，有保荐ADR使发行公司直接参与美国股票市场，为其今后可能在美国市场筹资作准备；另一方面，有保荐ADR明确表达了股票发行公司对境外投资者的承诺，提高了公司在境外投资者中的知名度，从而赢得了海外股东的信任，加强了公司与股东的交流和联系。

有保荐ADR根据能否公开交易以及交易市场的类型和能否募集资金又可分为一级ADR、二级ADR、三级ADR和私募ADR四种。

1.一级ADR

一级ADR是一家公司进入美国资本市场的最简便方法之一。它是将公司现有已发行的股票通过一家存托银行，采用ADR方式在美国的场外交易市场交易。在目前市场中交易的ADR大多是以一级ADR安排的。一级ADR之所以能被如此广泛接受，主要是因为其具有以下特点：

（1）不必遵循美国公认会计原则（USGAAP）。这样，利用一级ADR可使公司在美国公开交易其证券的同时无须改变其目前的会计报表编制方法。

（2）不必完全符合美国证券交易委员会（SEC）的公开性要求。这样，企业便可避开美国证券法的严格要求，方便其股票在美国交易。

（3）一级ADR本身作为证券，以F-6表格在SEC注册登记，而ADR所代表的实际的股票则不必在SEC注册登记，也不必服从其报告要求。

（4）企业今后只要向SEC呈递20-F登记表（年度报告表），获准之后便可自动升为二级ADR，在纽约证券交易所（NYSE）、美国证券交易所（AMEX）和纳斯达克（NASDAQ）市场公开上市交易。

2.二级ADR

二级ADR是挂牌上市的ADR。它与一级ADR相同，也是将现有已发行的股票通过一家存托银行，由其根据存托协议签发ADR。所不同的是，二级ADR可以在美国全国性证券交易所上市。但是，二级ADR也不能在美国证券市场上公开发行。与一级ADR相比，其具有如下特点：

（1）美国证券法对二级ADR的要求更为严格，它必须遵循USGAAP的要求，必须符合SEC注册和编报会计报表的方法，还要符合全国性证券交易所或NASDAQ市场的上市条件。

（2）不仅ADR本身作为证券要以F-6表格在SEC注册登记，而且实际的股票也要遵循《1934年证券交易法》的要求，以20-F登记表在SEC注册登记。

（3）股票报价系统可随时报告挂牌证券的价格，金融报刊也广泛报道其价格行情，增加了二级ADR的流通性，也提高了企业在美国金融界的知名度，为公开发行股票筹资打下了基础。

3.三级ADR

三级ADR是指可以在美国公开发行股票筹资，并在美国全国性证券交易所或纳斯达克市场上市的存托凭证。因为三级ADR涉及增资发行新股，美国证券法对其要求更为严格，但因可以从世界上最大、流通性最好的资本市场吸收资金，更大限度地提高公司知名度，所以成为许多大公司的战略选择。我国的华能国际即以三级ADR形式在纽约证券交易所挂牌上市。三级ADR具有如下特点：

（1）它是可以在美国初级市场公开发行股票筹资的ADR。这一点是一级ADR和二级ADR都不具有的。

（2）除了必须遵循《1934年证券交易法》和《1933年证券法》中对二级ADR的要求外，公司还须向SEC呈交F-1表格或F-2、F-3表格。F-1表格（注册申请表）是专门为初次在美国公开发行股票的公司准备的，主要内容为陈述ADR的条款。公司以后各次上市则提交F-2、F-3表格。

（3）它可使股票发行公司更广泛地接触投资者，允许投资者向管理层提出管理要求，最大限度地提高公司的声誉。

4.私募ADR

私募ADR是在美国不公开发行的存托凭证，也称144A规则下的私募ADR。144A规则规定：在发行人向投资者提供一定信息的条件下，允许发行人不通过注册登记而向合格的机构投资者发行证券，该证券可以在合格的机构投资者之间转让。与其他形式的ADR相比，私募ADR是对注册登记和呈交报告要求最低的融资手段。私募ADR具有如下特点：

（1）不必遵循USGAAP的要求，不必改变其编制会计报表的方法。

（2）不必向SEC申请任何注册登记，其信息披露或者符合123-2（b）条款的要求，或者通过合约向现有投资者和潜在投资者提供一定的信息。

（3）在发行后两年内不能进入美国公开市场，但可以在全美证券商协会开发的PORTAL市场交易，自由转卖给合格的机构投资者，具有较好的流动性。

综上所述，一级ADR和二级ADR仅能使公司现有股票在美国流通，而不能发行新股，不具有进一步筹资的功能，而三级ADR和私募ADR都可在美国市场上筹集资金，所不同的是三级ADR可在美国的公开市场上发行新股筹集资金，而私募ADR只是将新股配售给合格的机构投资者。

（三）ADR的发行和上市程序

中国企业利用三级ADR在美国首次公开发行股票筹资，一般需经历如下四个阶段：

（1）发行前的准备工作，包括前面所述的企业（资产）重组、改制，以及业绩审核、调整会计报表等。

（2）向SEC递交有关文件，进行注册登记，在SEC审批同意后，方可发行ADR和上市。

（3）在美国找一家存托银行，由存托银行在发行公司当地找一家保管银行，共同协助ADR的发行和上市工作。

（4）向拟上市的证券交易所呈交上市申请书及协议，取得交易所核准以后才可上市。

我国公司在美国采用三级ADR方式募股上市的程序如图9-2所示。

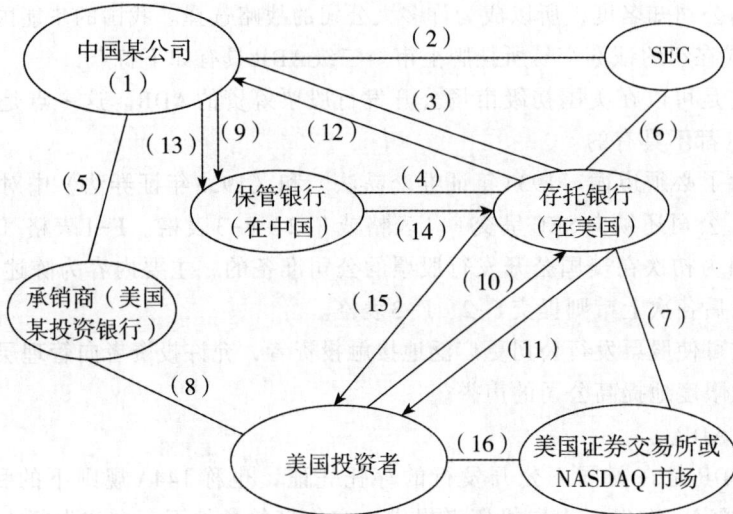

图 9-2　ADR募股上市程序图

说明：（1）中国公司做募股上市前的准备工作；（2）在美国证券交易委员会登记注册；（3）中国公司与美国某银行签订存托协议；（4）存托银行在中国指定一家保管银行；（5）中国公司与承销商签订承销协议；（6）存托银行在SEC登记注册；（7）存托银行向美国全国性证券交易所或NASDAQ市场递交上市申请；（8）承销商向美国投资者作巡回推介；（9）中国公司将实际的股票存入保管银行；（10）投资者交款，购买中国公司股票；（11）存托银行向投资者签发ADR；（12）存托银行将款交给中国公司；（13）中国公司定期将股利付给保管银行；（14）保管银行将股利转交存托银行；（15）存托银行向投资者支付股利；（16）ADR在证券交易所或NASDAQ市场上市交易。

（四）ADR方式的优点

（1）外国公司到美国发行股票和上市，一般都需符合美国证券法规的一系列要求，而采用ADR方式，外国公司可以避开美国证券法规在公司注册、信息披露、会计准则等方面的严格要求，比较容易进入美国资本市场募股上市。

（2）外国公司通过美国信誉高的银行办理ADR业务，有利于提高投资者购买股票的信心，促进有效融资。

（3）采用ADR方式，既便于美国投资者购买外国公司的股票，又便于外国公司的股票在美国发行和上市交易。

（4）外国公司先采用ADR方式进入美国资本市场，扩大影响，积累经验，创造条件，可为今后在美国直接发行股票和上市奠定基础。

四、国际股票的发行价格

与国际债券的发行条件有所不同，国际股票的发行条件只包括发行额和发行价格两项，无利率、期限和偿还方式等条件。确定股票发行额需考虑的因素与确定债券发行额基本相同，而股票发行价格的确定与债券发行价格的确定却有一些差别，因此，下面只讨论股票发行价格问题。

根据发行价与票面金额的不同，股票发行可以分为面值发行和溢价发行。面值发行指股票发行价格等于股票面值；溢价发行指股票发行价格超过股票面值。

（一）国际上决定股票发行价格的因素

1. 净资产

公司的净资产总额和每股净资产指标是定价的重要参考。

2. 盈利水平

公司税后利润水平直接反映了一个公司的经营能力和上市时的价值，税后利润的高低直接关系着股票发行价格。在总股本和市盈率已定的前提下，税后利润越高，发行价格也越高。

3. 发展潜力

公司经营的增长率（特别是盈利的增长率）越高，发展潜力越大，市场所接受的发行市盈率也就越高，发行价格也就越高。

4. 发行数量

若本次股票发行量较大，为了能顺利地将股票全部出售，取得预定数额的资金，价格应适当定得低一些；若发行量小，考虑到供求关系，价格可定得高一些。

5. 行业特点

发行公司所处行业的发展前景会影响到公众对本公司发展前景的预期，如果本公司各方面均优于已经上市的同行业公司，则发行价格可定得高一些；反之，则应低一些。

6. 股市状态

二级市场的股票价格水平直接关系到一级市场的发行价格。在制定发行价格时，要考虑到二级市场股票价格水平在发行期内的变动情况。若股市处于"熊市"，定价太高会使股票销售困难，因此要定得低一些；若股市处于"牛市"，价格可以定得高一些。

（二）测定股票发行价格的方法

测定股票发行价格一般采用市盈率法，其计算公式如下：

$$P = E \cdot M$$

式中：E 为公司预期每股盈利；M 为可比较证券市盈率。

公司预期每股盈利以公司财务报表所提供的历史数据为基础，根据公司今后一定时期的发展情况加以预测。市盈率是指普通股每股市价与每股盈利的比率。发行公司与主承销商在确定发行公司股票市盈率时主要应考虑以下三个因素：

1.上市地股市的市盈率

一般来说，上市地股票市场市盈率高，则发行公司市盈率可以高一些；反之，则应低一些。

2.行业平均市盈率

行业平均市盈率的高低是决定发行公司股票市盈率的重要因素，所处行业平均市盈率高，则发行公司市盈率可以高一些；否则，则应低一些。

3.发行公司的知名度和发展潜力

如果企业的业绩好，竞争力强，知名度高，有较大的发展潜力，对投资者的吸引力大，则可以在行业平均市盈率的基础上，适当提高发行公司的市盈率。

在不同国家，测定股票发行价格的方式有所不同。例如，美国采取协议定价方式。美国新股的发行定价主要采用同类上市公司比较法。承销商在承销新股时准备详尽的可比上市公司对照表，将发行公司与可比上市公司的一些重要数据、资料作比较，包括市盈率、主要财务指标（流动比率、速动比率、资产负债率、每股收益、销售增长率等）、股利政策、股息收益率等。通过比较，确定一个比较稳定的备案价格范围，以引起投资者关注，再根据投资者的需求，由承销商和发行人商定发行价。发行价格一般不低于在美国证监会的备案价格。

又如，日本采取部分招标竞价方式。日本从1989年开始采用这种方式，即公募股票的一部分（>50%）以招标竞价的方式出售。股票的发行价格是通过以下程序确定的：通过与同类公司相比较，决定发行底价；招标竞价；依据招标的结果，协商确定发行价格。计算发行底价的基本公式为：

$$P=P^*（A/a+B/b）÷2$$

式中：P为发行底价；P^*为同类公司的股票价格；A为发行公司的每股纯利；a为同类公司的每股纯利；B为发行公司的每股净资产；b为同类公司的每股净资产。

在实行招标竞价方式之前，用上述公式计算的价格即为发行价格，现在则成为招标的底价。招标时，按投资者报价的高低顺序中标，各投资者的购买价格分别是他们的中标价格，因此，通过招标发行会出现多种发行价格。招标部分外剩余的部分（<50%）由承销商负责公募销售，其公募价格以招标情况为基准，由承销商与发行公司协商，基本上是取中标价格的加权平均值与最低价格之间的值。

五、国际股票筹资的费用与成本

（一）股票的发行费用和上市费用

1.股票的发行费用

股票的发行费用主要包括以下几项：

（1）承销费用，又称发行手续费，即发行公司支付给股票承销机构的佣金，一般按企业募集资金总额的一定百分比计算，由承销商从投资者付给发行公司的股款中扣除。

（2）聘请会计师事务所、律师事务所、资产评估机构等专业机构和人员为企业发行股票与上市服务而应支付的费用。

（3）股票印制费用。

（4）宣传广告费，其中包括股票发行路演中发生的费用。

（5）其他费用，如支付给代收款银行和股票登记托管机构的费用等。

2.股票的上市费用

股票的上市费用主要包括以下几项：

（1）上市初费（入市费），是公司证券初次上市时一次性缴付给交易所的费用。各交易所一般依据上市证券股本总额制定入市费的收取标准，上市规模大则费用较高，但不少交易所都制定最高限额。在计算方法上，有的交易所根据发行公司上市股数多少分档设定费用标准，有的则是区分基本费用和浮动费用，即设定基本费用，再根据上市股数分档收取浮动费用，除此之外，有的交易所还收取一定额度的上市申请费（或上市材料审阅费），如果公司上市申请成功，将在基本费用中冲减。

（2）上市年费，是发行公司在上市以后每年缴付给交易所的固定费用。

（3）附加上市费，是指如果发行公司采取诸如收购、合并或重组、私募发行、股东优先认购和公开发行等行为时，发行公司需要支付给交易所的附加费用。此项费用一般按次收取或按发行股数收取，多数设有上限。

（二）股票筹资成本

在发行股票不上市的情况下，股票筹资总成本就是股票发行费用总额。股票筹资单位成本可按下列公式计算：

$$股票筹资单位成本=\frac{股票发行费用总额}{发行股票筹资总额}\times100\%$$

在发行股票同时上市的情况下，上列公式的分子应为股票发行和上市总成本，包括发行费用、入市费和上市年费。

例如，我国甲公司在美国NASDAQ市场以IPO方式发行股票并上市，总发行金额（筹资总额）为50 000 000美元，总发行股本为5 880 000股，发行和上市总成本估计为4 600 000美元（其中发行费用总额为4 525 500美元，入市费为62 000美元，上市年费为12 500美元）。据此可计算：

$$股票筹资单位成本=\frac{4\,600\,000}{50\,000\,000}\times100\%=9.20\%$$

在境外发行股票的筹资成本高于在境内发行股票的筹资成本，其原因主要是：境外中介机构的收费标准普遍高于境内中介机构。

（三）股票的资金成本

公司在境外发行股票，筹集和使用外汇资金，其成本的测算方法与在境内发行本币股票的成本测算方法基本相同，所不同的是要将发行外币股票所收入的外汇按发行时的汇率折算为本币。下面以外币普通股股票为例加以说明。

如果预期每年股利固定，则可按以下公式计算：

$$K_e=\frac{D}{P_0(1-f)r_0}$$

243

式中：K_e 为股票成本率；P_0 为股票销售价格；D 为每年股利；f 为筹资费[①]率；r_0 为发行时的汇率。

如果预期每年股利按一定百分比递增，则可按以下公式计算：

$$K_e = \frac{D_1}{P_0(1-f)r_0} + g$$

式中：D_1 为第一年股利；g 为股利每年增长率。

例如，某公司某年6月份在纽约证券交易所发行普通股股票，7月份上市，每股价格为16美元，共发行500万股，总计金额为8 000万美元。发行和上市费用为480万美元，发行时汇率为1美元=6.8元人民币。预计第1年每股股利为15.36元人民币，以后每年股利递增6%。

将例中数据代入上述公式，即可求得：

$$K_e = \frac{15.36}{16 \times \left(1 - \frac{480}{8\,000} \times 100\%\right) \times 6.8} + 6\% = 21.02\%$$

六、我国公司发行股票的种类

（一）A股

A股的正式名称是人民币普通股股票，它是由我国境内的公司发行，供投资者以人民币认购和买卖，在境内（上海、深圳）证券交易所上市交易的普通股股票。它的投资者最初仅限于境内机构、组织或个人（不含港澳台地区的投资者）。2002年年末，我国实行合格境外机构投资者制度，允许合格境外机构投资者买卖A股。

（二）B股

B股的正式名称是人民币特种股票，由我国境内公司发行，以人民币标明面值，供投资者以外汇认购和买卖，在境内证券交易所上市交易。它的投资者最初仅限于外国自然人、法人和其他组织，港澳台地区的自然人、法人和其他组织，以及定居在国外的中国人。我国从1978年改革开放以来，许多企业迫切需要外汇资金，但当时我国外汇很缺少，国家允许企业发行B股的目的就是利用国内股票市场筹集外汇资金。自1991年年底第一只B股——上海真空电子器件股份公司的B股发行上市以来，经过多年的发展，中国的B股市场已由地方性市场发展到由证监会统一管理的全国性市场。我国境内的一些公司通过发行B股在筹集外资、改善财务结构、转换经营机制和促进经营国际化等方面发挥了积极作用，后来由于国家批准许多企业直接到中国香港、美国、新加坡等地发行股票和上市，B股的重要性就变得很小了。B股市场存在着规模狭小、市场规则不够完善、交易不活跃、长期低迷等缺点。2000年10月后，B股暂停发行。2001年2月，中国证监会发布决定，允许境内居民用合法持有的外汇买卖B股。2003年曾一度恢复B股发行。自1991年至2004年，我国企业利用B股筹资105亿美元，2005年至今B股市场未发行新股。发行B

[①] 筹资费包括股票发行费用和入市费。由于上市年费是在以后各年支付的，不宜在发行时从筹资总额中扣减，可像股利一样列入公式的分子。

股是利用股票市场筹集外资的一种过渡形式，有人主张B股公司可以自愿退出B股市场，然后申请进入A股或H股市场。

（三）H股、T股、N股、L股和S股

在我国内地注册的公司，其股票在中国香港发行和上市，由于香港的英文为Hong Kong，其第一个字母是H，因而叫作H股。依此类推，在我国内地注册的公司，其股票在纽约、伦敦和新加坡发行和上市，由于纽约（New York）的第一个字母是N、伦敦（London）的第一个字母是L、新加坡（Singapore）的第一个字母是S，因而分别叫作N股、L股和S股。2013年1月，中国证券监督管理委员会和台湾金融监督管理委员会共同召开会议，决定比照中国香港地区"H股"制度设置"T股"，中国内地企业可到中国台湾地区挂牌上市并发行股票（T股）。

（四）红筹股

红筹股这一概念产生于20世纪90年代初期的中国香港股票市场。中华人民共和国在国际上有时被称为"红色中国"，因此中国香港和国际投资者把在境外注册、在中国香港地区上市的那些带有中国内地概念的股票称为"红筹股"。

早期的红筹股主要是一些中资公司收购中国香港地区中小型上市公司后改造而形成的，例如，中信公司于1990年以7亿港元收购中国香港泰富发展公司，之后逐步注入资产，泰富发行了14.9亿股新股，每股价格为1.35港元，共筹资20亿港元，此后更名为中信泰富。还有内地一些省市将其在中国香港地区的窗口公司改组为股份有限公司，如上海实业、北京控股等公司在中国香港地区发行和上市的股票都称为"红筹股"。现在红筹股已经成为除B股、H股外内地企业进入国际资本市场筹资的一条重要渠道。根据中国香港联交所的数据，截至2007年5月末，共有89家红筹股公司在中国香港地区上市。

从2007年年初开始，人们不断呼吁红筹股公司回归A股市场，因为很多红筹股公司都是非常优秀的大公司，其中包括中国移动、中国网通、联想等，它们回归内地发行A股，投资者将有更多的好股可选，大量资金将投入这些优质公司，对充实内地资本市场、提高内地上市公司整体质量都有积极的作用。

七、我国企业境外上市的几种模式

（一）大型国企经改组改制境外上市融资

我国大型国有企业在境外（或称海外）上市主要采用以下两种方式：一是境内企业经改组改制直接到中国香港、纽约、新加坡和伦敦等地上市；二是境内公司在海外注册成立公司在中国香港地区上市，这就是红筹股方式。[①]

在海外上市的国企大多是一些老企业，它们经过改组改制直接到海外上市。例如，青岛啤酒公司是国企第一家赴海外上市的公司，它是1993年6月以青岛一啤（国有青岛啤酒厂）作为发起人，与二啤（一啤与六家企业共建的合资公司）、三啤

---

① 1997年香港已回归祖国，我国内地企业的股票到中国香港地区上市，理应不再称为境外上市，但现在人们仍沿用以前的概念。

（一啤与香港华青公司共建的合作企业）、四啤（一啤的全资子公司）合并，经过股份制改造，建立青岛啤酒股份有限公司在香港联交所上市并发行股票（H股）。又如，鞍山钢铁集团公司是我国最大的钢铁综合生产企业之一，由于规模特大，生产经营财务情况复杂，不宜于整体上市。鞍钢仅轧钢系统就有十多个工厂，当时决定选择冷轧厂、厚板厂和线材厂三个生产技术比较先进和效益优良的轧钢厂加以组合，经过股份制改造建立鞍钢新轧钢股份有限公司，于1997年7月在香港联交所上市并发行股票。

在海外上市的国企也有一些新企业。中国移动通信公司是新国企海外上市的典型。1997年，广东、浙江两省的移动通信资产注入中国移动（香港）有限公司，在中国香港和纽约两地上市。2000年，国家组建中国移动通信集团公司，按照整体上市、分步实施的计划，经过8年8次资本运作，先后收购全国各省区的通信资产，至2005年6月完成整体上市后，中国移动成为首家在中国内地31个省区经营电信业务的海外上市公司。

（二）优质民企绕道海外上市融资

我国民营企业在海外上市主要采取以下两种方式：一是境外注册企业上市；二是海外买壳上市。民企倾向于这两种方式，主要是因为国内审批程序严格复杂，而且给民企海外上市的机会不多。

国内第一家采用上述第一种方式上市的民企是裕兴电脑公司。1999年该公司在百慕大注册成立"裕兴计算机科技控股有限公司"，将国内资产注入该壳公司，于2000年1月在香港创业板成功上市，募集资金4.2亿港元。

国美电器公司则是在海外买壳上市。黄光裕从20世纪80年代末就开始经营国美电器，到90年代已发展为拥有五六家国美电器连锁店。为了重组国美电器，与北京、天津、广州、重庆等地的18家公司合并，黄光裕拥有国美电器公司35%的股份以后，国美电器公司购买中国香港上市公司京华自动化，并逐步提高持股比例，最终控制了该上市公司，这家公司后来成为国美电器在香港地区上市的壳公司。

（三）新技术公司与海外资本共成长

新技术公司从创建之初的风险投资到最终海外上市，始终与国外资本共舞。例如，新浪公司于1999年先后获得多家风险投资公司（包括华登投资集团（Walden）、软银集团（Soft Bank）、高盛集团（Goldman Sachs）、戴尔（Dell）等）的风险投资。2004年4月，新浪在纳斯达克市场正式挂牌上市，股价定为17美元，当日收盘价在20美元以上，公司上市获得了很高的溢价。新浪上市后，风险资本开始择机退出，获得了超常规投资回报。2004年，多家风险投资公司（包括全球最大的搜索引擎公司Google和美国前三大风险投资商之一的DFJ）完成了对百度公司的风险投资。2005年8月，百度公司在纳斯达克市场正式挂牌上市，股票发行价定为27美元，收盘价为122.45美元，公司的市场价值达40亿美元。

（四）大型企业、银行上市融资A+H股模式

我国大型企业、银行应当到海外上市还是留在国内上市，是一个存在争议的问题。20世纪90年代，国内证券市场规模容量很小，证券市场不发达，承载不了大型国企上市融资，一些大型国企陆续到海外上市，争议偶出。后来有些企业先在国内A股上市，然后到海外上市，还有些企业先到海外上市，然后回归国内A股上市，争议少了。2000年以来，许多大型国企只在海外上市，大型银行也计划到美国上市，由于过去一些企业在海外上市暴露出了一些缺点，于是争议又起，认为大型企业、银行只到海外上市，不利于国内证券市场的发展，而且到海外上市对企业、银行也有一些不利之处。随着我国经济的快速发展，国内A股市场经过深入改革，市场规模扩大，尤其是流动性不断改善；近几年中国香港股市有了很大发展，越来越多的国际资本流入中国香港，中国香港正在成为世界上首次公开募股（IPO）的最大市场。中国证监会鼓励企业在国内上市，融资额较大的企业应在内地和中国香港同时上市。A+H股模式成为我国大型企业和银行的选择，招商银行、交通银行分别于2002年4月、2005年6月实行了A+H股模式。2006年6月1日，中国银行在香港地区上市，首次公开募股（H股）融资100亿美元，7月5日在国内A股上市。2006年10月，中国工商银行A股和H股同步发行上市，在香港地区首次公开发行H股，筹资160亿美元，在上海A股上市筹资60亿美元。预计今后我国将有不少企业、银行陆续在内地和中国香港同时上市。

八、我国企业境外上市的程序

我国企业申请境外上市，不仅要遵守中国证监会规定的一些基本条件，还要符合上市地证券交易所规定的条件。上市程序一般分为以下几个阶段：

（一）上市前的准备阶段

1.上市的可行性研究

通过详细的调查研究对企业上市的必要性、可实现性及对经济和社会的有利性等方面进行全面而系统的综合性研究，据以作出正确的上市决策，并选择最佳的上市方案。

2.选择和委托中介机构

中介机构包括财务顾问、保荐人、承销商、律师事务所、会计师事务所、资产评估机构等。企业应选择中介机构，与其签订中介服务合同。中介机构进入企业后，开展各项尽职调查，策划企业改组和改制，准备有关申请文件及编写招股说明书、法律意见书、审计报告、估值报告，拟订上市方案等。

3.进行企业改组

企业改组是指经过分析研究确定将原企业的哪些业务、资产、负债和人员划归将要建立的股份有限公司，哪些车间、分厂或子公司归属于将要建立的股份有限公司，从而确定股份有限公司的基本框架和业务、资产范围。因为企业改组主要是资产的划分与组合，故又称资产重组。

（1）企业改组的必要性和方法

企业改组的必要性可从以下几点来说明：①过去的国有企业资产负债率高，社会负担重，盈利水平低，达不到《公司法》规定的股票发行和上市的标准。②国有企业资产分布很广、情况复杂，既有经营性资产又有非经营性资产（如国有企业办幼儿园、学校、医院、食堂等占用的资产等），既有能盈利的优良资产又有带来亏损或闲置积压的不良资产，需分类甄别，确定哪些资产应进入拟建的股份有限公司。③有些特大型企业的分厂或子公司很多，产品种类很多，资产情况也很复杂，不宜使整个企业全部进入拟建的股份有限公司，需选择企业的某些分厂或子公司的资产进入股份有限公司；相反，资产规模较小的国有企业则可以与其他企业的优良资产组合在一起，组建股份有限公司。

企业改组的主要方法是：①将一部分经济效益好、发展潜力大的业务和资产划归拟建的股份有限公司，把不宜进入股份有限公司的非经营性资产和不良资产按照企业改革的要求加以处理，以利于提高拟建股份有限公司的资本利润率；②合理划分和妥善处理债务，适当减少拟建股份有限公司的负债，降低资产负债率；③合理分配和安置职工，让部分素质良好的职工进入拟建的股份有限公司，提高劳动生产率。这样做的目的在于提高拟建股份有限公司的资本利润率，使它在资产规模、股权结构、负债水平和盈利水平等方面达到法律、法规对股票发行和上市的要求，尽可能提高股票发行价格，最大限度地募集资本，并使公司具有良好的发展前景。

（2）国有企业改组的要求

① 如果不是企业整体改组，则应当兼顾股份有限公司和原企业的利益。一方面要使拟建的股份有限公司有较高的经济效益和较大的发展潜力，给广大投资者（股东）以满意的回报；另一方面应当使原企业保留一定的实力和发展潜力，能够生存和发展下去。

② 避免与关联方的同业竞争。拟建的股份有限公司的关联方包括控制该公司股份的母公司以及该母公司控制下的各子公司。如果股份有限公司与其关联方从事相同或类似的业务，就会发生利益冲突，产生同业竞争，从而被认为不宜上市。如果拟建的股份有限公司存在上述情况，就必须在企业改组中加以处理，以避免与关联方产生同业竞争，影响上市。

③ 减少关联方交易。关联方交易是指股份有限公司与关联方之间发生的交易。股份有限公司超过一定数量的关联方交易必须披露。如果关联方交易比较简单，披露容易，就被认为是不影响上市的关联方交易；但如果关联方交易频繁、复杂，披露困难，则被认为是不宜上市的关联方交易。因而，必须通过企业改组尽可能减少关联方交易，把不宜上市的关联方交易转为不影响上市的关联方交易。

④ 选择最佳方案。进行企业改组是将企业改组为股份有限公司的基础和重要环节，应当在充分调查研究和进行大量数据测算的基础上设计若干个企业改组方案，并对各方案进行论证和筛选，从中选择符合国家法律法规要求和企业实际情况

的最佳方案，经国家有关部门审批后正式实施。

（3）国有企业改组中资产重组的模式

根据我国国有企业改组中资产重组的实践和各国企业资产重组的通常做法，可将企业资产重组归纳为以下几种模式：

① 整体改组模式。具体做法是：将被改组企业的全部资产投入发起设立的股份有限公司，在此基础上增资扩股，发行股票并上市交易，原企业随即解散。这种模式适用于：建立时间不久的新企业；非经营性资产和不良资产较少而且经济效益较好的老企业；已进行多项改革，其资产、负债基本上符合市场经济要求的企业。例如，成都电缆厂和宁波镇海石化总厂等企业采用这种模式改组为股份有限公司，其股票公开发行并上市交易。

② 整体分立模式。具体做法是：将被改组企业中经济效益较好的经营性资产与非经营性资产和效益低下的经营性资产相分离，分别成立两个（或多个）独立的法人，原有企业不复存在。经济效益较好的经营性资产和一部分员工成立股份有限公司，并在此基础上增资扩股，其股票公开发行并上市交易；其余的资产和员工成立非股份有限公司（称为存续公司），存续公司继承了原有企业的大量不良资产和过多的员工，其存在和发展存在很大困难，如何正确解决困难，是一个很大的问题。例如，中国海洋石油公司原有员工2.1万人，将其中的1 000人和经济效益好的优质资产组建成中海油股份有限公司，于2001年在境外发行股票，在纽约和中国香港上市，筹资27.1亿美元；其余的资产和2万人组建成油田服务公司，与船舶公司组合在一起，改制为中海油服务有限公司，于2002年11月在境外发行股票，在中国香港上市。中海油公司解决存续公司发展的经验，值得类似企业参照和借鉴。

③ 部分（局部）改组模式。具体做法是：将原企业部分优良的生产性资产划出组建为股份有限公司，进行增资扩股，在境内外发行股票并上市，作为原企业的子公司，原企业是该股份有限公司的主要股东。这种模式与整体改组模式基本上相同，所不同的是投入股份有限公司的资产只是原企业的一部分（如占10%或20%等），不投入股份有限公司的资产暂不改组。这种模式适用于特大型企业集团。例如，鞍山钢铁集团公司采用此种模式将它所属的部分轧钢厂加以组合，建立鞍钢新轧钢股份有限公司，实行增资扩股，在境内发行了A股，在中国香港发行了H股，并上市交易。这种模式的优缺点与整体改组模式基本相同。

④ 整体合并模式。具体做法是：以一个企业为主吸收合并其他有关企业，加以重新组合，建立股份有限公司，进行增资扩股，在境内外发行股票并上市交易。这种模式适用于有合适的合并对象和合并基础的企业，被吸收合并的对象应该已经具有或者潜在具有较好的经济效益，并且原企业和被合并的企业基本上不需要进行资产剥离。青岛市采用这种模式于1993年6月以青岛一啤作为发起人，在吸收合并二啤、三啤、四啤的基础上成立了青岛啤酒股份有限公司，二啤和三啤的合资方、合作方将各自在二啤、三啤的权益折股转为青岛啤酒股份有限公司的股份。青岛啤酒股份

有限公司为了增资扩股，在境内发行了 A 股，在中国香港发行了 H 股，并上市交易。

⑤ 部分合并模式。具体做法是：两个或两个以上的企业各以其部分资产作为股本，共同发起建立股份有限公司，申请发行股票和上市交易。例如，1994 年 6 月，由华能发电公司、山东省国际信托投资公司和山东省电力公司各投入部分资产，共同发起组建山东华能发电股份有限公司，注册资本 31.36016 亿元人民币（A 股），同年 8 月在纽约发行 N 股筹资折合人民币 11.687 亿元。

4.进行企业改制

（1）企业股份制改革

企业改制是指把企业改组中从原企业划分出来的业务、资产和人员按照《公司法》规定的条件、要求和程序改建为股份有限公司。为了使公司的股票能在境外发行和上市，就不仅要把国有企业改造成为符合中国有关法律法规的股份有限公司，而且要与国际接轨，使企业成为符合上市地法律法规要求的股份有限公司。

在我国《公司法》公布以前，企业进行改制主要是遵循国家有关部门颁布的《股份有限公司规范意见》。当时，内地企业主要是到香港地区上市，由于规范意见与香港地区的公司条例之间存在一些法律规定上的差异，国家有关部门又特意颁发了《到香港上市公司执行股份有限公司规范意见的补充规定》《关于股份有限公司规范意见若干问题的说明》《到香港上市公司章程必备条款》三个文件来弥补这些差距，以解决法律方面的差异。我国于 1993 年 12 月出台的《公司法》在 1994 年 7 月正式实施后便替代了该规范意见，成为企业股份制改组的主要法律依据。1994 年 8 月，《国务院关于股份有限公司境外募集股份及上市的特别规定》和《到境外上市公司章程的必备条款》发布，至此形成了企业改制的国内法律基础。至于境外上市地公司条例与我国有差异的，应主要以国内的法律为准。可变通解决的，应与上市地证券管理机构协商，将双方的法律衔接问题专门写在一份章程必备条款中，据此将企业改造成为既符合国内要求又符合上市地规则的股份有限公司。

（2）企业会计制度改革

我国内地企业到中国香港和外国发行股票、上市，根据国际惯例的要求，需要采用香港会计准则或国际会计准则。为了满足这一要求，我国财政部在《股份制试点企业会计核算制度》的基础上，采纳国际会计准则的一些基本要求，制定了《关于股份制试点企业股票香港上市有关会计处理问题的补充规定》，1993 年实施了《企业会计准则》（基本准则），1997 年以来陆续发布了各项具体会计准则，1998 年颁布了《股份有限公司会计制度》，2000 年年末颁布了《企业会计制度》，2006 年颁布了新的《企业会计准则》，2014 年又加以修订和更新。有关方面确认，这些准则、制度基本上达到国际会计准则的要求，并认为：①到中国香港和外国发行股票和上市的内地公司，会计核算必须统一遵循中国的会计准则，在中国香港和外国发行股票时必须符合香港会计准则或国际会计准则，两者如有差异，应在提供的会计报告中以附注（或附表）方式加以说明。②我国内地公司在股东大会上出具的会计决算报告应反映根据我国有关法律规定计算的数字，如果与国际会计标准不一致，就将与按国际会计标准计算的数据之间的差异向股东公布。如果这些差异影响企业净利润，在进行股利分配时，根据会计上的稳健原则，用利润较小数分配。③我国内地公司在中国香港和外国公开发股、上市时，必须严格按照公司法、证券法和证券上市规则的要求，正确、及时、全面地披露公司信息。

（二）申请及审批阶段

境内的国有企业、集体企业及其他所有制形式的企业经重组改制为股份有限公司并符合上市条件的，均可自愿向中国证监会提出境外上市申请，由具有办理上市业务资格的证券公司进行辅导、推荐，向社会公布，听取其对申请上市公司的意见。公司申请到境外主板市场上市需报送下列文件：①申请报告；②所在地省级人民政府或国务院有关部门同意公司境外上市的文件；③境外投资银行对公司发行上市的分析推荐报告；④公司审批机关对设立股份公司和转为境外募集公司的批复；⑤公司股东大会关于境外募集股份及上市的决议；⑥国有资产管理部门对资产评估的确认文件、国有股权管理的批复；⑦公司章程；⑧招股说明书；⑨重组协议、服务协议及其他关联方交易协议；⑩法律意见书；审计报告、资产评估报告及盈利预测报告；发行上市方案。经中国证监会审核批准后到境外发行股票和上市。

（三）境外募股及上市阶段

下面以企业到美国公开发行股票和上市为例加以说明。

1.准备注册登记表

外国公司（非美国公司）到美国发行股票，应根据美国《1933年证券法》第五节的要求注册登记。如果外国公司的会计准则不同于美国公认会计原则（USGAAP），美国证券交易委员会（SEC）允许采用股票发行公司当地国可理解的会计准则，但必须就美国公认会计原则与股票发行公司当地国会计准则的主要区别进行说明。外国企业首次在美国发行股票，必须按F-1、F-2或F-3表格登记注册。

2.美国证券交易委员会审核

SEC的公司财务部对公司提交的注册登记表进行审查，就其不足之处发出一份意见书，指出需要修改或补充的地方，股票发行公司和承销商对注册登记表进行修改、补充和澄清，达到要求后，SEC才宣布注册登记表生效。

3.组织承销团

由主承销商选择几个销售能力强的证券承销商参与股票分销。承销方式一般分为包销（firm commitment）和尽力销售（best efforts）两种。

4.听证（又称为"尽职调查"（due diligence））

由主承销商召开股票承销会议，对注册登记表和募资说明书中的信息披露进行检查，承销商的律师向股票发行公司的经理、董事或其他高级职员提出有关问题，检查草拟注册登记表的有关内容，检查股票发行公司的经营管理情况，审查股票发行公司的有关合同等。发行公司的董事会和高级管理人员对提出的问题予以解答，并对注册登记表的错误信息或遗漏的重要信息或者听证的事项负法律责任。承销商通过听证可了解注册登记表的真实可靠性。

5.根据《蓝天法》（Blue Sky Laws）注册

在美国发行股票，除了接受SEC的管制外，许多州还采用《蓝天法》保护投资者利益，该法律要求发行公司按规定进行证券发行登记，并向投资者提供必要的商业和财务信息，着重审查证券质量的优劣。有时即使是SEC的公司财务部认为合格的注册登记表，如果不符合《蓝天法》的要求，这一证券也可能不能在该州发行。

6.国际推介（又称为"路演"（roadshow））

为了搞好股票发行，发行公司和主承销商应制订股票销售计划，制作销售备忘录，分发初始募资说明书和组织投资推介会。推介是否成功，对是否能达到股票发行的目的有着极为重要的影响。发行公司的高级管理人员应参加推介，回答投资者提出的有关问题。推介一般应在主要的国际金融中心进行。

7.股票定价

股票定价的协商会一般是在注册生效日之前的一天举行。参加协商会的人员包括主承销商的经理、高级财务代表和发行公司的高级职员；讨论股票发行规模、发行价格和承销折扣；根据协商的决定修改注册登记表，向SEC递交修改后的注册登记表；在SEC宣布修改后的注册登记表有效后，签署承销协议。承销团的每个成员都必须根据承销协议按规定的价格发售股票。

8.绿鞋条款（Greenshoe Option）

这一条款规定，包销商在发行公司的许可下，可以在原定的股票发行规模基础上，视市场具体情况，超额发售一定数量的股票。股票上市后，如果股价下跌至发行价，包销商就按发行价购回超额发售的股票，以防止股价下跌，达到支持和稳定二级市场交易的目的。"绿鞋"一般是在市场气氛不佳、对发行结果不乐观或难以预料的情况下使用。"绿鞋"是美国一家公司的名称，该公司最早采用包销商超额发售方式，故把这种方式称为"绿鞋"条款。

9.收款银行

发行公司可以在境外委托一家银行收存股票发行款，该银行可以是中国银行的国外分支机构，也可以是外国银行。如果是外国银行，则该银行最好在中国国内有分支机构。我国境内企业在境外发行股票，应当在外汇资金到位后10天内将所筹外汇资金全部调入中国境内，存入批准开立的外汇账户。

10.股票在境外上市的申请

非美国公司在美国发行的股票，在交易所上市之前，必须按《1934年证券交易法》的规定注册。公司要求上市时，应向证券交易所提供有关资料，由上市审核委员会对公司进行上市资格评审。上市资格确认后，申请者可以向上市委员会提交正式上市申请。

中国人寿保险股份有限公司在纽约、中国香港同时上市见案例9-2。阿里巴巴公司在美国上市见案例9-3。"新经济服务"领跑者36氪纳期达克上市见案例9-4。

九、国际股票筹资决策

国际股票筹资决策包括股票市场选择、股票发行时机选择、上市方式选择和股票发行价格决策等。关于上市方式和发行价格问题在前面已有详细说明，下面只对股票市场选择和发行时机选择及价格决策问题加以说明。

（一）股票市场选择

我国内地企业在境外发行股票和上市，首选中国香港市场。香港是我国的领土，是世界十大证券市场之一，具有完善的市场体系和自由的投资环境，是亚太地区流动性最高的资本市场，也是国外资本进入内地的前哨站和内地企业进入国际市场的跳板。1991年，我国证券管理部门就开始研究国有企业到香港地区发行股票和上市的可行性，认为这对内地和香港地区都大有好处。从1993年至2005年，我国内地已有322家企业（其中国有企业172家，民营企业150家）在香港地区发行股票和上市，2006年新增56家企业（包括中国银行、中国工商银行等），2007年新增70家企业。

美国有世界上最发达的股票市场，具有规模大、技术先进、管理严密、资金富余、市盈率高、稳定性好、行业齐全和知名度高等优势，是我国企业境外股票筹资优先选择的主要市场。从1993年至2001年，到美国证券市场发行股票和上市的我国内地企业迅速增加。2002年7月，美国国会通过了《萨班斯-奥克斯利法案》，由于该法案堪称严刑峻法，并使上市成本上升，许多外国企业纷纷改投美国以外的证券交易所，到美国上市的中国企业明显减少，2003年只有3家，2004年同样只有3家，2005年只有1家，2006年只有4家，2007年才达19家。截至2007年12月末，我国已有180多家公司在美国上市融资，其中51家公司在纽约证券交易所上市（其中，39家公司来自中国内地（大陆），7家公司来自中国香港，5家公司来自中国台湾），54家公司在纳斯达克市场上市，80多家公司在OTCBB市场上市。

我国企业到新加坡股票市场发行股票和上市有很多有利因素：新加坡是亚洲美元的中心，股票市场发达；78%的新加坡人具有华人血统，能更好地理解中国企业的经营理念；在新加坡发行股票和上市的门槛较低，上市费用不高，且上市过程短。2002年以前，我国国内大型国有企业一般以S股形式在新加坡证券交易所主板上市，以后多种成分的中小企业主要在新加坡SESDAQ上市。截至2007年12月末，中国内地（大陆）在新加坡上市的企业有130家。在此上市的缺点是发行市盈率较低，通常小于10倍。

21世纪初中国企业掀起的海外上市热潮中，多数企业都将上市目的地选在中国香港、美国和新加坡，而忽视了英、德、日等国的证券市场。伦敦证券交易所是世界上历史最悠久的证券交易所，它的规模很大，有十分成熟的主板和创业板市场，接受多种会计标准，上市程序比较简单，费用较低。但当时只有少数中国企业在伦敦上市。自美国实行《萨班斯-奥克斯利法案》以来，欧洲一些国家特别是英国趁机来中国寻找、培育和争取优质企业到该国去上市，因此，到伦敦上市的中国企业明显增多，截至2007年年末，中国内地（大陆）企业在英国上市的已超过66家，其中6家在主板上市，其余在创业板（AIM）上市。德国法兰克福证券交易所是世界第四大证券交易所,它以规范、稳健、发达而著称。该所为了吸引中国企业上市,提供一些优惠条件,如上市门槛要求较低、上市程序较简单、监管不像美国那样严厉、上市成本较低、上市成功率很高等。该所CEO也来华积极推动中国企业到德国上市。2007年3月,山东工友集团股份有限公司在法兰克福证交所正式上市。中国企业在德国上市实现了零的突破,2007年7月和11月又有两家中国企业在法兰克福证券交易所上市,可以预见,法兰克福将成为中国企业海外上市的新落点。

现在,欧盟证券市场正处于一体化的进程之中,在几年之内将基本实现一体化。统一的欧盟证券市场将为欧盟区外各国的筹资者提供更加广阔的资金来源。只要能够进入某个欧盟成员国的证券市场发行股票和上市,就相当于进入了整个欧盟的证券市场,就能筹集到更多资金,并降低筹资成本。一体化的欧盟证券市场将是我国企业可选择的最佳海外证券市场之一。

许多跨国公司同时在多个国家的市场发行股票,可以避免全部股票在一国市场发行时产生的降价压力,可按一定价格发行更大数量的股票。一些跨国公司的股票同时在世界上许多股票交易所上市,广泛交易,例如,可口可乐公司的股票在美国、法兰克福和瑞士的股票交易所交易,TRW公司的股票在美国、伦敦和法兰克福的股票交易所交易,CPC跨国公司、联合信号公司和很多美国跨国公司的股票在境外5个以上不同的股票交易所上市。

不同国家或地区股票市场的股票发行和上市成本有不小的差异,在选择股票市场时,除了前述各种因素之外,股票筹资成本高低应是考虑的重要因素之一。

(二)股票发行时机选择及价格决策

经验和教训证明,在境外发行股票和上市,必须选择经济繁荣、本行业持续发展、资本市场景气、资金供给充分、股市二级市场活跃、行情上升的有利时机。时机选对了,股票的发行和上市才能顺利进行,达到预期的目的,反之就会遭到失败。从1993年至1997年上半年,由于市场时机好,我国42家企业在中国香港和美国等市场发行股票都很顺利,筹资96亿多美元。而从1997年9月至1999年年末,受亚洲金融危机影响,许多国家经济不景气,我国内地企业在境外上市的股票二级市场行情低迷,在这种情况下,我国有3家公司发行H股招股失败。例如,中国海洋石油有限公司1999年招股路演时只得到2张订单,被迫推迟上市。2000年宏观形势变好,中国一些巨型企业掀起境外募股上市高潮,获得巨大成功。

股票发行价格决策是否正确,关系到发行股票募集资金的数额,甚至影响股票发行的成败。例如,2004年6月,华润上华半导体有限公司(生产半导体芯片)在中国香港发行股票和上市时,股票发行价格定得过高,而且不愿根据市场情况进行适当调整,认为在市场情况较好的时候,可以把价格抬高一点。由于价格决策失误,使投资者不愿购买该公司的股票,最终被迫取消股票发行计划。

十、在美国上市的中国公司遭遇信任危机

2010年在美国上市的中国公司被停牌的只有3家，2011年美国股市刮起了一阵停牌风，有41家中国公司被停牌或退市，2012年有50家中国公司从美国证券交易所退市。2012年12月至2013年2月，美国证券交易委员会（SEC）还对在美国上市的9家中国公司进行了调查，指令5家会计师事务所（德勤、安永、毕马威、普华永道、德豪国际）的中国分所提供这些公司的上市审计材料。在美上市的中国公司被停牌、退市的主要原因是：

1. 在美上市的中国公司质量参差不齐

20世纪90年代初，中国股市初建，由于股市尚不发达，选送了大批优秀的公司到美国上市。若干年后，中国股市日益崛起，中国已不再将最优秀的公司送到海外上市。2007年国际金融危机之后，美国证券交易所致力于吸引中国公司在美上市，当时认为迅速增加上市公司与维持上市标准之间存在矛盾，因此上市标准有所放宽，美国券商、律师事务所为了从办理中国公司上市中获得收益，往往教唆中国公司造假，有时甚至一手包办，有些存在问题的中国公司趁机进入美国上市融资。后来，在美国严格的监管制度下，这些中国公司存在的问题就暴露出来了。

2. 中资反向收购的企业出现问题较多

反向收购又称"买壳上市"，即非上市公司通过收购一家上市的壳公司，然后再反向收购非上市公司，达到变相上市的目的。2010年中国企业在美买壳上市达349家，是2004年的10倍。2007年至2010年年初，在美国上市的215家中国公司中有161家是通过买壳上市的。与IPO上市相比，买壳上市费用低、审查松、上市快，还可通过转板实现主板上市的目的，但买壳上市更容易出现问题。SEC的官员曾指出，提供虚假数据、夸大营业额和利润是一些在美买壳上市的中国企业的通病。

3. 在美上市的某些中国公司治理不严和信息披露失真

有些公司在上市时，在公司治理和信息披露方面就存在一些问题。上市后，以为万事大吉，不认真进行公司治理，不按要求披露信息。2011年4月，美国SEC委员Luis Aguilar表示，虽然大部分中国公司可能是合法经营，但越来越多的中国公司被证明治理结构不完善，存在财务数据造假行为。例如，虚增资产、隐藏债务，从而虚增所有者权益；掩饰重大交易或事实，虚构交易事项；虚增销售收入，虚降产销成本，虚增利润等。按规定，在美国证券交易所上市的公司，必须由在美国上市公司会计监督委员会（PCAOB）注册的审计公司进行审计，但买壳上市的340家中国公司大多数是请不知名的小审计公司或会计师事务所进行审计的，有些并不进行真实审计，只是出卖他们的"名字"。因此，为了重建投资者对在美上市中国公司的信心，必须更加注重公司信息的真实披露，保持公司财务状况的透明度，按规定聘请合格的高素质的审计公司认真进行审计。

4. 对美国资本市场的监管机制缺乏认识

中国公司在美上市融资，出现不少财务数据造假行为，以至于被停牌、退市，

付出惨痛代价，出现这些问题的一个重要原因是以前对美国资本市场的监管机制缺乏认识。在资本市场上，上市公司应该讲诚信、不造假，为此，必须强调自律。怎样才能做到自律？就是要让造假者（违规者）付出巨大的代价。

中美两国的资本市场监管机制存在差异。中国证监会对公司申请上市，重视事前审批过程，IPO和买壳上市都需要经历漫长和烦琐的程序，工作量大、费用多，上市以后，如果上市公司被发现有造假行为，对造假者的惩罚较轻；而美国证券交易委员会对公司申请上市，在事前审核环节上比较宽松，实行注册制，基本上是拟上市公司和有关的中介机构自己说了算，但以后如有人举报该公司的信息不实，SEC就会派稽查人员去查，一经确定，造假者就要付出巨大代价，以致身败名裂，甚至倾家荡产。近年，在美上市的中国公司出现一些造假情况，有人就说中国人喜欢造假，其实不然，美国有时也发生造假案，只是美国的造假案通常较少，但爆出来的都是特大的。例如，以前的安然公司、世界通信公司造假金额高达10亿美元，安然公司被判罚赔偿60亿美元，安然案中的几位主角选择自杀身亡。美国人不是不喜欢造假，而是造假的代价实在太大了，只有超大的利益才能让少数人冒极大风险去造假。美国资本市场对上市公司的违规行为进行监督主要包括以下几个方面：

（1）舆论监督。通过媒体对上市公司的违规行为进行曝光，会直接导致这些公司的股价下跌，使公司股东的利益遭受损失。媒体曝光还可能引起证券监管机构的重视，派稽查人员去检查。

（2）审计监督。为了加强审计监督，美国成立了独立的上市公司会计监督委员会（PCAOB），制定了严格、科学的审计制度，2002年颁布了《萨班斯-奥克斯利法案》，对上市公司进行严格审计，对违规者进行严厉惩罚。

（3）集体诉讼机制。上市公司违规使其股东（投资者）的利益受到损失，股东靠自己的力量无法维权，于是他们联合起来委托律师事务所向法院起诉违规的上市公司，要求赔偿损失。赔偿金额一般为数千万美元，极少数的大案可能达到数十亿美元，律师事务所可从中获得酬劳，一般为赔偿金的20%~30%。

美国证券监管机构为了处理在美上市的中国企业"欺诈"案，会来中国调查，向中国会计师事务所索要审计文件。此前，美方查阅此类文件的要求一直遭到拒绝，直到2013年5月，中国证监会、中国财政部和美国上市公司会计监督委员会签署了一项合作备忘录，允许美国的"欺诈"案调查人员获得中国会计师事务所的审计工作文件。此项合作有利于澄清事实，克服审计工作的缺点，改善在美上市的中国公司的境况。该备忘录涵盖的只是执法行动，不包括对会计师事务所开展的例行检查。

第四节　吸收外商证券投资——QFII境内证券投资管理

一、QFII境内证券投资管理概述

QFII全称是qualified foreign institutional investor，译成中文是合格境外机构投资

者。实行QFII境内证券投资管理制度，是我国在资本项目尚未完全开放的背景下，有选择、有限度地引进外资，开放我国资本市场的过渡性安排。

QFII境内证券投资管理制度是少数发展中国家的成功经验。发达国家由于其货币可以自由兑换，金融市场规模大，证券监管制度严密，经验丰富，抗冲击能力强，不需要实行这一制度。在一些发展中国家和地区，由于其货币没有实现完全可自由兑换，资本项目尚未开放，证券市场不完善，因此外资大量进入有可能对其证券市场和全国经济带来很大的负面冲击。实行QFII境内证券投资管理制度，国家证券管理机构可以对外资进入进行适当的限制和引导，使引进外资与本国的证券市场发展和经济发展相适应，控制外资进入对本国经济发展的不良影响，抑制境外投机性游资对本国经济的冲击，推动证券市场国际化和健康发展。

实行QFII境内证券投资管理制度，应具备以下两个基本条件：（1）国家经济迅速发展，对境外投资者具有吸引力；（2）国家具有较发达的证券市场和合适的投资工具。

2002年11月，中国证监会与中国人民银行共同发布了《合格境外机构投资者境内证券投资管理暂行办法》，开始QFII境内证券投资管理制度试点。该暂行办法对QFII的资格条件、资金汇出入等都进行了比较严格的规定。在总结试点经验的基础上，中国证监会、中国人民银行和国家外汇管理局于2006年8月共同颁布了《合格境外机构投资者境内证券投资管理办法》，放宽了长期投资机构的资格标准，允许QFII分别为自有资金和客户资金开立证券账户。2009年，国家外汇管理局颁布了QFII外汇管理规定，提高了QFII投资额度上限，同时增加了QFII开立资金账户的便利，放松了QFII资金锁定期和汇出入限制。

2012年以来，随着国际收支形势的好转，中国证监会加快了QFII资格审批速度，截至2012年6月，已累计批准172家境外机构QFII资格。2012年4月3日，中国证监会与中国人民银行、国家外汇管理局宣布新增500亿美元QFII投资额度，QFII总投资额度增加至800亿美元。2013年7月，QFII总投资额度增至1 500亿美元。

QFII对促进资本市场稳定发展发挥了积极作用，但QFII规模仍然较小，持股市值仅占A股流通市值的1.1%。考虑到2006年颁布的QFII法规已实施6年，在扩大资本市场对外开放、积极引入更多境外长期资金的背景下，一些内容已不能适应新形势发展的要求，需要予以调整：一是QFII资格标准、投资额度限制较严，QFII总体规模较小。目前对QFII的管理证券资产规模、商业银行世界排名、证券公司的实收资本等资格要求较高，限制了部分境外机构申请QFII资格。二是投资运作不够便利。中国证监会已允许QFII分别在上海、深圳证券交易所选择3家交易券商，但由于交易制度限制，QFII实际只能分别在上海、深圳证券交易所选择1家券商。三是账户管理不够灵活。QFII可以为自有资金、客户资金、开放式中国基金分别开立账户，但QFII的不同客户资产只能集中开立一个资金账户，不便于

QFII投资运作和加强监管。

2012年7月，为进一步吸引境外长期资金，增强国内市场信心，促进我国资本市场稳定发展和对外开放，中国证监会对2006年8月颁布的《合格境外机构投资者境内证券投资管理办法》进行了修改，制定了《关于实施〈合格境外机构投资者境内证券投资管理办法〉有关问题的规定》，本着"放松管制，加强监管"的指导思想，降低了QFII资格要求，简化了审批程序，放宽了QFII开立证券账户、投资范围和持股比例限制，进一步完善了监管制度。

二、2012年7月QFII境内证券投资管理办法的基本内容

（1）申请合格投资者资格的，应当达到下列资产规模等条件：

① 资产管理机构，经营资产管理业务2年以上（原办法为5年），最近一个会计年度管理的证券资产不少于5亿美元（原办法为50亿美元）。

② 保险公司，成立2年以上（原办法为5年），最近一个会计年度持有的证券资产不少于5亿美元（原办法为50亿美元）。

③ 证券公司，经营证券业务5年以上（原办法为30年），净资产不少于5亿美元（原办法为实收资本不低于10亿美元），最近一个会计年度管理的证券资产不少于50亿美元（原办法为证券资产规模为100亿美元）。

④ 商业银行，经营银行业务10年以上（原办法为总资产世界排名前100名以内），一级资本不少于3亿美元，最近一个会计年度管理的证券资产不少于50亿美元（原办法为100亿美元）。

⑤ 其他机构投资者（养老基金、慈善基金会、捐赠基金、信托公司、政府投资管理公司等），成立2年以上，最近一个会计年度管理或持有的证券资产不少于5亿美元。

（2）申请合格投资者资格的，应当通过中国证监会网站以电子方式提交以下申请材料，并向中国证监会提交一份内容相同的书面申请文件：①申请表；②主要负责人员基本情况表；③投资计划书；④资金来源说明书；⑤最近3年或者自成立起是否受到监管机构重大处罚的说明；⑥所在国家或地区核发的营业执照（复印件）；⑦所在国家或地区监管机构核发的金融业务许可证（复印件）；⑧对托管人的授权委托书；⑨最近1年经审计的财务报表。

（3）合格投资者证券投资业务许可证长期有效，法律法规或者中国证监会另有规定以及中国证监会依法取消其证券投资业务许可证的除外。

（4）申请合格投资者托管人资格的，应向中国证监会报送下列文件（一份正本和一份副本）：①申请表；②托管人资格申请书（须加盖公章或由法定代表人签字）；③中国银监会对申请人开办合格投资者境内证券投资托管业务的意见；④金融业务许可证副本（复印件）及营业执照副本（复印件）；⑤实收资本证明文件；⑥境内托管部门基本情况（包括人员配备、安全保障措施等）；⑦有关托管业务的管理制度（主要包括托管业务管理办法、内部风险控制制度、岗位职责与操作规程、员工行为规范、会计核算办法以及信息系统管理制度等）；⑧拥有高效、快速、

安全、可靠技术系统的说明及有关证明。

（5）合格投资者托管人出现下列情形之一的，须予以更换：

①合格投资者有充分理由认为更换托管人更符合其利益的；②中国证监会、国家外汇管理局根据审慎监管原则，认定托管人不能继续履行托管人职责的。

（6）合格投资者应当委托托管人向中国证券登记结算有限责任公司（以下简称中国结算公司）申请开立证券账户。合格投资者可以开立多个证券账户，申请开立的证券账户应当与国家外汇管理局批准的人民币特殊账户对应。合格投资者应当按照中国结算公司的业务规则开立和使用证券账户，并对其开立的证券账户负管理责任。

（7）合格投资者应当为自有资金或管理的客户资金分别申请开立证券账户。

合格投资者为客户资金开立证券账户时，账户名称可以设置为"合格投资者+客户名称"。合格投资者为其管理的公募基金、保险资金、养老基金、慈善基金、捐赠基金、政府投资资金等长期资金申请开立证券账户时，账户名称可以设置为"合格投资者+基金（或保险资金等）"。账户资产属"基金（保险资金等）"所有，独立于合格投资者和托管人。

境内基金管理公司可以为合格投资者提供特定客户资产管理服务，并开立相应账户，投资范围应符合对合格投资者的有关规定。

（8）合格投资者在经批准的投资额度内，可以投资于下列人民币金融工具：①在证券交易所交易或转让的股票、债券和权证；②在银行间债券市场交易的固定收益产品；③证券投资基金；④股指期货；⑤中国证监会允许的其他金融工具。

合格投资者可以参与新股发行、可转换债券发行、股票增发和配股的申购。

（9）境外投资者的境内证券投资，应当遵循下列持股比例限制：①单个境外投资者通过合格投资者持有一家上市公司股票的，持股比例不得超过该公司股份总数的10%；②所有境外投资者对单个上市公司A股的持股比例总和，不得超过该公司股份总数的30%。

境外投资者根据《外国投资者对上市公司战略投资管理办法》对上市公司进行战略投资的，其战略投资的持股不受上述比例限制。

（10）境外投资者的境内证券投资达到信息披露要求的，作为信息披露义务人，应通过合格投资者向交易所提交信息披露内容。合格投资者有义务确保其名下的境外投资者严格履行信息披露的有关规定。

（11）合格投资者可以自行或委托托管人、境内证券公司、上市公司董事会秘书、上市公司独立董事或其名下的境外投资者等行使股东权利。

（12）合格投资者行使股东权利时，应向上市公司出示下列证明文件：①合格投资者证券投资业务许可证原件或者复印件；②证券账户卡原件或复印件；③具体权利行使人的身份证明；④若合格投资者授权他人行使股东权利，除上述材料外，还应提供授权代表签字的授权委托书（合格投资者授权其名下境外投资者行使股东权利的，应提供相应的经合格投资者授权代表签字的持股说明）。

（13）每个合格投资者可分别在上海、深圳证券交易所委托3家境内证券公司进行证券交易。

随着人民币国际化和人民币离岸市场的发展，境外机构和个人拥有的人民币数额迅速增多，可以用人民币在我国境内进行证券投资，于是就出现了RQFII（合格境外机构投资者在境内用人民币进行证券投资）和RQFII2（合格境外个人投资者在境内用人民币进行证券投资）。机构的英文是institutional，个人的英文是individual，两个单词的第一个字母都是"i"。上面所说的"境外"除了外国，还包括中国的港澳台地区。2012年年末，RQFII的额度从700亿元人民币增至2 700亿元人民币，吸引了更多的境外人民币资本流入中国股市。

2019年9月10日，为进一步扩大我国金融市场对外开放，经国务院批准，国家外汇管理局决定取消合格境外机构投资者（QFII）和人民币合格境外机构投资者（RQFII）投资总额度限制，取消单家境外机构投资者额度备案和审批，取消RQFII试点国家和地区限制。这意味着当今我国已经全面放开了外资入场通道，资本市场对外开放进入一个新时期。

2011年1月，上海出台《关于本市开展外商投资股权投资企业试点工作的实施办法》，QFLP试点由此正式启动。QFLP（qualified foreign limited partner，即合格境外有限合伙人），是指境外机构投资者在通过资格审批和其外汇资金的监管程序后，将境外资本兑换为人民币资金，投资于国内的私募股权基金以及风险投资市场。QFLP借鉴了A股市场的QFII制度，是在中国资本项目有限度的开放下，为参与试点的海外PE架设的一条投资境内企业的"直达通道"。通过QFLP，可以积极引进外资，拓宽融资渠道，促进实体经济发展；境外合伙人丰富的股权投资经验以及境外机构投资者雄厚的资金实力和管理经验，对促进我国股权投资领域的发展亦有极强的示范和借鉴作用。目前，京、沪、津、渝、深等城市都开展了QFLP试点。

专栏9-1

我国境外人民币债券的发行与发展

过去，我国财政部、银行等金融机构和工商企业到境外发行债券，只能发行日元、美元等国际货币的债券，不能发行人民币债券。随着我国经济和金融实力的不断加强，人民币日益国际化，实行跨境贸易和投融资人民币结算的范围不断增加，特别是人民币离岸市场的形成与发展，使境外人民币存款迅速增多。在境外持有人民币的单位（机构）和个人也在寻找人民币的使用（例如从中国国内购买商品）或投资的途径，在境外发行人民币债券为在境外持有人民币的单位或个人提供了一种投资机会（方式）。在境外发行人民币债券颇受欢迎，重要原因是市场上人们对人民币升值抱有强烈预期，预测人民币将持续升值，现在投资购买人民币，待人民币进一步升值后卖出人民币，就会获得买入、卖出人民币的差价，加之现在港币存款利率极低，购买人民币债券能获得较多收益。

亚洲开发银行为首家发行"熊猫债"（指国际多边金融机构在华发行的人民币债券）的外资机构之一，该行早于2005年在中国内地推出首只10年期的"熊猫债"，集资10亿元人民币，并于2009年再次发行10亿元10年期债券，利息率为4.2%。

而另一超国家发债体——世界银行下属的国际金融公司也分别于2005年和2006年两度在中国内地发行"熊猫债"，分别为11.3亿元的10年期债券和8.7亿元的7年期债券。2007年6月27日至7月6日，中国国家开发银行在我国香港地区发行了以人民币定价、人民币结算的债券，2年期的利率为3%，发行金额为50亿元。中国银行股份有限公司（601988-CN）和香港上海汇丰银行将担任国家开发银行此次债券发行的联合簿记行。在中国香港发行的人民币债券当时被称为"点心债券"，由于点心是中国香港茶馆里供应的可以一口吃掉的美食，而在中国香港发行的人民币债券大多发行量相对较少，对于在中国香港这个国际金融中心活动的国际投行，个个都是胃口大得惊人，"点心债券"那么一点发行量，任何一家大投行一口就可以吞下，因此借用点心的特有意味，将在中国香港人民币离岸市场发行的人民币债券称为"点心债券"。所谓"点心债券"可以理解为在中国内地以外的独立市场发行和交易的人民币计价债券。

从2007年7月我国政府批准国内金融机构到香港地区发行人民币债券以来，到2010年，共有27笔离岸人民币债券（每笔发行或包含多于1只人民币债券）在香港地区发行，总金额达620.8亿元人民币。

2010年以来的政策发展也为中国香港离岸人民币债券业务提供了更好的环境。合和公路基建、快餐巨头美国麦当劳公司、联合利华、亚洲开发银行、世界银行等陆续在中国香港发行人民币债券，标志着国际金融机构和企业对离岸人民币业务的关注与认可。

与此同时，2010年内地金融机构赴港发债均获得多倍超额认购率。国家开发银行在香港地区发行的30亿元人民币固定利率债券，总认购金额超过500亿元人民币，超额近16倍；财政部在香港地区向机构投资者发行的50亿元人民币国债的投标结果显示，总申购金额将近500亿元，约为发行额的10倍。

2011年2月，宝钢集团获批在中国香港地区成功发行36亿元人民币债券，成为第一家在香港地区直接发行人民币债券的境内实体企业。宝钢集团此次发行的人民币债券共分为三部分，包括：10亿元的2年期债券，利率为3.125%；21亿元的3年期债券，利率为3.5%；5亿元的5年期债券，利率为4.375%。此次宝钢集团发行债券所募集的资金将用于对旗下海外子公司宝钢资源（国际）公司的增资。汇丰控股和德意志银行为本次发行的联合全球协调人，招商证券（香港）、星展银行、工银国际和渣打银行担任联合簿记管理人。

2012年4月18日，汇丰控股（0005.HK）首次在中国以外的区域发行离岸人民币债券。这笔在伦敦发行的3年期人民币债券，票面利率为2.875%，发行金额为44亿元人民币，在伦敦交易所挂牌，主要针对英国及欧洲大陆国家的投资者，欧洲投资者认购了60%的债券，中国香港投资者占20%，新加坡投资者占15%。汇丰控股担任该交易的独家簿记管理人。

2013年3月21日，中国五矿集团公司在海外成功发行25亿元3年期离岸人民币债券，这是首次以中国五矿名义发行离岸人民币债券，也是首批中国内地非金融类企业赴港直接发行人民币计价债券的交易。

美国《福布斯》双周刊网站2013年5月9日报道：现在越来越多的公司准备发行以人民币计价的债券，以吸引更多的对人民币的需求，而且企业将通过人民币而不是美元来结算贸易。2011

年年末，以人民币计价的企业债券约为230亿美元。目前这个数字已经翻倍，达到430亿美元。

　　资料来源：徐欢，贾壮．世界银行首次发行人民币债券［N］．证券时报，2011-01-06；佚名．世界银行首次发行人民币债券［J］．国际融资，2011（2）：71；石洋．人民币国际化之路怎么走［J］．国际融资，2012（9）：26-32．

专栏9-2

世界银行在中国发行SDR债券

　　2016年8月12日，中国人民银行批准世界银行在中国发行以特别提款权（SDR）计价的债券的计划，整体规模为20亿SDR（约相当于28亿美元）。其中第一期以SDR计价的债券于2016年8月31日在中国银行间债券市场发行，规模为5亿SDR（约相当于6.98亿美元），3年期，票息0.49%，以人民币结算。

　　世界银行在中国银行间债券市场发行的SDR债券的联席主承销商为中国工商银行、汇丰银行、中国建设银行和国家开发银行。认购倍数超过2.5，约50份订单来自银行司库（52.4%）、央行和主权机构（29.2%）、证券公司和资产管理公司（12.4%）以及保险公司（6%）。

　　世界银行副行长兼司库阿伦玛·奥特表示："通过发行SDR债券和建立木兰债券市场支持中国资本和货币市场的国际化，我们深感荣幸。"首只在中国市场发行的SDR计价债券为何起名为"木兰债"？据世界银行的相关负责人介绍，花木兰是一位传奇的中国女性，她替父从军并立下赫赫战功，得胜归来后继续去追求人生幸福，她的事迹举世闻名，是一个忠孝两全的典范。特别是好莱坞的同名动画电影更使得花木兰机灵勇敢的形象生动再现。以"木兰"来命名在华发行的首只SDR计价债券，既有浓郁的中国元素，也彰显了世界银行促进性别平等的价值考量。总之，此次在华发行的SDR计价债券既带有浓烈的国际色彩，又象征着人民币国际化进程的新里程碑，可见"木兰债"之称与之相当契合。

　　"木兰债"和专栏9-1所说的"熊猫债"，二者大同小异，发行债券的主体都是境外机构，在计价方面，前者以SDR计价，用人民币结算，后者直接用人民币计价。比较来看，"木兰债"的发行机构具有较高层级和较高信用，债券收益较高、风险较低，"木兰债"在中国银行间市场的成功发行，短期内有利于人民币币值的稳定，长期则有利于扩大人民币的国际影响，"木兰债"市场具有发展潜力，预计也将长远迅速地发展。

　　资料来源：佚名．世界银行在华圆满发行具有里程碑意义的特别提款权债券［J］．国际融资，2016（10）：72；吴秀波．木兰债的成功发行有助于人民币国际化进程［J］．国际融资，2016（11）：56-61．

案例9-1

高盛投资团入股中国工商银行

　　引进境外战略投资者是中国工商银行（以下简称工行）股份制改革中的重要一环。通过引进合格的境外战略投资者，不仅要增强资本实力，改善资本结构，还应借鉴国际先进管理经验、技术和方法，促进管理模式和经营理念与国际先进银行接轨，优化公司治理机制。因此，工行引进的合格战略投资者必须符合下列要求：一是业务互补，竞争回避；二是实力雄厚，信誉卓著；三是治理完善，内控健全；四是长期投资，战略合作。工行先后与数十家境外大型金融集团进行了广泛接触，开展了多层次的磋商谈判。经综合比较权衡，工行最终确定高盛投资团（包括高盛集团、安联集团和美国运通公司）作为战略投资者。

　　高盛投资团成员都是资金实力雄厚、市场信誉卓著、内部治理健全的大型国际金融集团。高盛集团是融投资银行、证券交易和投资管理等业务为一体的国际著名金融集团；安联集团是目前世界上最大的保险集团，集团下属的德累斯顿卢森堡银行是德国最大的商业银行之一；美国运通公司是全球最大的独立发卡机构，与工行已经在联合发行信用卡方面开展了业务合作。

　　2006年1月27日，工行与高盛投资团签署了战略投资与合作协议。工行与高盛投资团达成的引资价格水平是每股净资产的1.22倍。工行2005年年末国际审计后的每股净资产为1.0316元。因此，工行与高盛投资团的最终交割价为每股1.2585元（1.0316×1.22）。

　　经工行2006年度第一次临时股东大会批准，工行于2006年1月27日与高盛投资团的三个成员分别签署了购买工行股份协议，工行定向发行新股，高盛投资团依据上述协议向发行人购买其新发行的股份。购买股份数量的计算方式为：用购买总价（根据约定汇率1美元兑人民币8.03044元及1欧元兑人民币9.8167元换算成人民币）除以发行人截至2005年12月31日的每股已发行股份账面值的1.22倍，每股已发行股份账面值按照发行人根据国际财务报告准则编制的2005年经审计财务报表而定。

　　根据中国银监会于2006年3月15日下发的《中国银行业监督管理委员会关于中国工商银行引入高盛投资团作为战略投资者的批复》，中国银监会同意高盛投资团作为战略投资者出资37.822亿美元购买发行人新发行股份。根据中国银监会的批复及上述协议约定的购买股份数量的计算方式，高盛集团出资25.822亿美元，购买发行人股份16 476 014 155股；安联集团通过其全资附属的德累斯顿卢森堡银行出资10亿美元，购买发行人股份6 432 601 015股；美国运通公司出资2亿美元，购买发行人股份1 276 122 233股。

　　根据安永于2006年4月28日出具的安永华明（2006）验字第244770-02号《验资报告》，截至2006年4月28日，发行人已收到高盛投资团缴纳的新增注册资本合计人民币24 184 737 403元全部为货币资金。

　　引进境外战略投资者是成功上市的需要，和民营企业上市前的私募一样，是一个必经的步骤，是一个双赢的选择。2006年10月27日，中国工商银行在上海和中国香港同日挂牌上市。本次A+H首次公开发行的总规模为556.5亿股，占扩大后总股本的16.7%。A股发行价为每股3.12元人民币，H股发行价为每股3.07港元，汇率折合以后，两地价格一致。发行时市净率（股票的市场价格/每股净资产）为2.23倍，市盈率（股票的市场价格/每股收益）为19.7倍。A股和H股募集资金总额为220亿美元。

　　这次A+H首次公开发行募集资金总额达220亿美元，打破了此前日本NTT电信于1998年创造的184亿美元的最高融资规模纪录。工行H股发行规模为160亿美元，A股发行规模为466亿元人民币，分别是迄今为止规模最大的H股和A股发行项目。

　　2006年，高盛公司投资购买了中国工商银行的股份。由于工行的股价变动很大，该公司趁股价上涨时减持工行H股，从2009年至2013年曾先后6次减持工行股份。最后一次是2013年5月20日，高盛公司出售最后11亿美元的工行股票而清仓。近几年，中国的银行盈利颇丰，工行股价上涨使高盛公司因出售工行股票获得了可观利润。高盛公司投资入股中国工行，实现了互利双赢。

　　资料来源：邢会强，孙红伟. 最新经典私募案例评鉴［M］. 北京：中信出版社，2009.

案例 9-2

中国人寿保险股份有限公司在纽约和中国香港同时上市

一、中国人寿保险公司重组与改制

2002年，中国人寿保险公司分为中国人寿保险集团公司和中国人寿保险股份有限公司。股份有限公司负责经营没有利差损包袱的新业务及对应资产，引进战略投资者，建立现代企业制度，用重组后的优良资产上市；集团公司代表国家对股份有限公司行使股东的权利和义务，除了负责经营存在利差损的老保单业务及对应资产外，还开拓财产保险、保险代理、保险经纪等业务。经国务院批准，2002年8月，中国人寿保险集团公司和中国人寿保险股份有限公司正式成立。

中国人寿保险股份有限公司认真进行了股份制改造，建立健全了股东代表大会、董事会和监事会制度，不断改善经营管理，营业收入和利润逐年迅速增加。《财富》杂志2003年7月揭晓，中国人寿保险股份有限公司跻身全球五百强企业排行榜，营业收入排名第290位，利润排名第351位，资产排名第224位。在中国企业五百强中排名第8位。中国人寿保险股份有限公司成立后，经过业务和资产评估，公司的净资产、利润、偿付能力、盈利能力和回报水平等指标均具有较强的竞争能力，具备了走向国际资本市场的条件。

二、中国人寿保险股份有限公司海外上市工作

（一）全面评估

通过公开招标，中国人寿保险股份有限公司（简称中国人寿）聘请了具有国际知名度和权威性的审计师、精算师、资产评估师、土地评估师和律师等对公司进行全面评估，2003年5月分别完成了中国会计准则项下的审计、精算、评估结果。然后，根据美国和中国香港会计准则编制审计报告、精算报告和法律协议等文件。

（二）会计准则转换

中国人寿一直遵循中国会计准则，为了实现在中国香港、纽约上市，完成了与中国香港会计准则和美国会计准则的转换工作，建立了两套利润测试模型，即年度化保费价格（APE）模型和内含报酬率（IRR）模型，以便向投资者提供准确的精算结果和盈利情况。

（三）编写招股说明书

通过招标聘请了海外发行股票的联系协调人、簿记管理人和主承销商等中介机构，他们对公司进行了详细调查，与中国人寿有关人员一起拟定了境外上市申请所需的招股说明书。中国人寿决策层回答了审计师、精算师、律师、保荐人提出的各种问题。

（四）申报

8月28日，中国人寿分别向美国证券交易委员会和中国香港证券联合交易所提出申请报告，回答了美国证交会和中国香港联交所提出的许多问题，先后3次修改了招股说明书。11月20日，美国和中国香港证券交易机构同意中国人寿正式登记。

（五）股票价格决策

中国人寿决策层经过慎重研究，与主承销商反复认真协商后，将股票发行的价格区间确定为2.98港元至3.65港元之间，公开发行最终定价为：全球机构投资者每股3.625港元，中国香港公开发售每股3.59港元，美国存托凭证（ADR）18.68美元。给投资者留下了0.025港元的盈利空间。

（六）路演

12月1—8日，中国人寿总经理和副总经理分别率领两支路演队伍，先后到中国香港、新加坡、伦敦、爱丁堡、米兰、巴塞罗那、佛罗里达、纽约、洛杉矶和旧金山等地的21个城市进行路演，拜访了102家机构投资者，举行了一对一的说明会，其中有101家下单认购，有1家认购3亿美元股票。

（七）正式上市

中国人寿于12月17日在纽约证交所上市，高开于23.34美元，比发行价高5.04美元。18日，在中国香港联交所上市，高开于4.55港元，比招股价高出24%。此次共融资34.75亿美元。

（八）上市后

中国人寿保险股份有限公司在纽约和中国香港上市后，落实经营机制转换、完善法人治理结构、狠抓管理、控制风险、充分合理地运用资金，几年来获得了良好效益，较好地实现了路演时对投资者的承诺。

资料来源：李路阳. 中国人寿风雨几度 [J]. 国际融资，2004（9）：10-19.

案例9-3

阿里巴巴公司在美国上市

阿里巴巴于1999年由马云与17位合伙人在中国杭州创立，是一家企业对企业（B2B）在线进行商品贸易的平台公司。创立仅3年，其国际交易市场业务（B2B）就实现盈利。2003年，马云投资1亿元人民币，成立个人网上贸易市场平台——淘宝网；次年发布为交易安全作保障的在线支付系统——支付宝。2005年，集团与雅虎美国建立战略合作伙伴关系，同时收购雅虎中国。2008年9月，阿里巴巴与淘宝合并。2011年6月，为更精准有效地服务客户，阿里巴巴集团将淘宝网分拆为3个独立公司：淘宝网（taobao.com）、淘宝商城（tmall.com）和一淘网（etao.com）。2013年1月，阿里巴巴集团对现有组织架构进行相应调整，重组为25个事业部。2013年1—9月，阿里巴巴在中国国内零售收入为334.6亿元人民币，国内外贸易B2B收入为46亿元人民币，国际商业零售收入为6.53亿元人民币，云计算收入为5.6亿元人民币，其他收入为11.9亿元人民币，共计404.63亿元人民币。最引人注目的是，仅在2013年11月11日一天，淘宝网和天猫销售总额就达到350.18亿元，其全年销售额更高达1.1万亿元人民币。阿里巴巴已成为全球最大的电子商务企业。

阿里巴巴于2014年5月7日向美国证券交易委员会提交了IPO招股说明书。阿里巴巴集团上市范围内的主要业务如下：淘宝网和天猫及聚划算（中国国内网上零售平台）、1688.com和Alibaba.com（国内外贸易B2B的网上交易平台）、Aliexpress（国际零售业务）、阿里云计算（以数据为中心的云计算服务）、其他（主要为小卖家提供的微金融服务）等。2014年9月19日，全球最大的电子商务企业阿里巴巴在美国上市，刷新了史上最大的IPO交易纪录。按照第一天收盘价计算，阿里巴巴的市值超出2 300亿美元（约合1.4万亿元人民币），甚至超过了中国最大的银行——中国工商银行的总市值（约1.3万亿元人民币）。马云在记者会上说："今天如果是成功的话，那么，它是小企业的成功，是中国经济的成功，是互联网的成功，是那些小客户们的成功。"

阿里巴巴为什么选择赴美上市，放弃在境内A股市场上市，很大原因在于其主要架构为VIE模式。VIE模式，即通常所说的协议控制模式，主要涉及两个实体：相分离的境外离岸控股公司与境内业务运营实体，境外离岸控股公司通过协议来对境内业务运营实体进行控制，成为境内业务运营实体的资产控制人和实际收益人。现在上市的阿里巴巴就是这样一家在开曼群岛注册的离岸公司，并不是设立在中国的本体公司。招股说明书披露的阿里巴巴集团VIE架构非常复杂，大量业务的VIE结构多达4层。以淘宝为例，在开曼群岛注册的离岸公司阿里巴巴集团，100%控股同在开曼群岛注册的淘宝控股有限公司，后者又100%控股在中国香港注册的淘宝中国控股有限公司，在中国香港注册的淘宝中国控股有限公司100%控股在中国境内注册的淘宝（中国）软件有限公司，以上都是股东为纯外资的控股公司。而在中国境内，真正负责淘宝业务运营的实体公司为浙江淘宝网络有限公司，这是由马云、谢世煌持股的内资公司，和淘宝（中国）软件有限公司签订了协议控制合同。在这样的 VIE 架构下，如果要在 A 股上市，阿里巴巴就必须将境外权益转到境内，涉及一系列协议的终止、废除等诸多法律问题。还由于国内 A 股市场当时还不是一个完全国际化的市场，对外资交易有诸多限制，不利于阿里巴巴向国际公司发展的未来趋势。

阿里巴巴通过上市实现了企业资产的证券化，其资产流动性大大增强，不仅为公司股东提供出售股权获得巨额收益的渠道，未来还可以利用股票期权作为对人才的中长期激励手段，保证企业人力资本的相对稳定。此外，其在美国纽约证券交易所实现有史以来规模最大的 IPO，市值超越 Facebook，成为仅次于 Google 的第二大互联网公司，这将给阿里巴巴带来极大的关注效应，提高其在海外的声誉，提升品牌价值，积累无形资产，为其进一步开拓国际市场创造了有利条件。

与机遇相伴随的是成功上市后阿里巴巴将面临的诸多挑战，主要是阿里巴巴的主要业务淘宝网、天猫和聚划算，当时都存在严重的出售假货问题。据凤凰网消息，直到 2012 年年底，美国政府才宣布淘宝网从年度"恶名市场"名单中删除。该名单一年发布一次，汇集了全世界最严重的侵权和假冒伪劣产品销售渠道。在注重知识产权保护的美国，售假这样的负面新闻会严重影响阿里巴巴的市场形象，进而造成股价下跌。所以，解决网络商城存在的假货问题是阿里巴巴的当务之急。

阿里巴巴赴美上市的启示如下：（1）阿里巴巴认为，中国企业赴美上市，首先必须明确，美国资本市场有十分严格的监管和信息披露制度，上市申请时和上市后都不能弄虚作假，否则就会丧失信誉，被迫退市。（2）必须选择合适的上市时机。资本市场行情依赖于宏观经济形势，经验证明，宏观经济形势好时，资本市场整体行情就好，公司股票上市时股票价格上涨，反之，则股票价格下降。2014 年 9 月，纳斯达克股票综合指数达到 14 年来的最高点，阿里巴巴选择此时在纽约证券交易所挂牌上市，预测发行价每股 68 美元，开盘后上涨为 92.7 美元，上涨36.3%，可见选择合适的上市时机十分重要。（3）必须确立企业持续、稳定、长久的盈利模式。阿里巴巴在美上市后，十分重视加强公司的经营管理，其营业收入持续增长，利润增长更快，并认识到唯有良好业绩才能支撑上市公司股票价格的良好表现。

资料来源：改编自：吴媛丽，蓝裕平．阿里巴巴美国上市——典型的市场现象［J］．国际融资，2014（11）：28-31．

案例 9-4

"新经济服务"领跑者 36 氪纳斯达克上市

2019 年 11 月 9 日，36 氪传媒正式在美国纳斯达克挂牌上市，其创始人兼董事长刘成城由此成为纳斯达克史上最年轻的中国上市公司董事长。36 氪传媒发行股票代码为"KRKR"，当天首次公开发行 138 万股美国存托股票，开盘价 12.58 美元/股，较发行价 14.50 美元/股下跌13.24%。截至收盘，36 氪收报 13.06 美元/股，市值 5.19 亿美元。36 氪集团从 9 年前单一的创投新媒体，到如今涵盖 36 氪传媒、氪空间、鲸准三大核心业务板块的综合科创服务集团，刘成城在每一个"风口"都展现出前瞻性目光，并带领着 36 氪不同赛道的子公司成为互联网市场强有力的竞争者。

以媒体业务起家的36氪将自己描述为"中国新经济服务者",而不单纯是一家科技媒体。根据招股书,36氪股东包括经纬中国、蚂蚁金服、北京九合云起投资、国宏嘉信、小米、滴滴等。自2010年上线以来,36氪在创投媒体基础之上,先后布局投融资整合服务、创业孵化器和共享办公、股权融资平台和研究咨询等业务,孵化出"氪空间"和"鲸准"两大附属品牌。

36氪的业务主要分为三大模块,分别为线上广告、企业增值服务以及用户订阅,并通过俱乐部、咨询、整合营销、线下活动等丰富形式,连接和服务各个新经济社群。2019年上半年,36氪企业增值服务方面的收入达到1.01亿元,占比总收入的50%,企业增值服务收入首次超过线上广告成为36氪营收的主要来源。

目前,努力拓宽边界、探索突破媒体收入模式的36氪,正逐渐脱离媒体以广告为收入主要来源的盈利模式,转向靠企业增值业务造血。数据显示,创立9年来,36氪积累了超过80万家的企业库资源,深入服务过的客户有数千家。截至2018年12月31日,36氪的客户覆盖了全球财富100强企业的23家、中国100强新经济公司中的59家、中国200强投资机构中的46家。

研究报告显示,中国以新经济为重点的商业服务市场规模已经从2014年的70亿美元大幅增长至2018年的202亿美元,复合年增长率约为30.3%,预计到2023年将达到556亿美元。市场的快速增长也为36氪等以新经济为重点的商业服务商带来了很大的发展空间。

36氪集团创始人兼董事长刘成城1988年出生,先后毕业于北京邮电大学、中国科学院,在校期间就展示出突出的创造热情,自主研发过PDF阅读器、GPS时钟等产品。"我想做的创业不是做一个饭馆赚钱,一定是做一个能创造的东西。"基于这样的创业理念,36氪传媒、氪空间、鲸准分别在各自领域深耕探索,满足用户需求的同时创造了更多社会价值。

36氪控股的第一大股东是后来引进的高管冯大刚(《第一财经周刊》联合创始人、投资人)。招股书显示,在首次公开募股前,第一大股东冯大刚持有1.64亿股普通股,占总股本的17.5%,刘成城持股仅占6.2%左右。IPO后,冯大刚和刘成城的持股比例将分别降至10.1%和4.4%,二人总计享有98.1%的投票权。

资料来源:孙奇茹.36氪纳斯达克上市 成"新经济服务"第一股[N].北京日报,2019-11-09.

思考题

1.什么是国际证券的发行市场和流通市场?试述它们的组成或构成。

2.什么是美国的纳斯达克市场、第一板市场和第二板市场?

3.国际证券市场的发展趋势是什么?

4.什么是外国债券和欧洲债券?欧洲债券有什么特点和优点?

5.什么是全球债券、双重货币债券、可转换债券和"龙"债?

6.国际债券的发行主体是什么?

7.影响国际债券成本率高低的因素有哪些?

8.与国际商业银行贷款相比,国际债券筹资有什么优缺点?

9.国际股票筹资有什么优缺点?

10.什么是存托凭证(DR)?它有什么优点?

11.什么是 ADR？试述 ADR 的种类、发行和上市的程序。

12.美国、日本测定股票发行价格采用什么方法？

13.国际债券的发行费用、国际股票的发行费用和上市费用有哪些？

14.什么是 A 股、B 股、H 股、N 股和 S 股？

15.我国公司在境外发行股票和上市应怎样做好市场选择和时机选择？

16.我国国有企业到中国香港和国外发行股票与上市，其工作程序包括哪几个阶段？

17.我国企业在中国香港和国外发行股票与上市有什么经验和问题？

计算题

1.我国甲公司在日本发行日元债券，面额 50 000 日元，票面利率 10%，期限 3 年，每年年末支付利息，期满一次还本。当时银行贷款利息率为 8%。要求：计算该债券的发行价格。

2.我国某公司在日本发行一种新债券，票面金额 5 000 日元，票面利率 6%，一年付一次利息，期限 5 年，本金分 3 次偿还，第 3 年年末还本 1 000 日元，第 4 年年末还本 2 000 日元，第 5 年年末还本 2 000 日元。市场流行利息率为 8%。要求：计算该债券的发行价格。

3.我国乙公司在日本发行日元债券，面额 10 000 日元，票面利率 9%，期限 5 年，预测认购者收益率为 10%。要求：计算该债券的发行价格。

4.我国甲公司某年 1 月在美国发行美元债券，发行总额 10 000 万美元，发行价格为面值的 97%，筹资费率为 2%，年利息率为 7%，期限 3 年，每年年末支付利息，期满时一次还本。所得税税率为 25%。发行债券时汇率为 1 美元=6.80 元人民币，预计今后 3 年美元对人民币的汇率每年递增 1%。要求：计算该债券的成本率。

5.美国 A 公司拟在德国筹建合资企业，需筹集相当于 5 000 万美元的资金。为此，公司管理层决定发行 10 年期的国际债券，有以下两个方案：（1）以美元为面值发行，年利率 11%，发行费用为债券面值的 2.5%。（2）以欧元为面值，按面值的 99% 发行，年利率 8%，发行费用为债券面值的 2.5%。发行债券时的汇率为 1 欧元=1.3682 美元，该公司预测今后 10 年中欧元对美元的汇率每年递增 4.13%。这个公司适用的所得税税率为 46%。要求：按以上条件分别测算上述两个方案的债券成本率，加以比较选择。

6.我国 A 公司拟发行 5 000 万欧元债券，票面利率为 6%，发行价格为 98%，费用率为 1.5%，期限 3 年，每年年末支付利息，第 3 年年末还本。第 1 年年初汇率为 1 欧元=8.30 元人民币，预测此后汇率每年递增 0.5%。要求：计算该债券的税前成本率。

7.我国某公司在美国发行普通股股票，共发行 100 万股，每股市价为 16 美元，发行费总额为 48 万美元。发行时的汇率为 1 美元=6.78 元人民币。预计第 1 年每股股利为 25 元人民币，今后每年股利按 4% 递增。要求：计算这一股票的资金成本率。

相关网站

美国证券交易委员会 www.sec.gov.

纳斯达克 www.nasdaq.com.

纽约证券交易所 www.nyse.com.

伦敦证券交易所 www.londonstockexchange.com.

日本交易所集团 www.jpx.co.jp.

标准普尔公司 www.standardandpoors.com.

华尔街日报（美）www.wsj.com.

彭博商业周刊（美）www.bloomberg.com/businessweek.

金融时报（英）www.ft.com.

华尔街见闻 wallstreetcn.com.

证券之星 www.stockstar.com.

新三板在线 www.chinaipo.com.

中国债券信息网 www.chinabond.com.cn.

第十章

国际租赁筹资

第一节　国际租赁筹资的方式

一、国际租赁的概念和租赁的发展

租赁是指在约定的期间内出租人将资产使用权让与承租人以获取租金的行为。在租赁期内，出租人以收取租金的方式保持对租赁物的所有权，承租人则通过支付租金取得租赁物的使用权。按租赁的业务活动涉及的范围是否超越本国，其可以分国内租赁和国外租赁。凡租赁业务活动涉及其他国家的，都可称为国际租赁（international leasing），也称跨国租赁。国际租赁是直接利用外资的一种灵活信贷方式。对出租人来说，它是一种通过信贷取得利润的方式，对承租人来说，则是一种筹措资金的方式。

租赁是一个古老的经济范畴，古代租赁约有 3 000 年历史。现代租赁始于 19 世纪中叶工业革命时期。第二次世界大战以后，美国的许多企业开始军转民生产，由于资金不足，无法获得设备更新，于是现代设备租赁得到迅速发展，20 世纪 50 年代初在美国成立了一些租赁公司，到 60 年代，西欧、日本和大洋洲等大部分工业国家也都成立了租赁公司，开展租赁业务。从 60 年代末起，西方各国的租赁业已普遍向海外扩展。70 年代，银行加入租赁业，租赁业在西方各国得到急剧发展，并扩大到一些发展中国家。80 年代以来，工业发达国家的租赁业进入成熟期，不少发展中国家的租赁业也有了较大的发展。美国是世界上最大的租赁市场，在美国十个公司中有八个公司租赁部分或全部所需的设备，1993 年美国设备租赁的成交额为 1 250 亿美元，全部设备投资的 32% 是靠租赁方式取得的。近年来，全球租赁市场规模整体上呈现稳步上升趋势，2021 年全球主要市场的新增业务额为 14 631.9 亿美元，北美、欧洲和亚洲是全球最主要的租赁市场，美国当年的租赁业新增业务额为 4 729.7 亿美元，居首位。

我国的租赁业在 20 世纪 80 年代初才起步，1980 年中国民航总局成功地第一次从美国租赁了一架波音747客机，标志着融资租赁作为引进外国资金和先进技术设备的新方式正式进入中国。1981年，我国成立第一家租赁公司——中国东方租赁公司。多年来，我国的融资租赁规模发展十分迅速，最新的全球租赁报告显示，作为全球第二大租赁国的中国，2021年租赁业新增业务额为3 414.6亿美元。根据《2022中国融资租赁业发展报告》，截至2022年年底，全国融资租赁企业总数约为9 840家，其中金融租赁企业72家、内资租赁企业434家、外资租赁企业9 334家，有大批外资租赁企业陆续退出中国市场；全国融资租赁合同余额约为58 500亿元人民币，其中金融租赁约为25 130亿元人民币，内资租赁约20 710亿元人民币，外商租赁约12 660亿元人民币。2018年5月，商务部发布《商务部办公厅关于融资租赁公司、商业保理公司和典当行管理职责调整有关事宜的通知》，结束原来对于融资租赁业务分管状态，将制定融资租赁等公司的业务经营与监管职责划给新成立的银保监会。2020年，中国银保监会制定了《融资租赁公司监督管理暂行办法》。2023年5月18日，中国银保监会完成历史使命，"交棒"给国家金融监督管理总局。国家金融监督管理总局聚焦金融机构监管和行为监管，对消除潜在监管空白、化解潜在金融风险具有积极作用。国家金融监督管理总局的设立是我国在金融同业监管上迈出的一大步，在统一监管下，金融市场将更加规范、充满活力。我国金融监管体系进入人民银行、国家金融监督管理总局、金融稳定发展委员会，"一行一局一会"为主导的全新时代。

各国的租赁公司有多种类型，有的是银行或其他金融机构办的租赁公司，有的是厂家或经销商建立的租赁公司，有的是独立的租赁公司，它们既不隶属银行，也不是制造厂商的分支机构。在日本有金融机构和大商社出资组建的租赁公司。

在国际租赁市场上，出租物品的范围越来越广泛，不仅有各种工业机械设备、船舶、车辆、建筑设备、飞机，而且还有各种计算机和商业设备（如超级市场设备）、科技设备（如度量衡仪器及各种理化设备）等。

租赁按期限长短，可分为短期租赁、中期租赁和长期租赁。短期租赁从1天、1周、1个月到1年，中长期租赁通常为3年、5年、10年，也可长达20年、25年，甚至30年。国际租赁一般是中长期租赁。

二、国际租赁方式

租赁按其性质和目的不同，可以分为以下两种方式：

（一）融资租赁（financing lease）

融资租赁也称金融租赁或财务租赁，是出租人根据承租人对租赁资产和供货人的选择，向供货人购买租赁资产，提供给承租人使用，承租人支付租金的一种租赁方式。融资租赁有下列特点：

（1）涉及承租人、出租人和供货厂商三方当事人。由承租人委托出租人代为融资，承租人直接与供货厂商洽谈选定所需的租赁资产，再由出租人购买该资产，然后由供货厂商直接将该资产发运给承租人使用。

（2）需签订两个或两个以上的合同。承租人与出租人签订租赁合同，出租人与供货厂商签订买卖合同。如果出租人资金不足，还需与金融机构签订贷款合同。

（3）由于租赁资产是完全按照承租人的要求和选择由出租人融资购买的，所以出租人对于租赁资产的性能、缺陷、老化风险以及维护保养均不负责任，承租人不能以上述理由拒付或拖欠租金。

（4）在一个租赁期内，出租人可收回全部投资并盈利。基本租期内租赁资产只租给一个特定的用户使用，租期一般为 3~5 年，有的可达 10 年。

（5）在租赁期内，承租人和出租人均不得中途解约。只有当租赁资产毁坏和被证明已经丧失使用效力时才有可能终止合同，由于出租人已为租赁资产垫付了资金，合同的终止应以出租人不受经济损失为前提。

（6）在租赁期内，租赁资产的所有权与使用权相分离。所有权属于出租人，使用权属于承租人。承租人在使用期间应按合同的规定分期支付租金，对租赁资产定期维修并妥善保护。

（7）在租赁期满时，承租人对租赁资产有留购、续租和退租三种选择。通常是出租人通过收取名义货款的形式，将租赁资产的所有权转移给承租人。

（二）经营租赁（operating lease）

经营租赁也称使用租赁或操作性租赁，是出租人将自己经营的租赁资产（这些资产不是根据承租人的具体要求和选择而购进的）进行反复出租给各个不同的承租人使用（租出去、收回来，再租出去……），由承租人支付租金，直至资产报废或淘汰为止的一种租赁方式。当企业需要短期使用某种资产时，可采取这种方式向租赁公司短期租用。经营租赁有下列特点：

（1）租赁的重点在于资产的使用，即承租人的着眼点完全在于即时使用该项资产，一旦使用期结束，租赁关系就随即解除。承租人对获得该项资产的所有权并不感兴趣，而宁可支付较高的租金以换取随时退还租赁资产的灵活性，租赁资产的所有权始终属于出租人，不发生转移。

（2）租赁期短于租赁资产耐用期，出租人需将资产出租多次，才能收回对该资产的全部投资和利润。

（3）这种租赁适用于技术进步快、需要高度保养技术，以及具有通用性和易于找到接替用户的资产，如电子计算机、通用建筑工程机械设备等。这类资产由租赁公司成批购入，对外反复出租。

（4）在租赁合同期满前，承租人预先通知出租人，可以中止合同，退回租赁资产，租用更好的资产。

（5）出租人为了使租赁资产保持良好状态，一般都负责资产的维修保养，以便在一次租赁期满后，可以将资产续租、转租或出售。

（6）由于出租人提供资产的维修保养和管理等服务，还承担租赁资产技术落后被提前淘汰的风险，故与融资租赁相比租金较高。

三、国际融资租赁的具体方式

国际融资租赁按其程序的不同，可分为以下几种具体方式：

（一）国际自营性租赁

国际自营性租赁是指本国的租赁公司运用从国外金融市场上筹措的外汇资金，或从本国银行借入的外汇资金，或租赁公司的自有外汇资金，根据本国企业的委托，按照本国企业提交的设备订单，以买方的身份与国外供货厂商签订买卖合同。设备购进后，将其出租给本国企业使用，租赁期间，由本国企业分期向本国租赁公司支付租金。国际自营性租赁的程序大致分为以下几个阶段：

1.计划阶段

进行自营性融资租赁，承租人首先要编制可行性研究报告和项目建议书，内容主要包括：租赁设备名称、规格、数量，生产或提供设备的国家和厂商的主要情况，租入设备生产产品名称、规格、生产能力，国内国外销售预测和创汇能力，项目投资额与资金来源，项目进度安排，经济效益分析等。可行性研究报告和项目建议书经有关部门批准后，要编制项目投资计划，列入国家固定资产投资计划。

2.租赁委托阶段

承租人填写租赁委托书和委托租赁明细表（详细填写租赁设备的名称、型号规格、数量单价、供货的国家和厂商，以及要求交货时间），提交项目建议书和国家批准文件、引进设备的可行性研究报告、近年的财务报告、支付租金的外汇来源计划和担保人出具的租金支付保证书等。租赁公司接受委托后，承租人交纳委托费。

3.对外谈判阶段

租赁公司接受承租方的租赁委托后，应积极进行引进设备的技术商务谈判，对外谈判工作由租赁公司与承租人共同进行。技术谈判通常以承租人为主，通过谈判切实弄清有关设备的性能、质量、规格、型号、交货日期、安装调试、售后服务等条件，签订技术服务文件。在此基础上，以租赁公司为主，进行商务谈判，共同与外商就价格、付款方式和时间、违约责任和索赔等问题进行谈判。经过承租人确认后，可草签购货协议。

4.签订合同阶段

签订合同是租赁程序中最关键的一环，是确立国外供货方与国内租赁公司、国内租赁公司与承租人之间法律关系的依据。在这一阶段，要同时签订购货合同和租赁合同。购货合同是由租赁公司与外商签订的，但必须同时得到承租人的认可或签字同意。同时，还应由租赁公司与承租人签订租赁合同。融资租赁合同的条款一般包括：合同依据和租赁物价，租赁物的所有权（租赁期满后承租人对租赁物是留购或续租），租金的计算和支付，租金的变更，租赁物件的交货与验收，质量保证及事故处理，租赁物件的使用、维修、保养和费用，租赁物件的保险，租赁保证金，违反合同的处理，经济担保，争议的解决等。合同一经签订，承租方应按合同的规定向出租方支付租赁保证金，作为履行合同的保证。租赁保证金不计利息，在租赁期满时归还承租方或抵最后一期租金的全部或一部分。

5.设备交货和验收阶段

合同签订后，外商应履行按期交货的义务，租赁公司在一定期限内融通和筹措外汇后，应履行支付设备货款的义务。租赁设备到达交货地点，承租人应及时开箱、清点、检验接收设备，并妥善保管和安装调试。

6.支付租金阶段

这一阶段也叫租赁阶段。在此阶段，承租人应严格按照租赁合同规定的租金数额、支付方式向租赁公司支付租金，如有欠交或拖欠，应按合同的规定支付滞纳金。租赁期满，承租人结清全部租金，按照合同支付一定的留购价后，即可取得设备的所有权，这时，融资租赁业务就全部结束。

以上租赁程序可用图10-1表示。

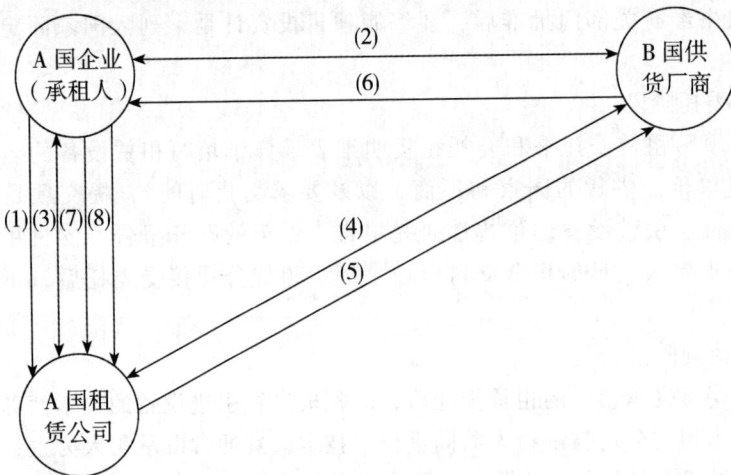

图10-1 国际自营性租赁程序图

说明：

（1）申请租赁；（2）承租人选定租赁物和供货厂商，与租赁公司一起与供货厂商进行技术谈判；（3）签订租赁合同；（4）租赁公司和承租人与供货厂商进行商务谈判，签订买卖合同；（5）支付购买租赁物的货款；（6）租赁物交货与验收；（7）分期支付租金；（8）租赁期满，承租人支付名义价，留购租赁物。

虽然自营性融资租赁的承租人和出租人同属于一国，但涉及外国的供货厂商，租赁业务跨越两个国家，故视为国际融资性租赁。我国航空公司采用融资租赁方式租赁飞机，见案例10-1。

（二）国际转租赁

国际转租赁是指本国的租赁公司根据本国企业的委托，按照本国企业选定的租赁物（例如某种设备）、供货厂商和提交的设备订单，先以承租人的身份从国外租赁公司租赁设备，再以出租人的身份将设备转租给本国企业。这种租赁方式一般是在本国租赁公司资金不足，或对国外供货厂商的情况没有完全把握的情况下才采用的。国际转租赁的一般程序如图10-2所示。

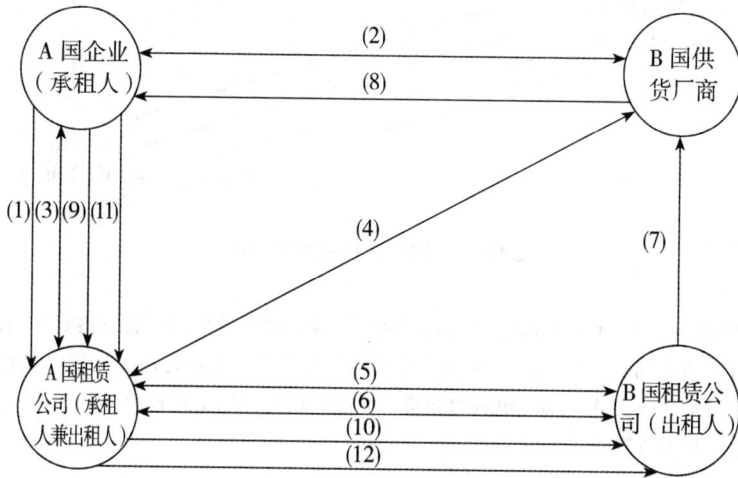

图10-2 国际转租赁程序图

说明：

（1）租赁委托；（2）承租人选定租赁物和供货厂商，与A国租赁公司一起与供货厂商进行技术谈判；（3）签订租赁合同；（4）A国租赁公司和A国承租人与B国供货厂商进行商务谈判，签订买卖合同；（5）签订地位转让合同；（6）签订租赁合同；（7）支付租赁物货款；（8）租赁物交货与验收；（9）分期支付租金；（10）分期向B国租赁公司支付租金；（11）租赁期满，承租人支付名义价留购租赁物；（12）承租人（A国租赁公司）支付名义价留购租赁物。

（三）国际直接租赁

国际直接租赁是指本国企业（承租人）从国外某供货厂商处选定所需设备，直接与国外租赁公司签订租赁合同，由国外租赁公司按照承租人的订货要求与供货厂商签订设备买卖合同，国外租赁公司向供货厂商支付设备货款，购买该项设备，由供货厂商将设备发运给承租人，承租人使用设备，定期向国外租赁公司支付租金。承租人也可委托本国租赁公司代为选择适宜的国外供货厂商和租赁公司，然后由承租人选定所需设备，直接与国外租赁公司签订租赁合同，国内租赁公司只负责介绍和担保责任。国际直接租赁的程序如图10-3所示。

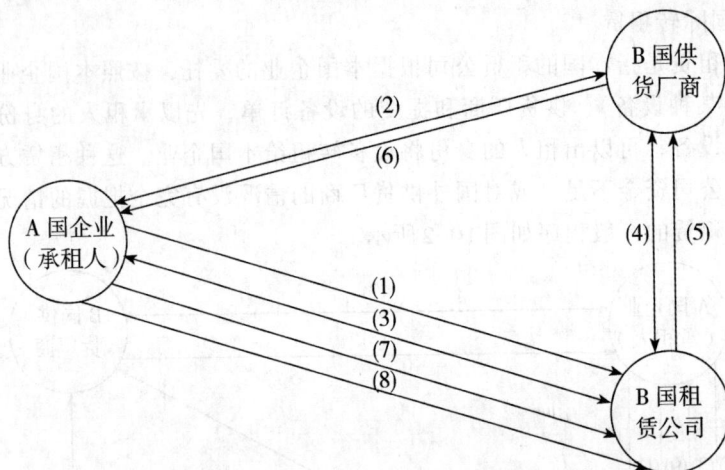

图 10-3　国际直接租赁程序图

说明：

（1）申请租赁；（2）承租人选定租赁物和供货厂商，同租赁公司一起与供货厂商进行技术谈判；（3）签订租赁合同；（4）租赁公司和承租人一起与供货厂商进行商务谈判，签订买卖合同；（5）支付购买租赁物的价款；（6）租赁物交货与验收；（7）分期支付租金；（8）租赁期满，承租人支付名义价留购租赁物。

第二节　国际租赁的租金

租金是租赁合同中规定的一项重要内容。租金的高低直接涉及出租人和承租人的经济利益，出租人要从取得的租金中收回租赁资产的总成本、营业费用和一定的利润，而承租人除了要从租入资产所生产产品的收入中抵偿成本费用和租金之外，还要获得一定的利润。

一、租金的计算

在国际融资租赁方式下，租金应包括下列各项内容：

（一）租赁资产的总成本

这包括出租人购买租赁资产的货价、海运费和途中保险费以及利息（出租人为了购买租赁资产而向银行或其他金融机构贷款的利息）等。租赁资产的总成本是计算租金的基础。在租赁资产由承租人以名义价格留购的情况下，计算租金时，租赁资产总成本应减去合同中规定的名义留购价。

（二）租赁手续费

这包括租赁公司办理租赁业务支出的营业费用（如工资、办公费、差旅费、税金等）和租赁公司的利润。

（三）融资利息

它是指在融资租赁方式下，承租方租入资产后占用出租方的资金，由于分期支付租金而应支付给出租方的利息。

在融资租赁方式下，每期应付租金一般按下列公式计算：

$$R_t = \frac{C_0 - S}{n} + \frac{(C_0 - S)P}{n} + C_t \cdot i$$

$$= \frac{(C_0 - S)(1 + P)}{n} + C_t \cdot i$$

式中：R_t为第 t 期的应付租金；C_0为租赁资产总成本；S为预计租赁资产留购价；P为租赁手续费占（C_0-S）的百分率；n为租赁期限；C_t为逐期递减的租赁资产总成本；i为融资利息率。

例：甲公司从 ABC 租赁公司租入某种设备，其总成本为 200 000 美元，租赁期4年，租赁手续费占（C_0-S）的百分率为1%，融资利息率为8%。每年年末支付租金。租赁期满时，甲公司以 2 000 美元的价格留购该设备。各年的租金计算如下：

$$R_1 = \frac{200\,000 - 2\,000}{4} + \frac{(200\,000 - 2\,000) \times 1\%}{4} + 200\,000 \times 8\%$$

$$= 49\,500 + 495 + 16\,000 = 65\,995（美元）$$

$$R_2 = \frac{200\,000 - 2\,000}{4} + \frac{(200\,000 - 2\,000) \times 1\%}{4} + (200\,000 - 49\,500) \times 8\%$$

$$= 49\,500 + 495 + 12\,040 = 62\,035（美元）$$

$$R_3 = \frac{200\,000 - 2\,000}{4} + \frac{(200\,000 - 2\,000) \times 1\%}{4} + (200\,000 - 49\,500 \times 2) \times 8\%$$

$$= 49\,500 + 495 + 8\,080 = 58\,075（美元）$$

$$R_4 = \frac{200\,000 - 2\,000}{4} + \frac{(200\,000 - 2\,000) \times 1\%}{4} + (200\,000 - 49\,500 \times 3) \times 8\%$$

$$= 49\,500 + 495 + 4\,120 = 54\,115（美元）$$

从上例可以看出，租赁资产总成本（扣除留购价）和租赁手续费是按期平均分摊，而融资利息是逐期递减的，因此，这种计算方法称为递减式计算法。租金的递减式计算还可按以下公式计算：

$$R_t = \frac{C_0 - S}{n} + C_t \cdot i$$

式中：i为包含租赁手续费和融资利息的年利率。

设 C_0=200 000 美元，S=2 000 美元，n=4，i=8.4%，经计算，R_1=66 300 美元，R_2=62 142 美元，R_3=57 984 美元，R_4=53 826 美元。

以上两个公式的计算方法有点不同，因而计算结果不一致。

在经营租赁方式下，每期应付租金的计算采用更简单的平均计算方法，其公式如下：

$$R = \frac{C_0 - S + F + D}{n}$$

式中：S为租赁资产残值；F为租赁手续费；D为其他费用；其他符号与前面公式相同。

例：某租赁公司出租给甲企业设备一台，其 C_0 为 100 000 美元，S 为 1 000 美元，F 为 42 000 美元，D 为 9 000 美元，n 为 10 年，每年年末支付租金。

R＝（100 000－1 000＋42 000＋9 000）÷10＝15 000（美元）

如果租金每期等额支付，则可按年金法计算。

当租金于每期期末等额支付时，其计算公式为：

$$R=C_0 \times \frac{i}{1-(1+i)^{-n}}$$

式中：R 为年金或每期租金；i 为折现率；其他符号与前面的公式相同。

例：某租赁公司出租给甲企业一台设备，其 C_0 为 100 000 美元，n 为 10 年，i 为 8%，甲企业每年年末应付租金为：

$$R=100\ 000 \times \frac{8\%}{1-(1+8\%)^{-10}}=14\ 903（美元）$$

当租金于每期期初等额支付时，其计算公式为：

$$R=C_0 \times \frac{i}{(1+i)\,[1-(1+i)^{-n}]}$$

按上例（改为每年年初支付租金），甲企业每年应付租金为：

$$R=100\ 000 \times \frac{8\%}{(1+8\%) \times [1-(1+8\%)^{-10}]}=13\ 799（美元）$$

此外，还可以采用平息法和租赁率法计算每期应付租金。

平息法计算每期应付租金的公式是：

$$R=\frac{C_0 \cdot O}{n}$$

式中：O 为平息数。

平息数是指租赁期内应付租金总额与租赁资产总成本的比率。

例：甲企业从某租赁公司租入设备一台，其总成本为 100 000 美元，租赁期 10 年，每年年末支付租金，平息数为 1.5。

R＝100 000×1.5÷10＝15 000（美元）

租赁率法与平息法基本上相同，其计算公式为：

$$R=\frac{PV \cdot (1+i)}{n}$$

式中：i 为租赁率。

上例若将平息数改为租赁率 50%，则：

R＝100 000×（1＋50%）÷10＝15 000（美元）

二、租金支付

租金的支付涉及以下三个方面：

（一）租赁期起算日

各国采用的方法有以下三种：

（1）以租赁资产装船提单日期作为起算日；

（2）以出租人向供货商支付价款之日作为起算日；

（3）以租赁资产运抵承租企业之日作为起算日。

采用第一种方法，承租人多付了租金；采用第三种方法，出租人少得了租金；采用第二种方法对租赁双方较为适宜。

（二）支付币种

原则上是以什么货币签订租赁合同，就以什么货币支付租金。承租人倾向于选择软货币，而出租人则愿意选择硬货币。双方需在签订合同时商定。

（三）支付方法

一般是通过银行采用汇款方式处理的。如有拖欠租金，应按规定支付滞纳金。

在国际租赁活动中，出租人存在的风险主要是承租人不支付租金，这种情况妨碍了租赁业的发展。许多国家为了促进租赁业的顺利发展，在保险和银行信贷机构中开展了租赁保险和融资业务，见专栏10-1租赁保险与融资。

三、租赁的节税优惠

为了鼓励租赁业的发展，美、英等西方国家曾规定一些办法，使出租人和承租人都得到节税的利益。以美国为例，租赁的节税优惠主要有以下几项：

（一）投资减税

为了促进投资，美国政府曾规定，企业购置新的、有形的、具有8年或更长时间可提取折旧的资产，可以从企业应纳税额中扣除这种资产成本的10%。例如，某租赁公司购买一台50万美元的资产，在考虑投资减税之前，这家公司填报的应纳税所得额为100万美元，税率为40%，如果没有购买这项资产，该公司就需纳税40万美元。但在购买了这项资产后，该公司就只需纳税35万美元（100×40%−50×10%），节税额为5万美元。

（二）加速折旧

为了鼓励投资及设备更新，美国税法允许租赁业采用加速折旧法，即在资产使用年限的头几年提取较多的折旧费，实际上等于把一部分税款延期到后几年去支付，如果税金支付推迟，则各年税款的现值之和就较低。加速折旧法使资产使用年限的头几年形成较多的节税额，从而使各年节税额的现值之和大于直线折旧法各年节税额的现值之和。例如，美国某租赁公司购买某一设备的成本为11万美元，使用5年，残值1万美元，所得税税率40%，税后资金成本为10%。采用直线折旧法和加速折旧法的节税额现值比较见表10-1。

表10-1　　　　　　　**直线折旧法和加速折旧法节税额现值比较表**　　　　金额单位：万美元

年份	直线折旧法			加速折旧法			折现系数（10%）
	折旧额	节税额	节税额的现值	折旧额	节税额	节税额的现值	
1	2	0.8	0.7273	4	1.6	1.4546	0.9091

年份	直线折旧法			加速折旧法			折现系数（10%）
	折旧额	节税额	节税额的现值	折旧额	节税额	节税额的现值	
2	2	0.8	0.6611	3	1.2	0.9917	0.8264
3	2	0.8	0.6010	2	0.8	0.6010	0.7513
4	2	0.8	0.5464	1	0.4	0.2732	0.6830
5	2	0.8	0.4967				0.6209
合计	10	4	3.0325	10	4	3.3205	—

表 10-1 中的节税额=折旧额×税率。从该表可以看出，采用加速折旧法所带来的节税额现值比直线折旧法多出 0.288 万美元。

（三）利息费用

出租人如果借款购买设备用于出租，允许将所支付利息列作企业的费用，从而减少应纳税所得额，就可少缴一部分所得税。支付利息带来的节税额等于利息额与税率的乘积。

上述投资减税、加速折旧及利息费用的节税利益均为出租人所得，但出租人可以用降低租金的方式将其所得的节税优惠部分地转移给承租人。

我国对企业租入固定资产的租赁费从应纳税所得额中扣除，有下列规定：（1）以经营租赁方式租入固定资产的租赁费，可按实际数扣除；（2）以融资租赁方式租入固定资产发生的租赁费不得直接扣除，承租方支付的手续费以及租赁设备投入使用后发生的利息可在支付时直接扣除。按上述规定扣除后，使企业应纳税所得额减少，从而可以少缴纳一部分所得税。

第三节　国际租赁筹资决策

一、国际租赁筹资的利弊

要确定企业是否应进行某项国际租赁筹资，首先应了解国际租赁筹资的利弊。

对承租人来说，国际租赁筹资的好处有：

（1）在外汇资金短缺的情况下，从国外引进设备。在租入设备时，不需支付设备货款，只需在签订租赁合同后交纳租赁保证金（其数额通常为合同金额的5%），以后分期支付租金。

（2）从国外租入设备，实际筹措的外资等于租赁设备的价款减去租赁保证金后的数额。如果采用买方信贷进口设备，企业先要支付货价的10%~15%的定金，其余部分才由银行提供贷款。

（3）国际商业银行中长期贷款的利率一般是浮动的，而国际租赁合同规定的租金是固定的，承租人可避免由于通货膨胀所造成的损失，也易于计算成本，对投资更有把握。

（4）租赁手续简便，加快设备引进速度。企业利用银行贷款进口设备，一要向银行申请贷款，二要通过外贸进口设备，手续烦琐，时间拖得较长。如采用租赁方式，融资和进口设备都由租赁公司办理，承租人可以省下不少时间和精力，加快引进外国的先进技术设备，促进本国企业的技术改造。

（5）跨国公司运用国际租赁还可以达到以下两个目的：①降低国外投资的政治风险。跨国公司在政治环境不稳定的国家投资办厂，从东道国当地的或第三国国际银团的租赁公司租赁所需的部分设备，要比直接购买这些设备的风险低，因为东道国政府不太可能征用本国租赁公司所拥有的设备（如果征用，可停付租金），对国际银团的租赁公司所拥有的租赁设备实行征用的可能性也较小，特别是当国际银团对东道国政府提供信贷资助时。②减少跨国公司纳税。例如，当设在高税率国家的子公司需要某一设备时，母公司可以采用高租金的形式将设备租给该子公司，以达到降低整个公司税额的目的。

对承租人来说，国际租赁的缺点主要是：

（1）在租赁期间承租人只有设备的使用权，而没有所有权，无权随意对设备进行改造。

（2）租赁期间所付租金之和一般高于直接购买设备的购买成本。只有当出租人愿意将其所得的节税利益部分转让给承租人时，才有可能适当降低租金。这必须由承租人在签订租赁合同前的谈判中争取。

二、国际租赁筹资决策分析

企业从国外引进设备，所需资金的筹集可以有多种方式，例如，可以用自有外汇资金购买、从银行取得外汇借款购买、通过发行国际债券或股票筹集外汇资金购买，还可以通过国际租赁或补偿贸易等方式获得设备。究竟哪一种方式的资金成本较低，哪一种方式最简便省时呢？各种筹资方式各有其优缺点，有的资金成本较高，但手续简便，较易获得；反之，有的资金成本较低，但手续较烦琐，耗时较多。到底企业是愿意耗时间等成本较低的资金呢，还是希望通过简便的方式尽早获得设备，以尽快取得经济效益？最理想的是找到成本较低、手续又较简便的资金，这就需要进行全面、详细的分析、研究，通过比较加以选择。下面只说明租赁与自有资金购买设备的比较和租赁与贷款购买设备的比较。

（一）租赁与自有资金购买设备的比较

企业需要从国外引进某一设备，租赁是一个方案，用自有资金购买是另一个方案，将这两个方案进行比较，最基本的方法是将两者的税后现金流出量现值加以比较，选择现金流出量现值较小的方案。

假设甲企业已决定添置某种设备一台，价值200 000美元，该设备使用期为6年，报废时的残值为6 000美元。取得这一设备有以下两种方式（方案）可供选择：

1.国际融资租赁

企业从ABC租赁公司租入这种设备，租赁条件和资料见前面举例和表10-2第①至⑤栏。

表10-2　　　　　　　　　　**融资租赁设备现金流出量现值表**　　　　　　　单位：美元

| 年份 | 租金及留购价 | | | 折旧费 | 节税额 | 税后现金流出量 | 折现系数（按10%折现） | 税后现金流出量现值 |
	租赁设备总成本	租赁手续费（1%）	融资利息（8%）	租金及留购价合计					
①	②	③=②×1%	④	⑤=②+③+④	⑥	⑦=（③+④+⑥）×25%	⑧=⑤-⑦	⑨	⑩=⑧×⑨
1	49 500	495	16 000	65 995	32 335	12 208	53 788	0.9091	48 898
2	49 500	495	12 040	62 035	32 333	11 217	50 818	0.8264	41 996
3	49 500	495	8 080	58 075	32 333	10 227	47 848	0.7513	35 948
4	49 500	495	4 120	54 115	32 333	9 237	46 878	0.6830	32 018
	2 000			2 000					
5	—	—	—		32 333	8 083	-8 083	0.6209	-5 019
6	—	—	—		32 333	8 083	-8 083	0.5645	-4 563
							-6 000		-3 387
合计	200 000	1 980	40 240	242 220	194 000	59 055	177 166	—	145 891

注：个别数字含计算尾差。

2.自有资金购买

设备购买成本（包括买价、运输费、保险费等）200 000美元，成交时一次性支付货款。

现将两种方式的现金流出量现值列示于表10-2和表10-3。

表10-3　　　　　　　　　　**自有资金购买设备现金流出量现值表**　　　　　　　单位：美元

年份	设备购买成本	折旧费	节税额	税后现金流出量	折现系数（按10%折现）	税后现金流出量现值
①	②	③	④=③×25%	⑤=②-④	⑥	⑦=⑤×⑥
0	200 000			200 000		200 000
1		32 335	8 083.75	-8 083.75	0.9091	-7 348.94
2		32 333	8 083.25	-8 083.25	0.8264	-6 680.00
3		32 333	8 083.25	-8 083.25	0.7513	-6 072.95
4		32 333	8 083.25	-8 083.25	0.6830	-5 520.86
5		32 333	8 083.25	-8 083.25	0.6209	-5 018.89
6		32 333	8 083.25	-8 083.25	0.5645	-4 563.00
				-6 000		-3 387.00
合计	200 000	194 000	48 500	145 500	—	161 408.36

将表10-2和表10-3的现金流出量现值合计数进行比较，融资租赁设备的现金流出量现值较小，是较优方案。

（二）租赁与贷款购买设备的比较

这种比较的方法同前述租赁与自有资金购买设备的比较基本相同，所不同的是贷款购买时，不仅是折旧费而且贷款利息都可带来节税额。设前例企业没有外汇资金，而是向银行取得外汇贷款200 000美元，每年年末还40 000美元，5年还清，年利息率10%，每年年末支付利息。其现金流出量现值的计算见表10-4。

表10-4　　　　　　　　**贷款购买设备现金流出量现值表**　　　　　　　单位：美元

年份	偿还本金	利息（10%）	本利合计	折旧费	节税额	税后现金流出量	折现系数（10%）	税后现金流出量现值
①	②	③	④=②+③	⑤	⑥=（③+⑤）×25%	⑦=④-⑥	⑧	⑨=⑧×⑦
1	40 000	20 000	60 000	32 335	13 083.75	46 916.25	0.9091	42 651.56
2	40 000	16 000	56 000	32 333	12 083.25	43 916.75	0.8264	36 292.80
3	40 000	12 000	52 000	32 333	11 083.25	40 916.75	0.7513	30 740.75
4	40 000	8 000	48 000	32 333	10 083.25	37 916.75	0.6830	25 897.14
5	40 000	4 000	44 000	32 333	9 083.25	34 916.75	0.6209	21 679.81
6	—	—	—	32 333	8 083.25	-8 083.25	0.5645	-4 563.00
						-6 000		-3 387.00
合计	200 000	60 000	260 000	194 000	63 500	190 500	—	149 312.06

将表10-4与表10-2的现金流出量现值合计数进行比较，融资租赁设备的现金流出量现值较小，是较优方案。如果有关因素发生变化，则可能得出相反的结论。例如，贷款购买设备的利息率为9%时，税后现金流出量现值合计将低于表10-2中的145 891美元。此时，租赁不是最优方案。

如果每期租金数额相等，则可按年金方式来计算其税后现金流出量现值。

例：某企业需增添设备一台，价值1 040 000美元，使用5年，估计残值40 000美元。如采用融资租赁方式，每年需付租金290 000美元；如借款购买，年利息率15%，经计算，每年还本付息定额为310 248.12美元，所得税税率25%。当租赁设备时，企业可以将租金计入成本费用而获得节税利益；当借款购买设备时，企业可将利息和折旧费计入成本费用而获得节税利益。每年折旧费为200 000美元（（1 040 000-40 000）÷5）。各年支付利息数的计算见表10-5。

表10-5		各年支付利息表		单位：美元
年份	利息	本利和	还本付息定额	未还额
①	②=⑤×15%	③=⑤+②	④	⑤=③-④
0				1 040 000
1	156 000	1 196 000	310 248	885 752
2	132 863	1 018 615	310 248	708 367
3	106 255	814 622	310 248	504 374
4	75 656	580 030	310 248	269 782
5	40 467	310 249	310 248	1

注：每年还本付息定额的计算见第八章第三节。表10-5中第5年第⑤栏未还额1，应为0，出现差异的原因是小数点后的数字计算尾差。

融资租赁设备的税后现金流出量现值为：

290 000×（P/A，15%，5）-290 000×25%（P/A，15%，5）

=290 000×3.352155-290 000×25%×3.352155

=972 124.95-243 031.23

=729 093.72（美元）

借款购买设备的税后现金流出量现值为：

1 040 000-200 000×（P/A，15%，5）×25%-156 000×（P/F，15%，1）×

25%-132 863×（P/F，15%，2）×25%-106 255×（P/F，15%，3）×

25%-75 656×（P/F，15%，4）×25%-40 467×（P/F，15%，5）×25%-

40 000×（P/F，15%，5）

=1 040 000-200 000×3.352155×25%-156 000×0.8695652×25%-132 863×

0.7561437×25%-106 255×0.6575163×25%-75 656×0.5717533×25%-

40 467×0.4971768×25%-40 000×0.4971768

=760 166.32（美元）

根据以上计算可知，融资租赁设备的现金流出量现值较小，是较优方案。

专栏10-1

租赁保险与融资

在国际租赁交易中，出租人面临的风险是承租人不支付租金。这种风险来自两个方面：一是承租人所在国的政治风险，即该国由于政治方面的原因使承租人不能支付租金；二是承租人的信用风险，即承租人违约不支付租金。为了化解上述租赁风险，促进租赁事业迅速发展，许多国家都实行了租赁保险。中国信用保险公司于2006年推出了租赁保险，包括海外租赁保险、来华租赁保险和国内租赁保险三大系列。初始保险期限一般为3年，之后每年投保人可以选择是否续保，赔偿比例为90%~95%。2006年，中国信保承保的某西班牙电信项目帮助我国企业首次以租赁方式进入发达国家市场。截至目前，中国信保已承保的租赁项目金额超过10亿美元，涉及航空、船舶、工程机械、电信等多个行业和领域。作为目前国内唯一一家开展租赁保险的专业机构，中国信保已经与中银航空租赁、荷银租赁和长江租赁等租赁公司在租赁保险项下建立了合作关系。2008年上半年，长江租赁有限公司与国家开发银行签署了10架ERJ145飞机项目借款合同。该飞机融资项目之所以能够在较短时间内通过国家开发银行的审查，中国信保的介入功不可没。在传统的融资租赁项目中，出租人向银行直接融资，出租人偿付银行的本息来源于承租人的租金收入，若出现承租人不能按时足额支付租金的情况，出租人对银行的还本付息也会出现一定的风险。也就是说，承租人的违约风险需要出租人独自承担。而在这个项目的操作结构中，中国信保充分发挥了其在信用风险管理方面的独特优势，利用其推出的租赁保险业务开创了国内飞机融资的新模式，既解决了出租人银行信贷融资难和承租人租赁融资难的问题，又有效地降低了贷款人和出租人的风险，对各方的发展都产生了积极的影响。

租赁公司向银行借款从国外进口飞机，出租给本国航空公司，其程序可用图10-4表示。

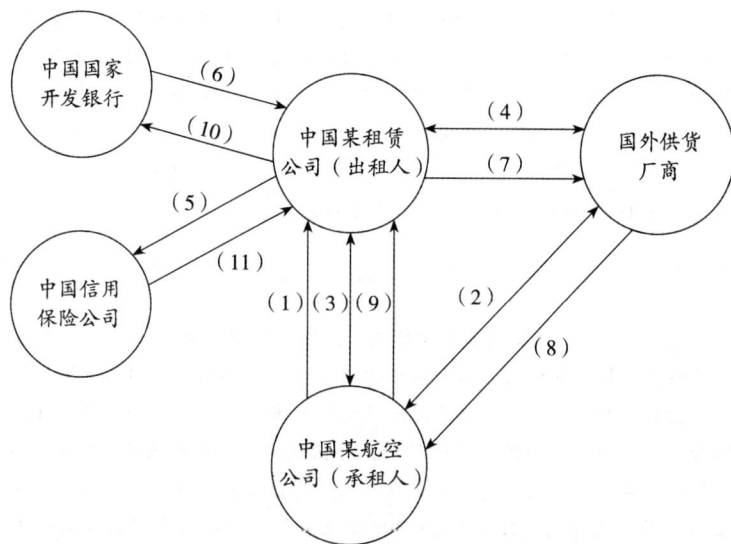

图10-4 租赁公司从银行借款进口飞机出租程序图

说明：

（1）申请租赁；（2）承租人选定租赁物和供货厂商，与租赁公司一起与供货厂商进行技术谈判；（3）签订租赁合同；（4）租赁公司和承租人一起与供货厂商进行商务谈判，签订买卖合同；（5）租赁公司向保险公司投保，支付保险费；（6）租赁公司与银行签订借款合同，从银行获得借款；（7）支付货款；（8）租赁物交货与验收；（9）分期支付租金；（10）分期偿还银行贷款本息；（11）如果第（9）项承租人不支付租金，由保险公司支付赔款，然后由出租人向银行还本付息。

资料来源：吴铮. 租赁与租赁保险：企业融资的新选择［J］. 国际融资，2008（10）：43-44.

案例 10-1

我国航空公司的飞机租赁

民用飞机是资金、技术密集型产品，制造成本很高。2000年，国际市场上B747飞机的价格为1.8亿美元。航空公司一般无力一次性支付购买价。为了解决运输需求不断增长与飞机采购成本过高的矛盾，从20世纪80年代起，各国开始广泛采用租赁方式解决购机资金来源问题。采取这种方式，不仅可以解决资金短缺和成本过高问题，而且还可以降低航空公司的经营风险。1980年，我国民航首次采取融资租赁方式从国外引进了第一架B747SP飞机。此后，利用国外融资租赁成为我国民航引进飞机的主要融资手段。1980年至2000年，我国各民航公司共引进飞机678架，其中以融资租赁方式引进437架（波音飞机307架、空中客车飞机88架，其他飞机42架），总金额260亿美元，占引进飞机总额的86%；以经营租赁方式引进飞机69架，总金额13亿美元。

在融资租赁方式下，航空公司（承租人）把与飞机制造厂商签订的购机合同转让给租赁公司（出租人），租赁公司如果自有资金不够，可以用从银行取得的出口信贷中的买方信贷购买飞机，取得飞机的产权，然后出租给承租人。出租人根据承租人的需要购入租赁资产（飞机），并由供货厂商（飞机制造厂商）直接交付给承租人使用。在租赁期间，承租人定期向出租人支付租金，租赁期一般为10年、12年、15年，租赁期的租金足够补偿出租人购买飞机的成本并提供投资回报。在租赁期结束时，承租人拥有廉价购买权，飞机所有权转让给承租人。

资料来源：国家计委外资司贷款二处. 涉外贷款手册 [M]. 北京：中信出版社，2001：452-461.

案例 10-2

"中国税务租赁模式"的境外融资创新

法资银行近年来积极同其他国家的金融机构进行合作，共同参与国际飞机租赁业务，并实现了国际租赁结构的创新，有力地推动了国际航空金融市场的发展。2015年8月，国银金融租赁公司同法国外贸银行合作，由国银金融租赁公司在我国天津东疆保税港区设立的SPV（Special Purpose Vehicle，即特殊目的公司）作为转租人，通过法税租赁模式向法国外贸银行在法国设立的SPV公司先后引进了两架波音B737-800型飞机，再租赁给中国国际航空公司。这一在法税租赁模式的基础上进行融资安排和租赁结构的创新与探索，形成了以我国境内租赁公司的保税区项目公司为转租赁载体、引进境外低成本资金的境外融资创新模式，并被称作"中国税务租赁模式"。这一境外融资模式的创新，既丰富了我国现有的飞机租赁交易结构，同时促进了租赁公司和航空公司融资渠道的拓展与资金成本的降低。

"中国税务租赁模式"的这一境外融资创新，实质上是国内租赁公司以保税区项目公司为转租赁载体，在法税租赁模式的基础上进行的融资安排与租赁结构创新，其基本交易结构如图10-5所示。与境内航空公司直接同法资银行开展法税租赁交易不同，在新的交易结构中增加了境内租赁公司转租人这一角色，并嵌入保税区租赁模式，通过综合法税租赁模式与保税区租赁模式的两者优势，实现境内租赁公司引用境外低成本资金和降低租赁交易的综合成本，使得境内租赁公司和境内航空公司双方受益。

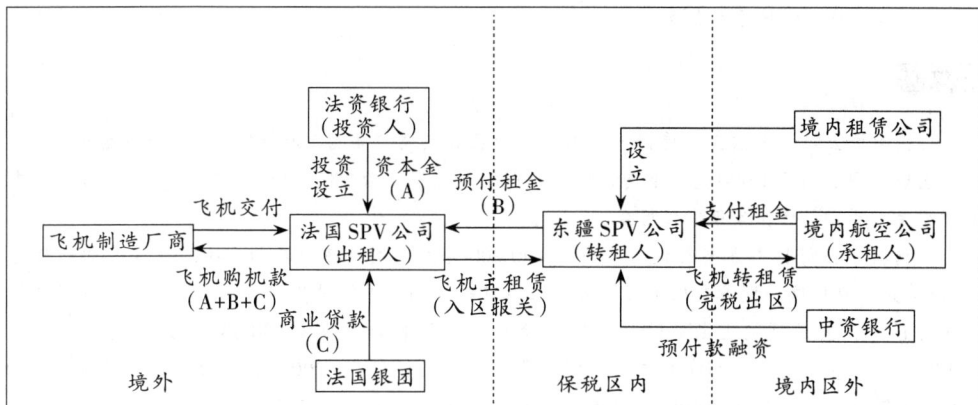

图 10-5　中国税务租赁模式示意图

其基本交易流程可以分成两个主要环节:法税租赁模式的主租赁环节和保税区租赁模式的转租赁环节。在主租赁环节中,首先由法国 SPV 公司完成飞机资产的融资与购买流程,然后作为第一出租人与东疆保税港区内的 SPV 公司签订租赁合同(包括飞机购买协议项下的权益转让、飞机租赁协议、飞机资产抵押协议),通常为保证租赁物的安全交付及违约取回,双方还会签订其他相关协议。根据我国现行税法及相关税收政策的规定,法国 SPV 公司(出租人)在主租赁环节需要就租金收入按 17% 纳纳增值税,并根据中法两国双边税收协定就利息所得缴纳 10% 的预提所得税,该预提所得税能够在其国内缴税时一次性扣除。此外根据签订租赁合同的性质,融资租赁合同和经营租赁合同分别按 0.005% 和 0.1% 缴纳印花税。

然后,东疆保税港区内的 SPV 公司作为转租人,同境内航空公司签订转租合同。在该交易结构下,飞机资产的融资与购买实际由境外租赁公司完成,境内租赁公司只需进行一定金额的预付款融资,通过转租赁的租金收入偿还转租赁的租金支出,从中获取利差收益,该转租交易等同于境内租赁公司利用境外租赁公司的低成本资金开展飞机租赁业务。东疆 SPV 公司(转租人)在转租赁环节需要就租金收入按 17% 缴纳增值税,包括该部分增值税所产生的附加税费(城建税 7%,教育费附加 3%),其中在主租赁环节的增值税能够用来作为进项抵扣,这有利于东疆 SPV 公司降低自身的流转税税负。在该项交易中,东疆 SPV 公司须承担预提所得税代扣代缴义务,境内航空公司(承租人)则不必承担境外直租模式下的增值税和预提所得税代扣代缴义务,同时能够随租金分期缴纳关税和进口增值税,适用税率均为 5%。此外,东疆 SPV 公司和境内航空公司作为我国境内的法律实体,须按 25% 缴纳企业所得税,并相应承担租赁合同的印花税纳税义务。

资料来源:杨文涛.中法两国金融机构共同参与国际飞机租赁业务的模式创新——基于法税租赁模式的分析 [J]. 对外经贸实务,2016(7):68-71

思考题

1. 国际融资租赁有哪几种具体方式?试述它们的基本程序。

2. 国际融资租赁的租金包括哪些内容?怎样计算每期应付租金?

3. 美国租赁的节税优惠有哪些?什么是节税租赁和非节税租赁?

4. 国际租赁筹资有哪些优缺点?

5.怎样进行国际租赁筹资决策？

计算题

1.我国甲公司从美国 A 租赁公司租入某种设备，其总成本为 100 000 美元，租赁期 4 年，租赁期满时，甲公司用 1 000 美元留购该设备，租赁手续费率为 2%，融资利息率为 7%，每年年末支付租金。要求：计算各年应付租金。

2.我国甲公司拟添置某种设备，价值 100 000 美元，预计使用期为 6 年，报废时的残值为 3 000 美元。取得这一设备有以下三个方案可供选择：（1）国际融资租赁。从美国 A 租赁公司租入该种设备，其数据见上题。（2）自有资金购买。设备购买成本 100 000 美元，成交时支付 50 000 美元，一年后支付 50 000 美元。（3）贷款购买。贷款 100 000 美元，每年年末还本 20 000 美元，5 年还清，年利息率 10%，每年年末支付利息。要求：确定哪一个方案较优（年折现率 10%）。

相关网站

商务部全国融资租赁企业管理信息系统 leasing.mofcom.gov.cn.

中国银行业协会金融租赁专业委员会 www.china-cba.net.

中国租赁联盟 www.zgzllm.com.

融资租赁网 www.rongzizulin.com.

招银金融租赁有限公司 www.cmb-leasing.com.

国际租赁金融公司 www.ilfc.com.

欧洲租赁协会 www.erarental.org.

租赁视界 www.tjrzzl.com.

中国融资租赁导航网 www.cfl123.com.

融租之家 www.rongzuhome.com.

天津渤海租赁有限公司 www.bohaileasing.com.

工银金融租赁有限公司 www.icbcleasing.com.

第十一章

国际补偿贸易筹资

第一节 国际补偿贸易筹资的方式

一、国际补偿贸易的概念

国际补偿贸易是指由出口商提供机器设备、技术，其价款允许进口商用进口的设备、技术生产的产品或双方商定的其他产品分期清偿的贸易方式，也可以说是一方向另一方出口商品，同时承担分期向对方购买一定数量商品的义务。欧美国家把这种贸易方式称为"compensation trade"或"counter trade"。出口方供应设备、技术，并取得补偿品，进口方提供补偿品，并取得设备、技术的所有权和使用权，属于商品买卖关系。从进口方来说，国际补偿贸易也是利用外资的一种重要方式。

国际补偿贸易是20世纪60年代以来，在易货贸易的基础上发展起来的商品技术贸易与信贷结合的一种形式。苏联和东欧国家20世纪60年代以来从西方国家进口大量设备、技术，但自由外汇短缺，就提出用产品直接支付进口货款。亚、非、拉的一些发展中国家，由于国际收支逆差，也希望采用补偿贸易方式用产品支付进口货款。一些工业发达国家为了克服国际贸易中外汇短缺的障碍，向更多的国家推销自己的商品，或通过向资源丰富的国家提供设备、技术，以稳定的合同关系从那里获得原材料，也愿意采用补偿贸易形式。跨国公司的发展，企业销售系统的扩大和完善，也为国际补偿贸易的开展创造了必要的条件。近几十年来，国际补偿贸易发展迅速，已为许多国家所采用。我国开展国际补偿贸易始于20世纪70年代末。

补偿贸易与易货贸易两种形式的共同特点是出口与进口相结合。补偿贸易虽然仍保留着以实物支付来偿还进口，没有脱离以物易物的范畴，但它在易货贸易的基础上向前发展了一步，它与易货贸易相比，有以下两点区别：

（1）易货贸易在时间上是限期一次完成的，而补偿贸易的价款在时间上是分期多次逐步偿还的。补偿贸易从出口方提供设备、技术，直到进口方用产品补偿其全部价款，需要经过一段时间，少则三五年，多则十年以上。这就是说，补偿贸易是以信贷为基础，是融资与贸易的结合。补偿贸易的核心特点是进口设备、技术中长期融资与用所产产品分期偿还这两者的结合。

（2）易货贸易在金融上严格限定双方用等价的商品相交换，而补偿贸易并无此限定。补偿贸易的出口方在合同中所承担的返销或回购产品的义务，可以不以设备、技术作价的金额为限，产品返销或回购数额可以超过设备、技术的价款，这有利于企业进口设备、技术带动更多的产品外销。

二、国际补偿贸易的分类

国际补偿贸易按其涉及的单位多少可分为双边补偿贸易、三角补偿贸易和多边补偿贸易。

（一）双边补偿贸易

补偿贸易活动只涉及出口方和进口方两个方面的，称为双边补偿贸易，如图11-1所示。

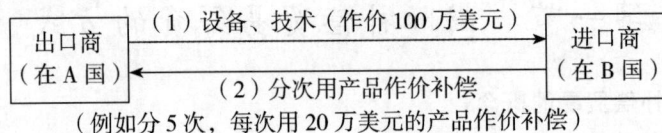

（例如分5次，每次用20万美元的产品作价补偿）

图11-1 双边补偿贸易

（二）三角补偿贸易

有时设备、技术的出口方对于从进口方返销或回购的产品，自己不需要使用又无力销售，而必须找一家经销商来销售这些产品，以参与完成补偿贸易的全过程，这称为三角补偿贸易，见图11-2。

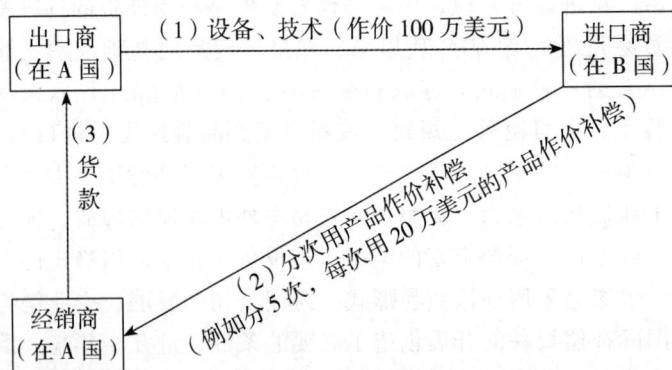

图11-2 三角补偿贸易

（三）多边补偿贸易

由于补偿贸易从出口方发运设备，经安装、调试、投产、产品出运，到补偿设备、技术全部价款为止，需经历若干年，出口方会感到资金周转困难，因此，补偿贸易离不开资金融通，这就有了利用出口信贷及商业银行贷款的必要，在这种情况下，就会出现前述三方再加上银行四方参加的多边补偿贸易。利用卖方信贷时的补偿贸易如图11-3所示，利用买方信贷时的补偿贸易如图11-4所示。

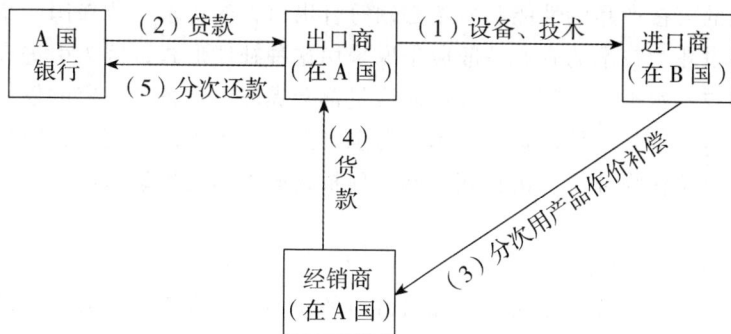

图11-3　利用卖方信贷时的补偿贸易

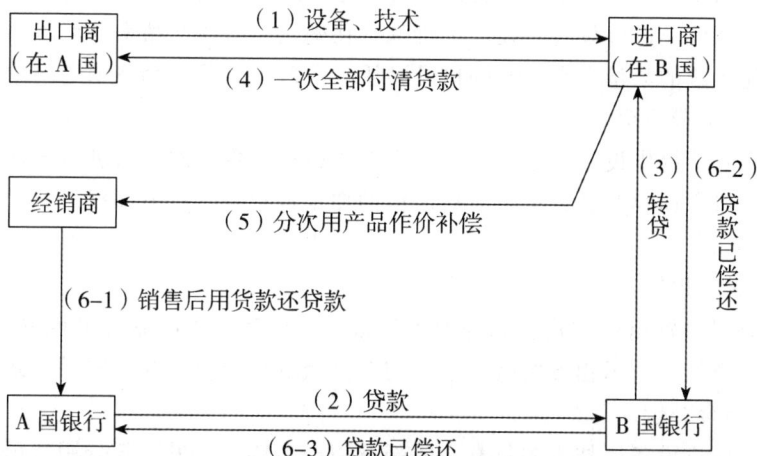

图11-4　利用买方信贷时的补偿贸易

图11-4中，出口商的经销商应将产品销售所得货款汇给进口商，由其偿还 B 国银行贷款本息，然后 B 国银行偿还 A 国银行贷款本息。为了节省和简化，进口商指示经销商用货款偿还贷款，这样，进口商欠 B 国银行的贷款和 B 国银行欠 A 国银行的贷款都已偿还。

国际补偿贸易按其规模和重要程度可分为大型补偿贸易和中小型补偿贸易两种。大型补偿贸易是指国家掌握的大型厂矿、农田水利、铁路、港口等重要的建设项目所进行的规模较大的补偿贸易。中小型补偿贸易是指生产一般轻纺产品、手工业产品、机电产品、地方中小型矿产品和某些农副产品的企业引进设备、技术，以生产的产品或其他产品作价偿还的项目。

三、国际补偿贸易的方式

国际补偿贸易中进口方对出口方提供的设备、技术价款的补偿有以下几种方式：

（一）直接产品补偿

直接产品补偿又称产品返销，是指进口方用进口的设备、技术所生产的产品作价分期偿还出口方设备、技术的价款。这是补偿贸易的基本形式。采用这种形式，进口方生产的直接产品的性能和质量必须符合出口方的要求，或在国际市场上是可销的。进口设备、技术的企业一般应争取采用这种补偿形式，因为引进设备、技术后，企业的技术水平、生产能力和产品质量都会提高，具备了一定的偿还能力。补偿贸易的商品一般是某种设备、技术，但也可能是一个工厂，例如，阿根廷从巴西购买一个水电站作为补偿，按长期合同，阿根廷向巴西销售该水电站的一定比例的产品。

（二）间接产品补偿

间接产品补偿又称产品回购。如果进口的设备、技术不生产有形产品，或生产的有形产品对方并不需要，或进口方国内对这种产品没有较大的需要，经双方协商一致，也可以由进口方分期用一种或几种其他产品（不是该进口设备、技术生产的产品）作价来偿还进口设备、技术的价款。在确定用其他产品来补偿时，应考虑这些产品可能供应的数量、交货时间以及品质、花色、品种是否适销等问题。

（三）加工费补偿

出口方除了提供设备、技术外，还供应原材料、零配件，由进口方加工或装配成产品，出口方回收产品，进口方用应得的加工费和装配费来补偿进口设备、技术的价款。

（四）融资租赁补偿

引进方以融资租赁方式从国外取得设备，投产后，用产品向出租方偿付租金，期满后，设备作价由承租方留购。这是与融资租赁相结合的补偿贸易方式。

（五）综合补偿

进口方引进设备、技术的价款，一部分用产品偿还，另一部分用货币偿还。用于补偿的产品，可以是直接产品，也可以是间接产品。进口方为了节省外汇支出和推动产品出口，一般都应争取百分之百地以产品补偿，但有时为了能达成协议，也可根据具体情况采用综合补偿方法。

以上各种补偿方式各有特点，应根据不同的对象和进、出口双方的需要与可能来决定。

我国对补偿贸易曾做过以下几项规定：

（1）凡是由国外厂商提供或者利用国外出口信贷进口生产设备或技术，由我方企业进行生产，以返销其产品方式分期偿还对方技术、设备价款或贷款本息的交易形式，都属于补偿贸易。中小型补偿贸易应以发展轻纺产品、机电产品、化工产品、建筑材料、地方中小型矿产品和某些农副产品为主。其他行业如有利于发展产品出口，并具有偿还能力，也可以对外开展补偿贸易。

（2）补偿贸易原则上要以引进技术、设备所生产的产品返销对方，进行直接补偿。直接补偿确有困难，或者以其他产品偿还对我方扩大出口更为有利时，在不影响完成国家规定的调出任务的前提下，也可以使用该企业（包括联合体）所生产的其他产品进行间接补偿。

（3）开展补偿贸易，应当尽可能直接利用设备出口国家的出口信贷，包括中国银行在国外筹措的买方信贷。使用这种信贷必须和返销产品进行补偿结合，否则不属于补偿贸易，不能减免进口关税和工商税。

（4）使用国外贷款进口材料在国内制造设备或直接购买国内设备，然后用这些设备所生产的产品偿还贷款本息，也是补偿贸易的一种形式。

（5）直接用国内产品同国外厂商交换设备、原材料、器件或成品，以货换货，是易货贸易，不属于补偿贸易范围。

第二节　国际补偿贸易筹资的程序

一、国际补偿贸易筹资的程序

（一）计划阶段

计划阶段主要是对拟进行的补偿贸易项目进行可行性研究。在对外谈判前，应对我国国内的生产条件、资源情况、国际市场现状及其今后发展的趋势、产品的销路、价格等因素进行调查和分析，并对投资、成本、产销量、利润进行估算，以确定补偿贸易项目是否可行。

（二）选择贸易对象阶段

该阶段总的原则是在符合外贸政策的前提下，选择信誉好、有经营能力的客户。具体来说，要考虑以下因素：第一，能否供应适合我国需要的设备和技术，而且价格比较合理。第二，能否提供比较优惠的贷款条件。除了考虑国外客商本身的财务状况以外，还要看该客商所处的环境，如该国家是否设立了出口信贷机构，能否向设备进（出）口方提供优惠贷款。第三，推销补偿产品的能力如何。国外从事补偿贸易的公司或商人主要有两种类型：一类是设备的制造商和推销商，其主要兴趣和利益是推销自己的产品，而购买对方产品只是作为推销自己产品的一种手段和应尽的义务。因此，他们希望回购的产品愈少愈好。另一类是一些经销商，他们的兴趣和利益既在于推销设备，也在于取得廉价、稳定、优质的进口货源，他们出售设备和技术常常同时着眼于协助对方增加出口产品数量和提高质量，他们购买回头货的积极性比较高。

（三）对外谈判和签订合同阶段

交易金额较大、内容复杂的补偿贸易要签订设备买卖和补偿产品返销买卖两个合同。设备买卖合同一般包括以下内容：出售设备和技术的名称、规格和数量，交货时间、培训时间、安装调试时间、试验生产及技术服务时间，检验方法，价格、利息计算和补偿方式以及保密和仲裁等。补偿产品返销买卖合同主要包括以下内容：补偿产品的名称、规格、质量、数量，产品计价方法，交货条件，包装条件，检验和单证以及索赔和仲裁等。

（四）交货和验收阶段

出口方按合同的规定及时发运设备和提供技术，进口方加以验收。

（五）补偿阶段

进口方将设备、技术投入使用后，按合同的规定进行补偿。

二、在对外谈判和签订合同时应着重考虑的问题

（一）商品的选择

补偿贸易双方所交换的商品是根据各自的需要与可能确定的。我国现阶段开展补偿贸易的目的主要是希望多引进一些设备和技术，并增加出口创汇。因此，在补偿贸易时，对进口商品的选择，应考虑以下几点：

第一，进口的设备必须是发展我国国民经济所必要和急需的。设备和技术要先进适用，要从我国的配套、使用能力出发，设备进口以后能充分利用我国资源、劳动力等有利条件。

第二，在技术上要能够控制污染，没有公害，而且能够降低产品成本，提高劳动效率。

第三，进口的设备要有足够的服务期。每一项进口的设备都有一定的寿命，用进口的设备所创造的价值偿还外资以后，设备应能继续使用，对我方才有利。

对于出口补偿产品的选择，应注意以下几点：

第一，要充分考虑补偿产品在国际市场上的销售情况和出口前景，如果出口前景无把握，产品销不出去，就会影响外资的偿还和补偿贸易的经济效益。因此，对于国际销售市场必须进行深入的调查研究，选择有出口前途的商品。

第二，出口补偿产品不应与我国现有的出口产品相排挤。如果某种商品已经是我国传统的出口商品，而且有了相对完善的销售渠道，用这种商品去补偿，势必造成自相竞争，从全国整体利益看，就是得不偿失的，也直接影响企业的经济效益。

第三，如果用某种中间产品作为补偿产品，那么这种产品必须是产量自用有余的。

（二）商品的作价

补偿贸易的商品作价包括设备等商品的作价和补偿产品的作价两个方面。设备等商品的作价一般是在签约时就要予以确定。其价格的高低取决于设备的质量和其他补偿贸易的条件。例如，设备的价格有时包括专有技术或专利的使用费；采用贷款方式时，还包括贷款的利息和费用等。在从事补偿贸易时，要力争设备价格合理，应参照国际市场同类商品的价格水平确定，为此，要对市场行情进行广泛的调查，对设备价格进行多方面的比较：各国同类设备价格的对比，同类设备现汇支付价格与以产品补偿价格的比较，设备价格与使用设备所能创造的价值之间的比较等。同时，对设备价格中是否包括维修费、操作人员的培训费、保险费等，都要在设备进口合同中作明确规定。

对于补偿产品的作价，由于补偿时间长，国际商品市场行情变化大，进出口双

方都需对国际市场商品价格作中长期趋势预测，为照顾双方利益，一般采取分期作价方法，通常有以下三种做法：第一，签订补偿贸易合同时，参照国际市场价格，结合今后的发展趋势，双方协商确定暂定价，并允许在交货时根据当时市场情况，作一定范围的调整。第二，在补偿贸易合同中规定作价原则。例如，参照每批产品交货时的国际市场价格、交易所报价、销售报刊公布价格，由双方根据互利精神协商作价。第三，在补偿贸易合同中规定计价公式，以后根据交货时原料、工资和国际市场价格等因素，计算出每批交货的价格。

（三）外资偿还期的确定

外资偿还期是补偿贸易合同中规定的设备、技术价款（包括延付期的利息）或贷款本金及利息应该还清的期限，它是由贸易双方根据贸易的规模和各自的条件协商确定的。对于设备、技术进口方来说，偿还期限的长短是十分重要的，因为它规定了使用国外资金的时间长短和付出利息的多少。在与外商协商确定偿还期限时，主要应该考虑偿还能力大小，它是决定补偿贸易偿还期的基础。可用于偿还引进设备、技术价款的资金不是产品的全部销售收入而是销售净收益（指产品销售收入减去成本费用以后的净额。在国家规定补偿贸易在补偿期间免缴销售税金的情况下，这一净额相当于销售利润），因为销售收入的一部分必须用于补偿成本费用，才能保证再生产不断进行。如果每年的产销量大，而且成本费用又低，因而销售净收益多，则偿还能力较大，偿还期可适当短一些；反之，则应长一些。

（四）货币种类的选择

商品从确定价格到实际结算往往需要一定时间，贷款从动用到偿还也需经过一定时间，在这个期间，如果有关货币的币值发生变化，就会给交易的一方带来损失，另一方得到好处，因此选定适当的国际货币充当计价和结算手段显得十分重要。在国际贸易中，为了减少外汇风险，普遍采取的做法是：凡收入的外汇，都希望使用硬货币；凡付出的外汇，都希望使用软货币。由于贸易双方的利益是矛盾的，因此，使用什么货币必然要由双方协商确定。一般来说，进口设备和返销产品的计价货币最好采用同一种货币。

（五）结算方式

补偿贸易是一种国际的财产转移和交换的复杂过程，它涉及双方的利益和财产的安全，因此，在补偿贸易中必须确定具体的支付方式或结算办法。

从补偿贸易的一般概念来说，设备、技术的价款要由进口方以提供返销产品的方式来补偿，但在实际执行过程中，并不是以以货易货的形式来抵偿。在货款结算上仍要采用国际贸易惯用的方式，即双方的设备、技术与补偿产品分别通过银行进行结算，这可采用对开信用证和相互托收等方式。由于补偿贸易具有长期性和分期补偿的特性，因此设备进口方开出的偿付设备货款的信用证应是分批远期付款信用证，而设备出口方开出的偿付返销产品价款的信用证应是分批即期付款的信用证。二者在时间上衔接，使设备进口方在收到返销产品的外汇后，用以支付设备、技术账款。

（六）违约惩罚条款的规定

在签订合同时，应明确规定违约惩罚条款，一般包括两个方面：一是出口方未履行回购义务，应支付一定罚金，以弥补进口方损失；二是进口方未按规定的时间、数量、质量交付产品，也要支付一定罚金。为了保证上述规定的实现，一般在签订合同时都要求对方提供银行担保。

第三节　国际补偿贸易筹资决策

一、国际补偿贸易筹资的利弊

企业是否应进行某项国际补偿贸易筹资，首先应了解国际补偿贸易筹资的利弊。

（一）国际补偿贸易筹资的利

国际补偿贸易筹资的好处主要有以下几点：

（1）利用补偿贸易，引进设备、技术，不需要支付外汇，有利于解决扩大进口和缺少外汇的矛盾。

（2）通过补偿贸易，引进先进的机器设备和技术，有利于搞好企业的技术改造，提高企业技术水平和劳动生产率，提高经济效益，增加国家财政收入。

（3）补偿贸易把进口与出口结合起来，有利于扩大商品的出口，可以利用外商的销售渠道来推销企业的产品。

（4）在用直接产品补偿的情况下，设备、技术的出口方出于本身的利益，主动关心设备的使用，在产品设计和生产方面提供技术交流。

（二）国际补偿贸易筹资的弊

国际补偿贸易筹资存在的缺点主要是：

（1）补偿贸易的内容复杂，涉及信贷、生产和流通领域，所以进行起来比较困难。

（2）买方付出的代价较高。出口方提供的机器设备、技术的价格通常包含较高的利润，例如，东欧国家利用补偿贸易方式进口的机器设备的价格要比其他贸易方式高15%~30%。

（3）进口的设备、技术可能不是最先进的，而且设备、技术出口方对补偿产品的规格、质量和交货期限等方面要求很严，往往还借口销售市场情况不好，对补偿产品进行压价。

二、国际补偿贸易项目的财务可行性分析

企业通过补偿贸易方式引进设备、技术，从设备、技术的价款分期偿付来看，是企业的一种筹资方式，从将引进的设备、技术用于生产经营从而获得收益来看，又是企业的一种投资行为。企业进行补偿贸易引进设备、技术，事先必须进行可行性研究，从财务方面来看，要预测引进设备、技术应付外汇总额和需要投入本国资

金总额，要预测补偿期间各年的生产和出口产品数量、收入、成本费用、利润和现金流量，计算可能补偿期、外资偿还率、使用外资收益率、补偿贸易换汇率和利润率，以及净现值和内含报酬率等指标。如果企业进行的补偿贸易项目的经济效益高，偿还能力强，则该项目在财务上是可行的。

企业从事补偿贸易，引进设备、技术，必须讲求经济效益，使企业增加利润，及时偿还引进设备、技术的价款，在补偿贸易期结束时，赚回进口的设备。由于补偿贸易使用了国外资金，其产品又在国际市场上出售，货币收支涉及外汇核算问题，因此，用衡量经济效益的一般标准，对从事补偿贸易的企业来说是不够的。下面针对补偿贸易的特点，说明反映补偿贸易经济效益的几个指标：

（一）可能偿还期

可能偿还期又称可能补偿期，表示在以每年出口产品的外汇净收益偿还外资的条件下还清全部外资所需要的时间（以年作为单位）。每年的外汇净收益越大，则可能偿还期越短，可能偿还期短表明偿还能力强。由于企业通过补偿贸易引进了设备、技术，负有用产品作价偿还国外资金的义务，因此，反映偿还能力的可能偿还期就成为评价补偿贸易经济效益的首要指标。

一般情况下，合同中规定的偿还期限要长于企业在补偿贸易可行性研究中计算出的可能偿还期，这样，企业在使用外资期间，在偿还外资以后，还能有一部分外汇收入。如果两者基本上相等，则表示企业在使用外资期间，要将全部外汇净收益都用于偿还外资；如果前者小于后者，则表示企业在使用外资期间，自己不可能偿还全部外资。

在计算可能偿还期时，必须明确用出口产品外汇净收益即利润偿还的原则，每年出口产品外汇净收益等于平均每年出口产品外汇收入减去出口产品成本费用以后的净额。可能偿还期的计算公式如下：

$$Y=\frac{T}{V-F}$$

式中：Y为可能偿还期；T为待补偿外汇总额（外资总成本）；V为年外汇收入；F为年成本费用。

待补偿外汇总额包括引进设备、技术的全部货款或贷款和货款延付期或贷款期间的利息，以及其他财务费用。计算待补偿外汇总额时，应根据不同的偿还方式采用相应的计算方法。

年外汇收入是由平均每年出口产品数量和售价决定的，出口产品数量比较容易预计，而售价则是变动的，因此，企业在计算年外汇收入时，应根据国际市场上该商品价格的变动规律，以及将来可能变动的因素，推算出以后若干年的价格或一定时期的平均价格，据以计算企业年外汇收入。

年成本费用包括原材料、燃料、动力、工资、折旧及其他有关费用。这些费用表现为一定数额的本国货币，由于外资总成本和外汇收入都是按外币计算的，因此，必须把每年的成本费用也折算成外币。在折算时，应根据不同的具体情况采用不同的折算方法。例如，可以采用该商品在国内市场和国际市场上的价格比率作为折算率，也可以采用本国货币对外汇的牌价或内部结算价进行折算。

（二）外资偿还率和使用外资收益率

企业从事补偿贸易，利用国外资金与我国资源和劳动力相结合创造的收益，双方要各自得到其中适当的部分。每项补偿贸易由于使用外资的条件及偿还规定存在差异，给我国带来的利益大小也不相同。为了比较双方所得利益的大小，区分优劣，决定取舍，就必须计算外资偿还率和使用外资收益率。外资偿还率是指企业使用国外资金所创造的全部外汇净收益中，偿还外资的部分所占的比重，其计算公式为：

$$E_1 = \frac{T}{(V-F) \cdot n} \times 100\%$$

式中：E_1 为外资偿还率；n 为使用外资创造外汇收益的年限。其余符号同前。

使用外资收益率是指企业在使用外资期间的外汇净收益扣除偿还外资的部分后，归自己所得部分占净收益的比重，可用 E_2 表示。其计算公式为：

$$E_2 = \frac{(V-F) \cdot n - T}{(V-F) \cdot n} \times 100\% \quad \text{或} \quad E_2 = 100\% - E_1$$

（三）补偿贸易换汇率

由于大多数补偿贸易都需使用一定的国内资金，在企业每年创造的外汇收入中，国内资金也起一定的作用，为了获得一定数量的外汇收入，需要投入国内资金量的大小，也是衡量补偿贸易经济效益的一个重要方面。如果企业在进行补偿贸易时，虽然取得了一定的外汇收入，但所投入的国内资金很多，这项补偿贸易就不一定合算，因为如果将这笔国内资金投入其他生产出口商品的企业，所得的外汇收入也许更多。因此计算补偿贸易换汇率，以便与完全使用国内资金的出口企业相比较。

补偿贸易换汇率是指使用每一单位国内资金所能获得外汇净收入（指外汇收入减去偿还外资数以后的净额）的数额，一般分为外资使用期间的换汇率和进口设备服务期间的换汇率两种。外资使用期间的换汇率用 S_1 表示，进口设备服务期间的换汇率用 S_2 表示，其计算公式分别为：

$$S_1 = \frac{V \cdot n - T}{Z \cdot N} \times 100\%$$

$$S_2 = \frac{V \cdot L - T}{Z \cdot L} \times 100\%$$

式中：N 为使用外资年限；L 为进口设备使用年限；Z 为本国资金投入量。其余符号同前。

（四）补偿贸易利润率

为了将使用国内和国外两种资金的企业经济效益与只使用国内资金的企业经济效益进行比较，还应计算国内资金利润率指标，这样，不仅可以考核企业使用国内资金的效果，也便于国家调整利用外资的政策和条件。

补偿贸易利润率是企业进行补偿贸易所获得的利润与投入的国内资金的比率。计算方法是将补偿贸易的一切进出口开支和收入，均按汇率折算成本国货币，用本国货币统一核算利润率，显然，其利润率受外币与人民币的兑换率影响较大。补偿贸易的利润率也分为两种：一是外资使用期间的利润率（用P_1表示）；另一种是进口设备服务期间的利润率（用P_2表示）。其计算公式分别为：

$$P_1 = \frac{[(V-F) \cdot n - T] \cdot r}{Z \cdot N} \times 100\%$$

$$P_2 = \frac{[(V-F) \cdot L - T] \cdot r}{Z \cdot L} \times 100\%$$

式中：r为人民币对外币的汇率。

以上各项指标都是静态指标，是按一定时期各年的平均数计算的，没有考虑货币时间价值。可参照第十二章国际直接投资项目财务可行性分析的方法，预测未来一定时期各年的成本费用、收入和利润，在现金流量的基础上进行净现值和内含报酬率等动态指标的计算和分析。我国华美公司的一项国际补偿贸易见案例11-1。

案例11-1

华美公司以补偿贸易方式从美国引进设备的财务可行性分析

我国华美公司与美国A公司进行一项补偿贸易，引进设备、技术的价款为1 000万美元。建厂房和设备安装期1年，合同规定，投产后第1年年末付两年利息，第2年开始用该设备生产的产品作价补偿，每年补偿200万美元，并付当年利息，年利息率8%，5年还清。预测补偿期间平均每年生产并出口的产品为10万件，每件平均价格80美元，每件平均成本费用250元人民币，平均汇率为1美元=8.32元人民币。引进的设备预计可使用15年。国内资金投入量为3 800万元人民币。

1.计算待补偿外汇总额

投产后第1年年末付两年利息为：

1 000×（1+8%）^{2}-1 000=166.4（万美元）

第3年至第7年的五年间的本利和总额为：

$$\frac{1\,000 + 200}{2} \times 5 \times 8\% + 1\,000 = 1\,240（万美元）$$

待补偿外汇总额为：

166.4+1 240=1 406.4（万美元）

2.计算年外汇收入

10×80=800（万美元）

3.计算年成本费用

10×250=2 500（万元人民币）

2 500÷8.32=300.48（万美元）

4.计算可能偿还期

$$Y = \frac{1\,406.4}{800 - 300.48} = 2.8155（年）$$

从使用外资时算起，可能偿还期为：

$1+2.8155≈3.82$（年）

5.计算外资偿还率

$$\frac{1\ 406.4}{(800-300.48)×6}×100\%=46.93\%$$

∵$T=(V-F)·Y$

∴$E_1=\frac{(V-F)·Y}{(V-F)·n}×100\%=\frac{Y}{n}×100\%$

代入例中数据计算：

$$E_1=\frac{2.8155}{6}×100\%=46.93\%$$

6.计算使用外资收益率

$$\frac{(800-300.48)×6-1406.4}{(800-300.48)×6}×100\%=53.07\%$$

或　$100\%-46.93\%=53.07\%$

7.计算补偿贸易换汇率

$$S_1=\frac{800×6-1406.4}{3800×7}×100\%=12.76\%$$

$$S_2=\frac{800×15-1406.4}{3800×15}×100=18.59\%$$

8.计算补偿贸易利润率

$$P_1=\frac{[(800-300.48)×6-1406.4]×8.3200}{3800×7}×100\%=49.75\%$$

$$P_2=\frac{[(800-300.48)×15-1406.4]×8.3200}{3800×15}×100\%=88.84\%$$

华美公司进行的这一补偿贸易项目的可能偿还期较短，使用外资收益率、换汇率和利润率都比较高，从财务方面来看该项目是可行的。

专栏11-1

国际军贸领域的补偿贸易

军贸项目是一国国防经济活动的对外延伸和拓展，是国防工业参与国际分工协作和竞争的重要手段。20世纪80年代初以来，补偿贸易在国际军贸领域获得了广泛的应用，现已成为军贸出口大国向发展中国家和地区推销军品的重要手段。英国简氏信息集团公布的一份研究报告显示，发展中国家的军费开支及其武器进口需求的不断增长，将使全球军工企业2012年至2022年在欧盟和美国以外市场因军贸项目而承担的贸易补偿额累积高达940亿美元，其中超过半数由美国军工企业来承担。

1992年，美国和瑞典为争夺与芬兰的30亿美元的军火交易，分别答应提供100%和300%的贸易补偿。1999年初，印度和俄罗斯两国签署为期10年的军事合作协议，包括了补偿贸易的内容。根据协议，印度将大量采购俄制装备，包括价值10亿美元的S-300V防空导弹系统、T-90坦克、空中预警系统、Ka-50直升机以及4.4万吨级的"戈尔什科夫上将"号航空母舰；印度将许可证生产Su-30MK多用途战斗机，俄将帮助印度改进100~125架"米格-21"战斗机，并对印陆军的T-20坦克进行现代化改造，俄罗斯还将向印度提供价值26亿美元的两座100

兆瓦的民用核反应堆。

军品补偿贸易就补偿内容可分为直接补偿、间接补偿、付费补偿和综合补偿。直接补偿是购买方通过许可证生产或合作生产，向出口方提供所售军品的零部件，或用与军品制造直接相关的原材料作为补偿。间接补偿是购买方向军品出口方提供与武器生产无直接关系的产品和原材料作为补偿，如军品换石油、军品换食品等。付费补偿即用货币支付引进军品价款。综合补偿也称混合补偿，是指直接补偿、间接补偿和付费补偿搭配使用的补偿方式，由于操作灵活，在军贸交易中采用较多。

军品补偿贸易按补偿的价值量可分为等价补偿和不等价补偿。等价补偿即出口的军品价值与补偿商品的价值相等的补偿方式。不等价补偿又可分为两种形式，即部分补偿和超额补偿。部分补偿是指出口军品的价值量大于补偿商品的价值量。超额补偿是指出口军品的价值量小于补偿商品的价值量。军品补偿贸易形式多样，包括许可证生产、合作生产、子合同生产、合股投资、技术转让和易货贸易等。其中许可证生产与合作生产是军品补偿贸易中使用的两种主要形式。

补偿贸易的内涵在军贸领域有了新的发展，由传统的补偿贸易发展为包含补偿贸易在内的贸易补偿。贸易补偿是一个更为宽泛的概念，它是一国为达成对外贸易的目的，而采取的多种形式的对等贸易行为。贸易补偿对于打破国际贸易中的一些贸易保护限制，建立长久的贸易关系，使双方保持外汇平衡有着重要的作用。贸易补偿中补偿的含义与补偿贸易中的补偿相比，内涵已扩大。补偿的主动权可以在卖方，也可在买方。军贸进口国如计划进口高技术军品，若再加上除预购武器外的附加采购协议作补偿，则会使交易更容易达成；作为军贸出口国，采取的多种形式的补偿措施，将使得军品交易进展顺利。在当前的军品交易中，贸易补偿的主要内容还是补偿贸易的规定，但内容日趋丰富。

补偿贸易在国际军贸中所占的比例迅速增大，是由国际军品市场格局、现代军品发展的趋势和补偿贸易的特点决定的。不过，军贸进出口国间的政治关系、进口国是否具备一定生产技术能力、进口国资源情况、军品技术的先进程度、进口国市场需求等因素也会成为军品补偿贸易的障碍。

资料来源：朱启超.国际军火补偿贸易及对我国军贸工作的启示 [J].军事经济研究，2000（6）：40-43；刘宇，李国旗.关于航天军贸与补偿贸易一体化推进的思考与初步建议 [J].中国航天，2017（6）：42-45.

思考题

1. 什么是国际补偿贸易？为什么说它是企业的一种筹资方式？

2. 国际补偿贸易可分为哪几类？有哪几种方式？

3. 国际补偿贸易筹资的程序有哪几个阶段？怎样确定交换的商品品种、价格和外资偿还期？怎样选择结算货币种类和结算方式？

4. 国际补偿贸易筹资有哪些优缺点？

5. 什么是可能偿还期、外资偿还率和使用外资收益率、补偿贸易换汇率和补偿贸易利润率？怎样计算这些指标？

计算题

某企业通过补偿贸易方式进口设备，货款总额为 100 万美元，年利息率 10%，基建期一年，协议规定投产后第一年年末支付基建期和当年利息，第二年开始还本并付当年利息，每年还本 10 万美元，10 年还清，每年生产并出口产品 10 万件，每件产品平均成本费用 150 元人民币，出口销售平均每件价格 25 美元。平均汇率 1 美元=6.8 元人民币。要求：计算可能偿还期、外资偿还率和使用外资收益率。

相关网站

中国国际贸易促进委员会 www.ccpit.org.

中国国际贸易科研网 www.csitnet.com.

中国商品网 www.ccn.mofcom.gor.cn.

中国机械进出口（集团）有限公司 www.cmc.com.cn.

美国商会 www.uschamber.com.

联合国国际贸易中心 www.intracen.org.

中国国际经济贸易仲裁委员会 www.cietac.org.

海关统计资讯网 www.chinacustomsstat.com.

中国贸易投资网 www.tradeinvest.cn.

第四篇

国际投资管理

国际投资（international investment）亦称"境外投资"、"对外投资"或"海外投资"，是指投资者（进行投资的机构、部门、企业单位或个人）将其资本投放到国外，以期获得收益的经济行为。

国际的投资活动始于19世纪末，但20世纪前半叶的两次世界大战严重地破坏了国际投资环境，阻碍了国际投资活动的开展。第二次世界大战后，相对稳定的国际环境为国际投资提供了良好的条件。20世纪50年代以后，国际的投资额迅速增长，国际投资出现了一些新的特征：一是跨国公司迅速发展，世界经济出现了"生产国际化"的现象，直接投资在国际投资中的比重越来越大，国际证券投资有了迅速发展；二是投资方向已不局限于经济落后地区，各发达国家之间的私人资本也在互相渗透，甚至出现了发展中国家向发达国家"反投资"的现象。

目前，各国通行的国际投资方式主要分为直接投资和间接投资两种基本形式。投资者可以用现金、实物和无形资产向境外投资办企业，也可以用购买股票、债券的形式向境外投资。不论投资形式如何，均以投资者是否掌握投资项目的经营管理控制权作为确定对外直接投资和间接投资的主要分界线。关于直接投资和间接投资的概念，在第七章第一节已经说明。我国的境外直接投资是指境内投资者经其主管部门核准，通过新建或并购等方式，在境外设立企业或取得既有企业或项目的所有权、控制权或经营管理权等权益的行为。我国对外投资是实施"走出去"战略的一个重要方面。20世纪90年代以来，我国在大力吸收境外投资的同时，也有许多企业积极在境外投资。实践表明，对外投资加大了对外经济技术交流，促进了我国和企业所在国（地区）的经济发展，取得了良好的经济效益，积累了一定的管理经验。

向境外投资，不仅事先要进行周密科学的可行性研究，做好投资决策分析，而且要对投在境外的资本进行严格有效的管理，以获得良好的效益。本篇包括以下三章：第十二章阐述国际直接投资的财务决策；第十三章阐述根据投资决策进行实际投资创办企业以及投入生产经营后的财务管理；第十四章阐述国际证券投资。

第十二章

国际直接投资的财务决策

第一节　国际直接投资的动机与投资方式的选择

一、国际直接投资的动机

国际直接投资的动机是指投资者为什么要到境外去进行直接投资，即对外投资的目的性。投资者对外直接投资的动机很多，不同公司的投资动机也各不相同。有的企业对外直接投资，是以营利为目的的，有的则是为了减少风险；有的着眼于市场，有的则着眼于经营效率；有的从企业或微观出发，有的则从政府或宏观出发。一般来说，企业进行国际直接投资的动机通常有以下几点：

（一）为了获得高额利润

在竞争条件下，在国内投资使得企业只能获得正常收益。各个国家的经济发展水平及市场发育程度的不同，使其在要素价格上也存在较大的差异。因此，企业可以选择要素价格水平较低的国家和地区进行直接投资，例如，美国通用电气公司在墨西哥、韩国、新加坡等国投资设厂，日本松下电器公司在马来西亚、菲律宾和中国投资设厂，都是为了利用当地廉价的人力、物资和土地等资源，生产成本低利润高的产品，从而获得比国内更高的投资利润率。

（二）为了开拓新的需求来源

当企业发展到一定阶段，其产品在国内销售已存在激烈竞争，国内市场需求已经饱和，生产和销售的增长受到限制，为了继续发展，必须开拓有需求潜力的国外市场，一是将产品大量出口，二是对外进行直接投资，在国外建厂，在当地生产、销售。例如，20世纪90年代末，我国彩电行业年生产能力达5 000万台以上，而每年国内实际需求仅为2 500万台，导致国内市场竞争加剧，竞相降价，使企业利润减少，甚至出现亏损。在这种情况下，康佳集团公司一方面大力扩大产品出口，另一方面积极对外投资建厂，1999年在印度投资900万美元建成年产30万台彩电的合资企业，开创了新的天地，公司进一步发展。

（三）为了绕过国际贸易壁垒，维护和扩大国际市场

企业"走出去"，进入国际市场，一般是先采取出口产品的方式。当这种方式遇到贸易壁垒时，产品出口就会减少，这时就应采取另一种方式——对外投资办厂，就地生产、销售，绕过外国的贸易壁垒，以维护和扩大国际销售市场。因此，在某种情况下，企业对外直接投资与其说是进攻性策略，倒不如说是防御性策略。例如，1980年以来美国对汽车进口采取了许多贸易限制，日本丰田、尼桑等汽车制造公司预计其对美国的出口将受到更加苛刻的限制甚至被禁止，而在美国投资建立汽车生产企业就是为绕过美国汽车进口配额的限制。

（四）为了开发和利用国外自然资源

许多国家都存在经济发展与自然资源紧缺的矛盾。我国虽然地大物博、资源丰富，但有些资源的人均占有量却低于世界平均水平，例如，我国人均石油和天然气不到世界人均拥有量的1/8和1/20，2010年，45种主要矿产资源中可以满足社会经济发展需要的仅有20种，关系国计民生的大宗矿产中大部分矿种难以满足需要，资源短缺已成为我国经济发展的制约因素。解决这一矛盾有两种方式（或两个途径）：一是进口，从国外购买；二是对外直接投资，开采获得。二者相比较，后者的价格较低，供应较稳定。当进口购买有困难或投资开发获得的成本较低时，就应采取投资开发方式。各国的采矿公司和石油公司正是为了这个目的而对国外进行直接投资。例如，美国的埃克森公司在挪威附近的北海、澳大利亚、印度尼西亚和马来西亚投资开采石油和天然气，我国的鞍钢在澳大利亚投资开采铁矿，首钢在秘鲁投资收购铁矿，中国海洋石油公司以5.85亿美元收购西班牙瑞普索公司在印度尼西亚的五大油田的部分股权。这些都是为了开发和利用国外自然资源。

（五）为了利用国外原材料

如果甲公司生产产品耗用的原材料在本国供应困难，而A国这种原材料十分丰富，并且甲公司进口这种原材料生产的产品主要销往A国及与A国相邻的国家，在这种情况下，为了节省进口原材料成本和出口产品的运输费用，最好的办法是甲公司到A国投资建厂，利用当地丰富的原材料生产产品，就近销售。

（六）为了发扬自身优势

如果企业拥有先进的技术，并将这一优势成功地在本国市场加以利用，生产效率高，产品质量好，成本低，它就应当利用自己的优势，到缺少这种技术或这种技术比较落后的国家进行直接投资，从事生产经营，这样能获得很高的效益。企业在某一方面具有相对优势，也是到国外进行直接投资的重要条件之一。

（七）为了充分利用现有设备、技术和人力

有些企业有多余的设备和较强的技术力量，通过国际直接投资，可使这些设备、技术和人才在海外市场得以充分利用，为企业实现更多的利润，取得更大的经济效益。例如，大连麻纺织厂将搬迁改造中闲置的40多台麻纺设备转移到世界第一产麻国孟加拉国，建立大吉麻制品有限公司，利用当地质优价廉的黄麻资源和劳

动力资源生产麻制品，向日本等国出口，获得了良好的经济效益。

（八）为了带动国内技术、设备、零部件、半成品和劳务的出口

在国外投资办企业，除了投入一定数量的现金以外，还需要提供生产所需要的机器设备。世界各国利用对外直接投资，带动本国机器设备出口的做法已十分普遍。例如，印度出口的机械产品中约有40%与对外投资有关。如果在国外所办企业的生产活动主要是进行组装，还可以源源不断地输出零部件、半成品等；如果是办合资企业，则可以将我国的机器设备、技术作价投资。

（九）为了获得和利用国外的先进技术和科学管理经验

企业通过对外直接投资，与当地企业合资经营，或与当地机构合作研究，便于从国外直接获取新技术，了解和掌握国外经济和科学技术发展动向，学习国外的先进管理经验，从而增强企业的生存力和竞争力。

（十）为了分散和减少预期收益的风险

投资组合原理表明，如果把各个彼此之间关系（相关系数）较小的投资项目组合起来，就能降低预期收益的风险。国内投资项目与国内一般经济情况关系密切，国内经济情况对国内各个投资项目影响较大。不同国家的经济周期往往不一致，就使得国际投资项目收益的相关程度小于国内投资项目收益的相关程度。因此，企业在国际范围内的投资多样化与国内投资多样化相比，更能有效地降低风险。例如，美国通用汽车公司在欧洲投资办了生产和销售子公司，20世纪90年代初期，由于美国经济不景气，通用汽车公司国内业务的经济效益下降，而这一时期欧洲经济趋于繁荣，通用汽车公司在欧洲的子公司经济效益良好，因而降低了整个公司的经营风险。

有些企业由于所在国政局不稳或经济衰退，在本国投资风险较大，因而向投资环境良好的国家进行投资，有利于分散和减少投资风险。

为了避免或降低外汇风险中的经济风险，也需要对外进行直接投资，在国外进行生产和销售。第六章第四节中经济风险管理的实例对此作了详细说明。

上述对外直接投资的动机虽然很多，但可归纳为增加收益和减少风险两个方面，即为了获得高于国内经营的利润率，减少实现预期收益的风险。

回顾中国企业对外投资历程，自2001年加入世界贸易组织以来，随着国家大力推进"走出去"战略、高质量共建"一带一路"等积极对外开放举措，中国经济增长动力足、企业对外投资需求旺盛，中国企业对外投资快速发展，对外直接投资流量和存量稳居全球前列。目前我国共有近3万家企业在189个国家（地区）开展对外投资经营活动，截至2021年，对外投资存量为2.58万亿美元，居全球第三位。2022年，我国对外直接投资9 853.7亿元人民币，对外非金融类直接投资7 859.4亿元人民币；对外承包工程完成营业额10 424.9亿元人民币，新签合同额17 021.7亿元人民币。其呈现出以下特点：

第一，对"一带一路"沿线国家投资合作稳步推进。我国企业在"一带一路"

沿线国家非金融类直接投资 209.7 亿美元，同比增长 3.3%，占同期总额的 17.9%；在沿线国家承包工程完成营业额 849.4 亿美元，新签合同额 1 296.2 亿美元，分别占总额的 54.8% 和 51.2%，为高质量共建"一带一路"作出了积极贡献。

第二，部分行业对外投资增长较快。投向批发和零售业 211 亿美元，同比增长 19.5%；投向制造业 216 亿美元，同比增长 17.4%；投向租赁和商务服务业 387.6 亿美元，同比增长 5.8%。

第三，地方对外投资活跃。地方企业对外投资 939.2 亿美元，较上年增长 13.1%，占总额的 80.4%。其中东部地区对外投资增长 10.3%，占地方投资的 81.6%，广东、浙江和上海位列地方对外投资前三位。

党的二十大提出，要"提升贸易投资合作质量和水平""推动共建'一带一路'高质量发展"；中央经济工作会议亦提出，要"培育国际经贸合作新增长点"。国家对外投资政策的顶层设计，加之疫情防控措施的优化调整，我国对外投资将迎来新的发展机遇。

二、国际直接投资方式的种类

国际直接投资方式可以按不同标志进行分类。

（一）按进入方式划分

1.新建方式

新建方式指投资者在境外投资创建和经营新的企业，例如在境外创办合资经营企业、合作经营企业或独资经营企业等。

2.并购方式

并购方式指投资者通过股票市场购买外国某上市公司相当数量的股票，掌握控股权，或通过协议或产权交易市场购买外国现有某企业的部分或全部产权。全部并购一个外国公司，可以对该公司有完全的控制权，并在国外市场迅速占有大的份额。然而，全部并购需要的投资数额较大，其风险也较大。如果全部并购后该公司经营不好，在合理的价位卖掉它可能很困难。有些公司进行部分并购，只购买外国公司一部分产（股）权，这比进行全部并购所需投资额少，因而其风险也较小，但公司对部分并购的公司不能完全控制。

我国由于这些年经济高速发展，积累了巨额资金，同时需要从国外获得各种资源和技术，2008 年世界金融危机以来，一些西方国家的企业陷入困境，资金短缺、资产价格下降、外资流入管制放松，在这种情况下，我国企业有对海外企业进行并购的必要性和可能性。中国国有企业凭借国家信誉，筹集大量资金，积极开展海外并购，其资金来源：一是企业自有外汇资金；二是从银行贷款；三是发行公司债券。2012 年，我国企业海外并购激增，比上年增加 28%，例如，中国海洋石油总公司收购了加拿大尼克森公司，中国万向公司收购了美国的 A123 系统公司等。参与海外并购的不仅有国有企业，其是海外并购的主角，而且还有民营企业，其地位正在上升，在海外并购中，2011 年民营企业只占 17%，2012 年上升为 28%。在海外并购时，根据具体情况实行独资或合资，股权安排一般是中方占多数股权，但有时也可接受少数股权。例如，中投公司以 3.85 亿欧元获得了欧洲通信卫星公司 7% 的股权，并且还购入了英国泰晤士水务公司 8.68% 的股份。在海外并购中应实行投资多元化，并购对象除了高新技术、自然资源、制造业、农业等企业外，还包括银行、服务行业等企业。例如，2012 年 5 月中国工商银行收购了美国的一家金融机构——东亚银行美国分行，大连万达集团公司收购了美国第二大院线集团 AMC 娱乐控股公司。

2013 年上半年，中国企业的海外并购额比上年同期减少 22%，出现了 5 年来的首次下滑，其原因：一是海外并购风险逐渐暴露出来，发生了一些投资失败，使海外并购趋于谨慎；二是借贷利率上升，银行贷款减少，公司债券推迟发行，并购资金无法到位。

近年来，企业并购市场的资金流动方向发生了变化。10 年前美国和欧洲还是这个市场的领头羊，而今新兴经济体国家已经成了企业并购的主力军。2008 年至 2012 年间，中国、印度、俄罗斯、巴西和中东等经济高速发展的国家和地区共投资 1 610 亿美元用于收购美国、英国、德国、澳大利亚、日本和加拿大等国的企业，比这些成熟经济体国家收购新兴经济体国家的企业投入的资金高出 100 亿美元。

我国联想集团并购 IBM PC 业务见案例 12-1，中海油收购加拿大尼克森公司见案例 12-2，中国万向公司收购美国 A123 系统公司见案例 12-3。

（二）按所有权性质划分

（1）合资经营企业；

（2）合作经营企业；

（3）独资经营企业；

（4）股份有限公司。

以上分类在第七章第二节从吸收外商直接投资的角度做过说明，在此不重述。

（三）按公司类型划分

1. 分公司

分公司是母公司为扩大生产规模或经营范围在东道国设立的不具有法人资格的经济实体，在组织上和资产上构成母公司的一个不可分割的组成部分，受母公司委托从事业务活动。分公司的主要特点是：没有自己独立的公司名称和公司章程，以其总公司的名义和委托开展业务活动，其资产属于总公司，总公司对分公司的全部债务承担无限责任。

2. 子公司

子公司是指由母公司出资在东道国设立的独立的法人企业。它虽然在投资、经营、生产等活动中受母公司控制，但它具有独立的法人资格，拥有自己的公司名称和章程，实行独立的经济核算，自负盈亏，可以独立地以自己的名义进行各类民事法律活动，甚至进行诉讼。

分公司与子公司的主要区别是：①法律地位不同。子公司是东道国的独立的法人，具有东道国国籍，而分公司在东道国不是独立法人，只是总公司的一部分，不具有东道国国籍，被东道国视为外国公司。②创办手续不同。在外国设立子公司，需按东道国有关法律进行，手续较复杂，而在国外建立分公司只需按规定程序登记，手续较简单。③资本和偿债责任不同。分公司的资本全部来自总公司，总公司需承担分公司的全部偿债责任。而子公司的资本除母公司投资以外，通常还包括当地资金（独资子公司的资本金全部来自母公司），偿债责任仅限于子公司资产。④利税处理不同。分公司的利润或亏损与总公司的盈亏合并，分公司只需向东道国缴纳营利事业所得税，分公司的利润汇回总公司时，无须缴纳预扣税。而子公司的利润或亏损不与母公司合并，子公司必须在东道国纳税，除了缴纳公司所得税以外，在将股利汇给母公司时，还需缴纳预扣税。

三、对外直接投资方式的战略选择

（一）购并与新建方式的比较

1.购并方式的利弊分析

购并方式同新建方式相比具有如下优点：（1）有利于投资者利用被购并企业在当地市场已建立的良好商誉、广泛的客户关系及完善的产品销售渠道，快速进入市场。即使需要对被购并企业的生产过程或设备进行改造，所需要的时间也比新建企业短得多。（2）有利于投资者获得宝贵的人才资源。对外直接投资的迅速发展，使有经验的管理和技术人员相对缺少，利用被购并企业现成的管理和技术人才，可以极大地减轻投资者在管理上的压力。（3）有利于实现产品多元化。当购并企业跨越原有产品的范围而实行多种经营时，购并方式不仅可以迅速增加产品的种类，还可使企业获得有关新产品的产销技术和经验。（4）有利于投资者减少资本支出。投资者通常可以低价购并外国现有企业，这主要有三种情况：一是购并企业有时比被购并企业更了解某项资产的实际价值；二是低价购买亏损企业，利用对方的困境压低价格；三是利用股票价格暴跌乘机购买企业。

购并方式的缺点是：（1）容易受到东道国政府及社会的限制。一般来说，东道国政府担心外商购并当地企业不利于民族工业的发展，甚至会控制经济命脉。因此，购并方式通常受到东道国，特别是发展中国家的限制。（2）对被购并企业的价值评估存在一定的困难。一是不同国家有不同的会计准则，一些被购并企业的财务报表中的错误和粉饰增加了购并时价值评估的难度；二是有关国外的信息收集较难，且可靠性差，也将增大对被购并企业销售潜力和预期利润估计的难度。（3）失败率较高。由于被购并企业和购并企业在经营管理的体制、理念、方法上存在一定的差异，而且购并企业欲在被购并企业内推行新的信息系统和控制系统需要一个缓慢而艰难的过程，这是导致购并方式失败率高的主要原因。（4）采用购并方式难以找到一个规模和定位完全符合自己意愿的潜在被购并企业。

2.新建方式的利弊分析

新建方式与购并方式相比有如下优点：（1）受东道国政府限制较少，有利于发挥投资者在资金、技术、管理经验等方面的优势。（2）有利于增加东道国工人的就业机会及该国、该地区的财政收入，能得到东道国的优惠待遇。（3）有利于投资者选择适当的地点并按自己所希望的规模筹建新的企业，按长远发展规模来妥善安排工厂布局，实现对资本投入初始量及后来资本支出的完全控制。

新建方式的缺点是：一方面，增加了东道国当地市场的竞争，破坏了原有的供需均衡状态；另一方面，东道国政府出于对本国利益的考虑，可能会对投资者作出种种限制，如限制内销率、利润汇出以及撤资等。此外，创建新企业一般要比购并慢得多。

通过购并方式与新建方式的利弊分析可见，购并方式的突出特点是投资周期较短，见效较快。从企业组织控制的角度看，新建方式的风险比购并方式小。由于购并方式与新建方式的优点与缺点表现为互补的性质，企业对外进行直接投资时，应根据企业实际，作出正确的选择。

从目前我国企业对外直接投资的实践看，跨国购并将成为我国企业对外直接投资的战略选择，它不仅是推动国有企业战略性改组的重要内容，也是我国企业参与国际竞争、进行跨国经营的重要手段。我国现在已有一批企业具备了开展跨国购并业务的条件：有的企业集团以实业经营为基础，具有较强的经济实力、出口创汇能力和直接参与国际竞争的能力；有的企业集团以贸易为龙头，通过强大的国际性经营与销售体系，开拓国际市场，促进商品、资本和技术的输出，具有遍及全球的跨国经营网络；有的企业以金融业务为主体，以资金为纽带，投资在金融、贸易、生产、技术、服务、航空、信息等众多领域全方位开展。另外，我国企业在海外"买壳上市"的成功经验为我国跨国购并打下了良好的基础。我国企业的跨国购并起步较晚，发展速度较慢，规模较小，因此，国家需要在国家和企业两个方面为我国企业跨国购并的迅速发展创造良好的环境和条件。

（二）国际直接投资股权策略的选择

这里对合资、合作和独资经营方式的利弊进行分析和选择。

1.合资、合作经营方式的利弊分析

合资、合作经营方式的优点主要体现在以下几个方面：（1）可以获得政治上的优势。因为与当地企业或政府进行合资或合作，可以突出本地身份，降低被排挤的风险，当地的合作伙伴也会利用其政治影响来抵御国家控制，保护企业。（2）可以获得财务上的利益。通常母公司将先进技术、专利权、商标等作为公司的投资资本，这样，可以极大地减少其实际投资额，节约资金的效果明显。同时，利用与当地合作伙伴的关系网和信誉，可进入当地资金市场筹资。（3）可以获得当地企业现有的资源。由于当地合作伙伴拥有适应于本地企业的技术、营销或其他管理技能，采用合资、合作经营方式使这些管理资源的取得成为一种可能。它比新建独资企业要节省时间和费用。

合资经营和合作经营二者也有区别。合资经营企业的优点是：有利于取得多重投资优惠待遇和国民待遇；有利于降低或避免企业的投资风险；有利于了解东道国情况，开拓新市场。其缺点是：兴办合资经营企业的审批手续比较复杂，所需要的时间较长，因外资股权受到一定比例的限制，国外投资者往往不能对合资企业进行完全控制。合作经营企业的优点是：合作经营的方式较为灵活并具有多样性；兴办合作经营企业的审批手续比较简易，所需要的时间较短。其缺点是：不如合资经营企业规范，在合作过程中容易对合同上的有关条款发生争议，给合作经营企业的正常发展造成不利影响。

2.独资经营方式的利弊分析

从企业经营发展的历史来看，早期的西方国家跨国公司主要采用独资经营的形式，其优点主要体现在以下两个方面：（1）投资者可以有效地控制和独占市场。因为这些跨国公司在资金、技术、管理等方面具有较大的优势，通过独资经营可以保护其技术与经营方面的秘密，维护其垄断地位，进而独占市场。（2）独资经营有助于投资者全球经营战略的实现。由于对外直接投资的目的是使整体利益最大化，为此，投资者采用独资经营方式，不仅能达到有效控制生产过程、占领市场、增加利润的目的，还能避免投资者与子公司的对立，保证其全球经营战略的实现。从前述合资、合作经营的优点可看出独资经营的某些缺点。

我国企业在对外直接投资股权策略的选择中，除要考虑独资、合资和合作方式本身的优缺点外，还要根据我国国情和跨国经营企业的现状进行具体分析。一般来说，如果从我国自身经济技术条件看，我国对外直接投资应以合资为主。从投资目的看，如果投资的目的是利用外方资金、先进技术和管理经验及销售渠道，或是避开贸易壁垒而进入东道国市场，则应采用合资方式；如果投资的目的是利用其资金和技术上的优势控制与独占市场，并继续保持其优势地位，进而实现其全球化战略，则应以独资方式为好。从投资产业看，我国已形成自己相对优势的传统产业，如纺织、轻工、一般机械、金属冶炼、医药、食品加工、化工等，对于一些发展中国家来说具有较强的吸引力，为保护企业的特有资产和增加资金收益，应以独资经营为主；在制造业、服务业投资中，虽然我国在某些高新技术领域处于世界领先地位，但就总体而言，还落后于发达国家，因此，应采用合资经营方式，以学习国外先进的技术，提高我国的科学技术水平。

为选择最佳的国际直接投资方式，除需要了解各种方式本身的特性外，还必须对企业的内部和外部因素进行分析和评价。如产品在企业发展战略中的地位、产品生命周期、技术水平、商标和广告开支、对外直接投资的固定成本等内部因素，以及东道国的政治环境、经济环境、社会文化环境和法律环境等外部因素，它们都对国际直接投资方式的选择具有重要的影响。

第二节　国际投资环境评析

国际投资环境是指在国际投资过程中影响国际资本运行的东道国（资本输入国）的综合条件。与国内投资环境相比，国际投资环境更为复杂、多变，对投资的效益和风险产生的影响更大、更直接。截至2020年年底，中国企业对外单个投资项目超过1亿美元的投资总额中，有73.2%的比重集中在149个共建"一带一路"国家中。因此，为了正确地作出投资决策，首先必须对有关国家的投资环境进行分析评价。世界银行发布的全球《营商环境报告》，国际金融界权威刊物《欧洲货币》每年公布当年世界各国的国家风险指数，《机构投资者》从1979年开始持续通过期刊和公司网站对外发布其对世界各国的国家信誉评估结果，国际上知名的风险评估机构《国际国别风险指南》定期对140个国家和地区政治、经济、金融风险作出评级结果，中国商务部提供的《对外投资合作国别（地区）指南》，中国出口信用保险公司发布的《国家风险分析报告》，中国社会科学院世界经济与政治研究所国际投资研究室发布的《中国海外投资国家风险评级报告》，这些成果可以为我国企业开展对外直接投资活动提供重要的参考借鉴。

一、影响投资环境的基本因素

国际投资环境一般由硬环境和软环境两方面因素组成。

（一）硬环境因素

硬环境是指那些具有物质形态且影响国际投资运行效果的各种外部条件和因素，主要包括社会基础设施和自然地理条件。

1.社会基础设施

它包括工业基础设施的结构与状况和城市生活服务设施的结构与状况。它是吸引国际直接投资的基本条件，具体内容包括能源、交通、通信、原材料供应、仓储、厂房、供水供电供热系统、金融信息、生活设施、文化卫生和其他服务设施条件等。

2.自然地理条件

它包括地理位置、面积、地形、人口、城市的分布状况、自然资源、气候、自然风险等因素，其中人口因素是投资者评价东道国投资环境及市场规模的重要因素之一。

（二）软环境因素

软环境是指那些没有具体物质形态但影响国际投资运行效果的一些社会因素，主要包括政治法律因素、经济因素、社会文化因素等。

1.政治法律因素

它是直接关系到国际投资"安全性"问题的一个重要方面，政治稳定、立法完善是投资者投入资本安全性的保障，也是获取利润的基础。政治法律因素包括一般政治观念、政治体制、法律体制、国防政策、外交政策、政治稳定性，对外国企业的法律规定、对进出口贸易的限制情况、对国际投资的鼓励与限制、对盈利汇回本国的限制情况及外汇管理规定等。其中能直接影响国际投资的因素是政治体制、政治稳定性、政府对外资的态度和法规。

2.经济因素

它是影响国际直接投资最直接、最基本的因素，主要包括：

（1）经济政策。对国际投资有较大影响的经济政策是贸易政策，包括自由贸易政策、保护贸易政策、工业化政策、地区开发政策、外汇管理政策和关税政策等。

（2）经济发展水平和市场规模。这是投资者衡量投资机会和获利程度的重要指标。它包括反映市场总规模的国民生产总值、影响市场消费水平的人口和城市人口状况、反映东道国购买力水平的人均国民收入、综合反映经济发展水平和市场规模的制造业产值等。不同经济发展水平的国家和地区，市场规模也不相同。一国的经济发展水平越高，就意味着有更大的市场。

（3）市场消费水平。这是衡量市场规模的细分指标。它包括各种收入阶层的分布、个人收入及其分配、个人消费水平、个人消费支出的构成、家庭收支的平衡和主要商品的普及率等。一般来说，收入水平决定市场消费水平，不同的市场消费水平直接影响着投资者的投资策略和投资机会的选择。

（4）市场的健全程度和开放程度。投资项目的运行需要一套完善的市场机制和开放的市场机构。完善的市场机制是指有健全的商品市场、资金市场、劳动力市场和信息交流市场。市场体系是否完善决定着投资者获得经营资源的难易程度和经营利益。市场的开放程度是指一国允许国外资本进入当地市场经营的程度。有很多国家，虽然国内市场庞大，具有较强的购买力，但市场的开放程度低，开放层次少，因而对外资的吸引力较弱。

（5）经济与物价稳定状况。它是保证国际资本运行的基本条件之一。它包括外债规模、通货膨胀、利率水平、商业信用等。外债规模过大，可能会引发国际支付危机，导致国内经济的混乱；通货膨胀过高，容易导致外资投入资产的贬值，不利于其在投资地的生产经营活动；商业信用程度低，会引起经济秩序混乱，影响经济的稳定性。

3.社会文化因素

各国的社会文化环境不尽相同，这将直接影响东道国消费者的生活方式、消费倾向、购买动机和购买种类等，从而影响海外投资的国别与项目的选择。社会文化因素包括宗教制度、教育和劳动力的素质、社会心理因素、国民感情和民族意识等。如果外来投资者所处的社会文化环境与投资地的社会文化环境有较大冲突，则会给投资者带来许多不便，在投资过程中产生种种的不协调现象，必将会对投资的经济效益产生不良影响。

二、投资环境评析方法

为了能够选取一个最有利的投资场所，投资者总是力求把握某一国家或地区的投资环境，对影响投资环境的各个因素进行分析。关于国际投资环境分析方法的研究，国外已进行多年，常见的国际投资环境评析方法主要有以下几种：

（一）投资障碍分析法

投资障碍分析法是依据投资环境各因素中阻碍国际投资运行因素的数量和程度来评价投资环境优劣的一种方法。一般来说，直接影响国际投资的障碍有以下四个方面：

（1）政治障碍，主要有政治制度与投资国不同、政权不稳定性、战争风险、民族矛盾等。

（2）法律障碍，主要有外国投资法律不健全，法律及法规缺乏完整性、稳定性，当地执法不公正，没有完善的仲裁制度等。

（3）经济障碍，包括经济停滞、通货膨胀、外汇短缺、融资困难、劳动力成本高、基础设施差、技术人员和熟练工人短缺、没有完善的资本市场等。

（4）政策障碍，主要有对外国投资者的歧视性政策、政府对企业的过多干预、实行进口限制、实行外汇管理和限制汇回等。

分析时，应将这些具有阻碍国际投资的因素与本次投资的目的结合起来，详细地分析和比较，如果某一国的阻碍因素比另一国少，那么，该国的投资环境就可以被认为是比较好的。这是一种以定性分析为主的国际投资环境评析方法。其优点是简便易行，评估的工作量和费用较少，但它仅根据个别因素作出判断，常会出现一些有利的投资机会被排除的现象。

（二）"冷热"国对比分析法

"冷热"国对比分析法是由美国学者伊西·利特法克等人在20世纪60年代提出来的。他们根据美国250家企业对世界投资的调查资料，归纳出影响国外投资环境"冷热"（即优劣）的七大因素，对各国投资环境进行综合分析和评价，以比较各国投资环境状况。

这七大因素的内容是：政治稳定性、市场机会、经济发展、文化一元化、法令阻碍、实质阻碍、地理文化差距。当政治稳定、市场机会大、经济增长快、文化统一、法规限制少、地理文化差距不大时，则形成有利于投资的"热"因素，具有这些有利条件的国家即为"热"国，否则即为"冷"因素和"冷"国。投资者应选择"热"国进行投资经营。表12-1是利特法克等人从美国投资者角度对十国投资环境进行的冷热比较分析表。

（三）多因素评分分析法

对国际投资环境的"冷热"分析，主要是从宏观因素进行的，对于干扰国际投资环境的微观因素考虑得较少。为此，美国学者罗伯特·斯托鲍夫于1969年提出"多因素评分分析法"。这种评析方法是从东道国政府对外国投资者的限制与鼓励政策出发，对影响投资环境的八大微观因素及其若干个子因素进行具体分析，并根据各子因素对投资环境的有利程度给予评分，以表格的形式逐级评分，并相加得出总分。分数越高，表明该地投资环境越好；分数越低，表明该地投资环境较差，当低到一定程度时则不能在该地投资。

表12-1　　　　　　　　　　　十国投资环境冷热分析表

国别 （冷热）		政治 稳定性	市场 机会	经济 发展	文化 一元化	法令 障碍	实质 障碍	地理文化 差距
加拿大	热	大	大	大		小		小
	冷				中		中	
英国	热	大			大	小	小	小
	冷		中	中				
日本	热	大	大	大	大			
	冷					大	中	大
德国	热	大	大	大	大		小	
	冷					中		中
希腊	热					小		
	冷	小	中	中	中		大	大
西班牙	热							
	冷	小	中	中	中	中	大	大
巴西	热							
	冷	小	中	小	中	大	大	大
南非	热							
	冷	小	中	中	小	中	大	大
印度	热							
	冷	中	中	小	中	大	大	大
埃及	热							
	冷	小	小	小	中	大	大	大

　　资料来源：利特法克，班廷．国际经营安排的理论结构［M］//金 R L.市场和计划新科学，1986：460-497.

表12-2为投资环境多因素评分分析法的评析标准。

表12-2 　　　　　　　　　**投资环境多因素评分分析法评析标准**

投资环境因素	评　分
一、资本抽回（capital repatriation）	0~12（分）
无限制	12
只有时间上的限制	8
对资本有限制	6
对资本和红利都有限制	4
限制繁多	2
禁止资本抽回	0
二、外商股权（foreign ownership allowed）	0~12（分）
准许并欢迎全部外资股权	12
准许全部外资股权但不欢迎	10
准许外资占大部分股权	8
外资最多不得超过股权半数	6
只准外资占小部分股权	4
外资不得超过股权的三成	2
不准外资控制任何股权	0
三、对外投资管理制度（discrimination and controls）	0~12（分）
对外商与本国企业一视同仁	12
对外商略有限制但无管制	10
对外商有少许管制	8
对外商有限制并有管制	6
对外商有限制并严加管制	4
对外商严格限制并严加管制	2
禁止外商投资	0
四、货币稳定性（currency stability）	4~20（分）
完全自由兑换	20
黑市与官价差距小于一成	18
黑市与官价差距在一成至四成之间	14
黑市与官价差距在四成至一倍之间	8
黑市与官价差距在一倍以上	4

投资环境因素	评　分
五、政治稳定性（political stability）	0~12（分）
长期稳定	12
稳定但因人而治	10
内部分裂但政府掌权	8
国内外有强大的反对力量	4
有政变和动荡的可能	2
不稳定，极可能政变和动荡	0
六、给予关税保护的意愿（willingness to grant tariff protection）	2~8（分）
给予充分保护	8
给予相当保护但以新工业为主	6
给予少许保护但以新工业为主	4
很少或不给予保护	2
七、当地资金可供程度（availability of local capital）	0~10（分）
成熟的资本市场，有公开的证券交易所	10
少许当地资本，有投机性的证券交易所	8
当地资本有限，外来资本不多（世行贷款）	6
短期资本极其有限	4
资本管制很严	2
高度的资本外流	0
八、近五年的通货膨胀率（annual inflation）	2~14（分）
小于1%	14
1%~3%	12
3%~7%	10
7%~10%	8
10%~15%	6
15%~35%	4
35%以上	2
总　计	8~100（分）

多因素评分分析法是目前国际上较为流行的投资环境的定量评价方法。投资者只需要将表上各项比较评分，即可对不同投资环境进行合理评估，确定投资环境的优劣，从而作出正确的投资决策。

用总分来揭示投资环境的优劣，其评判大致可分为以下几种情况：

（1）70~100分，表明投资环境较为稳定；

（2）55~69分，表明投资环境一般；

（3）40~54分，表明投资环境较差；

（4）8~39分，表明投资环境恶劣。

（四）体制评估法

这是香港中文大学的闵建蜀教授在1987年"中国投资环境比较研究讨论会"上提出的一个新方法，这种方法不局限于各种投资优惠措施的比较，而是着重分析政治体制、经济体制和法律体制对投资"软环境"的影响。闵教授在多因素评分分析法的基础上，把投资环境分为三大因素，其中每一个因素又由一系列子因素决定，进而提出了闵氏体制评估法，见表12-3。

表12-3　　　　　　　　　　　　　**闵氏体制评估法**

影响因素	子 因 素
一、政治体制	政治稳定性、国有化可能性、当地政府的外资政策、行政机构的设置、办事程序、工作人员的素质等
二、经济体制	经济增长、物价水平、资本与利润外调、筹资与借款的可能性、市场规模、当地竞争对手的强弱等
三、法律体制	商法、劳工法、专利法等各项法规是否健全，执法是否公正等

这种方法确定了五项评价标准，即稳定性、灵活性、经济性、公平性和安全性。这些标准反映了一个国家政治与行政体制、经济体制和司法体制的运行效率，它们对外国投资的政治风险、商业风险和财务风险将产生直接的影响，从而关系到外国投资企业能否接近原材料供应地、降低成本、开拓市场、实现企业增长。体制的运行效率最终会对投资的目标利润产生作用。

2019年10月世界银行发布《2020年营商环境报告》，应用量化的指数分析比较不同时期从阿富汗到津巴布韦190个经济体的商业监管法规是否有助于推动或是限制商业活动。报告显示，由于大力推进改革议程，中国连续第二年跻身全球营商环境改善最大的经济体排名前十。中国在截至2019年5月1日的12个月中实施了创纪录的8项营商环境改革，全球营商便利度排名第31，在满分100分中得分77.9。中国为改善中小企业的国内营商环境做出了巨大努力，保持了积极的改革步伐，在多项营商环境指标上特别是在办理施工许可证领域取得了令人赞许的进步。全球营商便利度排名见表12-4。

表12-4 　　　　　　　　　　　全球营商便利度排名表

Rank	Economy	DB score	Rank	Economy	DB score	Rank	Economy	DB score
1	New Zealand	86.8	65	Puerto Rico (U.S.)	70.1	128	Barbados	57.9
2	Singapore	86.2	66	Brunei Darussalam	70.1	129	Ecuador	57.7
3	Hong Kong SAR，China	85.3	67	Colombia	70.1	130	St.Vincent and the Grenadines	57.1
4	Denmark	85.3	68	Oman	70.0	131	Nigeria	56.9
5	Korea Rep	84.0	69	Uzbekistan	69.9	132	Niger	56.8
6	United States	84.0	70	Vietnam	69.8	133	Honduras	56.3
7	Georgia	83.7	71	Jamaica	69.7	134	Guyana	55.5
8	United Kingdom	83.5	72	Luxembourg	69.6	135	Belize	55.5
9	Norway	82.6	73	Indonesia	69.6	136	Solomon Islands	55.3
10	Sweden	82.0	74	Costa Rica	69.2	137	Cabo Verde	55.0
11	Lithuania	81.6	75	Jordan	69.0	138	Mozambique	55.0
12	Malaysia	81.5	76	Peru	68.7	139	St.Kitts and Nevis	54.6
13	Mauritius	81.5	77	Qatar	68.7	140	Zimbabwe	54.5
14	Australia	81.2	78	Tunisia	68.7	141	Tanzania	54.5
15	Taiwan，China	80.9	79	Greece	68.4	142	Nicaragua	54.4
16	United Arab Emirates	80.9	80	Kyrgyz Republic	67.8	143	Lebanon	54.3
17	North Macedonia	80.7	81	Mongolia	67.8	144	Cambodia	53.8
18	Estonia	80.6	82	Albania	67.7	145	Palau	53.7
19	Latvia	80.3	83	Kuwait	67.4	146	Grenada	53.4
20	Finland	80.2	84	South Africa	67.0	147	Maldives	53.3
21	Thailand	80.1	85	Zambia	66.9	148	Mali	52.9
22	Germany	79.7	86	Panama	66.6	149	Benin	52.4
23	Canada	79.6	87	Botswana	66.2	150	Bolivia	51.7
24	Ireland	79.6	88	Malta	66.1	151	Burkina Faso	51.4
25	Kazakhstan	79.6	89	Bhutan	66.0	152	Mauritania	51.1
26	Iceland	79.0	90	Bosnia and Herzegovina	65.4	153	Marshall Islands	50.9
27	Austria	78.7	91	El Salvador	65.3	154	Lao PDR	50.8
28	Russian Federation	78.2	92	San Marino	64.2	155	Gambia	50.3
29	Japan	78.0	93	St.Lucia	63.7	156	Guinea	49.4

续表

Rank	Economy	DB score	Rank	Economy	DB score	Rank	Economy	DB score
30	Spain	77.9	94	Nepal	63.2	157	Algeria	48.6
31	China	77.9	95	Philippines	62.8	158	Micronesia, Fed. Sts.	48.1
32	France	76.8	96	Guatemala	62.6	159	Ethiopia	48.0
33	Turkey	76.8	97	Togo	62.3	160	Comoros	47.9
34	Azerbaijan	76.7	98	Samoa	62.1	161	Madagascar	47.7
35	Israel	76.7	99	Sri Lanka	61.8	162	Suriname	47.5
36	Switzerland	76.6	100	Seychelles	61.7	163	Sierra Leone	47.5
37	Slovenia	76.5	101	Uruguay	61.5	164	Kiribati	46.9
38	Rwanda	76.5	102	Fiji	61.5	165	Myanmar	46.8
39	Portugal	76.5	103	Tonga	61.4	166	Burundi	46.8
40	Poland	76.4	104	Namibia	61.4	167	Cameroon	46.1
41	Czech Republic	76.3	105	Trinidad and Tobago	61.3	168	Bangladesh	45.0
42	Netherlands	76.1	106	Tajikistan	61.3	169	Gabon	45.0
43	Bahrain	76.0	107	Vanuatu	61.1	170	São Tomé and Príncipe	45.0
44	Serbia	75.7	108	Pakistan	61.0	171	Sudan	44.8
45	Slovak Republic	75.6	109	Malawi	60.9	172	Iraq	44.7
46	Belgium	75.0	110	Côte d'Ivoire	60.7	173	Afghanistan	44.1
47	Armenia	74.5	111	Dominican	60.5	174	Guinea-Bissau	43.2
48	Moldova	74.4	112	Djibouti	60.5	175	Liberia	43.2
49	Belarus	74.3	113	Antigua and Barbuda	60.3	176	Syrian Arab Republic	42.0
50	Montenegro	73.8	114	Egypt, Arab Rep.	60.1	177	Angola	41.3
51	Croatia	73.6	115	Dominican Republic	60.0	178	Equatorial Guinea	41.1
52	Hungary	73.4	116	Uganda	60.0	179	Haiti	40.7

续表

Rank	Economy	DB score	Rank	Economy	DB score	Rank	Economy	DB score
53	Morocco	73.4	117	West Bank and Gaza	60.0	180	Congo, Rep.	39.5
54	Cyprus	73.4	118	Ghana	60.0	181	Timor-Leste	39.4
55	Romania	73.3	119	Bahamas	59.9	182	Chad	36.9
56	Kenya	73.2	120	Papua New Guinea	59.8	183	Congo, Dem.Rep.	36.2
57	Kosovo	73.2	121	Eswatini	59.5	184	Central African Republic	35.6
58	Italy	72.9	122	Lesotho	59.4	185	South Sudan	34.6
59	Chile	72.6	123	Senegal	59.3	186	Libya	32.7
60	Mexico	72.4	124	Brazil	59.1	187	Yemen, Rep.	31.8
61	Bulgaria	72.0	125	Paraguay	59.1	188	Venezuela, RB	30.2
62	Saudi Arabia	71.6	126	Argentina	59.0	189	Eritrea	21.6
63	India	71.0	127	Iran, Islamic Rep.	58.5	190	Somalia	20.0
64	Ukraine	70.2						

（表格项目解释：全球营商便利度排名表、排名、国家和地区得分）

世界银行发布的《营商环境报告》覆盖面广泛、评估体系相对客观，国际影响力日渐提升，成功地实践了国际组织和跨国机构长期以来倡导的"通过指标的治理"模式，指标体系和全球排名日渐跃升为非强制性法律渊源的重要组成部分，极大地促进了全球投资、国际贸易和营商环境的改善。由于国际组织种种内部矛盾及外部压力，2020年8月，世界银行发布声明称确认营商环境报告发生数据违规行为，暂停发布报告。2023年5月，世界银行公布了新的营商环境评价项目营商就绪（Business Ready）评价体系相关文件。根据世行公布的计划，新的评估将分三批次进行，在2026年4月前发布所有评估报告。

中国社科院世界经济与政治研究所、国家全球战略智库、中国社会科学出版社发布的2023年《中国海外投资国家风险评级报告》从中国企业和主权财富的海外投资视角出发，涵盖了120个样本国家，通过经济基础、偿债能力、社会弹性、政治风险和对华关系五大指标共43个子指标的评级体系，全面量化评估了中国企业海外投资所面临的国别风险。从2023年风险评级结果来看，发达经济体的经济基础较好，政治风险较低，社会弹性较高，偿债能力较强，整体投资风险低于新兴经济体。其中评级最高的国家是新加坡，排名前十位的其他国家分别是丹麦、新西兰、挪威、荷兰、瑞士、德国、卡塔尔、爱尔兰和澳大利亚，见表12-5。

表12-5　　　　　　　　　中国海外投资国家风险评级综合排名

排名	国家	评级	排名	国家	评级	排名	国家	评级
1	新加坡	AAA	41	美国	A	81	伊朗	BBB
2	丹麦	AAA	42	哈萨克斯坦	A	82	哥斯达黎加	BBB
3	新西兰	AAA	43	厄瓜多尔	A	83	约旦	BBB
4	挪威	AAA	44	立陶宛	A	84	玻利维亚	BBB
5	荷兰	AAA	45	比利时	A	85	巴基斯坦	BBB
6	瑞士	AA	46	斯洛文尼亚	A	86	几内亚	BBB
7	德国	AA	47	俄罗斯	A	87	阿根廷	BBB
8	卡塔尔	AA	48	马来西亚	A	88	尼加拉瓜	BBB
9	爱尔兰	AA	49	克罗地亚	A	89	多哥	BBB
10	澳大利亚	AA	50	阿塞拜疆	A	90	埃塞俄比亚	BBB
11	冰岛	AA	51	老挝	A	91	阿尔及利亚	BB
12	阿联酋	AA	52	亚美尼亚	A	92	尼日利亚	BB
13	加拿大	AA	53	博茨瓦纳	A	93	危地马拉	BB
14	卢森堡	AA	54	塞浦路斯	A	94	尼日尔	BB
15	瑞典	AA	55	巴林	A	95	缅甸	BB
16	英国	AA	56	塞尔维亚	BBB	96	白俄罗斯	BB
17	日本	AA	57	保加利亚	BBB	97	塞内加尔	BB
18	韩国	AA	58	乌兹别克斯坦	BBB	98	巴西	BB
19	法国	AA	59	坦桑尼亚	BBB	99	乌干达	BB
20	奥地利	AA	60	柬埔寨	BBB	100	墨西哥	BB
21	芬兰	A	61	巴拿马	BBB	101	马里	BB
22	智利	A	62	斯洛伐克	BBB	102	喀麦隆	BB
23	阿曼	A	63	土库曼斯坦	BBB	103	斯里兰卡	BB
24	马耳他	A	64	阿尔巴尼亚	BBB	104	摩尔多瓦	BB
25	以色列	A	65	塔吉克斯坦	BBB	105	突尼斯	BB
26	沙特阿拉伯	A	66	吉尔吉斯斯坦	BBB	106	洪都拉斯	BB
27	爱沙尼亚	A	67	希腊	BBB	107	布基纳法索	BB
28	捷克	A	68	孟加拉国	BBB	108	安哥拉	BB
29	科威特	A	69	赞比亚	BBB	109	土耳其	BB
30	印度尼西亚	A	70	南非	BBB	110	哥斯达黎加	BB
31	波兰	A	71	肯尼亚	BBB	111	纳米比亚	B
32	乌拉圭	A	72	菲律宾	BBB	112	伊拉克	B
33	西班牙	A	73	巴布亚新几内亚	BBB	113	委内瑞拉	B
34	秘鲁	A	74	牙买加	BBB	114	哥伦比亚	B
35	罗马尼亚	A	75	拉脱维亚	BBB	115	莫桑比克	B
36	蒙古	A	76	埃及	BBB	116	萨尔瓦多	B
37	葡萄牙	A	77	泰国	BBB	117	巴拉圭	B
38	意大利	A	78	摩洛哥	BBB	118	黎巴嫩	B
39	匈牙利	A	79	加纳	BBB	119	乌克兰	B
40	越南	A	80	印度	BBB	120	苏丹	B

第三节　国际投资的纳税因素分析

在国外投资兴办和经营企业，必须按照东道国和本国的税法缴纳各种税款。纳税是国际企业的一项重要支出，税种的多少及税率的高低直接影响企业对外投资的收益，是影响对外投资决策的重要因素之一。

一、纳税种类

世界各国对跨国经营的企业设置的税收种类繁多，主要有公司所得税、资本利得税、增值税、预扣税等。

（一）公司所得税

所得税分为个人所得税、公司所得税和资本利得税。所得税是一些国家税收制度的中心，是一国税收收入的重要来源。公司所得税是以企业的所得收益为对象而课征的税。

每个国家都对在其境内经营的国外公司所获得的利润征税。各国所得税税率的高低差别较大。一般而言，发达国家的税率较高；发展中国家的税率较低，以鼓励国内外投资者在当地进行直接投资。根据1991年的资料，主要工业发达国家的公司所得税税率为30%~50%。例如，德国为50%、日本为40%、加拿大为38%、英国为35%、美国为34%、瑞典为30%。近年，英国为了吸引外资，一再降低公司所得税，规定利润为150万英镑以上的大公司税率为30%，利润为30万英镑以下的小公司税率为20%，中等规模的公司的税率介于20%~30%。利润为1万英镑以下的公司税率为10%，利润1万~5万英镑的公司税率介于10%~20%。一些不发达国家的公司所得税税率为20%~35%。例如，墨西哥、菲律宾、西班牙、泰国均为35%，韩国为34%，新加坡为32%，阿根廷为20%。另外，还有一些国家和地区为了刺激当地企业的发展，吸引外国公司在当地投资，实行极低的公司所得税税率，甚至根本不征收公司所得税，这些国家和地区通常被称为避税港（tax haven），例如，中国香港公司所得税税率为16.5%，列支敦士登为7.5%~15%，巴哈马、百慕大、开曼群岛、巴林等不征收公司所得税。一些发展中国家为吸引外商投资，给予外国投资者一定的免税和减税期，还允许外商投资企业加速折旧，即在固定资产使用初期比后期缴纳较少的所得税，因此，在固定资产使用初期，企业少缴的这部分税款相当于东道国给予企业的一笔无息贷款。

虽然各个发展中国家在国际税收优惠方面的法律规定不同，但是，从本国利益出发是其共同点。许多发展中国家在制定有关国际税收优惠时，都是根据不同情况，采取灵活的优惠措施，既避免不必要的税收损失，又要增强税收优惠幅度对国际投资者的吸引力。

（二）资本利得税

它是指按出售资本项目所得收益所征收的税款，出售资本项目所得收益等于出售房屋、机器设备、股票、专利权和商标等资产所得到的毛收入，减去购置原值（或折旧、摊销后的账面净值）的那一部分差额。对资本利得的征税，有些国家（例如美国）专设资本利得税（capital gain tax）或财产收益税（property income tax），有些国家不专门设置此税种，而是将资本利得并入公司一般经营性收益或所得中一起计算所得税。英国对资本收益免税。

（三）增值税（value-added tax）

增值税是以商品生产和流通环节的新增价值或商品附加值为征税对象的一种流转税。它由政府有关部门在产品生产或消费品销售的每个过程，根据增值情况进行征税。增值税是国际公认的一种透明度比较高的税收。按照关税和贸易总协定（GATT）的规定，商品出口时，增值税可以回扣给出口商，这样，使出口商品退税后的成本大大降低，有助于增强本国产品在国际市场上的竞争力。不同国家的增值税税率不同。例如，丹麦增值税税率为22%、挪威为20%、瑞典为20%、英国为15%、墨西哥为15%、德国为14%、韩国为10%。在许多国家和地区，增值税已成为间接税收收入的主要来源。

（四）预扣税

预扣税是由东道国政府对本国居民和企业向外国投资者和债权人支付的股息和利息征收的税。少数国家还对支付的特许权使用费（例如使用专利技术和商标的许可证费）、服务费、管理费和租金等征收预扣税。这种税款是由支付股利和利息的一方在对方收到这笔收入以前预先扣除的。例如，某子公司需要向其母公司支付100万元的股利，如果预扣税税率为25%，则该公司只向母公司支付75万元，另外25万元以预扣税形式交子公司所在国的税务机关。

不同国家和地区的预扣税税率不同，如果两国签订了税收条约，预扣税税率就较低。例如，对向非税收条约国的投资者支付的股息所征收的预扣税税率为20%~35%，如菲律宾为35%、美国、瑞典均为30%，德国、加拿大、韩国均为25%，日本、泰国均为20%；对已签订税收条约国家的投资者支付股息所征收的预扣税税率一般为5%~15%；英国、中国香港、巴哈马、百慕大、开曼群岛、巴林等无预扣税。

由于各国税制不同，税种不一，在不同的国家投资，承担的税负各不相同。影响税负的因素除税率外，还有应税所得的范围、费用的确认和分配以及资产的计价等。因此，在国外投资中，应选择在税种少、税率低、税负低、实行纳税优惠的国家或地区投资办企业，借以达到税负最小化和税后利润最大化的目的。

二、国际双重征税的避免

国际双重征税是指在不同国家对同一征税对象或同一税源重复征税的现象。国际双重征税的产生与税收管辖权有着直接的联系，只有在两个或两个以上国家对同一纳税人都有能行使税收管辖权的情况下，才会产生国际双重征税问题。国外投资企业所得收入纳税与国内投资企业纳税的区别在于它通常需要在两个或两个以上不同国家承担纳税义务，即负有双重纳税义务。例如，我国某公司在B国设立子公司，B国要对这一子公司的利润所得征税，我国政府也要对这一子公司汇回给我国母公司的股利征税。这种双重征税的结果，违背了税负公平的原则，不利于国际企业在平等竞争的环境中发展，同时，它加重了跨国纳税人的负担，阻碍了国际投资活动的正常开展。

为了避免双重征税，坚持税负公平的原则，各国政府都期望消除彼此间税收管辖权的冲突，并在许多国际条约中列入了消除国际双重征税的原则和规定，建立了许多避免国际双重纳税的方法。

（一）免税

免税是指对本国纳税人在国外取得的收益如果已向外国政府缴纳所得税，允许在他的应税收益中扣除而免于课税。免税的范围一般有两方面内容：一是本国纳税人的国外收入部分；二是本国纳税人在国外汇回的部分。例如，A国的某总公司在某纳税年度的税前利润为1 000万A元，它在B国的分公司同年获税前利润100万B元，该公司在A国和B国适用的所得税税率分别为40%和30%，当时汇率1B元=2A元。分公司在B国缴纳所得税30万B元（100×30%），折合60万A元（30×2）。分公司在B国获得的利润在A国免税，该总公司只需按在本国获得的利润向A国缴纳所得税400万A元（1 000×40%）。总公司和分公司的税前利润共计1 200万A元（1 000+100×2），共纳税460万A元，总税率38.33%（460÷1 200×100%）。

实行免税的国家主要是欧洲大陆和拉丁美洲的一些国家，如法国、海地、多米尼加、巴拿马、委内瑞拉等。实行免税的国家大都承认收入来源国有优先行使税收管辖权的权力。但这些国家在实行这一方法时往往带有一定的附加条件，如国际企业在国外的税后收入要部分汇回国，否则不享受税收优惠待遇等。免税法一般是一国政府为鼓励本国资本输出或其他目的而采取的一种避免双重课税的方法。对跨国纳税人来说，这种方法是其从低税区、避税地获取收入自由汇回本国，而又可享受免纳国内税的重要途径。因为在采用这种方法的国家里，国外收益已经经过税收处理（包括国外的免税及各种税收优惠处理），本国政府一律视同在国外已纳税而给予国内税收免除。

免税法有全额免税和累进免税两种。全额免税是征税国在确定纳税人总所得的适用税率时，完全不考虑免税的国外所得。累进免税是征税国对境外所得虽给予免税，但在确定纳税人总所得的适用税率时，要将免税所得并入计算。由于实行累进免税法，征税国可取得较多的税款，故目前大多数国家都采用累进免税法。

免税法简便易行，但它减少了本国政府的税收收入，而且又不考虑收益来源国（即外国）的税率高低，因而没有体现公平纳税原则，为国际企业利用国际税负的差别提供了逃税避税的可能。

（二）税收扣除

税收扣除是允许纳税人在应税收益中扣除已向国外政府缴纳的部分，即纳税人将已向外国政府缴纳的所得税税额作为费用在应税收益中予以扣除，税后余额汇入本国所得按本国适用税率纳税。仍以上述数据为例，在双重征税的情况下，分公司需向B国政府纳税30万B元，折合60万A元，分公司的利润在A国需纳税40万B元（100×40%），折合80万A元，分公司100万B元利润向B国和A国共纳税70万B元，折合140万A元，税率高达70%（70÷100×100%），总公司和分公司共纳税540万A元（1 000×40%+140），总税率高达45%（540÷1 200×100%）。在采用税收扣除法时，分公司的利润只需向A国纳税28万B元（（100-30）×40%），折合56万A元，由总公司向A国缴纳。分公司的利润向B国和A国共纳税58万B元（30+28），税率达58%（58÷100×100%），比双重征税少纳税12万B元（70-58）。总公司和分公司共纳税516万A元（1 000×40%+56+60），总税率43%（516÷1 200×100%）。

以税收扣除法避免国际双重征税的效果并不理想，因为纳税人在国外的实际净收入是已经纳过税的税后收入，从理论上说，这部分收入不该再征税，否则就构成了一笔所得两次纳税。从这个意义上讲，税收扣除法仅仅是缓和了重复征税的程度。尽管税收扣除法对跨国纳税人具有一定的吸引力，即将国外已纳税款作为费用扣除，同时，它也意味着费用范围的扩大，而各种海外费用的总额不能超过其海外总收入额，因此，这种方法对国际企业避税是不适宜的。但由于税收扣除的应用范围不仅限于所得税，还可以是其他税款，因而，这种方法仍可给企业带来一定的好处。

（三）税收抵免

税收抵免是本国政府允许本国企业在本国税法规定的限度内，用已缴纳外国政府的税额来抵免应汇总缴纳本国政府相应税额的一部分。税收抵免法可分为直接抵免法和间接抵免法。

1.直接抵免法

直接抵免法是指纳税人在收益来源国缴纳的税款可以全额抵免向本国缴纳的税款。这种方法适用于同一经济实体的总公司和分公司之间纳税的抵免。总公司和它设在国外的分公司属于同一个经济实体，因此，分公司在国外的收益，不论其是否汇回总公司都应该在当年全额纳税。如果分公司在国外已缴税款，则可以直接用来抵免总公司应向本国政府纳税的数额。

仍以上述数据为例，采用直接抵免法，分公司的利润向B国纳税30万B元，折合60万A元，由总公司向A国纳税10万B元（100×40%-30），折合20万A元。分公司的利润向B国和A国共纳税40万B元，折合80万A元，税率40%（40÷100×100%）。总公司和分公司共纳税480万A元（1 000×40%+80），总税率40%（480÷1 200×100%）。

2.间接抵免法

这种方法适用于非同一经济实体的母公司与子公司之间的纳税抵免，即本国政府在征税时，允许母公司将其国外子公司取得的已纳过税的股息收入从应向本国政府缴纳的税款中扣除。这是因为母公司与国外子公司并不是同一经济实体，而是两个独立的法人。母公司对子公司一般是参股或控股的关系，子公司的股权和经营业务活动虽受母公司的控制，但子公司在经营所在国是一个独立的经济实体，其收益不应并入母公司应纳税收益，它只按所在国的规定缴纳所得税，子公司仅将股利汇回母公司，母公司将收到的股利并入母公司的收益中，再向母公司所在国政府缴纳所得税。因此，母公司在本国缴纳所得税时，不能把国外子公司所获全部利润并入母公司总纳税额直接计算，母公司所能计算的只是它作为国外子公司的股东所取得的股息还原为从子公司取得的所得部分。母公司所能抵免的，只是按照它取得的股息占国外子公司纳税后净所得的比例，推算出母公司承担的国外所得税税额。

抵免额的计算公式如下：

$$所得税税款抵免额 = \frac{股利额}{国外子公司税后利润} \times 国外所得税税额$$

如将股利还原为税前利润数应为：

$$股利的税前利润 = \frac{母公司所得股利额}{1 - 国外所得税税率}$$

按照国际惯例，子公司在向母公司支付股利时，应按一定税率向当地政府缴纳预扣税。母公司向本国政府纳税时，这部分预扣税可以直接抵免。

举例说明间接抵免法：A国某母公司在B国有一子公司，本纳税年度母公司税前利润1 000万A元，子公司税前利润为100万B元，B国所得税税率为30%，每年子公司按税后利润的80%汇回A国母公司，预扣税税率为5%，则A国母公司税收抵免额的计算见表12-6。

表12-6　　　　　　　　　　税收抵免额的计算　　　　　　　　　单位：万B元

项　　目	金　　额
①B国子公司税前利润	100
②已缴B国所得税（①×30%）	30
③B国子公司税后利润（①－②）	70
④已向A国支付股利（③×80%）	56
⑤B国预扣税（④×5%）	2.8
⑥A国母公司股利净收入（④－⑤）	53.2
⑦税收抵免：	
直接抵免预扣税（⑤）	2.8
所得税抵免（④÷③×②）	24
总抵免额	26.8

股利的税前利润为：

56÷（1−30%）=80（万B元）

母公司所得股利实际应向A国缴纳所得税税额为：

80×40%−26.8=5.2（万B元）

当时汇率1B元=2A元，实际应纳所得税税额折合为：

5.2×2=10.4（万A元）

母公司和子公司共纳税：

1 000×40%+10.4+30×2+2.8×2=476（万A元）

从以上计算可以看出，子公司的利润在B国纳税32.8万B元（30+2.8），折合65.6万A元，子公司交给母公司的股利向A国纳税5.2万B元，折合10.4万A元，子公司的利润在B国和A国共纳税38万B元（30+2.8+5.2），折合76万A元，税率38%（38÷100×100%）。母公司和子公司的利润1 200万A元（1 000+100×2），在A、B两国共纳税476万A元（1 000×40%+76），总税率39.67%（476÷1 200×100%）。

当母公司所在国的所得税税率低于子公司所在国的税率时，子公司交母公司股利向母公司所在国应纳所得税额会小于可抵免税额，因而不需缴税。例如，A国母公司在B国办一子公司，A国和B国公司所得税税率分别为25%和30%。本年子公司利润为100万B元，在B国纳税30万B元（100×30%），税后利润为70万B元（100×（1−30%）），80%交母公司股利为56万B元（70×80%），20%留子公司为14万B元（70×20%），B国征预扣税（5%）2.8万B元（56×5%）。母公司收到股利，应计算向A国缴纳的所得税。先计算可抵免税额24万B元（30×80%），加上已缴预扣额2.8万B元，共计26.8万B元，再计算股利的税前利润为80万B元（56÷（1−30%）），最后计算应纳所得税为20万B元（80×25%），小于可抵免税额，此时，子公司交母公司股利不需向A国交税。出现这种情况，主要是由于母公司所在国（A国）的税率低于子公司所在国（B国）的税率，B国除了征所得税外，还征预扣税。

从上述三种方法的举例计算比较可以看出，采用免税法，在B国的分公司利润在A国全部免税，对境外投资充分鼓励，但对A国的税收不利；采用税收扣除法，对避免双重征税发挥作用较小，税率仍然偏高；采用税收抵免法，充分发挥了避免双重征税的作用，使实际税率趋于合理。

（四）税收协定

跨国经营的广泛发展已有可能使在某一个国家取得的收益成为另一个国家课税的对象。各国之间缔结税务协定是最重要的避免双重课税的方法，这样能维护各国征税的权利，提供解决税收管理权的措施，尽量减少和避免双重课税的影响。协定中要详细规定不作为课税对象的某些收益、抵免和扣除的税收类型、降低所得税和预扣税等。截至2022年6月底，我国已对外正式签署109个避免双重征税协定，其中105个协定已生效，和中国香港、澳门两个特别行政区签署了税收安排，与中国台湾签署了税收协议。与巴哈马、英属维尔京、百慕大、列支敦士登等10个国家（地区）签署税收情报交换协定。

第四节　国际投资项目的财务决策

一、国外投资项目的效益分析

（一）国外投资项目效益分析的内容与特点

通过对国外投资环境的分析，确定了向哪个国家投资以后，就可以对投资项目进行可行性分析，包括市场销售可行性分析、生产可行性分析和财务可行性分析。财务可行性分析是在市场销售和生产两项可行性分析的基础上，对投资项目的投资额、资金来源、获利程度和税收因素进行的分析，在西方国家将其称为投资项目的跨国资本预算，具体包括以下内容：

1.预期利润分析

根据市场销售和生产可行性分析，预期投资项目投产后的收入、成本费用和利润。

2.资金分析

预测投资项目每年的投资额（投资费用）和生产经营期营运资金需要量，分析资金来源的难易程度，以便确定项目的融资方式。在研究资金来源时，通常都比较重视东道国的资金条件，即当地各种长期资金的获得方式、难易程度和成本；取得当地流动资金的难易程度和成本；东道国政府对外资企业融通资金的优惠条件。

3.税收因素分析

东道国政府的税收规定是影响国外投资财务效益的重要因素。它主要包括税收种类及税率高低、税务上对折旧问题的有关规定、税收优惠措施、东道国与母国的双边税收协定。

财务可行性分析主要预测和分析投资项目的效益，通常采用净现值法预测投资项目各年的现金流量，计算项目的净现值等指标，据以评价投资项目在财务上是否可行。

对外投资项目财务可行性分析的原理与国内投资项目的财务可行性分析相似，但比国内投资分析要复杂得多，因为：

（1）对外投资涉及一些国内投资所没有的因素，在编制国外投资预算时，要考虑外汇汇率、东道国通货膨胀率、外汇管制、税制、利润汇回限制等因素。

（2）由于对外直接投资的风险既包括一般风险——商业风险和财务风险，还包括汇率风险和政治风险，在这种情况下，估计未来现金流量和选择适当的折现率比国内投资要复杂一些。

以税制因素为例，企业在编制跨国资本预算时，必须根据东道国税制规定的税种、税率计算应缴纳的税款。在预算执行过程中，东道国增加税种，提高税率，就会增加纳税，从而降低投资收益，这种风险属于政治风险。近年，在跨国投资中，不少东道国在税法中探求财富，增加税收，提高收费标准，使投资者遇到困难。

（二）国外投资项目效益分析的程序

进行国外投资项目财务可行性分析，要编制各种预测表。其程序和方法如下：

1.投资额（费用）和资金来源预测表

在国外投资办企业的费用包括厂房、设备等固定资产投资，以及原材料和现金等流动资产投资。各项费用要按当时汇率加以折算，用东道国货币来表示。各项投资费用总额确定之后，应规划其资金来源，除了用自有资本投资以外，还可以使用各种借入资金。投资总额和资金来源确定以后，就可以编制期初资产负债表。对长期负债还应编制还本付息计划。

2.项目损益计划

为了预测对外投资项目的损益，需要进行以下预测分析：

（1）销售预测表，预测投资项目在生产经营期间各年的产品销售量、销售价格和销售收入。在预测销售价格时，应考虑计价货币的通货膨胀率，各年的价格应随通货膨胀率水平的变化而升降。如果产品对其他国家销售，其外币销售收入应按各年预测汇率折合，以东道国货币表现。

（2）成本费用预测表，预测国外企业在生产经营期间各年的产品生产量、单位变动成本、销售费用和行政管理费用、折旧费，确定各年总成本费用。在确定各年变动成本时，应考虑通货膨胀率的变化。

（3）预计利润表，根据预测的销售收入、销售成本及税负情况，编制预计利润表，计算经营利润（息税前利润）、税前利润和税后利润。

（4）贷款还本付息计划。一般地，归还投资贷款的资金来源主要是项目投产后的利润和提取的折旧，因此，要根据"预计利润表"和"固定资产折旧额预测表"，预测贷款还本付息的进度和时间。

3.现金流量计划

现金流量计划是预测对外投资项目计算期内各年的现金流入量、现金流出量和净现金流量。如果是在国内投资办企业，只做一张现金流量计划表即可；而在国外投资办企业，例如，在国外办一子公司，首先要从子公司角度对投资项目的效益进行预测、分析和评价，子公司效益的好坏是母公司对外投资效益好坏的基础。子公司的利润汇给母公司时，要按当时汇率折合为母公司所在国的货币，要向东道国（子公司所在国）缴纳预扣税，东道国还可能对子公司汇出利润加以限制。母公司收到子公司汇回的利润后还要向本国政府缴纳所得税。母公司对外投资效益的好坏不仅取决于子公司效益的好坏，而且还受汇率、预扣税税率高低、利润汇出限制和本国所得税税率高低等因素的影响，因此，还应从母公司角度对投资项目的效益进行预测、分析评价。为此，需要编制以下两张现金流量计划表：

（1）国外子公司现金流量计划表。按子公司所在国的货币计算，反映国外子公司在建设和生产经营期间各年的现金流入量、现金流出量和净现金流量，据以计算内含报酬率和净利现值（以东道国类似项目的税后投资报酬率作为折现率）。当净现值大于或等于零，内含报酬率大于或等于在东道国类似项目的税后投资报酬率时，可以认为投资项目在财务上是可行的。

（2）母公司与国外子公司有关的现金流量计划表。其现金流入主要是子公司付给母公司的股利和许可证费等。现金流出主要是母公司对子公司的投资，以及母公司从子公司所得投资收益应向本国政府缴纳的各种税款等。现金净流量是现金流入量与现金流出量之差，是母公司可以运用的净收益，是据以计算母公司进行国外投资的净现值和内含报酬率的基础。当净现值大于或等于零，内含报酬率大于或等于在本国类似项目的税后投资报酬率时，投资项目在财务上是可行的。

（三）国外投资项目效益分析的实例

现结合一实例简要说明各种预测表的编制方法。

我国甲公司对 A 国投资环境进行评估后，决定向 A 国投资建一独资企业——子公司 A，其有关资料如下：

（1）初始投资，该项目预计投资总额 950 万 A 元，当时即期汇率 1A 元=8 元人民币，折合人民币 7 600 万元。

（2）子公司 A 的厂房是在 A 国购买一幢闲置的厂房加以改造的，共需 600 万 A 元，其中 50% 由 A 国银行贷款，年利息率 6%，分 5 年等额偿还。

（3）子公司 A 生产 A 种产品，所需的原材料和零部件有 20% 从中国甲公司进口，其余在 A 国当地解决。

（4）由母公司（甲公司）提供专有技术，子公司 A 向母公司按销售额的 5% 缴纳许可证费。

（5）子公司 A 筹建期 1 年，投产后寿命期 15 年，母公司计划经营 5 年，5 年后将子公司 A 卖给当地投资者。

（6）固定资产原始价值 800 万 A 元，分 5 年计提折旧，每年折旧 160 万 A 元，第 5 年年末固定资产净值等于零，假设无残值。

（7）预测 A 国的通货膨胀率为年 10%，中国的通货膨胀率为年 11.1%，购买产品国 B 国的通货膨胀率为年 12%，根据购买力平价原理预测今后 5 年的汇率（见表 12-7）。

表12-7 汇率预测表

各年年末	1A元=x元人民币	1A元=yB元
0	x=8.0000	y=5.0000
1	x=8.0800	y=5.0909
2	x=8.1608	y=5.1835
3	x=8.2424	y=5.2777
4	x=8.3248	y=5.3737
5	x=8.4081	y=5.4714

（8）A国公司所得税税率20%，预扣税税率5%，中国公司所得税税率25%。

（9）子公司A的净现金流量可以自由汇回中国母公司。每年实现的税后利润80%交母公司，其余20%再投资于A国其他生产企业。

（10）我国该种产品的投资报酬率为14%，A国该类产品的投资报酬率为15%。

该项目的投资费用、资金、损益和现金流量的预测如下：

1.投资费用和资金来源

经预测该项目所需投资费用见表12-8。

表12-8　　　　　　　　子公司A原始投资费用预测表

项　　目	万A元	万元人民币（初始汇率1A元=8元人民币）
1.在A国购买和改造厂房	600	4 800
2.由母公司投资购买新设备	100	800
3.从母公司运来旧设备	100	800
4.由母公司投入原材料、零部件	100	800
5.由A国银行贷款	50	400
合　计	950	7 600

根据表12-8可编制子公司A的最初资产负债表，见表12-9。

表12-9　　　　　　　　最初的资产负债表　　　　　　　单位：万A元

资　产	金　额	负债和股东权益	金　额
现　金	50	应付账款	—
应收账款	—	银行借款（A国银行）	50
存　货	100	长期借款（A国银行）	300
厂　房	600	资本	600
设　备	200		
合　计	950	合　计	950

根据表12-9可知，在该项目投资总额950万A元中，其中产权筹资600万A元，占63.16%，举债筹资350万A元，占36.84%。

子公司A长期借款300万A元，期限5年，年利息率6%，与银行商定分5年等额偿还。短期借款各年借款额见营运资金预测表，年利息率4%。还本付息计划见表12-10。

表12-10　　　　　　　　　　　借款还本付息计划　　　　　　　　　单位：万A元

年份	长期借款				短期借款		利息合计
	年初余额	还本	利息（年利率6%）	年末余额	借款额	利息（年利率4%）	
1	300	60	18	240	79	3.16	21.16
2	240	60	14.4	180	109	4.36	18.76
3	180	60	10.8	120	143	5.72	16.52
4	120	60	7.2	60	184	7.36	14.56
5	60	60	3.6	0	232	9.28	12.88

2.项目损益计划

（1）销售预测。根据市场调查，预计子公司A投产后第一年在A国销售产品4 000台，单价2 000A元/台，在B国销售2 000台，单价10 000B元/台。通过采取各种促销手段，A国需求量每年递增5%，B国需求量每年递增8%。由于通货膨胀原因，销售价格A国每年递增约10%，B国每年递增约12%。5年中各年销售量和销售收入见表12-11。

表12-11　　　　　　　　　　　　　　销售预测表

项目		年份 1	2	3	4	5
在A国销售	1.销售量（台）	4 000	4 200	4 410	4 631	4 862
	2.单价（A元/台）	2 000	2 200	2 420	2 662	2 946.50
	3.销售收入（万A元）	800	924	1 067.22	1 232.77	1 432.59
在B国销售	4.销售量（台）	2 000	2 160	2 333	2 519	2 721
	5.单价（B元/台）	10 000	11 200	12.544	14 049	15 735
	6.汇率	5.0909	5.1835	5.2777	5.3737	5.47
	7.销售收入（万A元）	392.86	466.71	554.51	658.57	782.52
总计	8.销售量（台）	6 000	6 360	6 743	7 150	7 583
	9.销售收入（万A元）	1 192.86	1 390.71	1 621.73	1 891.34	2 215.11

注：部分数字含尾差调整。

（2）成本费用预测。生产成本中单位变动成本分为两部分：一部分是在A国采购原材料和人工费用，预计每单位产品为1 000A元，以后随通货膨胀率的上升而上升；另一部分是从中国进口原材料、部件，预计单位产品3 000元人民币，以后随中国通货膨胀率水平的变化而变化，并按汇率折算成A元。两者合计为总的变动费用。给中国母公司的许可证费用约为年销售收入的5%，销售和行政管理费第一年为50.01万A元，约按5%逐年递增。建厂初期购置设备、建造厂房所发生的固定资产总值为800万A元，采用直线法按5年计提折旧（假设不考虑报废后的净残值），每年折旧费160万A元。按以上资料求得各年生产成本合计，见表12-12。

表12-12　　　　　　　　　　　　　　成本费用预测表

年份 项目	1	2	3	4	5
1.生产量（台）	6 000	6 360	6 743	7 150	7 583
2.当地单位变动成本（A元）	1 000	1 100	1 210	1 331	1 464
3.当地变动成本总额（万A元）	600	699.60	815.90	951.67	1 110.15
4.进口单位变动成本（元人民币）	3 000	3 330	3 696	4 103	4 554
5.进口变动成本总额（万元人民币）	1 800	2 117.88	2 492.21	2 933.65	3 453.30
6.汇率	8.0800	8.1608	8.2424	8.3248	8.4081
7.进口变动成本总额（万A元）	222.77	259.52	302.36	652.40	410.71
8.变动成本合计（万A元）（（3）+（7））	822.77	959.12	1 118.26	1 304.07	1 520.86
9.许可证费（万A元）	59.64	69.54	81.10	94.57	110.76
10.销售和行政管理费（万A元）	50.01	52.64	55.38	58.29	60.94
11.折旧费（万A元）	160	160	160	160	160
12.生产成本合计（万A元）	1 092.42	1 241.30	1 414.74	1 616.93	1 852.56

（3）利润预测。根据表12-10、表12-11和表12-12的有关资料编制子公司A的利润预测表，见表12-13。

表12-13 　　　　　　　　　子公司A利润预测表　　　　　　　　　　单位：万A元

项目 ＼ 年份	1	2	3	4	5
1.销售收入	1 192.86	1 390.71	1 621.73	1 891.34	2 215.11
2.成本费用	1 092.42	1 241.30	1 414.74	1 616.93	1 852.56
3.息税前利润	100.44	149.41	206.99	274.41	362.55
4.利息	21.16	18.76	16.52	14.56	12.88
5.税前利润	79.28	130.65	190.47	259.85	249.67
6.所得税（20%）	15.86	26.13	38.10	51.97	69.93
7.税后利润	63.42	104.52	152.37	207.90	279.74

3.现金流量计划

（1）子公司A的现金流量计划。根据子公司A原始投资费用、成本费用和利润预测表资料可编制子公司A现金流量计划表（见表12-14）。

表12-14 　　　　　　　　　子公司A现金流量计划表　　　　　　　　　　单位：万A元

项目 ＼ 年份	0	1	2	3	4	5
一、现金流入量						
1.税后利润		63.42	104.52	152.37	207.90	279.74
2.折旧		160	160	160	160	160
3.第5年年末收回的净营运资金						100
4.第5年年末终值						1 966
合计		223.42	264.52	312.37	367.90	2 505.74
二、现金流出量						
5.原始投资（固定资产）	800					
6.追加营运资金	150	29	30	34	41	48
7.终值利得税（30%）						590
合计	950	29	30	34	41	638
三、净现金流量	-950	194.42	234.52	278.37	326.90	1 867.74

填列表 12-14 中的第 3 项和第 6 项，需要先编制营运资金预测表（见表 12-15）。

表12-15　　　　　　　　　　　子公司A营运资金预测表　　　　　　　单位：万A元

项目 ＼ 年份	0	1	2	3	4	5
1.销售收入		1 192.86	1 390.71	1 621.73	1 891.34	2 215.11
2.营运资金需要量（销售收入×15%）		179	209	243	284	332
3.年追加营运资金（下年数减上年数）	150	29	30	34	41	48
4.资金来源						
（1）母公司投资	100					
（2）子公司借款	50	79	109	143	184	232

注：表 12-15 中第 3 项的计算：179-150=29，209-179=30……子公司借款数的计算：150-100=50，179-100=79，209-100=109……借款是短期借款，0 年 12 月份借 50 万 A 元，当年年末未还，第 1 年 2 月份借 29 万 A 元，共借 79 万 A 元，年末还 79 万 A 元，第 2 年至第 5 年的借款都是当年年初借年末还。

表 12-14 的第 3 项根据表 12-15 的第 2 项第 5 年营运资金占用额 332 万 A 元减去第 5 年初的借款额 232 万 A 元求得（假定年初借款年末归还），表 12-14 的第 6 项根据表 12-15 的第 3 项填列。

表 12-14 的第 4 项第 5 年年末终值是第 5 年年末将子公司 A 卖给 A 国的投资者，按一定方法评估确定的价值。本例第 5 年的净现金流量为 391.74 万 A 元（279.74+160-48），预计子公司 A 出售后尚能经营 10 年，假设今后每年都能获净现金流量 391.74 万 A 元，按 15% 的报酬率折现，10 年期年金现值系数为 5.018768，据此可求得各年净现金流量的现值之和为 1 966 万 A 元（391.74×5.018768），以此作为第 5 年年末的终值。

表 12-14 的第 7 项终值利得税是出售子公司 A 所得的收入 1 966 万 A 元减去资产折旧后账面净值（本例固定资产折旧后的账面净值为零）的差额乘以税率 30% 求得的。

根据表 12-14 可计算投资项目子公司 A 的净现值（NPV）和内含报酬率（IRR）（A 国的基准收益率为 15%）。

$$NPV=-950+\frac{194.42}{1+15\%}+\frac{234.52}{(1+15\%)^2}+\frac{278.37}{(1+15)^3}+\frac{326.90}{(1+15)^4}+\frac{1\,867.74}{(1+15\%)^5}$$

$$=695.89（万A元）$$

IRR 的计算：

$$-950+\frac{194.42}{1+K}+\frac{234.52}{(1+K)^2}+\frac{278.37}{(1+K)^3}+\frac{326.90}{(1+K)^4}+\frac{1867.74}{(1+K)^5}=0$$

解上式得：$K=33.01\%$，即内含报酬率（IRR）为33.01%。

分析计算表明，无论是用净现值法还是内含报酬率法，此项目都可得到满意的结果。按基准收益率15%作为折现率，可获得净现值695.89万A元，其IRR大大超过了15%的最低报酬率。

（2）甲公司（母公司）与子公司A有关的现金流量计划。在母公司（甲公司）与子公司A有关的现金流量计划中，现金流入包括子公司汇回股利、交纳的许可证费、第5年终值、与子公司有关的净贡献等项，现金流出包括对子公司的原始投资、应向中国政府缴纳的所得税、投资保险费等项。现根据有关资料编制表12-16。

表12-16　　　　母公司（甲公司）与子公司A有关的现金流量计划

年份 项目	0	1	2	3	4	5
一、现金流入						
（1）子公司A净现金流量（万A元）	-950	194.42	234.52	278.37	326.90	1 867.74
（2）许可证收入（万A元）	—	59.64	69.54	81.10	94.57	110.76
（3）现金流入量合计（万A元）	-950	254.06	304.06	359.47	421.47	1 978.50
（4）A国预扣税（万A元）	—	5.52	7.66	10.15	13.05	16.73
（5）净现金流量（万A元）	-950	248.54	296.40	349.32	408.42	1 961.77
（6）汇率	8.0000	8.0800	8.1608	8.2424	8.3248	8.4081
（7）净现金流入量（万元人民币）	-7 600	2 008.20	2 418.86	2 879.24	3 400.01	16 494.76
（8）与子公司A有关的净贡献（万元人民币）	—	180	215.76	257.87	307.54	366

续表

项目＼年份	0	1	2	3	4	5
（9）现金流入合计（万元人民币）	−7 600	2 188.20	2 634.62	3 137.11	3 707.55	16 860.76
二、现金流出						
（10）向中国缴纳所得税（万元人民币）	—	101.48	122.09	146.30	174.65	209.78
（11）投资保险费（万元人民币）		10	10	10	10	10
（12）现金流出合计（万元人民币）		111.48	132.09	156.30	184.65	219.78
三、净现金流量（万元人民币）	−7 600	2 076.72	2 502.53	2 980.81	3 522.90	16 640.98

表12-16的第（1）项根据表12-14填列，第（2）项根据表12-12填列，第（6）项根据表12-7填列。为了确定第（4）项和第（10）项的数字，需要编制表12-17应缴税额计算表。表12-16的第（4）项根据表12-17的第（3）项和第（10）项相加后填列，第10项根据表12-17的第（14）项填列。

表12-17　　　　母公司（甲公司）从子公司A所得应缴税额计算表

项目＼年份	1	2	3	4	5
一、汇回母公司利润（万A元）					
（1）子公司A的税后利润	63.42	104.52	152.37	207.90	279.74
（2）付给母公司的利润（1）×80%	50.74	83.62	121.90	166.32	223.79
（3）A国预扣税（2）×5%	2.54	4.18	6.09	8.32	11.19
（4）汇回母公司利润净额	10.14	16.72	24.38	33.26	44.76

续表

年份\n项目	1	2	3	4	5
二、股利应缴税额（万A元）					
（5）在中国可抵免税额	15.23	25.08	36.57	49.90	67.13
（6）应纳税所得额	63.43	104.53	152.38	207.90	279.74
（7）母公司应纳所得税额（6）×25%	15.86	26.13	38.10	51.97	69.93
（8）实际应缴税额（7）-（5）	0.63	1.05	1.53	2.07	2.80
三、许可证收入应缴税额（万A元）					
（9）许可证收入（销售收入×5%）	59.64	69.54	81.10	94.57	110.76
（10）A国预扣税（9）×5%	2.98	3.48	4.06	4.73	5.54
（11）母公司应缴所得税（9）×25%-（10）	11.93	13.91	16.22	18.91	22.15
四、应缴税额					
（12）在中国应缴税额（万A元）（8）+（11）	12.56	14.96	17.75	20.98	24.95
（13）汇率	8.0800	8.1608	8.2424	8.3248	8.4081
（14）应缴税额（万元人民币）	101.48	122.09	146.30	174.65	209.78

表12-17的第（5）项可抵免税额的计算（以第1年为例）：

$$15.86 \times \frac{50.74}{63.42} \times 100\% + 2.54 = 15.86 \times 80\% + 2.54 = 15.23（万A元）$$

表12-17的第（6）项应纳税所得额的计算（以第1年为例）：

$$50.74 \div (1-20\%) = 63.43（万A元）$$

表12-16的第（8）项与子公司A有关的净贡献是指中国母公司（甲公司）在A国设立子公司，一方面可以向其子公司销售原材料、零部件获得利润，另一方面减少了原来直接由母公司向B国出口产品的利润，两者抵销后获得的净利。假设原材料、零部件及产品的边际利润为15%，原来中国母公司向B国的销售额每年为200万元人民币，在考虑中国母公司所得税后，可计算出每年与子公司有关的净贡献（见表12-18）。

表12-18 　　　　　　　　　　　　**与子公司有关的净贡献**　　　　　　　　　单位：万元人民币

项目 ＼ 年份	1	2	3	4	5
（1）向子公司销售原材料、零部件的利润	270	317.68	373.83	440.05	518
（2）母公司向B国出口产品的利润减少（每年出口额200万元×15%）	30	30	30	30	30
（3）贡献额（1）－（2）	240	287.68	343.83	410.05	488
（4）中国所得税（25%）	60	71.92	85.96	102.51	122.00
（5）净贡献额（3）－（4）	180	215.76	257.87	307.54	366

表12-18的第（1）项根据表12-12的第（5）项乘以15%求得（以第1年为例）：

1 800×15%=270（万元）

根据表12-16的净现金流量可计算中国甲公司向A国投资办子公司A的净现值（NPV）和内含报酬率（IRR）如下：

$$NPV=-7\,600+\frac{2\,076.72}{1+14\%}+\frac{2\,502.53}{(1+14\%)^2}+\frac{2\,980.81}{(1+14\%)^3}+\frac{3\,522.90}{(1+14\%)^4}+\frac{16\,640.98}{(1+14\%)^5}$$

$$=8\,887.92（万元）$$

内含报酬率（IRR）的计算：

$$-7\,600+\frac{2\,076.72}{1+K}+\frac{2\,502.53}{(1+K)^2}+\frac{2\,980.81}{(1+K)^3}+\frac{3\,522.90}{(1+K)^4}+\frac{16\,640.98}{(1+K)^5}=0$$

解上式得：K=41.40%

根据上述分析可知，从中国母公司角度考察，该项目也是可行的，在基准收益率为14%时，其净现值为8 887.92万元人民币，内含报酬率为41.40%，高于基准收益率14%。

上述国外投资项目效益分析的实例是根据一般情况设计做出的，由于国外投资各项目的具体情况不同，因而不同项目的效益分析（或称财务可行性分析或跨国资本预算）有不少差异。

在本章末列出案例12-4美国国际电信公司在B国投资设厂的资本预算，将此案例与前面的实例进行比较，可以加深对此问题的认识。

（四）国外投资项目效益分析的调整净现值法

对外投资项目效益分析的基本方法有净现值法（NPV）和调整净现值法（ANPV）两种。前面的实例采用的是净现值法，由于一般的净现值法不能充分反映跨国投资项目面临的各种复杂情况，因此在净现值法的基础上发展形成了调整净现值法，它尽量将影响企业跨国投资项目决策的各种因素都考虑进来，其计算公式[1]如下：

$$ANPV = -X_0C_0 + X_0BF + \sum_{t=1}^{n} \frac{(X_tCF_t - LS_t)(1-T)}{(1+K_e)^t} + \sum_{t=1}^{n} \frac{X_tDA_tT}{(1+K_a)^t} + \sum_{t=1}^{n} \frac{i_mBC_0T}{(1+K_b)^t} +$$

$$X_0\left[CL_0 - \sum_{t=1}^{n} \frac{LR_t}{(1+K_e)^t}\right] + \sum_{t=1}^{n} \frac{TD_t}{(1+K_d)^t} + \sum_{t=1}^{n} \frac{RF_t}{(1+K_f)^t} + \frac{TV_n}{(1+K_e)^n}$$

式中：X_0 和 X_t 分别代表第 0 年和第 t 年的即期汇率。

第 1 项：C_0 代表以外币表示的原始投资成本，X_0C_0 是以本币表示的原始投资成本。

第 2 项：BF 代表先前被冻结可用于本项目的资金额，X_0BF 是以本币表示的可用于本项目的先前被冻结的资金。

第 3 项：CF_t 代表以外币表示的预期项目投产后第 t 年可合法汇出的由销售带来的现金流量，LS_t 代表以本币表示的因项目上马而导致的公司整体其他部分的利润损失，T 代表公司所在国与投资项目所在国税率中较高者，n 代表项目预计的经济年限，$(X_tCF_t - LS_t)$ 即为公司可得实际现金流量，再乘以（1−T）即为税后实际现金流量，K_e 代表所有资本均为权益资本假定下的现金流量的折现率，$\sum_{t=1}^{n} \frac{(X_tCF_t - LS_t)(1-T)}{(1+K_e)^t}$ 表示按 K_e 水平计算的可合法汇出的现金流量的现值。

第 4 项：DA_t 代表以外币表示的折旧，K_a 代表折旧的折现率，$\sum_{t=1}^{n} \frac{X_tDA_tT}{(1+K_a)^t}$ 是以本币表示的按 K_a 水平计算的折旧税收减免额的现值。

举例说明上述第 3 项和第 4 项中的 CF 和 DA：某项目投产后第 1 年销售收入 1 000 万元，成本费用 800 万元（其中折旧 100 万元），税前利润 200 万元，所得税税率 30%，税后利润 140 万元。营业现金流量 240 万元（140+100），通过以下两项表示：（1）项目投产后销售带来的税后现金流量=（200+100）×（1−30%）=210（万元）；（2）折旧的税收减免额=100×30%=30（万元）。公式中的 CF 是指例中的税前利润 200 万元加上折旧 100 万元共 300 万元，DA 是指例中的折旧 100 万元。

第 5 项：BC_0 代表以本币表示的项目的债务资本，K_b 代表适用于债务所抵销的税额的折现率，i_m 代表公司所在国的贷款市场利率，$\sum_{t=1}^{n} \frac{i_mBC_0T}{(1+K_b)^t}$ 表示的是按 K_b 水平计算的利息费用的税收减免额的现值。

第 6 项：CL_0 代表以外币表示的优惠贷款的面值或本金，LR_t 代表以外币表示的优惠贷款的偿付额，K_e 代表适用于优惠贷款利息所抵销的税额的折现率，$X_0\left[CL_0 - \sum_{t=1}^{n} \frac{LR_t}{(1+K_e)^t}\right]$ 即是以本币表示的优惠贷款的利息补贴价值。

---

[1]　公式引自哈佛商学院 MBA 教程《融资与投资管理》（中文版）第 307 页。

举例说明第6项：某对外投资项目获得东道国优惠贷款100万元，5年期，利息率10%，每年年末等额还本并付当年利息，而本国贷款市场利息率为15%，具体计算见表12-19。

表12-19
贷款还本付息现值计算
单位：万元

年份	贷款本金余额	年末还本	付息	总偿付	偿付现值（折现率15%）
1	100	20	10	30	26.0870
2	80	20	8	28	21.1720
3	60	20	6	26	17.0945
4	40	20	4	24	13.7221
5	20	20	2	22	10.9379
合计	—	100	30	130	89.0135

例中的 CL_0 为100万元，$\sum_{t=1}^{n} \frac{LR_t}{(1+K_e)^t}$ 为89.0135万元，优惠贷款利息补贴价值=100-89.0135=10.9865（万元）。

第7项：TD_t 代表通过递延（例如在东道国再投资）和转移价格等方式获得的税收减免额，K_d 代表适用于通过递延和转移价格等方式获得的税收减免的折现率，$\sum_{t=1}^{n} \frac{TD_t}{(1+K_d)^t}$ 表示按 K_d 水平计算的通过递延等方式所获得的税收减免的现值。

第8项：RF_t 代表预期非法可以汇出的利润额，K_f 代表适用于非法汇出利润的折现率，$\sum_{t=1}^{n} \frac{RF_t}{(1+K_f)^t}$ 是按 K_f 水平计算的非法汇出现金流量的现值。

第9项：TV_n 代表预期项目的残值，$\frac{TV_n}{(1+K_e)^n}$ 就是按 K_e 水平计算的预期项目残值的现值。

二、国外投资项目的风险分析

（一）国外投资风险的种类

国外投资风险可分为政治风险和商业风险两类。

1.政治风险

政治风险是指国际经济活动中因政治因素导致经济损失的风险，主要包括：

（1）国有化风险，国有化是指因东道国政府为了该国的公共利益，按法律程序将外国投资者的投资及资产收归该国所有。如果东道国对外国投资者给予足额、及时的补偿，支付可自由兑换的货币，这种国有化是合法的，在国际上是允许的。国有化风险是指外国投资者的投资及资产被东道国没收（不给予补偿）或不给予足额补偿（其补偿金额低于市场价值），不及时补偿，不支付可自由兑换货币而使外国投资者遭受损失。20世纪六七十年代，伊朗、伊拉克、委内瑞拉等产油国发起了"石油国有化"运动，采用强制参股甚至没收等方式把西方大型跨国石油公司的投资强行收归国有。2007年和2008年相继发生的玻利维亚和委内瑞拉石油行业国有化事件都导致了投资者丧失投资权益。

（2）战争和政治暴力风险。战争和政治暴力风险包括内战、边境战争、外国入侵、骚乱，以及与政治因素相关的恐怖事件而使企业遭受损失的风险。这类事件一般都无法得到补偿。即使企业事先投保战争险，从保险公司得到补偿，也只是针对直接经济损失，即因战争的直接破坏而遭受的企业财产损失，至于企业生产经营活动遭到打击而发生的间接损失则不予补偿。第二次世界大战、越南战争、两伊战争、海湾战争等都曾使许多投资者遭受重大的经济损失。近年来的伊拉克战争、黎以冲突、部分非洲国家的内战等都导致了众多投资者的巨额损失。

（3）政策风险。政策风险指因东道国与投资相关的税收、公司监管、外汇管理和资本流动管理等方面的法律、法规或政策的变动给企业投资活动带来损失的风险。例如，A国通过一定的法律程序改变税制，提高税率，增加税收。波兰加入欧盟后，被统一要求调整其投资优惠政策，使投资者的利润减少甚至发生亏损。

（4）政府违约风险。这是指东道国政府非法解除与投资项目相关的协议，或者非法违反或不履行与投资者签订的合同。亚洲金融危机期间，印度尼西亚政府取消了十几个外商电站项目的特许权协议，投资者损失惨重。

（5）汇兑限制风险，或称转移风险。汇兑限制包括两个方面：兑换的限制和汇出的限制。汇兑限制风险是指东道国政府由于政治、外汇和税收等原因采取各种不合理限制，使外商投资的投资本金、所获利润和其他合法收益不能自由兑换为所需要的货币（例如美元、欧元、日元等国际货币或投资者母国的货币），汇回母国或转移到其他国家而发生损失的风险。这种风险的具体内容和防范办法将在第十三章说明。

（6）其他风险。例如，有些国家的政府规定外国投资者在环境保护和社会福利项目上的投资，外商投资企业在各种岗位上雇佣东道国居民的最低比率，要适用较高的税率、较高的水电费率以及较高的工资率，限制产品售价等，使外商投资企业在竞争中处于不利地位。

2.商业风险

商业风险包括：（1）市场风险，例如，利率风险、汇率风险、股票价格风险和商品价格风险等；（2）信用风险，例如，违约风险；（3）流动性风险，例如，不能按时支付各种费用、债务、采购款等产生的风险；（4）操作风险，例如，内部腐败、员工失职、设备故障、技术不成熟、存在欺诈等产生的风险；（5）法律风险，例如，违反中国或东道国的相关法律法规产生的风险；（6）环境风险，例如，造成严重污染引发抗议或冲突产生的风险。

上述汇率风险是指由于汇率变动使投出资本和汇回投资收益的价值减少的可能性。例如，我国与 A 国货币的汇率为 1A 元＝5 元人民币。我国甲公司用 600 万元人民币兑换 120 万 A 元，在 A 国投资办子公司。后来，A 元贬值，汇率变为 1A 元＝4 元人民币，这样，投入 A 国的 120 万 A 元只相当于 480 万元人民币（120×4），其价值减少了 120 万元人民币（600－480）。在 A 国的子公司，将利润 20 万 A 元汇给母公司，按变动前的汇率计算，可折算为 100 万元人民币，按变动后的汇率只能折算为 80 万元人民币（20×4），减少 20 万元人民币（100－80）。相反，如果 A 元升值，则会使投出资本和汇回利润折算为人民币的数额增多。

在经济危机来临时，投资者会遭遇更多、更大的风险。路透社伦敦 2009 年 11 月 23 日电讯报道：主要投资咨询公司华信惠悦咨询公司今天说，持续两年的经济动荡和市场动荡表明，投资者不能忽视全球衰退和极难对付的流行病等最极端情况出现的可能性。

华信惠悦在其名为《极端风险》的研究报告中列出 15 项极端风险，依次为：经济衰退、恶性通货膨胀、过度使用杠杆、货币危机、银行业危机、主权违约、气候变化、政治危机、保险业危机、贸易保护主义、欧洲分裂、资本主义毁灭、法定货币消失、战争和致命流行病。

这家公司表示，拟制这张清单是为了强调如下事实，即投资风险管理忽视不起哪怕排在最末 5% 可能发生事件所带来的威胁。该公司还推荐了抵御这些威胁的办法。在这种情况下，"投资者也许更应担心能否收回投资，而不是投资回报问题"。

关于政治风险管理见专栏 12-1。

（二）国外投资项目的风险调节

如果公司在进行对外投资项目效益分析时，项目的预计现金流量具有较大的不确定性，就需要对此进行风险调节，一般可采用以下三种方法：

1. 调节折现率法

根据投资报酬率与风险相匹配的原则，如果一个项目的预计现金流量的不确定性（风险）较大，就应适当地提高折现率。这种方法易于使用，但是有一定的主观性。如果预计的各期现金流量的不确定性大小不同，采用的折现率高低就应有适当的差别。例如，预测某一对外投资项目所在国家（东道国）的政治形势稳定性趋于下降，在该国的投资被征用的可能性逐渐增大，与此相适应，远期的折现率应高于近期的折现率。虽然这种方法具有主观性，但它还是被广泛地使用。

2. 模拟法

这种方法可用来测算净现值不同结果出现的概率分布。净现值的不同结果是由于计算净现值时输入的变量有一系列不同的可能值，不仅要考虑每年年末本币对外币汇率的各种可能值的概率分布，而且还要考虑其他变量的所有可能值，利用随机取值法来测算投资项目的净现值。由于影响净现值的各种变量有很多，各种变量的可能值又多，各种变量的可能值的组合也多，计算程序也多，计算的步骤将不断地重复，会测算出许多净现值指标，因此，可确定净现值为正值的概率或净现值大于一个特定水平值的概率。这一概率越大，表明投资项目的可行性越大。由于测算工作量很大，用手工做模拟是很困难的，而电子计算机程序则可在几秒钟内运行100次模拟并产生结果。

3. 敏感性分析法

前述实例的国外投资项目效益分析，是在可能性最大的假设下做出的，实际上还有许多其他的可能性，特别是在对外直接投资存在政治风险和外汇风险时，还需要对这些风险对投资项目的净现值和内含报酬率的影响进行敏感性分析，即根据相关变量的其他可能值来测算投资项目的净现值和内含报酬率指标。例如，前述实例中预测子公司A 5年的销售量分别是6 000台、6 360台、6 743台、7 150台和7 583台，如果预测销售量前三年为6 500台，后两年为7 583台，这会对净现值和内含报酬率产生很大影响；前述实例是预测A元对人民币升值1%，如果A元对人民币贬值1%，也会对净现值和内含报酬率产生很大影响；前述实例是预测A国政府对外汇无管制，子公司A的税后利润、许可证费和折旧费等都可自由汇回中国母公司，如果A国政府对外汇进行部分或全部管制，也会对净现值和内含报酬率产生很大影响。敏感性分析主要是测算某种变量发生变化，引起投资项目的净现值和内含报酬率发生变化的程度。

（三）对外投资项目敏感性分析举例

1. 外汇管制影响的敏感性分析

前述国外投资项目效益分析案例是假定A国政府对外汇没有管制，子公司A的净现金流量可以自由汇回中国甲公司（母公司），母公司决定子公司A的税后利润80%汇回母公司，20%再投资于A国子公司A以外的其他项目，折旧费和许可证费每年都可及时汇回中国母公司。现在A国情况突然发生重大变化，预测在5年内A国政府将出现外汇危机，采取全部外汇管制，子公司A的税后利润、许可证费和折旧费在5年内都不能汇出，必须在A国再投资，假设再投资税后利润为3%，这些被管制的资金只允许在5年后将子公司A出售给A国投资者时才能汇回中国母公司。这是一种转移风险。在税后利润、许可证费和折旧费全部被管制的情况下，子公司A的现金预算见表12-20。

表12-20 　　　　　　　　　　子公司A的现金预算　　　　　　　　　　单位：万A元

项目＼年份	第0~1年	第2年	第3年	第4年	第5年
一、现金流入					
1.息税前利润	100.44	149.41	206.99	274.41	362.55
2.税后许可证费	47.71	55.63	64.88	75.66	88.61

年份 项目	第0~1年	第2年	第3年	第4年	第5年
3.折旧	160	160	160	160	160
4.合计	308.15	365.04	431.87	510.07	611.16
二、现金流出					
5.支付利息	21.16	14.40	10.80	7.20	3.60
6.偿还贷款本金	110	60	60	60	60
7.缴纳所得税	15.86	27.00	39.24	53.44	71.79
8.追加营运资金	29	30	34	41	48
9.合计	176.02	131.40	144.04	161.64	183.39
三、现金余额					
10.本期现金流入流出差额	132.13	233.64	287.83	348.43	427.77

表12-20第2项税后许可证费根据表12-12第9项的数字计算,以第1年为例:

59.64×(1-20%)=47.71(万A元)

由于A国政府实行全部外汇管制,子公司A对母公司不交利润、许可证费和折旧费,资金有多余,因而从第1年起不从银行取得短期贷款。表12-20第5项支付利息第1年21.16万A元包括长期贷款利息18万A元和在第0年取得短期贷款利息3.16万A元,第2~5年的数字是长期贷款利息;第6项偿还贷款本金,第1年110万A元包括长期贷款60万A元和在第0年取得的短期贷款50万A元,第2~5年的数字是长期贷款本金,第5、6项根据表12-10的数据填列;第7项缴纳所得税第2~5年的数字是在没有短期贷款利息情况下计算的,以第2年为例:

(149.41-14.40)×20%=27(万A元)

子公司A超量现金余额和再投资报酬测算见表12-21。

表12-21　　　　　　　**子公司A超量现金余额和再投资报酬测算**　　　　　单位:万A元

年份 项目	第0~1年	第2年	第3年	第4年	第5年
1.期初现金余额	50.00	178.95	412.64	705.05	888.76
2.本期现金流入流出差额	132.13	233.64	287.83	348.43	427.77
3.期末现金余额(1)+(2)	182.13	412.59	700.47	1 053.48	1 316.53

项目 \ 年份	第0~1年	第2年	第3年	第4年	第5年
4.预计现金余额	50	60	72	86.40	103.68
5.超量现金余额（3）-（4）	132.13	352.59	628.47	967.08	1 212.85
6.超量现金再投资报酬（5）×3%	3.96	10.58	18.85	29.01	36.39

根据表12-14、表12-15、表12-16、表12-20和表12-21的有关数据编制外汇管制情况下母公司与子公司有关的现金流量表（见表12-22）。

表12-22　　　　　　外汇管制情况下母公司与子公司有关的现金流量表　　　　单位：万元人民币

项目 \ 年份	第0年	第1年	第2年	第3年	第4年	第5年
一、现金流入						
1.子公司A偿还A国银行贷款本息		1 059.77	607.16	583.56	559.43	534.76
2.与子公司A有关的净贡献		180	215.76	257.87	307.54	366
3.营运资金收回						2 791.49
4.超量现金收回						10 197.76
5.终值收回						16 530.32
6.合计		1 239.77	822.92	841.43	866.97	30 420.33
二、现金流出						
7.原始投资	7 600					
8.投资保险		10	10	10	10	10
9.资本利得税						4 960.78
10.合计	7 600	10	10	10	10	4 970.78
三、净现金流量	-7 600	1 229.77	812.92	831.43	856.97	25 449.55

表12-22第1项偿还银行贷款本息根据表12-20和表12-7预测汇率计算填列，以第1年为例：

（110+21.16）×8.0800=1 059.77（万元人民币）

第3项营运资金收回，根据表12-15第2项第5年数乘预测汇率计算，即2 791.49万元人民币（332×8.4081）；第4项超量现金收回，根据表12-21第5项数乘预测汇率计算,即10 197.76万元人民币(1 212.85×8.4081);第5项终值收回,根据表12-14第5年年末终值和预测汇率计算,即16 530.32万元人民币(1 966×8.4081);第9项资本利得税,根据表12-14第7项数和预测汇率计算,即4 960.78万元人民币(590×8.4081)。

根据表12-22计算净现值为8 390.59万元人民币,内含报酬率为35.12%。

上述分析说明在A国投资办子公司A虽然遭遇外汇管制的转移风险,使利润、许可证费和折旧费等资金不能及时汇回中国母公司,但由于在A国再投资可获得一定利润,而且在第5年年末可以全部汇回母公司,损失较小,净现值和内含报酬率与前面的预测相差不多,因此,可以认为在上述情况下,该投资项目在财务上还是可行的。

2.外汇汇率变动影响的敏感性分析

母公司与子公司A有关的现金流量不仅可能受前述外汇管制(转移风险)的影响,还可能受汇率变动(外汇风险)的影响。母公司从子公司收到的现金流量(以子公司所在国的货币表示),要按汇率折算为以母公司所在国的货币表示。如果当时子公司所在国(东道国)的货币贬值,则货币折算将使母公司的现金流入量减少,反之则增多。

(1)汇率变动对子公司成本、利润和现金流量的影响前例表12-12第5项进口变动成本总额要按汇率折合为A元,例中假定A元对人民币的汇率A元升值,会使折算后的A元成本减少;反之,如果A元贬值,则使A元成本增多,见表12-23。

表12-23   **汇率变动对子公司A的成本、利润和净现金流量的影响**

项目 \ 年份	第0年	第1年	第2年	第3年	第4年	第5年
1.进口变动成本总额(万元人民币)		1 800	2 117.88	2 492.21	2 933.65	3 453.30
2.A元对人民币汇率每年递升1%	8	8.0800	8.1608	8.2424	8.3248	8.4081
3.进口变动成本总额(万A元)		222.77	259.52	302.36	352.40	410.71
4.A元对人民币汇率每年递降1%	8	7.9200	7.8408	7.7624	7.6848	7.6079

项目 \ 年份	第0年	第1年	第2年	第3年	第4年	第5年
5.进口变动成本总额（万A元）		227.27	270.11	321.06	381.75	453.91
6.成本增加（5）－（3）（万A元）		4.50	10.59	18.70	29.35	43.20
7.税后利润减少（6）×（1-20%）（万A元）		3.60①	8.47	14.96	23.48	34.56
8.子公司A的净现金流量（表12-14）（万A元）		194.42	234.52	278.37	326.90	1 867.74
9.调整后的净现金流量（8）－（7）（万A元）		190.82	226.05	263.41	303.42	1 833.18

注：①税后利润减少3.60万A元就会使现金流量减少3.60万A元。

（2）汇率变动对母公司在中国应缴税款的影响前例表12-17第12项在中国应缴税额应按汇率折合为人民币数额，如果A元升值，会使母公司现金流出量增加，反之则减少，见表12-24。

表12-24　　　　　　　　**汇率变动对母公司应纳税额的影响**

项目 \ 年份	第1年	第2年	第3年	第4年	第5年
1.在中国应纳税额（万A元）	12.56	14.96	17.75	20.98	24.95
2.A元对人民币汇率每年递升1%	8.0800	8.1608	8.2424	8.3248	8.4081
3.在中国应纳税额（万元人民币）	101.48	122.09	146.30	174.65	209.78
4.A元对人民币汇率每年递降1%	7.9200	7.8408	7.7624	7.6848	7.6079
5.在中国应纳税额（万元人民币）	99.48	117.30	137.78	161.23	189.82
6.应纳税额减少（万元人民币）	2	4.79	8.52	13.42	19.96

根据表 12-12、表 12-14、表 12-16、表 12-23 和表 12-24 编制 A 元贬值情况下母公司与子公司有关的现金流量表（见表 12-25）。

表 12-25　　　　A 元贬值情况下母公司与子公司有关的现金流量表

项目 ＼ 年份	第 0 年	第 1 年	第 2 年	第 3 年	第 4 年	第 5 年
1.子公司 A 的净现金流量（万 A 元）	-950	194.42	234.52	278.37	326.90	1 867.74
2.A 元贬值使现金流量减少（万 A 元）	—	3.60	8.47	14.96	23.48	34.56
3.（1）-（2）（万 A 元）	-950	190.82	226.05	263.41	303.42	1 833.18
4.许可证收入（万 A 元）		59.64	69.54	81.10	94.57	110.76
5.现金流入量合计（3）+（4）（万 A 元）		250.46	295.59	344.51	397.99	1 943.94
6.A 国预扣税（万 A 元）		5.52	7.66	10.15	13.05	16.73
7.净现金流入量（5）-（6）（万 A 元）		244.94	287.93	334.36	384.94	1 927.21
8.汇率	8	7.9200	7.8408	7.7624	7.6848	7.6079
9.净现金流入量（万元人民币）	-7 600	1 939.92	2 257.60	2 595.44	2 958.19	14 662.02
10.与子公司有关的净贡献（万元人民币）		180	215.76	257.87	307.54	366

续表

年份 项目	第0年	第1年	第2年	第3年	第4年	第5年
11.现金流入量合计 (9)＋(10)（万元人民币）	-7 600	2 119.92	2 473.36	2 853.31	3 265.73	15 028.02
12.向中国缴纳所得税（万元人民币）		101.48	122.09	146.30	174.65	209.78
13.A元贬值使纳税额减少（万元人民币）		2	4.79	8.52	13.42	19.96
14.(12)-(13)（万元人民币）		99.48	117.30	137.78	161.23	189.82
15.投资保险（万元人民币）		10	10	10	10	10
16.现金流出量合计 (14)＋(15)（万元人民币）		109.48	127.30	147.78	171.23	199.82
17.净现金流量 (11)-(16)（万元人民币）	-7 600	2 010.44	2 346.06	2 705.53	3 094.50	14 828.20

根据表12-25计算净现值为7 328.43万元人民币，内含报酬率为37.13%。在A元贬值每年递降1%的情况下，净现值比原预测数减少1 559.49万元人民币（8 887.92-7 328.43），内含报酬率比原预测数降低4.27%（41.40%-37.13%）。同样可计算在A元贬值每年递降2%的情况下对净现值和内含报酬率的影响。

案例 12—1

联想并购 IBM PC 业务

联想集团的发展大约经历了四个阶段：贸易阶段、自主品牌阶段、多元化阶段和跨国经营阶段。

贸易阶段起始于联想公司创立的 1984 年。联想公司主要代理国外品牌的 PC 机，逐步积累市场经验。1988 年，联想公司在中国香港设立了贸易公司，以积累发展资金。

自主品牌阶段起始于 1989 年，联想公司推出了自有品牌电脑。本阶段是联想公司快速成长阶段，联想的国际化战略是在中国香港上市以提高联想公司在国内市场的竞争力。香港联想于 1994 年上市，其后逐步与内地资源进行整合，为公司的贸易、融资和改善机制发挥了重要作用。

多元化阶段起始于 2001 年。联想集团在原联想集团分拆后制定了新的发展战略，提出了"高科技的联想、服务的联想、国际化的联想"的发展愿景，制定了"在中国信息产业内多元化发展"的发展思路。联想公司先后进入了手机、数码产品、信息服务等领域，公司规模、实力稳步增长。

跨国经营阶段起始于 2004 年，联想并购 IBM PC 业务。

IBM 已明确的战略领域是 IT 服务业。由于 PC 业务业绩下滑，IBM 从 2000 年开始就有意出售其 PC 业务。2003 年，IBM PC 部门的销售营业收入为 95.6 亿美元，净亏损高达 2.58 亿美元。另一方面，联想从 2003 年起，开始明确 PC 业为战略领域，并提出了国际化发展的战略措施。收购 IBM PC 业务正是联想迅速提升全球 PC 市场地位的绝好机遇。

2003 年 11 月到 2004 年 5 月是联想和 IBM 谈判的第一个阶段，联想谈判小组的主要工作是了解对方情况和提出有关收购的商业方案；2004 年 5 月之后，开始进入实质性谈判阶段，主要谈判内容是收购价格；2004 年 12 月 8 日，联想和 IBM 公布了收购的最终协议；2005 年 1 月 27 日，收购协议获联想股东批准通过；2005 年 3 月 9 日，美国外国投资委员会（CFIUS）完成对联想收购 IBM PC 业务的审查；2005 年 3 月 31 日，联想宣布引入全球三大私人股权投资公司：得克萨斯太平洋集团、General Atlantic 及美国新桥投资集团，同意由这三大私人投资公司提供 3.5 亿美元的战略投资作为收购资金；2005 年 5 月 1 日，正式宣布完成收购 IBM 全球 PC 业务。

具体的收购要点如下：

收购金额：实际交易价格为 17.5 亿美元，其中含 6.5 亿美元现金、6 亿美元的股票以及 5 亿美元的债务。

收购形式：在股份收购上，联想以每股 2.675 港元，向 IBM 发行包括 8.21 亿股新股及 9.216 亿股无投票权的股份。

收购资产：IBM 所有笔记本、台式电脑业务及相关业务，包括客户、分销、经销和直销渠道；"Think"品牌及相关专利、IBM 深圳合资公司（不包括其 X 系列生产线）；位于日本大和与美国北卡罗来纳州罗利的研发中心。

收购后规模：收购完成后联想成为全球第三大 PC 厂商，年收入规模约 120 亿美元，员工总数达 19 000 人。联想总部设在美国纽约，主要生产基地在中国。

股权结构：联想控股公司拥有新联想集团约 46% 的股份，IBM 公司将拥有约 19% 的股份，公众股为 35%。

联想完成收购后三个季度的业绩显示（第一季度只包含收购后的两个月），税前利润同比增长均超过 40%，其中第二季度的利润增长高达 70%。

并购后，联想集团财务业绩的增长主要来自中国PC业务及新收购IBM个人电脑业务的贡献。2005财年及2006财年第二季度，联想个人电脑销量同比增长13%；第三季度笔记本电脑销量同比增长18%，台式电脑销量同比增长10%，均创历史新高，其中在中国市场的个人电脑销量上升39%，市场份额刷新纪录，高达37%。

从股价来看，联想并购IBM PC业务前后，保持了持续上升的势头。从2005年1月2.11港元/股的平均收盘价上升到2005年12月3.69港元/股的平均收盘价，增幅超过75%。这充分说明了公众对该项收购及收购后成功整合的认可。

联想集团引起世界瞩目是从2004年12月宣布收购IBM个人电脑业务开始的。在2008年3月以前，联想集团实现了业绩的稳定增长，因此被国内外媒体视为"中国企业收购海外企业的成功典范"。

联想集团2008年第三季度的纯利润减至2 300万美元，同比减少约80%。主要原因是受金融危机影响，公司在主要面向企业的欧美市场上的销量减少。

上述并购成功主要有两大原因：一是并购本身具有良好的基础，这一并购是一种跨区域合并同类项式的横向并购。联想公司建立了经营PC业务的核心能力；双方在业务上高度互补；联想是海外上市公司，有多方面优势。二是公司采取了系统周密的部署。建立了高效的项目管理团队；理解IBM公司出售PC资产的意图；充分了解IBM PC资产的运营情况；事先想好整合后如何盈利；设计共赢的并购方案；制定谨慎的业务整合步骤；控制整合过程的风险；建立国际化的运营团队；为融合做了细致安排。

资料来源：国务院发展研究中心.中国企业国际化战略［M］.北京：人民出版社，2006：271-281；佚名.联想企业的国际化发展［N］.日本产经新闻，2009-01-09.

案例 12-2

中海油公司收购加拿大尼克森石油公司

2012年7月23日，中国海洋石油有限公司（简称"中海油"）宣布准备以151亿美元现金总对价，收购尼克森100%流通的普通股和优先股，其中普通股每股收购价为27.5美元，比7月20日收盘价溢价61%，优先股的对价为每股26.0加元。此外，中海油还将承担尼克森的43亿美元债务。自中海油提出收购以来，尼克森的股价不断上涨。

加拿大工业部8月29日启动对中海油收购案的审批，并两次延长审批期限，审批最后截止日期为12月10日。

尼克森公司总部设在加拿大艾伯塔省卡尔加里，是一家大型石油和天然气公司，其能源项目主要集中于三大领域——常规油气、油砂和页岩气。尼克森公司资产遍布世界多地，其中包括加拿大的油砂项目、也门的油田、西非和墨西哥湾的近海油气田以及英国北海油气田。

加拿大政府2012年12月7日宣布，决定批准中海油以151亿美元收购加拿大尼克森公司的申请。这标志着中海油乃至中国企业完成迄今在海外的最大宗收购案。

加拿大工业部部长克里斯琴·帕拉迪斯当天说，按照《加拿大投资法》和有关指导方针，中海油已经使加拿大确信，其对尼克森的收购交易符合加拿大利益。他同时说，中海油已郑重向加拿大做出长期承诺，要在经营管理、业务发展方向、雇用人员和资金投入等方面符合加拿大经济发展利益，且承诺每年就履行情况向工业部报告。

加拿大总理哈珀在随后召开的记者会上表示，吸引投资是加拿大政府创造就业和经济增长的重点，加拿大非常鼓励和期待批准更多符合加拿大利益的外国投资。

中海油计划在卡尔加里创建地区总部，负责管理尼克森及中海油在加拿大、美国和中美洲的资产，将留用尼克森所有管理层和员工，以充分利用其优秀的管理、技术和经营能力。这次收购是加拿大自2008年全球金融危机以来最大金额的外资收购案。

尼克森收购案仍需得到外国在美投资委员会的批准。这个政府机构负责审查收购对美国国家安全的影响。不过银行业人士和律师认为，外国在美投资委员会无权阻止这项收购，至多会强迫中海油卖掉尼克森在墨西哥湾的油田，但这些油田只占尼克森总资产的8%。中海油收购尼克森后可动用后者在加拿大、英国、西非以及墨西哥湾的石油设施。加拿大工业部12月7日表示同意将尼克森售予中海油。这笔交易曾引起加拿大执政的保守党成员内部出现多重分歧，许多议员反对将本国企业出售给其他国家。

不过，加拿大总理哈珀认为，增加预算需要外来资金，在这种情况下，中国是不二之选。哈珀2012年2月来到中国游说这个亚洲国家购买加拿大石油，并明确表示加拿大对外国企业保持开放。

中海油董事长说：我们收购尼克森公司，使它成为中海油的全资子公司，使中海油在北海、墨西哥湾和西非有了新的离岸生产能力，我们坚信收购尼克森符合中海油的发展战略，将为中国带来长远利益。

资料来源：新华通讯社.加拿大政府批准中海油收购尼克森公司［N］.参考消息，2012-12-09.

案例12-3

中国万向公司收购美国A123系统公司

万向公司是中国的一家民营企业，该公司从1994年开始在美国伊利诺伊州设立总部开展业务，雇用了3 500名美国人，并且把它在美国赚的钱又重新投资于美国业务。2012年12月，中国万向公司投资收购美国的A123系统公司。美国的这家公司为电动汽车和混合动力汽车以及电网生产锂离子电池。美国政府为扶持清洁能源产业发展，并助其与中国竞争，曾向A123系统公司提供2.49亿美元。当然，美国财政部从中国的借款远远超出这个数字。

但是，事态发生了具有讽刺意味的转折，A123系统公司由于经营不善申请破产。在破产拍卖中，中国大型企业万向公司击败美国江森自控国际有限公司，出价2.57亿美元购得A123系统公司。更具讽刺意味的是，万向公司通过向通用汽车公司和福特公司出售汽车零部件获得大量收入，用于支付收购款。

这具有三重讽刺意味：美国从中国借钱、为一家电池公司提供补贴、助其与得到国家补贴的中国电池公司竞争。这家美国公司被一家中国公司以与美国政府提供给它的资金几乎相等的价格买下。美国仍不得不将钱还给中国。购买这家美国公司的中国公司通过为美国人驾驶的汽车提供零部件赚了很多钱。

中国万向公司收购美国A123系统公司的活动，引起了一些公众的争议，并遭到一些国会议员的强烈反对。因为该公司曾享受政府的资金支持，并且承接防务合约，他们认为这一交易有损国家安全和经济利益。

这笔交易需经外国在美投资委员会批准。为获得批准，A123系统公司与美国军方签订的所有合同将根据另一项资产收购协议，以225万美元的价格售予纳维塔斯系统公司，明智地化解了人们对这笔交易影响国家安全的担忧。

前国家情报总监丹尼斯·布莱尔曾参加审查这一外资并购美国公司的案件，他认为美国有许多敏感技术是应当保护的，但锂离子电池的制造并不属于这一行列，这是一种到处都可以获取的技术，中国公司收购A123系统公司对美国国家安全和经济利益没有任何不利影响。在这次经济衰退期间，万向公司收购A123系统公司，经过了公开、公平的拍卖，万向公司对A123系统公司的资产提交了最高的出价，购买面临财务困难和破产风险的A123系统公司，可以保住数千名雇员的岗位以及他们工作的工厂，这一交易对A123系统公司的雇员、客户和债权人都具有显而易见的好处，是对中美双方企业双赢的交易。

资料来源：叶慧珏.万向收购A123复盘：布局有利地位 并非赢在出价 [N]. 21世纪经济报道，2012-12-11；于小龙、陈少智.万向收购A123隐忧：或成技术陷阱 [J]. 财经国家周刊，2013(1).

案例12-4

美国国际电信公司在B国投资设厂的资本预算

美国国际电信公司（IEC）考虑在B国设厂组装电器，利用IEC在该地区已开拓的市场和分销渠道销往世界各地。如果该项目可被接受，IEC就在B国新建一个子公司，所需资本由母公司发行普通股股票筹集。

（1）IEC在第1年1月份投资1 000万美元（折合5 000万B元）购买厂房和设备。

（2）IEC母公司向子公司提供一项专利技术，子公司按收入的10%向母公司上交使用费。

（3）在B国，子公司需上缴的所得税税率为20%，在美国需上缴给联邦和州的所得税税率为50%。

（4）考虑到电子工业技术更新快，IEC将项目分析的时间设定为5年，第5年年终时，按市场价值最乐观地估计设备价值为2 500万B元。

（5）B国政府规定：①母公司在子公司营业终止前不能撤回资本，所以每年提取的折旧费要等到项目结束时才能汇回公司；②每年汇回母公司的股利不能超过初始投资的20%，项目结束时，各种再投资的盈余可以汇回母公司。

解析：（1）子公司的净利润和上交母公司的净现金流量（见表12-26）。

表12-26　　　　　　　　**子公司净利润和上交母公司的净现金流量**　　　　　　　单位：万B元

年份 项目	第1年	第2年	第3年	第4年	第5年	合计
（1）收入	5 000	5 500	6 000	6 500	7 000	30 000
（2）经营成本	3 000	3 000	3 500	3 500	4 000	17 000
（3）折旧	500	500	500	500	500	2 500
（4）技术使用费（收入的10%）	500	550	600	650	700	3 000
（5）税前利润（1）－（2）－（3）－（4）	1 000	1 450	1 400	1 850	1 800	7 500
（6）B国所得税（20%）	200	290	280	370	360	1 500
（7）净利润（5）－（6）	800	1 160	1 120	1 480	1 440	6 000
（8）汇回股利的上限	800	1 000①	1 000	1 000	1 000	4 800
（9）股利应缴美国所得税（50%）	300②	375③	375	375	375	1 800
（10）税后股利（8）－（9）	500	625	625	625	625	3 000
（11）技术使用费收入	500	550	600	650	700	3 000
（12）技术使用费收入应缴美国所得税（50%）	250	275	300	325	350	1 500
（13）税后技术使用费收入（11）－（12）	250	275	300	325	350	1 500
（14）净现金流量（10）＋（13）	750	900	925	950	975	4 500

注：①汇回股利的上限＝初始投资5 000×20%＝1 000（万B元），第1年净利润800万B元低于上限，就以800万B元作为上限，可全部汇回母公司；

②$200 \times \dfrac{800}{800} = 200$（万 B 元），$\dfrac{800}{1-20\%} \times 50\% - 200 = 300$（万 B 元）或 $\dfrac{800}{1-20\%} \times (50\%-20\%)$

$=300$（万 B 元）；

③$290 \times \dfrac{1\,000}{1\,160} = 250$（万 B 元），$\dfrac{1\,000}{1-20\%} \times 50\% - 250 = 375$（万 B 元）或 $\dfrac{1\,000}{1-20\%} \times (50\%-20\%)$

$=375$（万 B 元）。

（2）折旧再投资后汇回的现金流量。

各年提取的折旧形成的现金流入只有在第 5 年年末子公司结束时才能汇回母公司，在这之前只能在东道国再投资。假设投资于购买 B 国的国库券，年利率 8%。利息汇回母公司时要向 B 国和美国纳税，具体计算见表 12-27。

表12-27 **折旧再投资后汇回的现金流量** 单位：万 B 元

折旧年份	折旧额		按8%复利		第5年年末终值
第1年	500	×	$(1+8\%)^4$	=	680.20
第2年	500	×	$(1+8\%)^3$	=	629.90
第3年	500	×	$(1+8\%)^2$	=	583.20
第4年	500	×	$(1+8\%)^1$	=	540.00
第5年	500	×	$(1+8\%)^0$	=	500.00
合计	2 500				2 933.30
			减：折旧		2 500.00
			应税收入		433.30
			应缴B国所得税		86.66
			税后收益		2 846.64
			应缴美国所得税		129.99
			母公司税后收益		2 716.65

（3）受限制未汇回利润再投资后汇回的现金流量。

超过股利汇回限额的经营利润，也假定投资于购买 B 国国库券，年利率 8%，这部分利润及其再投资所得利息汇回母公司时要向 B 国和美国纳税，具体计算见表 12-28。

表 12-28 中美国税的计算：

①计算可抵免税额：

B 国所得税 $= 1\,500 \times \dfrac{1\,200}{6\,000} = 300$（万 B 元）

②计算受限制未汇回利润的税前利润：

$1\,200 \div (1-20\%) = 1\,500$（万 B 元）

③计算受限制未汇回利润应缴美国税：

$1\,500 \times 50\% - 300 = 450$（万 B 元）

④计算应税收入 99.80 万 B 元应缴美国税：

$99.80 \times 50\% - 20 = 29.90$（万 B 元）

⑤应缴美国税合计：

$450 + 29.90 = 479.90$（万 B 元）

表12-28　　　　受限制未汇回利润再投资后汇回的现金流量　　　　单位：万B元

折旧年份	受限制未汇回利润		按8%复利		第5年末终值
第1年	0	×	$(1+8\%)^4$	=	0
第2年	160	×	$(1+8\%)^3$	=	201.50
第3年	120	×	$(1+8\%)^2$	=	139.90
第4年	480	×	$(1+8\%)^1$	=	518.40
第5年	440	×	$(1+8\%)^0$	=	440.00
合计	1 200				1 299.80
			减：投资		1 200.00
			应税收入		99.80
			应缴B国所得税（20%）		20.00
			B国税后收益		1 279.80
			应缴美国所得税		479.90
			美国税后收益		799.90

（4）编制项目现金流量表。

根据表12-26、表12-27、表12-28和其他有关资料（项目的初始投资和到期终值）编制项目现金流量表（见表12-29）。

表12-29　　　　　　　　项目现金流量表

年份 项目	第0年	第1年	第2年	第3年	第4年	第5年
1.初始投资（万B元）	(5 000)					
2.经营现金流入（万B元）		750.00	900.00	925.00	950.00	975.00
3.折旧汇回（万B元）						2 716.65
4.受限制利润汇回（万B元）						799.90
5.终值（万B元）						2 500.00
6.净现金流量（万B元）	(5 000)	750.00	900.00	925.00	950.00	6 991.55
7.预计汇率	5.00	5.00	5.25	5.51	5.79	6.08
8.美元净现金流量（万美元）	(1 000)	150.00	171.43	167.88	164.08	1 149.92
9.净现值（折现率12%）=146.80（万美元）						

表12-29第7项预计汇率，当前汇率为1美元=5B元，预计第1年不变，但以后B元会以每年5%的比率贬值。

由于项目的净现值为正数，所以该项目是可行的。

资料来源：BRIHAM E F, GAPENSKI L G.财务管理：理论与实务［M］.北京：机械工业出版社，1999：1136-1142.

专栏 12-1

国际投资项目的政治风险管理

1.科学进行政治风险的评估与预测

由于政治风险对一个项目的总风险影响很大，因此，必须对它进行认真的评估。为了评估国外投资的政治风险，投资者需通过各种途径和方法收集有关国家的历史资料和现实情况，了解该国的国际关系、社会情况、国家政局、法律规定、政策变化、投资保护、民族矛盾等情况，分析发生政治风险的来源，估计可能遇到的政治风险类型。评估政治风险主要采用定性分析方法。为了推测在一定时期内发生政治风险的可能性，也可进行概率分析，当概率为0时，表示风险事件不会发生；当概率为1时，表示风险事件必然会发生；概率在0~1之间变化，数值越大表示风险越大。政治风险大小可以用发生风险概率乘以估计风险损失额来测算。根据政治风险的大小将有关国家进行分类，如果某一国家被列为风险极大这一类，无论预期收益多高，也不能去该国投资。

在投资前，必须对对外投资项目进行认真深入的可行性研究，从宏观和微观两个方面对投资项目的政治风险和商业风险进行科学的预测、计算和分析，选择风险较小而且效益较高的投资方案，并预先采取防范投资风险的措施。

为了正确地进行投资风险评估、预测和可行性研究，必须充分利用国家机构和社会专业中介服务机构提供的信息。中国商务部利用分布全球的外交商务资源，收集整理各国的主要情况、商务信息和贸易机会等，并通过政府网站、宣传材料等方式提供给国内企业。社会专业中介服务机构在信息收集、甄别、处理和分析上具有优势，能够为企业提供更高效、更准确的服务，可以避免由于信息不对称和信息掌握不足带来的风险，应该充分发挥专业中介服务机构的作用，认真听取专家的意见。政策性金融机构是政府为了提供不同的政策性金融服务而设立的。其中，中国出口信用保险公司（简称"中国信保"）在提供出口信用和对外投资保险的同时，还编制各国《投资与经贸风险分析报告》，其内容包括：外国直接投资状况、投资环境（投资政策、金融体系、税收体系）、双边关系（政治关系、双边贸易、双边经济合作）、总体风险评估（评定风险等级，分为9级，第1级为风险水平最低）。该报告对企业对外投资进行风险评估与预测具有重要的参考价值。

2.认真与东道国签署投资协议和合同

我国政府为了保护企业对外投资的权益，已与有关国家签订了《双边投资保护协定》，其基本内容包括：外国投资者的待遇、国有化及其补偿、利润汇出、代位求偿权、争议的解决等。企业在对外投资时，还应在上述协定的基础上，结合企业投资项目的具体情况与东道国有关方面签订具体的协议和合同，尽管这些协议和合同并不能阻止东道国改变法律或政策，但是可以在出现争议时以此为依据通过国际仲裁等方式获得赔偿。世界上许多国家签订了《关于解决各国和其他国家国民之间投资争端的公约》，建立"解决投资争端的国际中心"，负责解决各缔约国的国民之间的投资争端，并提供协调和仲裁的便利。

3.购买政治风险的保险

政治风险保险既可以向商业保险公司购买，如Lloyds、AIG、CHUBB，也可以从官方出口信用保险机构或投资保险机构获得，如中国的中国出口信用保险公司（Sinosure）、英国的ECGD、日本的NEXI，还可以通过多边组织获得，如世界银行集团的多边投资担保机构（MIGA）和亚洲开发银行（ADB）等。大部分国家的官方出口信用保险机构或投资保险机构都为本国投资者或对本国有益的投资项目提供保险服务。

政治风险保单的核心内容是承保范围和损失计算。承保范围主要列明何种事件导致的损失在保险范围内，也就是明确损因。损失计算就是确定损失金额，并根据赔偿比例确定相应赔偿金额。投资者在购买保险前须明确保单的承保范围以及损失发生后如何获得赔偿。典型的政治风险保单一般有承保征收、汇兑限制、战争及政治暴力、政府违约四大类风险。

4.认真履行社会责任

企业"走出去"到国外投资办企业，须更好地承担社会责任。（1）要认真遵守东道国的法律、法规和制度，尊重东道国的文化和风俗习惯；（2）保护好环境，绝不污染当地的空气、水和土地；（3）尊重东道国政府和当地员工，正确处理与当地政府、社会和劳动者的关系；（4）切实办好企业，提高质量和效益，对东道国经济发展作出贡献，履行应尽义务（例如照章纳税），进行社会公益活动，让尽可能多的人从公司行为中受益。以前，我国有的企业在海外投资时，只注重利润，忽略了承担社会责任，导致出现工人罢工等社会问题，增加了企业持续经营的风险。有的企业开发境外资源，不注重环境保护，不仅破坏了当地环境，甚至引起东道国政府的不满，对企业自身乃至中国企业的整体形象造成了不好的影响。

5.正确安排各方面的利益

为避免政治风险可采取以下措施：（1）设法将子公司的原料、零部件供应、生产技术和销售与母公司及其他子公司连在一起，而且带有无法避免的依赖性。例如，美国一家汽车公司紧紧地控制着秘鲁子公司的零部件供应，只把一半的汽车零部件放在秘鲁子公司生产，其余一半，如发动机、变速器等大部分配件放在其他国家的子公司生产，并将一些特有技术集中在母公司，秘鲁子公司生产的零部件销售给母公司和其他子公司，使该子公司依赖母公司的技术、零部件供应和销售渠道，由于东道国政府不愿意没收一个对外国依赖性很大的公司，这样，就可以降低被没收或国有化的风险。（2）公司设法在国际上寻找利益相关者，主要是利用筹资的机会把风险分散到东道国，其他第三、第四国和国际金融机构，当发生风险时，公司既不会蒙受过多损失，还可得到国际性保护。比如，让国际金融公司（IFC）、国际开发协会（IDA）、亚洲开发银行（ADB）、泛美开发银行（IADB）和非洲开发银行（AFDB）等机构投资入股或提供债权资金，显然，东道国政府在征收一个存在世界银行财务利益的项目时会三思而后行。（3）在东道国内注意处理好与各方面的关系。例如，向当地投资者出售一部分股权，与当地公司合资经营也是降低政治风险的一个有效办法。本国投资者的信息比较全面，可以更好地评估当地的政治风险，还可能对政府的政策制定施加影响；更重要的是，东道国一般不会对本国投资者或与政府有着密切政治、经济或军事关系的投资者的资产采取没收或国有化措施，由此形成的保护伞也可以为其他合作投资者遮风挡雨。通常情况下，与当地政府合作是一个不错的主意，但不能一概而论，很多公私合营公司的运营效率还不如纯粹的国有企业，而且政府同时兼有项目投资者、所有者和监管者的多重身份，这容易导致出现较高的征收风险。

资料来源：王晨光，李峥，李瑞民.如何对境外投资项目进行政治风险管理［J］.国际融资，2011（6）：48-52.

专栏12-2

中国"一带一路"沿线投资东南亚地区大型项目风险成因

2013年至今，"一带一路"建设与合作取得了丰硕成果。在未来相当长一段时间，中国对

"一带一路"国家的直接投资规模必将迎来更大的发展。伴随着巨大机遇，中国企业在国际化经营中的投资风险也将随之增加。我国投资"一带一路"绝大多数是风险高、金额大、周期长的基础设施、矿产、能源合作类大型项目。大型工程项目的投资建设关系到国计民生，对国家经济和社会发展起着十分重要的作用，并且我国"走出去"大型项目一般都是雪中送炭、急对方之所急，是能够让当地老百姓受益的民生工程，因此如何有效控制风险确保重大对外投资项目的顺利实施就显得尤为重要。

东南亚地区作为中国经贸往来最频繁的合作伙伴，吸引了超过一半的中国对"一带一路"直接投资，三分之一的大型项目投资，在"一带一路"建设中将起到重要的支点作用。通过系统分析这些项目的结构特征事实和风险，归纳规律，总结经验，吸取教训，确保海外投资高质量发展，消除我国在"一带一路"国家投资推进不力的忧虑情绪，促使"一带一路"建设沿着可持续、高质量发展方向不断推进，实现从"大写意"到"工笔画"。

2005年至2017年期间，中国在东南亚地区投资大型项目共计165项，其中投资失败22项，占比13.3%，这些大型项目投资失败的原因主要有：一是中资企业自身对项目投资准备不足，在战略和具体操作层面存在缺陷，最终不能与项目合作方达成一致；二是我国投资企业缺乏对更多利益相关方的关注，习惯于走"上层路线"，并没有全面考虑其他利益相关方的权益，最终导致投资失败；三是东道国政治风险高，民族资源主义复兴，导致投资企业不得已终止大型项目投资以避免更大的损失。具体资料见表12-30至表12-32。

表12-30　　　　　因企业自身对项目投资准备不足而失败的大型项目

时间	公司名称	项目国家	具体项目	项目类别	失败主要原因
2006年	金川集团	菲律宾	重启菲律宾苏里高省诺诺克镍矿	金属（钢铁）	双方对公司治理结构与利润分配存在很大分歧，最终谈判破裂
2007年	招商局集团	越南	巴地头顿省的槟亭－稍梅集装箱港项目	交通（船舶航运）	双方无法就占股比例达成一致，直至投资许可证到期，谈判失败
2007年	中国海洋石油总公司	印度尼西亚	收购哈斯基能源公司天然气项目	能源（天然气）	双方没有就收购价格达成一致
2007年	中国太阳能沛辉投资有限公司	新加坡	收购投资公司杰伟92%股份	能源（替代能源）	双方无法就收购价格及利益分配达成一致
2010年	中国核工业集团有限公司	东帝汶	修建国家电网工程	能源（电站）	双方就项目的具体细节问题未能达成一致，导致谈判失败
2017年	中国铁路工程（马来西亚）有限公司	马来西亚	收购Bandar Malaysia60%股权	不动产（房地产）	未能满足2015年12月所达成协议项下的标准，因而无法完成交易

表12-31　　　因企业投资缺乏对更多利益相关方的关注而失败的大型项目

时间	公司名称	项目国家	具体项目	项目类别	失败主要原因
2006年	中国南方电网	柬埔寨	中柬合作大坝	能源（水电）	居民抗议环境污染，柬埔寨首相下令暂停建造大坝
2006年	中国铝业公司	越南	同越南国家煤矿工业共同开发铝矿	金属（铝）	居民抗议，担忧破坏环境
2011年	中国电力投资集团公司	缅甸	密松大坝水电站	能源（水电）	民众抵触，担忧环境问题，以及克钦邦纷繁复杂的各派势力博弈
2013年	中国北方工业公司	缅甸	莱比塘铜矿	金属（铜）	环境损害和政治因素，遭到民众抵触而修改合同
2014年	中国中铁股份有限公司	缅甸	皎漂—昆明铁路	交通（铁路）	缅甸公民组织反对运动，铁路途经地区居民多次向缅甸政府抗议工程将给地方造成负面影响，计划被取消
2014年	电力建设公司和中国铁建	越南	投建越南电力项目	能源（水电）	越南民众暴乱，反华示威引发打砸中资企业事件
2014年	中国冶金科工集团有限公司	越南	台塑河静钢厂	金属（钢铁）	越南民众暴乱，反华示威引发打砸中资企业事件

表12-32　　　因东道国政治冲突与内部动乱、政府政策变动与违约而失败的大型项目

时间	公司名称	项目国家	具体项目	项目类别	失败主要原因
2007年	中国国家开发银行和吉林富华公司	菲律宾	租赁耕地，在菲律宾建设玉米生产基地	农业	菲律宾政局发生动乱
2008年	中兴通讯股份有限公司	菲律宾	中兴同菲律宾政府签署的一份意向性国家宽带网项目	技术（通信技术）	该项目被指价格过高、有行受贿嫌疑，且涉及阿罗约总统，迫于政府压力和复杂形势，该项目宣布无限期延迟
2010年	紫金矿业集团股份有限公司	菲律宾	收购菲律宾坦班坎特大型金铜矿	金属（铜矿）	受菲律宾政局和政策影响，合作项目被无限期延迟

续表

时间	公司名称	项目国家	具体项目	项目类别	失败主要原因
2010年	中国投资有限公司	印度尼西亚	参与印度尼西亚煤炭开发	能源（煤炭）	印度尼西亚政府在矿产和煤炭矿产领域政策不稳定
2012年	中国机械工业集团有限公司	菲律宾	北吕宋铁路项目	交通（铁路）	受菲律宾政局政策影响，菲官方宣布该项目存在违规操作，终止该项目，并将返还与该项目相关的中方贷款
2014年	长城汽车	泰国	在泰国东部罗勇府投资打造生产基地	交通（汽车）	泰国反独裁民主联合阵线同泰国政府发生冲突，陷入对抗局，政治动荡导致项目无限期推迟
2014年	中国电力投资集团公司	印度尼西亚	煤矿开发	能源（煤炭）	2014年，印度尼西亚政府开始实施颇具争议的矿石出口禁令，由于政策不稳定，投资风险难以控制
2015年	中国交通建设集团股份有限公司	印度尼西亚	修建高铁	交通（铁路）	由于中日高铁之争，中方高铁方案被印度尼西亚政府拒绝
2015年	中国石油化工集团公司	印度尼西亚	同印度尼西亚政府进行油气开发合作	能源（石油）	由于印度尼西亚政府有关能源政策的不稳定，导致难以排除投资风险

资料来源：张晓涛，刘亿，王鑫.我国"一带一路"沿线大型项目投资风险——东南亚地区的证据［J］.国际贸易，2019（9）：60-71.

思考题

1. 国际直接投资的动机是什么？为什么说增加收益和减少风险是国际直接投资的主要目的？

2. 国际直接投资的进入方式有哪些？怎样对新建方式和并购方式进行比较和选择？

3. 国际直接投资按所有权性质可分为哪几种企业类型？如何进行股权策略的选择？

4. 国际直接投资环境的评估方法有哪些？请对各种方法的优缺点进行评价。

5. 什么是资本利得税和预扣税？避免国际双重征税的方法有哪几种？各有什么优缺点？

6. 国外投资项目的效益分析包括哪些内容？有什么特点？如何进行国外投资项目的效益分析？

7. 什么是国外投资项目效益分析的调整净现值法？它调整的因素有哪几项？

8. 国外投资项目的风险调整可运用哪几种方法？

9. 怎样进行外汇管制对投资项目效益影响的敏感性分析？

10. 怎样进行外汇汇率变动对投资项目效益影响的敏感性分析？

计算题

1.我国甲公司在B国办一子公司，上年税前利润2 000万B元，B国公司所得税税率20%，子公司将税后利润的60%汇给甲公司作为股利，B国征收股利汇出税税率5%，我国所得税税率为25%，汇率1B元=8元人民币。要求：计算该公司应向我国缴纳多少公司所得税（采用税收抵免法）。

2.我国甲公司在A国办一分公司，上年税前利润200万A元，A国营利事业所得税税率20%，我国所得税税率为25%，汇率1A元=2元人民币。要求：计算分公司应向我国缴纳的公司所得税税额（采用税收抵免法）。

3.我国甲公司考虑在A国办一子公司，预测有关资料如下：

（1）初始投资2 000万A元（折合16 000万元人民币）购买房屋和设备。

（2）甲公司（母公司）向子公司提供专利技术，子公司按收入的5%向母公司上交使用费。

（3）A国公司所得税税率25%，中国公司所得税税率25%。

（4）子公司经营5年，第6年年初将子公司出售，估计厂房设备价值为1 000万A元。

（5）预测经营期的收入：第1年10 000万A元，第2年11 000万A元，第3年12 000万A元，第4年13 000万A元，第5年14 000万A元。

（6）预测各年经营成本：第1年6 000万A元，第2年6 000万A元，第3年7 000万A元，第4年7 000万A元，第5年8 000万A元。

（7）经营期每年的折旧1 000万A元。

（8）经营期每年的技术使用费为收入的5%。

（9）A国政府规定：①子公司每年提取的折旧要等到子公司经营期结束时才能汇回母公司；②每年汇回母公司的利润不能超过初始投资的20%。

（10）各年提取的折旧留在子公司再投资，购买A国国库券，年利率6%，利息汇回母公司时，要向A国和中国纳税。

（11）受限制各年未汇回母公司利润在A国再投资，购买A国国库券，年利率6%，这部分利润和再投资所得利息汇回母公司时，要向A国和中国纳税。

（12）汇率预测：初始汇率为1A元=8元人民币，第1年不变，以后A元对人民币汇率每年递升0.5%。

要求：（1）编制子公司净利润和上交母公司净现金流量表。（2）编制折旧再投资后汇回母公司的现金流量表。（3）编制受限制未汇回利润再投资后汇回母公司的现金流量表。（4）编制项目现金流量表，计算净现值，评价该项目是否可行。

相关网站

中华人民共和国商务部网站 www.mofcom.gov.cn.

中国投资指南 www.fdi.gov.cn.

中华人民共和国国家税务总局 www.chinatax.gov.cn.

中国经济景气月报 www.china-economic-data.com.

中国税网 www.ctaxnews.com.cn.

法律图书馆 www.law-lib.com.

美国统计网 www.stat-usa.gov.

第十三章

国际直接投资的财务管理

第一节　国际直接投资财务管理的内容和特点

一、国际直接投资财务管理的内容

国际直接投资的财务管理，从广义来说，包括：（1）投资前的财务决策；（2）根据投资决策实际投入资本创办企业以及投入生产经营后的财务管理。从狭义来说，只包括第（2）方面的内容，说明投资者（母公司）怎样对境外的实际投资以及各子公司分公司的财务活动进行科学管理。

企业在境外进行直接投资建立子公司，开始迈入跨国公司行列。一些资本雄厚和技术力量强大的企业可能向多个国家投资，在国外拥有许多个子公司。境外子公司在其所在国进行独立的生产经营和财务活动，与各方面发生财务关系，子公司的财务活动按其是否跨越所在国的国界，可分为国内财务活动（见第二章图2-1的第（18）、（19）项）和国际财务活动。其国际财务活动又可分为以下两个方面：一是母公司与子公司之间以及各子公司相互之间的财务活动，属于跨国公司内部的国际财务活动（见第二章图2-1的第（15）、（16）、（17）项）；二是子公司与其他国家的企业单位、银行、证券投资者、证券筹资者等的财务活动，例如，甲公司在B国的子公司与A国、C国和D国等的企业单位、银行、证券投资者、证券筹资者等的财务活动。子公司的国内财务活动不是国际财务管理的内容，子公司与其他国的企业单位、银行、证券投资者、证券筹资者等的财务活动与本书其他各章所讲述的内容相同，因此本章只阐述对跨国公司内部的国际财务活动的管理。

在跨国公司内部，各子公司需要在母公司的统一规划和控制下进行生产经营活动，母公司为了提高境外投资收益，实现跨国公司整体利益最大化目标，要对设在境外的各个子公司的财务活动进行统一管理，正确处理母公司与各子公司之间，以及各子公司相互之间的财务关系。

跨国公司内部的国际财务活动按资金流动的方向不同，可分为以下三个方面：

1.资金从母公司流向子公司

例如，母公司对子公司投入资本，向子公司提供贷款，母公司从子公司进口商品对子公司支付货款等。

2.资金从子公司流向母公司

例如，子公司偿还母公司的贷款本金，支付母公司贷款利息，向母公司支付股利，支付特许权使用费、服务费和管理费，子公司从母公司进口商品对母公司支付货款，母公司从子公司抽回投资原本等。

3.各子公司相互之间的资金流动

例如，各子公司之间的借款、本金偿还和利息支付，各子公司之间的商品进出口的货款收付，各子公司之间技术转让费收支等。

跨国公司内部的国际财务活动按其内容可分为以下三项：

（1）投入资本和内部贷款；

（2）内部贸易货款结算；

（3）子公司利润分配的费用支付。

母公司为了管好境外子公司的上述各项财务活动，必须建立健全必要的财务管理制度，并对境外子公司的财务业绩进行评价。本章将对上述各项内容分节进行阐述。

二、跨国公司内部的国际财务管理特点

虽然母公司与设在国外的各子公司之间存在着控制与被控制、领导与被领导的关系，但在法律上，它们分别处于不同国家政策的管辖之下，都是独立的经济实体，受不同的政治、法律制度的约束，因此，跨国企业内部的资金流动要跨越国界，不像资金的国内流动那样简单，往往存在着各种限制，主要表现在以下几个方面：

（一）政治限制

例如，当子公司所在国发生政变和经济危机时，可能没收或冻结外国企业的资产，也可能规定在该国的外国子公司所有资金外移都需经政府批准。

（二）外汇限制

长期外汇收支不平衡、外汇储备很少的国家，可能不允许在该国的外国子公司向其母公司上交股利，或对投资原本和利润汇出有数额和时间限制。例如，有些国家规定固定资产折旧不能汇回母公司，只能在当地再投资。有些国家规定外国子公司在头三年不能把利润汇回母公司，或汇出利润不能超过原始投资的一定百分比（比如10%或20%等）。有些国家采取大幅度调整汇率的方法，人为地使本国货币非正常贬值，使一定数额的本国（东道国）货币只能兑换较少的外汇，旨在剥夺外国投资者的收益，限制资本外流。例如，在A国的子公司汇给母公司利润100万A元，合理汇率为1美元=5A元，可兑换为20万美元，若A国规定1美元=10A元，则只能兑换10万美元，被剥夺10万美元。最严重的是，有些国家规定该国货币为一种不可兑换货币，不能兑换为美元或其他可兑换货币，使外国子公司的资金不能外移。

（三）税收限制

有些国家规定，在该国的外国子公司向其母公司除了支付股利和借款利息需征预扣税以外，还对支付特许权使用费、服务费和管理费征收预扣税。有些国家还提高税率，对股利、利息和各项费用汇出课以重税。

跨国公司内部资金转移最容易受限制的项目是子公司向母公司支付股利、各项费用，以及母公司从子公司抽回投资原本等。许多国家常采用公开的或隐蔽的方式限制这些资金的转移，而跨国公司则是千方百计地采用各种办法，躲避有关国家在资金转移方面的限制，这种限制和反限制乃是跨国公司内部国际财务管理的一个重要特点。

2014年9月，我国商务部发布新的《境外投资管理办法》，确立了备案为主、核准为辅的对外投资管理制度。2017年3月，国务院对《对外承包工程管理条例》（2008年）进行了修订，取消了对外承包工程资格的相关要求，降低了对外承包工程业务的准入门槛；同年12月，国家发展和改革委员会发布《企业境外投资管理办法》。

第二节　投入资本和内部贷款

一、对境外企业投入资本

在国外投资创办企业，投资者投入资本可以用外汇现金、机器设备和原材料等实物，以及工业产权、专有技术和商标权等无形资产。以前，对外投资投入现金只能用外汇，从2010年开始，我国逐步实行跨境投融资人民币结算，允许将人民币用于对外直接投资结算（见第三章专栏3-1我国人民币的国际化）。

我国规定，在境外开办中小型企业所需要的投资一般自筹解决；开办资源开发或投资较多的生产性企业，主办单位除自筹部分资金外，还可向国家银行申请优惠贷款（包括外汇和人民币）作为该项目的中方投资；中国进出口银行不仅发放出口信贷，而且发放境外投资贷款、境外承包工程项目贷款，支持优势企业走出去，到境外进行直接投资。

我国国家外汇管理局于2009年7月制定了《境内机构境外直接投资外汇管理规定》，对投资的外汇资金来源、投资外汇登记、资金汇出、投资前期费用汇出、投资变更和资金汇入等作了具体明确的规定。

二、内部贷款

内部贷款指境内母公司与境外子公司之间以及各子公司相互之间的贷款。按照我国外汇管理条例和其他相关规定，我国境内母公司可以向境外子公司提供商业贷款。

（一）内部贷款的原因

跨国公司向国外子公司的初始投资并不全部表现为股权投资，有时母公司也以贷款的形式向子公司提供很大一部分初始资金。母公司向子公司提供贷款的原因有：

（1）母公司以贷款方式向子公司提供资金与向子公司投入股权资本相比，资金被冻结的风险低很多。子公司向母公司转移资金最容易被东道国管制冻结的部分是汇回利润和抽回投资原本，而贷款必须还本付息是各国常规，贷款有规定利息和付息还本期限，现金流量是稳定的。付息还本为把资本转移回母公司提供了一个比较可靠的途径。

特别是当境外子公司抽回资本和汇出利润受到子公司所在国的限制时，母公司向子公司提供贷款就成为母公司向子公司提供初始资金的主要形式。

（2）子公司所需要的资金一部分以贷款形式提供，需要时贷给，资金有剩余时还贷，比较灵活，有利于节省资金。

（3）以贷款方式向境外子公司提供资金，子公司能获得减轻税负的利益。由于子公司将利息支出作为费用列支，能减少应纳税所得额，因此，可少缴一部分所得税。

目前一些国家对外国子公司的债务比率和资本结构作出相应的限制。如果母公司在当地子公司的股权投资太小，当地政府会认为这是跨国企业不愿意做长期打算，企图剥削当地资源后迅速撤离，从而对其资金返回施加严格限制。

（二）贷款方式

跨国公司的母公司与子公司之间及各子公司之间借贷有多种形式。

1.直接贷款

它是母公司向子公司、子公司向母公司或子公司向另一子公司直接提供贷款的方式。借贷的货币可以是任何一方或第三国的货币。直接贷款的优点是简便易行，便于利用转移价格（贷款利息率可高于或低于市场利息率）。其缺点是可能存在资金汇回限制和外汇风险。直接贷款方式适用于资金流动不受限制或很少受到限制以及外汇风险很小的情况。当预测资金移动将受到限制和外汇风险很大时，就采用各种间接贷款方式，例如，背对背贷款、平行贷款和前向贷款等。

2.背对背贷款（back-to-back loan）

背对背贷款是指两个国家的企业（母公司）通过协议分别向对方在本国的子公司发放贷款，举例如图13-1所示。

A国A公司在B国有一子公司，B国B公司在A国有一子公司。A的子公司和B的子公司都需要一定数量的资金。如果母公司对自己的子公司提存直接贷款，由于贷款和还本付息涉及两个国家、两种货币的汇兑，因而可能存在汇率变动引起的外汇风险和限制本息汇回的转移风险。经过这两家母公司协议，采用背对背贷款方

```
        A 国                协  议              B 国
  A公司（母公司）◄---------------------► B公司（母公司）
  （1）│    ▲（3）              │      （2）│    ▲（4）
  贷   │    │还                │      贷   │    │还
  款   │    │款                │      款   │    │款
  （   │    │（                │      （   │    │（
  A   │    │A                国      B   │    │B
  元   │    │元                │      元   │    │元
  ）   │    │）                │      ）   │    │）
       ▼    │                  │           ▼    │
     B 的子公司              国界          A 的子公司
```

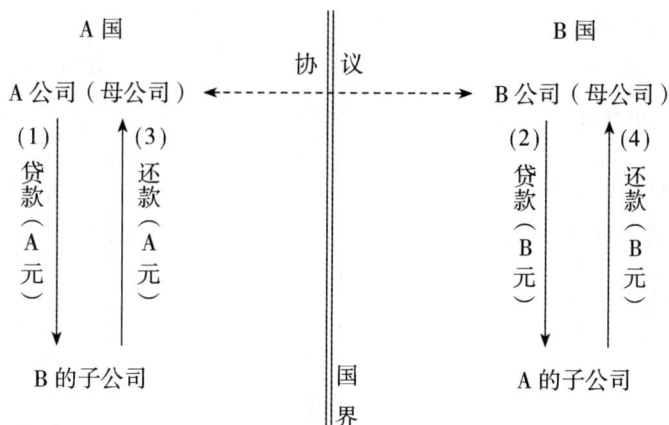

图 13-1　背对背贷款

式，图 13-1 中，（1）A 公司贷 A 元给 B 的子公司；（2）同时 B 公司贷 B 元给 A 的子公司；（3）到期时，B 的子公司用 A 元还本付息；（4）同时，A 的子公司用 B 元还本付息。采用这种贷款方式，贷款与还本付息的货币相同，货币收付不跨越国界，因而避免了外汇风险和转移风险。

这种贷款可能涉及三个国家，例如，A 国 A 公司目前资金缺乏，A 公司在 C 国有一子公司，有多余资金，由于 C 国政府外汇管制，不能汇回 A 国。另外，B 国 B 公司在 C 国也有一子公司 B_1，这时它需要当地的货币资金（C 元）。B 国 B 公司在 A 国有一子公司 B_2，资金有多余。为了解决上述矛盾，两个母公司 A 公司和 B 公司商定：由在 C 国的 A 的子公司向 B 的子公司 B_1 提供 C 元贷款，作为交换，在 A 国的 B 的子公司 B_2 向 A 公司提供 A 元贷款。到期时，子公司 B_1 用 C 元向 A 的子公司还本付息，A 公司用 A 元向子公司 B_2 还本付息。虽然这一贷款涉及三个国家、两种货币，但贷款与还本付息的货币相同，货币收付不跨越国界，因而也避免了外汇风险和转移风险。

背对背贷款方式的困难在于如何找到交换的对方，商业银行自然不愿作为经纪人，故通常是直接物色或请非银行的财务经纪人代为撮合。

3.平行贷款（parallel loan）

例如，某国的两家母公司都在境外同一国家有子公司，它们的资金有余缺，一家母公司的资金有多余，而它在国外的子公司缺少资金；相反，另一家母公司缺少资金，而它在国外的子公司的资金有多余，但受东道国的限制不能汇回。经第三方介绍，国内的两家母公司商定，采用平行贷款方式，两个母公司之间、两个子公司之间分别贷款，解决资金余缺。两笔贷款期限相同，利息率由借贷双方商定，到期时，借方向各自的贷方还本付息，举例如图 13-2 所示。

由于平行贷款不跨越国界，因而可避免外汇风险和转移风险。

平行贷款双方需要通过金融机构或直接寻找对方，帮助促成平行贷款的金融中介向双方收取一定的佣金。

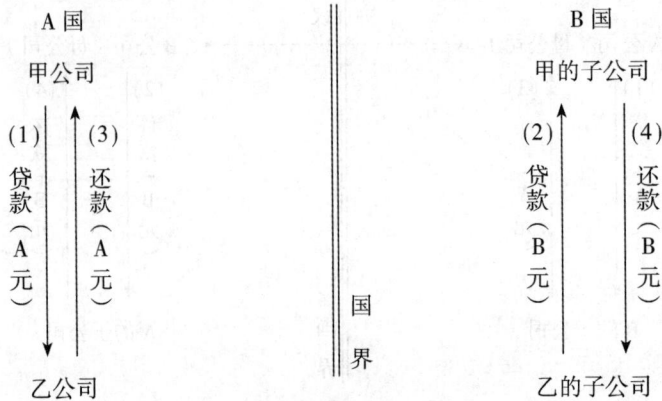

图 13-2　平行贷款

4.前向贷款（fronting loan）

各国政府冻结资金的重点对象是外国跨国公司，而对银行特别是对有国际威望的金融机构，一般不会严加限制，因此，当母公司预计向境外子公司贷款其本息汇回将受到限制时，可采用前向贷款方式。它是指在母公司向境外子公司提供资金时，不是由母公司直接贷给子公司，而是由母公司事先在某国际金融机构存入一笔资金（等于是向该国际金融机构提供贷款），再由该国际金融机构向子公司提供相应数额的贷款。期满时，先由子公司向国际金融机构还本付息，再由国际金融机构向母公司归还存款的本金和利息。由于国际金融机构向子公司贷款之前，已有母公司的存款保证，所以，这种贷款称为前向贷款。其贷款程序如图 13-3 所示。

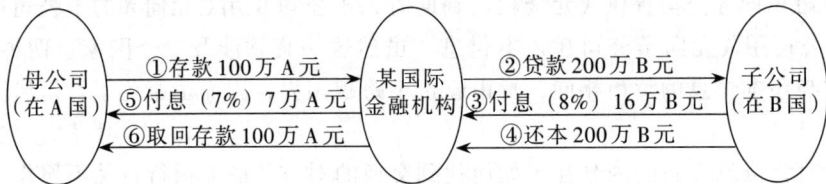

汇率：1A 元＝2B 元

图 13-3　前向贷款

通过上述贷款方式，既能及时满足境外子公司对资金的需求，又保障了母公司的资金本息顺利收回，避免受到子公司所在国的限制。由于上述存款都不经过外汇市场，因而避免了外汇风险。

这种贷款方式也叫存贷调换，它可以不通过国际金融机构而通过子公司所在国的银行（或该银行在母公司所在国的分行）来进行。例如，美国纽约的 A 公司想对它在巴西的子公司融资，它可以与巴西 B 银行订立合约，由 A 公司将一定数额的美元存入 B 银行在纽约的分行，而在巴西的 B 银行将等值的当地货币贷给美国 A 公司在巴西的子公司。到期时，美国该子公司向巴西 B 银行还本付息，A 公司从 B 银行纽约分行取回存款和利息。通过上述贷款方式，既满足了子公司的资金需要，又保障了母公司资金本息的顺利收回，而且这一存款贷款业务不经过外汇市场，不受汇率变动的影响。

在跨国企业内部，除了母公司向子公司贷款以外，还有子公司向母公司贷款以及各子公司相互贷款的情况。

（三）跨国企业内部贷款的一种组织形式——境外财务公司（overseas finance companies）

境外财务公司也称境外金融公司，它由跨国公司的母公司在境外投资建立，其主要职能是从国际金融市场取得借款、吸收存款、筹集资金，并进行证券投资，获得收益，向母公司和各子公司发放贷款。其业务活动内容如图13-4所示。

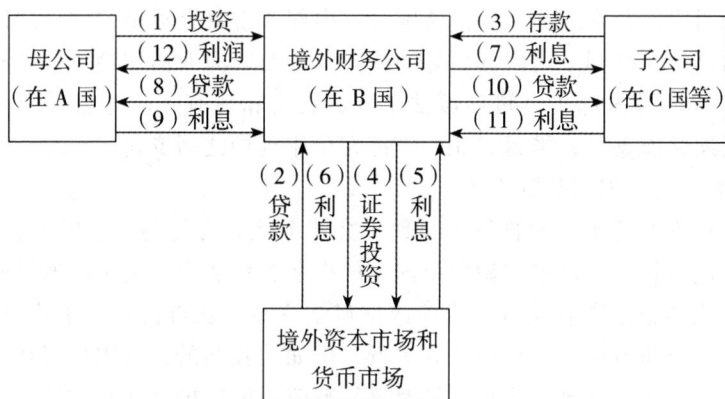

图13-4 境外财务公司业务活动

境外财务公司设立的地点一般都靠近国际金融中心所在地，或在国际上著名的避税港，如卢森堡、荷兰、瑞士等。这些地区一般不实行外汇管制，或者管制不严，对境外财务公司的活动不收税或者税率极低，境外财务公司利用这些有利条件，就可以用很低的成本费用进行国际融资，为跨国公司集团内部各成员服务。

第三节　内部贸易与转移价格

一、母、子公司间贸易的特点

跨国企业的商品销售有以下两种情况：一是销往跨国公司以外的企业单位，称为外部贸易；二是销往跨国公司内部各企业单位，称为内部贸易。例如，母公司的商品销售给子公司，子公司的商品销售给母公司或其他子公司。虽然跨国企业母公司与子公司之间存在着控制与被控制、领导与被领导的关系，但是在法律形式上，它们各自处于不同国家政策的管辖之下，各自均为独立的实体，进行内部贸易时同样要计价结算，同样可以利用商业信用和资金融通等各种机制，它同跨国企业的外部贸易仍存在着明显的区别，在财务方面主要有以下特点：

1.贸易货款便于运用提前或推迟结算办法

跨国企业内部贸易形成的应收、应付账款的结算时间可以按公司总部的意图运用提前或推迟结算的办法来调度资金。

2.贸易货款可用转移价格计价结算

跨国企业内部贸易可按公司总部制定的转移价格进行计价结算，不遵循市场惯例。

3.贸易货款可采用账面冲销（netting）技术

跨国企业内部贸易形成的应收、应付账款可采用账面冲销技术。

二、内部贸易中的提前或推迟结算

跨国公司内部存在商品交换是跨国公司内部产生资金流动的重要原因之一。提前与推迟结算是在跨国公司内部贸易结算中，改变以商业信用销售商品时的支付期限。它是跨国公司内部资金转移最常见、最灵活和最有效的方法。提前（leads），即在信用到期之前支付；推迟（lags），即在信用到期之后支付。

（一）提前或推迟结算的方法

提前或推迟结算的指导性原则是使资金流动能充分地为公司的综合利益服务。该目标可以通过软货币国家到硬货币国家的提前支付实现，也可以通过硬货币国家到软货币国家的推迟支付实现。提前或推迟结算不仅在母公司与子公司之间进行，而且还可在母公司所属各子公司之间进行。例如，我国的某跨国公司在美国、英国和德国设有子公司，在预测将来英镑对美元贬值，而德国欧元对美元升值时，各子公司之间提前或推迟结算方法的运用见表13-1。

表13-1 　　　　　　　　　　　**各子公司之间提前或推迟结算**

	子公司A （在英国）	子公司B （在美国）	子公司C （在德国）
英镑计价 （对子公司A的收付）		推迟付汇 提前收汇	推迟付汇 提前收汇
美元计价 （对子公司B的收付）	提前付汇 推迟收汇		推迟付汇 提前收汇
欧元计价 （对子公司C的收付）	提前付汇 推迟收汇	提前付汇 推迟收汇	

表13-1中，各子公司之间提前或推迟结算，以子公司B（在美国）、以英镑计价对子公司A（在英国）的收付为例（设3月30日1英镑=1.50美元，预测4月10日1英镑=1.40美元）。

（1）子公司B（在美国）推迟付汇。3月1日子公司A（在英国）向子公司B（在美国）销货一批，货款100万英镑，付款期为30天，子公司B应于3月30日付款。如果按期付款，需支付 150 万美元（100 万英镑×1.50），如推迟到 4 月 10 日付款，则只需付 140 万美元（100 万英镑×1.40），可少付 10 万美元。

（2）子公司 B（在美国）提前收汇。3 月 10 日子公司 B（在美国）向子公司 A（在英国）销货一批，货款 100 万英镑，收款期 30 天，子公司 B 将于 4 月 10 日收到货款。如果按期收款，只能收到 140 万美元（100 万英镑×1.40），如果提前在 3 月 30 日收款，则可收到 150 万美元（100 万英镑×1.50），可多收 10 万美元。

（二）提前或推迟结算的目的

1.防范外汇风险

当母公司预测到某子公司所在国的货币将要贬值，就可以指示该子公司提前付款给母公司或其他子公司，以避免汇率变动的风险损失。例如，中国甲公司 3 月 1 日将一批产品卖给在 A 国的子公司 B，货款 100 万 A 元，收款期 2 个月，子公司 B 将于 5 月 1 日付款。3 月 1 日汇率 1A 元=8.30 元人民币，按此汇率货款折合为 830 万元人民币。甲公司预测，5 月 1 日汇率变为 1A 元=8.10 元人民币，如果按期收款，收到的 100 万 A 元只能折合为 810 万元人民币，将发生损失 20 万元人民币。为了避免外汇风险损失，甲公司（母公司）指令该子公司提前在汇率变动前支付货款。反之，当母公司预测到某子公司所在国的货币将要升值，就应指示该子公司推迟付款给母公司或其他子公司，以获得汇率变动带来的利益。

2.融通资金

在内部贸易中提前或推迟结算是跨国公司内部资金融通的重要方式。（1）推迟结算，例如，母公司 3 月 1 日将 10 万美元商品卖给在 A 国的子公司，约定子公司于 4 月 1 日付款。在即将付款时，子公司资金周转困难，要求推迟 2 个月付款。如果母公司不同意，子公司就需从外面借款来支付货款。母公司同意子公司推迟付款是母公司给予子公司金额 10 万美元、期限 2 个月的资金融通。（2）提前结算，例如，4 月 1 日在 A 国的子公司 A 向在 B 国的子公司 B 销售一批商品，货款 100 万美元，约定子公司 B 于 6 月 1 日付款。在 5 月末子公司 A 因资金周转困难，要求子公司 B 提前 1 个月付款。如果子公司 B 资金周转也困难，不能提前付款，那么子公司 A 就需从外面借款，以解决当时资金周转的困难。由于 5 月末子公司 B 资金有多余，同意提前一个月于 5 月 1 日将货款付给子公司 A，这是子公司 B 给予子公司 A 金额 100 万美元、期限 1 个月的资金融通。

3.节约利息费用

在汇率相对稳定的情况下，因利率差异也可能运用提前或推迟付款的技巧，以减少利息费用的支出。因为，如果应收方资金充裕，收到应收账款可以存入银行，以获取利息收入；若资金不足，收到应收账款可以减少从银行借款，以减少利息费用。如果应付方资金充裕，付出账款则相当于减少银行存款，减少了利息收入；若资金不足，则需要从银行借款来支付货款，这将导致利息费用的增加。由于银行存款和银行借款的利率通常是不一致的，且不同国家、地区之间利率的整体水平也有差别，因此，跨国公司可以利用这些差异，有意识地提前或推迟付款，以节约利息费用，增加利息收入。

例如：有子公司 A（在 A 国）和子公司 B（在 B 国），A、B 两国的银行存款和贷款利率详见表 13-2。

表13-2   **A、B 两国存贷款利率**

子公司	所在国家	银行存款利率	银行贷款利率
子公司 A	A 国	4%	5%
子公司 B	B 国	4.4%	5.6%

假定子公司 B 向子公司 A 出口 400 万 B 元的商品，赊销期可视情况提前或延迟 90 天，那么，根据两个子公司的资金余缺情况，可能有多种组合：

（1）如果 A、B 两个子公司资金都充裕，那么子公司 A 应提前付款，这样可增加存款利息收入：

$400×（4.4\%-4\%）×90÷360=0.4$（万 B 元）

（2）如果 A、B 两个子公司资金都短缺，那么子公司 A 应提前付款，这样可节省利息费用：

$400×（5.6\%-5\%）×90÷360=0.6$（万 B 元）

（3）如果子公司 A 资金充裕，而子公司 B 资金短缺，那么子公司 A 应提前付款，这样可节省利息费用：

$400×（5.6\%-4\%）×90÷360=1.6$（万 B 元）

（4）如果子公司 A 资金短缺，而子公司 B 资金充裕，那么子公司 A 应推迟付款，这样可节省利息费用：

$400×（5\%-4.4\%）×90÷360=0.6$（万 B 元）

上述提前或推迟结算方法不仅用于跨国企业内部贸易货款收支结算，而且还用于跨国企业内部其他款项（例如，投资股利、借贷本金和利息、技术转让费、设备租赁费以及服务管理费等）的收支结算。例如，美国某跨国公司在墨西哥有一子公司，按计划该子公司将于 7 月份向母公司支付劳务、利息和红利等款项，在 5 月初，母公司预测 6 月份墨西哥比索将贬值，因此，美国的母公司指令墨西哥的子公司将上述款项提前于 5 月份支付给母公司。支付的提前可以使母公司避免或减少由于比索将要贬值而造成的收入损失。与此同时，美国母公司还把墨西哥子公司扩大业务所需要的美元贷款推迟到比索贬值以后贷给，这样，比索贬值后的美元贷款所换得的比索将多于原计划贷款时所换得的比索。

各子公司和母公司的最终目标的一致性，使得在跨国公司内部各子公司之间提前或推迟结算能够比较容易进行。但是，企业内部各单位的财务成果和利益有可能由于提前或推迟结算不能正常反映，因此，为便于考核，需要对衡量各内部单位业绩的各项指标作相应的调整。

由于跨国公司应收、应付账款的提前或推迟结算会影响到国家的外汇收支状况，因此，一些国家对提前或推迟结算加以限制或鼓励。有些国家的政府对在该国企业的进口应付账款提前支付和出口应收账款推迟收回采取限制性政策；反之，对在该的企业的进口应付账款推迟支付和出口应收账款提前收回予以鼓励，使得跨国公司内部贸易中的提前或推迟结算成为调节外汇风险的工具。

三、内部贸易中转移价格的运用

（一）转移价格的含义

内部贸易的转移价格是指跨国企业以其全球战略为依据，在母公司与子公司之间以及各子公司之间进行商品、劳务等交易时所采用的内部价格。在跨国公司内部的各种交易包括有形财产（如产品、原材料、设备等）的出售、货币借款、劳务的提供、有形财产的使用（如租赁），以及无形资产（如专利权、专有技术和商标权）的使用等，都需要制定转移价格。

转移价格最初是作为跨国企业总部对下属单位业绩考评的一种手段。跨国企业需要在其内部进行产品和劳务等的转让，从而需要制定内部转移价格，以作为内部结算和控制的依据。随着跨国企业的日益发展，其下属单位的自主权也日益扩大，从而需要运用内部转移价格来保证其资源在企业内部的最佳配置，以实现企业整体利润的最大化。特别是在国际市场竞争激烈、生产与资本国际化进程不断加快的情况下，运用国际转移价格则成为跨国公司实现全球战略的一种重要策略。

转移价格不同于直接向市场出售商品的价格，它既不受市场供求关系的影响，又不完全取决于商品本身的价值，而是根据跨国公司在特定时期的全球战略目标和经营目标由公司上层决策人员制定的。

（二）跨国公司运用转移价格的动机与方法

从理财角度看，运用转移价格的主要动机与作用是：调节跨国公司内部各单位的利润，便于资金移动；减轻整个公司的税负，增加税后利润；降低外汇风险和政治风险等。具体阐述如下：

1.运用转移价格调节利润，转移资金

在跨国经营的各母子公司之间，由于生产经营的波动会出现资金的供求失衡。当某一子公司需要资金时，母公司可以将商品以高价从子公司买进，以低价卖给子公司，就可以将资金从母公司转移到子公司。反之，当母公司缺少资金时，母公司可以将商品以高价卖给子公司，以低价从子公司买进，就可以将资金从子公司转移到母公司。运用转移价格也可以将资金从资金剩余的子公司转移至资金短缺的子公司，实现跨国公司内部资金供需适当平衡。例如，某跨国公司在A国设立了一个专门生产产品的子公司甲，在B国设立了一个专门销售产品的子公司乙。A、B两国的公司所得税税率都是50%。表13-3说明转移价格策略不同，各子公司的利润增减和资金转移方向就随之改变。

为了进一步说明转移价格策略对各子公司利润的影响，假设产品按市场合理价格计算的销售收入为460万美元，根据表13-3的数据编制表13-4。

表13-3　　　　　　转移价格策略对各子公司利润和资金的影响　　　　单位：万美元

项　　目	子公司甲（在A国）	子公司乙（在B国）	公司整体
（一）低价策略			
销售收入	420	600	600
减：销售成本	300	420	300
销售毛利	120	180	300
减：经营费用	30	20	50
税前利润	90	160	250
所得税（50%）	45	80	125
税后利润	45	80	125
（二）高价策略			
销售收入	510	600	600
减：销售成本	300	510	300
销售毛利	210	90	300
减：经营费用	30	20	50
税前利润	180	70	250
所得税（50%）	90	35	125
税后利润	90	35	125

　　从表13-4可以看出，实行低价策略，使子公司甲的利润为45万美元，虚减20万美元（45-65），使子公司乙的利润为80万美元，虚增20万美元（80-60），这就是说有20万美元的资金从子公司甲转移到了子公司乙。实行高价策略，使子公司甲的利润为90万美元，虚增25万美元（90-65），使子公司乙的利润为35万美元，虚减25万美元（35-60），这就是说有25万美元的资金从子公司乙转移到了子公司甲。

表13-4 　　　　　　　　转移价格策略对各子公司利润的影响 　　　　　　单位：万美元

项　目	子公司甲（在A国）			子公司乙（在B国）			公司整体
	低价	高价	合理价	低价	高价	合理价	
销售收入	420	510	460	600	600	600	600
减：销售成本	300	300	300	420	510	460	300
销售毛利	120	210	160	180	90	140	300
减：经营费用	30	30	30	20	20	20	50
税前利润	90	180	130	160	70	120	250
所得税（50%）	45	90	65	80	35	60	125
税后利润	45	90	65	80	35	60	125

跨国公司运用转移价格调节各子公司利润，使有的子公司的利润增多，使有的子公司的利润减少，除了为了在各子公司之间转移资金以外，还有以下一些目的：

调低子公司利润的原因和目的主要是：（1）避免子公司利润率过高可能带来的风险。跨国公司担心在国外的子公司利润率过高会带来不利影响，例如，引起东道国的注意和反感，从而要求分享主权或实行国有化；东道国政府以反垄断法制裁，限制子公司产品销价；工人要求增加工资和提高福利待遇；引来更多的竞争对手进入同一市场，导致利润率下降等。跨国公司为了避免上述情况发生，利用转移价格调低该子公司的利润，掩盖子公司获利的真实情况。（2）为了从国外合资子公司多获得利润。例如，甲企业在国外创办的子公司是与A国的A公司共同投资创办的合资子公司，而且该子公司的一部分零部件和原材料由甲企业供应，一部分产品由甲企业收购。甲企业对零部件和原材料供应实行高价策略，对产品收购实行低价策略，就能使该子公司的成本提高，收入和利润减少，将利润转移至甲企业，从而减少A国合资伙伴A公司应分得的利润。

调高子公司利润的原因和目的主要是：（1）提高子公司的筹资能力。跨国公司担心子公司利润率过低，可能会使子公司在东道国筹资发生困难。母公司为了使其在某国新建立的子公司在东道国树立良好的形象，往往运用转移价格，提高该子公司的利润率，使其具有较高的资信水平，易于在当地发行股票、债券和从银行获得贷款。（2）提高子公司的市场竞争能力。利润率低的子公司在市场上缺乏竞争能力，跨国公司通过转移价格适当提高子公司的利润率，就能以较低的价格对外销售产品，参与市场价格竞争，抢占较多的市场份额。

2.运用转移价格减轻公司整体税负，增加税后利润

（1）运用转移价格减轻公司整体所得税税负，增加税后利润。

只要跨国公司各子公司所在国存在着所得税税率或应税收益确认上的差别,利用转移价格就可以将盈利由高税收国家或地区转移到低税收国家或地区的母公司或子公司,以减少向高税收国家缴纳的税款。例如,当产品从税率较低的国家销往税率较高的国家时,采取高价策略;反之,则采用低价策略,以减轻全公司的所得税税负,从而增加全公司的税后利润。

例如:某跨国公司在A国设有一生产子公司,在B国设有销售子公司,两国的所得税税率分别为25%和50%。采取不同的价格策略对所得税和税后利润的影响见表13-5。

表13-5　　　　　转移价格策略下公司整体对所得税和税后利润的影响　　　单位:万美元

项　　目	生产子公司	销售子公司	公司整体
低价策略			
销售收入	3 000	4 000	4 000
减:销售成本	1 600	3 000	1 600
销售毛利	1 400	1 000	2 400
减:经营费用	300	200	500
税前利润	1 100	800	1 900
所得税	275	400	675
税后利润	825	400	1 225
高价策略			
销售收入	3 600	4 000	4 000
减:销售成本	1 600	3 600	1 600
销售毛利	2 000	400	2 400
减:经营费用	300	200	500
税前利润	1 700	200	1 900
所得税	425	100	525
税后利润	1 275	100	1 375

由表13-5可以看出,在公司整体税前利润相同的情况下,高转移价格下公司整体税负为525万美元,比低转移价格下的675万美元的税负少150万美元,从而使税后利润增加150万美元(1 375-1 225)。

(2)利用转移价格减轻公司关税和所得税税负,增加税后利润。

由于各国关税税率的高低差异较大,利用转移价格可以绕开高关税壁垒,这一效应与所得税的规避效应相反，少纳进口关税就得多缴所得税，因此，利用转移价格降低关税时，必须将它对所得税的影响结合起来综合地予以考虑。

仍以前例，假设 B 国子公司需缴纳 10% 的关税，高价与低价两种策略所引起的结果见表 13-6。

表13-6　　　　　　　转移价格策略对关税及所得税和税后利润的影响　　　·单位：万美元

项　目	生产子公司	销售子公司	公司整体
低价策略			
销售收入	3 000	4 000	4 000
减：销售成本	1 600	3 000	1 600
关税	0	300	300
销售毛利	1 400	700	2 100
减：经营费用	300	200	500
税前利润	1 100	500	1 600
所得税	275	250	525
税后利润	825	250	1 075
高价策略			
销售收入	3 600	4 000	4 000
减：销售成本	1 600	3 600	1 600
关税	0	360	360
销售毛利	2 000	40	2 040
减：经营费用	300	200	500
税前利润	1 700	-160	1 540
所得税	425	0	425
税后利润	1 275	-160	1 115

由表 13-6 可以看出，当采用低价策略时，B 国子公司缴纳的关税为 300 万美元，而采用高价策略时，为 360 万美元，若仅考虑关税，显然低价策略优于高价策略，但从整体税负（关税+所得税）来看，低价时为 825 万美元，高价时为 785 万美元。对税后利润的综合影响为：高价时为 1 115 万美元，低价时为 1 075 万美元，高价策略仍优于低价策略，但差距已经缩小了。由此可见，对跨国公司整体而言，转移价格对关税和所得税的影响相反，但所得税税负一般高于关税税负，在决定转移价格策略时，通常优先考虑所得税因素，然后对二者综合权衡，以作出最佳决策。

3.运用转移价格降低外汇风险和政治风险

（1）降低外汇风险。利用转移价格将在软货币国家的子公司的货币资金转移到在硬货币国家的母公司或另一子公司，可以避免或降低公司的外汇风险。例如，A国甲公司有两个子公司，子公司A（生产子公司）在A国，子公司B（销售子公司）在B国。子公司A向子公司B销售一批产品，其收入、成本、费用和利润见表13-7。

表13-7　　　　　　　　　　　利用转移价格降低外汇风险

| 项目 | 子公司 A（万 A 元） | 按市场价格（合理价）计算 | | 按转移价格（高价策略）计算 |
		子公司 B（万 B 元）（1A 元=8B 元）	子公司 B（万 B 元）（1A 元=10B 元）	子公司 B（万 B 元）（1A 元=10B 元）
销售收入	500	6 200	6 200	6 200
销售成本	400	4 000（500×8）	5 000（500×10）	6 000（600×10）
销售毛利	100	2 200	1 200	200
经营费用	20	100	100	100
税前利润	80	2 100	1 100	100
所得税（30%）	24	630	330	30
税后利润	56	1 470	770	70

从表13-7可以看出，由于汇率由1A元=8B元变为1A元=10B元，使子公司B的利润将减少700万B元（770-1 470），使甲公司将发生的外汇风险损失增加17.50万A元（700÷10-700÷8）。为了避免或减少外汇风险损失，运用转移价格，实行高价策略，设子公司A按转移价格计算的销售收入为600万A元，子公司B按转移价格计算的销售成本为：600万A元×10=6 000（万B元）。按转移价格（高价策略）计算，子公司B的税后利润为70万B元，减少700万B元（770-70），转移到子公司A，使子公司A的税后利润增加到126万A元（56+700÷10）。由于利用了转移价格（高价策略），甲公司（母公司）的外汇风险损失减少了17.50万A元（700÷8-700÷10）。

（2）降低政治风险。降低政治风险主要是指以下三个方面：①避免转移风险。当子公司应交母公司利润、许可证费等款项或母公司决定从子公司抽回资本，受到子公司所在国（东道国）限制时，母公司可利用转移价格将商品以高价卖给子公司或以低价从子公司购买商品，将资金转移至母公司。例如，在国外的子公司应上交母公司利润和许可证费100万美元，母公司决定从子公司抽回资本100万美元，共计200万美元，东道国限制，不许汇出。对此，母公司可采取以下措施：一是，母公司向子公司销售零部件时，市场价格900万美元，实行高价策略按1 000万美元收款，从子公司多收100万美元；二是，母公司从子公司购买产品时，市场价格1 500万美元，实行低价策略，按1 400万美元付款，少付给子公司100万美元。以上两笔交易，使子公司的200万美元资金转移到了母公司。②减少国有化风险或战争风险损失。预测在B国的子公司将遭遇B国国有化风险或战争风险时，母公司可采取与上述避免转移风险同样的方法将子公司的资金转移到母公司，从而降低上述政治风险可能带来的损失。③避免子公司利润率过高可能带来的风险。这在前面已经阐述过。

应当指出，跨国企业运用转移价格，不仅限于商品的内部贸易，而且还适用于费用支付、资金借贷和资产租赁等方面。例如，当子公司应汇给母公司的利润受到当地政府限制时，母公司通过提高使用费、服务费和管理费的收费标准，提高贷款利息率或提高租金率等，就可以将子公司应汇给母公司的利润转移到母公司。

（三）跨国公司运用转移价格的条件

跨国公司能否有效地利用转移价格以实现其财务目标，是受特定条件限制的。跨国公司必须具备以下条件才能顺利利用转移价格：

1.控制权

控制权是指母公司对其子公司的生产经营和重大财务决策施加影响的能力。由于转移价格的运用对有关子公司的利益产生有利或不利影响，母公司能否有效地对其子公司加以控制，是决定转移价格策略能否得到贯彻的关键。母公司对其全资子公司具有完全的控制权，对它最便于运用转移价格。而对于合资子公司，母公司在合资子公司中的出资比例越高，则对该子公司的控制权越大，对它运用转移价格的可能性就越大；反之，对它运用转移价格的可能性越小，因为母公司运用转移价格时，会对合资子公司产生不利影响，会涉及合资的另一方，因而会受到一定的制约。

2.内部市场

内部市场是指母公司与子公司之间以及各子公司相互之间的商品交易市场。建立完善的内部市场是有效运用转移价格的重要条件。由于运用转移价格可能对有关国家产生不利影响，往往受到有关国家的限制。对普通商品采用转移价格，由于有市场公平价格相比较，最容易被有关国家发现和制止，因此，为了避免限制，应注意商品的特殊化，使内部市场中的商品不具有外部市场的可比性，或使其可比性降到最低。越是缺乏可比性的商品，越是特殊化的商品，越是垄断性技术生产的产品，越不易被有关国家发觉，因而运用转移价格的机会越多，弹性越大。

（四）对跨国公司运用转移价格的限制

当母公司或子公司出口商品时，如采用低转移价格，就会使该公司的出口收入和利润减少，使该公司所在国所得税收入减少；相反，当母公司或子公司进口商品时，如采用高转移价格，也会使该公司的进口成本升高和利润减少，使该公司所在国的所得税收入减少。因此，各国的财税当局都设法制止跨国公司对在该国的出口采用低转移价格，进口采用高转移价格，以维护本国的利益。

限制跨国公司运用转移价格，主要采取以下措施：

1.运用比较定价原则

比较定价就是把同一行业中某项产品一系列的交易价格和利润率进行比较，如果发现某一外国跨国公司子公司的进口货价过高或出口货价过低，不能达到该行业的平均利润率时，税收部门可以要求按市场"正常价格"补税。东道国政府采用比较定价原则，主要是针对跨国公司利用转移价格机制大幅度地变动价格。显然，这一原则运用的关键在于"正常价格"的标准与定义，东道国政府一般将"正常交易价格"（或称为公平价格）定义为"卖给无关的顾客同样商品的价格"。

我国外商投资企业和外国企业所得税法规定，外商投资企业或者外国企业在中国境内设立的从事生产经营的机构、场所与其关联企业之间的业务往来，应当按照独立企业之间的业务往来收取或支付价款、费用。不按照独立企业之间的业务往来收取或支付价款、费用，而减少其应纳税所得额的，税务机关有权按规定方法进行合理调整。

2.采用合理的计税方法

有些国家采用"公式分配法税收"，它是东道国政府对跨国公司子公司课征所得税的一种计算方法，即按一定公式估算出该公司的应税利润，在使用这种公式法征税的国家中，极大地降低了跨国公司各子公司想利用转移价格逃避税收的可能性。

3.加强海关的监督作用

由于进出口的货物必须通过海关，因此，东道国政府常常通过海关对跨国公司的进出口货价进行监督，当发现进出口货价明显异常时，可以要求对其进行重新估价，并按重新估价后的货价计算应纳税额。

4.加强对外商投资企业的监督与管理

外商投资企业既是东道国和跨国公司交往的主要形式，又是跨国公司运用转移价格机制的重要途径。由于任何企业的经营活动最终要在企业的会计账目上反映出来，因此，不少发展中国家通过加强以会计监督为主的全面监督与管理，建立涉外审计制度，注意审查各项价格的合理性，防止跨国公司利用转移价格损害本国利益。

四、内部贸易中应收、应付账款的账面冲销（payment netting）技术

跨国企业子公司之间应收、应付账款的账面冲销技术有双边冲销和多边冲销两种情况。双边冲销是指在两个子公司之间进行交易的账款相互抵销结算；多边冲销是指在多家子公司之间进行交易的账款相互抵销结算。当国外子公司因正常经济业务往来而彼此发生大量外汇交易时，为节省外汇交易费用，避免不必要的货币转

换，减少各子公司的营运资金需要，以及尽量减少资金的不当使用，可由母公司实行所谓的"多边净额结算"。多边净额结算方法见表13-8和表13-9。

表13-8　　　　　　　某跨国企业各子公司应收、应付账款多边净额结算表　　　　单位：万美元

付款者 收款者	A公司 （在美国）	B公司 （在日本）	C公司 （在巴西）	D公司 （在德国）	E公司 （在英国）	F公司 （在法国）	合计
A公司	0	64	12	0	62	6	144
B公司	22	0	24	0	4	0	50
C公司	44	20	0	28	0	0	92
D公司	28	0	44	0	72	60	204
E公司	134	0	28	100	0	22	284
F公司	24	0	4	38	42	0	108
合计	252	84	112	166	180	88	882

表13-9　　　　　　　　　　　　　　冲销后的净收支　　　　　　　　　　　　单位：万美元

子公司	支付	收入	净支付	净收入
A	252	144	108	
B	84	50	34	
C	112	92	20	
D	166	204		38
E	180	284		104
F	88	108		20
合计			162	162

从表13-9可以看出，A、B、C子公司分别向母公司支付108万美元、34万美元、20万美元，母公司分别向D、E、F子公司支付38万美元、104万美元、20万美元，各公司相互间的应收、应付账款就可全部结算。

在不采用冲销方法的情况下，汇进汇出累计为882万美元，如汇兑成本为0.1%，就要花费0.882万美元，而在采用冲销后汇进汇出合计只有162万美元，汇兑成本为0.162万美元，节省0.72万美元。至于这162万美元何时何地如何流动转移，则取决于公司总部的战略意图。

这162万美元，A、B、C三个子公司是支付方，D、E、F三个子公司是收入方，这些公司之间资金流动的成本费用不同，它们之间的资金流量和单位汇兑成本可用矩阵表（见表13-10）表示。

表13-10　　　　　　　　　子公司之间资金流量和单位汇兑成本表　　　　　　　单位：万美元

支付方＼收入方	A公司	B公司	C公司	合计
D公司	X_1（0.1%）	X_2（0.1%）	X_3（0.11%）	$X_1+X_2+X_3=38$
E公司	X_4（0.08%）	X_5（0.075%）	X_6（0.088%）	$X_4+X_5+X_6=104$
F公司	X_7（0.11%）	X_8（0.12%）	X_9（0.12%）	$X_7+X_8+X_9=20$
合计	$X_1+X_4+X_7=108$	$X_2+X_5+X_8=34$	$X_3+X_6+X_9=20$	162

表13-10中X_1，X_2，…，X_9表示资金收付的数额，括号内的百分数是单位汇兑成本，例如，D公司的净收入38万美元，可能从A公司获得的数额为X_1，其单位汇兑成本为0.1%，可能从B公司获得的数额为X_2，其单位汇兑成本为0.1%，可能从C公司获得的数额为X_3，其单位汇兑成本为0.11%，其余类推。

公司总部可以将162万美元的收付安排见表13-11。

表13-11　　　　　　　　　　　冲销后净收支安排表　　　　　　　　　　单位：万美元

支付方＼收入方	A公司	B公司	C公司	合计
D公司	4	34	0	38
E公司	104	0	0	104
F公司	0	0	20	20
合计	108	34	20	162

汇兑成本=4×0.1%+34×0.1%+104×0.08%+20×0.12%=0.1452（万美元）

上述安排带有随意性，不能保证汇兑成本最低。为了实现汇兑成本最低化，可运用线性规划的方法，将前例数据表述为下列目标方程：

$X_1×0.1\%+X_2×0.1\%+X_3×0.11\%+X_4×0.08\%+X_5×0.075\%+X_6×0.088\%+X_7×0.11\%+X_8×0.12\%+X_9×0.12\%$→最低

约束条件：

$X_1+X_2+X_3=38$　　$X_1+X_4+X_7=108$

$X_4+X_5+X_6=104$　　$X_2+X_5+X_8=34$

$X_7+X_8+X_9=20$　　$X_3+X_6+X_9=20$

经计算求得：$X_1=38$　$X_4=50$　$X_5=34$　$X_6=20$　$X_7=20$

汇兑成本=38×0.1%+50×0.08%+34×0.075%+20×0.088%+20×0.11%

　　　　=0.1431（万美元）

这一安排的汇兑成本最低。

五、内部贸易的财务管理组织

（一）再开票中心（reinvoicing center）

再开票中心是跨国公司总部为了更好地进行国际财务管理而在某一国家专门设立的一个进行资金经营的子公司，它专门处理全公司内部贸易的发票和结算。其业务职能是：当跨国公司发生内部贸易时，商品或劳务直接由出口子公司提供给进口子公司，但有关发票转换和货款结算都由再开票中心处理。它与有关公司的关系如图13-5所示。

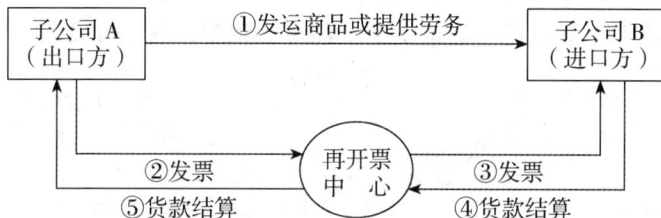

图13-5　再开票中心与相关公司的关系

跨国公司设立再开票中心有以下一些优点：

（1）出口子公司向再开票中心开票时，使用出口子公司所在国的货币，再开票中心向进口子公司开发票时，使用进口子公司所在国的货币，这样，再开票中心承担了外汇风险，由具有丰富经验的专家及时选择运用最有利的套汇、保值等外汇或货币市场上的技术手段，对交易中的外汇风险进行有效的管理。

（2）利用再开票中心便于对各子公司之间的应收、应付账款实行双边冲销和多边净额冲销（结算）。

（3）再开票中心可及时了解各子公司的现金余额，利用提前付款或推迟付款办法间接实现资金转移，有利于融通资金。

（4）再开票中心通常设在低税率国家或避税港，该中心所赚得利润按低税率纳税，使跨国公司有可能获得更多的税后利润。

（5）再开票中心在集中处理资金的同时，还可以充分收集世界各地的商业和金融情报，汇总财务数据，为跨国公司母公司制订经营计划和财务计划创造有利条件。

提前或推迟付款虽然可以在一定程度上规避风险，但这种技巧在运用上缺乏灵活性，只有在两个子公司发生赊销赊购业务时才可能运用这种技巧。但如果设立了再开票中心以后，对原来没有业务联系的企业，也可以实现资金的融通。

例如，某跨国公司的四个子公司之间的业务关系是：子公司A（在A国）向子公司B（在B国）赊销商品，但A、B两公司都处于现金短缺状态；子公司C（在C国）向子公司D（在D国）赊销商品，C、D两公司都处于现金过剩状态。如果没有设立再开票中心，应收账款的支付如图13-6所示。

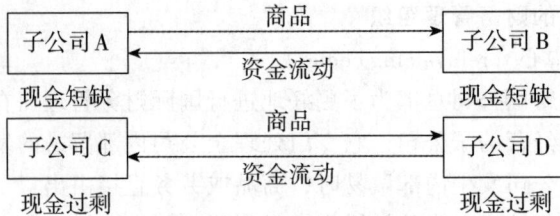

图13-6　无再开票中心时的应收账款支付情况

　　如果通过再开票中心支付应收账款，中心可以有意识地提前或推迟子公司的付款，从而使没有业务联系的企业的资金也能灵活调配，具体如图13-7所示。

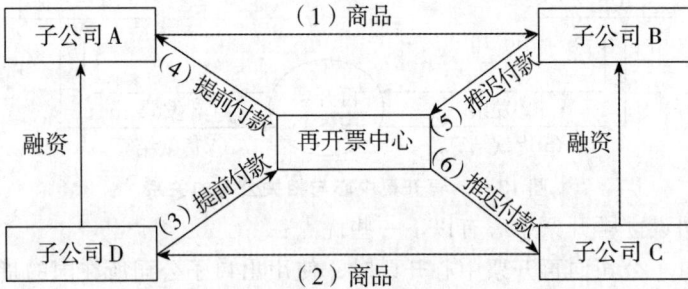

图13-7　设有再开票中心时的应收账款支付情况

　　图13-7说明：（1）子公司A向子公司B赊销商品；（2）子公司C向子公司D赊销商品；（3）由于子公司D现金有多余，再开票中心可能安排它提前付款；（4）由于子公司A现金短缺，再开票中心收到子公司D提前付款后，提前付给子公司A；（5）由于子公司B现金短缺，再开票中心允许它推迟付款；（6）由于子公司C现金有多余，有可能在再开票中心收到子公司B的推迟付款后，再付给子公司C。

　　再开票中心的缺点是相对收益来说成本较高。由于必须另外设立一个子公司，对每一个公司都必须保持一套独立的账册，还会导致当地税务部门的频繁核查，以确定其是否逃税，由此而发生许多专门费用，如税收的法律咨询以及该中心的经营费用等。

　　（二）境外区域财资中心

　　境外区域财资中心（regional treasury center，RTC），中国企业称为"境外结算中心"。随着我国企业境外直接投资的不断增加，许多企业在境外已有了几个、十多个甚至更多的子公司，境内母公司对境外资金的管理显得越来越重要。

　　经验证明，境内母公司为了管好、用好境外资金，应建立境外资金管理体系，首先应该为海外公司建立简单清楚的账户结构，并搭建统一的网上银行架构作为指令与信息传递的渠道。其次，在信息集中之后可以考虑进行境外流动资金的集中管理，以充分利用集团内部资金，减少对外借款。最后一个阶段是集中海外交易（收付款）的操作流程。

　　当境内母公司在境外子公司较少、境外业务规模较小时，企业可以通过中国内地总部（财务部、财务公司）直接管理境外资金。这需要企业尽可能整合境外账户到同一家银行，并通过统一的网上银行平台进行远程监控及操作。

　　当境内母公司在境外子公司较多、境外业务规模较大时，多数中国企业希望采用在境外金融发达城市成立区域财资中心的方式管理海外公司财务。出于地理位置、语言便捷性和与中国内地的政治、经济联系等几方面考虑，中国企业首选的区域财资中心地点集中在中国香港和新加坡。

　　境外区域财资中心作为境外管理中枢，代表母公司总部管理海外各分支机构的资金及财务操作。职能分配方面，中国境内母公司总部可以负责制定境外财务、内控、管理、操作的策略与政策，而境外区域财资中心适合作为总部领导力的有效延伸、财务政策的境外执行者、内控政策的监控者。境外区域财资中心的核心职能通常包括一般的境外财务管理、担当资金汇集架构的主公司以及提供集中化交易服务，还可以作为境外融资平台。同时，境外区域财资中心负责采集、整理海外所有网点的财务信息，每日通过电子平台向总部汇报。

　　对比境内母公司总部直接管理的模式，境外区域财资中心具有一系列优势：第一，境外金融发达城市的金融处理能力和信息系统强大，银行和其他金融机构提供产品的能力强、操作实力更加雄厚。第二，金融监管政策也相对清楚、透明，赋税轻。第三，这些城市都储备有一大批的高素质金融人才，容易找到合适的财务人员。

　　海尔集团公司通过财务公司（资金结算中心、财务中心）对境外各子公司的外汇收支实行集中管理、轧差净额结算、内部调剂资金余缺、减少外部借款，获得了良好效果，详见案例13-1。

　　（三）国际避税地子公司

　　国际避税地子公司是跨国公司出于避税目的而在国际避税地设立的子公司。避税地的英文是 tax haven，有的译为避税港或避税乐园。国际避税地是指不课征某些所得税和一般财产税，或者课征的所得税和一般财产税的税率远较国际一般水平低，或者向非居民提供特殊税收优惠，从而形成国际避税活动中心的国家和地区。不征收所得税和一般财产税的国家和地区有巴哈马、百慕大、开曼群岛等，所得税和一般财产税税率远低于国际一般水平的国家和地区有巴林、巴巴多斯、以色列、牙买加、黎巴嫩、列支敦士登、新加坡、委内瑞拉、马来西亚等。成为国际避税地的基本条件是：优惠的税收政策、稳定的政局、财政支出负担较轻、地理位置优越、自然环境良好、当地政府对经济的行政干预较少。跨国公司为避税目的而在避税地设立的子公司，除少数子公司有一些真实的工商活动以外，绝大多数子公司并没有实质性的经营活动，只是在避税地租用一间办公用房或购置一张办公桌，租用一台电话、传真机，甚至仅仅挂一块公司的招牌，设置一个邮箱，这种公司被称为"招牌公司"、邮箱公司，设立这些子公司的唯一目的是把企业业务最盈利的部分置于低税收的管辖区域中，或者使它们根本不受到任何管辖。避税地子公司有贸易公司、控股公司、投资公司、金融公司、服务公司等多种形式。下面对避税地贸易公司加以说明。

避税地贸易公司是指由母公司设在避税地从事货物和劳务交易的子公司，其主要职能是为购买和销售等业务开具发票，通过虚构的中转贸易业务，利用转移价格把高税国公司的销售利润转移到避税地。例如，A国A公司的某种商品如果直接销售给B国B公司，价格为1 000万元，成本600万元，利润400万元，A国所得税税率40%，应纳所得税160万元。A公司为减少纳税，通过设在避税地C国的子公司贸易公司进行销售，C国所得税税率5%，其销售和纳税情况如图13-8所示。

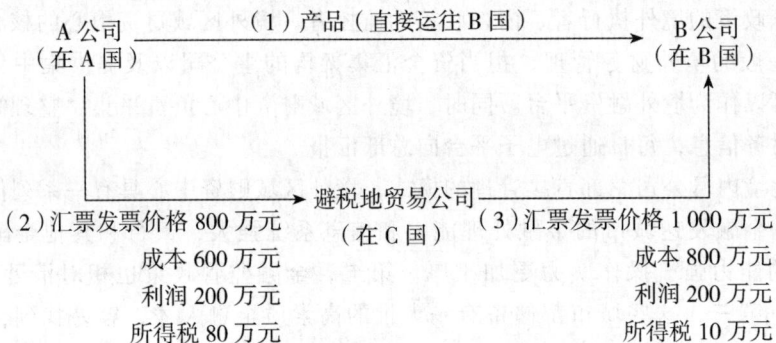

图13-8　通过避税地贸易公司避税

从图13-8可以看出，A公司向A国纳税80万元，避税贸易公司向C国纳税10万元，这笔交易共纳税90万元，比直接销售少纳税70万元（160-80-10）。

如果避税地贸易公司的税后利润为190万元（200-10）全部交母公司（A国A公司），则母公司应向A国缴纳所得税70万元（200×40%-10）。这笔交易共缴税160万元（80+10+70），未达到避税目的。因此，为了真正达到少纳税70万元的目的，避税地贸易公司（子公司）的税后利润190万元不交给母公司，而是由母公司安排用于全球范围内的再投资。

英国《金融时报》网站2013年1月23日报道：英属开曼群岛是税率很低且具有高度隐蔽性的避税天堂，近年来受到外国政界人士的围攻。近年来，许多全球性知名企业只缴纳少得可怜的企业税的真相被披露，让国际税收体系中的严重缺陷暴露了出来，导致公众要求改革的呼声越来越强烈，这种要求对于正在竭力使公共部门预算实现收支平衡的政治家们来说将比以往任何时候更愿意予以满足，但改革的任务仍然十分艰巨，因为每个国家都希望其他国家打击逃税行为，但不希望触及自己国家的企业。为了防止各国大企业逃税，进行全球性税务改革，必须达成国际协议。20国集团和经合组织于2013年7月制订了打击国际避税的全球行动计划，制止设立挂牌式、邮箱式子公司，把税基与真实的经济活动联系起来。阻止跨国公司人为地将业务转移至百慕大、英属维京群岛和开曼群岛等低税收或无税收地区，要求百慕大等避税天堂以更透明的方式披露跨国公司的纳税信息。计划还包含使跨国公司通过"转移定价"来尽可能减少纳税的各种方式归于无效的措施。中国已表示加入打击避税的全球行动。

2014年11月，在澳大利亚举行的20国集团（G20）领导人峰会声明，到2015年年末完成共同对抗跨国公司避税行为的计划实施达成共识，中国国家主席习近平在峰会上呼吁加强全球税收合作，打击国际逃避税。随即中国宣布实施《一般反避税管理办法》。中国国家税务总局网站称，21个部门联合签署了一份合作备忘录，对重大税收违法案件当事人实施联合惩戒措施，凸显出北京严厉打击逃避税的决心。中国政府在审查跨国公司逃避税时，跨境转账是一个重要领域，因为跨国公司可以利用转让定价，将利润从中国内地等高税收管辖区域转移到低税收管辖区域，从而减少须缴纳的税款。转让定价是指为位于不同管辖区域的不同子公司之间销售商品和服务设定价格。

美国法律规定，公司的大部分海外利润不需要缴纳所得税，除非它们把这些收入带回国内。一家私营研究公司的报告显示，2008年至2013年，美国公司为了避免国内征税而在海外持有的利润增长了将近一倍。该公司说，通用电气公司在国外存放的收益最多，高达1 100亿美元。位居第二的是微软公司，其积累的海外收益为764亿美元，辉瑞制药有限公司为690亿美元，医药企业默克公司为571亿美元，苹果公司为544亿美元。这一现象促使美国参议院税收法案的起草者呼吁进行改革。参议院财政委员会也认为需要在这一领域进行一些改革。

多年来，对于允许跨国企业把利润留在海外而不用缴税的法律，国会内部一直争吵不休。有人主张取消这一法律，有人则支持一次性的税收优惠期。国会在财政问题上的僵局将持续下去。

第四节　收益分配和费用支付

一、境外投资收益的分配

（一）境外投资收益的内容及分配办法

投资单位的境外投资收益一般包括以下几项内容：（1）境外独资企业的税后利润；（2）境外合资、合作企业中方分得的利润（包括股息、红利等）；（3）直接购买外国公司股票分得的股息、红利等；（4）其他境外投资收益等。

我国财政部1996年颁发的《境外投资财务管理暂行办法》规定，对投资单位的境外投资收益按照以下规定进行分配和上交：（1）投资单位属于实行独立经济核算的国有企业（或者组织）的，其境外投资收益按企业所得税征收的有关规定进行纳税调整，税后所得额的10%（或5%）由投资单位汇总上交主管财政机关；（2）投资单位属于国家控股的有限责任公司和股份有限公司的，其境外投资收益并入投资单位的利润总额，按照有关规定进行分配；（3）投资单位属于不缴纳企业所得税的政府机构、部门或社会团体、事业单位等其他组织的，其境外投资收益的20%，由境外企业直接汇缴主管财政部门。

应交财政的境外投资收益必须在主管财政机关批复境外投资年度财务报告后的三个月内上交。经主管财政机关批准，投资单位在报送《境外国有资产产权登记表》后的一定期限内，可以免交应上交财政的境外投资收益，具体免交期限由财政主管机关确定。投资单位应当将免交的境外投资收益用于支持境外企业的发展。对投资单位上交的境外投资收益，在三到五年内，由主管财政机关用于支持境外企业的发展。投资单位要会同有关部门对连续三年发生亏损或者发生严重亏损的独资或控股的境外企业进行检查，并根据有关情况采取相应措施。2017年6月，为加强国有企业境外投资财务管理，防范境外投资财务风险，提高投资效益，提升国有资本服务于"一带一路"倡议和"走出去"等国家战略的能力，财政部制定了《国有企业境外投资财务管理办法》，自2017年8月1日施行。

（二）境外子公司利润分配策略

境外子公司的税后利润（净利润）加上年初未分配利润，减去提取法定盈余公积等后，为可供投资者分配的利润，通常是一部分上交母公司，一部分留给子公司使用。各国跨国公司在规定子公司利润分配时采用不同的策略，一种是母公司要求各子公司都按同一公式计算（通常按子公司税后利润的某个百分比或以子公司的净资产为基础计算），并汇回利润。另一种是母公司采取完全灵活的策略，各子公司是否上交利润和上交利润的比率根据各子公司的具体情况来确定。绝大多数跨国公司把以上两种极端的方法结合起来使用。

跨国公司在确定国外子公司利润分配时，一般应考虑以下主要因素：

1.子公司和母公司对资金的相对需求

子公司的资金状况和需求是制定利润分配策略应考虑的一个主要因素。一般情况下，子公司获利后，就应向母公司上交利润。但是，如果子公司急需扩大经营规模追加投资，向当地银行借款又受到限制，或者虽然没有限制，但为支付股利而借款又会引起当地政府不良看法时，在这种情况下，一般采取少交多留的办法，以平衡资本结构。反之，如果母公司急需资金，则可能采取多交少留的办法，以获取资金。

2.当地货币的汇率走势

当地货币相对于母公司货币的汇率变动也是确定利润分配策略的一个重要因素。如果预测汇率将发生变化，并可能遭受外汇风险损失，境外子公司也会通过利润分配加速向母公司转移资金，这种利润分配策略往往是母公司决定把资金由软货币国向硬货币国转移的常用手法。在子公司所在国货币将要贬值时，向母公司多交利润可以减少当地货币资金，并合法地将其转化为母公司所在国的货币。反之，如果子公司当地的货币将要升值，则应少交利润或推迟宣布利润分配，即使已经宣布，也可用返回方式借给当地子公司。

3.税负因素

子公司的税后利润分配应考虑利润汇出预扣税税率的高低和母公司所在国税率的高低。在许多国家，利润汇出要被东道国政府课征很重的预扣税。有些国家对利润汇出的数量规定限额，例如按注册资本的一定比例作为汇出利润的界限，如巴西政府规定汇出利润不能超过注册资本的12%，超过部分需要额外课税。如果子公司汇出利润，在东道国的税负很重，而且母公司所在国的税率较高，子公司汇给母公司的利润，母公司还要向本国政府缴纳很多税，跨国公司就可能采取子公司少交利润的办法，而通过其他办法（例如运用转移价格）将子公司应交母公司的利润转移到母公司。因此，税负的高低是跨国企业选择子公司利润分配策略时考虑的一个重要因素。

4.子公司所在国政治风险的大小

如果预测子公司所在国政治风险较大，母公司会要求子公司尽快转移资金，一般是通过加大利润上交比率以实现转移；反之，母公司会要求少上交利润，尽可能提高子公司自有资金的比例。在正常情况下，跨国企业大都要维持一个稳定的利润分配比率，以取得所在国政府的信任。稳定的利润分配比率也是子公司所在国政府衡量跨国公司有无撤走资金以致损害该国外汇储备的一个标准。

5.子公司设立时间的长短和规模大小

一般来说，国外子公司设立的时间愈长，愈接近其寿命期，上交利润的比例愈大，向母公司转移的资金也越多。另外，子公司的规模大小与利润分配策略也有着密切的关系。一般情况下，小规模的公司倾向于随机应变；中等规模的公司比较灵活；大公司对利润分配有一套指导原则，它一般服从于整个跨国企业的战略。

6.当地投资者的投资比例和态度

企业的利润分配必须遵循所有者的意愿。境外独资企业的利润分配可以完全由母公司（投资单位）考虑有关因素来决定，而境外合资、合作企业的利润分配必须经合资、合作各方充分协商确定，如果境外企业的注册资本中当地投资者的投资比重较大，则利润分配应较多地听取当地投资者的意见。

综上所述，境外子公司的利润分配不能仅从跨国公司内部的资金需求和子公司的股权性质来考虑，还应考虑外汇风险、政治风险和税负等一些外部因素，才能正确制定出合理的利润分配策略。

二、跨国企业内部的费用支付

（一）费用的种类和支付协议

跨国企业从事国际经营活动，必然伴之以资金的转移和流动。跨国企业内部的资金转移与资金转移的项目有着密切的关系。有些跨国企业以"统算"方式从子公司转移资金，即子公司只向母公司上交利润或支付股利，除此之外，不再另交其他费用；有些跨国企业则采取按分别计算的"非统算"方式，即在资金转移的项目中，除股利外，还包括以下各种费用：

1. 特许权使用费

这是指因获得使用专有技术、专利和商标进行生产或销售的权利，而付给技术、专利、商标所有者的报酬。特许权使用费常以每单位产品支付一定的金额，按销售额或利润额的一定百分比来计算，表现为提成费或许可证费等。当母公司允许其境外子公司使用其无形资产时，跨国公司内部会出现以特许权使用费形式的资金移动。

2. 服务费

这是补偿由母公司或其他子公司向该子公司提供专业服务的支出，如技术指导、员工培训等。服务费不同于管理费，它是对子公司产生特定利益的报酬，一般是按服务时间、服务的类型和等级确定支付费用的标准。

3. 管理费

这是用来补偿母公司专业管理部门在管理整个国际经营活动中发生的专业管理费用，包括那些必须由各经营单位（子公司）补偿的整个跨国公司系统的现金调度中心、研究开发中心、公共关系部门、法律和会计咨询机构等所发生的费用。管理费通常是按各子公司销售收入的一定百分比分摊的。

与股利汇付不同的是，以上各种费用支付的灵活性较小。因为，东道国政府要求当地子公司的母公司就费用支付签订正式协议，任何变动都会受到当地外汇管理当局的严格监督。缺乏外汇储备的国家不愿看到自己的外汇储备用于支付特许权使用费等，尽可能对提成费水平施加一定的数量限制，认为子公司支付的提成费及许可证费是掩盖利润汇付的一种方式而尽力限制这类形式的汇付。费用支付协议一般包括费用的种类、收费标准的计算依据、对净销售价含义的正确界定、技术专利和商标许可使用的范围和地区、交费的币种和时间，以及费用支付方式等。

（二）统算方法和非统算方法的比较

所谓统算方法，是指将子公司应支付给母公司的各项费用并入股利项目统一进行核算；而非统算方法，是指将各项费用与股利分项进行核算。为了比较这两种方法，现举例如下：

某公司在境外的子公司某年支付各项费用和缴纳所得税前的净收益为200万美元，母公司拟从子公司获得80万美元的费用和股利。有以下两个方案：①用统算法，子公司不支付各项费用，只从子公司税后利润100万美元中提取80%（80万美元）作为股利；②用非统算法，要求子公司支付各项费用50万美元，再从子公司税后利润75万美元中提取40%（30万美元）作为股利。两个方案虽然都是向母公司转移资金80万美元，但所产生的结果却有所不同（见表13-12）。

表13-12　　　　　　　统算法与非统算法比较　　　　　　单位：万美元

	项目	统算法	非统算法
子公司	1.税费前净收益	200	200
	2.减：特许权使用费、服务费和管理费	—	50
	3.应纳税所得额	200	150
	4.减：当地所得税（50%）	100	75
	5.可供分配利润	100	75
	6.支付给母公司的现金股利	80	30
	7.用于子公司所在国的再投资	20	45
母公司	8.特许权使用费、服务费和管理费	—	50
	9.股利收入	80	30
	10.从子公司获取的收入合计	80	80
	11.国外所得税抵免	80	30
	12.母公司应纳税所得额	160	110
	13.母公司应纳所得税（40%）	64	44
	14.减：国外所得税抵免	80	30
	15.母公司实际缴付所得税	—	14
	16.损失的所得税抵免	16	—
	17.用于母公司所在国的再投资	80	66
税负总计	18.支付给子公司所在国的税收	100	75
	19.支付给母公司所在国的税收	—	14
	20.纳税总计	100	89
再投资总计	21.用于子公司所在国的再投资	20	45
	22.用于母公司所在国的再投资	80	66
	23.再投资总计	100	111

表 13-12 中第 11 项国外所得税抵免=第 4 项子公司当地所得税×第 6 项支付给母公司的现金股利÷第 5 项可分配利润=100×80÷100=80（万美元）。

表 13-12 中第 12 项母公司应纳税所得额=第 9 项股利收入÷（1-子公司所得税税率）=80÷（1-50%）=160（万美元）。

表 13-12 中第 17 项=第 10 项从子公司获取的收入合计-第 15 项母公司实际缴付所得税。

从表 13-12 中第 18~23 项可以看出，从税负和资金积累（再投资）角度看，用非统算法较统算法有利，在子公司所在国税率高于母公司所在国税率时更是如此。从税负角度来看，用统算法，需要纳税 100 万美元，而且全部都缴给子公司所在国，而用非统算法，各项费用在税前列支，能带来减税利益，即可少缴一部分所得税，只需要纳税 89 万美元，而且其中 14 万美元是缴给母公司所在国。从再投资来看，用统算法，再投资总计只有 100 万美元，而用非统算法，由于可少缴一部分所得税，税后利润较多，因而用于再投资的资金较多，再投资总计为 111 万美元，资金积累增加 11 万美元。但在这种情况下，对母公司所在国的再投资将相应减少，从统算法的 80 万美元降为 66 万美元。

采用统算法或非统算法有时需要根据具体情况选择。例如，在国外以合资方式建立子公司时，我方出技术，外方出资金，用非统算法比较合适。在产品竞争比较激烈的地区，用非统算法向子公司收取费用，有可能加重子公司负担而削弱商品的竞争力，这时母公司多数采用统算法。当子公司所在国只对利润汇出有限制时，采用非统算法按项目收取特许权使用费、服务费和管理费等，便于从子公司向母公司转移资金。

三、避免利润汇出和费用支付限制的办法

在境外的子公司应支付给母公司的利润和各项费用，以及母公司要从境外子公司抽回的投资原本，应按照投资保护协定（或条约）的规定，从子公司自由汇出，以保障投资者的利益。但如果子公司所在国由于各种原因，可能对利润、各种费用和投资原本等的汇出加以限制，使投资者遭遇转移风险，对此，母公司（投资者）应在事前和事后采取各种办法加以防范，主要有以下各种办法：

（1）母公司向子公司提供资金（包括投资和贷款），适当增加贷款部分，并尽量加大在东道国当地借款等筹资的比例。母公司对子公司贷款采用背对背贷款、平行贷款和前向贷款方式，既能避免资金汇回限制，又能防范外汇风险。

（2）运用转移价格。如果母公司的产品卖给子公司采取高价策略，相反，子公司的产品卖给母公司采取低价策略，就可以将子公司的部分资金转移给母公司。

（3）用产品出口代替外汇资金转移。如果子公司所在国规定该国货币不能兑换外汇，子公司应给予母公司的资金不能支付，这时，子公司可将产品或购买其他商品供给母公司，由母公司使用或转卖给其他企业，从而实现资金从子公司向母公司

转移。

（4）在东道国再投资。例如，利用不能转移的当地货币资金在子公司所在国购买国库券等证券获得利息收入，或在子公司所在国投资建立科研试验室，科研人员工资和其他各项开支用当地货币支付。

（5）购买物资加以处理。例如，利用不能转移的当地货币资金在当地购买那些预期会升值的资产或能出口的商品，以后卖出去获得利润，或购买今后需要的物资，用于母公司或其他子公司的生产。

（6）利用东道国当地的服务。例如，在当地举办全公司的业务会议，把公司职员派往该国休假，鼓励他们乘坐该国航空公司的飞机。这些活动对子公司所在国是有利的，跨国公司花费的是不能转移的当地货币资金。

第五节　财务管理制度与业绩评价

一、境外企业财务管理体制

我国财政部颁发的《境外投资财务管理暂行办法》规定，境外投资的财务管理实行"统一政策，分级管理"的原则。财政部统一制定境外投资的财务管理制度，各级主管财政机关负责对本级境外投资的财务工作进行管理和监督。

（一）主管财政机关对境外投资财务管理履行的职责

（1）制定境外投资的财务管理制度或实施办法；

（2）配合国有资产管理部门考核监督境外企业国有资产的安全、完整以及保值增值；

（3）审批投资单位境外投资经营情况的年度财务报告；

（4）负责确定境外投资收益的分配并收缴应上交财政的投资收益；

（5）检查监督投资单位境外投资的财务活动；

（6）办理各级人民政府授权管理境外投资的其他事项。

（二）投资单位对境外投资财务管理履行的职责

（1）按规定向主管财政机关报送境外国有资产产权登记表，并建立境外投资的财务关系；

（2）了解境外驻在国（或地区，下同）的有关法律规定，贯彻执行我国境外投资的财务管理制度；

（3）根据主管财政机关制定的境外投资财务管理制度或实施办法，制定本单位境外投资的具体财务管理办法；

（4）按规定审批独资或控股（或拥有实际控制权，下同）境外企业的重要财务事项，向主管财政机关报告所属境外企业的重大财务问题；

（5）考核所属境外企业的财务状况和经营成果，并向主管财政机关报告年度财务报告；

（6）及时上交应交财政的投资收益。

二、境外企业财务管理制度

投资单位的财务部门为了对境外企业的财务活动进行有计划的组织和控制，并对它们的财务业绩进行考核、评价，必须建立健全财务预算制度、财务日常管理制度、财务报告制度和决算分析评价制度。

（一）财务预算制度

境外企业必须根据境内投资者提出的任务和要求编制财务预算，主要包括投资的资本预算和经营预算。资本预算包括长期投资方案的计划和评估；经营预算主要是短期预算，如一年、一季的预算。编制预算既可以预测未来的经营活动，又可以作为控制、考核、评价境外企业业绩的标准。由于境内投资者并不十分熟悉境外企业的国际经营环境，因此，为了正确地编制财务预算，必须依靠境外企业的管理者。境外企业的经理和财务人员由于对经营环境较为熟悉，编制的预算较为切实可行，因此，经境内投资单位批准同意后即可实施。境内投资单位还可以根据境外各附属公司的预算，再结合有关环境、目标、国际经营策略的变化编制整个企业集团的预算，并以此作为评价境外各附属公司业绩的依据。

（二）财务日常管理制度

我国《境外投资财务管理暂行办法》规定：

（1）投资单位应当制定本单位境外投资的具体财务办法，并督促或协同独资和控股的境外企业按照驻在国法律和我国有关规定，建立健全企业内部财务管理和会计核算制度。

（2）投资单位必须要求所属境外独资和控股企业，对一切财务往来和现金收支建立必要的"联签"制度，所有会计凭证除经办人签字外，必须有负责人或者被授权的负责人签字，在企业任职的亲属必须回避，不得联签。

（3）投资单位必须要求所属独资和控股的境外企业建立和完善账户管理制度，在资信可靠的银行开设账户，并将开设账户的情况报国内备案，境外开设的账户不得转借个人或者其他单位使用。

（4）投资单位负责所属境外企业的工资管理工作，根据国家有关规定并结合实际情况，制定工资管理制度和实施办法，并按要求备案。所制定的工资管理制度应符合驻在国的法律规定，明确责、权、利关系，建立和完善考核奖惩办法。

（5）投资单位对规模较大的独资和控股的境外企业应当选派财会主管人员以及具有较高素质的财会人员。派驻境外企业的财会人员应当了解驻在国的经济法规，维护国家利益和投资单位的合法权益，建立和完善企业内部财务管理和会计核算制度，定期分析企业财务状况和经营成果，及时向投资单位或国内主管财政机关报送财务报告，反映重要财务问题。

（6）投资单位应当对所属境外独资或控股企业的负责人建立离任审计制度。境外企业财会人员发生变动时，应在规定时间内编制交接清单、办理交接手续，交接清单应当由交接双方和企业主要负责人或者被授权负责人签字。

（三）财务报告制度

投资单位应督促境外企业及时报送年度财务报告。

境外投资年度财务报告包括年度会计报表和财务情况说明书，其中年度会计报表为资产负债表、利润表、现金流量表以及其他有关附表。

国家授权投资的机构、部门直接进行境外投资的，其年度财务报告由境外企业直接报送国内主管财政机关；国有企业、事业单位或者国家控股的有限责任公司和股份有限公司进行境外投资的，其年度财务报告由投资单位汇总或者合并后报送主管财政机关，如按规定编制合并报表的，应将境外投资财务报告作为附件报送。

年度财务报告应经当地的注册会计师事务所验证。

投资单位在其境外清算完毕后，应当向主管财政机关报送清算机构出具的经当地注册会计师验证的清算报告，并及时收回应当归其所有的财产。

（四）财务分析评价制度

投资单位对境外企业定期地进行财务评价，是加强境外企业财务管理的重要环节。通过财务评价，对各境外企业的财务状况和财务成果进行分析、比较，总结经验，发现问题，分析原因，采取措施，促进境外企业提高成绩，克服缺点，不断提高企业的盈利能力。

三、境外企业财务业绩评价

（一）评价境外企业财务业绩的指标体系

评价境外企业财务业绩必须有一套科学的指标体系。美国有两位专家在对88家跨国公司进行调查的基础上，提出了评价子公司的各项财务指标，依其重要性大小排列如下：（1）实际利润（净收益）同预算比较；（2）实际销售额同预算比较；（3）投资报酬率；（4）销售报酬率；（5）资产报酬率；（6）股权报酬率；（7）经营现金流量（流向母公司的经营现金流量、流向子公司的经营现金流量）；（8）每股收益贡献；（9）剩余收益；（10）留存收益。以上各项指标除了将实际数与预算数进行比较以外，还可以与前期实际数进行比较。

跨国公司在衡量境外企业经营业绩时，侧重于对盈利能力指标的评价。下面就反映企业盈利能力的主要指标——净收益、投资报酬率、剩余收益和营业现金流量加以说明：

1.净收益

净收益即公司的净利。在其他条件不变的情况下，子公司净收益越多，对跨国公司所做的贡献越大。此外，这一指标还反映了子公司产品产量及质量、品种结构、市场营销等方面的工作质量，因而在一定程度上反映了子公司的经营管理水平。

净收益作为评价尺度有两个明显的不足：一是净收益是一个绝对数，不能反映子公司的经营效率，缺乏可比性；二是采用净收益作为评价尺度，容易使子公司追求眼前利益，产生短期行为，不利于子公司追求长期的、潜在的利益。

2.投资报酬率

投资报酬率是收入与投入资本的比，反映了投资的有效性。其计算公式为：

$$投资报酬率=\frac{年平均净收益}{投资额}\times100\%$$

这一指标可分解成资本周转率和销售利润率两个指标，它们之间的关系为：

$$投资报酬率=\frac{年平均净收益}{投资额}\times100\%=\frac{销售收入}{投资额}\times\frac{年平均净收益}{销售收入}\times100\%$$

投资报酬率是目前许多跨国公司十分偏爱的评价国外子公司经营业绩的指标。其优点是：（1）它能反映子公司的综合盈利能力。由于投资报酬率由收入、成本和投资三项指标构成，提高投资报酬率既可以通过增收节支来实现，也可通过减少投入资本来实现。（2）它具有横向可比性。投资报酬率体现了资本的获利能力，剔除了因投资额不同而导致的净收益差异的不可比因素，有利于判断各子公司经营业绩的优劣。（3）它可以作为选择投资机会的依据，有利于调整资本流量和存量，为优化资源配置提供依据。（4）可正确引导子公司管理行为，避免短期行为。因为投资报酬率反映了子公司运用资产并使其增值的能力，资产运用的任何不当行为都将降低投资报酬率，以此作为评价指标将促使子公司用活闲置资金，合理确定存货，加强对应收账款及固定资产的管理。

投资报酬率作为评价指标的不足之处是缺乏全局观念。子公司为了达到较高的投资报酬率，可能会采取减少投资的方式。例如，A子公司的现有投资报酬率为18%，跨国公司的平均投资报酬率为12%，A子公司现有一投资机会，投资报酬率增量（Δ净收益/Δ投资）为15%，若以投资报酬率来评价，A子公司显然不会选择这一投资机会，但子公司进行这项投资对提高整个跨国公司的投资报酬率是有利的，从而造成子公司与跨国公司目标的不一致。为弥补投资报酬率方法的不足，常采用剩余收益这一指标。

3.剩余收益

剩余收益是指净收益与最低投资收益的差异，计算公式为：

剩余收益=净收益-投资额×投资成本

投资成本一般是指资本成本或最低投资报酬率。

以剩余收益作为评价国外子公司经营业绩的指标的基本要求是：只要投资的收益率大于投资成本，该项投资便是可行的，它避免了投资报酬率的缺陷，使子公司能够在千方百计增加收益的同时优化投资结构，合理利用资金。假设某跨国公司下设甲、乙两个子公司，甲子公司的投资额为400万元，利润20万元，乙子公司的投资额为600万元，利润为90万元；该跨国公司加权平均最低报酬率为10%。如果甲追加投资200万元，年利润可增加16万元，或乙公司追加投资400万元，年利润可增加58万元，其有关的投资报酬率、剩余收益计算见表13-13。

表13-13 投资报酬率和剩余收益计算 单位：万元

子公司		投资额	净收益	投资报酬率	剩余收益
追加投资前	甲	400	20	5%	20-400×10%=-20
	乙	600	90	15%	90-600×10%=+30
	合计	1 000	110	11%	110-1 000×10%=+10
甲追加投资200	甲	600	36	6%	36-600×10%=-24
	乙	600	90	15%	90-600×10%=+30
	合计	1 200	126	10.5%	126-1 200×10%=+6
乙追加投资400	甲	400	20	5%	20-400×10%=-20
	乙	1 000	148	14.8%	148-1 000×10%=+48
	合计	1 400	168	12%	168-1 400×10%=+28

根据表13-13的资料评价甲、乙两个子公司的经营业绩可以发现：如果按投资报酬率作为评价指标，追加投资后甲的投资报酬率由5%提高到6%，乙的投资报酬率由15%下降为14.8%，应当向甲投资。如果按剩余收益作为评价指标，甲的剩余收益由原来的-20万元变为-24万元，乙的剩余收益由原来的30万元增加到48万元，应当向乙投资。如果单从各子公司的角度进行评价，就会出现上述矛盾现象。如果从公司总体进行评价，就会发现甲追加投资时，公司总体的投资报酬率和剩余收益均有所下降；乙追加投资时，公司总体的投资报酬率和剩余收益均有所上升，这与以剩余收益指标评价各子公司的经营业绩的结果是一致的。可见，以剩余收益作为评价指标可以保持各子公司经营目标和公司总体目标相一致。

需要注意的是，若以剩余收益作为评价指标，所采用的最低投资报酬率的高低对剩余收益的影响很大，通常应以跨国公司平均报酬率作为基准报酬率。

4.营业现金流量

上述各子公司的收益是按权责发生制计算的，在商业信用极为发达的市场经济中，会计收益和公司实际的现金收入相差极大，对跨国公司而言，它所期望的是子公司能够汇回的以现金形式表现的股利，为此，许多跨国公司采用营业现金流量来评价国外子公司的经营业绩。营业现金流量是指跨国公司正常经营业务所发生的现金流入和流出的净额。

评价国外子公司的经营业绩，除了上述各种财务指标外，还有一些非财务指标，如子公司市场占有率、投入产出率、社会责任及与东道国政府的关系、职员的精神状态、人员培训及人才开发等。

（二）评价境外企业财务业绩的方法

境外企业一定时期利润的多少和利润率的高低是在多种因素共同作用下形成的，其中包括一些客观因素，一方面是跨国公司管理决策对各子公司财务业绩的影响，例如，母公司利用转移价格使有关子公司的利润增多或减少；母公司运用提前或推迟结算技巧，使有的子公司受益，有的子公司受损等。另一方面是各子公司所在国经济政策的变化，以及税率、通货膨胀率和汇率等因素变化对财务业绩的影响等。因此，仅仅根据各子公司向公司总部上报的一般财务报表去评价它们的业绩，显然存在着被歪曲的可能，因此，在跨国公司的财务控制系统中，除了各种一般财务报表以外，还要有反映子公司所在国经济政策和税收政策等因素对财务业绩影响的报告，以及跨国公司管理决策对财务业绩影响的报告等，根据报告中所列举的实际情况和数据，经过核实调整，才能对境外企业的业绩进行合理的评价。

下面将说明影响境外企业财务业绩的主要客观因素和处理方法。

1.转移价格因素

跨国公司内部转移价格是影响子公司经营业绩的重要因素，它直接决定了子公司净收益的高低，也影响着子公司的资产价值和负债数额。当跨国公司实行低价策略时，使出口商品的子公司利润减少，进口商品的子公司利润增多；实行高价策略时，其结果正好相反。跨国公司出于种种原因，将转移价格的制定权保留在母公司，各子公司对转移价格的制定无权直接干涉，转移价格与公平的市场价格相背离而使各子公司的利润发生人为地增多和减少，对子公司来说，转移价格是一个重要的不可控因素。因此，在评价各子公司的财务业绩时，应将这一因素剔除，在实践中常运用以下一些方法：

（1）整个公司因运用转移价格而增加的利润由母公司和有关子公司分享，分享的标准可根据双方使用的资产额，或根据所涉及的成本，或其他公平的安排。

（2）设置两套账册，一套按转移价格核算，作为向税务部门纳税的依据；另一套按市场合理价格核算，作为管理控制和业绩评价的依据。

（3）在预算中先预计转移价格的影响，然后以实现数与预计数相比较。预算中可能已预计某子公司将会亏损，此时就以预算作为业绩评价的标准。

2.通货膨胀因素

各国通货膨胀水平存在较大的差异，直接影响到境外各子公司的财务业绩，主要表现在以下几个方面：

（1）由于销售成本是按通货膨胀前的价格计算的，而销售收入则是按当时的价格计算的，两者相比，显然低估了销售成本。

（2）资产净值一般都按历史成本计价，与发生通货膨胀后的货币相比，低估了资产净值。

（3）由于通货膨胀使利润被高估，资产被低估，因此会产生使资产报酬率虚增的现象。

（4）各国通货膨胀率的差异使各子公司的经营业绩缺乏可比性，即使对某一子公司而言，不同时期的经营业绩也不可比。

因此，必须采用合理的方法对子公司的有关财务指标进行物价指数调整，才能正确评价各子公司的财务业绩。

3.汇率变动因素

汇率变动对境外子公司财务业绩的影响较大，有时可能歪曲子公司的业绩。例如，我国甲公司在A国的子公司前后两期的销售收入为2 000万A元、2 300万A元，汇率分别为1A元=2.2元人民币和1A元=1.9元人民币。如按A元计算，该子公司的销售收入增长率为15%（（2 300-2 000）÷2 000×100%），折算为人民币后，增长率为-0.68%（（2 300×1.9-2 000×2.2）÷（2 000×2.2）×100%），据此认为该子公司的销售收入比上年降低了显然是不合理的。为了避免汇率变动因素的影响，可采用以下两种方法对境外子公司的财务业绩进行评价：

（1）不予折算，即直接以外币表示的财务成果予以评价。其理论根据是，国外经营活动是在国外特定的经济环境中开展的，受国外货币的影响，评价时，只能针对特定条件、特定环境而展开，以本国经营环境来评价国外经营业绩是不公正的。采用外国货币评价子公司的跨国公司认为，从长远看，按当地货币能取得好业绩，按本国货币同样能取得好业绩。

（2）折算后评价。其根据是，母公司所关心的是按本国货币表述的财务成果，所汇回的股利最终将折算为本国货币，因而应采取本国货币来评价，而且也只有折成本国货币后，各子公司的经营业绩才能比较，判别优劣。为消除汇率变动的影响，通常采取以下两种方法：

第一，定基汇率法，即以某一时点的汇率作为基准评判境外企业经营业绩的增长情况。假设上例以第1年的汇率作为定基汇率，折算为人民币后的增长率为15%（（2 300×2.2-2 000×2.2）÷（2 000×2.2）×100%），与按A元计算的增长率相同。

第二，预算汇率法。将财务指标的实际数与预算数进行比较，采用何种汇率呢？有期初汇率、计划汇率和期末汇率三种汇率和以下九种组合可供选择（见表13-14）。

表13-14   三种汇率的各种组合

项目	期初汇率	计划汇率	期末汇率
期初 汇率	（1）预算用期初汇率 实际用期初汇率	（2）预算用计划汇率 实际用期初汇率	（3）预算用期末汇率 实际用期初汇率
计划 汇率	（4）预算用期初汇率 实际用计划汇率	（5）预算用计划汇率 实际用计划汇率	（6）预算用期末汇率 实际用计划汇率
期末 汇率	（7）预算用期初汇率 实际用期末汇率	（8）预算用计划汇率 实际用期末汇率	（9）预算用期末汇率 实际用期末汇率

表13-14中，第（2）、（3）、（4）、（6）四种组合是明显不合逻辑的。第（1）、（5）、（7）、（8）、（9）五种组合在实际工作中都采用过。理论界倾向于采用第（5）种组合，即确定预算指标用计划汇率，评价时实际指标也按计划汇率折合。例如，我国甲公司在A国的子公司本年的计划销售收入为2 000万A元，计划汇率为1A元=2.2元人民币，实际销售收入为2 300万A元，实际汇率为1A元=1.9元人民币。折合为人民币的销售收入实际数与计划数为4 400万元和4 370万元人民币。按A元计算的超额完成计划的百分比为15%，而按人民币计算的超额完成计划的百分比为−0.68%，两者不一致，是因为后一个百分比不仅反映了A元销售收入数量因素的影响，还反映了汇率因素的影响。折合为人民币的销售收入实际数与计划数的总差异−30万元，采用因素分析法可计算出数量和汇率两因素各自影响的数额。

计划销售收入乘计划汇率：2 000×2.2=4 400（万元人民币）

实际销售收入乘计划汇率：2 300×2.2=5 060（万元人民币）

实际销售收入乘实际汇率：2 300×1.9=4 370（万元人民币）

由于销售收入增加300万A元，在汇率不变的情况下，使折合为人民币的销售收入增加660万元（5 060−4 400），是子公司主观努力的结果；实际销售收入2 300万A元，由于汇率变动（A元贬值），使折合为人民币的销售收入减少690万元（4 370−5 060），对子公司来说是一种客观因素。两个因素的影响结果一增一减，抵销后为−30万元人民币（660−690）。

理论界倾向于第（5）种组合，是因为计划汇率是一种"内部远期汇率"（类似于内部转移价格），如果这种汇率预测合理，母公司利用这个汇率既可以协调整个集团公司的目标，又能充分发挥子公司的主动性和积极性。

第（1）种组合，预算和实际均采用期初汇率，不存在汇率变化差异，这一组合是假定在这一时期汇率没有任何变化，但这种情况在实际中很少见。

第（7）种组合，预算用期初汇率折算，实际指标按期末汇率折算，第（8）种组合，预算用计划汇率折算，实际指标用期末汇率折算，这两种组合评价方法都引入了汇率风险的责任因素，不能排除汇率变动这一因素对子公司财务业绩的影响，期末汇率与期初汇率或期末汇率与计划汇率之间的差异所形成的得失由子公司承担责任。

第（9）种组合，预算和实际指标都按期末汇率计算，这种评价方法要求将预算按期末实际汇率予以调整，然后同实际数进行对比，这样，可以排除汇率变动因素对子公司财务业绩的影响。这种组合与第（1）种组合都能排除汇率变动因素对子公司财务业绩的影响，它们的区别是：第（1）种组合是假定这一时期汇率不变，而第（9）种组合是承认这一时期汇率的实际变化。

案例 13-1

海尔集团公司外汇资金的集中管理

海尔集团公司于 2004 年开始实行外汇资金集中管理，取得了显著效果。

（1）海尔集团通过以财务公司（资金结算中心）整合集团内部外汇资源，建立集团内部动态的汇率成本控制体系，建立集团统一的资金与外汇风险管理平台，实现了对外汇交易和融资风险的集团内部风险预警及外汇敞口风险损失的持续降低。截至目前，海尔集团该项目实现内部对冲交易 20 余亿美元，节约汇兑成本逾 5 000 万元人民币，累计为集团外币资产规避汇率损失达数亿元人民币。

（2）海尔集团通过资金整合，扩大了集团资金规模，累计增加集团外部收入近 6 000 万元人民币；通过置换外部融资，为集团累计节约外部融资成本 7 000 余万元人民币，累计实现各项收益 1.3 亿元人民币，增强了国际竞争力。

（3）海尔集团实行全面管理，提升了资金管理水平，实现了资源最优配置。目前，海尔集团财务公司通过积极地与金融机构合作，为海外公司的应收账款风险管理、库存管理等提供了综合的金融解决方案。2009 年，集团境外营运资金需求约 1.5 亿美元，综合资金需求约 3 亿美元，如全部实施，2009 年可为集团节约外部融资成本约 600 万美元。

（4）海尔集团内外兼顾，运用境外放款，提高抵御危机能力。金融危机对海尔集团欧美地区的产业发展产生了较大影响，为缓冲金融危机对集团实业的冲击，集团财务公司以外汇局核定的 5 亿美元跨境放款额度为政策支持，为集团旗下负责欧洲市场开拓的 Haier Europe Trading S.r.l. 提供了 5 000 万美元的境外放款，为该公司 2009 年实现 30% 的业绩增长计划提供了坚实保障。

金融危机以来，跨国公司面临着巨大的资金压力，海尔集团公司为适应新的形势，在外汇资金集中管理方面采取了一些新的措施办法：

（1）集团公司统一收付外汇。海尔集团过去实行"谁出口、谁收汇，谁进口、谁付汇"的收付汇模式，这不仅增加了外汇资金流动的中间环节，还影响了资金集中管理的总体效果。为最大限度地降低成本，集团公司提出采用"先集中、后落地"的集中收付汇模式，即货物在各子公司与客户间直接流动，而资金则通过集团的财务中心统一结算。这有利于进一步压缩资金的在途时间，提高集团资金使用效率，以实现资金集中管理的效益最大化。

（2）集团内部成员公司之间业务往来频繁，实现了外汇资金的轧差净额结算，可以避免不必要的货币转换，降低汇兑成本。

（3）根据需要允许将经常项下的外汇收入直接留存境外子公司用于投资或资金的周转，以减少企业资金的汇入汇出成本，还允许境外成员单位间直接调拨资金，以调剂资金余缺，避免从外部借款。

（4）银企合作以本外币对价交易实现内部结售汇。外汇指定银行在充分了解集团公司需求的基础上，对企业集团内部成员间进行的结售汇业务给予优惠价位，特别是成对的结汇、售汇都以中间价计算，银行以收取结售汇手续费而非赚取结售汇差价方式实现企业集团内部本外币低成本转换。此举有利于以后稳定企业集团大客户，规避结售汇风险，促进银企共赢。

资料来源：王迅.跨国公司外汇资金集中管理青岛模式调查［J］.中国外汇，2009（8）：61-62.

思考题

1.国际直接投资的财务管理包括哪些内容？有什么特点？

2.母公司向子公司提供贷款的原因有哪些？

3.什么是跨国公司内部的直接贷款和间接贷款？采用直接贷款有什么优缺点？

4.跨国公司内部的间接贷款有哪几种方式？有什么好处？

5.什么是境外财务公司？它的职能是什么？

6.跨国公司内部贸易在财务方面有哪些特点？

7.跨国公司内部采取提前或推迟结算的目的是什么？

8.什么是国际转移价格？怎样运用转移价格调节利润，转移资金；减轻公司整体税负，增加税后利润；降低外汇风险和政治风险？

9.利用转移价格应具备哪些条件？各国财税当局为什么要限制转移价格的运用，通常是采用哪些措施进行限制的？

10.什么是再开票中心、国际避税地子公司？它们有什么作用？

11.跨国公司在确定境外子公司利润分配策略时，应考虑的因素有哪些？

12.跨国公司内部的费用种类有哪些？结合实例对统算与非统算方法进行比较。

13.跨国公司内部的资金转移受到有关国家限制时，可以采用哪些办法防范或避免？

14.母公司为了对境外子公司的财务活动进行管理应建立健全哪些制度？

15.如何运用净收益、投资报酬率、剩余收益和营业现金流量等主要指标对境外企业经营业绩进行评价？

计算题

1.A国M公司考虑向其在B国的分公司贷款50万A元，同时，B国T公司也准备向其在A国的分公司提供一笔大约相同金额的中期贷款。双方由一投资银行有效撮合一笔背对背贷款。M公司给T公司在A国的分公司提供50万A元的贷款，其期限为4年，利息率为13%，本金和利息在第4年年末一次偿还，按年复利计算利息。T公司给M公司在B国的分公司7 000万B元的贷款，期限为4年，利息率为10%，按年复利计算利息。本金和利息也在期末偿还。当前汇率为1A元=140B元，预计未来4年中1A元每年要贬值5B元。

要求：

（1）如果预期正确的话，计算M公司在B国的分公司在第4年年末需要向T公司支付的本金和利息。

（2）第4年年末，计算M公司将从给T公司在A国的分公司贷款中得到的A元本金和利息的总值。

（3）该背对背贷款协议对哪一方有利？如果B元价值不变的话，情况又会如何？

2.甲公司在A国设有一生产子公司，在B国设有一销售子公司，生产子公司生产的产品卖给销售子公司，后者卖给其他公司。已知生产子公司的销售成本3 000万元，经营费用300万元，销售子公司的销售收入5 000万元，经营费用200万元，见表13-15。

表13-15　　　　　　　　　　　　　**子公司经营情况表**　　　　　　　　　　单位：万元

项目	生产子公司（在A国，税率30%）	销售子公司（在B国，税率30%）	公司整体	生产子公司（在A国，税率20%）	销售子公司（在B国，税率40%）	公司整体
低价策略						
销售收入		5 000			5 000	
销售成本	3 000			3 000		
销售毛利						
经营费用	300	200		300	200	
税前利润						
所得税						
税后利润						
高价策略						
销售收入						
销售成本						
销售毛利						
经营费用						
税前利润						
所得税						
税后利润						

要求：

（1）生产子公司的销售收入由自己设定填入，然后计算填写表内其他各项目的数据

（2）说明公司运用转移价格发挥了哪些作用。

3.某跨国公司的母公司及各子公司相互之间的应收、应付款数额见表13-16。

表13-16　　　　　　　　　　　母子公司应收、应付款　　　　　　　　　　单位：万元

应收款者 ＼ 应付款者	母公司（在A国）	子公司甲（在B国）	子公司乙（在C国）	子公司丙（在D国）	合计
母公司	—	15	20	30	65
子公司甲	60	—	40	10	110
子公司乙	30	20		20	70
子公司丙	10	35	30	—	75
合计	100	70	90	60	320

A国、B国、C国和D国之间的单位汇兑成本如图13-9。

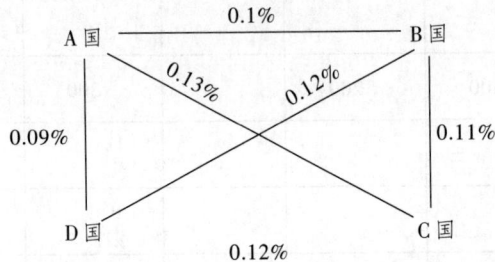

图13-9　A国、B国、C国和D国之间的单位汇兑成本

要求：

（1）计算冲销后的收支净额；

（2）根据冲销后的收支净额和各国之间的单位汇兑成本运用线性规划的方法找出汇兑成本最低的安排。

4.A国甲公司在避税地B国设立一个贸易子公司，A国的公司所得税税率为40%，B国的公司所得税税率为5%。甲公司将产品10 000件（其销售收入为200 000元，成本费用120 000元）直接发运给C国的F公司。甲公司为了少缴所得税，不直接向F公司开发票和汇票，而是向在B国的贸易子公司开出发票和汇票，其汇票金额为140 000元，再由在B国的贸易子公司向C国的F公司开出发票和汇票，其汇票金额为200 000元。

要求：

（1）计算如果不通过避税地贸易子公司，将产品直接销售给F公司，甲公司需缴纳多少公司所得税？

（2）通过避税地贸易子公司，甲公司可少缴多少公司所得税？

5.某跨国公司下设两个子公司的有关资料如下：甲、乙子公司的投资额分别为800万元和1 200万元，净收益分别为40万元和180万元。该跨国公司的加权平均最低的报酬率为10%，如果甲子公司追加投资400万元，可增加其净收益32万元，或乙子公司追加投资800万元，可增加其净收益116万元。

要求：

（1）计算追加投资前后子公司及公司总体的投资报酬率和剩余收益。

（2）对利用投资报酬率和剩余收益指标评价公司盈利的利弊进行分析。

6.假定美国在英国的子公司连续3年的销售收入分别为£2 000、£2 500、£2 800，汇率分别为$2.2、$2.3、$1.9。

要求：

（1）说明汇率波动对子公司业绩评价的影响。

（2）用定基汇率法对子公司的经营业绩进行评价。

7.我国甲公司在A国的子公司本年的计划销售额10 000万A元，计划汇率1A元=8.50元人民币，用人民币计算的计划销售额为85 000万元，实际销售额10 500万A元，实际汇率1A元=8.00元人民币，用人民币计算的实际销售额为84 000万元，实际比计划减少1 000万元人民币。

要求：计算A元销售额和汇率变动对用人民币计算的销售额的影响。

相关网站

第十四章

国际证券投资

第一节　国际证券投资概述

一、国际证券投资的目的

企业在国际证券市场上的财务金融活动包括两个方面：一是进行国际证券筹资；二是进行国际证券投资。前者已在第九章阐述，后者在本章说明。

国际证券投资（international securities investment）是指投资者在国际证券市场上购买外国政府、金融机构和公司发行的债券以及公司股票，以期获得收益的经济行为。进行国际债券投资的这部分资金由筹资者自主运用和管理，如果投资者对于投出去的这部分资金不能直接控制和管理，只能按规定获得利息，属于间接投资。第七章吸收外商直接投资中指出，如果投资者在国外股票市场上购买外国公司相当数量的股票，掌握该公司的控制权，参与该公司的经营决策与管理，属于直接投资。但如果购买股票数量少于一定的比例，没有该公司的控制权，不能参与其经营决策与管理，只能按规定获得股息，它仍属于间接投资。

投资者进行国际证券投资可以较为灵活地运用资本，便于资本的随时调动和转移，投资被冻结或没收的风险较小。因此，在国际经济日趋一体化和国际金融市场日渐发达的情况下，国际证券投资已成为跨国投资者普遍采用的一种方法。

企业进行国际证券投资，其最终目的是要通过持有证券获取经济利益，使投资资金增值。其具体目的主要有以下几个：

（一）有效利用外汇资金

投资者为了有效利用资金，使用正常经营中暂时多余或闲置的外汇资金购入非本身业务需要，但易于变现的证券，并在短期内根据证券市场动态，伺机出售变现，以谋取较银行存款利息更高的收益。

（二）积累巨额外汇资金

投资者为了应付未来某些特定用途所需要的巨额外汇资金，如建立外汇偿债基金，可按期拨出一定的外汇资金，购买风险较小的证券，以积累未来某项支出所需要的外汇资金。

（三）控制外国股份公司

投资者为了竞争的需要，谋求对外国某一股份公司的控制，而购入不准备在短期内出售的该公司的普通股，当所购入的股份数量达到足以左右该公司经营的程度时，该公司就成为其附属公司或子公司，以所有者身份参与股份公司的经营决策和管理，扩大经营，增加收益。

（四）降低投资风险

任何投资形式都是与风险相伴的，只是风险的大小不同而已。由于证券投资具有选择面宽、资产分散的特点，因而许多投资者往往采用证券投资组合来降低和分散投资风险，以达到提高投资收益的目的。

（五）保持投资的流动性

由于证券投资是除现金之外最具有流动性和变现性的资产，而流动性高低是衡量投资经营活动是否稳健的主要标志，因此，投资者通过证券投资来保持资产的流动性，也是其主要目的之一。

二、国际证券投资的分类

国际证券投资可按不同标志进行分类：

（一）按投资者持有证券的时间长短可分为短期证券投资和长期证券投资

短期证券投资是指能够随时变现并且持有时间不准备超过1年（含1年）的证券投资；长期证券投资是指持有时间准备超过1年的证券投资。前者是企业为了暂时多余的闲置资金购入不准备长期持有、可随时变现的证券，借以获取一定收益的短期性质的投资；后者是企业为了积累整笔资金或对其他企业进行控股而购入的准备长期持有的各种有价证券。一般而言，短期证券投资的风险较小，变现能力较强，但报酬率相对较低；长期证券投资的报酬率一般较高，但时间较长，风险较大。

（二）按证券投资的对象不同可分为债权性证券投资、权益性证券投资和混合性证券投资

债权性证券投资是指企业投资于各种公司债券、政府债券和金融债券。该证券持有人是发行单位的债权人，对发行单位没有管理权。权益性证券投资是指公司购入的其他公司普通股股票。该证券的持有人是证券发行单位的所有者，一般对发行单位都有一定的管理和控制权。混合性证券投资是指企业购入的那些既有债券特点又有股票特点的双重性质的证券。如企业购入的优先股，它既可以像债券那样定期获取固定的收益，又与股票一样没有到期日，不能收回本金。通常当一个发行单位破产时，要优先偿还债权性证券，混合性证券次之，权益性证券要在最后偿还，因此，权益性证券一般要承担较大的风险。

（三）按证券投资收益是否固定分为固定性收益证券投资和变动性收益证券投资

固定性收益证券投资是指所投资证券的票面上规定有固定的收益率，如债券票

面上一般有固定利息率，优先股票面上一般有固定股利率，商业票据一般有贴现率。变动性收益证券投资是指所投资证券的票面上不标有固定的收益率，其收益情况随企业经营情况而变动，普通股股票是最典型的变动性收益证券。一般来说，固定性收益证券投资的风险小、报酬低；而变动性收益证券投资的风险较大、报酬较高。

三、国际证券投资的方式

投资者向境外证券市场进行投资，可以采用以下两种方式：

（一）直接投资方式

直接投资方式是指普通投资者（个人或非证券经营单位）不通过机构投资者，而是亲自进入境外证券市场投资购买外国政府、金融机构或公司发行的证券，以获得收益。

一些发达国家的证券市场很发达，不仅有许多本国公司上市，而且还有不少外国公司在这些国家上市，并按规定披露信息，这些国家的普通投资者直接投资购买外国优质公司的证券就比较容易。

（二）间接投资方式

间接投资方式是指普通投资者向境内机构投资者（如基金管理公司、证券公司等证券经营机构）投资（对机构投资者来说是募集资金），由机构投资者向境外进行证券投资，所得收益向普通投资者分配。

21世纪初，我国政府采取逐步对外开放资本市场的策略，初期只允许一部分有能力、运作规范、业绩优良的机构投资者，在一定额度范围内进行境外证券投资，即实行所谓合格境内机构投资者境外证券投资制度。我国的普通投资者向合格境内机构投资者投资，例如购买基金管理公司发售的基金份额，基金管理公司运用募集的资金投资于境外证券市场，所得收益分配给普通投资者。就这样，普通投资者通过间接投资方式实现了境外证券投资，比较简便，而且可能收益较多。

为了进一步了解上述的证券投资方式，下面对基金和基金管理公司作简要阐述。

基金通常是指证券投资基金，是通过汇集众多投资者的资金，交由银行保管，并由专业的基金管理公司负责将之投资于股票或债券等证券，以实现保值增值目的的一种投资工具。从广义上来说，基金和我们平时在银行的储蓄、投资的股票和国债等一样，都属于投资理财产品。基金集合大众资金，共同分享投资利润并分担风险，是一种利益共享、风险共担的集合投资方式。

证券投资基金的当事人主要是基金持有人、基金管理人和基金托管人。基金持有人是基金的出资人，即基金份额持有人，是基金的投资者，也是基金资产的所有者和基金投资收益的受益人；基金管理人是基金的资金募集和投资运作的管理者，在风险控制的基础上为基金投资者争取最大的投资收益，基金管理人由依法设立的基金管理公司担任；基金托管人由依法设立并取得基金托管资格的商业银行担任，

410

负责基金资产保管、基金资金清算、会计复核以及对基金投资运作进行监督，保证基金资产的安全。

证券投资基金具有以下特点和优势：

（1）集合理财，专业管理。基金将众多投资者的资金集中起来，委托基金管理公司进行共同投资，有利于发挥资金的规模优势，降低投资成本。基金由基金管理公司负责资金募集和投资运作。基金管理公司一般拥有众多的专业投资研究人员和强大的信息网络，能够更好地对证券市场进行全方位的动态跟踪与分析。将资金交给基金管理公司管理，使中小投资者也能享受到专业化的投资管理服务。

（2）组合投资，分散风险。为了降低投资风险，我国《证券投资基金法》规定，基金必须以组合投资的方式进行基金的投资运作，中小投资者由于资金量小，一般无法通过购买不同的股票、债券分散投资风险。基金通常会购买几十种甚至上百种股票、债券，投资者购买基金就相当于用较少的资金购买了许多种证券，某些股下跌造成的损失可以用其他股上涨的盈利来弥补，因此可以充分享受到组合投资、分散风险的好处。

（3）利益共享，风险共担。基金投资者是基金的所有者，他们共担风险，共享收益。基金投资收益在扣除由基金承担的费用后的盈余全部归基金投资者所有，并依据各投资者所持有的基金份额比例进行分配。为基金提供服务的基金托管人、基金管理人只能按规定收取一定的托管费、管理费，并不参与基金收益的分配。

（4）严格监管，信息透明。为切实保护投资者的利益，增强投资者对基金投资的信心，中国证监会对基金业实行严格的监管，强制基金进行充分的信息披露，并对各种有损投资者利益的行为进行严厉的打击。

（5）独立托管，保障安全。基金管理公司负责基金的投资运作，本身并不经手基金财产的保管。基金财产的保管由独立的基金托管人（银行）负责。这种相互制约、相互监督的机制为投资者的利益提供了重要的保护。

第二节　QDII境外证券投资管理

一、QDII境外证券投资管理概述

QDII全称是 qualified domestic institutional investor，译成中文是合格境内机构投资者。2006年5月，我国开始实施QDII境外证券投资制度。QDII是指具有良好的证券投资能力，经监管部门批准，通过向境内居民、企业募集资金或者运用自有资金投资于境外证券市场的金融机构。QDII境外证券投资制度是在人民币资本项目尚不可自由兑换的条件下，有控制地进行境外证券投资业务的一项制度安排，以达到以下政策目标：一是在资本项目未实现完全自由兑换的情况下，分流内地资金，缓解流动性过剩压力，改善我国国际收支平衡，实现资本的跨境有序双向流动；二是为境内居民参与国际资本市场活动、分享世界经济增长成果提供便捷的投资渠道，帮助投资者在全球范围内进行资产配置；三是提高我国资本市场和资产管理行业的国际竞争力，推动内地金融机构实施"走出去"战略。2006年8月，经批准，我国第一只QDII基金——华安国际配置基金以非公开募集形式先行试点。2007年6月，中国证监会颁布了《合格境内机构投资者境外证券投资管理试行办法》（以下简称《试行办法》）及配套通知，在《试行办法》的总则中规定：

（1）合格境内机构投资者（以下简称境内机构投资者）是指符合本办法规定的条件，经中国证监会批准在中华人民共和国境内募集资金，运用所募集的部分或者全部资金以资产组合方式进行境外证券投资管理的境内基金管理公司和证券公司等证券经营机构。

（2）境内机构投资者开展境外证券投资业务，应当由境内商业银行负责资产托管业务，可以委托境外证券服务机构代理买卖证券。

（3）中国证监会和国家外汇管理局（以下简称国家外汇局）依法按照各自职能对境内机构投资者的境外证券投资实施监督和管理。

2010年8月，证监会发布《合格境内机构投资者境外证券投资管理试行办法》第四十六条境外证券投资定向资产管理业务的适用意见——证券期货法律适用意见第6号。

截至2023年5月31日，我国获得QDII投资额度的机构共有182家，累计获批额度1 627.29亿美元；截至2022年年末，QDII基金总份额3 742.52亿份，总资产净值3 406.04亿元。目前，QDII主要集中于美股、港股，少数产品对标德国、印度市场。2019年12月16日，国内首只专门投资越南市场的主题基金——天弘越南市场股票型发起式证券投资基金获批。投资越南市场的首只公募基金获批后，将QDII基金布局海外市场范围进一步拓宽。2019年5月，首批4只投资日本市场的ETF产品获批，并于6月迅速成立。至此，我国QDII基金布局单一市场产品的国家也增至5个。

QDII业务试点工作稳步推进，实现了政策目标：一是QDII制度框架基本完善，试点工作稳步推进；二是QDII业务运作平稳顺畅，风险防范能力经受住了金融危机的考验；三是QDII产品日益丰富，拓宽投资渠道、分散投资风险的作用初步显现；四是QDII业务提高了证券经营机构的国际化水平，推动了"走出去"战略的实施；五是QDII业务促进了跨境资金的有序双向流动，为改善国际收支、完善外汇管理模式发挥了积极作用。

二、QDII境外证券投资管理办法的基本内容

QDII境外证券投资管理办法对业务资格准入条件、资金募集、投资运作、境外投资顾问、资产托管、信息披露、额度和资金管理、监督管理等作出了明确规定。

（一）业务资格准入条件

《试行办法》规定，申请境内机构投资者资格，应当具备下列条件：

（1）申请人的财务稳健、资信良好、资产管理规模、经营年限等符合中国证监会的规定。

（2）拥有符合规定的具有境外投资管理相关经验的人员。

（3）具有健全的治理结构和完善的内控制度，经营行业规范。

（4）最近3年没有受到监管机构的重大处罚，没有重大事项正在接受司法部门、监管机构的立案调查。

（5）中国证监会根据审慎监管原则规定的其他条件。

（二）资金募集

（1）取得QDII业务资格的基金管理公司可以根据有关法律法规，通过公开发售基金份额募集基金，运用基金财产投资于境外证券市场。基金管理公司申请募集基金，应当根据有关法律法规的规定提交申请材料。

（2）取得QDII业务资格的证券公司可以通过设立集合计划等方式募集资金，运用所募集的资金投资于境外证券市场。设立集合计划的，应当按照有关规定提交申请材料，进行资金募集和投资运作。

（3）申请募集的基金应当根据有关规定选择投资业绩比较基准。

（4）境内机构投资者申请募集基金、集合计划，除按《证券投资基金法》等有关规定提交申请材料外，还应当提交以下文件：①投资者风险提示函。②投资者教育材料，内容包括但不限于：A.基金、集合计划的基本介绍；B.投资者购买本基金、集合计划进行境外投资所面临的主要风险介绍；C.对投资国家或地区市场的基本情况介绍；D.基金投资业绩比较基准的编报准则、选取标准。

（5）基金、集合计划首次募集应当符合以下要求：①可以人民币、美元或其他主要外汇货币为计价货币募集；②基金募集金额不少于2亿元人民币或等值货币；集合计划募集金额不少于1亿元人民币或等值货币；③开放式基金份额持有人不少于200人，封闭式基金份额持有人不少于1 000人，集合计划持有人不少于2人；④以面值进行募集，境内机构投资者可以根据产品特点确定面值金额的大小。

（二）投资运作

（1）基金、集合计划应当投资于中国证监会规定的下列金融产品或工具：①银行存款、可转让存单、银行承兑汇票、银行票据、商业票据、回购协议、短期政府债券等货币市场工具；②政府债券、公司债券、可转换债券、住房按揭贷款支持证券、资产支持证券等及经中国证监会认可的国际金融组织发行的证券；③已与中国证监会签署双边监管合作谅解备忘录的国家或地区证券市场挂牌交易的普通股、优先股、全球存托凭证和美国存托凭证、房地产信托凭证；④在已与中国证监会签署双边监管合作谅解备忘录的国家或地区证券监管机构登记注册的公募基金；⑤与固定收益、股权、信用、商品指数、基金等标的物挂钩的结构性投资产品；⑥远期合约、互换及经中国证监会认可的境外交易所上市交易的权证、期权、期货等金融衍生产品。

除中国证监会另有规定外，基金、集合计划不得购买下列品种的资产：不动产、房地产抵押按揭、贵重金属或代表贵重金属的凭证、实物商品。不得进行下列交易：除应付赎回、交易清算等临时用途以外，借入现金；利用融资购买证券，但投资金融衍生品除外；参与未持有基础资产的卖空交易；从事证券承销业务。

（2）基金、集合计划应当遵守有关投资比例限制的规定，例如：①单只基金、集合计划持有同一家银行的存款不得超过基金、集合计划净值的20%。在基金、集合计划托管账户的存款可不受上述限制。②单只基金、集合计划持有同一机构（政府、国际金融组织除外）发行的证券市值不得超过基金、集合计划净值的10%。指数基金可以不受上述限制。

（3）金融衍生品投资。基金、集合计划投资衍生品应当仅限于投资组合避险或有效管理，不得用于投机或放大交易。

（4）境内机构投资者的境外证券投资应当遵守当地监管机构、交易所的有关法律法规规定。

关于基金的费用和净值计算以及收益分配在本章第三节说明。

（四）境外投资顾问

（1）境外投资顾问（以下简称投资顾问）是指符合《试行办法》规定的条件，根据合同为境内机构投资者的境外证券投资提供证券买卖建议或投资组合管理等服务并取得收入的境外金融机构。

（2）境内机构投资者可以委托符合下列条件的境外投资顾问进行境外证券投资：①在境外设立，经所在国家或地区监管机构批准从事投资管理业务；②所在国家或地区证券监管机构已与中国证监会签订双边监管合作谅解备忘录，并保持着有效的监管合作关系；③经营投资管理业务达5年以上，最近一个会计年度管理的证券资产不少于100亿美元或等值货币；④有健全的治理结构和完善的内控制度，经营行为规范，最近5年没有受到所在国家或地区监管机构的重大处罚，没有重大事项正在接受司法部门、监管机构的立案调查。

境内基金管理公司和证券公司在境外设立的分支机构担任投资顾问的，均可不受前述第③项规定的限制。

（五）资产托管

（1）境内机构投资者开展境外证券投资业务时，应当由具有证券投资基金托管资格的银行（以下简称托管人）负责资产托管业务。

（2）托管人可以委托符合条件的境外资产托管人负责境外资产托管业务。

（3）托管人应当按照有关法律法规履行下列受托人职责：①保护持有人利益，按照规定对基金、集合计划日常投资行为和资金汇出入情况实施监督，如发现投资指令或资金汇出入违法、违规，应当及时向中国证监会、国家外汇局报告；②安全保护基金、集合计划财产，准时将公司行为信息通知境内机构投资者，确保基金、集合计划及时收取所有应得收入；③确保基金、集合计划按照有关法律法规、基金合同和集合资产管理合同约定的投资目标和限制进行管理；④按照有关法律法规、基金合同和集合资产管理合同的约定执行境内机构投资者、投资顾问的指令，及时办理清算、交割事宜；⑤确保基金、集合计划的份额净值按照有关法律法规、基金合同和集合资产管理合同规定的方法进行计算；⑥确保基金、集合计划按照有关法律法规、基金合同和集合资产管理合同的规定进行申购、认购、赎回等日常交易；⑦确保基金、集合计划根据有关法律法规、基金合同和集合资产管理合同确定并实施收益分配方案；⑧按照有关法律法规、基金合同和集合资产管理合同的规定以受托人名义或其指定的代理人名义登记资产。

（4）对基金、集合计划的境外财产，托管人可授权境外托管人代为履行其承担的受托人职责。境外托管人在履行职责过程中，因本身过错、疏忽等原因而导致基金、集合计划财产受损的，托管人应当承担相应责任。

（六）信息披露

基金信息披露应当严格遵守有关规定并符合以下要求：

（1）可同时采用中、英文，并以中文为准。

（2）可以人民币、美元等主要外汇币种计算并披露净值及相关信息。涉及币种之间转换的，应当披露汇率数据来源，并保持一致性。如果出现改变，应当予以披露并说明改变的理由。人民币对主要外汇的汇率应当以报告期末最后一个估值日中国人民银行或其授权机构公布的人民币汇率中间价为准。

（3）境内机构投资者如委托投资顾问，应当在招募说明书中进行披露，内容应当包括但不限于：投资顾问名称、注册地址、办公地址、法定代表人、成立时间、最近一个会计年度资产管理规模。

（4）基金运作期间如遇境内机构投资者、投资顾问主要负责人员变动，境内机构投资者认为该事件有可能对基金投资产生重大影响时，应当及时公告，并在更新的招募说明书中予以说明。

（5）托管人如委托境外托管人，应当在招募说明书中公告境外托管人相关信息，内容至少应当包括名称、注册地址、办公地址、法定代表人、成立时间、最近一个会计年度实收资本、托管资产规模、信用等级等。

（6）基金如投资金融衍生品，应当在基金合同、招募说明书中详细说明拟投资的衍生品种及其基本特性、拟采取的组合避险、有效管理策略及采取的方式、频率。

（7）基金应当在招募说明书中对投资境外市场可能产生的下列风险进行披露：海外市场风险、政府管制风险、政治风险、流动性风险、汇率风险、衍生品风险、操作风险、会计核算风险、税务风险、交易结算风险、法律风险、信用风险、利率风险等。

（8）集合计划的信息披露，参照上述规定执行。

（七）额度和资金管理

（1）境内机构投资者在获得中国证监会颁发的境外证券投资业务许可文件后，应按照有关规定向国家外汇局申请境外证券投资额度，并在国家外汇局核准的境外证券投资额度内进行投资。

（2）境内机构投资者应当在托管人处开立托管账户，托管基金、集合计划的全部资产。

（3）托管人应当为基金、集合计划开立结算账户和证券托管账户，用于与证券登记结算等机构之间的资金结算业务和证券托管业务。

（4）托管账户、结算账户和证券托管账户的收入、支出范围应当符合有关规定，账户内的资金不得向他人贷款或提供担保。

（5）境内机构投资者应当定期向国家外汇局报告其额度使用及资金汇出入情况。

（八）监督管理

（1）中国证监会和国家外汇局可以要求境内机构投资者、托管人提供境内机构投资者境外投资活动的有关资料；必要时，可以进行现场检查。

（2）境内机构投资者有下列情形之一的，应当在其发生后5个工作日内报中国证监会备案并公告：①变更托管人或境外托管人；②变更投资顾问；③境外涉及诉讼及其他重大事件；④中国证监会规定的其他情形。

托管人或境外托管人发生变更的，境内机构投资者应当同时报国家外汇局备案。

（3）境内机构投资者有下列情形之一的，应当在其发生后60个工作日内重新申请境外证券投资业务资格，并向国家外汇局重新办理经营外汇业务资格申请、投资额度备案手续：①变更机构名称；②被其他机构吸收合并；③中国证监会、国家外汇局规定的其他情形。

（4）境内机构投资者运用基金、集合计划财产进行证券投资，发生重大违法、违规行为的，中国证监会可以依法采取限制交易行为等措施，国家外汇局可以依法采取限制其资金汇出入等措施。

（5）托管人违法、违规严重的，中国证监会可以依法做出限制其托管业务的决定。

（6）境内机构投资者、托管人等违反《试行办法》的，由中国证监会、国家外汇局依法进行相应的行政处罚。

随着我国资本市场的逐步开放、人民币国际化改革不断推进，近几年在QDII之后还出现了QDIE和QDLP制度。

QDIE（qualified domestic investment enterprise，合格境内投资者境外投资），是在国内人民币资本项目尚未实现自由兑换的情况下，符合条件的投资管理机构经中国境内有关部门批准，面向中国境内投资者募集资金对中国境外的投资标的进行投资的一项制度安排。QDIE制度与已经实施的QDII制度有相似之处，但QDII制度主要是面对商业银行、信托公司、证券公司、基金管理公司、保险机构和全国社会保障基金等特定机构，且投资范围一般被限定为境外证券投资，具有一定的局限性。

随着境内投资者境外投资和全球资产配置需求的日渐增加，市场迫切需要一项能突破 QDII 制度在主体资格和投资范围等方面限制的制度安排，从而使更多类型的投资管理机构可以通过这项制度安排在中国境内募集资金对更广范围内的境外投资标的进行投资，QDIE 制度因此被提上议程。

上海于 2012 年 4 月启动了 QDLP（qualified domestic limited partnership，合格境内有限合伙人）试点项目，允许获得试点资格的海外投资基金管理企业，在中国境内面向合格的境内有限合伙人募集资金，设立有限合伙制的海外投资基金企业，进行境外二级市场投资。上海的 QDLP 试点政策可以将 QDLP 制度理解为广义的 QDIE 制度的子集。我们可以认为，上海的 QDLP 试点政策是 QDIE 制度在中国境内的首次落地实施，其主要是面向海外对冲基金管理机构，放开的范围相对有限。

2014 年，深圳合格境内投资者境外投资试点（QDIE）方案获国家外汇管理局同意，首批 10 亿美元额度。2014 年年底，深圳特区市政府办公厅向各区政府、市政府直属各单位下发了《深圳市人民政府办公厅转发市金融办关于开展合格境内投资者境外投资试点工作的暂行办法》，表明深圳的 QDIE 试点已经启动。QDIE 最大的优势是试点境内金融机构作为投资主体，在投资范围上比 QDII 有明显突破。QDIE 对境外投资的地域、品种、比例等均无特定限制，除了证券类投资标的外，还可投资境外非上市公司股权、对冲基金及不动产等。

第三节　国际证券投资的收益与风险

企业进行国际证券投资，是为了获得收益。投资收益是未来的，事先难以确定。证券未来收益的不确定性就是证券投资的风险。投资者总是既希望规避风险，又希望获得较高的收益。但是收益和风险总是并存的，通常收益越高，风险就越大，投资者只能在收益与风险之间加以权衡，即在风险相同的各种证券中选择收益较高，或在收益相同的各种证券中选择风险较小的证券进行投资。

一、国际证券投资的收益分析

证券投资收益即从事证券投资而获得的报酬，表现为投资者一定时期内投资所得与其支出的差额，差额越大，收益越大。证券投资收益由两个部分组成，一部分是当前的利息或股利收入，另一部分是由证券价格的变化而产生的资本利得。因而，证券投资收益率表现为当前收入与资本利得之和同投资总额的比率。国际证券投资收益分析就是以有价证券为对象，对影响证券投资收益率的因素，如债息、股息或红利、投资年限以及投资总额等进行分析，为投资者正确进行投资选择提供依据。

（一）国际股票投资收益分析

股票投资收益的内容主要包括以下项目：（1）股利。（2）资本利得，即股票买卖差价，或称资本损益，当股票卖出价大于买入价时，称为资本收益；反之，称为资本损失。股票投资收益的计算有以下几种指标：

（1）股利收入，包括现金股利和股票股利。

（2）每股收益，亦称每股利润、每股盈余，用公司净利润减优先股股利，除以流通在外的普通股股数，可计算出每股收益。

（3）每股股利，指普通股每股获得的现金股利。

（4）持股期间年收益率。股票是没有偿还期限的，但可以在市场上出售转让，因此，股票自买进日至卖出日的这一期间，即为股票持有期。在计算时，由于股票持有期间有长有短，因此，均应折算为年收益率，其计算公式为：

$$STR = \frac{\overline{D} + (P_1 - P_0) \div n}{P_0} \times 100\%$$

式中：STR 为持股期间年收益率；$\overline{D}$ 为平均年每股股利；P_0 为股票购入价格；P_1 为股票卖出价格；n 为持股年数。

例如，某投资者购买美国 A 公司股票，每股购入价格 10 美元，持有两年半，第 1 年获得股利每股 2 美元，第 2 年获得股利每股 3 美元。每股出售价格 13 美元。该投资者持有股票期间的年收益率为：

$$持股期间年收益率 = \frac{(2 + 3) \div 2 + (13 - 10) \div 2.5}{10} \times 100\% = 37\%$$

上述持股期间年收益率的计算没有考虑资金的时间价值，若考虑时间价值，股票年收益率可由下列股票估价模型求得：

$$P_0 = \sum_{t=1}^{n} \frac{D_t}{(1 + K_S)^t} + \frac{P_n}{(1 + K_S)^n}$$

式中：P_0 为股票购入价格；D_t 为第 t 年每股股利；P_n 为股票卖出价格；K_S 为股票投资年收益率；n 为持股年数。

可用内含报酬率法求得股票投资年收益率。

（二）国际债券投资收益分析

债券投资的收益包括以下三项内容：（1）债券利息。债券利息额的多少取决于债券投资额的大小和债券票面利率的高低。债券利率主要受银行利率、发行债券主体的资信、资本市场的供求等因素的影响，如果银行的存款利率上升，债券利率就会随之上升；如果债券发行主体资信高，债券利率可以低些；如果资本市场资金充足，债券利率也可低些。此外，债券利率还和物价、通货膨胀率及税收有关。（2）债券价格与债券面值之差的损益，又称偿还差损益或销售损益，是指购入价格与偿还金额或销售金额的差额。购入价格低于偿还金额（票面金额），称为偿还差益；反之，则称为偿还差损。出售价格高于购入价格，称为销售收益；反之，则称为销售亏损。（3）利息再投资收益，是指每期收到的债券利息再投向其他债券或项目所得到的收益。

影响债券投资收益率的因素主要有以下三个：一是债券票面利率。一般来说，票面利率较高，则投资收益率也较高，反之则较低。二是债券的购入价格与债券面值或卖出价格的差额。当债券的购入价格等于债券面值或卖出价格时，债券投资收益率与债券票面利率相同。当债券的购入价格低于债券面值或卖出价格时，债券投资收益率高于债券票面利率；反之，则低于债券票面利率。三是债券的还本期限。当债券的购买价格与债券面值或卖出价格不等时，还本期限越长，债券的购买价格与面值或卖出价格的差额对收益率的影响越小。

债券投资收益率的计算一般有以下几种指标：

1. 直利（直接利率或直利收益率）

直利就是票面年利息与投资本金的比率，其计算公式为：

$$DIR = \frac{I}{P_0} \times 100\%$$

式中：DIR 为直利收益率；I 为年利息额；P_0 为债券购入价格。

例如，某种日元债券票面金额 1 000 日元，票面利率 6%。投资者 A 购入该种债券，价格为 960 日元。

$$DIR = \frac{1\,000 \times 6\%}{960} \times 100\% = 6.25\%$$

2. 单利（单利收益率）

单利收益率的计算有以下几种指标：

（1）认购者利率（收益率），指投资者购买新发行的债券并持有至到期日的年收益率。其计算公式为：

$$BYO = \frac{I + (P - P_0) \div n}{P_0} \times 100\%$$

式中：BYO 为认购者收益率；P 为债券票面金额（面值）；P_0 为债券购入价格（按发行价格购买）；n 为债券偿还期限。

例如，某投资者购买面值为 100 美元、票面利率为 8%、每年付息一次的美元债券，偿还期为 3 年，如果购入价格为 96 美元，其收益率为：

$$BYO = \frac{100 \times 8\% + (100 - 96) \div 3}{96} \times 100\% = 9.72\%$$

收益率高于票面利率。

如果上述债券的购入价格为 100 美元，其收益率为：

$$BYO = \frac{100 \times 8\% + (100 - 100) \div 3}{100} \times 100\% = 8\%$$

收益率等于票面利率。

如果上述债券的购入价格为 102 美元，其收益率为：

$$BYO = \frac{100 \times 8\% + (100 - 102) \div 3}{102} \times 100\% = 7.19\%$$

收益率低于票面利率。

（2）最终利率（收益率），指投资者购买已上市债券（既发债券）并持有至到期日的年收益率。其计算公式为：

$$BYT=\frac{I+(P-P_0)\div n_s}{P_0}\times100\%$$

式中：BYT 为最终收益率；P_0 为债券购入价格（时价）；n_s 为债券残存年限。

债券的残存年限是购买债券日与债券到期日相隔的年数。例如，某种债券的偿还期限为 5 年，投资者在该债券发行后 1 年又 73 天购买，偿还期限已过 1.2 年（1+73÷365），购买日至到期日还有 3 年又 292 天，折合 3.8 年（3+292÷365）。

例如，某投资者购买一种已上市债券，面值 100 美元，票面利率 8%，购入价格 98 美元，残存年限 3.8 年，其最终收益率为：

$$BYT=\frac{100\times8\%+(100-98)\div3.8}{98}\times100\%=8.70\%$$

（3）持有期间年收益率，指投资者购入债券后，持有一定时期，在偿还期满前将其卖出时的年收益率。其计算公式为：

$$BYP=\frac{I+(P_1-P_0)\div n_0}{P_0}\times100\%$$

式中：BYP 为持有期间年收益率；P_1 为出售价格；n_0 为持有年限。

公式中的 P_0 是债券购入价格，有以下两种情况：如果是购入新发行债券，购入价格就是债券发行者的发行价格；如果是购入已上市债券（既发债券），则购入价格就是债券流通市场上的时价。债券的持有年限是购买债券日至卖出债券日经历的年数，例如，某投资者购买债券，持有 2 年又 146 天，折合 2.4 年（2+146÷365）。

例如，某公司在债券流通市场购入一债券，面值 100 美元，票面利率 8%，购入价格 96 美元，持有 2.4 年后将该债券卖出，出售价格 102 美元，持有期间年收益率为：

$$BYP=\frac{100\times8\%+(102-96)\div2.4}{96}\times100\%=10.94\%$$

上述债券持有期间年收益率的计算没有考虑货币时间价值，如果考虑时间价值，可按下列公式计算：

$$P_0=\sum_{t=1}^{n}\frac{I_t}{(1+R)^t}+\frac{P_n}{(1+R)^n}$$

式中：P_0 为债券购入价格；P_n 为债券出售价格；I_t 为第 t 年利息；R 为认购者收益率；n 为债券偿还期限。

例如，某投资者购入某种债券，面值 100 美元，票面利率 8%，购入价格 98 美元，偿还期限 3 年，每年年末支付利息，卖出价格 103 元，将有关数据代入上式可得：

$$98=\sum_{t=1}^{n}\frac{100\times8\%}{(1+R)^t}+\frac{103}{(1+R)^3}$$

经计算，R=9.713%。

（三）基金投资收益分析

基金根据投资对象的不同，可分为股票型基金、债券型基金、股债混合型基金、货币市场基金（投资于货币市场的短期有价证券）。

1.基金的费用

（1）在基金设立、销售和赎回时由投资者直接承担的费用：

①认购费，指投资者在基金发行募集期内购买基金时应交纳的手续费。其计算方法是：

认购费数额=认购金额×认购费率

净认购金额=认购金额-认购费数额

认购费率通常在1%左右。

认购基金份额=（认购金额-认购费数额）÷基金单位面值

股票是以"股"为单位，而基金则是以"基金单位"作单位，在基金初次发行时，将基金总额划分为若干等额的整数份，每一份就是一个基金单位，例如某一基金发行时的基金总额共计100亿元，将其等分为100亿份，每1份即一个基金单位，代表投资者1元的投资额，在这种情况下，基金单位面值为1元。

②申购费，指投资者在发行期结束后、基金存续期间向基金管理公司申购基金时应支付的手续费。其计算方法是：

申购费数额=申购金额×申购费率

申购费率一般高于认购费率。

申购份额=（申购金额-申购费数额）÷当日单位基金资产净值

基金资产净值计算将在后面说明。

③赎回费，指在开放式基金存续期间，已持有基金单位的投资者通过基金管理公司卖出基金单位时应支付的手续费。赎回费率通常在1%以下。其计算方法是：

赎回费数额=赎回金额×赎回费率

赎回金额=赎回份额×赎回日基金单位净值

基金公司支付给投资者的金额=赎回金额-赎回费数额

④转换费，指投资者在同一基金管理公司管理的不同开放式基金之间转换投资应支付的费用。其计算可采用费率方式或固定金额方式，采用费率方式时，应以单位基金资产净值为基础计算，费率通常低于1%。

（2）由基金支付、投资者间接负担的费用：

① 基金管理费，指基金管理人管理基金资产所收取的费用。基金管理人可按固定费率或固定费率加提业绩表现费的方式收取管理费。

② 基金托管费，指基金托管人托管基金资产所收取的费用。

③ 其他费用，包括注册登记费、席位租用费、证券交易佣金、律师费、会计师费和信息披露费等。

以上三项费用直接从基金资产中扣除。

2.基金的收益和净值

（1）基金的收益基金收益是基金资产在运作过程中所产生的超过自身价值的部

分，包括以下几项：①股利收入，包括现金股利和股票股利，是通过在一级市场或二级市场购入并持有各公司发行的股票，进而从公司取得的一种收益。②资本利得，是通过证券市场买卖证券的差价收益。③利息收入，来自银行存款和基金投资的债券。

（2）基金的资产净值基金资产净值是基金资产的总市值扣除其负债后的余额。基金资产的总市值是指基金拥有的所有资产（包括股票、债券、银行存款及其他有价证券）在某一时点计算得出的资产总额；而负债就是基金在运作、融资过程中支付给他人的各项费用、利息等。

单位基金资产净值就是指每一基金单位所代表的基金资产净值，计算公式为：

单位基金资产净值=（总资产−总负债）÷基金单位总数

累计单位净值=单位净值+基金成立后累计单位派息金额

基金资产估值是计算单位基金资产净值的关键。基金往往分散投资于证券市场的各种投资工具，如股票、债券等，由于这些资产的市场价格是不断变动的，因此，只有每日对单位基金资产净值重新计算，才能及时反映基金的投资价值。基金资产的估值原则如下：①上市股票和债券按照计算日的收市价计算，该日无交易的，按照最近一个交易日的收市价计算；②未上市的股票以其成本价计算；③未上市国债及未到期定期存款，以本金加计至估值日的应计利息额计算。

3.基金收益的分配

（1）基金收益分配的原则开放式基金收益分配应遵循下列原则：①基金收益分配比例不低于基金净收益的90%；②基金收益每会计年度分配一次，目前应采用现金形式分配；③基金当年收益在弥补上一年度亏损后，方可进行当年收益分配；④基金投资当年亏损，则不进行收益分配；⑤每份基金单位享有同等分配权。

（2）基金收益分配的对象可参与基金分配的对象是：权益登记日在基金公司登记在册的该基金全体持有人。需要注意的是，权益登记日申请申购的基金份额部分不参与本次权益分配，权益登记日申请赎回的基金份额参与本次权益分配。

（3）基金收益分配的方式

① 现金分红方式；

② 再投资方式，指投资者将分得的收益再投资于基金。

（4）投资者申请赎回基金份额盈亏的计算

$$\frac{投资者基金}{投资盈亏额} = \frac{赎回基金}{份额数} \times \left(\frac{赎回日单位}{基金资产净值} - \frac{赎买基金当日}{单位基金资产净值} \right)$$

（四）汇率变动对国际证券投资收益的影响

进行国际证券投资，购买外币证券，获得外币收益，投资者首先按外币计算投资收益率，但投资者最终关心的是以本国货币表示的投资收益率。由于外币收益要转换为本币收益，因此，以本币表示的收益率不仅取决于按外币计算的收益率的高低，而且还取决于本币对外币汇率的变动。若以 R_1 表示本币收益率，以 R_2 表示按外币计算的收益率，以r表示外币对本币汇率变动的百分比，外币证券投资的本币收益率可按以下公式计算：

$R_1 = (1+R_2)(1+r) - 1$

如果忽略R_2r，上列公式可简化为：

$R_1 = R_2 + r$

例如，某投资者购买美国A公司股票，按美元计算的持股期间收益率为37%（见前面举例），在此基础上再考虑汇率变动情况，购买股票时1美元=6元人民币，出售股票时1美元=6.5元人民币，美元升值率为：$\frac{6.5-6}{6} \times 100\% = 8.333\%$，按上列公式计算以人民币表示的收益率为：

$R_1 = (1+37\%) \times (1+8.333\%) - 1 = 48.42\%$

由于美元升值8.333%，使收益率提高11.42%，如果美元贬值，则以人民币表示的收益率将低于以美元计算的收益率。

上述公式的计算可用下列计算方法加以验证：

$$\frac{(2+3) \div 2 \times 6.5 + (13-10) \div 2.5 \times 6.5 + 10 \times (6.5-6)}{10 \times 6} \times 100\% = 48.42\%$$

（五）国际证券投资的货币选择

对外进行证券投资，除了要考虑以外币计算的收益率高低以外，还需注意外汇汇率变动。例如，我国甲公司拟购买A元或B元证券，投资期限为1年，以外币计算的收益率，A元证券为8%，B元证券为10%，投资时的即期汇率为1A元=1.6B元，1A元=8元人民币，1B元=5元人民币。预测投资期满时汇率变为：1A元=1.7B元，1A元=8.16元人民币，1B元=4.8元人民币。从收益率来看，应投资购买B元证券，但从汇率变动来看，A元升值，应投资购买A元证券，这两个因素是矛盾的，应综合计算比较，才能作出正确选择。

我国甲公司拟投资800万元人民币购买100万A元证券或160万B元证券。

如购买A元证券可得年收益额和收益率为：

$100 \times (1+8\%) \times 8.16 - 800 = 81.28$（万元人民币）

$\frac{81.28}{800} \times 100\% = 10.16\%$

如购买B元证券可得年收益额和收益率为：

$160 \times (1+10\%) \times 4.8 - 800 = 44.80$（万元人民币）

$\frac{44.80}{800} \times 100\% = 5.60\%$

从上述计算可以看出，购买A元证券收益较高。

还可按以下方法计算：

如果购买A元证券，年收益为：

$100 \times (1+8\%) - 100 = 8$（万A元）

如果购买B元证券，年收益折合A元数为：

160×（1+10%）÷1.7-100=3.5294（万 A 元）

B 元证券的收益比 A 元证券少 4.4706 万 A 元（8-3.5294）。

从外币计算的收益率来看，B 元证券高于 A 元证券，如果 B 元不贬值，B 元证券的收益折合为 A 元应为 10 万 A 元（160×（1+10%）÷1.6-100），应比 A 元证券的收益多 2 万 A 元，但由于 B 元贬值较多，使 B 元证券的收益折合 A 元为 3.5294 万 A 元，减少 6.4706 万 A 元（10-3.5294），不仅抵销了以外币计算的收益率较高带来的收益，反而比 A 元证券的收益少 4.4706 万 A 元（6.4706-2）。

为了进一步分析，可计算平衡点时的汇率如下：

$$\frac{160 \times (1 + 10\%)}{100 \times (1 + 8\%)} = 1.6296$$

平衡点时的汇率为 1A 元=1.6296B 元或 1B 元=0.6136A 元。

当 1A 元=1.6296B 元时，买 A 元证券的收益与买 B 元证券的收益相等，即：

100×（1+8%）-100=160×（1+10%）÷1.6296-100

或：100×（1+8%）-100=160×（1+10%）×0.6136-100

式中等号左边和右边都等于 8 万 A 元。

如果 1A 元价值低于 1.6296B 元或 1B 元价值高于 0.6136A 元时，购买 B 元证券收益较高；反之，则购买 A 元证券收益较高。

二、国际证券投资的风险分析

证券投资风险是指在证券投资过程中遭受损失或达不到预期收益的可能性。国际证券投资风险与国内证券投资风险虽然涉及的范围和产生风险的具体原因有差别，但其原理是一致的，都可分为系统风险和非系统风险两类。

（一）系统风险

系统风险是指由于宏观的、全局性的共同因素对所有证券的收益都产生影响从而给投资者带来的风险。这些因素包括社会、政治、经济等各个方面。由于这些因素对所有证券的收益都产生影响，投资者不能通过证券组合投资来分散风险，因此称为不可分散风险。系统风险主要包括：

1.政治风险

政治风险是指政治方面的事件，例如战争、社会动乱、政府变更、政策变化等引起证券市场价格波动，从而给投资者带来的风险。

2.经济周期性波动风险

经济周期也称为经济循环或商业周期，是社会经济阶段性的循环和波动，是国民总产出、总收入、总就业的波动，它以大多数经济部门的扩张或收缩为标志。经济周期是所有市场经济的共同特征。经济学家们一般将经济周期分为两个主要阶段，即收缩（衰退）阶段和扩张（繁荣）阶段。经济周期的变化决定着企业的生产和效益，从而从根本上决定了证券的行情，特别是股票行情的变动趋势。证券行情随经济周期的循环而起伏变化。在经济扩张（繁荣）阶段，股票价格趋于上升；在经济收缩（衰退）阶段，股票价格趋于下降。

3.通货膨胀风险

通货膨胀风险，也称购买力波动风险，指由于通货膨胀、货币贬值，使证券投资者实际收益水平下降的风险。证券投资收益率有名义收益率和实际收益率之别，前者是不考虑通货膨胀因素影响的收益率，而后者是剔除了通货膨胀因素影响的收益率。名义收益率（i）、实际收益率（r）和通货膨胀率（P）三者之间的关系可用下列公式表示：

$$1+i=(1+r)(1+P) \tag{1}$$

简化可得：$i=r+P+rP$

在 rP 数值很小时，可忽略不计，进一步简化为：

$$i=r+P \tag{2}$$

从（1）式可得：$r=\dfrac{1+i}{1+P}-1$ (3)

从（2）式可得：$r=i-P$ (4)

例如，某投资者购买某种债券，票面金额100美元，票面利率8%，购买价格98美元，持有1年，这1年的通货膨胀率为5%。

$$i=\frac{100\times 8\%+(100-98)\div 1}{98}\times 100\%=10.20\%$$

$$r=\frac{1+10.20\%}{1+5\%}-1=4.95\%$$

用公式（4）计算：

$$r=10.2\%-5\%=5.2\%$$

上例是名义收益率高于通货膨胀率，投资有实质的收益。如果名义收益率为6%，而通货膨胀率为8%，则实质收益率为-1.85%（$\dfrac{1+6\%}{1+8\%}-1$），投资者实质是亏损1.85%。

4.利率波动风险

利率波动风险是指市场利率变动引起证券投资收益变动的可能性。利率与证券价格呈反方向变化，即利率提高会使证券价格水平下降，利率降低会使证券价格水平上涨。利率变动从以下两个方面影响证券价格：（1）改变资金流向。当市场利率提高时，会吸引一部分资金流向银行储蓄、商业票据等方面，减少对证券的需求，使证券价格下降；当市场利率下降时，会使一部分资金流回证券市场，增加对证券的需求，刺激证券价格上涨。（2）影响公司盈利。当市场利率提高时，公司的融资成本提高，在其他条件不变的情况下，净利润和支付股利减少，引起股票价格下降；当市场利率降低时，公司的融资成本降低，净利润和支付股利增多，使股票价格上涨。

5.汇率波动风险

汇率波动风险是指投资者购买外币证券因汇率变动引起以本币表示的收益率变动的可能性。如果外币升值，会使以本国货币表示的投资收益率提高；反之，如果外币贬值，则会使以本国货币表示的投资收益率降低。汇率变动对证券投资收益的影响在前面已有具体说明。

（二）非系统风险

非系统风险是指由于微观的、局部性的因素对某些证券的收益产生影响从而给投资者带来的风险。它通常是某一企业或行业特有的风险，主要由企业经营能力、管理水平、负债情况等因素引起。投资者对非系统风险一般可通过组合投资方式来分散，因此称为可分散风险。非系统风险主要包括：

1.经营风险

经营风险是指证券发行公司因经营决策失误和管理不善而导致企业盈利水平降低，甚至发生亏损，从而使证券投资者的预期收益下降甚至发生损失的可能性。经营风险来自企业内部因素和外部因素两个方面。企业内部因素属于企业主观因素，例如，进行某项投资，对投资项目未认真做可行性研究，决策失误；不注意技术更新，忽视市场调查，不抓新产品开发；不重视销售工作，不开辟新的销售渠道；企业主要管理者因循守旧，管理松弛，损失浪费严重等。这些都是使企业利润减少、发生亏损的原因。企业的外部因素属于企业的客观因素，例如，政府对产业政策的调整，竞争对手增多，市场供求状况和价格水平发生变化等。经营风险主要是通过公司盈利变化对证券投资收益产生影响的。当公司盈利增加时，支付股利增多，股价上涨，使股票投资收益率提高；反之，则会使股票投资收益率降低。如果发行证券的公司经营亏损，不能支付股利，无力偿还债券本息，股票和债券价格就会不断下降，投资者将失去股利和利息收入，损失资本利得，如果公司亏损严重，资不抵债，该公司发行的股票和债券将变成废纸，投资者就会血本无归。

2.财务风险

财务风险是指企业资金来源中包含借款而形成资本利润率的不确定性。在息税前资产利润率高于借款利息率的情况下，发行公司债券，使用借入资金，会使资本利润率提高，但如果息税前资产利润率低于借款利息率，就会使资本利润率降低，甚至出现亏损。例如，某公司资产总额1 000万元，所得税税率25%，有以下4种情况：

（1）资金来源中包含资本1 000万元，无借款，息税前资产利润率为20%，在这种情况下，资本利润率为：1 000×20%×（1-25%）÷1 000×100%=150÷1 000×100%=15%。

（2）资金来源中包含资本600万元，借款400万元，息税前资产利润率仍是20%，借款利息率8%。在这种情况下，资本利润率为：（1 000×20%-400×8%）×（1-25%）÷600×100%=126÷600×100%=21%。与第（1）种情况相比，由于使用了借款，使资本利润率提高了6%。

（3）资金来源中包含资本600万元，借款400万元，但息税前资产利润率降为6%，借款利息率升为10%。在这种情况下，资本利润率为：（1 000×6%-400×

10%）×（1–25%）÷600×100%=15÷600×100%=2.50%。与第（2）种情况相比，资本利润率下降了18.50%。

（4）资金来源中包含资本300万元，借款700万元，其他数据与第（3）种情况相同。在这种情况下，资本利润率为：（1 000×6%–700×10%）÷300×100%=–10÷300×100%=–3.33%。与第（3）种情况相比，在息税前资产利润率低于借款利息率的情况下，借款越多，资本利润率就下降越多，甚至出现了亏损。

在上述第（2）种情况下，该公司资本利润率提高很多，持有该公司股票、债券的投资者的收益率会明显提高；相反，在第（3）、（4）两种情况下，该公司的税后利润大量减少，甚至出现了亏损，持有该公司股票、债券的投资者就会遭受损失。在投资者购买该公司的股票、债券时，其收益率是不确定的，这就是证券投资者面临的财务风险。

第四节　国际证券组合投资

一、国际证券组合投资理论

任何个人或单位进行证券投资，为了实现最佳的收益和风险的权衡，都必须实行科学的组合投资。证券组合投资理论认为，将资金投资于相关性较弱的各种证券上，可以在既定收益水平不变的条件下，有效地降低投资风险。证券组合投资最初运用于国内证券投资，以后逐步发展运用于国际证券投资活动之中。在19世纪80年代以后形成了国际证券组合投资理论，其代表人物是艾德勒（Adler）、杜马斯（Dumas）等人，该理论首先解决的问题是：国际证券组合投资活动是否值得进行，也就是说，它能否带来比单纯投资于国内证券市场更优的证券组合，即用资本资产定价模型（CAPM）证明当风险水平保持不变时，国际证券组合能够带来比单纯的国内证券组合更高的收益。

（一）国际证券组合投资具有明显的分散和降低风险的效果

在证券组合投资中，风险降低的程度取决于各种证券之间的相关性，如果各种证券的收益率呈现很高的正相关性，即它们上升或下降的趋势相同，那么持有这一证券组合的投资者几乎不可能实现降低风险的目的。但如果各种证券互不相关，那么证券组合投资的风险要比单独持有任何一种证券的风险低。在证券组合中，各种证券之间的相关性越低，种类越多，风险降低程度越大。但是证券组合投资并不能消除所有风险，因为系统风险是宏观的全局性因素对所有证券的收益都产生影响的风险，不能通过证券组合投资来消除。

国际证券组合投资理论认为，投资于多个国家的证券比仅投资于一国证券市场，能更有效地分散风险，并保持收益水平不变。如果国际、国内证券市场的波动已经完全一致，即两者收益率已具有完全相关性，投资于国际证券市场则不能起到降低风险的作用。但是，由于各国经济波动周期的差异及国际证券市场一体化程度较低，以及各国证券市场的制度性差异等客观因素，决定了各国证券市场之间的相对独立性，使其相关系数较低，为投资者在不同时期、不同国家分散风险提供了必要的条件，使国际证券组合投资具有明显的分散风险的效果。

向不同国家进行证券投资，其投资收益的相关性小于在同一国家内证券投资收益的相关性，见表14-1。

表14-1 国际股票之间的收益相关性

股票市场	澳大利亚	法国	德国	日本	荷兰	瑞士	英国	美国
澳大利亚（AU）	0.586							
法国（FR）	0.286	0.576						
德国（GM）	0.183	0.312	0.653					
日本（JP）	0.152	0.238	0.300	0.416				
荷兰（NL）	0.241	0.344	0.509	0.282	0.624			
瑞士（SW）	0.358	0.368	0.475	0.281	0.517	0.664		
英国（UK）	0.315	0.378	0.299	0.209	0.393	0.431	0.698	
美国（US）	0.304	0.225	0.170	0.137	0.271	0.272	0.279	0.439

从表14-1中可以看出，国内股票平均相关系数德国为0.653，日本为0.416，英国为0.698，美国为0.439，与之相对应，美国与德国的股票平均相关系数是0.170，与日本的是0.137，与英国的是0.279。另一方面，英国与德国的股票平均相关系数是0.299，与日本的是0.209。显而易见，股票收益的国际相关性小于国内相关性。

向各国进行证券组合投资，还可以达到进一步降低系统风险的目的。这就是说，充分分散的国际证券组合投资的风险往往低于充分分散的国内证券组合投资的风险。上述道理可用图14-1和图14-2加以说明。

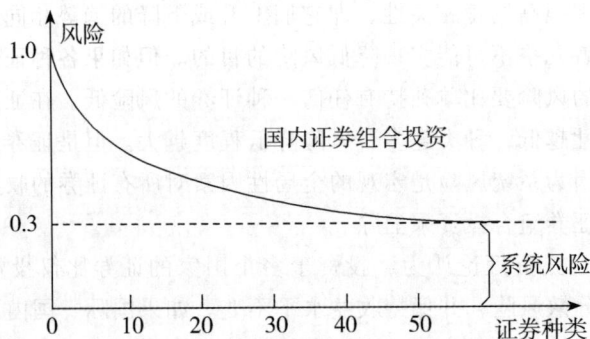

图14-1 国内证券组合投资的系统风险

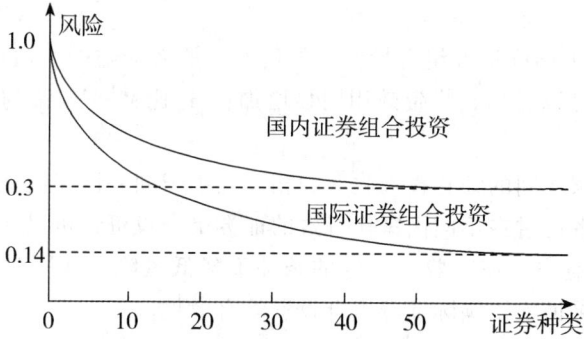

图14-2　国际证券组合投资的系统风险

图14-1中，设某单个证券的风险为1，一个全部由国内证券组成的充分分散的证券组合投资，其风险只有单个证券所涉及风险的30%，也就是说，投资于单个证券所涉及的风险，其中70%可以通过国内证券组合投资分散。

从图14-2中可以看出，一个充分分散的国际证券组合投资的风险只有单个证券投资风险的14%，使图14-1中的系统风险降低了16%。

（二）国际证券组合投资能够带来比单纯国内证券组合投资更高的收益

上述分析说明，国际证券组合投资确实能发挥分散和降低风险的作用，但是还应考虑投资的另一个重要方面，即投资的收益率。根据历史记录，各国股票市场的相关性并不高，这有利于投资者选择有效的投资组合，又由于世界各地区的证券投资报酬率水平有较大差距，因而充分有效的国际证券投资组合，还可能有利于提高投资的收益率（如图14-3所示）。

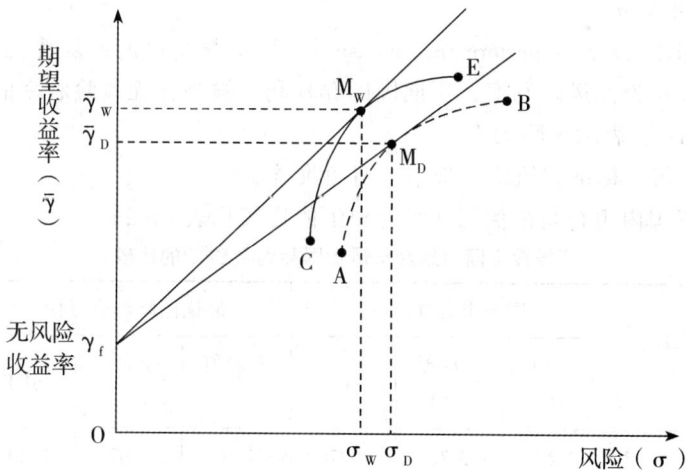

图14-3　国际证券组合投资的好处①

图14-3中，AM$_D$B曲线表示国内证券组合投资的效率边缘；CM$_W$E曲线表示国际证券组合投资的效率边缘；M$_D$为国内证券的最优投资组合；M$_W$为国际证券的最

---

① 爱默瑞 D R，芬尼特 J D. 公司财务管理［M］. 北京：中国人民大学出版社，1999：217.

优投资组合。

图 14-3 展示了国际证券组合投资是如何使投资者受益的。通过 M_w 有一条较陡的资本市场线。可以看出，投资效用明显增加：M_w 比 M_D 有较高的收益率和较低的风险。

由于不同国家之间的证券投资收益的相关性小于同一国家内证券投资收益的相关性，因此投资者通过在不同国家作有效的证券组合投资，可以在风险一定的条件下获得更高的收益率，或在收益一定的条件下降低风险，或同时达到以上两个目标。许多实际结果证实了国际证券组合投资的有效性。

例如，美国统计资料表明，美国国内股票组合投资的风险为 0.16，收益率为 6.8%；美国国际股票组合投资的风险为 0.142，收益率为 9.4%；美国国际股票和债券组合投资的风险为 0.097，收益率为 9.4%。由此可见，美国国际股票组合、美国国际股票和债券组合均比美国国内股票组合更有利可图，获利多且风险小；同时由于国际债券的加入，使组合的内容扩大至整个证券市场，所以在获利相同（9.4%）的条件下，风险损失下降幅度为 32%。

二、最优国际证券投资组合的选择

在选择证券投资组合时，理性投资者一般会同时考虑收益和风险两个因素。如果投资者预期能获得较高的收益并能得到充分补偿，那么他们就愿意承担额外的风险。最优的投资组合既不是投资收益最大化，也不是投资风险最小化，而是要实现收益与风险的合理平衡。为了将收益和风险二者结合起来，在美国的财务管理中，广泛运用夏普比率指标进行计算和分析，其计算公式如下：

$$SHP = (\overline{R}_i - R_f) / \sigma_i$$

式中：SHP（sharpe performance measure）为夏普绩效值或夏普比率；$\overline{R}_i$ 为月收益率均值；R_f 为无风险利率，短期国库券月利率被当作无风险利率的近似值；σ_i 为标准差（SD），表示风险大小。

SHP 代表每一标准差风险所带来的超额收益。

证券投资国内组合与最优国际组合 SHP 的比较见表 14-2。

表 14-2　　　　　　　　证券投资国内组合与最优国际组合 SHP 的比较

投资者的国别或地区	国内组合（DP）			最优国际组合（IP）			
	平均值（%）	标准差（%）	SHP	平均值（%）	标准差（%）	SHP	ΔSHP
澳大利亚（AU）	1.25	5.72	0.076	1.76	4.67	0.202	0.126
加拿大（CN）	0.96	5.12	0.054	1.54	4.16	0.205	0.151
法国（FR）	1.40	5.93	0.110	1.76	5.24	0.194	0.084
德国（GM）	1.14	5.85	0.111	1.59	5.02	0.218	0.107

投资者的国别或地区	国内组合（DP）			最优国际组合（IP）			
	平均值（%）	标准差（%）	SHP	平均值（%）	标准差（%）	SHP	ΔSHP
中国香港（HK）	1.68	9.27	0.095	1.63	4.68	0.178	0.083
意大利（IT）	1.62	7.49	0.086	1.92	5.25	0.178	0.092
日本（JP）	0.60	5.61	0.045	1.31	5.35	0.179	0.134
荷兰（NL）	1.49	5.09	0.191	1.60	5.03	0.216	0.025
瑞典（SD）	2.06	7.26	0.188	1.85	4.82	0.241	0.053
瑞士（SW）	1.12	4.89	0.154	1.51	5.20	0.219	0.065
英国（UK）	1.36	4.85	0.122	1.67	5.01	0.180	0.058
美国（US）	1.26	4.43	0.161	1.42	4.51	0.193	0.032

注：表14-2中的数据是由美国证券市场统计机构根据历史资料计算的。在计算SHP指标需要的无风险利率（根据美国一个月期国库券或欧元区利率得出）时，有关国家和地区的无风险利率（%）是：澳大利亚为0.8145，加拿大为0.6858，法国为0.7447，德国为0.4945，中国香港为0.8005，意大利为0.9835，日本为0.3486，荷兰为0.5112，瑞典为0.6902，瑞士为0.3704，英国为0.7651，美国为0.5502。

表14-2内SHP的计算（以澳大利亚为例）：

国内组合（DP）：SHP=（1.25%-0.8145%）÷5.72%=0.076

国际组合（IP）：SHP=（1.76%-0.8145%）÷4.67%=0.202

ΔSHP=0.202-0.076=0.126

三、国际证券组合投资的方式

国际证券组合投资并不等于无选择地拥有多个国家的多种证券，而是要根据各国证券市场间的相关性、各种证券的性质以及证券间的相关性，有针对性地进行多种证券的选择。投资者进行国际证券组合投资的方式主要有以下几种：

（一）不同国家不同种类证券的组合投资

例如，选择同时对若干个国家的各种股票（普通股股票和优先股股票）和各种债券（政府债券、金融债券、公司债券和可转换债券等）进行投资。

（二）不同国家不同行业证券的组合投资

例如，选择同时对若干个国家的公用事业、食品工业、金融业和重工业等进行投资，或者同时对收益率高但投资风险较大的新兴产业和收益率相对较低但投资风险较小的成熟产业进行投资。

（三）不同国家不同期限的证券组合投资

例如，选择同时对若干个国家的到期日不同的债券（短期债券、中长期债券）和无到期日的股票进行投资。

投资于不同国家的不同种类、不同行业和不同期限的证券，利用它们的收益水平和风险大小的差异，可以达到分散（降低）风险和提高收益的目的。

四、国际证券组合投资的渠道

目前，我国投资者主要向合格境内机构投资者（基金管理公司和证券公司等）投资，由这些证券经营机构以组合方式进行境外证券投资。

美国证券市场最发达，投资者进行国际证券组合投资的渠道较多，主要是：

（一）通过国际共同基金进行分散化投资

在美国，2004年以美元为基础的国际共同基金有300多种，通过投资于国际共同基金就可实现国际分散化投资。投资者可以：（1）节约他们试图直接投资于国外市场不得不承担的交易和信息成本；（2）避免直接投资于国外市场所遇到的法律和机构障碍；（3）从职业基金管理者的专业技术中获得潜在利益。国际共同基金相比单个小投资者所具有的这些优势，部分原因是尽管单个小投资者愿意进行国际分散化投资，但他们缺乏必要的专业技术，而且对境外证券市场直接投资存在一些困难。

为了了解投资者通过以美元为基础的国际共同基金进行国际分散化投资能否获益，相关学者曾考察了1977年1月至1986年12月期间13种国际共同基金投资于国外市场的历史数据。在这13种基金中有3种基金只投资于一国，其他10种基金投资于多国，有关数据见表14-3。

表14-3　　　　　　　　　　　**国际共同基金的绩效评估**

国际共同基金	月均收益率 （%）	无风险利率 （%）	标准差 （%）	SHP
ASA共同基金	1.75	0.752	11.88	0.084
加拿大基金	0.91	0.752	4.64	0.035
国际投资者共同基金	2.34	0.752	10.09	0.157
日本共同基金	1.72	0.752	7.02	0.138
Keystone国际共同基金	1.14	0.752	4.29	0.091
美林太平洋共同基金	1.82	0.752	5.45	0.196
新视野共同基金	1.47	0.752	3.99	0.179
凯万环球共同基金	1.94	0.752	6.35	0.186
Putnam国际共同基金	1.64	0.752	5.91	0.150

续表

国际共同基金	月均收益率 （%）	无风险利率 （%）	标准差 （%）	SHP
Scudder国际共同基金	1.46	0.752	4.23	0.168
SoGen国际共同基金	1.48	0.752	3.36	0.217
坦伯顿成长基金	1.48	0.752	4.13	0.176
联合国际成长基金	1.41	0.752	3.86	0.172
平均	1.58	0.752	5.52	0.150
美国MNC指数	1.34	0.752	4.38	0.135
标准普尔500指数	1.17	0.752	4.25	0.099

资料来源：尤恩ＣＳ，雷斯尼克ＢＧ.国际财务管理［Ｍ］.赵银德，张华，石盈芳，等译.北京：机械工业出版社，2009：302.

表14-3中SHP的计算以13种基金的平均数为例：

（1.58%－0.752%）÷5.52%=0.15

从表14-3中可看出：（1）13种基金中，有11种基金的月均收益率超过美国MNC指数和标准普尔500指数，13种基金的月均收益率平均数1.58%也都超过两种指数，这是使SHP升高的因素；（2）13种基金中，有7种基金的标准差（风险）高于美国MNC指数，13种基金的标准差平均数5.52%也都超过两种指数，这是使SHP降低的因素；（3）13种基金中，有10种基金的SHP超过两种指数，13种基金的SHP平均数0.150也都超过两种指数，说明投资于国际共同基金获得了较好的绩效。

（二）通过国家基金进行国际分散化投资

20世纪80年代以来，在美国和一些发展中国家出现了国家基金这种国际投资手段。所谓国家基金，就是投资于单个国家的一种基金。现有大部分国家基金仍是封闭型的。封闭型国家基金（CECF）也可以发行定量股票，在东道国的股票交易所进行交易，它自身就像个股一般。目前大约有30个国家和地区有封闭型国家基金。在美国，大多数的封闭型国家基金在纽约股票交易所交易，美国的投资者投资于国家基金可以获得以下利益：（1）以最小的成本投资于单个国外市场；（2）以国家基金为基础构建他们的国际投资组合；（3）进入其他方式几乎无法进入的新兴市场。

为了了解投资者通过国家基金进行国际分散化投资能否获益，相关学者曾考察了1989年1月至1990年12月期间15种国家基金和美国股票市场指数的历史数据。

15种（包括澳大利亚、巴西、加拿大、德国、印度、意大利、韩国、马来西亚等）国家基金的周收益率均值为0.58%，周标准差为2.49%，而美国股票市场指数周收益率均值为0.18%，周标准差为2.06%，前者的SHP为0.233（0.58%÷2.49%），而后者的SHP为0.087。从风险-收益效率来看，国家基金国际组合胜过美国股票指数。[①]

（三）利用美国存托凭证（ADR）进行国际分散化投资

在美国股票市场上，外国公司的股票可以直接上市交易，但是绝大多数时候它们是以ADR方式进行交易的。关于ADR已在第九章第三节说明。多年来，美国ADR市场有了很大的发展，到2002年年底，共有2 200种美国ADR项目，代表80多个国家的企业所发行的股份，美国的股票交易所大约交易着60种美国ADR。现在大约有1 300家国外公司的股份通过ADR方式在美国股票市场上进行交易，交易总额达2 000亿美元。美国投资者通过ADR方式足不出国就能购买外国公司的股份，进行国际分散化投资。这样做的好处是，美国投资者既可以节约交易成本，还可以享受快速而又可靠的信息披露、结算和保管等服务。经调查发现，在国内证券投资组合内加入ADR，可以使风险极大降低，如果在一个典型的美国股票组合中加入4种ADR，则在收益水平不变的情况下能使收益的标准差降低25%，即投资风险降低了。

（四）利用世界股票基准股进行国际分散化投资

1996年，美国证券交易所（AMEX）创立了一类有价证券，称为世界权益基准股或世界股票基准股（world equity benchmark shares，WEBS），它是由巴克莱（Barclays）国际投资公司设计和经营的。在本质上，WEBS是一种在交易所交易的开放式的国家基金。目前共有20多个WEBS跟踪以下国家和地区的MSCI指标（指由摩根士丹利国际投资公司编制并出版的股票指数）：澳大利亚、奥地利、比利时、巴西、加拿大、英国、法国、德国、意大利、韩国、马来西亚、墨西哥、荷兰、新加坡、西班牙、瑞典、瑞士、中国香港和中国台湾等。WEBS代表一篮子国家的股票，通过它可以使在不同国家间的投资简易化，按规定它必须遵守美国证券交易委员会（SEC）和美国国家税收总署（IRS）关于多样化的要求：不得将50%以上的基金投资于5种或种类更少的证券上，或者在某一种证券上的投资不得超过投资基金的25%。WEBS是投资者实现在不同国家进行多样化投资的一个低成本且便利的方法。

五、证券组合投资中的本国偏好

如前所述，投资者可以从国际分散化投资中获得很大的潜在利益，然而，投资者实际所持的证券组合与根据国际证券组合投资理论所预测的证券有很大的差异。许多研究人员对证券组合投资集中于本国股票的程度进行了研究和证实，反映出证

---

① 尤恩C S，雷斯尼克B G. 国际财务管理［M］. 赵银德，张华，石盈芳，等译. 北京：机械工业出版社，2009：305.

券组合投资中的本国偏好的程度。例如，1987年，美国投资者将他们资金中的98%投资于本国股票，而当时美国股票市场约占世界市场资本价值的40%。相比较而言，法国投资者的投资似乎更为国际化，他们将其资金的35.6%投资于国外股票，将64.4%投资于本国证券。然而，考虑到法国股票在世界市场价值中仅占2.6%，所以法国投资者在其证券组合中也显示了很大程度的本国偏好。证券组合投资中本国证券的比例德国为74.5%，意大利为91%，日本为86.7%，西班牙为94.2%，瑞典为100%，英国为78.5%。证券组合投资中存在本国偏好的原因可列出以下几点：

（1）对国外进行证券投资，可能存在制度与法律限制因素。例如，许多国家过去经常限制外国投资者持有本国公司的股份。在芬兰，外国投资者最多只能拥有任何芬兰国内公司股票的30%。在韩国，外国投资者拥有任何本国公司股份的比例被限制在20%以内。结果是，外国投资者必须为取得当地股票支付额外费用，从而减少了在那些国家投资所获得的收益。同时，按照所谓的"谨慎法则"，一些机构投资者对海外的投资不会超过一定比例。例如，日本保险公司和西班牙养老基金最多把其基金的30%投资于国外有价证券。这些流入与流出的限制可能是导致实际证券组合投资中出现本国偏好的原因。

（2）额外的税、交易和信息成本也会限制跨国投资者对国外有价证券的投资，从而导致本国偏好。国外投资者往往要为国外证券的分红缴纳预提税，而他们在本国本可能享受该项税种的减免。国外有价证券的交易成本较高，部分原因是许多国外市场相对不活跃、缺乏流动性，还有一部分原因是对国外证券的投资往往牵扯到外汇市场交易。此外，投资者趋向于持有他们熟悉的有价证券。在一定程度上，相比国外证券，投资者更熟悉本国证券，因此他们会将资金分配给本国证券，而不是国外证券。还有一种非常可能的原因就是，一些投资者可能并没有充分意识到国际分散投资的潜在收益。此外，本国偏好的程度因投资者而异，更富有、更老练和更有经验的投资者更有可能投资国外有价证券。

（3）对国外进行证券投资可能遇到外汇风险、通货膨胀风险和政治风险。例如，有些国家实行外汇管制措施，如限制外汇自由汇出国境，货币不能自由兑换等，有些国家发生战争、经济危机等，对这些国家证券投资的本利汇回会受到限制或遭受巨大损失。

在证券组合投资中存在本国偏好，很大程度上归咎于上述因素的共同作用。近年来，投资者开始热衷于投资外国证券。考虑到国际金融市场正在不断趋于一体化，以及积极的金融创新不断创造新的金融产品，如国家基金和国际共同基金，在不久的将来，本国偏好可能会大大减弱。

国际证券组合投资的设计与选择见案例14-1。

案例 14-1

国际证券组合投资的设计与选择

国际证券组合投资方案的设计是指经过预测和分析研究，确定组合投资的目的和投资范围，拟定购买哪几种货币的证券，购买哪些种类的证券，确定各种证券的比例，然后计算组合投资的预期收益率和风险情况。可以设计几个方案，最后加以比较，从中选择组合投资的最佳方案。

例如，A 国甲公司有剩余现金 100 万 A 元，拟进行一年期证券投资。如投资于 A 元证券，预期收益率为 12%（按 A 元计算）；如投资于 B 元证券，预期收益率为 15%（按 B 元计算）；如投资于 C 元证券，预期收益率为 14%（按 C 元计算）。由于 B 元和 C 元证券的预期收益率都高于 A 元证券，因而 A 国甲公司考虑投资于 B 元和 C 元这两种外币证券，有以下三种选择：（1）只投资于 B 元证券；（2）只投资于 C 元证券；（3）进行 B 元和 C 元两种证券的组合投资。

A 国甲公司预测投资期内即期汇率可能变动的百分比和发生变化的概率见表 14-4。

表 14-4　　　　　　　**预测汇率变动百分比的三种可能和概率**

货币	汇率变动百分比	概率
B 元	-4%	20%
	-1%	50%
	+2%	30%
C 元	-3%	30%
	0	40%
	+2.5%	30%

计算以 A 元表示的 B 元证券预期收益率：

$(1+15\%) \times [1+(-4\%)] -1=10.40\%$（出现的概率为 20%）

$(1+15\%) \times [1+(-1\%)] -1=13.85\%$（出现的概率为 50%）

$(1+15\%) \times (1+2\%) -1=17.30\%$（出现的概率为 30%）

B 元证券投资收益率的期望值为：

$10.40\% \times 20\% + 13.85\% \times 50\% + 17.30\% \times 30\% = 14.195\%$

计算以 A 元表示的 C 元证券预期收益率：

$(1+14\%) \times [1+(-3\%)] -1=10.58\%$（出现的概率为 30%）

$(1+14\%) \times (1+0) -1=14\%$（出现的概率为 40%）

$(1+14\%) \times (1+2.5\%) -1=16.85\%$（出现的概率为 30%）

C 元证券投资收益率的期望值为：

$10.58\% \times 30\% + 14\% \times 40\% + 16.85\% \times 30\% = 13.829\%$

如果 A 国甲公司选择只投资于上述两种外币证券中的一种，那么，它可能选择 B 元证券，因为：（1）B 元证券投资收益率期望值较高（14.195%>13.829%）；（2）B 元证券的风险程度（以 A 元表示的 B 元证券预期收益率低于在 A 国国内投资于 A 元证券收益率的概率）较低（20%<30%）。然而在决策之前，A 公司还应考虑进行两种外币（B 元和 C 元）组合投资降低风险，实现较高收益率的可能性。

A公司经过分析研究，决定将100万A元投资于B元和C元两种证券，各占投资总额的50%，这一组合投资的综合收益率期望值为：

14.195%×50%+13.829%×50%=14.012%

这一组合的投资收益率有以下九种可能性（见表14-5）。

表14-5   两种外币证券组合投资收益分析

行数	收益率的组合		概率的组合	组合投资收益率	组合投资收益率期望值
	B元	C元			
（1）	（2）	（3）	（4）	（5）	（6）=（4）×（5）
1	10.40%	10.58%	20%×30%=6%	10.40%×50%+10.58%×50%=10.49%	0.6294%
2	10.40%	14%	20%×40%=8%	10.40%×50%+14%×50%=12.2%	0.976%
3	10.40%	16.85%	20%×30%=6%	10.40%×50%+16.85%×50%=13.625%	0.8175%
4	13.85%	10.58%	50%×30%=15%	13.85%×50%+10.58%×50%=12.215%	1.8323%
5	13.85%	14%	50%×40%=20%	13.85%×50%+14%×50%=13.925%	2.785%
6	13.85%	16.85%	50%×30%=15%	13.85%×50%+16.85%×50%=15.35%	2.3025%
7	17.30%	10.58%	30%×30%=9%	17.30%×50%+10.58%×50%=13.94%	1.2546%
8	17.30%	14%	30%×40%=12%	17.30%×50%+14%×50%=15.65%	1.878%
9	17.30%	16.85%	30%×30%=9%	17.30%×50%+16.85%×50%=17.075%	1.5368%
合计	—	—	100%	—	14.012%

从表14-5可以看出：

（1）组合投资收益率低于A国国内A元证券投资收益率（12%）的只有第1行的10.49%，其发生的概率只有6%。从前述已知，只投资于B元证券的收益率低于A国国内A元证券投资收益率的概率为20%；只投资于C元证券的收益率低于A国国内A元证券投资收益率的概率为30%，可见组合投资有利于降低投资风险。

（2）表14-5内第6、8、9三行的组合投资收益率分别为15.35%、15.65%、17.075%，都高于只投资于B元证券的收益率期望值（14.195%），其发生的概率达36%（15%+12%+9%）。表内第5、6、7、8、9五行的组合投资收益率都高于只投资于C元证券的收益率期望值（13.829%），其发生的概率达65%（20%+15%+9%+12%+9%）。

（3）表14-5内设定B元证券和C元证券各占50%，其组合投资收益率期望值为14.012%，如果将投资组合比例改为B元证券占60%，C元证券占40%，则组合投资收益率期望值将变为14.049%。

上述证券组合投资方案只包括两种外币证券，其组合投资比例为两种证券各占50%，还可以设计出包括三种或更多种外币证券，其组合投资比例有多种情况的若干个证券组合投资方案。

可以对其进行比较，选择出最佳方案。

下面根据A国甲公司证券组合投资的数据计算平均收益率、标准差和SHP指标。

A国甲公司由50%的B元证券和50%的C元证券组成的组合投资的月平均收益率（$\overline{R}$）为：

（14.195%×50%+13.829%×50%）÷12=1.1677%

两种外币证券组合投资的收益率的方差（σ^2）可按下式计算：

$$\sigma^2=\omega_B^2\sigma_B^2+\omega_C^2\sigma_C^2+2\omega_B\omega_C\sigma_B\sigma_C CORR_{BC}$$

式中：ω_B^2和ω_C^2分别代表全部投资额中投资于B元证券和C元证券的比例；σ_B^2和σ_C^2分别代表B元证券和C元证券收益率的方差；$CORR_{BC}$反映B元证券和C元证券收益率的相关系数。

设B元证券投资收益率的标准差为0.10，C元证券投资收益率的标准差为0.06，这两种证券投资收益率的相关系数为0.20。

$\sigma^2=0.5^2×0.10^2+0.5^2×0.06^2+2×0.5×0.5×0.10×0.06×0.20=0.004$

$\sigma=0.063246$（即6.3246%）

月无风险利率（R_f）为0.5%。

根据以上数据计算SHP：

SHP=（1.1677%-0.5%）÷6.3246%=0.1056

在进行国际证券组合投资决策时，应计算最优国内证券组合投资的SHP和最优国际证券组合投资的SHP，加以比较。经计算最优国内证券组合投资的SHP为0.0863，国际组合数值大于国内组合，可以确定甲公司国际证券组合投资方案的设计是可行的。

思考题

1.为什么要进行国际证券投资？

2.什么是国际证券的直接投资方式和间接投资方式？

3.什么是合格境内机构投资者（QDII）境外证券投资制度？

4.合格境内机构投资者应具备哪些条件？

5.合格境内机构投资者（例如基金管理公司）怎样进行资金募集、投资运作和收益分配？

6.怎样计算和分析国际股票、债券和基金的投资收益？

7.怎样计算汇率变动对国际证券投资收益率的影响？

8.在进行国际证券投资时怎样选择投资的货币？

9.怎样认识国际证券投资的系统风险和非系统风险？

10.怎样理解国际证券组合投资的效用？

11.国际证券组合投资的方式主要有哪几种？

12.投资者怎样进行国际证券组合投资？

13.在国际证券组合投资决策中怎样运用夏普比率（SHP）指标？

计算题

1.我国甲公司购买美国A公司股票，每股价格15美元，持有1年，分得现金股利1.35美元。在分得股利后将该股票卖出，每股价格17.90美元。购入股票时1美元=6.23元人民币，卖出股票时，1美元=6.3535元人民币。

要求：（1）按美元计算股利收益率和持股期间收益率。

（2）计算用人民币表示的股利收益率和持股期间收益率。

2.日本某种债券券面金额20 000日元，券面利率9%，期限6年。

我国甲公司在债券发行时购买此债券，购入价格18 600日元，持有6年。

我国乙公司在该种债券发行后1年又146天时购买此债券，购入价格19 000日元，持有至债券到期日。

我国丙公司在该种债券发行时购买此债券，购入价格18 600日元。在该种债券发行后4年又292天卖出此债券，卖出价格19 800日元。

要求：计算我国甲公司、乙公司、丙公司的债券投资收益率。

3.上题的日元债券发行时1日元=0.0750元人民币，预测该债券到期日时1日元=0.0800元人民币；乙公司购买此债券时，1日元=0.0760元人民币；丙公司卖出债券时，1日元=0.078元人民币。

要求：计算用人民币表示的债券投资收益率。

4.我国A公司购买一种欧元债券，券面金额1 000欧元，券面利率8%，偿还期限3年，购入价格980欧元，每年计算一次利息，按复利方式计算。

要求：

（1）按复利方式计算各年利息。

（2）计算复利收益率。

5.我国B公司拟进行证券投资，有以下两种证券可供选择：

（1）美元债券，年利率10%，期限1年；

（2）英镑债券，年利率12%，期限1年。

投资时的即期汇率为1英镑=1.70美元。

投资时的远期汇率为（1年期）1英镑=1.60美元。

要求：

（1）计算购买哪一种债券比较有利。

（2）计算平均点时的汇率。

6.美国A公司拟将10万美元进行一年期证券投资，有关资料如下：

（1）即期汇率：1英镑=1.4美元，1欧元=1.2美元。

（2）预测收益率：购买美元证券11%；购买英镑证券13%；购买欧元证券14%。

（3）预测汇率变动：投资期内美元对英镑、欧元的即期汇率变动见表14-6。

表14-6　　　　　　　　　　外汇汇率变动预测表

货币	汇率变动百分比	概率
英镑	-4%	20%
	-1%	50%
	+2%	30%
欧元	-3%	30%
	0	30%
	+2%	40%

要求：

（1）计算以美元表示的英镑证券投资收益率和以美元表示的欧元证券投资收益率。

（2）计算将英镑证券和欧元证券组合投资（在投资总额中英镑和欧元各占50%）的收益率，并说明这一组合投资的效用。

7.我国某基金管理公司进行证券组合投资，根据对国内外证券投资信息的收集和整理计算，已知：国内证券组合投资平均收益率为5.95%，国内证券组合投资的标准差为5.85%；国际证券组合投资平均收益率为6.18%，国际证券组合投资的标准差为4.50%。设国内、国际投资的无风险收益率均为5%。

要求：计算SHP（DP）和SHP（IP），并说明是否应进行国际证券组合投资。

相关网站

中国证券监督管理委员会 www.csrc.gov.cn.

中国银行监督管理委员会 www.cbrc.gov.cn.

中国保险监督管理委员会 www.circ.gov.cn.

深圳证券交易所 www.szse.cn.

上海证券交易所 www.sse.com.cn.

香港交易所 www.hkex.com.hk.

中证网 www.cs.com.cn.

巨潮资讯网 www.cninfo.com.cn.

中国经济网 www.ce.cn.

中国证券网 www.cnstock.com.

中国经济导报 www.ceh.com.cn.

中国经济信息网 www.cei.gov.cn.

中金在线 www.cnfol.com.

金融界 www.jrj.com.cn.

摩根士丹利 www.morganstanley.com.

高盛公司 www.goldmansachs.com.

美国纽约银行梅隆公司 www.bnymellon.com.

第五篇

国际贸易外汇收支管理

在第二章曾经指出，企业的国际财务活动除了国际筹资和国际投资以外，还包括国际贸易的外汇收支。企业的投资活动包括资本投出、在生产经营中运用资本和获得投资回报（利润）的全过程。企业在生产经营过程中的国际贸易包括货物贸易、服务贸易和技术贸易。企业在国际贸易中进口原材料、零配件和引进技术、设备支付货币，出口产品和输出技术收回货币，都是企业生产经营中的资本运用（资本的使用、耗费和收回），而且企业为引进技术、设备而付出货币，既是一种贸易活动，又是一种投资行为。企业在国际贸易中，存在着大量的财务收支活动。在我国人民币成为完全可自由兑换货币之前，我国企业与其他国家企业之间的贸易价款一般都需用外汇来办理收支结算。在国际贸易结算中存在着资金融通活动，还有各种风险，企业应努力增加外汇收入，合理安排和控制外汇支出，不断地提高外汇收支的经济效益。贸易中的技术也是商品，由于它与货物形态的商品相比有其独特特点，需单独说明。本篇包括以下两章：第十五章国际贸易外汇收支，以货物贸易为主讲述国际贸易外汇收支的结算方式、融资、风险以及效益分析，这章讲述的基本原理和方法也基本上适用于国际服务贸易和技术贸易。第十六章国际技术贸易外汇收支，主要讲述国际技术贸易的方式、财务可行性分析、价格决策和支付方式的选择。

第十五章

国际贸易外汇收支

第一节　国际贸易外汇收支结算方式

2018年，美国对从中国进口的商品实行非常高的关税税率让中国支付很多的税金，使中国受损。中国对从美国进口的商品也采用高税率。2019年12月13日，中美两国宣布就第一阶段经贸协议文本达成一致，以防止贸易战进一步升级。

经过数月十分困难的谈判，中国和美国终于达成一项协议，该协议可能为实质性磋商铺平道路。根据有限的第一阶段协议，美国取消了定于15日对约1 600亿美元中国商品征收的额外关税，并同意将9月对约1 200亿美元商品加征的关税减半至7.5%。作为回报，中国购买更多的美国肉类、农作物和能源，以满足不断增长的经济和人们生活的需要。

中国商务部新闻发言人高峰17日说："双方磋商的最终目标是停止贸易战，取消全部加征关税，这有利于中国，有利于美国，有利于全世界。"

如果美方一意孤行，继续开战，中国必将反击。

一、国际贸易外汇收支结算中的票据和单据

企业进出口贸易外汇收支结算中应用的凭证可分为票据和单据两类。

（一）票据

票据是指能够作为支付手段清偿债务而使用的可转让流通的证券。企业外汇收支结算中的主要票据是汇票、本票和支票。

1.汇票

《英国票据法》中汇票的定义为："汇票是由一人向另一人签发的，要求其即期或于一定日期或于可以确定的将来时间，向特定的人或其指定的人或执票人无条件地支付一定金额的书面命令。"《中华人民共和国票据法》中汇票的定义是："汇票是出票人签发的，委托付款人在见票时或者在指定日期无条件支付确定金额给收款人或持票人的票据。"《英国票据法》在汇票定义中使用"order"一词，中文译成

"命令"，而《中华人民共和国票据法》则使用"委托"一词，两者所体现的当事人的法律关系并无区别。

汇票必有三个当事人，一是出票人，一般是出口方；二是受票人，通常是进口方（或进口方的往来银行）；三是收款人，可能是出口方本人，也可能是出口方的开户往来银行。

汇票可以按以下各种不同的标志来分类：

（1）按出票人的不同，可分为银行汇票和商业汇票。

银行汇票是由银行签发的汇票，是一家银行向另一家银行发出的书面支付命令。银行汇票由银行签发后，交汇款人，由汇款人寄给国外收款人向付款银行取款，付款银行见票后必须履行付款义务。此种汇款方式称为票汇。

商业汇票是指由企业或个人签发的汇票。企业或个人签发汇票，主要是由于经济贸易关系而产生的。在国际贸易中，进出口双方签订合同以后，由出口方按合同的规定装运货物、准备单据和开立汇票。出口方向进口方开立的汇票称为商业汇票。出口方开立商业汇票后，要附有各种有关单据，如商业发票、保险单、海运提单等。

（2）按付款时间的不同，可分为即期汇票和远期汇票。

即期汇票是指付款人见到汇票后应立即支付款项的汇票。

远期汇票是指付款人见到汇票后，于约定的将来某一日期付款的汇票。在国际贸易中，常使用远期汇票，因为国际贸易多采取延期付款方式。

（3）按承兑人的不同，可分为商业承兑汇票和银行承兑汇票。

商业承兑汇票是以企业或个人作为付款人并由企业或个人进行承兑的远期汇票。商业承兑汇票建立在商业信用的基础上，假如承兑人破产或因其他各种原因无力支付或拒绝付款，汇票持有人到期仍不能得到票款。

银行承兑汇票是由企业或个人开立的以银行作为付款人并经银行承兑的汇票。银行承兑汇票是在商业信用的基础上增加了银行信用，汇票一经银行承兑，汇票持有人通常能按期得到票款。

（4）按有无附属单据，可分为光票和跟单汇票。

光票是指无须附带任何运输单据即可收付票款的汇票。银行汇票多为光票。

跟单汇票是指附带有关单据的汇票。这种汇票的流通转让及资金融通，除与当事人的信用有关外，更取决于附属单据所代表货物的价值及单据质量。

（5）按票面货币种类，可分为本币汇票和外币汇票。

（6）按出票地和付款地不同，可分为国内汇票和国外汇票。

当企业急需资金时，可将其持有的经付款人承兑但尚未到期的远期汇票到银行或贴现公司办理贴现，银行按票面金额、距汇票到期日的天数和贴现率计算并扣除贴现息后，将余款交付给企业。贴现率一般略低于银行对客户的放款利率，汇票出票人和承兑人的信誉好，贴现率较低；反之，则较高。

例如，A公司持有一张经美佳公司承兑的远期汇票，金额为100 000美元，到贴现公司贴现，贴现日至汇票到期日相隔180天，年贴现率为10%，其贴现息为：

$$100\,000\times10\%\times\frac{180}{360}=5\,000\ (\text{美元})$$

在英国，年率折为日率时，除以365天。

贴现公司应付给A公司的款项为：

$$100\,000-5\,000=95\,000\ (\text{美元})$$

金融市场发达的国家都有银行承兑汇票交易市场，出口商不必持有汇票至到期，就可以在市场上出售汇票（按面值折价）。例如，某出口商拥有一张银行承兑汇票，面值100 000美元，90天后到期，利息率8%，该出口商以98 000美元的价格将汇票卖给投资者，90天后，投资者向承兑银行出示汇票，可得100 000美元。一个较大的活跃的银行承兑汇票交易市场增加了出口商的汇票变现能力，从而促进了国际贸易。

2.本票

《英国票据法》中本票的定义为："本票是一人向另一人签发的，保证即期或定期或在可以确定的将来时间，对某人或其指定人或持票人支付一定金额的无条件书面承诺。"《中华人民共和国票据法》中本票的定义是："本票是出票人签发的承诺自己在见票时无条件支付确定的金额给收款人或者持票人的票据。本法所称本票是指银行本票。"这两个定义的区别是：《中华人民共和国票据法》只规定了银行本票，而《英国票据法》规定的本票包括银行本票和一般本票。

本票常见的形式有以下几种：

（1）银行本票（banker's note），由商业银行开出，见票即付给记名收款人的本票。

（2）商业本票（trader's note），由企业开出的本票。在国际贸易中，进口企业为延期付款可按合约的规定向出口方开出远期本票，但往往需由本国银行提供担保。

（3）国际小额本票（international money order），它多由设在美元清算中心（纽约）的美国银行签发，以美元定值，用于跨国的中小额货币支付。

3.支票

《英国票据法》中支票的定义为："支票是以银行为付款人的即期汇票。"《中华人民共和国票据法》支票的定义是："支票是出票人签发的，委托办理支票存款业务的银行或其他金融机构在见票时无条件支付确定的金额给收款人或者持票人的票据。"在国际贸易中，支票是由进口方（付款人）签发的、委托银行从其存款账户中付出一定金额给出口方（收款人）的票据。

在国际贸易中，有时卖方为了防止买方开空头支票提不到款而要求买方开立保付支票。买方为了提高所开出支票的资信，有时主动要求银行对自己所开支票加以"保付"。

（二）单据

在进出口贸易外汇收支结算中，除了上述各种票据以外，还必须要有与货物发运有关的单据。货运单据代表货物的物权。出口方交付单据代表交付货物，进口方取得单据代表收到货物。单据主要有以下几种：

1.商业发票

商业发票是出口方在货物发出时，开立的凭以向进口方索取货款的价目清单。出口方填制发票以后，连同汇票和其他有关单据通过银行寄交进口方，以收取货款。发票的主要作用是进口方进行收货、付款、记账、报关纳税的依据。

2.提单

提单是承运人或其代理人（如轮船公司）签发的，证明托运的货物已经收到或装载上船，约定将该项货物运往目的地交给提单持有人的物权凭证。国际贸易中的提单主要有海运提单、空运提单、铁路运单、汽车运单、专递和邮包收据等。国际贸易中使用的主要运输工具至今仍然是船舶，因此在各种运输提单中，海运提单是最主要的运输单据。提单的作用有以下几点：提单是承运人收到托运货物后签发给托运人的收据；提单是承运人与托运人之间关于运输条件、双方权利义务的运输契约凭证；提单是物权证书，持单人可凭提单提取货物。在进口商满足了汇票所规定的条件之后，提单才能交给进口商。

3.保险单

保险单是保险人对被保险人承保的书面证明，同时也是双方签订的保险契约，具体规定了双方的权利与义务。保险人是指承担保险的保险公司，它接受投保人的投保，向投保人收取保险费，发给投保人保险单。如保险标的物遭受损失，保险人有向被保险人赔偿损失的责任，被保险人有权向保险人索赔，并接受保险利益（包括货物成本、运费、保费和预期利润）的全部或一部分的赔偿。国际贸易中的货物运输必须由货物的托运人对全部货物保险以后才能托运，从而使保险单成为国际贸易结算中的主要单据之一。

二、国际贸易外汇收支的结算方式

在国际结算中，以国际货物贸易结算最为复杂，掌握了这种贸易的结算方式和方法，处理其他贸易（服务贸易、技术贸易）结算和非贸易结算（国际借贷、投资、援助、个人汇款等方面的结算）就比较容易了。

国际结算方式从简单的现金结算方式发展为各种转账结算方式，主要是汇款方式、托收方式、信用证方式、银行保函和备用信用证等。

（一）汇款方式（remittance）

1.汇款方式的基本程序

汇款又称汇付，是付款人申请所在国银行（汇出行）委托收款人所在国银行（汇入行）将款项付给收款人的一种结算方式。在这里，假定汇出行在汇入行有存款账户，因而前者可以委托后者代为付款。关于银行之间的汇款偿付将在后面说明。

在国际贸易中如采用汇款方式，通常是由进口商按照合同约定的条件和时间通过银行将货款付给出口商，汇款方式的基本程序如图 15-1 所示。

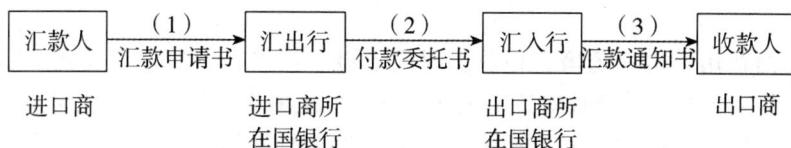

图 15-1　汇款方式的基本程序

2.汇款方式的种类

汇款方式按汇出行发出付款委托的具体方式不同，可分为以下三种方式：

（1）电汇（telegraphic transfer，T/T）。电汇是汇出行根据汇款人的申请，用电传向汇入行发出付款委托，支付一定金额给收款人的一种汇款方式。

采用电汇方式办理汇款时，汇款人应填写电汇申请书，交款付费给汇出行，取得电汇回执。汇出行以加押电报、电传、SWIFT 电文委托汇入行解付汇款。汇入行收到电传，核对密押无误后，填制电汇通知书，通知收款人取款。收款人持通知书一式两联到汇入行取款时，须在收款人收据上签字或盖章，交给汇入行，汇入行凭以解付汇款。汇入行付款后将付讫借记通知寄给汇出行，汇出行据以进行账务处理。

电汇方式的结算程序如图 15-2 所示。

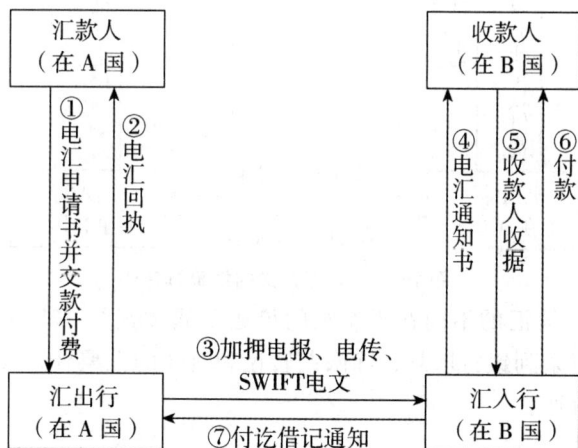

图 15-2　电汇方式的结算程序

电汇经历了从加押电报到电传再到 SWIFT 电文的演变过程，SWIFT 是环球银行金融电讯协会，它对结算模式作了简化，向会员银行提供专门的通信服务。采用电汇方式，汇款人负担的费用虽然较高，但由于汇出行与汇入行直接联系，因而安全、准确、迅速，在国际贸易汇款中使用最为广泛。

（2）信汇（mail transfer，M/T）。信汇是汇出行根据汇款人申请，用航空信函向汇入行发出付款委托，支付一定金额给收款人的一种汇款方式。

信汇方式的处理程序与电汇方式基本相同，所不同的是汇出行接受汇款人的信汇申请书并交款付费后，不用电传，而是将信汇委托书寄给汇入行，委托它支付汇款。

信汇的费用较电汇低廉，但收款时间较慢。汇出行寄发信汇委托书不加注密押，但需签字，经汇入行核对签字无误，证实信汇的真实性后，才能付款。

（3）票汇（demand draft，D/D）。票汇是汇出行根据汇款人申请，代汇款人开立以汇入行为付款人的银行即期汇票，支付一定金额给收款人的一种汇款方式。

采用票汇方式，在汇款时，汇款人应填写票汇申请书，交款付费给汇出行。汇出行开立银行即期汇票，交给汇款人，由汇款人寄给收款人，同时汇出行将汇票通知书（或称票根）寄给汇入行。收款人持汇票向汇入行取款时，汇入行将汇票与票根核对无误后，支付票款给收款人，并将付讫借记通知寄给汇出行，汇出行据以进行账务处理。

票汇方式的结算程序如图15-3所示。

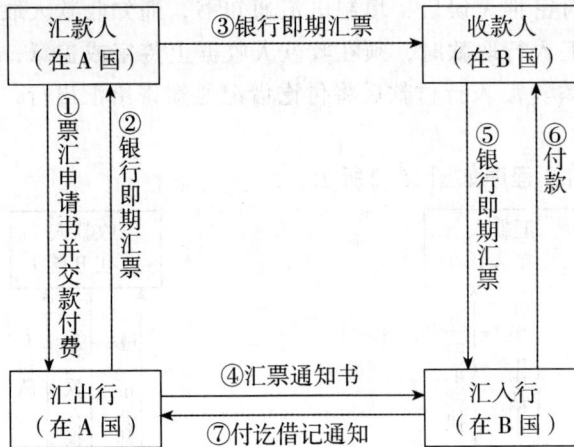

图15-3　票汇方式的结算程序

票汇与电汇、信汇的不同在于票汇的传送不通过银行，汇入行无须通知收款人，而由收款人持票到银行取款；除限制转让和流通的汇票外，其余汇票经收款人背书，可以转让流通。

3.汇款的偿付

汇款的偿付是指汇出行委托汇入行解付汇款，应及时将汇款金额拨交汇入行。按照偿付汇款拨账方法的不同来分，有多种情况，例如：

（1）汇出行和汇入行之间设立往来账户。如果汇出行在汇入行开立了往来账户，汇出行可向汇入行发出授权借记的偿付指示："请将汇款金额借记我行在你行的账户。"汇入行在借记该账户后，应寄出付讫借记报单通知汇出行。如果汇入行在汇出行开立了往来账户，汇出行在委托汇入行付款时，应先贷记汇入行的账户，在偿付指示中应写明:"作为偿付,我行已将汇款金额贷记你行在我行的账户。"汇入行在收到贷记报单后,即按照委托将汇款付给收款人。

(2)汇出行和汇入行之间无往来账户,它们在有关货币清算中心地的同一银行开立了账户,该银行是汇出行和汇入行的"共同账户行"。在办理汇款时,汇出行可通过共同账户行将汇款划拨给汇入行,在偿付指示中应写明:"作为偿付,我行已授权共同账户行借记我行账户并贷记你行在该行的账户。"汇入行收到偿付指示并收到共同账户行发出的贷记报单后,即按照委托将汇款付给收款人。

4.汇款在国际贸易中的应用

在国际贸易中,如果进出口双方资信都好,相互信任,可以采用汇款方式结算货款。一般有以下两种情况:

(1)预付货款,即进口商先将货款的一部分或全部汇交出口商,出口商收到货款以后,立即或在一定时期内发运货物。对出口商来说则是预收货款。这种方式对出口商最安全,但商品出口的竞争能力最低,因为这种方式不利于进口商,预付货款不但积压了进口商的资金,而且使进口商承担出口商不交货的风险,因而进口商一般不愿采用这种方式。进口商采用预付货款方式有以下几种情况:进口商是首次购货的客户,出口商不了解这些客户的资信;进口商所在国家正处于金融困难之中;进口商为了不失去市场机遇而急于购得某种商品,宁愿预先付款;出口商信誉好,肯定能按期保质供货;进口商资信等级较低,出口商要进口商预先付款,才能发货;进口商以预付货款换取较有利的价格条件;跨国公司内部贸易。

(2)货到付款,即出口商赊销,由出口商先发货,进口商收到货物后付款。出口商向进口商提供了毫无保障的信用。这种方式对出口商不利,既要承担进口商不付款的风险,又要占压资金,但这种方式商品出口竞争能力最强。货到付款方式多用于以下几种情况:新产品或滞销商品的出口;进口商是资信好的老客户;跨国公司内部贸易。

由于预付货款和货到付款都有一定缺点,因此在国际贸易中使用较少。汇款方式主要用于贸易从属费用的支付、资本借贷和赠与等。

(二)托收方式(collection)

托收是指出口方于发货后开具以进口商为付款人的汇票,连同有关单据(主要指提单、发票和保险单等)委托当地银行通过它的国外分支行或代理行向进口商收取货款的办法。

1.托收方式的种类

(1)托收按有无货运单据,分为跟单托收和光票托收两种。

跟单托收指汇票连同所附货运单据一起交银行委托代收。

光票托收指汇票不附带货运单据的托收。汇票仅附非货运单据(如发票、垫款清单等)的托收也属光票托收。光票托收方式通常用于收取出口货款尾数、样品费、佣金、代垫费用、其他贸易从属费用、进口索赔款以及非贸易各个项目的收款等。

（2）托收按货运单据的交付条件，分为付款交单和承兑交单两种。

付款交单（documents against payment，D/P）是被委托的代收银行必须在进口商付清票款以后，才能将货运单据交给进口商的一种方式。付款交单按交单的时间不同又分为两种：①即期付款交单，即买方见到卖方开具的即期汇票和单据后，立即付款赎单，凭单提货；②远期付款交单，即买方见到卖方开具的远期汇票后予以承兑，于汇票到期日付款赎单。

承兑交单（documents against acceptance，D/A）是被委托的代收银行于付款人承兑汇票之后，将货运单据交给付款人，付款人在汇票到期时，履行付款义务的一种方式。进口商得到货运单据，就在法律上占有了货权。承兑交单方式只适用于远期汇票的托收。

2.托收方式的程序

下面以跟单托收方式为例来说明结算程序（如图15-4所示）。

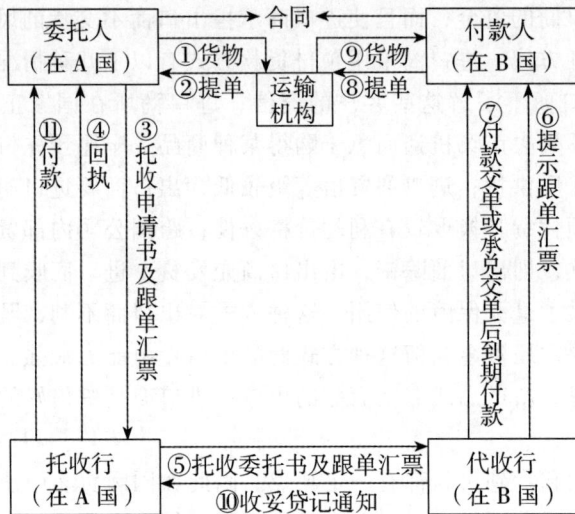

图15-4 跟单托收方式的结算程序

3.托收方式中出口商的风险

出口商采用跟单托收方式结算货款，是一种商业信用，如果进口商不按合同的规定履行付款义务，则出口商将遭受损失，承担许多风险。例如，进口商倒闭或无力付款；进口商借口商品质量有问题、规格不符、包装不良等，要求降价；进口商事先未领到进口许可证或未申请到外汇，因而货物运到目的地时，被禁止进口或不能支付外汇等。因此，只有进出口双方彼此充分了解，相互信任，进口商资信好，并为了促进本企业商品（特别是滞销商品）的销售和节省结算费用时，才使用托收方式。付款交单与承兑交单相比，后者风险较大，但后者出口商品的竞争能力较强。跟单托收方式对出口商虽有较大风险，但在当前各国出口竞争日益激烈的情况下，出口商为了有利于销售，有时也不得不接受这种方式，甚至接受承兑交单方式。

出口商为了防止或减少托收的风险，在交易前应做好各项调查工作。例如，调查进口商的资信情况、进口地市场情况、仓库情况、治安情况以及进口商是否领到进口许可证和申请到外汇等情况。出口商还应在进口地事先找好代理人，以便在遭到拒付时，委托代理人代办货物储存、转售或运回等手续。

（三）信用证方式（letter of credit，L/C）

由于汇款方式和托收方式对进出口商来说都有不同程度的风险，为了保障买卖双方的利益，就需要有一个双方都信得过的第三方作为中间人起担保作用，这一任务责无旁贷地落在银行身上。信用证是银行（开证行）根据进口商（申请人）的要求和指示，向出口商（受益人）开立的，在一定期限内，凭符合信用证条款规定的单据，即期或在一个可以确定的将来日期支付一定金额的书面承诺。

1.信用证的内容

根据信用证的开立方式及记载内容的不同，可将信用证分为信开本信用证和电开本信用证。

信开本信用证是指以信函（letter）形式开立的信用证，其记载的内容比较全面。银行一般都有印就的信用证格式，其内容大体包括：

（1）对信用证自身的说明：信用证的种类、性质、编号、金额、开证日期、有效期及到期地点、当事人的名称和地址、使用本信用证的权利可否转让等。

（2）汇票的出票人、付款人、期限及出票条款等。

（3）货物的名称、品质、规格、数量、包装、运输标志、单价等。

（4）对运输的要求：装运期限、装运港、目的港、运输方式、运费应否预付，可否分批装运和中途转运等。

（5）对单据的要求：单据的种类、名称、内容和份数等。

（6）特殊条款：根据进口国政治、经济贸易情况的变化或每一笔具体业务的需要，可作出不同的规定。

（7）开证行对受益人和汇票持有人保证付款的责任文句。

电开本（cable）信用证是指银行将信用证内容以加注密押的电报或电传的形式开立的信用证。电开本信用证又可分为简电本和全电本。全电本（full cable）是开证行以电文形式开出的内容完整的信用证。现在，银行做全电本信用证时，多半采用SWIFT信用证。所谓SWIFT信用证就是依据国际商会所制定的电报信用证格式，利用SWIFT系统所设计的特殊格式来传递信用证信息的方式开立的信用证。它具有标准化的特征，其传递速度较快，开证成本较低，各开证行及客户都乐于使用。与信开本信用证相比，SWIFT信用证将保证条款省略掉，但必须加注密押，密押经核对无误后，SWIFT信用证方能生效。

2.信用证的特点

（1）信用证是一种银行信用，开证行负第一付款责任，即只要交来单据符合信用证条款的规定，开证行不管进口商是否能够付款给它，它都必须付款给议付行（出口方银行）。

（2）信用证是以合同为依据开立的，其内容应与合同条款一致，但信用证是一项独立文件，它不依附于贸易合同，信用证的当事人只受信用证条款的约束，不受合同条款的约束。

（3）信用证业务的处理以单据为准，而不以货物为准。只要交来的单据符合信用证条款的规定，银行就必须付款。

3.信用证的种类

（1）按信用证项下是否附有货运单据，可分为跟单信用证和光票信用证。

跟单信用证是凭跟单汇票或仅凭单据付款的信用证。单据是指代表货物产权或证明货物已发运的单据，如保险单、仓单、铁路运单、空运提单、邮包收据等。

光票信用证是凭不附单据的汇票付款的信用证。有的信用证要求汇票附有非货运单据，如发票、垫款清单等，这样的信用证也属光票信用证。光票信用证主要用于贸易从属费用和非贸易结算方面。

（2）按开证行对开出的信用证是否可以撤销，可分为可撤销信用证和不可撤销信用证。

可撤销信用证是开证行对所开信用证不必征得受益人（受益人一般是出口商）同意，有权随时撤销的信用证。在可撤销信用证上，应该写明"可撤销"字样，以资识别。可撤销信用证被撤销时，开证行应通知通知行。如果通知行在接到通知之前，已经议付了出口商的汇票、单据，开证行仍应负责偿付。

不可撤销信用证是指信用证一经开出，在有效期内，非经信用证各有关当事人的同意，开证行不能片面修改或撤销的信用证。只要受益人提供与信用证条款相符的货运单据，开证行必须履行其付款义务。不可撤销信用证对出口商收取货款较有保障，所以在国际贸易中使用最多。不可撤销信用证必须在信用证上标明"不可撤销"字样。

（3）按信用证有无另一银行加以保证兑付，可分为保兑信用证和无保兑信用证。

保兑信用证是指一家银行所开的信用证由另一家银行加以保证兑付。经过保兑的信用证叫作保兑信用证。信用证经过另一家银行加保后（加保的银行叫作保兑行），就有两家银行对受益人负责。如果开证行倒闭，受益人可找保兑行；如果保兑行倒闭，受益人仍可找开证行。所以，对于出口商来说，保兑信用证对出口商收取货款是比较安全和有利的。

无保兑信用证是指由开证行负不可撤销的保证付款责任，通知行不加保兑，只负责通知，也无其他银行保兑的信用证。

（4）按付款时间的不同，可分为即期付款信用证、延期付款信用证和承兑信用证。

即期付款信用证是开证行或付款行收到符合信用证条款的汇票和单据后，立即履行付款义务的信用证。此种信用证在国际结算中广泛使用。

远期付款且不需要汇票的信用证，称为延期付款信用证。这种信用证一般不要求受益人开立汇票，而仅仅规定申请人在受益人交单后若干天付款，或在货物装船后若干天付款（通常以提单签发日期作为装船日期），或在某一固定的将来日期付款。

延期付款信用证多用于资本货物交易，旨在便于进口商在付款前先凭单提货，并安装、调试甚至投入使用后，再支付设备价款。因此，这种信用证对出口商来说并无多大好处，除了银行的保证到期付款作用外，无资金融通作用。

远期付款并需要开立汇票的信用证就是承兑信用证。这种信用证要求受益人开立以指定银行为付款人的远期汇票，连同规定单据向指定银行做交单，该行确认汇票和单据表面合格后，即收下单据并将已承兑的汇票交还给受益人（或受益人的委托银行），其负责到期付款。承兑行可以是开证行，也可以是开证行指定的其他银行，如付款行、保兑行和通知行等。利用承兑信用证可使开证申请人和受益人各得其所：开证申请人获得了远期付款的融资；受益人因利用承兑信用证而满足了开证申请人延期付款的愿望，有助于成交，且受益人获得了银行承兑汇票，即意味着获得了银行不可撤销的到期付款承诺，受益人还可将已承兑汇票贴现，提前收回款项。

（5）按是否可转让，可分为可转让信用证和不可转让信用证。

可转让信用证是指特别注明"可转让"字样的信用证。它是开证行授权指定的转让行（即被授权付款、承兑或议付的银行）在原受益人（即第一受益人）的要求下，将信用证的可执行权利（即装运货物、交单取款的权利）全部或部分转让给一个或数个第三者（即第二受益人）的信用证。信用证经转让后，即由第二受益人办理交货，但原证的受益人仍需负责买卖合同上卖方的责任。

不可转让信用证是指受益人不能将信用证项下的权利转让给他人的信用证。除非信用证中特别注明"可转让"字样才属可转让信用证，凡未明确标明为可转让者，均为不可转让信用证。

（6）对开信用证。一国的出口商向另一国的进口商输出商品，同时又向其购进货物，这样可把一张出口信用证和一张进口信用证挂起钩来，使其相互联系，互为条件，这种做法称为对开信用证。对开信用证的业务程序如图15-5所示。

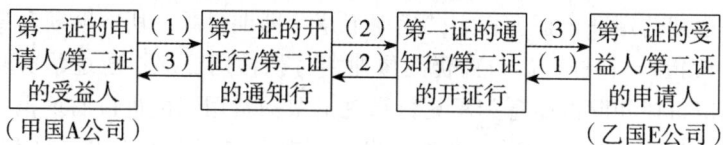

图15-5 对开信用证的业务程序

对开信用证的生效方式一般有以下两种：一是两张信用证同时生效。第一张信用证先开，但是暂不生效，等对方开来回头证经受益人接受后，通知对方银行两证同时生效。二是两张信用证分别生效。第一张信用证开立后不以回头证的开立和接受为条件，而是立即生效，回头证另开；或在第一证受益人交单议付时交来担保函，保证若干天内开出以第一证申请人为受益人的回头证。在分别生效的条件下，第一证申请人存在风险。

（7）循环信用证。循环信用证指信用证的全部或部分金额被使用以后仍可恢复到原金额、继续被使用的信用证。循环信用证主要适用于大宗商品交易。大宗商品交易一般批量很大、金额也很大，出口方要一次性运出这么多货物，可能有困难，进口方也可能一下子接受不了这么多货物，付不出货款，因此，基本都采用分批装运、分批付款的方式。由于每次装运条件、金额、提供的单据要求都是同样的，若每装一批开一张信用证，手续烦琐、费用也高，进口商为了节省开证手续和费用，在实际中往往就开立一张信用证循环使用。

（8）预支信用证。预支信用证是在信用证上列入特别条款授权议付行或保兑行在交单前预先垫款付给受益人的一种信用证。它是允许出口商在装货交单前，预先支取全部或部分货款的信用证。

开证行在开证申请人的请求下，在信用证上加列条款，授权出口地银行（如议付行）仅凭出口商签发的光票，在交单前就向出口商预先垫付全部或部分货款，以帮助出口商备货装运。等出口商交单议付时，预支行再从议付金额中扣除已垫付的本息，将余额付给出口商。银行预支款项后要求受益人将信用证正本交出，以控制受益人向该行交单。若到期出口商未能装运，则由开证行负责向预支行偿还本息，再由申请人对开证行负责。这是进口商利用开证行信用帮助受益人融资的一种方式，由进口商承担融资风险。

（9）买方远期信用证。信用证中规定受益人开立远期汇票，但又规定"远期汇票可即期付款，所有贴现利息和承兑费用由申请人负担"，这种信用证称为买方远期信用证，亦称假远期信用证。使用买方远期信用证，议付行在议付后向开证行索偿时，可立即得到开证行的即期付款，并且不承担贴现利息和承兑费用，因而议付行对受益人的议付也只需扣除一个邮程来回的利息和手续费，等同于即期汇票的议付。

买方远期信用证用于即期付款的交易中，是买方融通资金的一种方式。由于国际金融市场贴现率一般比银行的贷款利率低，进口商往往利用银行承兑汇票以取得优惠贴现率，所以在签订即期付款的贸易合同后，要求开证行开立的不是即期付款信用证而是远期信用证，证上规定"远期汇票可即期付款，所有贴现利息和承兑费用由申请人负担"。这样，出口商仍能像即期付款信用证那样通过贴现取得全部货款，而贴现银行应扣除的贴息和承兑行承兑汇票的费用则由进口商负担。这是进口商通过贴现手段取得资金融通的方法，出口商在取得资金方面虽然没有什么损失，但是其要承担将来汇票拒付时被追偿的风险。

4.信用证方式的结算程序

在开立信用证之前，买卖双方先签订合同。信用证方式的结算程序一般要经过以下六个主要环节：

（1）进口商向银行申请开立信用证。进口商根据买卖合同的规定，向银行申请开立信用证。申请人申请开证时，应填写开证申请书。开证申请书包括两部分内容：一是信用证的内容，也是银行凭信用证对出口商付款的依据；二是进口商对银行的声明或具结，用以明确双方责任。进口商在申请开立信用证时，应按规定向银行交付押金，并向银行支付手续费。

（2）银行开立信用证。根据开证申请人的要求，开出信用证的银行称为开证行。开证行根据申请书的内容开立信用证，一式两份或两份以上。信用证的开出有"信开"和"电开"两种方法。前者是将正副本以航函方式寄给出口商所在地的代理行，要求该行通知或转递信用证给出口商；后者是为了争取时间，由开证行将信用证内容以加注密押的电报方式通知出口商所在地的代理行，请其转告出口商。

（3）出口方银行通知、转递或保兑信用证。出口方银行收到开证行开来的信用证后，应及时通知或将信用证转递给出口商。接受信用证凭以装货交单收款的人称为受益人。如果受益人对开证行的资信不明，可以要求开证行另找一家受益人熟悉的银行，对该信用证加以保兑。这家银行通常是出口地的通知行或其他信誉卓著的银行。出口方银行可根据不同情况，按代理合约的规定，向开证行收取通知、转递、保兑手续费。

（4）出口商发货备单。出口商收到信用证，经与买卖合同核对无误后，即可备货装运出口，并备齐信用证所规定的全部单据，签发汇票，连同信用证，在其有效期内，送交通知行办理结算手续。

（5）出口方银行议付及索汇。出口方银行接受出口商交来的单据，经与信用证核对相符后，即将汇票金额扣除议付日到估计收到票款日的利息和手续费，付给出口商。出口方银行审单后购进汇票及所附单据，并将票款付给出口商，这一过程叫作议付。办理议付的银行叫作议付行。议付行将全套单据寄给开证行，并根据信用证的规定，将汇票和索汇证明信寄给开证行，以航邮或电报方式索汇。

（6）进口商付款、赎单提货。开证行将票款拨还议付行后，应立即通知进口商备款赎单。进口商如同意接受单据，应将开证行所垫票款付清。进口商付款赎单后，即可凭货运单据提货。

上述信用证结算方式的一般程序如图15-6所示。

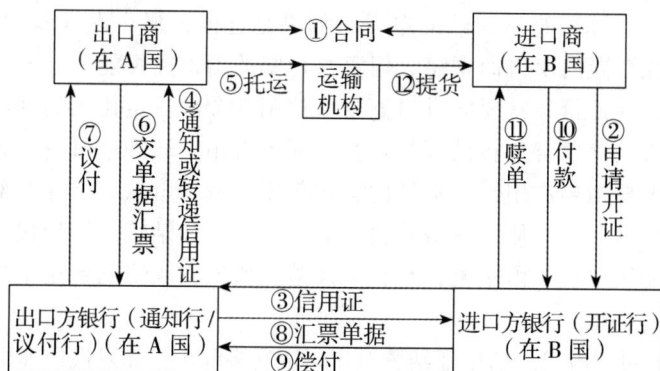

图15-6 信用证结算方式

5.信用证结算的利弊分析

信用证结算是以银行信用代替商业信用，在降低贸易风险、融通资金、促进进出口贸易顺利发展等方面发挥了重要作用，有许多优点，但它并不能防止一切风险，还存在某些缺点。

（1）对出口商的利弊。①出口商收到资信较好的银行开出的信用证后，可以到银行办理打包贷款或其他形式的贷款；②出口商利用预支信用证可以在装货交单前从银行预支全部或部分货款；③出口商发货后，只要符合合同的规定，提交与信用证规定相符的单据，就能从银行收到货款；④在实行外汇管制的国家，进口商向银行申请开立信用证，都需经政府有关管理部门批准，出口商对这种信用证发货，进口国政府不会禁止进口或限制外汇支付，出口商的销货收入能够实现；⑤出口商收款风险仍然存在，例如，开证行无理拒付或无力支付，或出口商履行合同后，由于技术上的原因使得单据不符导致开证行拒付。万一开证行因种种原因不能付款或拒绝付款，它必须把代表货物的单据退给出口商。这样，出口商虽收不到货款，但物权仍在自己手中，损失不会太大。开证行不履行付款义务的风险处理见案例15-1。

（2）对进口商的利弊。①银行开出的信用证证明进口商有支付能力，信用好，并由开证行作为第一付款人，有利于促进进出口贸易双方达成交易，使进口商在国外找到出口商，出口商愿意供货。②进口商通过信用证条款可以规定出口商的发货日期，可促使出口商及时发货，通过适当的检验条款，可以保证货物在装船前的质量、数量，使进口商收到的货物在一定程度上能符合合同的规定。③对进口商来说，在申请开证时不用交付全部开证金额，只需交付一定比例的保证金，并且，凭开证行授予的授信额度开证，可以避免流动资金的大量积压。如果开证行履行付款义务后，进口商在筹措资金上有困难，其还可以使用信托收据等方式，向开证行先行借单，提货销售，待货款回笼后再行付款。④进口商提货风险大。由于信用证结算是一种纯粹的单据买卖业务，只要单据相符，开证行就要对外付款，进口商也要付款赎单。进口商得到合格单据并不一定得到单据记载的货物，因为出口商可能提供无货单据或与实际货物不一致的单据，如果是这样，那么进口商就受到了欺诈。虽然进口商可凭合同向出口商索赔，但蓄意行骗的出口商可能早已不知去向。⑤为降低开证风险，开证行通常要向进口商收取信用证金额一定比例的押金，由于信用证结算周期较长，该项资金将被银行较长时间地占用，增加进口商的资金负担。至于免收押金的客户则要占用银行提供的信用额度，减少贷款、担保金额。⑥信用证结算环节多、单据量大，使得货款收付所需时间较长，结算速度较慢，不利于贸易双方提高资金使用效益。由于银行承担了风险，所以它收取的费用也较高，这些费用大多由进口商承担。

从上述内容可以看出，信用证结算对出口商利多弊少，而对进口商则利少弊多。

（3）对相关银行有利。对开证行来说，它开出信用证是贷给进口商信用，而不是资金，并不占用自身资金，还有开证手续费收入，此外，贷出的信用是有保证金或担保的，而不是无条件的。当其付款后，还有出口商交来的货运单据作为保证，如进口商不付款，它可以处理货物，以抵补欠款。如果出售的货款不足以抵偿，仍有权利向进口商追偿其不足部分，所以风险较小。

对出口地银行来说，因有开证行的保证，只要出口商交来的单据符合信用证条款的规定，即可垫款议付，收取手续费和贴息，然后向开证行或指定的偿付行索偿。

（四）银行保函（letter of guarantee，L/G）

银行保函或银行保证书是指商业银行根据申请人的要求向受益人开出的担保申请人正常履行合同义务的书面证明。它是银行有条件承担一定经济责任的契约文件。当申请人未能履行其所承诺的义务时，银行负有向受益人赔偿经济损失的责任。由于以银行信用代替或补充商业信用，保函的信用性更好，灵活性更强，因此被广泛地应用于国际结算的众多领域中，诸如贸易支付、工程承包、租金支付、资金借贷等。直接向受益人开立保函的程序是：（1）申请人和受益人之间签订合同或协议。（2）申请人向担保行提出开立保函的申请。（3）担保行向受益人直接开出保函。（4）受益人在发现申请人违约后，向担保行提出索赔。（5）担保行向受益人进行赔付。（6）担保行在赔付后向申请人索赔。（7）申请人赔偿担保行损失。

国际贸易中使用的保函可分为出口类保函和进口类保函。

1.出口类保函

出口类保函是银行应出口方的申请向进口方开出的保函，是为满足出口货物和劳务的需要而开立的保函，包括履约保函、质量保函等。例如：

（1）履约保函是银行应出口方的请求向进口方出具的保证文件。在该保函中，担保行向受益人保证出口方一定履行其在所签合同项下的责任义务，否则担保行将负责赔偿一定的金额。履约保函的金额通常为合同金额的5%~10%。

（2）质量保函是银行应出口方的要求，就合同标的物的质量向进口方所出具的保证文件。质量保函通常应用于商品买卖合同项目。买方为了确保商品符合合同规定的质量标准，常常要求卖方提供银行担保，保证如商品质量与合同规定不符，卖方应及时更换或维修，否则担保行将按保函金额进行赔付。

2.进口类保函

进口类保函是银行应进口方的请求向出口方开立的保证文件，包括进口付款保函、补偿贸易保函等。

（1）进口付款保函是银行应进口方的要求就其在某项合同项下的付款责任向出口方出具的保证文件。在该种保函项下，担保行向出口方保证在收到有关货物或技术资料后，进口方一定付款，否则担保行将代为支付。进口付款保函的金额亦即合同金额。保函的有效期按合同的规定付清价款日期再加上半个月。进口付款保函一般用于大型机械或成套设备的进口。在这种进口业务中，进口方是分次付清全部设备货款的。

（2）补偿贸易保函是银行应进口设备方的要求向供应设备方出具的旨在保证进口设备方履行其在合约项下责任义务的书面保证文件。在该种保函中，担保银行承担如下的保证责任：保证进口设备方在收到与合同相符的设备后，用该设备生产的产品会按合同的要求返销给供应设备方或指定的第三者以偿付进口设备的价款；若进口设备方未能履行上述义务，又不能以现汇偿付设备价款及利息，则担保行向供应设备方进行赔付。补偿贸易保函的金额为设备价款加利息。保函的有效期为合同规定的进口设备方以产品偿付设备价款之日再加上半个月。

（五）备用信用证（stand-by letter of credit，SL/C）

备用信用证又称担保信用证（guarantee letter of credit，GL/C），是指开证行根据开证申请人的请求对受益人开立的承诺某项义务的凭证，即开证行保证申请人未能履行其应履行的义务时，受益人只要凭备用信用证的规定向开证行开具汇票（或不开汇票），并提交开证申请人未履行义务的声明或证明文件，即可取得开证行的偿付。

备用信用证是一种银行信用，开证行对受益人保证，在开证申请人未履行其义务时，即由开证行付款。因此，备用信用证对受益人来说是备用于开证申请人发生毁约时，取得补偿的一种方式。如果开证申请人按期履行合同的义务，受益人就无须要求开证行在备用信用证项下支付货款或赔款，这是之所以称作"备用"的由来。因此，备用信用证作为一种付款承诺，虽然形式上是第一性的，但意图上却只是在委托人违反基础合同的情况下使用，具备备用之意。备用信用证实质上是一种银行保函。

备用信用证可用于成套设备、大型机械、运输工具的分期付款和租金支付，以及用于一般进出口贸易、国际投标、国际融资、加工装配、补偿贸易及技术贸易的履约保证等。

第二节　国际贸易外汇收支结算融资

在国际贸易结算中，银行根据实际需要向有资格的客户提供各种融资服务，由于这些融资与国际贸易结算过程密切相关，因而称为国际贸易结算融资。它有两种形式：一是银行向企业直接提供资金融通；二是银行给企业开立信用证，为企业融资创造方便条件。国际贸易结算融资可以分为出口贸易结算融资和进口贸易结算融资两类。

一、出口贸易结算融资

出口贸易结算融资是出口地银行或其他金融机构对出口商的融资，主要有信用证打包贷款、出口押汇、卖方远期信用证融资、出口发票融资、福费廷融资、国际保理中的融资和出口信用保险保单融资等。

（一）信用证打包贷款（packing credit/loan）

信用证打包贷款，简称打包贷款或打包放款，是指出口方银行以出口商提供的进口方银行开来的信用证正本作抵押向其发放的贷款，旨在提供货物出运前的周转资金，以缓和出口商的资金短缺。它包括根据预支信用证提供的打包贷款和以其他信用证为抵押发放的贷款。

（二）出口押汇（outward bill）

出口押汇又称为议付，或叫买单买票。它是出口方银行对出口商有追索权地购买货权单据的融资行为，出口押汇包括从议付到收回货款的全过程，这是银行在出口商发货后对其提供的短期融资，包括信用证项下单据押汇和出口托收单据押汇。信用证项下的出口押汇是指在信用证项下，受益人（一般为出口商）以出口单据作抵押，要求出口地银行在收到国外开证行支付的货款之前，向其融通资金的业务。出口托收单据押汇是指在托收结算方式下，出口商在提交单据、委托银行向进口商收取款项的同时，要求托收行先预支部分或全部货款，待托收款项收妥后归还银行垫款的一种融资方式。由于信用证出口押汇银行的收款对象是开证行，在收款风险上，只要单证相符，即可索回货款；而托收出口押汇银行的收款对象是进口商，风险较大。

（三）卖方远期信用证融资

卖方远期信用证是信用证付款期限与贸易合同付款期限一致的远期信用证，又叫作真远期信用证。

1.卖方远期信用证融资含义

卖方远期信用证融资主要指通过远期汇票的承兑与贴现来融资。

（1）银行承兑是指银行在远期汇票上签署"承兑"字样，使持票人能够凭此在公开市场转让及贴现其票据的行为。承兑汇票的持有人通常是出口商。银行承兑汇票时，不必立即垫付本行资金，而只是将自己的信用借出，增强汇票的流通性或可接受性，使持票人能在二级市场上取得短期融资的便利。银行对汇票予以承兑后，便成为汇票的主债务人，到期应承担付款责任，因此，承兑银行在承兑前应对进口商的支付能力和信用进行审查。

（2）票据贴现是指票据持有人在票据到期前为得到现款而向银行贴付一定利息所做的票据转让。贴现的票据必须是已承兑的远期汇票，承兑人一般是开证行或其他付款行。票据贴现能使出口商立即取得现款，因此，它也是出口贸易融资的一种方式。适合做贴现的票据有信用证项下的汇票、托收项下的汇票和出口保险项下的汇票。

2.卖方远期信用证融资程序

出口商根据信用证的要求发运货物后，开出远期汇票，连同货运单据递送给进口商银行，进口商银行对汇票进行承兑，这就产生了银行承兑汇票。出口商到承兑银行那里贴现汇票并获取对发运货物的付款。货物单证交给进口商，进口商得到了对货物的所有权。承兑银行既可以购买（贴现）汇票并在自己的资产组合中持有，也可以将其在货币市场上出售（再贴现）。图15-7中，银行在货币市场上出售了承兑汇票，该图显示了一种典型的承兑汇票的交易过程。

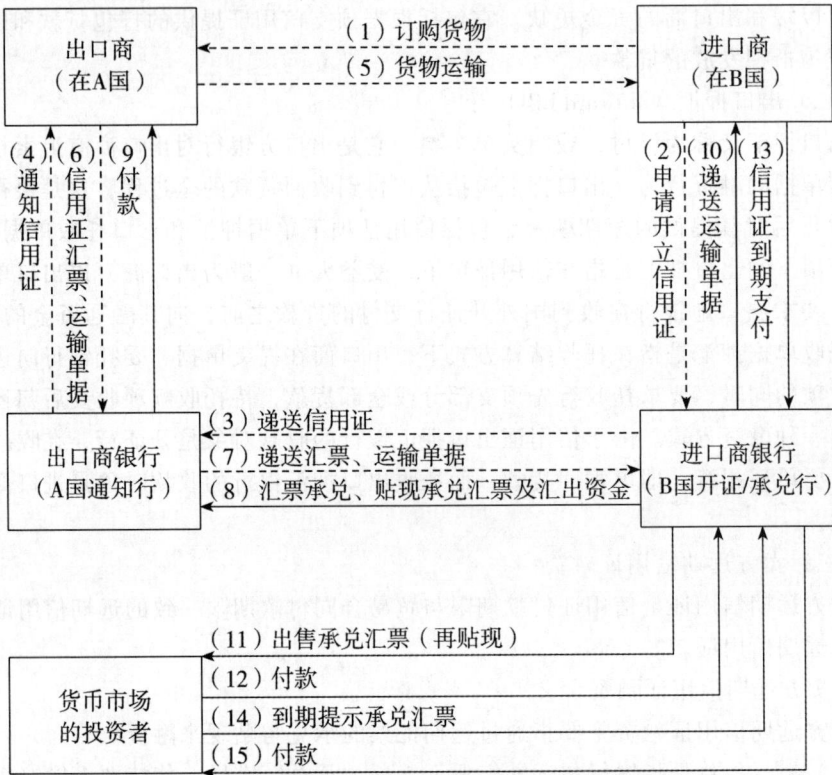

图15-7　信用证方式下进口商使用银行承兑汇票融资程序
（银行承兑汇票的产生、贴现、出售及到期支付）

3.卖方远期信用证融资风险

卖方远期信用证融资方式由于付款周期较长，合同金额较大，因而隐藏着较大的风险：

（1）进口商要支付较高的代价，且要承担进口货物与贸易合同及单证不符的风险。

（2）开证行承兑汇票后，面临进口商拒付的风险。

（3）出口商面临着汇票承兑前开证行或进口商无理拒付的风险。

（四）出口发票融资

出口发票（invoice discounting）融资是指出口T/T货到付款或赊销方式下，出口商完成交货义务后，向银行提交发票及其他货运单据，由银行提供应收货款融资，并以出口收汇款作为主要还款来源的融资方式。使用出口发票融资需满足以下三个条件：（1）有真实的贸易背景；（2）出口商获得有关银行出口发票融资授信额度；（3）银行对出口商有追索权。

（五）福费廷（forfaiting）融资

福费廷就是在延期付款的大型设备贸易中，出口商把经进口商承兑、进口商所在国的银行或政府部门作付款担保的远期汇票（或进口商开出的本票）无追索权地售给出口商所在地的银行（或金融公司），提前取得现款的一种资金融通方式。它是出口信贷的一个类型，其基本做法是：

（1）出口商与进口商在洽谈贸易时，如欲使用福费廷应事先和其所在地的银行或金融公司约定，以便做好各项信贷安排。

（2）进口商要确定一个担保银行，保证在进口商不能履行支付义务时，要由其最后付款。担保银行要经出口商所在地银行的同意，如该银行认为担保行资信不高，进口商要另行更换担保行。担保行确定后，进出口商才签订贸易合同。

（3）出口商发运设备以后，将汇票和货运单据通过银行的正常途径寄送给进口商，汇票经进口商承兑（或由进口商收到货运单据后开具本票）并取得银行担保后，寄交出口商。

（4）出口商取得进口商承兑的并经有关银行担保的远期汇票（或本票）后，按照与买进这项票据的银行（或金融公司）的原约定，办理该票据的贴现手续，取得现款。

福费廷业务与普通的贴现业务不同，银行买进出口商的远期汇票或本票之后无追索权，即万一进口商不能支付货款，银行不能向出口商追偿此款。

通过福费廷业务，出口商与进口商之间的信用交易转变为现金交易，有利于出口商资金融通，而且可以将有可能发生的外汇风险转嫁给办理福费廷业务的银行，使出口商不受汇率变动和债务人偿债能力的风险影响。但是，由于办理福费廷业务的银行或金融公司承担了各种风险，其费用必然较高，福费廷的贴现率远远高于一般的贴现业务，此外还要向出口商收取各种费用：①管理费，需一次性支付。②从出口商银行确认做福费廷业务之日起，到实际买进票据之日止，按一定费率和天数收取承担费。③如出口商未能履行或撤销贸易合同，以致福费廷业务未能实现，银行要收取罚款。这些费用虽均由出口商支付，但一般都通过提高设备项目的价格转嫁给进口商。目前，在许多国家特别是欧洲国家，福费廷已成为贸易融资的有效方式。

（六）国际保理中的融资

国际保理商对企业出口贸易中应收账款的结算、管理、信用额度、风险担保和融资等方面提供综合性服务。融资是其中的一项内容，它与其他几项内容有着密切关系。关于国际保理将在下节阐述。

（七）出口信用保险保单融资

中国出口信用保险公司向企业提供短期出口信用保险，在企业与贷款银行之间发挥着桥梁作用。"信用保险+银行融资"已成为一种重要的模式。当企业投保信用保险并将赔款权益转让给银行后，银行为企业提供融资，在发生保险范围内的损失时，中国出口信用保险公司将按照保险单的规定，将赔款直接全额支付给融资银行。借助融资，企业就可以解决赊销资金占压的难题，加速资金周转，从而抓住市场机遇，获得更大发展，见案例15-2。

二、进口贸易结算融资

进口贸易结算融资指银行对进口商的融资，主要有信用证项下的开证授信额度、信托收据（T/R）、进口押汇、买方远期信用证融资以及提货担保等。

（一）开证授信额度

开证授信额度是开证行对于在本行开户且资信良好的进口商在申请开立信用证时提供的免收保证金或不要求其办理反担保或抵押的最高资金限额。这是开证行对进口商在开立信用证方面给予的信用支持。

一般情况下，银行在进口商申请开立信用证时，都要求其提交开证申请书并提供保证金或抵押金，存入银行专门账户，以便单据到后对外付款，或要求进口商提供反担保及抵押品，保证合格单据到后付款赎单。银行这样做的目的是避免进口商破产无力付款赎单或不按期付款赎单，以降低自身风险。但对资信良好的长期往来客户，为简化手续，提供优惠服务，银行通常可根据客户的资信、经营状况和业务数量，确定一个限额，即开证额度。银行内部对开证额度按余额进行控制，只要进口商申请开立信用证的金额不超过这一限额，银行就可以免收保证金、抵押品或不要求办理反担保，从而减轻进口商的资金压力。对于超过信用额度部分的金额仍按正常手续办理。授信额度可分为普通信用证授信额度和一次性使用授信额度。

（二）信托收据

信托收据（trust receipt，T.R.，T/R），又称信托提单，是指进口商承认以信托的方式向银行借出全套商业单据时出具的一种保证书。在此文件中，进口商将货物抵押给银行，以银行受托人的身份提取货物，并在一定期限内，对银行履行其付款职责。其实质是进口商与开证行或代收行之间关于物权处理权的契约，其主要功能是帮助进口商获得资金融通。

进口商与银行签订信托收据并办妥其他相关手续后，两者之间形成一种信托关系。进口商在未付清货款前，可向开证行或代收行借出单据，从而得以及时报关、提货、销售等。但物权仍归开证行或代收行所有，因而，进口商取得的货款应属开证行或代收行，只有在进口商向开证行或代收行付款并赎回信托收据后，才拥有物权。

（三）进口押汇

进口押汇（inward bills）是指银行在收到信用证或进口代收项下单据时应进口商要求向其提供的短期资金融通，可分为进口信用证押汇和进口代收押汇两种。

1.进口信用证押汇

进口信用证押汇（inward bill receivables）指信用证开证行在收到出口商或其银行寄来的单据后先行付款，待进口商得到单据、凭单提货并销售后收回货款的融资活动。它是信用证开证行对开证申请人（进口商）的一种短期资金融通行为。

在正常情况下，作为开证申请人的进口商在得到开证行单到付款的通知后，应立即将款项交开证行赎单，并且在付款以前是得不到单据从而不能提货的。但是，如果进口商的资信好，并且信用证项下单据所代表的货物市场销售行情好，能在短期内收回货款，那么银行可以根据有关协议代进口商先对外支付货款，并将单据提供给进口商以便其提货、销货，最后将贷款连同利息一并收回。起息日为押汇银行垫款之日。

2.进口代收押汇

进口代收押汇指代收项下代收行凭包括物权单据在内的进口代收单据为抵押向进口商提供的一种融资性垫款。由于其风险较大，一般适用于以付款交单（D/P）为结算方式的进口代收业务中。

（四）买方远期信用证融资

买方远期信用证（buyer's usance L/C）是指信用证项下远期汇票付款按即期付款办理的信用证，即假远期信用证（这种信用证是远期付款，而贸易合同是即期付款）。买方远期信用证融资是出口方银行（议付行）通过开证行对进口商提供短期融资的一种方式。

买方远期信用证融资的程序如下：

（1）进出口双方银行签订由出口方银行以假远期信用证形式向进口商融资的协议，出口方银行根据协议开立专门账户。

（2）进口商申请开立远期付款、银行承兑信用证，开证行开立信用证时注明：①本信用证项下汇票付款日为见票后若干天（以便开证行承兑）；②本信用证项下远期汇票付款按即期付款办理（出口方银行即期付款给受益人或出口商）；③本信用证限制由提供融资的出口方银行议付。

（3）将信用证传递给出口方银行。

（4）向出口商通知信用证。

（5）出口商发货交单申请议付。

（6）出口方银行向开证行寄单。

（7）开证行承兑汇票并授权出口方银行从专户内支付货款给出口商。

（8）出口方银行按面额支付票款。付款后可将进口方银行承兑的远期汇票进行贴现，用所得票款冲抵垫付款项。贴现利息和承兑费用由进口商负担。

（9）开证行凭信托收据向进口商放单。

（10）进口商于到期日还款，包括本金和利息（从出口方银行议付日起至汇票到期日期间的利息）。

（11）进口方银行向出口方银行偿还垫款和利息。

（五）提货担保

提货担保（delivery against bank guarantee，shipping guarantee），是指当进口货物早于货运单据抵达港口时，银行向进口商出具的、由银行加签的、用于进口商向运输机构办理提货手续的书面担保。

在一般情况下，收货人（一般为进口商）应凭提单正本向运输机构办理提货手续，但有时因航程过短或其他原因，货物比单据先到，如果收货人急于提货，可采用担保提货方式，即由收货人与银行共同或由银行单独向运输机构出具书面担保，请其凭以先行放货，保证日后及时补交提单正本，并负责缴付运输机构的各项应收费用及赔偿由此可能产生的损失。

由于申请人在未付款之前就取得了代表货物所有权的单据，因此提货担保的实质也是开证行对申请人的一种融资，可以缓解申请人的资金周转困难，增加申请人的净现金流入量，提高其偿债能力。

第三节 国际贸易外汇收支结算中的风险

一、风险分类

前两节已说明在各种结算方式和结算融资过程中，存在着各种风险，对于出口商来说，这些风险可归为以下三类：

（一）国家风险

国家风险也称政治风险。例如，进口商所在国由于种种原因加强进口管制，造成取消进口许可或对进口付汇采取严格管制，致使进口商延期付款或停止付款；进口商所在国发生战争和内乱使进口商无力付款等。

（二）商业风险

商业风险指由于进口商破产不能付款或进口商资信不好到期不履约付款等。产生商业风险的原因主要有：

1.忽视资信调查，盲目采用商业信用方式

有些公司对新结识的客户事先不作资信调查，仅凭一面之交，就签订大额出口合同；有些近年获得外贸经营权的公司片面追求出口额，盲目成交；有的只因几笔小额订单收汇无误便大胆出货；有时过分相信老客户、老关系，在对方已有拖欠的情况下，仍采用放账（赊销）方式继续大量出口。据统计，国际拖欠中的3/4是由于在未掌握客户资信情况，又没有保证、防范措施的情况下，采用放账、托收等商业信用方式造成的。

2.贸易做法不规范，造成损失

例如，在贸易合同中没有写明商品规格、质量标准和有关仲裁条款，进口商以商品质量有问题或与样品不符为借口，拒不付款或降价支付；有的出口商对进口商所在国的法律不熟悉，被诈骗的现象也较常见。

（三）汇率风险

汇率风险指由于汇率变动（外币贬值）使企业收到的外汇折合为本国货币数额减少而形成损失。

二、防范风险的措施

为了防范商品进出口外汇收支结算中的国家风险、商业风险和汇率风险，需采取多项措施，例如：

（一）严格控制远期收汇

远期收汇就是允许进口商在提货后30天、60天、90天或更长时间才付款，收汇时间越长，风险就越大。远期收汇不仅是出口商给进口商的一笔无息贷款，而且还要承担汇率变动的风险。为了避免风险，出口商在采用远期收汇方式时，应加强对进口商资信、进口国市场和进口国外汇管理情况的调查，从严控制远期收汇的期限。

（二）妥善选择结算方式

前已说明，企业出口贸易结算主要使用信用证、托收、汇款和保函等方式。出口商如果坚持采用预收货款（汇款）方式，虽然没有风险，但可能会因此失去潜在的客户；如果采用赊销（汇款）、承兑交单（托收）方式，虽然能加强出口商品在国际市场上的竞争地位，但面临着进口商到期不付款的风险。信用证方式是建立在银行信用基础上的，而托收和汇款结算方式是建立在商业信用基础上的，为了安全地收回出口货款，一般来讲应多采用信用证结算方式。采用信用证方式对出口商比较安全可靠，而即期信用证方式又比远期信用证方式更好些，不可撤销有保兑的即期信用证对出口商更为有利，可撤销信用证对出口商不利，不宜采用。企业出口商品应根据不同的国家、不同的客户和不同的商品正确选择收汇的结算方式。对于风险大的国家、不了解的新客户、资信不高的客户、畅销的商品，为了安全收汇，一般应采用信用证、银行保函等结算方式；而对于风险小的国家、资信高的客户、滞销的商品，为了提高商品的出口竞争能力，必要时可采用货到付款即赊销（汇款）或托收等结算方式。

应当明确，我们选择结算方式，既要有利于安全收汇，又要有利于扩大出口，使两个方面适当地结合起来。

企业出口收汇的各种结算方式的风险大小和出口竞争能力大小可用图15-8表示。

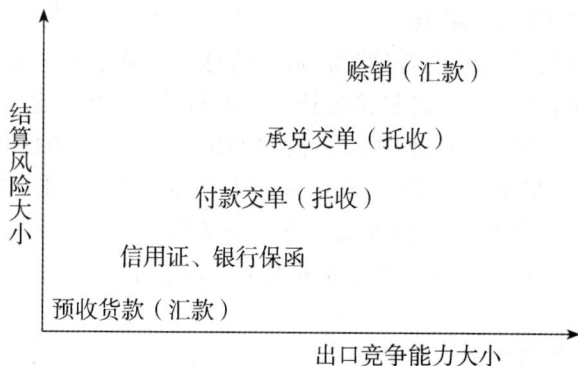

图15-8　企业出口收汇的结算方式比较

（三）办理出口信用保险

我国于2001年12月成立"中国出口信用保险公司"，专门办理企业出口信用保险业务。在此之前，这一业务由"中国进出口银行保险部"办理。当企业出口商品时，如果预测货款收回将会遇到政治风险或商业风险，就可以到保险公司去参加保险，需按规定交纳一定数额的保险费。如果以后应收货款不能收回，发生了损失，由保险公司按规定给予赔偿。

（四）采用国际保理

1.国际保理的概念

保理（factoring），又称保付代理。国际保理是国际贸易采用赊销方式的情况下，由经营国际保理业务的保理商（factor）向出口商提供的调查进口商的资信、信用额度担保、资金融通、应收账款管理和商账催收等一系列服务。采用国际保理可以防范出口收汇的风险。

从20世纪60年代起，欧美各国陆续开展了这项业务，70年代以来，该项业务在亚太地区也得到了迅速发展。目前，世界上已先后建立了几个国际性的组织机构，其中业务量最大、成员最多、在世界各地分布最广泛的是"国际保理商联合会"（Factors Chain International，FCI）。中国银行自20世纪80年代后期就已开展了国际保理业务，并于1993年年初正式加入国际保理商联合会。中国银行与美国、西欧、东南亚等国家和地区的30多家保理公司签署了正式协议，并可以通过目前世界上最先进的电子数据传输系统（EDI）与国际保理商联合会的所有成员进行国际保理业务联系，自1993年至1996年，出口保理业务量已达1亿美元左右，因进口商信用风险所承租的损失由国外保理商全额赔付也已达60多万美元，使中国的出口商在一定程度上避免了赊销这种放账销售方式的商业风险。但是，一些国内的外贸公司片面地认为只要做了保理就等于进了保险箱，一定能拿到货款，而不努力提高自身的履约率和产品的质量。《国际保理业务惯例规则》规定，由于贸易纠纷，并且责任是由出口商承担的，进口保理商不应被要求对出口商的应收账款进行付款，而无论以前是否提供担保。

2021年，在经历了疫情的持续冲击后，全球经济从短暂的衰退周期逐步走向复苏，全球大部分主要经济体的经济增长、产出和投资大体上已经修复至疫情前水平，全球保理行业实现快速恢复增长。根据FCI的统计，2021年全球保理业务量估算约合3.09万亿欧元，欧洲地区保理业务量达2.12万亿欧元，是全球最大的保理市场，中国的业务量为5626亿欧元，连续第五年领跑全球。我国国际保理业务量为481.77亿美元，国内保理业务量为3.25万亿元人民币，国内保理业务量占比达91.29%。

2.国际保理业务的程序

国际保理业务的基本程序如图15-9所示。

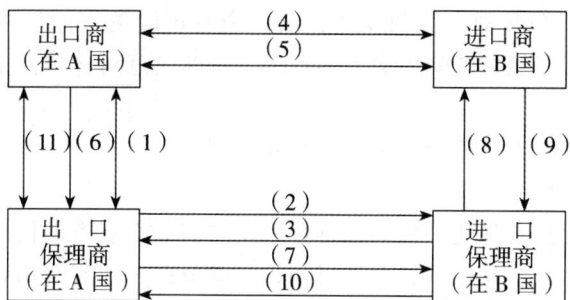

图 15-9　国际保理业务基本程序图

说明：

（1）出口商在同进口商签订销售合同前，与出口保理商签订保理合同，将进口商的名称、地址等情况告知出口保理商，并请出口保理商为进口商申请一个信用额度。

（2）出口保理商将进口商的名称、地址及信用额度的申请通知其在进口地一家有关系的进口保理商。

（3）进口保理商对进口商资信情况进行调查，根据资信情况，确定进口商的信用额度，通知出口保理商，由后者转告出口商。

（4）进口商和出口商签约。

（5）出口商发运货物，将带有转让条款的发票及装运单据寄给进口商或交出口保理商，由后者寄给进口商或进口保理商，特别转让条款规定进口商将发票金额支付给进口保理商。

（6）出口商将发票副本交出口保理商，如果出口商申请，可从出口保理商处立即获得一部分预付货款。

（7）出口保理商将发票副本转寄给进口保理商，后者将发票计入应收账款。

（8）进口保理商定期向进口商催收账款。

（9）在付款到期日，进口商向进口保理商付款。

（10）进口保理商将收到的全部发票金额立即拨付出口保理商。

（11）出口保理商扣除预付款后，将剩余部分转付出口商。

3.国际保理业务的费用和利息

（1）服务费。出口保理商有权根据进口保理商和出口保理商所承担的风险大小，收取发票金额1%左右的服务费。

（2）融资利息。在出口商发运货物后至货款到期之前，出口商可申请融通资金。出口保理商视出口商的资金状况和出口销售款项，提供信用额度内发票金额的50%~80%的融资，其融资利率为伦敦同业拆借利率（LIBOR）加适当利差，按外币计息。

4.国际保理业务方式的适用范围

保理业务作为对现有国际结算方式的一种补充，出口方在下列情况下，可采用：

（1）对国外客户资信情况不了解，且对方不愿意接受信用证方式。

（2）过去的交易采用托收方式，进口商经常拖欠货款。

（3）由于市场和其他方面的变化，出口商有可能失去原先以信用证为支付方式的订单，甚至有可能在竞争中失去客户，出口商同意对进口商采用远期赊账方式销售。

（4）出口商对应收货款寻求催收和有效管理。

5.国际保理业务的利益

（1）增加买卖双方的交易机会和营业额，并使买卖双方的信用风险得到保证。

（2）简化进出口贸易手续，节省时间，提高效率，节省费用和降低成本，扩大了买卖双方的利润。

（3）出口商向出口保理商申请预付货款，可提前得到大部分货款，并减轻可能发生的各种风险。

6.保理业务与信用证的区别

（1）保理业务不同于信用证的以单据为依据付款，只是在商品与合同相符的前提下保理商才承担付款责任。如果由于货物品质、数量、交货期等方面的纠纷而导致进口商不付款，保理公司不承担付款的风险，因此出口商应严格执行合同。

（2）保理公司承担的是信用额度内的风险担保，超过额度发货的发票金额不予担保。

（3）保理商不像信用证开证银行那样承担第一付款责任，而只能在进口方倒闭、无支付能力的情况下，在其确认的额度内履行付款责任。

（五）防范汇率风险

在第六章第二节中曾指出：我国企业进出口商品如果采用本国货币（人民币）计价结算，因不涉及外汇，就能简化结算手续，避免汇率风险。国际贸易外汇收支汇率风险防范可参阅第六章第二节交易风险的管理中讲述的各种方法。

第四节　国际贸易外汇收支的效益分析

如果企业国际贸易的出口和进口用人民币计价结算，就可以将人民币收入和人民币支出（成本）直接进行比较，计算其效益，比较简便，如果出口收入外汇，进口支付外汇，涉及人民币和外汇，其效益计算比较复杂。为了提高效益，需注意增加外汇收入，节约外汇支出。

一、出口收汇的效益分析

（一）反映企业出口收汇效益的指标

1.出口换汇成本

它是企业在一定时期内出口商品的全部成本与出口收汇两者的比值，表明每收入1个外币单位（通常指1美元）所支出的人民币数额。其计算公式如下：

$$出口换汇成本=\frac{出口商品总成本（人民币）}{出口商品外汇净收入（美元）}$$

出口商品按离岸价格（FOB）成交时，出口商品外汇净收入等于出口商品外汇总收入减去以外汇支付的佣金；出口商品按到岸价格（CIF）成交时，出口商品外汇净收入等于出口商品外汇总收入减去以外汇支付的佣金、保险费和运费等。

外贸公司出口商品总成本包括出口商品进货价、商品流通费和出口关税（我国规定只对少数稀缺物资的出口征收出口关税）。购入准备出口的商品如需加工整理，其加工整理费用应包括在出口商品总成本之内。

生产企业出口产品总成本应包括出口产品的生产成本、各项费用和出口关税等。

例如，某进出口公司在国内购进一批商品，进货价为7 400万元人民币，加工整理费250万元人民币，流通费用350万元人民币。出口后的外汇收入总额1 050万美元，出口业务中支付国外运输、保险费和佣金共计50万美元。

出口商品外汇净收入=1 050-50=1 000（万美元）

出口商品总成本=7 400+250+350=8 000（万元人民币）

$$出口换汇成本=\frac{8\ 000}{1\ 000}=8（元人民币/美元）$$

2.出口换汇率

它是指每出口100元人民币总成本的商品能换回多少外汇（美元），直接反映出口商品的换汇能力，是出口成本效益指标。其计算公式如下：

$$出口换汇率=\frac{出口商品外汇净收入（美元）}{出口商品总成本（人民币）}\times100\%$$

出口换汇率与出口换汇成本在数值上互为倒数。

按前例数据计算：

$$出口换汇率=\frac{1\ 000}{8\ 000}\times100\%=12.5\%$$

即花100元人民币能换回12.5美元，此比率越高说明效益越好。

3.出口盈亏额

它是出口商品外汇净收入折合成人民币数额减去人民币总成本后的余额。其计算公式如下：

出口盈亏额=出口商品净收入（外汇折合人民币数）-出口商品总成本（人民币）

出口商品净收入（人民币）=出口商品外汇净收入×银行外汇汇率

设当时的汇率为1美元=8.30元人民币，按前例数据计算：

出口盈亏额=1 000×8.30-8 000=300（万元人民币）

4.出口盈亏率

它是出口盈亏额与出口商品总成本对比计算的百分率。其计算公式如下：

$$出口盈亏率=\frac{出口盈亏额}{出口商品总成本}\times100\%$$

按前例数据计算：

$$出口盈亏率=\frac{300}{8\,000}\times100\%=3.75\%$$

5.反映加工装配（来料加工、来件装配）贸易收汇效益的指标

其主要指标有以下几项：

（1）加工装配贸易盈亏额=加工装配贸易加工装配费外汇净收入×银行外汇汇率－加工装配成本

（2）$$加工装配贸易盈亏率=\frac{加工装配贸易盈亏额}{加工装配成本}\times100\%$$

（3）$$加工装配贸易换汇成本=\frac{加工装配成本（人民币）}{加工装配贸易加工装配费外汇净收入（美元）}$$

例如，某工业企业从事来料加工业务，加工装配费外汇净收入100万美元，加工装配成本780万元人民币，当时，汇率为1美元=8.30元人民币。

加工装配贸易盈亏额=100×8.30−780=50（万元人民币）

$$加工装配贸易盈亏率=\frac{50}{780}\times100\%=6.41\%$$

$$加工装配贸易换汇成本=\frac{780}{100}=7.8（元人民币/美元）$$

（二）出口换汇成本的分析运用

换汇成本是评价出口业绩和进行经营决策的重要依据，应从多方面加以分析运用。

（1）将换汇成本与汇率进行对比，考核企业出口盈亏。换汇成本指标的分子表示出口业务的所费，而分母则表示出口业务的所得，两者对比的数值反映着出口业务经济效益的高低。换汇成本越低，则经济效益越高。在分析时，将换汇成本与美元汇率进行比较，即可确定出口业务的盈亏。例如，当时的汇率为1美元=8.30元人民币，如果换汇成本低于8.3元/美元，即为盈利，反之则为亏损。前例的换汇成本为8元/美元，可以确定出口商品是有利润的，出口商品外汇收入每1美元获得的人民币利润为0.3元人民币（8.3−8），该例的外汇净收入1 000万美元，出口利润总额为300万元人民币（1 000×0.3），其成本利润率为3.75%（$\frac{0.3}{1\times8}\times100\%$）。出口商品的换汇成本高低和盈亏情况是考虑商品是否宜于出口的重要因素。如果某种商品的换汇成本高于汇率，一般就认为它不宜于出口。但一种商品是否安排出口，除了看它的盈亏情况以外，还需考虑其他因素。例如，为了占领国际市场，不失去原有的国外客户，或为了完成国家下达的增加外汇收入任务，有时还出口某些亏损商品，此时，更应采取有效措施，降低换汇成本，扭亏增盈。

（2）将换汇成本与出口商品成本、费用相联系，据以制定出口商品价格。前已说明，换汇成本等于出口商品总成本除以出口商品外汇净收入，而出口商品外汇净收入等于出口商品外汇总收入减出口商品业务中以外币支付的佣金、运输、保

险等费用，即：出口商品外汇净收入=出口商品外汇总收入×（1-出口业务外币费用率）。出口业务外币费用率是指出口业务中以外币支付的佣金、运输、保险等费用占出口商品外汇总收入的百分比。根据上述，可确定出口商品价格的计算公式如下：

$$出口商品单价（美元）=\frac{出口商品单位成本(人民币)}{换汇成本 ×(1-出口业务外币费用率)}$$

例如，经测算某种商品出口的单位成本为 6 000 元人民币。汇率为 1 美元=8.30 元人民币，上期实际换汇成本为 8 元/美元，出口业务外币费用率为 5%。从汇率来看，该种商品的出口价格不应低于 760.94 美元（$\frac{6\ 000}{8.30 × (1 - 5\%)}$），按上期实际换汇成本来推算的出口价格为 789.47 美元（$\frac{6\ 000}{8 × (1 - 5\%)}$）。在此基础上，根据国际市场上该种商品的销售情况和价格趋势，可将出口价格定得略高于或低于 789.47 美元。

（3）将各种出口商品的换汇成本进行比较，将向不同国家或地区出口的同一种商品的换汇成本进行比较，选择出口商品的有利品种和地区。由于各种出口商品的换汇成本有着很大差距，在可能的情况下，应多出口那些换汇成本较低的商品，少出口那些换汇成本较高的商品，这有利于提高企业出口商品的利润水平。换汇成本与出口地区还有联系，同一种商品向甲国销售，由于该国的价格较低，因而换汇成本较高，向乙国销售，由于该国的价格较高，因而换汇成本较低。同一种商品向某国出口可能要亏损，但向另一国销售则可能有利润，这在经营决策上是一个不可忽视的因素。在可能的情况下，应多向价格较高、换汇成本较低的国家或地区出口，以提高出口商品的经济效益。

（4）将本期的实际换汇成本同本期的计划换汇成本、上期的换汇成本进行比较，将本企业的换汇成本与其他企业出口同种商品的换汇成本进行比较，找出差距，分析换汇成本高低的主客观原因，以便挖掘降低换汇成本的潜力。

为了降低换汇成本，应从以下各方面采取措施：

① 努力增加外汇收入。首先，要不断地提高出口商品质量，改进包装装潢，及时交货，搞好售后服务，提高企业信誉，使进一步提高售价有了可能；其次，要加强对国际市场的调查研究，了解各国商品价格的变化，尽可能多地向价格较高的国家出口商品；再次，合理地节约出口业务过程中的外币费用（如运输费、佣金等），以增加出口商品的外汇净收入；最后，搞好出口经营管理体制的改革，加强宏观调控，避免国内各出口商对外竞销，盲目削价，自相残杀。

② 不断地降低出口商品总成本。这既要努力降低生产环节的成本费用，又要重视降低流通环节的各种费用，为此必须加强生产经营管理。生产企业要千方百计地降低原材料、燃料、动力消耗，提高劳动生产率，节约各项费用。外贸企业要加强对出口商品的收购、验收、保管、运输等各环节的管理，建立健全责任制，防止

商品损坏、变质、盘亏、削价等损失,降低费用开支。

③ 优化出口商品品种结构。出口商品品种结构是指各种出口商品数额占全部出口商品数额的比重。优化出口商品品种结构就是增大换汇成本较低的商品在全部出口商品中所占的比重,这样可以降低全部出口商品的平均换汇成本。例如,某企业出口甲、乙两种商品。上期出口数量为甲10吨、乙10吨;每吨的外汇净收入为甲1 000美元、乙800美元;每吨的出口成本为甲8 000元人民币、乙7 000元人民币。本期出口数量为甲15吨、乙5吨,为了便于观察品种结构变动对平均换汇成本的影响,每吨的外汇净收入和出口成本仍按上期数计算。平均换汇成本的计算、比较见表15-1。

表15-1 平均换汇成本的计算、比较

品种	上 期				本 期			
	出口数量(吨)	外汇净收入(美元)	出口总成本(元人民币)	换汇成本	出口数量(吨)	外汇净收入(美元)	出口总成本(元人民币)	换汇成本
甲	10	10 000	80 000	8.0000	15	15 000	120 000	8.0000
乙	10	8 000	70 000	8.7500	5	4 000	35 000	8.7500
合计	—	18 000	150 000	8.3333	—	19 000	155 000	8.1579

此例说明,由于本期优化了出口商品品种结构(换汇成本较低的甲商品在全部出口商品中所占的比重增大了),因而使平均换汇成本由8.3333元/美元降为8.1579元/美元。

二、进口用汇的效益分析

(一)外贸企业进口用汇的效益

外贸企业从国外进口商品,要按汇率用人民币购买外汇支付货款,进口的商品在国内销售,收回人民币货款,其用汇的经济效益可用下列指标来反映:

1.进口用汇效果

它是进口1美元商品在国内销售可得的人民币数额。其计算公式如下:

$$进口用汇效果=\frac{进口商品国内销售净收入(人民币)}{进口商品外汇支出额(美元)}$$

用汇效果指标的数值越是超过银行挂牌汇率就越好。

例如,某进出口公司进口商品一批,外汇支出额1 000万美元,该批商品在国内销售,收入8 650万元人民币,国内流通费和税费50万元人民币。当时,银行挂牌汇率为1美元=8.30元人民币。

$$进口用汇效果=\frac{8\ 650-50}{1\ 000}=8.6(元人民币/美元)$$

2.进口盈亏额

它是进口商品在国内的销售收入减去进口商品总成本以后的余额。其计算公式如下：

进口盈亏额=进口商品国内销售收入−进口商品总成本

式中：进口商品总成本=进口商品外汇支出额×汇率+国内流通费+税费

进口商品总成本=1 000×8.30+50=8 350（万元人民币）

进口盈亏额=8 650−8 350=300（万元人民币）

还可以计算以下两个指标：

（1）进口单位商品盈亏额=$\dfrac{\text{进口盈亏总额}}{\text{进口商品销售量}}$

（2）每1美元赔赚（盈亏）额=$\dfrac{\text{进口盈亏总额(人民币)}}{\text{进口商品外汇支出额(美元)}}$

3.进口盈亏率

它是进口盈亏总额与进口商品总成本对比计算的百分率。其计算公式如下：

进口盈亏率=$\dfrac{\text{进口盈亏总额}}{\text{进口商品总成本}}$×100%

按前例数据计算：

进口盈亏率=$\dfrac{300}{8\ 350}$×100%=3.59%

（二）生产企业进口用汇的效益

（1）生产企业从国外进口原材料生产产品，应根据不同情况计算其经济效益。

① 如果产品在国内销售，应计算使用进口原材料比使用国产原材料是否能提高产品质量、降低成本和增加利润。

② 如果产品出口，则应计算外汇增值率、净创汇换汇成本等指标。外汇增值率反映以外汇进口原材料，经加工为成品（包括半成品）出口换取外汇的效果。其计算公式如下：

外汇增值率=$\dfrac{\text{出口产品外汇净收入}-\text{出口产品外汇成本}}{\text{出口产品外汇成本}}$×100%

式中：出口产品外汇成本主要指生产出口产品耗用进口原材料而支出的外汇，如果生产出口产品在工资、费用等方面还支付了外汇，也应计入出口产品的外汇成本。出口产品外汇净收入减去出口产品外汇成本，称为外汇增值额。

净创汇换汇成本是指净创汇（即外汇增值额）每1外币单位（通常指1美元）所花费的人民币成本。其计算公式如下：

净创汇换汇成本=$\dfrac{\text{出口产品总成本(人民币)}-\text{出口产品外汇成本}\times\text{汇率}}{\text{出口产品外汇净收入}-\text{出口产品外汇成本}}$

例如，某工业企业进口原材料支付350万美元，利用这些原材料生产的产品全部出口外汇净收入 500 万美元。这批产品的总成本 4 120 万元人民币，当时汇率为 1 美元=8.30 元人民币。

$$外汇增值率=\frac{500-350}{350}\times100\%=42.86\%$$

$$净创汇换汇成本=\frac{4\,120-350\times8.3}{500-350}=8.1（元人民币/美元）$$

（2）生产企业进口机器设备属于固定资产投资的，应计算投产后增加产品品种和产量、提高质量、降低成本、增加利润的数额，计算投资回收期和投资利润率等指标。

三、建设项目进出口外汇收支的效益分析

进行某一建设项目，如果进口设备、原材料，支付外汇；其产品出口，收回外汇。在进行项目可行性研究时，需测算建设项目外汇净流入（外汇流入减外汇流出）的换汇成本。其计算公式为：

$$建设项目外汇净流入的换汇成本=\frac{\sum_{t=1}^{n}DR_t(1+i)^{-t}}{\sum_{t=1}^{n}(FI-FO)_t(1+i)^{-t}}$$

式中：分母为外汇净现值（NPV_F）；FI 为外汇流入量；FO 为外汇流出量；$(FI-FO)_t$ 为第 t 年的外汇净流量；i 为折现率，一般可取外汇贷款利率；n 为计算期。分子的 DR_t 为项目在第 t 年生产出口产品投入的国内资源（包括投资、原材料、工资及其他费用）。

例如，某公司进行某一建设项目，从国外进口某些设备和原材料，建设期 1 年，生产经营期 5 年，产品大部分出口，计算换汇成本的有关资料见表 15-2（上半部分，外汇的金额单位为万美元；下半部分，固定资产投资、流动资金和经营成本的金额单位为万元人民币）。

表15-2 建设项目的成本和外汇净现值

年份 项目	1	2	3	4	5	6	合计
外汇流入量：							
产品外销		4	5	5	5	5	24
外汇流出量：							
进口设备	6						6
进口原材料		1	1	1	1	1	5
外汇净流量	-6	3	4	4	4	4	13

年份 项目	1	2	3	4	5	6	合计
折现系数（i=8%）	0.962	0.857	0.794	0.735	0.681	0.630	—
外汇净现值	−5.772	2.571	3.176	2.940	2.724	2.520	8.159
固定资产投资	35						35
流动资金	8	5					13
经营成本		4	6	6	6	6	28
合　计	43	9	6	6	6	6	76
现　值	41.366	7.713	4.764	4.410	4.086	3.780	66.119

$$建设项目外汇净流入的换汇成本=\frac{66.119(万元人民币)}{8.159(万美元)}=8.1038（元人民币/美元）$$

案例 15-1

开证行不履行付款义务的风险处理

前面在阐述信用证的特点时，曾指出信用证是一种银行信用，开证行负第一付款责任。在阐述信用证的利弊分析时，曾指出采用信用证方式时，出口商的收款风险仍然存在，例如开证行无理拒付或无力支付，不履行付款义务。随着国际金融危机的全面爆发和深度蔓延，部分国家和地区的银行业受到巨大冲击，银行信用风险开始逐步显现。如果出现开证行不履行付款义务时，应调查分析原因，适当确定减损，提出处理方案。

1.本案例基本情况

中国出口商A公司是一家专门生产发电机组的大型股份制企业，产品远销中东、非洲、东南亚、欧洲、南美等100多个国家和地区。A公司内部管理较为规范，风险控制水平良好，在国内外市场上享有较高的知名度。B公司是A公司在尼日利亚地区的重要商业伙伴，双方已有长达4年的交易历史。在合作过程中，A公司与B公司之间采取季度订单方式完成交易，即B公司提前3个月下订单给A公司，A公司接单后生产备货完成，即向B公司发货。自建立贸易关系以来，双方合作顺利，从未出现过逾期付款问题。

2008年年底国际金融危机全面爆发以来，A公司为降低交易风险，在与B公司的合作中采取了更为审慎的交易方式，即由此前的D/P（付款交单）即期结算变更为L/C即期结算，旨在以银行信用为依托，规避可能面临的买方商业风险。2008年11月，A公司向B公司出运一批价值106万美元的发电机组，约定结算方式为L/C即期。A公司通过中国国内银行向开证行C提交单据后，C银行既未在审单时限内提出任何"不符点"，也未在信用证规定时间内履行付款义务。因投保了出口信用保险，A公司遂向中国出口信用保险公司（以下简称中国信保）通报可能损失。

接到报损通知后，中国信保一方面立即着手调查了解开证行拒付原因，另一方面指导被保险人积极减损。

2.调查分析原因

经中国信保介入调查，开证行C未提出"不符点"，但始终未就信用证项下货款的拒付原因进行任何答复。经进一步调查核实，买方B公司已提取报损项下全部货物。中国信保经审理后认为，根据本案项下信用证约定适用的UCP 600之规定，开证行在未提出"不符点"、未付款也未退单的情况下，擅自将信用证项下单据放给B公司，存在明显的信用问题。本案致损原因为开证行拖欠，属中国信保保险责任。

3.适当确定减损

鉴于B公司已提取货物，A公司通过国内银行向开证行C抗辩无果后，遂向买方B公司追索全部欠款。B公司以尼日利亚货币奈拉大幅贬值对其造成汇率损失为由，要求A公司分担其部分损失金额（23万美元），并在应付账款总额（106万美元）中进行相应扣减。此外，B公司同时提出，要求A公司在收到信用证项下全额货款后，向其补发价值23万美元的货物，作为对B公司在本案交易项下所受损失的弥补。

4.确定最终处理方案

考虑到涉案金额较大，而因开证行C擅自放单导致A公司已丧失货权，虽然B公司要求折扣的理由无法成立（作为买方，B公司应自行承担国际贸易中的汇率变动风险），但从有效控制风险、最大限度减少损失的角度出发（预估损失率约为22%），经中国信保审批同意，A公司与B公司就上述债务解决方案签署了正式书面协议。根据协议的约定，B公司向A公司支付了本案项下全部货款106万美元。收到上述货款后，A公司于2009年11月向B公司返运了价值23万美元的货物，企业的上述损失由中国信保承担。

资料来源：张雪. 开证行拖欠付款的背后［J］. 国际融资，2011（8）：54-55.

案例15-2

新海公司出口信用保险保单融资

新海公司得到一份出口订单，金额300万美元，采用托收的承兑交单方式支付；平均信用期限为90天，该公司自有资金只有110万美元；海外进口商要求新海公司在半年（180天）内分三个批次集中发运；该公司这种商品每批发运工作环节（落实资金、生产备货、商检发运）需要60天；该公司出口产品的成本和毛利的构成比例为：自有资金和银行贷款业务投入占70%，为210万美元（300×70%），管理加工成本占20%，为60万美元（300×20%），毛利占10%，为30万美元（300×10%），出口产品的成本为270万美元（210+60），分三批投入，每批需投入90万美元。由上述可知，出口一批产品发运前的全过程需要60天，发运后需90天才能收到货款。该公司的第一批产品出口就要投入资金90万美元，自有资金110万美元只剩下20万美元，为了第二批产品又要投入90万美元，资金缺少70万美元，如果不利用信保融资方法，就只能等待前一批出口商品的货款收回后（需要等待90天）才能组织下一批产品的生产经营。从表15-3可看出，该公司利用与不利用信保融资情况下资金流动的差别。

表15-3　　　　　　利用与不利用信保融资情况下资金流动的差别　　　　　　金额单位：万美元

批次		不利用信保融资			利用信保融资								+、-
		日期	自有资金流出（业务支出）	资金流入（业务收入）	日期	资金流入		资金流出					
						业务收入	获得银行贷款	自有资金支出	银行贷款支出	归还贷款	保费支出	贷款利息支出	
第一批	发运	第1~60天	90		第1~60天			90			1		-91
	收汇	第150天（60+90）		100	第150天（60+90）	100							100
第二批	发运	第150~210天（150+60）	90		第60~120天（60+60）		80	10	80		1	1	-12
	收汇	第300天（210+90）		100	第210天（120+90）	100				80			20
第三批	发运	第300~360天	90		第120~180天		80	10	80		1	1	-12
	收汇	第450天（360+90）		100	第270天（180+90）	100				80			20
合计			270	300		300	160	110	160	160	3	2	25

从表15-3可以看出，新海公司由于自有资金不足，又未利用信保融资，因而对于上述300万美元的出口任务，第三批产品的发运要到第360天才能完成，这批产品的出口收汇要到第450天才能实现，不能满足进口商的要求，这笔交易就不能成交。在利用信保融资的情况下，该公司第一批产品发运时，虽然自有资金只剩余20万美元，但由于及时取得了银行贷款80万美元，能及时地继续进行生产经营活动，第三批产品在第180天时就能发运，能满足进口商的要求，在第270天就能实现收汇，赢得了时间，全年能完成更多的出口任务，实现更多的利润。信保融资对进出口商、商业银行和中国信保公司都有利，能实现三方共赢局面。

资料来源：程涛. 如何用信用保险保单融资［J］. 国际融资，2009（6）：49-51.

思考题

1. 企业国际贸易外汇收支结算中使用哪些票据和单据？

2. 汇票、本票和提单各有什么作用？

3. 出口商怎样利用汇票融通资金？

4.企业国际贸易中采用哪些结算方式?信用证有哪些特点和作用?试述信用证结算方式的程序。

5.简要说明各种结算方式的风险和出口竞争能力的差异。

6.企业在出口收汇中有哪些风险?怎样防范这些风险?

7.什么是国际保理业务?试述它的作用和程序。

8.什么是出口换汇成本?怎样计算和分析利用这一指标?

9.什么是出口换汇率、出口盈亏额（率）、进口用汇效果、进口盈亏额（率）、外汇增值率和净创汇换汇成本?怎样计算和分析这些指标?

计算题

1.某工业企业全年共出口甲产品40 000件。每件生产成本200元人民币，与甲产品外销有关的各种费用20万元人民币。甲产品出口的外汇总收入104万美元，出口业务中支付的国外运输费、保险费和佣金共4万美元。汇率1美元=6.80元人民币。

要求：计算甲产品的出口换汇成本、出口换汇率、出口盈亏额和出口盈亏率。

2.某工业企业出口甲产品10 000件，每件生产成本800元人民币，与甲产品外销有关的费用100 000元人民币。换汇成本为8.1元人民币，汇率为1美元=6.70元人民币。

要求：计算出口换汇率、盈亏额和盈亏率。

3.某企业进口原材料共支付800万美元，利用这些原材料生产的产品全部出口，外汇净收入1 200万美元。这批产品的总成本9 860万元人民币，汇率1美元=6.60元人民币。

要求：计算外汇增值率和净创汇换汇成本。

相关网站

中国报关协会 chinacba.org.

中国出口信用保险公司 www.sinosure.com.cn.

中国通关网 www.e-to-china.com.cn.

贸易之窗网 www.tradow.com.

汇天国际结算网 www.10588.com.

第十六章

国际技术贸易外汇收支

第一节 国际技术贸易的方式与程序

一、国际技术贸易的概念

（一）技术的定义与分类

世界知识产权组织在 1977 年版的《供发展中国家使用的许可证贸易手册》中给技术下的定义是："技术是指制造一种产品的系列知识所采用的一种工艺，或提供的一项服务，不论这种知识是否反映在一项发明、一项外形设计、一项实用新型或者一种植物的新品种上，或者反映在技术情况或技能中，或者反映在专家为设计、安装、开办、维修、管理一个工商企业而提供的服务或协助等方面。"实际上是把世界上所有能带来经济效益的科学知识都定义为技术。

对技术可进行多种分类，例如：

（1）按技术的功能，可分为产品技术、生产技术和管理技术。

（2）按技术的体现形式，可分为：

① 反映在产品中的技术。例如，一套新的机器、仪器或设备，通常称为技术硬件。

② 以书面记述形式存在的技术。例如，计算机程序、设计蓝图、工艺、操作和维修程序等，被称为技术软件。

③ 存在于人的大脑中的技术。例如，一种特殊的制造、操作或管理技能、专长或诀窍，掌握这些技术的人，通常称为技术专家。

（3）按技术的产权特征，可分为：

① 公有技术，即公开的技术，任何人都可以不受限制地无偿使用。

② 私有技术。拥有人可以申请专利，这项技术就成了专利技术，受法律保护。但有些技术拥有人并不申请专利，只是通过保密措施来保护拥有权。

（二）国际技术贸易与技术转让

技术贸易（technology trade）是指技术供求双方按照一般的商业条件买卖技术

的商业行为。如果这种交易是在一国之内进行的，就称为国内技术贸易。如果这种交易跨越国界，则称为国际技术贸易。从一个国家来看，国际技术贸易包括技术出口（technology exportation）和技术引进（technology acquisition）两个方面。

技术转让（technology transfer）是指拥有技术的一方通过某种方式把一项技术转让给另一方的活动。按照联合国贸易与发展会议 1981 年提出的《联合国国际技术转让行动守则（草案）》中所下的定义，"技术转让是指关于制造产品，应用生产方法或提供服务的系统知识的转让，但不包括货物的单纯买卖或租赁"，现代国际技术转让可分为非商业性技术转让和商业性技术转让两类。非商业性技术转让是指不以营利为目的的国际技术转让活动。例如，某国政府或国际组织实施技术援助计划、国际的科学技术情报交换及学术交流等，这种技术转让通常是无偿的或是条件极为优惠的。商业性技术转让是以营利为目的的技术转让，主要通过经济合作途径和贸易途径进行。通过经济合作途径进行的国际技术转让，在我国实践中常见的是含有技术转让内容的中外合资经营（将技术折算为投资股本）和中外合作经营（将技术作为合作经营的条件）。通过贸易途径进行的国际技术转让即为国际技术贸易。

（三）国际技术贸易与货物贸易

与货物贸易相比，技术贸易有下列特点：

1. 贸易对象不同

货物贸易的对象是"物质产品"，便于计量和质量检测，而技术贸易的对象是"知识产品"，不便于计量和检测，被称为"无形贸易"。

2. 贸易关系不同

货物贸易是所有权的转让，一件商品只能卖给一个买主。而技术贸易一般只是使用权的转让，当一家公司把一项技术转让给另一家公司时，这家公司对该项技术仍拥有所有权，可以再向别的公司转让，因此技术可以多次出售。

3. 贸易条件不同

货物贸易条件相对简单，买卖双方谈成一笔商品交易，钱货两清，交易活动就告结束。而技术贸易是同行业的企业或个人之间的一种较长时间的合作关系，合同内容除支付价款和交付设备及技术资料外，还涉及技术的传授、保密责任、技术的发展与改进、考核验收等，情况较复杂。

虽然技术贸易与货物贸易有上述差别，但两者密切联系，相互促进，表现在技术可存在于普通商品实体之中。例如，某一新的机器设备中含有某种专利技术或专有技术，当这一机器设备作为商品在国际市场上出售时，其内在的技术就同时在国际市场实现交易。货物商品在市场上的竞争能力在很大程度上取决于其内在的技术水平；企业可以通过引进技术，提高产品质量，增加产量，降低成本，提高竞争能力，扩大货物商品出口贸易；企业还可以通过技术输出，带动货物商品出口。

二、国际技术贸易的方式

国际技术贸易的方式主要有以下几种：

（一）技术许可

单纯的软件技术的转让是通过技术许可来进行的。技术许可包括：专利许可、商标许可、专有技术许可以及成捆许可或组合许可（包括两项或两项以上内容的许可）。技术许可的主要内容包括：

1.使用技术的权限

按技术使用权限的大小，技术许可分为：

（1）独占许可。独占许可是指在许可合同所规定的时间和地域范围内卖方只把技术转让给某一特定买主，买方不得卖给第二家买主。同时卖方自己也不得在合同规定的范围内使用该技术和销售该技术生产的产品。

（2）排他许可。排他许可是指卖方在合同规定的时间和地域范围内只把技术授予买方使用，同时卖方自己保留使用权和产品销售权，但不再将该技术转让给第三者。

（3）普通许可。普通许可是指卖方在合同规定的时间和地域范围内可以向多家买主转让技术，同时卖方自己也保留技术使用权和产品销售权。

（4）可转让许可。可转让许可，又称分许可、再许可或者从属许可，是指在许可贸易合同规定的有效期限和区域内，被许可方有权利用许可标的从事使用、制造、进口和销售等活动，并经许可方同意，被许可方有权以许可人的身份允许第三方在规定地域内使用被许可方获得的许可标的，即被许可方拥有许可标的转让权。

（5）交叉许可。交叉许可是指在许可贸易合同规定的有效期限和区域内，合同当事各方均以其所拥有或持有的技术，按照合同所约定的条件交换技术的使用权，供对方使用，互为许可方和被许可方。许可各方的权利可以是独占的也可以是非独占的。双方权利对等，一般不需要支付使用费。

2.使用技术的期限

专利技术或版权的许可期限不应超过该专利或版权的法律保护期。

3.使用技术的地域界线

规定买方只能在某一国家或地区使用转让的技术，不能超出这个范围。

（二）技术服务和技术咨询

技术服务是指受托方应委托方的要求，针对某一特定技术课题，运用所掌握的专业技术技能、经验、信息、情报等向委托方所提供的知识性的服务。所谓的技术课题，是指有关改进产品结构、改良工艺流程、提高产品质量、降低产品生产成本、减少原材料和能源消耗、安全生产操作、治理污染等特定的技术问题。

技术咨询是指受托方应委托方的要求，针对解决重大技术课题或特定的技术项目，运用所掌握的理论知识、实践知识和信息，通过调查研究，运用科学的方法和先进的手段，进行分析、评价、预测，为委托方提供建议或者可供选择的方案。技术咨询课题或项目一般包括科技与经济、重大技术工程项目、专题技术项目的可行性论证、软科学研究课题，促进科技进步和管理现代化、提高经济效益和社会效益的课题等。

（三）国际合作生产和合作开发中的技术转让或分享

国际合作生产是指不同国家的企业之间根据所签订的协议，在某项或几项产品的生产、销售上采取联合行动，即双方共同研究、共同生产、互相提供生产中所需要的零部件，共同进行产品的销售并由双方共负盈亏的方式。在合作生产中，技术力量较强的一方转让技术，技术力量较弱的一方引进技术，按双方议定的价格进行结算。

国际合作开发是指不同国家的两个以上的自然人、法人或其他组织，为完成一定的研究开发工作，如就新技术、新产品、新工艺或者新材料及系统的研究与开发，由当事人各方共同投资、共同参与研究开发活动、共同承担研究开发风险，并共同分享研究开发成果。共同投资包括资金、技术和设备厂房的投入，确定投资各方所占的比例。合作开发的技术成果所产生的专利申请权、专利权、非专利技术成果的使用权、转让权归合作双方所有。技术成果和上述知识产权以及由此产生的利益由合作双方分享。

（四）国际工程承包中的技术转让

在国际工程承包中，承包商按照一定条件承包某项工程建设项目，负责工程项目的设计，编制方案、技术文件、预算，购买设备和材料，承担工程项目的建筑、设备安装、调整和试车，使工程项目达到设计指标的标准。在承包工程项目建设过程中，包含技术转让内容，特别是项目建设的后期，承包商要为出包方培训技术人员，提供所需的技术知识，如专利技术、专有技术等，以保证项目的正常运行。工程完成后，由工程出包方按合同的规定向承包商支付工程款（含应付技术价款）。

（五）特许经营中的技术转让

特许经营是指由一家已经取得商业成功的企业（特许方），将其商标、商号名称、专利、专有技术、服务标志和经营模式等授予另一家企业（被特许方）使用。被特许方用特许方的商业名称经营业务，遵循特许方制定的方针和程序。同时，特许方有义务不断地对被特许方的经营提供资金、技术、商业秘密、人员培训或管理等方面的援助和支持。而特许方从被特许方处得到连续提成费或其他形式的补偿，一般称为特许费。

（六）在买卖商品的同时买卖其中的技术

技术贸易是以非物质形态的技术知识作为交易对象的，但某些物质商品的买卖中含有技术贸易的内容。在购买某种物质商品的同时转让其中的全部或部分技术，比如买卖某种机器设备的同时买卖机器设备的制造技术，买卖某种飞机的同时买卖飞机的操作和维修技术。

（七）通过补偿贸易买卖技术

补偿贸易是由出口商提供设备、技术，引进方（进口方）用于生产后，用产品作价补偿引进设备技术的价款。在来料加工和来件装配贸易中，如果外商还提供设备和技术，引进方可以用应收加工装配费来补偿设备和技术的价款。

三、国际技术贸易的程序

企业从国外引进技术，一般经过以下程序：

（一）选择技术

选择引进的技术应贯彻"经济、有效、先进、适用"的原则，在符合社会发展需要的前提下，以尽可能少的投入，获得尽可能多的收益。选择是否适当，直接关系到技术引进的成败。

（二）可行性研究

在引进之前，要采用科学的技术经济分析方法对拟引进技术的先进性、适用性和经济合理性进行分析，为技术引进决策提供科学依据，克服技术引进的盲目性，避免技术引进的失误。技术引进项目可行性研究的内容包括项目的总体分析、市场需求与生产能力分析、技术分析，以及财务和经济分析。

（三）技术引进合同的签订

在做好了周密细致的准备之后，即可与技术许可方进行合同的谈判与签订。技术贸易合同有多种形式，例如许可证合同的内容包括序言、定义条款、合同的标的、价格、支付条款、技术资料交付、技术服务与技术培训、技术改进与发展、考核与验收、保证条款、违约补救与索赔条款、保密条款、税费条款、争议的解决等。

（四）技术引进合同的执行

这主要是认真做好技术资料的验收、设备的检验与接收，做好技术培训和技术服务，保证技术设备的有效使用，认真搞好合同产品的考核验收，严格履行合同的支付义务等。

技术出口的一般程序是：选择出口技术——出口项目审批——寻找外国厂家——进行技术出口合同的谈判、签订与执行。

四、我国技术贸易发展现状及特点

随着信息科学技术的迅猛发展，以技术为核心的技术贸易在全球贸易中的地位日益上升，深刻影响了整个国际贸易的规模与内容，技术贸易成为衡量一个国家综合国力和国际竞争力的重要指标。自加入世界贸易组织以来，我国技术贸易经历了十余年的高速增长，近年来出现回落。2002年至2013年，技术进出口总额从2006年的225.8亿美元上升至2013年的931.15亿美元，年增长率高达22.4%。近几年，技术进出口总额下行趋缓，2017年我国技术贸易进出口（合同金额）总额为557亿美元。

我国技术贸易发展的特点主要体现为：（1）技术进出口总体规模较小。我国是全球货物贸易与服务贸易大国，但距离技术贸易大国还存在一定差距。商务部数据显示，2017年我国技术贸易进出口总额仅为当年货物贸易总额的1.36%，服务贸易总额的8.01%。（2）进口质量稳步提高，出口结构不断优化。技术进口方式从最初以成套设备、关键设备、生产线为主，逐渐转变为以专有技术许可和转让为主。2016年专有技术许可或转让、技术咨询与技术服务、专利技术的许可或转让分别位居我国技术引进方式前三位，合计占我国技术引进总额的比重超过90%；技术出口方式由以劳动密集型为主转变为以技术咨询与技术服务为主，2016年技术咨询与技术服务出口合同金额占我国技术出口总额的比重为72.8%。（3）制造业仍依赖技术引进，服务业技术出口能力不断增强。2016年我国制造业技术进口占比合计达到76.3%；技术出口方面，我国制造业技术出口仅占27.4%，服务业技术出口占比达到54.7%。此外，外资企业是我国技术贸易进出口的主要力量，美欧日是我国技术进出口的主要来源地和目的地，东部沿海地区是我国技术贸易的主要地区。

总体来看，我国在国际技术贸易活动中处于相对被动劣势地位，为优化国际技术贸易结构、增强国际技术贸易获利能力、提升技术整体水平，需注重：（1）提高技术引进效率。通过进一步明确企业主体地位、加大技术消化资金投入、优化技术引进结构、拓宽技术引进渠道、重视前期科学论证等，从而实现技术引进效率的提高。（2）增强自主创新能力。技术创新是获得先进技术的重要手段，是实现对发达国家技术赶超的关键，没有创新的技术引进只能陷入"引进→落后→再引进→再落后"的怪圈。

现今国际大环境愈加复杂多变，以美国为首的西方国家对我国的科技封锁逐步收紧，留给我国通过技术引进方式掌握先进技术的空间愈加狭窄。这急切要求我国必须摆脱技术引进的路径依赖，大力提升自主创新能力，将关键核心技术掌握在自己手中，早日完成由以技术引进为主向以自主、自立、创新为主的战略转型。

第二节　国际技术贸易的财务可行性分析

对技术引进项目的财务和经济分析，是在完成了项目的总体分析、市场需求与生产能力分析和技术分析并获得了有关数据的基础上，最终从财务和经济角度判定该项目是否可行。财务和经济可行性分析包括投资总额（总费用）和资金来源测算、成本费用测算、投资利润（收益）率和投资回收期测算、净现值和内含报酬率测算，以及盈亏平衡点分析和敏感性分析等。下面举例简要说明技术引进项目财务可行性分析的基本内容和方法。

设某企业从A国引进一项电机制造技术，技术资料费和培训费一次付清，技术许可费采用提成支付方式。其有关资料如下：

一、投资总额和资金来源测算

（1）投资总额为105万元，包括：①技术资料费8万元（1万A元）；②进口关

键设备 68 万元（8.5 万 A 元）；③技术培训费 4 万元（0.5 万 A 元）；④国内配套设备
8 万元；⑤土建费 6 万元；⑥不可预见费 2 万元；⑦流动资金投资 9 万元。

（2）资金来源包括：①中国银行外汇贷款 80 万元（10 万 A 元）；②自有资金 25
万元。

二、销售收入、成本费用和利润测算

该技术引进项目第 1 年基建，第 2 年年初投产，预计生产经营 10 年。预计各年
的销售收入、成本费用和利润见表 16-1。

销售收入和成本费用的详细预测可参照第十二章第四节国外投资项目效益分析
实例。该技术引进项目投资所形成的固定资产 84 万元（包括进口设备、国内配套

表 16-1   **销售收入、成本费用和利润预测表**   单位：万元

项目　　　　年份	1	2	3	4	5	6~11
销售收入		100	120	120	130	130
成本费用		80	86	85	91.50	84
其中：折旧		8.40	8.40	8.40	8.40	8.40
利息		4	3	2	1	
提成费		5	6	6	6.5	
税前利润		20	34	35	38.5	46
所得税（25%）		5	8.50	8.75	9.63	11.50
税后利润		15	25.50	26.25	28.87	34.50

设备、土建费和不可预见费），预计可使用 10 年，假设无残值，平均每年折旧
8.4 万元。第 1 年贷款 80 万元，年利息率 5%，第 2~5 年每年还本 20 万元，第 2~5 年
分别支付利息 4 万元、3 万元、2 万元和 1 万元。提成费按销售额的 5% 计算，提成
期 4 年。技术资料费和培训费在提成期内分摊列入各期费用。

三、投资利润（收益）率和投资回收期测算

根据表 16-1 计算各项指标如下：

第 2~11 年平均税后利润为 30.262 万元。

$$投资利润率 = \frac{30.262}{105} \times 100\% = 28.82\%$$

第 2~11 年平均每年获得的税后利润和折旧为 38.662 万元。

$$投资收益率 = \frac{38.662}{105} \times 100\% = 36.82\%$$

各年税后利润和折旧之和为：第 2 年 23.40 元，第 3 年 33.90 万元，累计 57.30 万

元，第4年34.65万元，累计91.95万元，第5年37.27万元，累计129.22万元……可见，投资额105万元，在投资后的第5年（投产后的第4年）就全部收回，且有盈余。

从投资开始算，投资回收期为：

$$4+\frac{105-91.95}{37.27}=4.35（年）$$

或 $$5-\frac{129.22-105}{37.27}=4.35（年）$$

从投产年份开始，投资回收期为4.35年。

四、净现值和内含报酬率测算

根据表16-1和投资数据编制现金流量预测表，见表16-2。

表16-2　　　　　　　　　　　　现金流量预测表　　　　　　　　　　单位：万元

项目 年份	1	2	3	4	5	6~10	11
税后利润		15.00	25.50	26.25	28.87	34.50	34.50
折旧		8.40	8.40	8.40	8.40	8.40	8.40
流动资金回收							9.00
固定资产投资额	96						
流动资金投资额	9						
现金净流量	-105	23.40	33.90	34.65	37.27	42.90	51.90

设该企业的必要报酬率为15%。

净现值(NPV) $= -105 + \dfrac{23.40}{1+15\%} + \dfrac{33.90}{(1+15\%)^2} + \dfrac{34.65}{(1+15\%)^3} + \dfrac{37.27}{(1+15\%)^4} + \dfrac{42.90}{(1+15\%)^5} +$

$\dfrac{42.90}{(1+15\%)^6} + \dfrac{42.90}{(1+15\%)^7} + \dfrac{42.90}{(1+15\%)^8} + \dfrac{42.90}{(1+15\%)^9} + \dfrac{51.90}{(1+15\%)^{10}}$

$= 80.1245（万元）$

内含报酬率(IRR) $= -105 + \dfrac{23.40}{1+IRR} + \dfrac{33.90}{(1+IRR)^2} + \dfrac{34.65}{(1+IRR)^3} + \dfrac{37.27}{(1+IRR)^4} + \dfrac{42.90}{(1+IRR)^5} +$

$\dfrac{42.90}{(1+IRR)^6} + \dfrac{42.90}{(1+IRR)^7} + \dfrac{42.90}{(1+IRR)^8} + \dfrac{42.90}{(1+IRR)^9} + \dfrac{51.90}{(1+IRR)^{10}}$

解上式得：IRR=29.44%

从计算结果可以看出，该企业引进技术项目的净现值大，投资利润率、收益率都远远超过必要报酬率，投资回收期短，投资效益高，资金来源有保证，因此在财务上是可行的。

第三节　国际技术贸易的价格决策

一、国际技术贸易价格与国际技术市场

技术的价格，通常也称技术的使用费，是指技术转移过程中技术受方应向技术供方支付的全部费用，对于供方来说是一项特定技术的卖价或收入，对于受方来说是一项特定技术的费用或成本。

世界知识产权组织编写的《技术贸易手册》对技术的价格作了如下定义：技术价格是指技术受方为取得技术使用权所愿意支付的、供方可以接受的使用费的货币表现。也可以从供、受双方所处的不同立场和所提供的技术内容出发，把技术价格称为补偿（compensation）、酬金（remuneration）、收入（income）、收益（profit）、提成费（royalty）、使用费（fee）、服务费（service fee）等。

技术作为一种特殊商品，其价格与普通商品价格有相似之处，也有其自身的特点和规律。其特点主要是：

（1）普通商品的价格是以其价值为基础的，而技术价格是以其使用价值为基础，技术价格的高低主要取决于使用该项技术所能产生效益的大小。

（2）普通商品的价格一般以固定金额表示，而技术价格还可以用一定比例（分成率）表示，例如引进方某年应付的技术使用费等于该年的实际销售额乘合同中规定的提成率。

技术价格的确定远比一般商品价格复杂，对技术价格理论的研究也远不及商品价格理论成熟。

与国际商品市场相比，技术市场是一个不完整的市场，其不完整性表现为少数公司对技术及其价格的垄断。调查研究表明，在国际技术市场上，一项类似技术的卖主平均不超过5家，国际技术市场被少数跨国公司所垄断。技术卖方通常不愿向潜在的买方提供技术的详细资料，因而买方无法对各卖方的技术作充分的比较，在引进技术时不能做到"货比三家"，就免不了吃亏。

二、技术卖方的价格决策

技术卖方在作价时，通常需考虑三个因素：一是出售技术的总成本；二是技术出售后可能给买方带来的新增利润；三是卖方分享新增利润的份额。

（一）卖方出售技术的总成本

卖方出售一项技术，一般要考虑以下三种成本：

1.转让成本

它是指技术转让过程中发生的各项费用，包括：（1）卖方提供技术服务（例如派专家指导安装、调试、技术培训等）而发生的费用；（2）谈判过程中发生的差旅费和管理费；（3）法律咨询、审查、注册等方面的费用；（4）其他费用，例如邀请买方来访的招待费、付给中间经纪人的佣金等。

2.开发成本

它是指研究和开发这项技术而投入的人力、物力和资金，包括直接成本和间接成本。前者是指与开发该技术商品直接有关的成本，例如调研费、资料费、材料费、加工费、测试研究费、专用仪器或设备费等；后者是指技术开发者在研究开发技术时所需支付的某些固定费用，如经营管理费、折旧费等。由于开发成本在转让之前已经形成，不能再改变，故称为历史成本或沉没成本。由于在多数情况下，企业开发技术是为了自己使用，并不以出售为目的，因此，一般不指望买方支付全部开发成本，而只是摊还成本的一部分，摊还多少，要看这项技术的年限、买家多少等因素。

3.机会成本

它是指因出售技术而使卖方失去在买方所在国或地区的产品投资或销售机会而造成的可能的损失。例如，我国甲公司向A国乙公司出售一项电子技术，由于这一技术贸易，使甲公司向A国的出口额减少5 000万美元，假设甲公司的产品销售利润率为18%，那么其机会成本就是900万美元。

（二）对买方使用引进技术新增利润的测算

1.因降低成本而形成的新增利润

如买方使用引进技术，使生产效率提高，原材料、燃料、动力消耗节约，从而使成本降低。设某企业引进一项技术，生产甲产品，年产销量为S，引进技术前的产品单位成本为 C_0，引进技术后的产品单位成本为 C_1，合同有效期限为n年，使用引进技术新增利润总额为m，则：

$m=S(C_0-C_1)n$

2.因提高产品质量而形成的新增利润

如买方使用引进技术，使产品质量、性能提高，从而使产品售价提高。又设引进技术前的产品单价为 P_0，引进技术后产品单价为 P_1，则在成本不变的情况下：

$m=S(P_1-P_0)n$

如果在单价提高的同时，单位成本也有所提高，这时：

$m=S[(P_1-P_0)-(C_1-C_0)]n$

3.因销售量增加而形成的新增利润

如买方使用引进技术，使产品的知名度和竞争能力提高，从而增加销售量。又设引进技术前的年销售量为 S_0，引进技术后的年销售量为 S_1，则：

$m=(P_0-C_0)(S_1-S_0)n$

4.产品成本、价格、销售量等因素同时变化形成的新增利润

如果买方使用引进技术后，使产品成本、价格、销售量等因素同时、逐年变化，这时，新增利润可按下列公式计算：

$$m=\sum_{t=1}^{n}S_t(P_t-C_t)-S_0(P_0-C_0)n$$

如考虑货币时间价值，上式改为 $\sum_{t=1}^{n} \dfrac{S_t(P_t - C_t) - S_0(P_0 - C_0)}{(1+r)^t}$。式中的 S_t、P_t、C_t 为合同期间（n年）逐年的产品销售量、价格和成本，r 为折现率。

（三）卖方分享新增利润的份额

买方引进技术的新增利润由技术买卖双方分享，利润分享原则是国际上公认的确定技术价格的基本原则，被称为 LSLP（licensor's share of licensee's profit）原则，其含义是技术卖方所得的技术转让费应占技术买方使用引进技术新增利润的一定份额，可用下列公式表示：

$$\text{LSLP}（\%）=\dfrac{\text{卖方所得技术价格(技术转让费)}}{\text{买方使用引进技术新增利润}}\times100\%$$

LSLP 为利润分享率或利润分成率。

根据上式可得：

技术价格（技术转让费）=买方使用引进技术新增利润×利润分享率

关于利润分享率，一般认为应为1/4，其理论根据是：利润是资金、组织、劳动和技术四个因素的综合结果。联合国工业发展组织认为利润分享率一般在16%~27%之间较为合理。不同产业的利润分享率有很大差异。在确定利润分享率时，要对技术贸易项目的具体情况进行具体分析。

（四）技术卖方的作价原则

卖方希望从价格中收回成本并获得一定的净收益，技术价格、成本和净收益的关系可用图16-1表示。

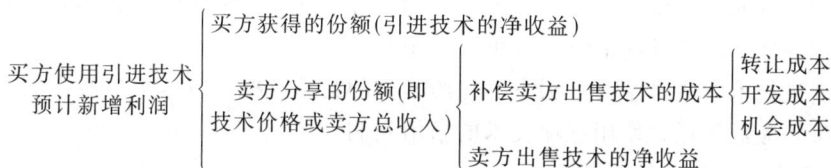

图16-1 技术价格、成本和净收益的关系

（1）技术价格不应超过买方使用引进技术的新增利润，否则就会使买方失去引进技术的兴趣；技术价格也不应超过买方自我开发这种技术的成本，否则买方会选择自我开发；技术价格还不应超过竞争对手提出的价格，否则这笔交易会被对手抢走。

（2）卖方至少要求买方支付技术的转让成本，如果技术价格低于转让成本，技术转让就成为无偿馈赠了。至于开发成本和机会成本按多大比率摊还，则要根据这项技术和市场的具体情况来确定。

三、技术买方的价格决策

在国际技术贸易中，一般是由卖方先报价。买方为了在价格上不吃亏，应通过调查研究，了解将要购买的技术的成本、效益和市场价格等情况，确定自己购买该项技术的最高价和最低价，做到在谈判中心中有数。技术买方可从以下三个方面进行价格决策：

（一）引进或开发的决策

企业在购买某项技术之前，首先应考虑自己是否有技术力量在短期内开发这项技术，估算企业自我开发这项技术的成本，然后将自我开发的成本与引进的成本进行比较，如果自我开发的成本低于引进的成本，则应自我开发；如果自我开发的成本高于引进的成本，则应引进。

在测算企业自我开发技术的成本时，还应考虑自我开发技术需要的时间以及相关的机会成本。例如，某厂自己开发一项新技术，其成本为150万元，采用这项技术后，每年将实现新增利润100万元，但完成这项技术开发需耗时3年，要在3年后才能受益。如果引进这种新技术，需支付250万元，但当年就能受益，在引进后的3年内可新增利润300万元。如果企业选择自我开发这项技术，就要放弃引进技术这3年的收益，因此这300万元可看作是自我开发这项技术的机会成本。本例如果只将开发成本与引进成本进行比较，就会选择自我开发，但如果还考虑自我开发的时间和与之相关的机会成本，引进就成为较优的选择。

（二）引进技术的成本与效益的比较

引进技术的效益包括：①买方使用引进技术带来的新增利润；②引进技术的社会效应，如对就业机会、社会生产率、国际收支平衡、生态环境等方面的影响，这些效应可能是积极的，也可能是消极的。

在阐述技术卖方价格决策时，已介绍过对使用引进技术新增利润的估算方法，这对买方和卖方同样适用，但由于技术买方和卖方的立场和掌握的信息不同，对使用引进技术新增利润数额的估计会有很大差距。

买方引进技术的成本主要是买方支付给卖方的技术价格。技术买方所报的最高价格（顶价）应低于预计使用这项技术的新增利润。

（三）多家卖方价格的比较

买方引进技术时，应尽可能与多家技术卖方联系，将他们所报的价格进行比较。在各个卖方提供的技术基本相同的情况下，买方所出的最高价格应不高于竞争中各卖方报价中的最低价格。

根据上述可知，买方确定引进技术的价格应满足下列三个条件：①引进技术的价格（总成本）应低于自我开发这项技术的总成本；②引进技术预计能带来的新增利润大于零，技术的价格应低于其新增利润；③对于相同的条件，如果有两个以上卖方，应选择价格较低者。不满足第一条和第二条，就失去了引进技术的意义，引进是错误的决策；不满足第三条，就不是最优决策。

四、技术价格决策应考虑的其他因素

前面说明了技术贸易价格决策时应考虑的成本、效益和市场等基本因素，此外，还要考虑影响技术价格的其他一些因素，例如：

（一）技术许可的方式

对于技术的普通许可，卖方要价较低，排他许可的价格较高，独占许可的价格最高。

（二）允许买方的市场大小

如果在技术贸易合同中规定卖方不能向买方所在国市场出售产品，甚至允许买方使用引进技术所生产的产品返销到卖方所在国市场，这就扩大了技术买方的市场，卖方会因此希望得到较高的价格，买方也会愿意出较高的价钱购买这项技术。如果技术卖方对买方使用技术的范围限制较多，则技术价格会较低。

（三）技术所处的生命周期阶段

不同技术的生命周期长短不同，但都要经过三个阶段，即发展阶段、成熟阶段和衰老阶段。一般说来，发展阶段的技术价值不高，其价格相应较低；当技术进入成熟阶段，用于大规模商业化生产和大量销售时，技术的有效价值达到了顶点，其价格也最高；当技术产品市场逐渐饱和时，该项技术开始衰老，其有效价值开始下降，并逐渐被新的技术取而代之，其价格也随之下降。

（四）技术的外部效应

引进技术的价格不仅要考虑技术对企业内部效益的影响，还要考虑其外部效应。对于内部效益相同和外部效应较好的技术，应付较高的价格。例如，某公司从美国引进一项化工生产技术，有以下两种情况：一是无废水处理系统，生产中排出的废水严重污染环境，技术价格300万美元；二是有废水处理系统，生产中不污染环境，技术价格450万美元。以上两种情况的生产能力和产品质量都一样。如果只从企业内部效益来看，当然要引进前一种技术，但必须考虑外部效应，以引进后一种技术为宜。

（五）约束性条款

如果在技术贸易合同中订有约束性条款，例如，技术卖方要求买方购买其元部件，或买方的产品出口必须通过卖方的销售网，如果这些条款对卖方有利，则买方可要求卖方适当降低技术价格。

（六）支付方式和支付货币

采用一次总付方式要比逐年提成支付方式的价格低些。支付货币如使用软货币，技术卖方通常会在价格中加入一定的汇率风险系数（例如5%~10%）。

（七）买方接受技术的条件

这些条件包括买方的技术水平和管理水平的高低，以及买方的地理位置、交通通信设施和原材料供应等条件的好坏。转让同一项技术，针对不同的引进方，许可方提出的价格往往不同，这是因为许可方所要花费的转让成本不同，所承担的转让风险也不同。对于接受技术的条件较差的引进方，许可方通常要提高转让技术的价格。

（八）技术转让的环境

技术转让的环境包括有关国家的政治环境、法律环境和市场环境。如果引进方所在国政局动荡、社会不稳，或是法律中对技术转让合同规定许多苛刻的限制条件，许可方将承担很大的风险，就会提高转让技术的价格。在技术市场上，独家供应的垄断程度高的技术，其价格较高；反之，技术供应来源多、供大于求的技术，许可方的定价较低。

此外，技术价格还受技术所属行业的利润状况、双方从事技术贸易合同谈判的经验等因素的影响。

第四节　国际技术贸易支付方式的选择

技术价格与支付方式有着密切联系，与普通商品不同，技术价款的支付有多种方式，因此，支付方式的谈判也就成了技术贸易谈判的一个重要部分。

一、国际技术贸易的支付方式

技术贸易的价款一般是以货币支付，只有在通过补偿贸易引进设备技术时才以产品支付。买方以货币支付技术价格的方式一般有以下三种：

（一）一次总付（lump-sum payment）

一次总付是指在签订技术贸易合同时，将技术价格一次算清，确定一个固定的总金额，由引进方一次支付或分期支付。一次总付是相对于分期提成支付而言的，一次总付是一个固定金额，而按产量、销售额或利润额提成时技术价格总额事先是不确定的。若总付是一次付清，其支付时间可确定为协议达成时或其后的某个时间内。若总付是分期支付，则可按协议执行的进度来确定支付的份额。一次总付方式在绝大多数情况下是采取分期支付。如采取分期支付，应在合同中规定分次支付的时间和支付的比例，并且与许可方完成的工作量相一致。我国技术引进分期支付的方法是：技术软件在合同生效后30天内预付5%~15%，技术资料全部收到后支付50%~60%，技术指导和技术培训完成后支付20%左右，合同产品考核验收后支付15%左右。技术硬件部分在合同生效后30天内预付5%~15%，收到全套设备装运单据支付65%~75%，合同产品考核验收后支付10%~15%，保证期满支付5%~10%。

一次总付方式的特点是技术价格不随技术买方收益多少而变化，与买方使用引进技术的效果无关。

对卖方来说，一次总付方式利多弊少。有利方面主要表现为：卖方有较稳定的技术转让费收入，避免因买方使用技术效益不佳而支付较少技术价格的可能，同时不必追踪买方生产和销售情况及进行烦琐的账目清查和核算等工作。不利方面则表现为：卖方可能失去分享买方由于使用技术效果好使收入增加而带来额外收益的机会。

对买方来说，一次总付方式弊多利少。不利的方面表现为：

（1）失去与卖方分担风险的机会。如果引进的技术不适用或实际效益比预期效益差，其经济损失完全由买方承担。

（2）买方不能从卖方得到技术上的全力协助。虽然合同中有卖方有义务帮助买方正确使用技术的条款，但卖方与买方使用技术效果好坏已无关系，因而不会尽心尽力。

（3）增加买方的财务负担。引进一项技术在取得经济效益之前就支付全部技术价款，会影响资金周转。如果用贷款来支付，需支付利息和借款费用，是买方的额外负担。

（4）从理论上讲，一次总付的技术价格应该低于入门费加提成费，但如果引进技术项目的实际产量（或销售量）低于测算技术价格的预计产量（或销售量），将会导致一次总付数额大于入门费加提成费，使引进方遭受损失。

一次总付方式对买方的有利方面表现在：价格固定，便于比较，可以避免因通货膨胀而使技术价格发生变化的风险；还有利于避免汇率变动的支付风险，例如，某项技术贸易合同规定以某种硬货币支付，由于这种货币在近几年内不断升值，早支付就比晚支付合算。

由于一次总付对买方弊多利少，因此，一些引进技术的国家，特别是发展中国家对一次总付的金额、条件和范围加以限制。比如一些国家规定，对技术服务和专利使用权的转让可以一次总付，而对专有技术和生产线的引进则不允许一次总付。有的要求一次总付的金额必须根据预计的销售额计算，不许超过预计销售额的一定百分比。

一次总付方式多用于非尖端技术的贸易，买方技术力量雄厚，对引进的技术能很快全部消化吸收，而且买方又有较充足的资金。如果技术贸易的金额较小或买方使用引进技术的效益不确定性较小，也可采用一次总付方式。

（二）提成支付（royalty）

提成支付是指技术买方在合同规定的期限内，按照使用引进技术所产生的实际效果和规定的标准向卖方支付技术的价款（又称为提成费）。在签订合同时，只规定提成基数、提成率、提成年限和提成方式，一般不规定提成费的具体数额。

1.提成基数

计算提成费的基数通常有以下三种：

（1）产量。按产量提成是指按使用引进技术所生产产品的实际产量为基础计算提成费，即凭每一单位产品付给规定的金额。这一数额不随成本和价格的变动而变动，不管产品销售情况好坏，是否有利润，都固定不变。按这一方法计价和支付比较简便。采用这一方法时，应注意与转让技术无关的零部件或其他来源的技术所造成的产量增加数不应包括在提成基数内。

按产量提成简便易行，卖方只要了解买方的产量，就可以计算出其转让费收入。这种方式对卖方的风险相对较小，因其收益不受产品价格和市场推销情况的影响。只要买方利用引进的技术进行生产，卖方就能获得收入，产量越大，卖方获得的技术转让费就越多，因此，卖方最愿意采用这种提成方法。这种把卖方的收益直接与产量挂钩的做法常常使卖方在协助买方使用和改进引进的技术方面有较高的积极性。

采用按产量提成的方法，买方要承担产品销路缩小、成本上升、售价下降等情况变化的风险。使用引进技术后虽然产量很多，但如果销不出去，利润很少，甚至亏损，这时，按产量提成，对技术卖方很有利，而买方却会遭受很大损失。买方在确定单位产量提成金额时，要特别谨慎，要对上述各种因素作充分的考虑，不要定得过高。

（2）销售额。销售额可以按不同的价格计算，在实践中主要有以下三种：①净销售价。它是生产成本加上合理的出厂利润，它可从市场销售价（即售货发票上所载的实际价格）中，扣除包装费、保险费、运费和税费等求得。以净销售价作为提成基数，能排除与技术转让无关的许多因素，比较合理，因而得到国际上的公认，并被广泛采用。②实际销售价。它是指产品在正常交易中的实际价格（即发票价格）。由于净销售价要从实际销售价中扣除许多项目，而许可方很难获知这些项目的具体金额，因而许可方往往主张以实际销售价作为提成基数。由于实际销售价中包含一些与技术转让无关的项目（因素）应予扣除，因此在按实际销售价提成时，应根据产品价格的构成情况，将实际销售价打一定的折扣，或相应地降低提成率。③市场公平价。它是以公平的市场价格作为基础的净销售价，即在引进方同与其没有特殊关系的第三方所达成的实际销售价的基础上，扣除与转让技术无关的价格因素后的净销售价。

（3）利润额。利润额是根据买方使用引进技术所创造的实际新增利润提取技术转让费。按利润额提成将卖方的收益与买方的利润直接挂钩，实际新增利润多，卖方收益就多，反之则少。这种方法就是上节所说的利润分成法（LSLP），从理论上讲，这种方法是比较合理的。技术买方最希望采用按利润额提成，但在实践中，卖方一般不愿意采用这种提成方法，其原因是：①在一项技术转让之后其经济效益不佳往往不是卖方的技术有问题，而是买方对技术吸收消化的能力不够，不能很快掌握，或者由于其他因素造成产品质量不好或市场销售不佳，因此利微或者亏本，如果买方没有利润（不管什么原因），卖方就没有收益，卖方要承担很大风险；②比较来说，销售额是比较公开的和有据可查的，而利润计算取决于进入成本的内容和金额，具有较大的主观随意性。公司一般公开其销售额，但很少公开其利润方面的数据。卖方要准确掌握和客观地计算买方的利润几乎是不可能的，因此，卖方所期望得到的利润提成额是得不到保障的。

只有当技术买方在谈判中处于十分有利的地位，或是转让的技术由卖方直接控制使用和经营，并有充分把握能获得高额利润时，卖方才会同意采用按利润额提成这一方法。

利润有毛利、净利、税前利润和税后利润等概念，以什么利润作为提成基数，在合同中应作出明确规定。

2.提成率

提成率是指提成费与提成基数的比率。提成率的高低与技术的复杂程度、产品的产量、销售额和利润额以及提成年限的多少有直接的联系，不同技术领域、不同交易条件，其提成率必然有差异。联合国贸易和发展组织经过大量的调查统计，认为提成率一般在产品净销售额的0.5%~10%之间，绝大多数为2%~6%，不同工业的技术转让提成率是不同的。我国有关部门认为，我国引进技术，如以净销售额作为提成基数，提成率一般不应超过5%。

提成率一般按下列公式计算：

$$提成率=\frac{买方使用引进技术的新增利润 \times 卖方分享新增利润的分成率}{提成基数}\times100\%$$

例如，某公司从国外引进一项新技术，使用该技术生产的产品由于成本降低、质量提高，估计单位产品新增利润2 000元，技术卖方分享新增利润的分成率为25%，单位产品的净销售价为10 000元，则：

$$提成率=\frac{2000 \times 25\%}{10\ 000}\times100\%=5\%$$

此提成率表明买方每实现100元净销售额应支付5元提成费。如果上例公式的分母为产量，提成率表现为单位产量应支付的提成费。如果公式的分母为新增利润，则提成率就是利润分成率。

提成率有固定提成率和滑动提成率之分。前者是指在整个提成期限内按双方确定固定不变的比率计算提成费。后者是指在整个提成期限内，提成率随着提成基数的变化或提成期限的推移而逐渐变动。通常是提成率随着提成基数的增加而变小，或随着提成年限的推移而递减。前者例如净销价在100万元以内，提成率为5%；100万~500万元，提成率为4%；500万~1 000万元，提成率为3%。后者例如1~3年提成率为5%，4~6年提成率为4%，7~8年提成率为3%。采用滑动提成率较为合理，它考虑了技术逐年老化的因素，并使因产量或销售额增加所产生的利益得到均衡。

此外，还有最低提成和最高提成两种做法。最低提成是指技术转让双方约定在一定期限内，不管引进方的生产、销售情况好坏，是否有盈利，均须向许可方支付一定数额的最低提成费，以减少许可方转让技术的风险，同时促进引进方充分利用好引进的技术。由于最低提成是对许可方的一种保护，因此有些国家不许采用这种方法。最高提成是指技术转让双方约定，在一定时期内提成费达到一定金额时，即使提成基数增加，提成费也不再增加。这种方法适用于预计产品销售额逐步上升等情况，有利于引进方。

3.提成年限

提成年限是指许可方收取提成费的年数。提成年数的多少与转让技术的性质有关，普通技术的提成年数较少，高精尖技术的提成年数较多。大多数技术的更新换代周期均不超过10年，电子计算机、家用电器的更新换代周期只有2~5年，因此，提成年数一般为2~10年，多数为5~8年，最长不超过专利有效期。提成年限与提成率有一定关系，在提成费总额不变的情况下，如果提高提成率，则可缩短提成年限，反之则延长提成年限。

4.提成方式

通常采用固定提成方法，提成费总额等于提成年限内各年提成基数与提成率乘积之和。

提成方式的特点是技术价格高低与买方使用引进技术的实际效果直接挂钩，技术卖方和买方共担风险。对卖方来说，提成方式利少弊多。有利方面主要表现在：可以分享买方使用技术效益好而带来的额外收益，即买方使用技术的实际效益好，卖方可以多提成。不利方面主要表现在：如果买方使用技术的实际效益不好或没有效益，卖方就只能少提成或不提成。对买方来说，提成方式利多弊少。有利方面主要表现在：不仅可以减轻一次总付的财务负担，而且可以促使技术卖方关心和帮助买方使用好引进的技术，有助于加强技术买卖双方的技术合作，加大卖方传授转让技术的责任，有利于买方对引进技术的消化和充分利用。不利方面主要表现在：签订技术贸易合同时技术价格不确定，不便于比较。采用提成方式，卖方为了检查提成基数的真实性，要定期审核技术买方的账目，比较麻烦。

（三）入门费加提成支付（initial payment and royalty）

这种方式的具体做法是：在技术贸易合同生效后，买方向卖方支付一笔费用，称为入门费，或称为定金（down payment）或头款，引进技术在生产中使用后，买方按合同的规定每年向卖方支付提成费，采用这种方式时，应在合同中规定入门费数额和提成费的计算方法。这种支付方式是一次总付和提成支付的折中办法。这种办法既可减少一次总付给买方带来的风险，又可减少全部提成支付给卖方带来的风险，因此可以视为对双方都较有利的办法。

技术卖方要求买方支付入门费的原因是：

（1）尽快收回技术的转让成本；

（2）尽快补偿因出售技术所带来的损失（机会成本）；

（3）在提成费无保证的情况下，借以保证技术转让的一定收益。

对于入门费的数额，许可方希望越多越好，而引进方则认为越少越好，在实际交易中，通常是以卖方的技术转让成本作为入门费的最低标准。

对于入门费与提成费之间的关系，可用入门费还原提成费的方法计算。例如，某项技术转让在合同规定的提成期限内共销售产品40 000台，每台净销售价2 000美元，如果不付入门费，提成率为5%，提成费总额为：40 000×2 000×5%=4 000 000（美元）。假如卖方要求买方支付入门费800 000美元，入门率相当于1%（800 000÷（40 000×2 000）×100%）。在不考虑利息因素的情况下，提成率应从原来的5%降为4%。

入门费可一次付清，也可按合同进度分次支付。在我国引进技术的实践中，入门费通常是在合同生效后30天内支付5%~15%，收到全部技术资料后支付50%~60%，技术指导和技术培训完毕支付20%左右，考核验收完毕支付15%左右。

二、技术引进付费方式的选择

前已说明，技术引进的付费方式有一次总付、提成支付和入门费加提成支付三种方式。在引进某种技术已定的情况下，付费最少的方式，其经济效益最佳。将不同的付费方式进行对比，应在"时点"一致的基础上，把不同方式的付费金额折成现值，再进行对比，才能得出正确的结论。

在计算现值时，应注意不能将折现率简单地理解为银行利率或银行贴现率，而要考虑到上述的提成支付可能产生的各种风险因素，并根据市场上一般可获得的投资利润率予以确定。

引进技术付费方式的选择见案例16-1。

三、国际技术贸易价款的结算

（一）账目的建立和审查

在采用提成方式时，由于提成费的多少与引进方生产合同产品的实际产量、销售量或利润额有直接关系，因而应在合同中对账目的记录以及查账的时间、地点和有关费用的分摊作出明确规定。引进方应建立使用引进技术生产经营的记录、案卷和账册，其内容应完整、真实、准确，能满足计算提成费和许可方查账的要求。许可方为了查明引进方计算的提成费是否正确，有权在合同有效期内或合同终止后6个月内对上述记录、案卷和账册进行核查，也可聘请双方都能够接受的注册会计师进行核查。会计师的费用可由许可方负担，也可由双方负担。通常的做法是，如果查出计算方面的误差超过实际应付金额的一定百分比（例如少算了3%），则会计师费用应由引进方负担。

提成费可以按年、半年或季结算。在每次结算时，技术买方应以书面形式向卖方提供有关数据，卖方如有异议应及时通知买方。

（二）结算工具

国际技术贸易价款的结算工具包括货币和汇票两种。

与普通商品贸易类似，技术贸易价款结算有计价货币和支付货币之分。对于计价货币的选择，在一次总付的情况下，可采用卖方国家货币、买方国家货币或第三国的货币。在提成支付的情况下，如果提成费是与销售额相联系的，可选择买方国家货币或出口销售的货币；如果提成费是与利润相联系的，可选择买方合同工厂所在国的货币；如果提成费是与产量相联系的，可选择买方合同工厂所在国的货币或第三国的货币。支付货币可与计价货币相同，也可与计价货币不同。在选择计价货币时，应从汇率变化的趋势和合同产品的出口市场等方面综合考虑。一般来说，引进方愿意选用软货币，许可方则希望选用硬货币，作为双方的一种妥协，可在合同中规定使用两种货币，实行软、硬货币搭配，或规定货币保值条款，以均摊汇率风险。当选用的计价货币与支付货币不同时，应在合同中规定折换率条款，可按支付时市场汇率折换，也可以按预定的固定汇率折换。

（三）结算方式

国际技术转让的价款结算方式，包括汇付、托收和信用证三种方式。其中，国际技术转让多采用汇付方式，主要是电汇，较少采用托收方式；单纯的技术软件许可贸易较少采用信用证方式，信用证方式一般用于含有硬件转让的技术贸易合同。

案例 16-1

我国企业从国外引进技术付费方式的选择

（1）中阳公司1月从美国引进一项电子技术，卖方提出三种价格：①一次总付。28.5万美元，1月支付。②提成支付。第一年基建，不付提成费。第二年1月投产，提成期3年，提成基数是产品净销售额，预计第二年净销售额200万美元，第三年净销售额220万美元，第四年净销售额240万美元，提成率5%。③入门费加提成支付。入门费9万美元，第一年1月支付，提成率3%，提成期3年，折现率为10%。提成支付和入门费加提成支付两种方式的技术价格现值计算见表16-3。

表16-3　　　　　　**提成支付和入门费加提成支付的技术价格现值**　　　金额单位：万美元

年　份	预计产品净销售额	提成支付				入门费加提成支付			
		提成率	提成费	折现系数	现值	入门费	提成率	提成费	现值
第一年	—	—	—	—	—	9	—	—	9.0000
第二年	200	5%	10	0.8264	8.2640		3%	6	4.9584
第三年	220	5%	11	0.7513	8.2643		3%	6.6	4.9586
第四年	240	5%	12	0.6830	8.1960		3%	7.2	4.9176
合　计	660	—	33	—	24.7243	9	—	19.8	23.8346

从表16-3可看出，按提成支付方式计算，技术价格总额为33万美元，按入门费加提成支付方式计算，技术价格总额为28.8万美元（9+19.8），都超过一次总付的价格。但把各年提成费折算为现值，则按提成方式计算的总价格为24.7243万美元，按入门费加提成方式计算的总价格为23.8346万美元，都明显低于一次总付的价格。三种报价中，入门费加提成方式计算的价格最低，引进方选择这种方式较为适宜。

若技术卖方提出的三种价格为：①一次总付24.7243万美元；②提成费总额33万美元，现值合计24.7243万美元；③入门费9.8897万美元，提成费19.8万美元，价格为29.6897万美元，现值合计24.7243万美元。三种支付方式的价格现值都是24.7243万美元。从理论上讲，上述三种方式计算的价格是相同的。当然这只是一种抽象的理论计算，没有涉及汇率、利率和通货膨胀率变化等风险因素，也没有考虑在不同支付条件下引进方所承担的技术和市场风险。因此，在国际技术转让实践中，在现值相同的情况下，许可方往往倾向于一次总付或入门费加提成方式收取技术转让费，而引进方往往倾向于采用提成方式支付。

（2）大化公司从国外引进一项化工生产技术，有以下两种付费方式可供选择：①一次总付300万美元（在签约成交时支付）；②入门费加提成支付，签约时支付入门费100万美元，基建期一年，投产后每年支付提成费40万美元（预计每年产品净销售额800万美元，提成率5%），提成期8年，共支付提成费320万美元。设折现率为10%。

该公司各年的提成基数（例如产品净销售额）和提成率都相等，这时各年的提成费相等，则各年提成费的现值可按年金现值计算，其计算公式如下：

$$Y = D + \frac{S \cdot R}{(1 + i)^m} \times \frac{(1 + i)^n - 1}{i \cdot (1 + i)^n}$$

即

$$Y = D + S \cdot R \times \frac{(1 + i)^n - 1}{i} \times \frac{1}{(1 + i)^n} \times \frac{1}{(1 + i)^m}$$

或

$$Y = D + S \cdot R \times \frac{1 - (1 + i)^{-n}}{i} \times \frac{1}{(1 + i)^m}$$

式中：Y为全部技术转让费现值；D为入门费；S为年净销售额；R为按净销售额计算的提成率；i为年利率；m为从签约到投产的年数（提成费免付期）；n为提成费支付期。

采用入门费加提成支付方式时，按上述公式计算，其技术价格（转让费）的现值为：

$$Y = 100 + 40 \times \frac{1 - (1 + 10\%)^{-8}}{10\%} \times \frac{1}{(1 + 10\%)^1}$$

$$= 100 + 40 \times 5.3349 \times 0.9091$$

$$= 294 （万美元）$$

从上述计算比较可以看出，采用入门费加提成方式支付技术转让费现值比一次总付方式少付费6万美元，因此，引进方选用入门费加提成方式为宜。

思考题

1. 国际技术贸易有哪几种方式？

2. 技术引进项目的财务可行性分析包括哪些内容？

3. 技术卖方在进行价格决策时应考虑哪些基本因素？

4. 技术买方怎样进行价格决策？

5. 国际技术贸易的支付方式有哪几种？各有什么优缺点？

计算题

1. 我国甲企业1月从日本引进一项电子技术，许可方提出三种价格：（1）一次总付。价格30万美元，1月支付。（2）提成。第一年基建，不付提成费。第二年年初投产，提成期3年，提成基数是产品净销售额，预计第二年净销售额220万美元，第三年净销售额240万美元，第四年净销售额260万美元，提成率5%。（3）入门费加提成。入门费10万美元，1月支付，提成率3%，提成期3年。折现率10%。

要求：计算比较，选择技术转让费最少的方式。

2. 我国某公司拟从美国A公司引进一项化工技术，有以下两种付费方式可供选择：（1）一次总付 600 万美元（在签约成交时支付）；（2）入门费与提成支付相结合，共 840 万美元。具体条件是，签约时支付入门费 200 万美元，一年建成投产后，每年支付提成费 80 万美元（预计每年产品销售收入 1 600 万美元，提成率 5%），支付期 8 年，共支付提成费 640 万美元。设资金年利率（折现率）10%。

要求：计算比较，说明选择哪种付费方式比较有利。

相关网站

中国保护知识产权网 www.ipr.gov.cn.

广东省商务厅 www.gddoftec.gov.cn.

中国国际电子商务网 www.ec.com.cn.

中国国际贸易协会 gmxh.mofcom.gov.cn.

中国服务贸易指南网 tradeinservices.mofcom.gov.cn.

中国贸易报数字报刊平台 www.chinatradenews.com.cn.

中国贸易金融网 www.sinotf.com.

主要参考文献

相关著作：

［1］EITEMAN D K，STONEHILL A L.Multinational business finance ［M］. New Jersey：Addison-Wesley Publishing Company，1989.

［2］HORNE J C，WACHOWICZ J M.Fundamentals of financial management ［M］. 10th ed. New Jersey：Prentice Hall，1998.

［3］BRIGHAM E F，GAPENSKI L G. 财务管理：理论与实务 ［M］. 北京：机械工业出版社，1999.

［4］马杜拉 J. 国际财务管理 ［M］. 杨淑娥，张俊瑞，等译. 大连：东北财经大学出版社，2000.

［5］夏皮罗 A C. 跨国财务管理基础 ［M］. 北京：中信出版社，2002.

［6］夏皮罗 A C. 跨国公司财务管理 ［M］. 蒋屏，赵旸，任冠华，译. 7版. 北京：中国人民大学出版社，2005.

［7］巴特勒 K C. 跨国财务 ［M］. 赵银德，张华，等译. 北京：机械工业出版社，2005.

［8］夏皮罗 A C. 跨国公司财务管理 ［M］. 顾苏秦，译. 6版. 北京：中国人民大学出版社，2007.

［9］MOFFETT M H，STONEHILL A L，EITEMAN D K. Fundamentals of multinational finance ［M］. 3rd ed. New York：Pearson Education，Inc.，2008.

［10］王化成，陈咏英. 国际财务管理 ［M］. 北京：中国时代经济出版社，2003.

［11］王建英，支晓强，袁淳. 国际财务管理学 ［M］. 北京：中国人民大学出版社，2004.

［12］蒋屏. 国际财务管理 ［M］. 北京：对外经济贸易大学出版社，2004.

［13］张超英，吴海燕. 国际财务管理 ［M］. 北京：北京大学出版社，2005.

［14］潘渭河. 国际财务管理 ［M］. 上海：上海财经大学出版社，2005.

［15］吴丛生，郭振游，田利辉．国际财务管理理论与中国实务［M］．北京：北京大学出版社，2006．

［16］陈玉菁，薛跃．国际财务管理［M］．上海：立信会计出版社，2007．

［17］张俊瑞．国际财务管理［M］．上海：复旦大学出版社，2007．

［18］杨蓉．国际财务管理［M］．上海：立信会计出版社，2007．

［19］夏乐书，王满．国际财务管理［M］．北京：中国财政经济出版社，2008．

［20］国务院发展研究中心企业研究所课题组．中国企业国际化战略［M］．北京：人民出版社，2006．

［21］石建勋，陆军荣．中国企业国际资本市场融资［M］．北京：机械工业出版社，2006．

［22］黄山，张中正，韩捷．中小企业境外及香港上市融资实务［M］．北京：机械工业出版社，2006．

［23］王建英，支晓强，许艳芳，等．国际财务管理学［M］．4版．北京：中国人民大学出版社，2015．

［24］马杜拉J．国际财务管理［M］．张俊瑞，郭慧婷，王鹏，译．11版．北京：北京大学出版社，2014．

［25］尤恩CS，雷斯尼克BG．国际财务管理［M］．张华，赵银德，常光辉，译．7版．北京：机械工业出版社，2015．

［26］贝克特，霍德里克．国际财务管理［M］．苗润生，武羿，译．北京：中国人民大学出版社，2012．

相关报刊：

［1］国际融资，中国国际贸易促进委员会主管主办．

［2］资本市场，北京首都创业集团主管主办．

［3］中国货币市场，中国人民银行主管，中国外汇交易中心暨全国银行间同业拆借中心主办．

［4］中国外汇，国家外汇管理局主管，中国外汇杂志社主办．

［5］国际商务财会，中华人民共和国商务部主管，中国对外经济贸易会计学会主办．

［6］财务与会计，中华人民共和国财政部主管主办．

［7］会计研究，中华人民共和国财政部主管，中国会计学会主办．

［8］中国经贸，中华人民共和国商务部主管，中国对外贸易经济合作企业协会主办．

［9］经济研究，中国社会科学院主管，中国社会科学院经济研究所主办．

［10］世界经济，中国社会科学院主管，中国世界经济学会和中国社会科学院世界经济与政治研究所主办．

［11］金融研究，中国人民银行主管，中国金融学会主办.

［12］国际金融研究，中国银行主管，中国银行和中国国际金融学会主办.

［13］国际经济评论，中国社会科学院世界经济与政治研究所主办.

［14］国际贸易，中华人民共和国商务部主管，中国商务出版社主办.

［15］国际贸易问题，中华人民共和国教育部主管，对外经济贸易大学主办.

［16］国际经济合作，中华人民共和国商务部主管，商务部国际贸易经济合作研究院主办.

［17］债券，安徽出版集团有限责任公司主管，时代出版传媒股份有限公司、中央国债登记结算有限责任公司主办.

［18］中国金融，中国人民银行主管，中国金融出版社主办.

［19］中国外资，中华人民共和国商务部主管，中国商务出版社主办.

［20］证券市场导报，深圳证券交易所主管，深圳证券交易所主办.

［21］中国经营报，中国社会科学院主管，中国社会科学院工业经济研究所主办.

［22］中国证券报，新华通讯社主管，新华通讯社主办.

［23］国际商报，中华人民共和国商务部主管，国际商报社主办.

［24］每日经济新闻，成都传媒集团主管，成都传媒集团主办.

［25］界面新闻，上海报业集团主管，上海报业集团主办.

［26］人民日报，中国共产党中央委员会主管，人民日报社主办.

［27］中国青年报，共青团中央主管，共青团中央主办.

［28］中国信息报，国家统计局主管，中国信息报社主办.

［29］21世纪经济报道，南方财经全媒体集团主管，南方财经全媒体集团主办.

［30］南方周末，南方报业传媒集团主管，南方报业传媒集团主办.

［31］第一财经日报，上海文广新闻传媒集团主管，上海文广新闻传媒集团、北京青年报社、广州日报报业集团主办.

［32］经济日报，中央宣传部主管，经济日报社主办.

［33］北京日报，中共北京市委主管，中共北京市委主办.

［34］证券日报，经济日报社主管，经济日报社主办.

［35］解放日报，中共上海市委主管，中共上海市委主办.

［36］中国经济导报，国家发展改革委主管，中国发展改革报社主办.

［37］民主与科学，九三学社中央委员会主管，九三学社中央委员会主办.

［38］当代亚太，中国社会科学院主管，中国社会科学院亚太所、中国亚洲太平洋学会主办.

［39］今日科苑，中国科学技术协会主管，中国老科学技术工作者协会主办.

［40］学习与探索，黑龙江省社会科学院主管，黑龙江省社会科学院主办.

［41］情报学报，中国科学技术协会主管，中国科学技术情报学会、中国科学

技术信息研究所主办.

［42］中国有色金属，中国有色金属工业协会主管，中国有色金属工业协会主办.

［43］财经问题研究，辽宁省教育厅主管，东北财经大学主办.

网络开放互动课程：

［1］Coursera 官方中文学习社区互动课程"金融市场"（美国耶鲁大学），https：//www.coursera.org/learn/financial-markets.

［2］果壳网 MOOC 学院互动课程"企业财务概论"（美国宾夕法尼亚大学沃顿商学院），http：//mooc.guokr.com/course/593/Introduction-to-Corporate-Finance/.